A CIDADE
ANTIGA

O livro é a porta que se abre para a realização do homem.

Jair Lot Vieira

FUSTEL DE COULANGES

A CIDADE ANTIGA

ESTUDOS SOBRE O CULTO, O DIREITO E AS INSTITUIÇÕES DA GRÉCIA E DE ROMA

TRADUÇÃO
EDSON BINI
ESTUDOU FILOSOFIA NA FACULDADE DE FILOSOFIA,
LETRAS E CIÊNCIAS HUMANAS DA USP.
É TRADUTOR HÁ MAIS DE 40 ANOS.

Copyright da tradução e desta edição © 2023 by Edipro Edições Profissionais Ltda.

Todos os direitos reservados. Nenhuma parte deste livro poderá ser reproduzida ou transmitida de qualquer forma ou por quaisquer meios, eletrônicos ou mecânicos, incluindo fotocópia, gravação ou qualquer sistema de armazenamento e recuperação de informações, sem permissão por escrito do editor.

Traduzido a partir da 21ª edição francesa da Librairie Hachette et Cie., Paris, 1910. Título original: *La cité antique*. Publicado originalmente em Estrasburgo, França, em 1864.

Grafia conforme o novo Acordo Ortográfico da Língua Portuguesa.

5ª edição, 2023.

Editores: Jair Lot Vieira e Maíra Lot Vieira Micales
Produção editorial: Karine Moreto de Almeida
Tradução: Edson Bini
Revisão: Brendha Rodrigues Barreto
Acentuação do grego: Ticiano Lacerda
Diagramação: Karina Tenório
Capa: Stúdio Del Rey
Adaptação de capa: Aniele de Macedo Estevo

Dados Internacionais de Catalogação na Publicação (CIP)
(Câmara Brasileira do Livro, SP, Brasil)

Coulanges, Numa Denis Fustel de, 1830-1889

  A cidade antiga : estudos sobre o culto, o direito e as instituições da Grécia e de Roma / Numa Denis Fustel de Coulanges ; tradução Edson Bini. – 5. ed. – São Paulo : Edipro, 2023.

  Título original: La cité antique

  ISBN 978-65-5660-081-9 (impresso)
  ISBN 978-65-5660-082-6 (e-pub)

  1. Cidades e vilas antigas 2. Civilização greco-romana 3. Grécia – Política e governo 4. Roma – Política e governo I. Título.

22-105764   CDD-930

Índice para catálogo sistemático:
1. Cidades : História antiga : 930

Maria Alice Ferreira – Bibliotecária – CRB-8/7964

São Paulo: (11) 3107-7050 • Bauru: (14) 3234-4121
www.edipro.com.br • edipro@edipro.com.br
@editoraedipro @editoraedipro

SUMÁRIO

Apresentação 9
Sobre o autor e a obra 11
Introdução 13

LIVRO PRIMEIRO
CRENÇAS ANTIGAS 17

CAPÍTULO I – Crenças sobre a alma e sobre a morte 18
CAPÍTULO II – O culto dos mortos 26
CAPÍTULO III – O fogo sagrado 31
CAPÍTULO IV – A religião doméstica 40

LIVRO SEGUNDO
A FAMÍLIA 47

CAPÍTULO I – A religião foi o princípio constitutivo
da família antiga 48
CAPÍTULO II – O casamento 51
CAPÍTULO III – Da continuidade da família – Celibato interdito
– Divórcio em caso de esterilidade – Desigualdade entre o filho
e a filha 57
CAPÍTULO IV – Da adoção e da emancipação 63
CAPÍTULO V – Do parentesco – Do que os romanos chamavam
de agnação 66
CAPÍTULO VI – O direito de propriedade 70
CAPÍTULO VII – O direito de sucessão 82
1º. Natureza e princípio do direito de sucessão entre os antigos ... 82

2º. O filho herda, a filha não 84
3º. Da sucessão colateral 88
4º. Efeitos da emancipação e da adoção 90
5º. O testamento era desconhecido primitivamente 91
6º. Antiga indivisão do patrimônio 93
CAPÍTULO VIII – A autoridade na família 96
1º. Princípio e natureza do poder paternal entre os antigos 96
2º. Enumeração dos direitos que compunham o poder paterno 101
CAPÍTULO IX – A antiga moral da família 106
CAPÍTULO X – A *gens* em Roma e na Grécia 112
1º. O que os escritores antigos nos permitem conhecer da *gens* 113
2º. Exame de algumas opiniões emitidas visando explicar
a *gens* romana 116
3º. A *gens* é a família ainda detentora de sua organização primitiva
e sua unidade 119
4º. Extensão da família; a escravidão e a clientela 123

LIVRO TERCEIRO
A CIDADE 129

CAPÍTULO I – A fratria e a cúria – A tribo 130
CAPÍTULO II – Novas crenças religiosas 134
1º. Os deuses da natureza física 134
2º. Relação desta religião com o desenvolvimento
da sociedade humana 136
CAPÍTULO III – Forma-se a cidade 140
CAPÍTULO IV – A urbe 147
CAPÍTULO V – O culto do fundador: a lenda de Eneias 156
CAPÍTULO VI – Os deuses da cidade 161
CAPÍTULO VII – A religião da cidade 172
1º. Os repastos públicos 172
2º. As festas e o calendário 176
3º. O censo e a lustração 178
4º. A religião na assembleia, no senado, no tribunal
e no exército – O triunfo 180
CAPÍTULO VIII – Os rituais e os anais 186

CAPÍTULO IX - Governo da cidade - O rei 193
1º. Autoridade religiosa do rei 193
2º. Autoridade política do rei 196
CAPÍTULO X - O magistrado 200
CAPÍTULO XI - A lei 208
CAPÍTULO XII - O cidadão e o estrangeiro 215
CAPÍTULO XIII - O patriotismo - O exílio 221
CAPÍTULO XIV - Do espírito municipal 225
CAPÍTULO XV - Relações entre as cidades - A guerra
 - A paz - A aliança dos deuses 229
CAPÍTULO XVI - As confederações - As colônias 235
CAPÍTULO XVII - O romano - O ateniense 240
CAPÍTULO XVIII - Da onipotência do estado - Os antigos não
 conheceram a liberdade individual 249

LIVRO QUARTO
AS REVOLUÇÕES 255

CAPÍTULO I - Patrícios e clientes 257
CAPÍTULO II - Os plebeus 262
CAPÍTULO III - Primeira revolução 267
1º. A autoridade política é retirada dos reis 267
2º. História desta revolução em Esparta 269
3º. A mesma revolução em Atenas 271
4º. A mesma revolução em Roma 274
CAPÍTULO IV - A aristocracia governa as cidades 279
CAPÍTULO V - Segunda revolução - Mudanças na constituição
 da família - Desaparecimento do direito de progenitura - A *gens*
 se desmembra 283
CAPÍTULO VI - Os clientes se libertam 287
1º. O que era a princípio a clientela e como se transformou ... 287
2º. A clientela desapareceu em Atenas - A obra de Sólon 292
3º. Transformação da clientela em Roma 296
CAPÍTULO VII - Terceira revolução - A plebe entra na cidade ... 301
1º. História geral desta revolução 301

2º. História desta revolução em Atenas 309
3º. História desta revolução em Roma 314

CAPÍTULO VIII – Mudanças no Direito Privado – O Código
das Doze Tábuas – O código de Sólon 335

CAPÍTULO IX – Novo princípio de governo – O interesse público
e o sufrágio 345

CAPÍTULO X – Tenta-se constituir uma aristocracia de riqueza
– A democracia se estabelece – Quarta revolução 350

CAPÍTULO XI – Regras do governo democrático – Exemplo
da democracia ateniense 357

CAPÍTULO XII – Ricos e pobres – A democracia sucumbe
– Os tiranos populares 365

CAPÍTULO XIII – Revoluções de Esparta 372

LIVRO QUINTO
DESAPARECIMENTO DO REGIME MUNICIPAL 381

CAPÍTULO I – Novas crenças – A filosofia altera as regras
da política 382

CAPÍTULO II – A conquista romana 390
1º. Algumas palavras sobre as origens e a população de Roma 390
2º. Primeiros progressos de Roma (753-350 a.C.) 393
3º. Como Roma adquiriu o império (350-140 a.C.) 396
4º. Roma destrói em toda parte o regime municipal 403
5º. Os povos submetidos ingressam sucessivamente
na cidade romana 408

CAPÍTULO III – O cristianismo altera as condições de governo 417

Anexos 425
1. Lição de abertura (Estrasburgo, 1862) 426
2. Cartas a L. A. Warnkoenig 434
2.1. Estrasburgo, 25 de outubro de 1864 434
2.2. Estrasburgo, 4 de novembro de 1864 435

Glossário 438
Abreviaturas 444

APRESENTAÇÃO

A Cidade Antiga, que ora apresentamos ao público de língua portuguesa, é, como *O Príncipe*, de Maquiavel, e alguns outros clássicos das ciências humanas, uma obra consagrada, que resiste de modo ímpar ao tempo, esta dimensão na qual as transformações da sociedade humana ocorrem inexoravelmente.

Certamente não é mais para nós o trabalho histórico de cunho revolucionário que foi em outubro de 1864, mas, a despeito do desenvolvimento da ciência histórica, possibilitado mormente pelas descobertas arqueológicas e novos métodos de investigação, essa obra de Fustel de Coulanges permanece um paradigma de abordagem do objeto da História.

O estudioso ou pesquisador dos fenômenos e fatos que sucedem às sociedades humanas no âmbito do tempo e do espaço experimenta nítida dificuldade para transportar-se de alguma forma ao palco de sua sondagem, de modo a captar a realidade passada do ponto de vista de quem a viveu.

À falta da máquina do tempo de H. G. Wells ou de um método de *clarividência científica*, só resta ao historiador executar uma espécie de desnudamento cultural na tentativa de inserir-se com relativa imparcialidade no posto de observação do fenômeno histórico.

Implícito está, por tudo isso, o fato de a História estar longe de ser uma ciência exata.

Mas é possível examinar as sociedades do passado em um esforço de abandonar nossa óptica presente, nossos valores, nossos conceitos e preconceitos, a favor de uma compreensão de uma característica cultural de um povo, ou seja, se não é possível vermos e avaliarmos a Grécia Antiga exatamente como um grego o fazia (fosse ele um cidadão comum de Atenas ou Esparta ou um historiador mais próximo no tempo dos acontecimentos), é possível atinar com os valores e conceitos desse cidadão para com eles pensar e avaliar a sociedade passada.

Foi o que Fustel de Coulanges empreendeu em *A Cidade Antiga* com sucesso. Buscando compreender a religião e as instituições antigas e fazendo o levantamento dos conceitos diversos que norteavam a vida dos antigos, tais como *família, afeição, paternidade, liberdade, aristocracia* e tantos outros, pelos quais gregos e romanos antigos não compreendiam o que se entendia por esses termos no tempo de Fustel (e muito menos hoje), extraiu conclusões convincentes e proveitosas a respeito desses povos.

Janeiro de 1998
Edson Bini

SOBRE O AUTOR E A OBRA

Fustel de Coulanges, abreviação literária de *Numa-Denis Fustel de Coulanges*, nasceu em Paris em 1830. Frequentou a *École Normale Supérieure* e a *École d'Athènes*. Estudante aplicado, interessou-se desde cedo pelos estudos históricos e aos 28 anos defendeu duas teses, uma tendo como objeto o culto de *Vesta*, a outra *Políbio ou a Grécia conquistada pelos romanos*.

Em 1860 (ou seja, aos 30 anos), passou a exercer o magistério na Universidade de Estrasburgo, ministrando aulas de história. A partir de então, a biografia de Fustel de Coulanges se confunde com a trajetória de sua obra máxima: *La Cité Antique*.

No ano letivo de 1862 a 1863, Fustel ocupou-se de um curso em torno dos conceitos de *família* e *Estado* junto aos povos antigos. Não tardou para que ele, até então um professor desconhecido nos meios literários e científicos, se animasse da ideia de transformar o curso em livro.

Sua tese ousada e inovadora da dissimilitude entre as instituições gregas e romanas e as modernas instituições europeias constituía o cerne do conteúdo do curso. Mas o jovem docente, munido de destemor, reverência e mesmo humildade, não hesitou em expor sua ideias aos mestres veteranos sob a suficiente aragem de liberdade intelectual presente em Estrasburgo.

É difícil quantificar a reação e recepção alcançadas pelo teor pouco ortodoxo de suas ideias e a pretensão de publicar um livro veiculando-as; é igualmente difícil precisar a natureza das críticas das quais seguramente foi alvo.

Contudo, é-nos lícito concluir que não houve, ao menos, uma rejeição majoritária ou em bloco às suas propostas, pois na primavera de 1864 a redação da obra estava finda e o diligente e produtivo Fustel já se movia em busca de um editor, com o auxílio precioso do colega e amigo G. Perrot, homem mais conhecedor do que Fustel do ambiente intelectual e dos recursos editoriais de Paris.

A obra foi impressa em Estrasburgo e a primeira tiragem de *La Cité Antique* foi de apenas 650 cópias. O editor e distribuidor de Paris só concordou em publicá-la e distribuí-la mediante um adiantamento de 1.843 francos do autor. Mas o sucesso da obra nos meios intelectuais e universitários aconteceu com celeridade e logo se instaurou a necessidade premente do jovem historiador disponibilizar-se para realizar palestras referentes à apresentação de seu rebento literário.

Esgotada a primeira edição, Fustel assinou contrato com a indefectível *Hachette* em agosto de 1865 para uma edição de mil exemplares. Doravante, as reimpressões e novas edições se multiplicaram, inclusive junto a outros editores.

Fustel se tornou um historiador de prestígio e pode-se afirmar que toda sua vida adulta foi devotada ao magistério universitário e à sua vocação maior: os estudos históricos.

Todavia, Fustel de Coulanges foi um autor de poucos livros (ressaltamos sua excelente *História das Instituições Políticas da Antiga França*) e, como Gustave Flaubert, celebrizou-se com uma única obra, *La Cité Antique*, da qual houve 12 edições em 1889, ano de sua morte em Massy, 22 em 1912 e 28 em 1924. Já a primeira edição em russo surgiu em 1867, a inglesa em 1873 e a espanhola em 1876. As primeiras edições estrangeiras póstumas foram a alemã de 1907 e a italiana de 1924.

Edson Bini

INTRODUÇÃO

DA NECESSIDADE DO ESTUDO DAS MAIS VELHAS CRENÇAS DOS ANTIGOS PARA CONHECER SUAS INSTITUIÇÕES

Propomo-nos a mostrar aqui por que princípios e por que regras governaram-se a sociedade grega e a sociedade romana. Reunimos no mesmo estudo os romanos e os gregos porque estes dois povos, que constituíam dois ramos de uma mesma raça, e que falavam dois idiomas provenientes de língua idêntica, tiveram também uma base de instituições comuns e atravessaram uma série de revoluções semelhantes.

Empenhar-nos-emos, sobretudo, em destacar as diferenças radicais e essenciais que para sempre distinguirão esses povos antigos daqueles das sociedades modernas. Nosso sistema de educação, que nos faz viver desde a infância em meio aos gregos e romanos, nos habituou a compará-los incessantemente conosco, a julgar a história deles segundo a nossa e a explicar nossas revoluções pelas deles. Aquilo que deles conservamos e aquilo que nos legaram nos fazem crer que se assemelhavam a nós; experimentamos uma certa dificuldade para considerá-los como povos estrangeiros; é quase sempre nós que neles vemos, o que constitui a origem de muitos erros. Enganamo-nos tremendamente quando apreciamos esses povos antigos sob os pontos de vista e fatos de nosso tempo.

Os erros nesta matéria não estão isentos de perigos. A ideia que formamos sobre a Grécia e Roma amiúde transtornou nossas gerações. Por se ter observado mal as instituições da cidade antiga, imaginou-se poder revivê-las em nosso seio. Foi gerada uma ilusão com respeito ao que era a liberdade para os antigos e graças a isto tão só a liberdade para os modernos foi posta em risco.

Nossos últimos oitenta anos mostram claramente que uma das grandes barreiras que se opõem à marcha da sociedade moderna é o hábito que esta adquiriu de ter sempre a antiguidade grega e romana ante os olhos.

Para conhecer a verdade sobre esses povos antigos seria prudente estudá-los sem alimentarmos a fantasia de ver neles homens como nós, como se nos fossem inteiramente estranhos, com a mesma imparcialidade e espírito livre com que estudaríamos a Índia antiga e a Arábia.

Assim observadas, Grécia e Roma apresentam-se a nós detentoras de um caráter absolutamente inimitável. Nada nos tempos modernos a elas se assemelha. Nada nos tempos vindouros poderá lhes assemelhar. Tentaremos mostrar por quais regras essas sociedades eram regidas e constatar-se-á facilmente que essas mesmas regras não podem mais reger a humanidade.

Qual a razão disso? Por não serem as condições do governo dos homens as mesmas de outrora? As grandes transformações que surgem de tempos em tempos na constituição das sociedades não podem ser tão somente o efeito seja do acaso, seja da força. A causa que as produz deve ser poderosa, e esta causa deve residir no homem. Se as leis da associação humana não são mais as mesmas da antiguidade, é porque algo dentro do próprio homem está mudado. Com efeito, temos uma parte em nosso ser que se altera a cada século: é nossa inteligência. Acha-se sempre em movimento, quase sempre progredindo e devido a ela nossas instituições e nossas leis estão sujeitas à mudança. O homem não pensa hoje o que pensava há vinte e cinco séculos, e é por isto que não se governa mais como se governava.

A história da Grécia e de Roma constitui um testemunho e um exemplo da estreita relação que existe sempre entre as ideias da inteligênia humana e o estado social de um povo. Se as instituições dos antigos forem apreciadas sem a devida consideração de suas crenças, se afigurarão obscuras, bizarras, inexplicáveis. Por que patrícios e plebeus, patronos e clientes, eupátridas e tetas, e de onde provêm as diferenças nativas e indeléveis que encontramos entre essas classes? Que significam essas instituições lacedemônias que nos parecem tão contrárias à natureza? Como explicar essas extravagâncias iníquas do antigo direito privado: em Corinto e em Tebas, a interdição a venderem suas terras; em Atenas e em Roma, a desigualdade entre o irmão e a irmã nos direitos de sucessão? O que os jurisconsultos entendiam por *agnação* ou por *gens*? Por que essas revoluções no direito e essas revoluções na política? Qual o significado daquele patriotismo singular que por vezes apagava todos os sentimentos naturais? O que se entendia por aquela liberdade de que se falava sem cessar? Como conceber que se pudesse fixar e fazer vigorar por tanto tempo instituições tão distanciadas de tudo que idealizamos hoje? Qual o princípio superior que lhes conferiu autoridade sobre o espírito dos homens?

Mas se colocarmos essas instituições e leis lado a lado com as crenças, os fatos tornar-se-ão logo mais claros e sua explicação se revelará por si mesma. Se, ao remontar aos primórdios dessa raça, ou seja, ao tempo em que fundou suas instituições, observarmos sua concepção do ser humano, da vida, da morte, da segunda existência, do princípio divino, perceberemos uma conexão íntima entre essas opiniões e as regras antigas do direito privado, entre os ritos que se originaram dessas crenças e as instituições políticas.

A comparação das crenças e das leis demonstra que as famílias grega e romana foram constituídas por uma religião primitiva, que esta estabeleceu o casamento e a autoridade paterna, fixou os graus de parentesco, consagrou o direito de propriedade e o direito de herança. Esta mesma religião, após haver difundido e ampliado a família, formou uma associação maior, a cidade, e nela reinou do mesmo modo que reinava na família. Desta se originaram todas as instituições como todo o direito privado dos antigos. Foi dela que a cidade extraiu seus princípios, suas regras, seus usos, sua magistratura. Mas com o passar do tempo essas velhas crenças se modificaram ou se extinguiram; o direito privado e as instituições políticas se modificaram juntamente com elas. Desenrolou-se então uma série de revoluções, e as transformações sociais continuaram seguindo regularmente as alterações da inteligência.

É mister, pois, estudar antes de tudo as crenças desses povos. As mais velhas são aquelas que mais nos importam conhecer, visto que as instituições e as crenças que encontramos nas épocas áureas da Grécia e de Roma não passam do desenvolvimento de crenças e instituições anteriores; faz-se necessário procurar suas raízes bem longe no passado. As populações gregas e itálicas são infinitamente mais antigas que Rômulo e Homero. Foi em uma época mais antiga, em uma antiguidade sem data, que as crenças foram formadas e que as instituições foram estabelecidas ou preparadas.

Mas que esperança se pode alimentar no sentido de atingir o conhecimento desse passado remoto? Quem nos dirá o que pensavam os homens dez ou quinze séculos antes de nossa era? Pode-se encontrar isto que é tão inapreensível e tão fugaz, quer dizer, crenças e opiniões? Sabemos o que pensavam os arianos do oriente há trinta e cinco séculos – nós o sabemos mediante os hinos dos Vedas, que são seguramente bastante antigos, e mediante as normas do Código de Manu, nas quais, apesar de mais recentes, podemos ainda distinguir indícios que concernem a uma época extremamente recuada. Mas onde se encontram os hinos dos antigos helenos? Eles possuíam, como os itálicos, cantos antigos, velhos livros sagrados, porém disto tudo nada nos restou. Que conhecimento podemos ter, pois, dessas gerações que não nos deixaram um único texto escrito?

Felizmente, o pretérito jamais morre completamente para o homem. O homem pode certamente olvidá-lo, mas guarda-o sempre dentro de si. De fato, tal como se mostra em cada época, o homem é o produto e o resumo de todas as épocas anteriores. E se o homem sondar sua alma, poderá aí encontrar e distinguir essas diferentes épocas e o que cada uma delas lhe legou.

Observemos os gregos do tempo de Péricles e os romanos do tempo de Cícero. Eles trazem em si mesmos as marcas genuínas e os vestígios certos dos séculos mais recuados. O contemporâneo de Cícero (refiro-me, sobretudo, ao homem do povo) tem sua imaginação repleta de lendas. Estas lendas provêm para ele de um tempo muito antigo, e são portadoras do testemunho da maneira de pensar desse tempo. O contemporâneo de Cícero se serve de uma língua cujos radicais são sumamente antigos. Essa língua, ao exprimir os pensamentos de priscas eras, foi se plasmando à feição dessa antiguidade, mantendo a marca transmitida de século em século. O sentido íntimo de um radical pode, por vezes, revelar um parecer antigo ou um uso antigo; as ideias se transformaram e as lembranças se apagaram, mas as palavras permaneceram, testemunhas imutáveis de crenças desaparecidas. O contemporâneo de Cícero pratica ritos nos sacrifícios, nos funerais, na cerimônia do casamento; estes ritos são mais antigos que ele e o que o prova é que não correspondem mais às crenças que ele sustenta. Contudo, se observarmos de perto os ritos que ele pratica ou as fórmulas que recita, neles encontraremos a marca daquilo em que os homens acreditavam quinze ou vinte séculos antes dele.

LIVRO PRIMEIRO
CRENÇAS ANTIGAS

CAPÍTULO I

CRENÇAS SOBRE A ALMA E SOBRE A MORTE

Até os últimos tempos da história da Grécia e de Roma, constatamos que persiste para o homem do povo um conjunto de pensamentos e usos que datavam certamente de uma época muito remota, pelos quais podemos reconhecer que pontos de vista alimentava o homem a respeito de sua própria natureza, sua alma e o mistério da morte.

Por mais que recuemos na história da raça indo-europeia, da qual as populações gregas e itálicas constituem ramos, sempre somos impelidos a observar que essa raça jamais julgou que após esta curta vida tudo estava terminado para o homem. As mais antigas gerações, bem antes do advento dos filósofos, acreditavam em uma segunda existência a suceder esta. Encaravam a morte não como uma dissolução do ser, mas como uma simples transformação da vida.

Mas em que lugar e de que maneira se viveria essa segunda existência? Acreditava-se que o espírito imortal, uma vez egresso de um corpo, ia animar um outro? Não. A crença na metempsicose nunca pôde enraizar-se nos espíritos das populações greco-itálicas; não constituiu, tampouco, a mais antiga crença dos arianos do oriente já que os hinos védicos a ela se opõem. Acreditava-se que o espírito ascendia ao céu, para a região da luz? Também não, visto que o pensamento de que as almas adentravam uma morada celeste pertence a uma época relativamente recente no ocidente; a morada celeste era considerada exclusivamente a recompensa de alguns grandes homens e benfeitores da humanidade. Em conformidade com as mais velhas crenças dos itálicos e dos gregos, não era em um mundo diferente deste que a alma ia viver sua segunda existência; permanecia bem próxima dos homens e prosseguia vivendo sobre a terra.[1]

---

1. *Sub terra conservant reliquam vitam agi mortuorum.* Cícero, *Tusculanes*, I, 16. Tal crença era tão forte, acrescenta Cícero, que mesmo quando se estabeleceu o costume de queimar

Acreditou-se, inclusive, por muito tempo, que nessa segunda vida a alma permanecia associada ao corpo – nascida com ele, a morte não a separava dele; a alma se encerrava com o corpo no túmulo.

Por mais velhas que sejam tais crenças, delas nos ficaram testemunhos genuínos. Estes testemunhos são os ritos fúnebres, os quais sobreviveram em muito a essas crenças primitivas, mas que seguramente, nascidos com elas, podem nos promover sua compreensão.

Os ritos fúnebres mostram claramente que quando se sepultava um corpo acreditava-se ao mesmo tempo estar colocando ali no túmulo algo vivo. Virgílio, sempre tão preciso e escrupuloso nas suas descrições das cerimônias religiosas, finda o relato dos funerais de Polidoro com as seguintes palavras: "Encerramos a alma no túmulo". Idêntica expressão se acha em Ovídio e em Plínio, o Moço; não que ela correspondesse às ideias que esses escritores faziam da alma, no entanto, desde tempos imemoriais, tal expressão se perpetuara na linguagem, atestando crenças antigas e correntes.[2]

Era costume ao fim da cerimônia fúnebre chamar três vezes a alma do morto pelo nome que este usara durante a vida. Faziam-lhe votos de vida feliz sob a terra. Três vezes se lhe dizia: *Passa bem*, acrescentando-se *Que a terra te seja leve*[3] atestando a que ponto se acreditava que o ser iria continuar em vida sob essa terra, aí conservando o sentimento do bem-estar e do sofrimento! Escrevia-se sobre o túmulo que o homem ali repousava – expressão que sobreviveu a essas crenças e que, atravessando os séculos, chegou até nós. Nós ainda a empregamos, se bem que ninguém hoje acha que um ser imortal repousa em um túmulo. Mas na antiguidade acreditava-se tão firmemente que um homem ali vivia que não se deixava jamais de enterrar consigo os objetos dos quais se

---

os corpos, persistiu a crença que os mortos viviam sob a terra. – Cf. Eurípides, *Alceste*, 163; *Hécuba, passim.*

2. Virgílio, *Eneida*, III, 67: *Animamque sepulcro condimus.* – Ovídio, *Fastos*, V, 451: *Tumulo fraternas condidit umbras.* – Plínio, *Ep.*, VII, 27: *Manes rite conditi.* A descrição de Virgílio se relaciona ao uso dos cenotáfios; admitia-se que quando não se podia encontrar o corpo de um parente, se realizasse certa cerimônia que reproduzia exatamente todos os ritos funerários e se acreditava com isso encerrar, à falta do corpo, a alma no túmulo. Eurípides, *Helena*, 1061, 1240. Escoliastes, *ad. Pindar. Pyth.*, IV, 234. Virgílio, VI, 505; XII, 214.

3. *Ilíada*, XXIII, 221. Eurípides, *Alceste*, 479: κοῦφα σοι χθὼν ἐπάνωθεν πέσοι. Pausânias, II, 7, 2. – *Ave atque vale*, Catulo, C. 10. Sérvio, *ad Aeneid.*, II, 640; III, 68; XI, 97. Ovídio, *Fastos*, IV, 852; *Metam.*, X, 62. – *Sit tibi terra levis; tenuem et sine pondere terram;* Juvenal, VII, 207; Marcial, I, 89; V, 35; IX, 30.

supunha que teria necessidade, vestes, vasos, armas.[4] Vertia-se vinho sobre sua tumba para mitigar-lhe a sede; colocava-se ali alimentos para atenuar sua fome.[5] Degolavam-se cavalos e escravos com o pensamento que estes seres encerrados com o morto o serviriam no túmulo, como o haviam feito durante a vida.[6] Após a tomada de Troia, os gregos retornaram ao seu país, cada um deles conduzindo sua bela cativa, e estando Aquiles sob a terra, reclama sua cativa também, e a ele é dada Polixena.[7]

Um verso de Píndaro conservou-nos um curioso vestígio desses pensamentos das antigas gerações. Frixo fora constrangido a deixar a Grécia e fugira para a Cólquida. Morreu neste país, mas apesar de morto desejava voltar à Grécia. Aparece, portanto, a Pélias, ordenando-lhe que se dirija à Cólquida para dali trazer sua alma. Indubitavelmente, aquela alma estava saudosa do solo pátrio, do túmulo da família; mas vinculada aos restos corporais ela não podia deixar a Cólquida sem eles.[8]

Dessa crença primitiva originou-se a necessidade da sepultura. Para que a alma fosse domiciliada nessa morada subterrânea que lhe convinha para sua segunda vida, era necessário que o corpo, ao qual ela permanecia ligada, fosse recoberto de terra. A alma que não possuía seu túmulo não possuía morada. Era uma alma errante. Aspiraria em vão ao repouso, ao qual amava após as agitações e trabalhos desta vida; era forçada a errar sempre sob forma de larva ou fantasma, sem nunca se deter, sem nunca receber as oferendas e os alimentos de que tinha necessidade. Desafortunada, logo se tornaria malfeitora. Atormentava os vivos, enviava-lhes enfermidades, devastava-lhes as searas, apavorava-os com aparições lúgubres visando avisá-los para dar uma sepultura ao seu corpo e a ela mesma. Encontra-se aqui a origem da crença nas almas do

---

4. Eurípides, *Alceste*, 637, 638; Orestes, 1416-1418. Virgílio, *Eneida*, VI, 221; XI, 191-196. O antigo uso de levar dádivas aos mortos é atestado com relação a Atenas por Tucídides, II, 34, εἰσφέρει τῷ ἑαυτοῦ ἕκαστος. A lei de Sólon proibia enterrar mais de três vestes com o morto (Plutarco, *Sólon*, 21). Luciano fala ainda deste uso: "Que de vestes e adornos têm sido queimados ou inumados com os mortos como se eles devessem deles se servir sob a terra!". Ainda no funeral de César, em uma época de grande superstição, o antigo uso foi observado; levaram-se à fogueira os *munera*, vestes, armas, joias (Suetônio, *César*, 34); Cf. Tácito, *An.*, III, 3.

5. Eurípides, *Ifigênia em Táurida*, 163. Virgílio, *Eneida*, V, 76-80; VI, 225.

6. *Ilíada*, XXI, 27-28; XXIII, 165-176. Virgílio, *Eneida*, X, 519-520; XI, 80-84; 197. – Mesmo uso na Gália, *César B.G.*, V, 17.

7. Eurípides, *Hécuba*, 40-41; 107-113; 637-638.

8. Píndaro, *Pythiq.*, IV, 284, ed. Heyne; ver o Escoliastes.

outro mundo.⁹ Toda a antiguidade se persuade de que sem a sepultura a alma era infeliz e que mediante a sepultura ela se tornava feliz para todo o sempre. Não era para revelar a dor que se realizava a cerimônia fúnebre, mas para assegurar o repouso e a felicidade do morto.¹⁰

Atentemos bem que não bastava que o corpo fosse depositado na terra. Era mister ainda observar ritos tradicionais e proferir determinadas fórmulas. Em Plauto encontramos a história de uma alma do outro mundo;¹¹ trata-se de uma alma condenada a errar porque seu corpo foi enterrado sem que os ritos tivessem sido praticados. Suetônio narra que tendo sido o corpo de Calígula enterrado sem a realização da cerimônia fúnebre, disto resultou que a sua alma tornou-se errante, aparecendo aos vivos até o dia em que se decidiu exumar o corpo e dar-lhe uma sepultura conforme as regras.¹² Estes dois exemplos mostram claramente que importância era atribuída aos ritos e às fórmulas da cerimônia fúnebre. Uma vez na ausência deles, as almas permaneciam errantes e se revelavam aos vivos, porque somente por meio de seu estrito acatamento se fixavam e se encerravam nos túmulos. E do mesmo modo que existiam fórmulas que detinham essa virtude, os antigos também possuíam fórmulas que detinham a virtude contrária, ou seja, a de evocar as almas e fazê-las sair momentaneamente do sepulcro.

Pode-se ver nos escritores antigos quanto era o homem atormentado pelo receio de depois de sua morte os ritos não serem realizados a seu favor. Tratava-se de uma fonte de inquietações pungentes.¹³ Receava-se menos a morte que a privação da sepultura. Era na sepultura que residiam o descanso

---

9. Cícero, *Tusculanes*, I, 16. Eurípides, *Troia*, 1085. Heródoto, V, 92. Virgílio, VI, 371, 379. Horácio, *Odes*, I, 23. Ovídio, *Fastos*, V, 483. Plínio, *Epist.*, VII, 27. Suetônio, *Calígula*, 59. Sérvio, *ad Aeneid*, III, 63.
10. *Ilíada*, XXII, 358; *Odisseia*, XI, 73.
11. Plauto, *Mostellaria*, III, 2.
12. Suetônio, *Calígula*, 59; *Satis constat, priusquam id fieret, hortorum custodes umbris inquietatos... nullam noctem sine aliquo terrore transactam.*
13. Ver na *Ilíada*, XXII, 338-344 como Heitor pede ao seu vencedor que não o prive de sepultura: "Eu te suplico de joelhos pela tua vida, por teus pais, que não concedas meu corpo aos cães junto aos navios dos gregos; aceita o ouro que meu pai te oferecerá copiosamente e entrega a ele meu corpo para que os troianos e as troianas proporcionem minha parte das honras da fogueira." – Da mesma maneira, em Sófocles, Antígona encara a morte "para que seu irmão não fique sem sepultura" (Sófocles, *Antígona*, 467). – Idêntico sentimento é expresso por Virgílio, IX, 213; Horácio, *Odes*, I, 18, v. 24-36; Ovídio, *Heróides*, X, 119-123; *Tristes*, III, 3, 45. – Do mesmo modo, nas maldições, o que de mais horrível se podia aspirar para o inimigo era que morresse sem sepultura (Virgílio, *Eneida*, IV, 620).

e a ventura eternas. Não devemos nos surpreender demasiado ao ver os atenienses mandarem matar os generais que, depois de uma vitória no mar, se descuidaram quanto a enterrar seus mortos. Esses generais, discípulos dos filósofos, distinguiam, talvez, a alma do corpo, e como não acreditavam que a sorte de uma estivesse ligada à sorte do outro, parecera-lhes que importava pouquíssimo se um cadáver se decompusesse na terra ou na água. Não tinham, portanto, se decidido a desafiar a tormenta pela vã formalidade de recolher e enterrar seus mortos. Contudo, a multidão que, até mesmo em Atenas, persistia presa às velhas crenças, acusou seus generais de impiedade e os conduziu à morte. Se por sua vitória haviam salvado Atenas, por sua negligência haviam perdido milhares de almas. Os parentes dos mortos, pensando no longo suplício que essas almas iam padecer, compareceram ao tribunal vestidos de luto e reclamaram vingança.[14]

Nas cidades antigas a lei punia os grandes culpados com um castigo considerado terrível: a privação da sepultura.[15] Punia-se assim a própria alma e infligia-se ao grande culpado um suplício quase eterno.

É preciso consignar que se firmou entre os antigos uma outra opinião a respeito da morada dos mortos. Imaginavam uma região, também subterrânea, porém sumamente mais vasta que o túmulo, onde todas as almas, longe de seus corpos, viviam juntas, sendo que tanto penas quanto recompensas eram distribuídas conforme a conduta que o homem tivera durante a vida. Entretanto, os ritos da sepultura, tais como acabamos de descrevê-los, estão manifestamente em desacordo com essa crença, prova segura de que na época que esses ritos se estabeleceram, ainda não se acreditava no Tártaro e nos Campos Elísios. A primeira opinião sustentada por essas antigas gerações era que o ser humano vivia no túmulo, que a alma não se apartava do corpo e que ela permanecia fixada a esta parte do solo onde os ossos eram enterrados. Ao homem não competia prestar quaisquer contas de sua vida anterior. Uma vez encerrado no túmulo, não tinha que aguardar nem recompensas nem castigos. Eis uma visão seguramente rudimentar, mas que constitui a infância da noção da vida futura.

---

14. Xenofonte, *Helênicas*, I, 7.
15. Ésquilo, *Sete contra Tebas*, 1013. Sófocles, *Antígona*, 198. Eurípides, *Fen.*, 1627-1632. – Cf. Lísias, *Epitaf.*, 7-9. Todas as cidades antigas acresciam ao suplício dos grandes criminosos a privação da sepultura.

O ser que vivia sob a terra não se achava assim tão separado da humanidade a ponto de dispensar o alimento. Por isso, em certos dias do ano, levava-se uma refeição a cada túmulo.[16]

Ovídio e Virgílio nos legaram a descrição dessa cerimônia cujo uso se conservou intato até sua época, ainda que as crenças já tivessem se alterado. Eles nos contam que o túmulo era circundado por grandes guirlandas de plantas e flores, que aí se colocavam bolos, frutas, sal e se vertia leite, vinho e, por vezes, o sangue de uma vítima.[17]

Cometeríamos grande equívoco se acreditássemos que esse repasto fúnebre não passava de uma espécie de comemoração. O alimento que a família levava era realmente para o morto, exclusivamente para ele, e o que prova isto é que o leite e o vinho eram derramados sobre a terra do túmulo, que um buraco era feito para fazer com que os alimentos sólidos chegassem ao morto, que no caso de imolação de uma vítima, todas as suas carnes eram queimadas para que ninguém vivo delas partilhasse, que se proferiam certas fórmulas consagradas com a finalidade de convidar o morto a comer e beber, que se a família inteira assistia a esse repasto, nem sequer tocava nas iguarias, e que, enfim, ao se retirar, tomava-se grande cuidado no sentido de deixar um pouco de leite e alguns bolos nos vasos, considerando-se grande impiedade que algum ser vivo tocasse nessa pequena provisão destinada às necessidades do morto.

Tais velhas crenças perduraram por muito tempo, e sua manifestação ainda se encontra entre os grandes escritores da Grécia. "Eu verto sobre a terra do túmulo" – diz Ifigênia em Eurípides – "...o leite, o mel, o vinho, pois é com isto

---

16. Isto denominava-se em latim *inferias ferre, parentare, ferre solemnia*. Cícero, *De legibus*, II, 21: *majores nostri mortuis parentari voluerunt*. Lucrécio, III, 52: *Parentant et nigras mactant pecudes et Manibus divis inferias mittunt*. Virgílio, *Eneida*, VI, 380: *Tumulo solemnia mittent*; IX, 214: *Absenti ferat inferias decoretque sepulcro*. Ovídio, *Amor*, I, 13, 3: *Annua solemni caede parentat avis*. – Estas oferendas às quais os mortos tinham direito chamavam-se *Manium jura*. Cf. Cícero, *De legib.*, II, 21. Cícero alude a elas no *Pro Flacco*, 38, e na primeira *Filípica*, 6 – Estes usos eram ainda observados no tempo de Tácito (*Hist.*, II, 95); Tertuliano os ataca como estando ainda em pleno vigor em seu tempo: *Defunctis parentant, quos escam desiderare praesumant* (*De ressurr. carnis*, I); *Defunctos vocas securos, si quando extra portam cum obsoniis et matteis parentans ad busta recedis* (*De testim. animae*, 4).

17. *Solemnes tum forte dapes et tristia dona / Libabat cineri Andromache manesque vocabat / Hectoreum ad tumulum.* (Virgílio, *Eneida*, III, 301-303)

Hic duo rite mero libans carchesia Baccho / Fundit humi, duo lacte novo, duo sanguine sacro / Purpureisque jacit flores ac talia fatur: / Salve, sancte parens, animaeque umbraeque paternae. (Virgílio, *Eneida*, V, 77-81)

Est honor et tumulis; animas placate paternas. / ...Et sparsae fruges parcaque mica salis / Inque mero mollita ceres violaeque solutae. (Ovídio, *Fastos*, II, 535-542)

que se regozijam os mortos"[18] – "Filho de Peleu", diz Neoptolomeu, "...recebe esta bebida que agrada aos mortos, vem e bebe este sangue".[19] Electra verte as libações e diz: "A bebida penetrou a terra, meu pai a recebeu".[20] Vide a oração de Orestes dirigida ao seu pai morto: "Ó meu pai, se eu viver tu receberás opulentos banquetes; mas se eu morrer não terás tua parte dos repastos cheirosos dos quais os mortos se nutrem".[21] As zombarias de Luciano atestam que esses usos subsistiam ainda no seu tempo: "Os homens imaginam que as almas vêm lá de baixo para os jantares que se lhes traz, que elas se regalam com o aroma das iguarias e que elas bebem o vinho derramado sobre as valas".[22] Entre os gregos, diante de cada túmulo, havia um lugar que era destinado à imolação da vítima e à cozedura de sua carne.[23] O túmulo romano também tinha sua *culina*, espécie de cozinha de um gênero particular e exclusivamente para uso do morto.[24] Plutarco narra que após a batalha de Plateias, os guerreiros mortos, tendo sido enterrados no lugar de combate, os plateanos se comprometeram em lhes oferecer todo ano o repasto fúnebre. Consequentemente, no dia de aniversário da batalha, iam em grande procissão, conduzidos por seus primeiros magistrados, ao outeiro sob o qual repousavam os mortos. Ofereciam-lhes leite, vinho, azeite, perfumes e imolavam uma vítima. Estando os alimentos colocados sobre os túmulos, os plateanos pronunciavam uma fórmula mediante a qual convidavam os mortos a vir tomar essa refeição. Esta cerimônia ainda era realizada no tempo de Plutarco, que pôde assistir o seiscentésimo aniversário.[25] Luciano nos apontou o conceito que engendrou todos esses usos: "Os mortos se nutrem das iguarias que colocamos sobre seus túmulos e bebem o vinho que aí vertemos, de sorte que um morto ao qual nada é oferecido é condenado a uma fome perpétua".[26]

---

18. Eurípides, *Ifigênia em Táurida*, 157-163.
19. Eurípides, *Hécuba*, 536; *Electra*, 505 ss.
20. Ésquilo, *Coéforas*, 162.
21. Ésquilo, *Coéforas*, 432-484. – Nos *Persas* Ésquilo atribui a Atossa as ideias dos gregos: "Trago a meu esposo estas iguarias que rejubilam os mortos, o leite, o mel dourado, o fruto da vinha; convoquemos a alma de Dario e vertamos estas bebidas que a terra beberá e que penetrarão até os deuses lá de baixo" (*Persas*, 610-620). Quando as vítimas eram oferecidas às divindades do céu, a carne era comida pelos mortais; mas quando eram oferecidas aos mortos, a carne era queimada completamente (*Pausânias*, II, 10).
22. Luciano, *Caron*, 22. – Ovídio, *Fastos*, II, 566: *Posito pascitur umbra cibo*.
23. Luciano, *Caron*, 22: "Eles cavam valas perto dos túmulos e aí cozinham iguarias para os mortos".
24. Festus, v. *Culina: Culina vocatur locus in quo epulae in funere comburuntur*.
25. Plutarco, *Aristides*, 21: Παρακαλεῖ τοὺς ἀποθανόντας ἐπὶ τὸ δεῖπνον καὶ τὴν αἱμοκουρίαν.
26. Luciano, *De luctu*, 9.

São crenças muito antigas e que se nos afiguram tanto falaciosas quanto ridículas. No entanto, exerceram seu domínio sobre o homem durante muitas gerações. Governaram as almas. Veremos mesmo que logo regeram as sociedades, e que a maioria das instituições domésticas e sociais dos antigos se originaram dessa fonte.

CAPÍTULO II
O CULTO DOS MORTOS

Já desde os tempos mais recuados, essas crenças deram lugar a normas de conduta. Visto que o morto necessitava de alimento e bebida, pensou-se que era um dever para os vivos satisfazer tal necessidade. O cuidado de levar aos mortos os alimentos não ficou abandonado aos caprichos ou aos volúveis sentimentos dos homens – tornou-se obrigatório. Estabeleceu-se, assim, uma religião da morte, cujos dogmas cedo sumiram, mas cujos ritos duraram até o triunfo do cristianismo.

Os mortos passavam por seres sagrados.[27] Os antigos lhes atribuíam os epítetos mais respeitosos que podiam encontrar em seu vocabulário; chamavam-nos bons, santos, bem-aventurados.[28] Tinham por eles toda a veneração que é possível ter o homem pela divindade que ama ou que teme. No pensamento deles cada morto era um deus.[29]

Esse tipo de apoteose não constituía o privilégio dos grandes homens; não se fazia distinção entre os mortos. Cícero disse: "Nossos ancestrais quiseram que os homens que deixaram esta vida fossem contados no número dos deuses".[30] Não era sequer necessário que tivesse sido um homem virtuoso; o mau convertia-se em um deus tanto quanto o homem de bem, portanto

---

27. ὅσιον τοὺς μεθεστῶτας ἱεροὺς νομίζειν, Plutarco, *Sólon*, 21.
28. χρηστοί, μάκαρες, Aristóteles, citado por Plutarco, *Quest. rom.*, 52; *greg.*, 5. – μάκαρες χθόνιοι, Ésquilo, *Coéf.*, 475.
29. Eurípides, *Fenic.*, 1321: τοῖς γὰρ θανοῦσι χρὴ τὸν οὐ τεθνηκότα τιμὰς διδόντα χθόνιον εὖ σέβειν θεόν. – *Odisseia*, 10, 526: εὐχῇσι λίσῃ κλυτὰ ἔθνεα νεκρῶν. – Ésquilo, *Coéf.*, 475: "Ó bem-aventurados que habitais sob a terra, escutai minha invocação; vinde ao socorro de vossos filhos e dai-lhes a vitória." – É devido a esta ideia que Eneias chama seu pai morto de *Sancte parens, divinus parens*; Virg., *En.*, V, 80; V, 47. – Plutarco, *Quest. rom.*, 14: Θεὸν γεγονέναι τὸν τεθνηκότα λέγουσι. – Cornélio Nepote, *Fragm.*, XII: *parentabis mihi et invocabis deum parentem*.
30. Cícero, *De legibus*, II, 22.

conservava nessa segunda existência todas as más inclinações de que fora detentor na primeira.[31]

Os gregos davam de bom grado aos mortos a denominação de deuses subterrâneos. Em Ésquilo, um filho invoca da seguinte maneira seu pai morto: "Ó tu, que és um deus sob a terra". Eurípides diz falando de Alceste: "Próximo de seu túmulo o viandante se deterá e dirá: Esta é agora uma divindade bem-aventurada".[32] Os romanos davam aos mortos o nome de deuses *manes*. "Prestai aos deuses manes o que lhes é devido" – diz Cícero –, "são homens que deixaram a vida; considerai-os como seres divinos".[33]

Os túmulos eram os templos dessas divindades e por isso tinham a inscrição sacramental *Dis Manibus*, e em grego θεοῖς χθονίοις. Era ali que o deus vivia enterrado, como diz Virgílio: *Manesque sepulti*.[34] Diante do túmulo havia um altar para os sacrifícios, tal como diante dos templos dos deuses.[35]

Esse culto dos mortos é encontrado entre os helenos, entre os latinos, entre os sabinos,[36] entre os etruscos; também o encontramos entre os arianos da Índia. Os hinos do Rig Veda a ele fazem menção. O livro do Código de Manu se refere a esse culto como o mais antigo da humanidade. Já vimos neste livro como a ideia da metempsicose passou por cima dessa velha crença; e a despeito da religião de Brahma já se achar instaurada anteriormente, contudo, no culto desta religião ou sob a doutrina da metempsicose subsiste ainda a religião das almas dos ancestrais, viva e indestrutível, forçando o redator do Código de Manu a levá-la em conta e admitir ainda suas prescrições no livro sagrado. Não é singularidade menor desse livro tão bizarro conservar as regras concernentes às antigas crenças, tendo sido, obviamente, redigido em uma época na qual já prevaleciam crenças totalmente opostas. Isto prova que se é necessário

---

31. Sto. Agostinho, *Cidade de Deus*, VIII, 26; IX, 11.
32. Eurípides, *Alceste*, 1015: νῦν δ' ἔστι μάκαιρα δαίμων: χαῖρ', ὦ πότνι', εὖ δὲ δοίης.
33. Cícero, *De legibus*, II, 9. Varrão, em Sto. Agostinho, *Cidade de Deus*, VIII, 26.
34. Virgílio, *Eneida*, IV, 34.
35. Eurípides, *Troianas*, 96: τύμβους θ', ἱερὰ τῶν κεκμηκότων, *Electra*, 505-510. – Virgílio, *Eneida*, VI, 177: *Aramque sepulcri*; III, 63: *Stant Manibus arae*; III, 305: *Et geminas, causam lacrimis, sacraverat aras*; V, 48: *Divini ossa parentis condidimus terra moetasque sacravimus aras*. O gramático Nônio Marcelo diz que entre os antigos o sepulcro era chamado de templo, e, de fato, Virgílio emprega a palavra *templum* para designar o túmulo ou cenotáfio que Dido erigiu para seu esposo (*Eneida*, IV, 457). – Plutarco, *Quest. rom.*, 14: ἐπὶ τῶν τάφων ἐπιστρέφονται, καθάπερ θεῶν ἱερὰ τιμῶντες τὰ τῶν πατέρων μνήματα. Prosseguiu-se chamando de *ara* a pedra erigida sobre o túmulo (Suetônio, *Nero*, 50). Esta palavra é empregada nas inscrições fúnebres, Orelli, n. 4521, 4522, 4826.
36. Varrão, *De lingua latina*, V, 74.

muito tempo para a transformação das crenças humanas, é necessário ainda mais tempo para que as práticas exteriores e as leis se modifiquem. Mesmo atualmente, após tantos séculos e revoluções, os hindus continuam a fazer suas oferendas aos antepassados. Essas ideias e esses ritos são o que há de mais antigo na raça indo-europeia, e são, igualmente, o que houve de mais persistente.

Esse culto na Índia era o mesmo na Grécia e na Itália. O hindu devia oferecer aos manes o repasto a que se dava o nome de *sraddha*. "Que o chefe da casa faça o *sraddha* com o arroz, o leite, raízes, frutas, a fim de atrair para si a benevolência dos manes." O hindu acreditava que no momento que se oferecia esse repasto fúnebre, os manes dos ancestrais vinham assentar-se perto dele e tomavam o alimento que lhes era oferecido. Acreditava, outrossim, que essa refeição transmitia aos mortos uma grande alegria: "Quando o *sraddha* é feito segundo os ritos, os ancestrais daquele que oferece o repasto experimentam uma satisfação inalterável".[37]

Assim, os arianos do oriente, no começo, pensaram como os do ocidente relativamente ao mistério do destino após a morte. Antes de acreditarem na metempsicose, o que pressupunha uma distinção absoluta entre a alma e o corpo, acreditaram na existência vaga e indecisa do ser humano, invisível, mas não imaterial, reclamando dos mortais alimento e bebidas.

O hindu, como o grego, via os mortos como seres divinos que gozavam de uma existência bem-aventurada. Contudo, havia uma condição para sua ventura: era necessário que as oferendas lhes fossem levadas regularmente pelos vivos. Caso se cessasse de realizar o *sraddha* para um morto, a alma desse morto sairia de sua morada tranquila e se tornava uma alma errante que atormentava os vivos, de modo que se os manes eram verdadeiramente deuses, eles o eram somente enquanto os vivos os honravam com o seu culto.[38]

Os gregos e os romanos tinham exatamente as mesmas opiniões. Se cessarmos de oferecer aos mortos o repasto fúnebre, logo os mortos sairão de seus túmulos; sombras errantes, ouviam-nos gemer na noite silente. Censuravam os vivos por sua negligência ímpia; procuravam puni-los enviando-lhes doenças ou ameaçando o solo de esterilidade. Enfim, nenhum repouso

---

37. *Código de Manu*, I, 95; III, 82, 122, 127, 146, 189, 274.
38. Este culto prestado aos mortos era expresso em grego pelas palavras ἐναγίζω, ἐναγισμός, Pólux, VIII, 91; Heródoto, I, 167; Plutarco, *Aristides*, 21; *Catão*, 15; Pausânias, IX, 13, 3. A palavra ἐναγίζω indicava os sacrifícios oferecidos aos mortos, θύω aqueles oferecidos aos deuses do céu; esta diferença é bem ressaltada por Pausânias, II, 10, 1, e pelo anotador de Eurípides, *Fenic.*, 281. Cf. Plutarco, *Quest. rom.*, 34: Χοὰς καὶ ἐναγισμοὺς τοῖς τεθνηκόσι..., Χοὰς καὶ ἐναγισμὸν φέρουσιν ἐπὶ τὸν τάφον.

permitiam aos vivos até o dia em que os repastos fúnebres fossem restabelecidos.[39] O sacrifício, a oferenda do alimento e a libação os faziam retornar ao túmulo e lhes proporcionavam o repouso e os atributos divinos. O homem se achava agora em paz com eles.[40]

Se o morto que se negligenciava era um ser malfazejo, aquele outro que se honrava era um deus tutelar. Ele amava aqueles que lhe traziam o alimento. Para protegê-los, continuava a participar dos negócios humanos; neles, ele desempenhava frequentemente seu papel. Por mais morto que estivesse, sabia como ser forte e ativo. Orava-se a ele; solicitava-se-lhe seu apoio e seus favores. Quando se encontrava um túmulo, interrompia-se a caminhada e se dizia: "Tu que sois um deus sob a terra, sê-me propício".[41]

Pode-se avaliar o poder que os antigos atribuíam aos mortos por esta súplica que Electra dirige aos manes de seu pai: "Tem piedade de mim e de meu irmão Orestes; faz com que ele volte a esta região; ouve minha súplica, ó meu pai; escuta meus votos recebendo minhas libações". E esses deuses poderosos não concediam somente bens materiais, pois Electra acrescenta: "Dá-me um coração mais casto que o de minha mãe e mãos mais puras".[42] E do mesmo modo, o hindu pede aos manes "que na sua família o número dos homens de bem cresça e que ele tenha muito para lhes dar".

Essas almas humanas divinizadas pela morte eram o que os gregos chamavam de *demônios* ou *heróis*.[43] Os latinos lhes davam os nomes de *Lares*,

---

39. Vide em Heródoto, I, 167, a história das almas dos foceus que assombraram uma região inteira até obterem a celebração do aniversário de sua morte; diversas histórias semelhantes em Heródoto e em Pausânias, VI, 6, 7. Da mesma maneira, em Ésquilo, *Clitemnestra*, advertida que os manes de Agamenon estavam irritados contra ela, se apressa em enviar alimentos ao seu túmulo. Vide, também, a lenda romana que conta Ovídio, *Fastos*, II, 549-556: "Tendo-se um dia esquecido do dever de *parentalia*, as almas então saíram dos túmulos e ouviu-se que corriam ululando pelas ruas da cidade e pelos campos do Lácio, até que os sacrifícios as fizeram retornar aos seus túmulos". Cf. a história que conta ainda Plínio, o Moço, VII, 27.
40. Ovídio, *Fastos*, II, 518: *Animas placate paternas.* – Virgílio, *Eneida*, VI, 379: *Ossa piabunt et statuent tumulum et tumulo solemnia mittent.* – Comparai o grego ἱλάσκομαι (Pausânias, VI, 6, 8). – Tito Lívio, I, 20: *Justa funebria placandosque manes.*
41. Eurípides, *Alceste*, 1004 (1016). – "Acredita-se que se não tivermos qualquer atenção com esses mortos e se descurarmos seu culto, eles nos farão mal, e que, ao contrário, nos farão o bem se os tornarmos propícios por meio de nossas oferendas." Porfírio, *De abstin.*, II, 37. Vide Horácio, *Odes*, II, 23; Platão, *As Leis*, IX, p. 926-927.
42. Ésquilo, *Coéforas*, 122-145.
43. É possível que o sentido primitivo da palavra ἥρως fosse o de homem morto. A linguagem das inscrições, que é a do vulgo e que é, ao mesmo tempo, aquela em que o sentido antigo das palavras persiste mais, emprega, por vezes, ἥρως com o mero significado que damos à palavra

Manes,⁴⁴ *Gênios*. "Nossos ancestrais acreditaram" – diz Apuleio – "que os Manes, quando eram malfazejos, deviam ser chamados de larvas, e os chamavam de Lares quando eram benfazejos e propícios".⁴⁵ Lê-se alhures: "Gênio e Lar é o mesmo ser – assim acreditavam nossos ancestrais",⁴⁶ e em Cícero: "Aqueles que os gregos chamam de Demônios, nós chamamos de Lares".⁴⁷

Tal religião dos mortos parece ser a mais antiga que houve entre os povos dessa raça. Antes de conceber e adorar Indra ou Zeus, o homem adorou os mortos; teve medo deles, dirigiu-lhes orações. Parece que o sentimento religioso teve aí sua origem. Foi talvez à vista da morte que o homem teve pela primeira vez a ideia do sobrenatural e desejou confiar em coisas além do que aquilo que via. A morte foi o primeiro mistério; ela colocou o homem na via de outros mistérios. Elevou seu pensamento do visível ao invisível, do transitório ao eterno, do humano ao divino.

---

defunto: ἥρως χρηστέ, χαῖρε, Boeckh, Corp. inscr., n. 1629, 1723, 1781, 1782, 1784, 1786, 1789, 3398; F. Lebas, Monum. de Morée, p. 205. Ver Teógnis, ed. Welcker, v. 513, e Pausânias, VI, 6, 9. Os tebanos dispunham de uma velha expressão significando morrer, ἥρωα γενέσθαι (Aristóteles, *Fragmentos*, ed. Heitz, t. IV, p. 260; Cf. Plutarco, *Proverb. quibus Alex. usi sunt*. c. 47). – Os gregos também davam o nome de δαίμων a alma de um morto. Eurípides, *Alceste*, 1140 e anotadores. Ésquilo, *Persas*, 620: Δαίμονα Δαρεῖον. Pausânias, VI, 6: Δαίμων ἀνθρώπου.

44. *Manes Virginiae* (Tito Lívio, III, 58). *Manes conjugis* (Virgílio, VI, 119). *Patris Anchisae Manes* (id., X, 534). *Manes Hectoris* (id., III, 303). *Dis Manibus Martialis, Dis Manibus Acutiae* (Orelli, n. 4440, 4441, 4447, 4459 etc. *Valerii deos manes* (Tito Lívio, III, 19).

45. Apuleio, *De deo Socratis*. Sérvio, *ad Aeneid*, III, 63.

46. Censorinus, *De die natali*, 3.

47. Cícero, *Timeu*, 11. – Dionísio de Halicarnasso traduz *Lar familiaris* por Κατ' οἰκίαν ἥρως (*Antig. rom.*, IV, 2).

CAPÍTULO III
O FOGO SAGRADO

A casa de um grego ou de um romano continha um altar. Sobre este altar ele devia manter sempre um pouco de cinza e carvão aceso.[48] Tratava-se de uma obrigação sagrada para o chefe de toda casa conservar o fogo dia e noite. Desventurada a casa onde este fogo apagasse! Ao anoitecer de cada dia os carvões eram cobertos de cinzas para impedir que se consumissem completamente no desenrolar da noite; ao despertar, o primeiro cuidado era reavivar esse fogo e alimentá-lo com alguns ramos secos. O fogo só cessaria de brilhar sobre o altar quando toda a família tivesse perecido; fogo extinto e família extinta eram expressões sinônimas entre os antigos.[49]

É evidente que esse uso de conservar sempre o fogo sobre um altar remontava a uma antiga crença. As regras e os ritos que eram observados a esse respeito mostram que não se tratava de um costume insignificante. Não era permitido que se alimentasse esse fogo com toda espécie de madeira; a religião distinguia entre as árvores as espécies que podiam ser utilizadas com esse fim e aquelas cujo uso representava uma impiedade.[50] A religião indicava ainda que esse fogo devia permanecer sempre puro,[51] o que significava literalmente que nenhum objeto sujo deveria ser lançado ao fogo, e em sentido figurado, que nenhuma ação culpável deveria ser perpetrada em sua presença. Havia um dia do ano,

---

48. Os gregos davam diversos nomes a esse altar, βωμός, ἐσχάρα, ἑστία; o uso deste último acabou por prevalecer e foi o vocábulo com o qual posteriormente se designou a deusa Vesta. Os latinos davam o nome de *vesta, ara* ou *focus* a esse mesmo altar. *In primis ingressibus domorum vestae, id est arae et foci, solent haberi* (Nônio Marcelo, ed. Quicherat, p. 53).
49. *Hinos homér.*, XXIX. *Hinos órf.*, LXXXIV, Hesíodo, *Opera*. 679. Ésquilo, *Agam.*, 1056. Eurípides, *Hercul. fur.*, 503, 599. Tucídides, I, 136. Aristófanes, *Plut.*, 795. Catão, *De re rust.*, 143. Cícero, *Pro domo*, 40. Tíbulo, I, 1, 4. Horácio, *Epod.*, II, 43. Ovídio, *A. A.*, I, 637. Virgílio, *Eneida*, II, 512.
50. Virgílio, VII, 71: *Castis taedis*. Festo, v. *Felicis*. Plutarco, *Numa*, 9.
51. Eurípides, *Herc. fur.*, 715. Catão, *De re rust.*, 143. Ovídio, *Fastos*, III, 698.

para os romanos o primeiro de março, no qual cada família devia apagar seu fogo sagrado e reacender um outro imediatamente.[52]

Entretanto, para acender o fogo novo havia ritos a serem observados escrupulosamente. Devia-se, sobretudo, evitar obter o lume pela fricção de pederneira com o ferro. Os únicos procedimentos permitidos eram fazer incidir sobre um ponto o calor dos raios solares ou friccionar rapidamente dois pedaços de madeira de determinada espécie e fazer daí sair a faísca.[53] Estas diferentes regras provam sobejamente que na opinião dos antigos não se tratava apenas de produzir ou conservar um elemento útil e agradável; esses homens viam outra coisa no fogo que queimava em seus altares.

Esse fogo era qualquer coisa de divino. Era adorado, a ele rendia-se um verdadeiro culto. Dava-se a ele em oferenda tudo que se acreditava que pudesse ser agradável a um deus: flores, frutas, incenso, vinho.[54] Imploravam-lhe sua proteção; acreditava-se que era poderoso. Eram-lhe dirigidas orações fervorosas visando obter dele esses eternos objetos dos desejos humanos, a saber, saúde, riqueza, felicidade. Uma dessas orações que foi conservada até os nossos dias em uma coletânea dos hinos órficos, é concebida assim: "Torna-nos sempre prósperos, sempre ditosos, ó fogo, ó tu que és eterno, belo, sempre jovem, tu que nutres, tu que és rico, recebe de bom coração nossas oferendas, e dá-nos em troca a felicidade e a saúde que é tão doce".[55] Deste modo, via-se no fogo doméstico um deus benfazejo conservador da vida humana, um deus rico que a nutria com suas dádivas, um deus forte que protegia a casa e a família. Diante de um perigo, procurava-se um refúgio junto a ele. Quando o palácio de Príamo é invadido, Hécuba arrasta o velho rei para perto do fogo doméstico: "Tuas armas não saberão te defender" – diz-lhe ela –, "porém este altar a todos nós protegerá".[56]

Contemplai Alceste que vai morrer, dando sua vida para salvar seu esposo. Aproxima-se de seu fogo doméstico e o invoca nestes termos: "Ó divindade, senhora desta casa, é a derradeira vez que me inclino diante de ti e que te dirijo minhas preces, pois estou descendo ao sítio dos mortos. Vela por meus filhos que não terão mais mãe; dá a meu filho uma esposa terna, à minha filha um

---

52. Macróbio, *Saturn.*, I, 12.
53. Plutarco, *Numa*, 9; Festo, ed. Muller, p. 106.
54. Ovídio, *A. A.*, I, 637: *Dentur in antiquos thura merumque focos.* Plauto, *Captiv.*, II, 39-40; Mercator, V, 1, 5. Tíbulo, I, 3, 34. Horácio, *Odes*, II, 23, 1-4. Catão, *De re rust.*, 143. Plauto, *Aululária*, prólogo.
55. *Hinos órf.*, 84.
56. Virgílio, *Eneida*, II, 523. Horácio, Epit., I, 5. Ovídio, *Trist.*, IV, 8, 22.

nobre esposo. Faz que não morram como eu prematuramente, mas que no seio da ventura tenham longa existência".[57] Era ele que enriquecia a família. Plauto, em uma de suas comédias, o representa graduando suas dádivas pelo culto que lhe tributam.[58] Os gregos o chamavam de deus da riqueza, κτήσιος.[59] O pai o invocava em nome de seus filhos e lhe pedia que "lhes proporcionasse a saúde e bens copiosos".[60] No infortúnio, o homem conduzia seus lamentos ao seu fogo doméstico e lhe endereçava censuras; na felicidade rendia-lhe graças. O soldado que retornava da guerra o agradecia por tê-lo feito escapar dos perigos. Ésquilo nos apresenta Agamenon voltando de Troia, feliz, coberto de glória – mas não é a Júpiter que ele irá agradecer, nem é a um templo que ele irá levar seu júbilo e seu reconhecimento. Ele oferece o sacrifício de ação de graças ao fogo doméstico que se encontra em sua casa.[61] O homem jamais saía de sua morada sem dirigir uma prece ao seu fogo doméstico; ao retornar, mesmo antes de rever sua mulher e abraçar seus filhos, era imperioso que se inclinasse ante o fogo doméstico e o invocasse.[62]

O fogo doméstico era assim a providência da família. Seu culto era bastante simples. A primeira regra era haver sempre no altar alguns carvões ardentes, visto que, se o fogo se apagasse, o deus deixaria de existir. Em certos momentos do dia colocava-se no fogo doméstico ervas secas e lenha, e então o deus se manifestava sob forma de flama brilhante.[63] Sacrifícios eram oferecidos a ele; ou, a essência de todo sacrifício consistia em conservar e reavivar esse fogo sagrado, em alimentar e desenvolver o corpo de deus. É por isso que se lhe dava, antes de quaisquer outras coisas, lenha; é, por isso, que em seguida se derramava no altar o vinho ardente da Grécia, azeite, incenso, a gordura das vítimas. O deus recebia essas oferendas e as devorava. Satisfeito e radiante, ele se erguia no altar e iluminava aquele que o adorava com seus raios.[64] Era o instante de invocá-lo: o hino da oração partia do coração do homem.

---

57. Eurípides, *Alceste*, 162-168.
58. Plauto, *Aululária*, prólogo.
59. Θεὸς κτήσιος, Eustates, *in Odiss.*, p. 1756 a 1814. O Ζεύς κτήσιος, ao qual frequentemente se alude é um deus doméstico, é o fogo doméstico.
60. Iseu, *De Cironis hered.*, 16: ηὔχετο ἡμῖν ὑγίειαν διδόναι καὶ κτῆσιν ἀγαθήν.
61. Ésquilo, *Agam.*, 851-853.
62. Catão, *De re rust.*, 2. Eurípides, *Hercul. fur.*, 523.
63. Virgílio, *Eneida*, I, 704; *Flammis adolere Penates*.
64. Virgílio, *Georg.*, IV, 383-385: *Ter liquido ardentem perfudit nectare vestam, / Ter flamma ad summum tecti subjecta reluxit.*

O repasto era o ato religioso por excelência. Quem o presidia era o deus. Era ele quem cozera o pão e preparara os alimentos;[65] por conseguinte, se lhe devia uma prece ao começo e ao fim do repasto. Antes de comer, colocava-se sobre o altar as primícias do alimento; antes de beber, derramava-se a libação de vinho. Era a parte do deus. Ninguém duvidava de sua presença, que não comia e bebia; e, com efeito, não se via a flama elevar-se e crescer, como se tivesse se nutrido dos manjares oferecidos? Assim, o repasto era partilhado pelo homem e pelo deus: tratava-se de uma cerimônia santa mediante a qual eles entravam em comunhão.[66] Velhas crenças que ao longo do tempo desapareceram dos espíritos, mas que deixaram, ainda muito tempo depois de sua vigência, usos, ritos, formas de linguagem, dos quais o próprio incrédulo não podia escapar. Horácio, Ovídio, Juvenal ainda faziam a ceia diante do seu fogo doméstico acompanhando-a da libação e da oração.[67]

Esse culto do fogo sagrado não dizia respeito exclusivamente às populações da Grécia e da Itália. Nós o encontramos no Oriente. O Código de Manu, na redação que nos chegou, nos mostra a religião de Brahma completamente estabelecida e depois a caminho de seu declínio. Mas o Código de Manu retivera vestígios e resquícios de uma religião mais antiga, ou seja, aquela do fogo doméstico, que o culto de Brahma relegara a um segundo plano, mas não conseguira destruir. O brâmane tem seu fogo doméstico que deve conservar dia e noite; toda manhã e toda noite ele o alimenta de lenha; mas, como com os gregos, tal lenha só pode ser de certas árvores indicadas pela religião. Se os gregos e os itálicos lhe oferecem vinho, o hindu lhe verte o licor fermentado que chama de *soma*. O repasto é também um ato religioso e os ritos são escrupulosamente descritos no Código de Manu. Dirigem-se preces ao fogo doméstico, como na Grécia; oferecem-se a ele as primícias do repasto, o arroz, a manteiga, o mel. Escreveu-se: "O brâmane não deve comer o arroz da nova colheita antes de ter

---

Assim explica Sérvio estes dois versos: *Id est, in ignem vinum purissimum fudit, post quod quia magis flamma convaluit bonum omen ostendit.*
65. Ovídio, *Fastos*, VI, 315.
66. Plutarco, *Quest. rom.*, 64: ἱερόν τι δ' ἡ τράπεζα. *Id.*, *Simposíaca*, VII, 4, 7: τράπεζα ὑπ' ἐνίων ἑστία καλεῖται. *Id.*, VII, 4, 4: ἀπαρχὰς τῷ πυρὶ ἀποδιδόντας. – Ovídio, *Fastos*, VI, 300: *Et mensae credere adesse deos*; VI, 630: *In ornatum fundere vina focum*; II, 634: *Nutriat incinctos mixta patella Lares.* Cf. Plauto, *Aululária*, II, 7, 16; Horácio, *Odes*, III, 23; *Sat.*, II, 3, 166; Juvenal, XII, 87-90; Plutarco, *De Fort. Rom.*, 10. – Comparar *Hino homérico*, XXIX, 6. Plutarco, Fragmentos, Com. sobre Hesíodo, 44. Sérvio, *in Aeneid*, I, 730: *Apud Romanos, cena edita, silentium fieri solebat quoad ea quae de cena libata fuerant ad focum ferrentur et igni darentur ac puer deos propitios nuntiasset.*
67. *Ante larem proprium vescor vernasque procaces Pasco libatis dapibus* (Horácio, *Sat.*, II, 6, 66). – Ovídio, *Fastos*, II, 631-633. – Juvenal, XII, 83-90. – Petrônio, *Satir.*, c. 60.

dela oferecido as primícias ao fogo doméstico. Pois o fogo sagrado é ávido de grão e quando não é honrado, ele devora a existência do brâmane negligente". Os hindus, como os gregos e os romanos, consideravam os deuses não apenas ávidos de honras e de respeito, como também de bebida e alimento. O homem se cria forçado a saciar a fome e a sede deles, se desejoso de evitar sua cólera.

Essa divindade do fogo é chamada frequentemente de *Agni* entre os hindus. O Rig Veda contém um grande número de hinos que lhe são dirigidos. Em um deles é dito o seguinte: "Ó Agni, tu és a vida, tu és o protetor do homem... como prêmio de nossos louvores dá ao homem de família que te implora a glória e a riqueza... Agni, tu és um defensor prudente e um pai; a ti devemos a vida, somos tua família". Assim, tal como na Grécia, o fogo doméstico é uma potência tutelar. O homem lhe pede a abundância: "Faz que a terra seja sempre generosa conosco". Pede-lhe a saúde: "Que eu desfrute por muito tempo da luz e que eu chegue à velhice como o sol ao seu poente". Pede-lhe, inclusive, a sabedoria: "Ó Agni, coloca no bom caminho o homem que se extraviou no mau... Se cometemos uma falta, se nos afastamos de ti, perdoa-nos". Esse fogo doméstico era, como na Grécia, essencialmente puro; era rigorosamente interdito ao brâmane arrojar a ele qualquer coisa suja e mesmo aquecer os pés junto a ele.[68] Como na Grécia, o homem culpado não podia mais se aproximar de seu fogo doméstico antes que fosse purificado de sua mácula.

Constitui grande prova da antiguidade dessas crenças e de suas práticas encontrá-las simultaneamente entre os homens das margens do Mediterrâneo e entre aqueles da península indiana. É certo que os gregos não tomaram dos hindus essa religião, nem os hindus dos gregos. Contudo, os gregos, os itálicos, os hindus, pertenciam a uma mesma raça; seus ancestrais, em uma época muito remota, viviam juntos na Ásia Central. Foi lá que conceberam pela primeira vez essas crenças e estabeleceram esses ritos. A religião do fogo sagrado data, portanto, de uma época remota quando não existiam ainda nem gregos, nem itálicos, nem hindus, e quando existiam tão somente arianos. Quando as tribos se separaram umas das outras, transportaram com elas esse culto, umas para as margens do Ganges, outras para as costas do Mediterrâneo. Posteriormente, entre essas tribos apartadas e que não entretinham mais relações entre si, algumas passaram a adorar Brahma, outras a Zeus, outras a Juno. Cada grupo concebeu seus deuses. Mas todos conservaram como tradição a primeira religião que haviam concebido e praticado no berço comum de sua raça.

---

68. A mesma prescrição da religião romana: *pedem in focum non imponere*. Varrão, em Nônio, p. 479, ed. Quicherat, p. 557.

Se a existência desse culto junto a todos os povos indo-europeus não demonstrasse suficientemente a sua alta antiguidade, encontraríamos outras provas mais nos ritos religiosos dos gregos e dos romanos. Em todos os sacrifícios, mesmo naqueles que eram feitos em honra de Zeus ou Atena, era sempre ao fogo doméstico que se dirigia a primeira invocação.[69] Toda oração a um deus, qualquer que fosse, devia começar e terminar por uma oração ao fogo doméstico.[70] Em Olímpia, o primeiro sacrifício que a Grécia reunida oferecia era para o fogo doméstico, o segundo para Zeus.[71] Da mesma maneira, em Roma, a primeira adoração era sempre para Vesta que não era outra senão o fogo doméstico.[72] Ovídio afirma desta divindade que ocupa o primeiro lugar nas práticas religiosas dos homens. E assim podemos ler nos hinos do Rig Veda: "Antes de todos os outros deuses, precisamos invocar Agni. Pronunciaremos seu nome venerável antes daqueles de todos os outros imortais. Ó Agni, qualquer que seja o deus que honremos com nosso sacrifício, é sempre a ti que é dirigido o holocausto." É, portanto, certo que em Roma no tempo de Ovídio, na Índia no tempo dos brâmanes, o fogo doméstico ainda tinha primazia em relação a todos os demais deuses; não que Júpiter e Brahma não tivessem conquistado uma importância bem maior na religião humana. Contudo, todos se lembravam que o fogo doméstico era muito anterior a esses deuses. Ele assumira, há muitos séculos, o primeiro lugar no culto, e os deuses mais novos e maiores não haviam conseguido removê-lo dessa posição.

Os símbolos dessa religião se alteraram segundo as épocas. Quando as populações da Grécia e da Itália adquiriram o costume de representar seus deuses como pessoas e atribuir a cada um deles um nome próprio e uma forma humana, o velho culto do fogo doméstico foi submetido à lei comum que a inteligência humana, nesse período, impunha a toda religião. O altar do fogo sagrado foi personificado; chamou-se-lhe ἑστία, Vesta. O nome foi o mesmo em latim e em grego, sendo nada mais nada menos que aquela palavra mediante a qual na língua comum e primitiva se designava o altar. Por meio de um processo bastante ordinário, formou-se um nome próprio a partir de um nome comum. Uma lenda se constituiu pouco a pouco. Representou-se essa divindade com os traços de uma mulher porque a palavra que designava o altar era

---

69. Porfírio, *De abstin.*, II, p. 106; Plutarco, *De frigido*, 8.
70. *Hinos hom.*, 29; *Ibid.*, 3, v. 33. Platão, *Crátilo*, 18. Hesíquio, αφ'ἑστίας. Diodoro, VI, 2, Aristófanes, *Aves*, 865.
71. Pausânias, V, 14.
72. Cícero, *De nat. Deor.*, II, 27. Ovídio, *Fastos*, VI, 304.

do gênero feminino. Chegou-se até a representar essa deusa por meio de estátuas. Porém não se pôde jamais fazer extinguir o vestígio da crença primitiva segundo a qual essa divindade era simplesmente o fogo do altar; e o próprio Ovídio teve que admitir que Vesta não era senão "uma chama viva".[73]

Se relacionarmos tal culto do fogo sagrado com o culto dos mortos, a que nos referimos há pouco, perceberemos que há entre eles uma conexão estreita.

Observemos, primeiramente, que esse fogo conservado no lar não é, no pensamento dos homens, o fogo da natureza material. O que se vê nele não é o elemento puramente físico que aquece e que queima, que transforma os corpos, funde os metais e se faz instrumento poderoso da indústria humana. O fogo doméstico é de natureza inteiramente diversa. É um fogo puro, o qual só pode ser produzido com a ajuda de certos ritos e só pode ser conservado com certas espécies de madeira. É um fogo casto – a união dos sexos deve ser afastada de sua presença.[74] Não se pede a ele somente a riqueza e a saúde, roga-se também a ele pela obtenção de um coração puro, temperança e sabedoria. "Torna-nos ricos e prósperos" – diz um hino órfico –, "torna-nos também sábios e castos." O fogo doméstico é, consequentemente, uma espécie de ser moral. É verdade que brilha, que aquece, que coze o alimento sagrado, porém ao mesmo tempo ele detém um pensamento, uma consciência; concebe deveres e vigia para que sejam cumpridos. Dir-se-ia homem, visto que possui do homem a dupla natureza: fisicamente ele resplandece, se move, vive, busca a abundância, prepara o repasto, nutre o corpo; moralmente, ele possui sentimentos e afeições, outorga ao homem a pureza, é soberano do belo e do bem, nutre a alma. Pode-se dizer que conserva a vida humana dentro da dupla sucessão de suas manifestações. Representa concomitantemente a fonte da riqueza, da saúde e da virtude. É verdadeiramente o Deus da natureza humana. Posteriormente, quando esse culto foi relegado a segundo plano por Brahma ou por Zeus, o fogo doméstico permaneceu naquilo que do divino tinha de mais acessível ao homem; foi seu intermediário junto aos deuses da natureza física; foi encarregado de conduzir ao céu a oração e a oferenda do homem e trazer ao homem os favores divinos. Um pouco mais tarde, ainda, quando se gerou a partir desse mito do fogo sagrado a grande deusa Vesta, esta foi a deusa virgem. Ela não representou no mundo nem a fecundidade nem o poder, mas a ordem; todavia, não a ordem rigorosa, abstrata, matemática, a lei imperiosa e fatal, ἀνάγκη, que se percebeu há muito entre os fenômenos

---

73. Ovídio, *Fastos*, VI, 291.
74. Hesíodo, *Opera*, 678-680. Plutarco, *Com. sobre Hes.*, *fragm.* 48.

da natureza física. Ela foi a ordem moral. Ela se nos afigurou como uma espécie de alma universal que regia os movimentos diversos dos mundos, tal como a alma humana rege os nossos órgãos.

Assim o pensamento das gerações primitivas deixa-se entrever. O princípio desse culto está fora da natureza física e se acha neste pequeno mundo misterioso que é o homem.

Isto nos conduz novamente ao culto dos mortos. Ambos concernem à mesma antiguidade. Estavam associados tão intimamente que a crença dos antigos constituía mediante eles uma única religião. Fogo doméstico, Demônios, Heróis, deuses Lares, tudo isto se achava confundido.[75] Vemos por dois trechos de Plauto e de Columela que na linguagem vulgar dizia-se indiferentemente fogo doméstico ou Lar doméstico, e nos indica ainda Cícero que não se distinguia o fogo doméstico dos Penates, nem os Penates dos deuses Lares.[76] Lemos em Sérvio: "Por fogos domésticos os antigos entendiam os deuses Lares; inclusive Virgílio pôde registrar indiscriminadamente fogo doméstico e Penates, permutando um pelo outro".[77] Em uma passagem famosa da *Eneida*, Heitor diz a Eneias que lhe remeta os Penates troianos e é o fogo doméstico que Eneias lhe remete. Em uma outra passagem, ao invocar esses mesmos deuses, Eneias os chama ao mesmo tempo de Penates, Lares e Vesta.[78]

Já vimos, a propósito, que aqueles que os antigos chamavam de Lares ou Heróis não eram senão as almas dos mortos, às quais o ser humano atribuía uma poder sobre-humano e divino. A lembrança de um desses mortos sagrados estava sempre vinculada ao fogo doméstico. Ao adorar um, não se podia esquecer o outro. Estavam associados no respeito dos homens e em suas orações. Os descendentes, quando se referiam ao fogo doméstico, recordavam de imediato o nome do antepassado: "Abandona este lugar" – diz Orestes a Helena – "e se dirige ao antigo fogo doméstico de Pélops para poderes compreender minhas palavras".[79] Do mesmo modo, Eneias, falando do fogo doméstico que carrega pelos mares, o designa como Lar de Assaracus, como se contemplasse nesse fogo doméstico a alma de seu ancestral.

---

75. Tíbulo, II, 2. Horácio, *Odes*, IV, 11, 6. Ovídio, *Trist.*, III, 13; V, 5. Os gregos davam a seus deuses domésticos ou heróis o epíteto de ἐφέστιοι ou ἑστιοῦχοι.

76. Plauto, *Aulul.*, II, 7, 16: *In foco nostro Lari*. Columela, XI, 1, 19: *Larem focumque familiarem*. Cícero, *Pro domo*, 41; *Pro Quintio*, 27, 28.

77. Sérvio, *in Aen.*, III, 134.

78. Virgílio, *Eneida*, II, 297; IX, 257-258; V, 744.

79. Eurípides, *Orestes*, 1420-1422.

O gramático Sérvio, bastante instruído nas antiguidades gregas e romanas (no seu tempo eram bem mais estudadas que no tempo de Cícero), sustenta que constituía costume muito antigo inumar os mortos nas casas, e acrescenta: "Devido a este costume, é também nas casas que são honrados os Lares e os Penates".[80] Esta frase estabelece nitidamente uma antiga relação entre o culto dos mortos e o fogo doméstico. É legítimo, pois, pensar que o fogo doméstico não foi, na sua origem, senão o símbolo do culto dos mortos e que sob essa pedra do fogo doméstico repousava um antepassado, que o fogo era ali aceso para honrá-lo, e que esse fogo parecia conservar-lhe a vida ou representava sua alma sempre vigilante.

Isto não passa de uma conjectura, e faltam-nos provas. Não obstante, é certo que as mais antigas gerações, da raça de onde emergiram os gregos e os romanos, experimentaram o culto dos mortos e do fogo doméstico, religião antiga que não extraía seus deuses da natureza física, mas do próprio homem, e que tinha por objeto de adoração o ser invisível que reside em nós, a força moral e pensante que anima e que governa nosso corpo.

Esta religião nem sempre se revelou igualmente poderosa em relação à alma; debilitou-se pouco a pouco, mas não desapareceu. Contemporânea dos primórdios da raça ariana, penetrou tão profundamente nas entranhas desta raça que a brilhante religião do Olimpo grego não foi suficiente para desenraizá-la, tendo sido necessário para isto o cristianismo.

Veremos em breve que ação poderosa essa religião exerceu sobre as instituições domésticas e sociais dos antigos. Foi concebida e estabelecida nessa época longínqua, quando essa raça buscava suas instituições, e determinou a via pela qual os povos passaram a caminhar depois.

---

80. Sérvio, *in Aen.*, V, 64; VI, 152. Vide Platão, *Minos*, 315: ἔθαπτον ἐν τῇ οἰκίᾳ τοὺς ἀποθανόντας.

CAPÍTULO IV
A RELIGIÃO DOMÉSTICA

Não é apropriado representar essa antiga religião como aquelas que foram fundadas mais tarde no seio de uma humanidade mais avançada. Há um grande número de séculos, o gênero humano não admite mais uma doutrina religiosa a não ser sob duas condições: primeiro, que lhe anuncie um deus único; segundo, que se dirija a todos os homens e a todos seja acessível, sem excluir sistematicamente qualquer classe ou raça. A religião dos primórdios da espécie humana não preenchia nenhuma dessas duas condições. Não só não oferecia para a veneração dos homens um deus único, como seus deuses não aceitavam a veneração de todos os homens. Não se apresentavam como sendo os deuses do gênero humano. Não se assemelhavam nem sequer a Brahma, o qual era ao menos o deus de toda uma grande casta, nem sequer ao Zeus pan-helênico que era o deus de uma nação inteira. Nessa religião primitiva cada deus só podia ser adorado por um família. A religião era puramente doméstica.

É preciso esclarecer este ponto importante, sem o qual não se compreenderá a relação estreitíssima estabelecida entre essas velhas crenças e a constituição da família grega e romana.

O culto dos mortos não se assemelhava de maneira alguma ao que os cristãos prestam aos santos. Uma das primeiras regras desse culto é que só podia ser realizado por cada família aos mortos que a ela estavam ligados por laços de sangue. Os funerais só podiam ser religiosamente celebrados pelo parente mais próximo. Quanto ao repasto fúnebre que se repetia em épocas determinadas, somente a família tinha o direito de assisti-lo, estando qualquer estranho rigorosamente excluído dele.[81] Acreditava-se que o morto apenas recebia a

---

81. A lei de Sólon proibia a quem não fosse parente do morto acompanhá-lo, aos gemidos, no enterro (Plutarco, *Sólon*, 21). Autorizava as mulheres a acompanhar o morto apenas até o grau de primas, ἐντὸς ἀνεψιάδων (Demóstenes, *in Macartatum* 62-63. Cf. Cícero, *De legibus*, II, 26.

oferenda das mãos dos seus; somente aspirava ao culto dos seus descendentes. A presença de um homem que não pertencia à família perturbava o repouso dos manes e por isso a lei proibia que um estrangeiro se aproximasse dos túmulos.[82] Tocar com o pé, mesmo por mero descuido, uma sepultura, constituía ação de impiedade, que obrigava a um ato de reconciliação com o morto, exigindo ainda do ímpio uma purificação. A palavra mediante a qual os antigos designavam o culto dos mortos é significativa – os gregos diziam πατριάζειν,[83] os latinos *parentare*. Com efeito, a prece e a oferenda eram dirigidas por cada um exclusivamente aos seus pais.[84] O culto dos mortos era verdadeiramente o culto dos ancestrais.[85] Luciano, fazendo gracejo com as opiniões do vulgo, as explica a nós claramente quando diz: "O morto que não deixava filhos não recebia oferendas, estando sujeito a uma fome perpétua".[86]

Tanto na Índia quanto na Grécia, a oferenda só podia ser feita a um morto por seus descendentes. A lei dos hindus, bem como a lei dos atenienses, proibia a admissão de um estranho, mesmo sendo um amigo, ao repasto fúnebre. Tão necessário era que esses repastos fossem oferecidos pelos descendentes do morto e não por outros, que se supunha que os manes, em sua morada, pronunciavam amiúde este voto: "Que possam nascer sucessivamente de nossa linhagem filhos que nos ofereçam no desenrolar dos tempos o arroz cozido em leite, o mel e a manteiga purificada".[87]

A partir disso o que sucedia é que na Grécia e em Roma, bem como na Índia, o filho tinha a obrigação de fazer as libações e os sacrifícios aos manes de seu pai e de todos os seus avós.[88] O não cumprimento deste dever constituía

---

Varrão, *L.L.*, VI, 13: *Ferunt epulas ad sepulcrum quibus jus ibi parentare*. Gaio, II, 5, 6: *Si modo mortui funus ad nos pertineat*.

82. Οὐκ ἔξεστιν ἐπ'ἀλλοτρία μνήματα βαδίζειν (lei de Sólon, em Plutarco, *Sólon*, 21). *Pittacus omnino accedere quemquam vetat in funus aliorum* (Cícero, *De legibus*, II, 26).

83. Pólux, III, 10.

84. Também lemos em Iseu, *De Meneclis herede.*, 46: "Visto que Menecles não tem filhos, não haverão sacrifícios domésticos por ele e ninguém levará a oferenda anual ao seu túmulo". Outros trechos deste mesmo orador mostram que é sempre o filho que deve levar as bebidas ao túmulo; *De Philoct. hered.*, 30.

85. Ao menos, originariamente, pois depois as cidades tiveram seus heróis locais e nacionais, como veremos na sequência. Veremos também que a adoção produzia um parentesco artificial, dando o direito de honrar uma série de antepassados.

86. Luciano, *De luctu*.

87. *Código de Manu*, III, 138; III, 274.

88. É o que se chama na língua grega de ποιεῖν τὰ νομιζόμενα (Ésquines, *in Timarch.*, 40, Dinarca, *in Aristog.*, 18). Cf. Plutarco, *Catão*, 15: Χρὴ τοῖς γονεῦσιν ἐναγίζειν. Observe-se como

a mais grave impiedade que se podia cometer, visto que a interrupção desse culto resultava no descuido de uma série de mortos, destruindo a felicidade deles. Uma tal negligência consistia em nada menos que um verdadeiro parricídio multiplicado por tantas vezes quantos antepassados houvesse na família.

Se, ao contrário, os sacrifícios eram sempre realizados segundo os ritos, se os alimentos eram levados ao túmulo nos dias fixados, então o antepassado se convertia em um deus protetor. Hostil a todos que não descendiam dele, repelindo-os de seu túmulo, atingindo-os com enfermidades caso se aproximassem, em contrapartida, para os seus, ele era sempre bom e prestativo.

Havia uma troca perpétua de bons serviços entre os vivos e os mortos de cada família. O ancestral recebia de seus descendentes a série de repastos fúnebres, ou seja, os únicos prazeres que podia gozar na segunda vida. O descendente recebia do ancestral o auxílio e a força de que tinha necessidade nesta vida. O vivo não podia passar sem o morto, e este não podia passar sem o vivo. Disto resultou um liame poderoso, que se estabelecia entre todas as gerações de uma mesma família, fazendo desta um corpo eternamente inseparável.

Cada família possuía seu túmulo, onde seus mortos vinham repousar um após o outro, sempre juntos. Todos aqueles de mesmo sangue deviam ser aí enterrados e nenhum homem pertencente a outra família podia aí ser admitido.[89]

Dinarca censura Aristógiton por não fazer o sacrifício anual para seu pai, que morreu em Erétria. Dinarca, *in Aristog.*, 18.

89. O antigo uso dos túmulos familiares é atestado da maneira mais formal. As palavras τάφος πατρῷος, μνῆμα πατρῷον, μνῆμα τῶν προγόνων aparecem continuamente nos gregos, como entre os latinos *tumulus patrius, monumentum gentis*. Demóstenes, *in Eubulidem*, 28: τὰ πατρῷα μνήματα, ὧν κοινωνοῦσιν ὅσοιπέρ εἰσὶ τοῦ γένους. A lei de Sólon proibia ali o sepultamento de um homem de outra família; *ne alienum inferat* (Cícero, *De leg.*, II, 26). Demóstenes, *in Macartatum*, 79, descreve o túmulo "onde repousam todos aqueles que descendem de Buselos; chama-se o monumento de Busélidas. Trata-se de um amplo recinto fechado, segundo a regra antiga". O túmulo dos Laquíadas μνήματα Κιμωνία é mencionado por Marcelino, biógrafo de Tucídides, e por Plutarco, *Cimon*, 4. – Há uma velha história que prova quão necessário se julgava que todo morto fosse enterrado no túmulo de sua família; contava-se que os lacedemônios, na iminência de travar batalha com os messênios, haviam atado aos seus braços direitos sinais particulares indicando o nome de cada um e aquele de seu pai, a fim de que, em caso de morte, o corpo pudesse ser reconhecido e transportado para o túmulo paterno. Esta característica dos costumes antigos nos foi conservada por Justino, III, 5. Ésquilo alude ao mesmo costume quando diz, referindo-se aos guerreiros que vão perecer, que eles serão levados aos túmulos de seus pais, τάφων πατρῴων λαχαί (*Sete contra Tebas*, v. 914). – Os romanos possuíam também túmulos familiares. Cícero, *De offic.*, I, 17: *Sanguinis conjunctio, eadem habere monumenta majorum, iisdem uti sacris, sepulcra habere communia*. Como na Grécia, era proibido enterrar em um túmulo familiar um homem que pertencia a outra família; Cícero, *De legib.*, II, 22: *Mortuum extra gentem inferri fas negant*. Vide Ovídio, *Trist.*, IV, 3, 45; Veleio, II, 119; Suetônio, *Nero*, 50; Tibério, I; Cícero, *Tuscul.*, I, 7; *Digesto*, XI, 7; XLVII, 12, 5.

Ali eram celebrados as cerimônias e os aniversários; ali cada família acreditava ver seus ancestrais sagrados. Nos tempos antigos, o túmulo era mesmo na propriedade da família, no meio da habitação, não distante da porta, "a fim de que" – diz um antigo – "os filhos, ao entrar ou ao sair de sua morada reencontrassem todas as vezes seus pais, e lhes dirigissem uma invocação".[90] Assim, o ancestral permanecia no meio dos seus; invisível, mas sempre presente, continuava a fazer parte da família e a ser o pai. Imortal, feliz, divino, interessava-se pelo que deixara de mortal na terra; conhecia suas necessidades, amparava os seus nas suas fraquezas. E aquele que vivia ainda, que trabalhava, que, conforme a expressão antiga, não havia ainda se divorciado da existência, tinha muito próximo de si, como guias e apoiadores, seus pais. Ao atravessar dificuldades, ele invocava a antiga sabedoria deles, na angústia solicitava o consolo deles, no perigo um sustentáculo, após um erro, seu perdão.

Seguramente é muito difícil para nós hoje compreender que o homem pudesse colocar como seu objeto de veneração o pai ou o ancestral. Fazer um deus do homem nos parece contraditório do ponto de vista religioso. É-nos quase tão difícil compreender as velhas crenças desses homens como teria sido para eles compreenderem as nossas. Mas convém que lembremos que os antigos não dispunham da ideia de criação, e por isso o mistério da geração era para eles o que o mistério da criação pode ser para nós. O gerador se lhes afigurava como um ser divino e assim o adoravam na figura do antepassado. É preciso que esse sentimento tenha sido bastante natural e bastante poderoso, de maneira que pudesse surgir como princípio de uma religião à origem de quase todas as sociedades humanas. Encontramo-lo entre os chineses, e também entre os antigos getas e citas, e não só entre as populações da África como também entre aquelas do Novo Mundo.[91]

O fogo sagrado, que estava tão intimamente associado ao culto dos mortos, tinha também como caráter essencial pertencer propriamente a cada família. Representava os ancestrais;[92] era a providência de uma família e nada tinha de comum com o fogo da família vizinha, que era uma outra providência. Cada fogo doméstico protegia os seus.

---

90. Eurípides, *Helena*, 1163-1168.
91. Entre os etruscos e os romanos era hábito que toda família religiosa guardasse as imagens de seus ancestrais alinhadas em torno do átrio. Eram essas imagens simples retratos da família ou ídolos?
92. Ἑστία πατρῷα, *Focus patrius*. Do mesmo modo, nos Vedas, Agni é ainda invocado por vezes como deus doméstico.

Toda esta religião estava confinada ao interior de cada casa. O culto não era público. Todas as cerimônias, ao contrário, eram realizadas exclusivamente no seio da família.[93] O fogo doméstico não era jamais colocado nem fora da casa e nem mesmo próximo da porta exterior, de onde qualquer estranho poderia vê-lo. Os gregos o colocavam sempre em um recinto[94] que o protegesse contra o contato e mesmo contra o olhar dos profanos. Os romanos o ocultavam no coração de suas casas. A todos esses deuses, Fogo doméstico, Lares, Manes, chamava-se de deuses ocultos ou de deuses do interior.[95] Para todos os atos dessa religião o segredo era mister, *sacrificia occulta*, diz Cícero;[96] se uma cerimônia fosse percebida por um estranho estaria perturbada, conspurcada tão só por seu olhar.

Para essa religião doméstica não havia nem regras uniformes nem ritual comum. Cada família gozava de completa independência. Nenhum poder externo detinha o direito de fixar regras para seu culto ou sua crença. Não havia nenhum outro sacerdote senão o pai, que, como sacerdote, não conhecia nenhum superior hierárquico. O pontífice de Roma ou o arconte de Atenas podiam se certificar da realização de todos os atos religiosos por parte do pai de família, mas não tinham o direito de lhe impor a menor alteração nas normas domésticas da religião. *Suo quisque ritu sacrificium faciat*, esta era a regra absoluta.[97] Cada família possuía as cerimônias que lhe eram próprias, suas festas particulares, suas fórmulas de oração e seus hinos.[98] O pai, único intérprete e único pontífice de sua religião, detinha sozinho o poder de ensiná-la, e somente ao seu filho. Os ritos, as palavras da oração, os cantos que integravam essencialmente essa religião doméstica constituíam um patrimônio, uma propriedade sagrada que a família não partilhava com ninguém e que era, inclusive, proibida de ser revelada aos estranhos. O mesmo ocorria na Índia, onde dizia o brâmane: "Sou forte contra meus inimigos, pelos cantos que conservo de minha família e que meu pai me transmitiu".[99]

---

93. Iseu, *De Cironis hereditate*, 15-18.
94. Este recinto era chamado de ἕρκος.
95. Θεοὶ μύχιοι, *dii Penates*. Cícero, *De nat. Deor.*, II, 27: *Penates, quod penitus insident*. Sérvio, *in Aen.*, III, 12: *Penates ideo appellantur quod in penetratibus aedium coli solebant*.
96. Cícero, *De arusp. resp.*, 17.
97. Varrão, *De ling. lat.*, VII, 88.
98. Hesíodo, *Opera*, 701. Macróbio, *Sat.*, I, 16. Cícero, *De legib.*, II, 11: *Ritus familiae patrumque servare*.
99. Rig Veda, tr. Langlois, t. I, p. 113. O Código de Manu menciona amiúde os ritos particulares de cada família: VIII, 3; IX, 7.

Deste modo, a religião não estava nos templos, mas nas casas. Cada um possuía seus deuses. Cada deus protegia apenas uma família e era deus apenas em uma casa. Não se pode racionalmente supor que uma religião detentora de tal caráter tenha sido revelada aos homens pela imaginação vigorosa de um entre eles, ou que lhes tenha sido ministrada por uma casta de sacerdotes. Nasceu espontaneamente no espírito humano; seu berço foi a família; cada família construiu seus deuses.

E uma tal religião só podia propagar-se por meio da geração. O pai, ao conceder a vida ao seu filho, dava-lhe ao mesmo tempo sua crença, seu culto, o direito de conservar o fogo doméstico, de oferecer o repasto fúnebre e de proferir as fórmulas de oração. A geração estabelecia um vínculo misterioso entre a criança que nascia para a vida e todos os deuses da família. Esses deuses eram sua própria família, θεοὶ ἐγγενεῖς; eram seu sangue, θεοὶ σύναιμοι.[100] A criança era, portanto, ao nascer, portadora do direito de adorá-los e de lhes oferecer os sacrifícios, tanto como mais tarde, quando a morte a tivesse divinizado, estaria ela mesma, por sua vez, presente entre os deuses da família.

Mas é preciso observar a particularidade segundo a qual a religião doméstica somente se propagava de homem para homem. Isto resulta, sem sombra de dúvida, da ideia de geração como os homens a conceberam.[101] A crença das eras primitivas tal como a encontramos nos Vedas e da qual vemos traços em todo o direito grego e romano era que o poder reprodutor residia exclusivamente no pai. O pai somente detinha o princípio misterioso do ser e transmitia a centelha da vida. Desta concepção antiga se partiu até provir como norma que o culto doméstico passasse sempre de homem para homem, que a mulher dele participava só mediante intermediação de seu pai e de seu marido, e enfim, que depois da morte a mulher não recebia o mesmo quinhão do homem no culto e nas cerimônias do repasto fúnebre. Disso resultaram ainda outras consequências muito graves para o direito privado e para a constituição da família, o que veremos mais adiante.

---

100. Sófocles, *Antig.*, 199; *Ibid.*, 659. Comparai Πατρῷοι θεοί em Aristófanes, *Vespas*, 388; Ésquilo, *Pers.*, 404; Sófocles, *Electra*, 411; Θεοὶ γενέθλιοι, Platão, *As Leis*, V, p. 729; *Di generis*, Ovídio, *Fastos*, II, 631.

101. Os Vedas apontam o fogo sagrado como causa da posteridade masculina. Ver o *Mitakchara*, trad. Orianne, p. 139.

LIVRO SEGUNDO
A FAMÍLIA

CAPÍTULO I
A RELIGIÃO FOI O PRINCÍPIO CONSTITUTIVO DA FAMÍLIA ANTIGA

Se nós nos transportarmos pelo pensamento ao meio dessas antigas gerações de homens, encontraremos em cada casa um altar e ao redor deste altar a família reunida. Ela se reúne toda manhã para dirigir ao fogo doméstico suas primeiras orações, cada noite para invocá-lo pela última vez. Durante o dia, ela se reúne ainda junto a ele para o repasto, que é compartilhado piamente após a oração e a libação. Em todos estes atos religiosos, a família canta em conjunto hinos que seus pais lhes legaram.

Fora da casa, bem próximo, no campo vizinho, há um túmulo. É a segunda morada dessa família. Ali repousam em comum diversas gerações de ancestrais – a morte não os separou. Permanecem agrupados nessa segunda existência e continuam formando uma família indissolúvel.

Entre a parte viva e a parte morta da família existe tão somente essa distância de alguns passos que separam a casa do túmulo. Em certos dias, determinados para cada um por sua religião doméstica, os vivos se reúnem junto aos seus ancestrais. Trazem-lhes o repasto fúnebre, servem-lhes o leite e o vinho, depõem os bolos e as frutas, ou queimam para eles a carne de alguma vítima. Em troca dessas oferendas, solicitam sua proteção; chamam-nos de seus deuses e lhes pedem que tornem o campo fértil, a casa próspera, os corações virtuosos.

O princípio da família antiga não está unicamente na geração. A prova disso é que a irmã não é dentro da família o que é nela o irmão, que o filho emancipado ou a filha casada cessam completamente de fazer parte dela. São, enfim, várias disposições importantes das leis gregas e romanas que teremos a oportunidade de examinar mais adiante.

O princípio da família não reside, tampouco, na afeição natural, visto que o direito grego e o direito romano não consideravam de modo algum esse sentimento. Pode existir no âmago dos corações, porém nada dele existe no direito. O pai podia amar a filha com ternura, contudo não podia legar-lhe seus bens. As leis que regem o direito sucessório, o que vale dizer, entre as leis aquelas que traduzem mais fielmente as ideias que os homens faziam da família, contrariam flagrantemente seja a ordem de nascimento, seja a afeição natural.[1]

Tendo os historiadores do direito romano observado com muita justiça que nem o nascimento nem a afeição natural constituíam o fundamento da família romana, acreditaram que tal fundamento devia se encontrar no poder paterno ou marital. Fazem deste poder uma espécie de instituição primordial. Não explicam, contudo, como a família se formou, a não ser que fosse mediante a superioridade de força do marido sobre a esposa, dos pais sobre os filhos. Ora, constitui um grave equívoco colocar assim a força na origem do direito. Veremos, a propósito, na sequência, que a autoridade paterna ou marital, longe de ter sido uma causa primeira, foi ela própria um efeito; originou-se da religião, tendo sido estabelecida por ela. Não é, pois, o princípio constitutivo da família.

O que uniu os membros da família antiga foi algo mais poderoso que o nascimento, que o sentimento e que a força física: foi a religião do fogo doméstico e dos ancestrais, a qual fez com que a família formasse um corpo nesta e na outra vida. A família antiga era mais uma associação religiosa que uma associação natural. Também veremos na sequência que a mulher só será considerada efetivamente quando a cerimônia sagrada do casamento a tiver iniciado no culto; que o filho não será mais considerado se renunciar ao culto ou se for emancipado; que o adotado, ao contrário, se tornará um verdadeiro filho porque, se não possuía um vínculo de sangue, dispunha de algo melhor, ou seja, a comunhão do culto; que o legatário que se recusar a adotar o culto dessa família não terá a sucessão; que, enfim, o parentesco e o direito à herança serão regulados não em conformidade com o nascimento, mas em conformidade com os direitos de participação no culto tais como a religião os estabeleceu. Não há dúvida que não foi a religião que criou a família, mas seguramente foi ela que lhe deu suas regras, daí resultando que a família antiga recebeu uma constituição tão diferente daquela que teria recebido se os sentimentos naturais tivessem constituído por si sós seu fundamento.

---

1. Que se compreenda bem que nos referimos aqui ao direito mais antigo. Veremos na sequência que essas velhas leis foram modificadas.

A antiga língua grega possuía uma palavra bastante significativa para designar uma família; dizia-se ἐπίστιον, vocábulo que significa literalmente *aquilo que está junto de um fogo doméstico*. Uma família era um grupo de pessoas a quem a religião permitia invocar o mesmo fogo doméstico e oferecer o repasto fúnebre aos mesmos ancestrais.²

---

2. Heródoto, V, 73, para dizer 700 famílias, empregava a expressão ἑπτακοσία ἐπιστία. Alhures, I, 176, para designar 80 famílias, ele diz ὀγδώκοντα ἑστίαι. Em Plutarco pode-se encontrar a mesma expressão, *Rômulo*, 9.

CAPÍTULO II

O CASAMENTO

A primeira instituição que a religião doméstica estabeleceu foi realmente o casamento.

Cumpre frisar que essa religião do fogo doméstico e dos antepassados, que era transmitida em linhagem masculina, não pertencia, contudo, unicamente ao homem: a mulher participava do culto. Como filha, assistia aos atos religiosos de seu pai; como mulher casada, àqueles de seu marido.

Só por isso estima-se bem o caráter essencial da união conjugal entre os antigos. Duas famílias vivem uma ao lado da outra, mas têm deuses diferentes. Em uma delas, uma jovem toma parte, desde sua infância, na religião de seu pai. Ela invoca seu fogo doméstico; oferece-lhe libações todos os dias, cerca-o de flores e guirlandas nos dias de festa, pede-lhe proteção, agradece-lhe por seus benefícios. Este fogo doméstico paterno é seu deus. Se um jovem da família vizinha a pede em casamento, trata-se para ela de algo bem diferente do que simplesmente transferir-se de uma casa para outra. Trata-se, sim, de abandonar o fogo doméstico paterno para pôr-se doravante a invocar o fogo doméstico do esposo. Trata-se de mudar de religião, de praticar outros ritos e fazer outras orações. Trata-se de deixar o deus de sua infância para colocar-se sob o império de um deus que ela não conhece. Que ela não espere permanecer fiel a um honrando o outro, pois nessa religião há um princípio imutável segundo o qual uma mesma pessoa não pode invocar dois fogos domésticos nem duas sucessões de ancestrais. "A partir do casamento" – diz um antigo – "a mulher não tem mais nada em comum com a religião doméstica de seus pais: sacrifica ao fogo doméstico do marido."[3]

O casamento representa, por conseguinte, um ato de grande gravidade para a jovem; todavia, não é menos grave para o esposo, porque quer essa

---

3. Dicearca, citado por Estêvão de Bizâncio, v. πάτρα.

religião que se seja nascido próximo do fogo doméstico para que se tenha aí o direito de sacrificar. E, no entanto, o esposo vai aproximar de seu fogo doméstico uma estranha; com ela celebrará as cerimônias misteriosas de seu culto, lhe revelará os ritos e as fórmulas que são o patrimônio de sua família. Nada há de mais precioso que essa herança; esses deuses, esses ritos, esses hinos conservados a partir de seus pais. É o que o protege na vida, prometendo-lhe a riqueza, a felicidade e a virtude. E, no entanto, em lugar de guardar para si tal poder tutelar, como o selvagem guarda seu ídolo ou seu amuleto, ele vai admitir uma mulher para dividi-lo consigo.

Consequentemente, quando se penetra nos pensamentos desses homens antigos, vê-se que monta tinha para eles a união conjugal, e quanto da intervenção da religião era aí necessário. Não seria mister que por meio de alguma cerimônia sagrada a jovem fosse iniciada no culto que ia seguir doravante? A fim de se tornar sacerdotisa desse fogo doméstico, ao qual o nascimento não a vinculava, não ser-lhe-ia necessária uma espécie de ordenação ou adoção?

O casamento era o ritual sagrado que devia produzir esses grandes efeitos. É habitual entre os escritores latinos ou gregos designar o casamento por palavras indicativas de um ato religioso.[4] Pólux, que vivia no tempo dos Antoninos, mas que dispunha de toda uma antiga literatura de que não dispomos mais, diz que nesses tempos antigos, em lugar de designar o casamento por seu nome particular (γάμος), se o designava simplesmente pela palavra τέλος, que tem o significado de cerimônia sagrada,[5] como se o casamento tivesse sido nesses tempos antigos a cerimônia sagrada por excelência.

Ora, a religião que concretizava o casamento não era a de Júpiter, de Juno ou de outros deuses do Olimpo. A cerimônia não tinha lugar em um templo, e sim em uma casa, sendo o deus doméstico que aí presidia. Na verdade, quando a religião dos deuses celestes se tornou preponderante, não se podia deixar de invocá-los também por ocasião das orações do casamento; torna-se até costumeiro dirigir-se previamente aos templos para aí fazer sacrifícios aos deuses, ao que se dava o nome de prelúdios do casamento.[6] Mas, a parte principal e essencial da cerimônia devia sempre se realizar diante do fogo doméstico.

Entre os gregos a cerimônia do casamento se compunha, por assim dizer, de três atos. O primeiro ocorria diante do fogo doméstico paterno, εγγύησις;

---

4. Θύειν γάμον, *sacrum nuptiale*.
5. Pólux, III, 3, 38.
6. Προτέλεια, προγάμια. Pólux, III, 38.

o terceiro diante do fogo doméstico do marido, τέλος; o segundo era a passagem de um a outro, πομπή.

1. Na casa paterna, com a presença do pretendente, o pai, circundado ordinariamente de sua família, oferece um sacrifício. Findo o sacrifício, ele declara, pronunciando uma fórmula sacramental, que dá sua filha ao jovem. Esta declaração é absolutamente indispensável ao casamento porque a moça não poderia fazer a veneração do fogo doméstico do esposo se seu pai não a tivesse desligado previamente do fogo doméstico paterno. Para assumir sua nova religião deve estar desvinculada de todo liame e todo afeto com sua primeira religião.[7]

2. A jovem é levada à casa do marido. Por vezes é o próprio marido que a conduz.[8] Em certas cidades o encargo de conduzir a jovem dizia respeito a um desses homens revestidos na Grécia de um caráter sacerdotal e que os gregos chamavam de arautos.[9] Geralmente a moça era conduzida em um carro,[10] o rosto coberto por um véu, na cabeça uma coroa. A coroa, como teremos frequentemente o ensejo de constatá-lo, várias vezes era utilizada em todas as cerimônias do culto. O vestido da moça é branco. O branco era a cor das vestes em todos os atos religiosos. Alguém a precede portando um archote, o archote nupcial.[11] Durante todo o percurso canta-se em torno dela um hino religioso que tem por refrão ὦ ὑμήν, ὦ ὑμέναιε. Dava-se a este hino o nome de *himeneu*, e a importância desse canto sagrado era tão grande que se dava seu nome à cerimônia toda.[12]

A jovem não entrava por si mesma na sua nova morada. Era necessário que seu marido a carregasse, que simulasse um rapto, que ela desse alguns gritos e que as mulheres que a acompanhavam fingissem protegê-la. Por que este rito? Sinal de pudor da jovem? Isto é pouco provável, pois o momento do pudor não chegara ainda, uma vez que é uma festa religiosa o que vai ser realizado em casa. Não significará, antes, não ter a mulher, que vai sacrificar a esse fogo doméstico, por si mesma nenhum direito, acercando-se dele não devido à sua vontade, mas

---

7. Heródoto, VI, 130. Iseu, *De Philoctem. hered.*, 14. Demóstenes fornece algumas palavras da fórmula: ἐγγυήσῃ ἐπὶ δικαίοις δάμαρτα (*In Stephanum*, II, 18). Esta parte do ato do casamento se chama também ἔκδοσις, *traditio*, Pólux, III, 35, Demóstenes, *pro Phormione*, 32.
8. Pólux, III, 41.
9. Plutarco, *Quest. greg.*, 27.
10. Plutarco, *Quest. rom.*, 29. Fótio, *Lex.*, p. 52. Παραλαβόντες αὐτὴν ἐκ τῆς πατρῴας ἑστίας ἐπὶ τὴν ἅμαξαν ἄγουσιν εἰς τὴν τοῦ γαμοῦντος.
11. *Ilíada*, XVIII, 492. Hesíodo, *Scutum*, 275. Eurípides, *Ifig. em Áulis*, 732; *Fenícias*, 344; *Helena*, 722-725. Pólux, III, 41. Luciano, *Aétion*, 5.
12. *Ilíada*, XVIII, 495. Hesíodo, *Scutum*, 280. Aristófanes, *Aves*, 1720; *Paz*, 1332. Pólux, III, 37; IV, 80. Fótio, *Bibliot.*, c. 239.

devido àquela do senhor do lugar e do deus que a introduz ali, mediante um ato de seu poder? Seja lá o que for, após um embate simulado, o esposo a ergue nos braços e a faz atravessar a porta, porém tendo o extremo cuidado para que os pés da jovem não toquem a soleira.[13] Estes antecedentes não passam de preparativos e o prelúdio da cerimônia. O ato sagrado acontecerá dentro da casa.

3. É feita a aproximação do fogo doméstico, a esposa é colocada na presença da divindade doméstica. É aspergida com água lustral e toca o fogo sagrado.[14] Orações são ditas. Em seguida os esposos repartem um bolo, um pão e algumas frutas.[15]

Essa espécie de refeição ligeira que começa e termina com uma libação e uma oração, essa partilha do alimento perante o fogo doméstico coloca os dois esposos em comunhão religiosa e em comunhão com os deuses domésticos.[16]

O casamento romano assemelhava-se bastante ao casamento grego e compreendia, como aquele, três atos: *traditio, deductio in domum, confarreatio*.

1. A jovem deixa o fogo doméstico paterno. Como não está ligada a este fogo doméstico por seu próprio direito, mas somente mediante o pai de família, é só a autoridade deste que a pode desvincular daquele. A *tradição* é portanto uma formalidade indispensável.[17]

2. A jovem é conduzida à casa do esposo. Como na Grécia, ela está velada, porta uma coroa, e um archote nupcial precede o cortejo.[18] Em torno dela canta-se um antigo hino religioso. As palavras deste hino mudaram talvez com o tempo, adaptando-se às variações das crenças ou àquelas da linguagem; entretanto, o refrão sacramental subsistiu sempre sem jamais poder ser alterado: era o vocábulo *Talassia*, palavra cujo sentido os romanos do tempo de Horácio não

---

13. Plutarco, *Licurgo*, 15: ἐγάμουν δι' ἁρπαγῆς. Dionísio de Halicarnasso, II, 30: ἐπὶ γάμῳ γενομένης, Ἑλληνικόν τε καὶ ἀρχαῖον ἀποφαίνων τὸ ἔθος καὶ τρόπων συμπάντων καθ' οὓς συνάπτονται γάμοι ταῖς γυναιξὶν ἐπιφανέστατον.
14. *Ignem undamque jugalem* (Valério Flaco, *Argonauta*, VIII, 245).
15. Plutarco, *Sólon*, 20; *Praec. conjug.*, I. O mesmo uso entre os macedônios; Quinto Cúrcio, VIII, 16: *Jussit afferri patrio more panem; hoc erat apud Macedones sanctissimum coeuntium pignus; quem divisum gladio uterque libabat.*
16. Daí a expressão seguinte de Platão: ταῖς μετὰ θεῶν καὶ ἱερῶν γάμων ἐλθούσαις εἰς τὴν οἰκίαν (*As Leis*, VIII, p. 841) e esta outra de Plutarco: εἰς κοινωνίαν γένους ἐλθεῖν τὰ μέγιστα καὶ τιμιώτατα λαμβάνοντας καὶ διδόντας (*Vida de Teseu*, 10). O mesmo escritor afirma alhures que não há laço mais sagrado que o casamento, οὐκ ἔστι ἱερώτερα κατάζευξις (*Amatorius*, 4).
17. Sobre as formas singulares da *traditio*, da *sponsio* em direito romano, ver o texto curiosíssimo de Sérvio Sulpício em *Aulo Gélio*, IV, 4. – Cf. Plauto, *Aululária*, II, 2, 41-49; II, 3, 4; *Trinummus*, V, 4; Cícero, *Ad Atticum*, I, 3.
18. Ovídio, *Fastos*, II, 558-561.

compreendiam melhor que os gregos o sentido da palavra ὑμέναιε, e que era provavelmente o resquício sagrado e inviolável de uma antiga fórmula.[19] O cortejo se detém diante da casa do marido. Aqui, apresenta-se à jovem o fogo e a água. O fogo é o emblema da divindade doméstica; a água é a água lustral, que serve para a família realizar todos os atos religiosos.[20] Para que a moça entre na casa, é preciso, como na Grécia, simular o rapto.[21] O esposo deve erguê-la nos braços e carregá-la acima da soleira da porta sem que os pés da moça a toquem.

3. A esposa é conduzida, então, diante do fogo doméstico, onde estão os Penates, onde todos os deuses domésticos e as imagens dos ancestrais estão agrupados em torno do fogo sagrado. Os dois esposos, como na Grécia, fazem um sacrifício, vertem a libação, pronunciam algumas orações e comem juntos um bolo de farinha-flor (*panis farreus*).[22]

Esse bolo, comido em meio à recitação das orações, na presença e sob os olhos das divindades da família, é o que produz a união santa de esposo e esposa.[23] A partir de então estão associados no mesmo culto. A mulher tem os mesmos deuses, as mesmas orações, as mesmas festas do seu marido. Daí a velha definição do casamento conservada pelos jurisconsultos: *Nuptiae sunt divini juris et humani communicatio*. E esta outra: *Uxor socia humanae rei atque divinae*.[24] É que a mulher entrou na partilha da religião do marido, essa mulher que os próprios deuses – como diz Platão – introduziram na casa.

A mulher assim casada é possuidora, ainda, do culto dos mortos; porém, não é mais aos seus próprios ancestrais que ela leva o repasto fúnebre – não tem mais esse direito. O casamento a desligou completamente da família de seu pai

---

19. Plutarco, *Rômulo*, 15.
20. Varrão, *De ling. lat.*, V, 61. Plutarco, *Quest. rom.*, I. Sérvio, *ad Aeneid.*, IV, 167.
21. Plutarco, *Quest. rom.*, 29; Rômulo, 15. Macróbio, *Saturnais*, I, 15. Festo, v. *rapi*.
22. Plínio, *Hist. nat.*, XVIII, 3, 10: *In sacris nihil religiosius confarreationis vinculo erat, novaeque nuptae farreum praeferebant.* Dionísio de Halicarnasso, II, 25; ἐκάλουν δὲ τοὺς ἱεροὺς καὶ νομίμους οἱ παλαιοὶ γάμους Ῥωμαϊκῇ προσηγορίᾳ περιλαμβάνοντες φαρραχείους ἐπὶ τῆς κοινωνίας τοῦ φαρρός. – Tácito, *An.*, IV, 16; XI, 26-27. Juvenal, X, 329-336. Sérvio, *ad Aen.*, IV, 103; *ad. Georg.*, I, 31. Gaio, I, 110-112. Ulpiano, IX, *Digesto*, XXIII, 2, 1. – Entre os etruscos, também, o casamento se realizava por um sacrifício (Varrão, *De re rust.*, II, 4). – Os mesmos usos são observados entre os antigos hindus (*Código de Manu*, III, 27-30, 172; V, 152; VIII, 227; IX, 194. *Mitakchara*, trad. Orianne, p. 166, 167, 236).
23. Falaremos mais adiante das outras formas de casamento que foram empregadas pelos romanos e nas quais a religião não intervinha. É suficiente que digamos aqui que o casamento sagrado nos parece ser o mais antigo, visto que corresponde às crenças mais antigas, não tendo desaparecido salvo na medida em que essas crenças se debilitaram.
24. *Digesto*, XXIII, 2. *Código de Justiça*, IX, 32, 4. Dionísio de Halicarnasso, II, 25; Κοινὸς χρημάτων καὶ ἱερῶν.

e rompeu todas as suas ligações religiosas com ela. É aos ancestrais de seu marido que ela leva a oferenda; ela agora pertence à família deles; eles se tornaram seus ancestrais. O casamento produziu para ela um segundo nascimento. Ela será doravante filha de seu marido, *filiae loco*, como dizem os jurisconsultos. Não se pode pertencer nem a duas famílias nem a duas religiões domésticas; a mulher se encontra inteiramente na família e na religião de seu marido. Veremos as consequências desta regra no direito sucessório.

A instituição do casamento sagrado deve ser tão velha na raça indo-europeia quanto a religião doméstica, porque uma não caminha sem a outra. Esta religião ensinou ao homem que a união conjugal é bem mais do que uma relação dos sexos e uma afeição passageira, tendo unido os dois esposos pelo vínculo poderoso do mesmo culto e das mesmas crenças. A cerimônia das núpcias era, aliás, tão solene e produzia efeitos tão graves que não devemos nos surpreender que esses homens entendiam que não era permitido e possível ter mais do que uma mulher em cada casa. Para tal religião a poligamia era inadmissível.

Imaginamos até que tal união fosse indissolúvel e que o divórcio fosse quase impossível.[25] O direito romano permitia com facilidade a dissolução do casamento por *coemptio* ou por *usus*, mas a dissolução do casamento religioso era extremamente difícil. Para esta ruptura, uma nova cerimônia sagrada se fazia necessária, pois somente a religião podia desligar aquilo que a religião havia ligado. O efeito da *confarreatio* só podia ser abolido pela *diffarreatio*. Os dois esposos que desejavam se separar compareciam pela vez derradeira ante o fogo doméstico comum. Um sacerdote e testemunhas estavam presentes. Apresentava-se aos esposos, como no dia do casamento, um bolo de farinha-flor.[26] Mas, provavelmente, em lugar de partilhá-lo, rejeitavam-no. Em seguida, em lugar de orações, proferiam fórmulas "de um cunho estranho, severo, odiento e terrível",[27] uma espécie de maldição pela qual a mulher renunciava ao culto e aos deuses do marido. Desde então, o laço religioso estava rompido. Interrompida a comunhão do culto, estava interrompida toda outra comunhão de pleno direito, estando o casamento dissolvido.

---

25. Ao menos, originariamente. Dionísio de Halicarnasso, II, 25, afirma expressamente que nada podia dissolver um tal casamento. A faculdade de divórcio parece ter sido introduzida bem cedo no direito ático.

26. Festo, v. *Diffarreatio*, Pólux, III, c. 3: ἀποπομπή. Lê-se em uma inscrição: *Sacerdos confarreationum et diffarreationum*. Orelli, n. 2648.

27. φρικώδη, ἀλλόκοτα, σκυθρωπά. Plutarco, *Quest. rom.*, 50.

CAPÍTULO III

DA CONTINUIDADE DA FAMÍLIA – CELIBATO INTERDITO – DIVÓRCIO EM CASO DE ESTERILIDADE – DESIGUALDADE ENTRE O FILHO E A FILHA

As crenças relativas aos mortos e o culto que lhes era devido constituíram a família antiga e lhe concederam a maioria de suas regras.

Vimos anteriormente que o homem, após a morte, era tido como um ser afortunado e divino, mas sob a condição de que os vivos lhe oferecessem sempre o repasto fúnebre. Em caso de cessação das oferendas, o morto caía em desgraça, mergulhando na categoria de demônio infeliz e malfazejo, pois na época em que essas antigas gerações começaram a representar a vida vindoura, não concebiam e nem davam crédito ainda a recompensas ou castigos; os homens acreditavam que a felicidade do morto não dependia da conduta que este tivera durante sua vida, mas daquela que seus descendentes tinham em relação a ele. Por isso, todo pai esperava de sua posteridade a série de repastos fúnebres responsáveis pela garantia aos seus manes do repouso e da felicidade.

Este ponto de vista foi o princípio fundamental do direito doméstico entre os antigos. Disso derivou a regra segundo a qual toda família devia se perpetuar para sempre. Os mortos necessitavam que sua descendência não se extinguisse. No túmulo em que viviam, o único motivo de inquietude que experimentavam era esse. Seu único pensamento e seu único interesse era que houvesse sempre um homem de seu sangue para levar oferendas ao túmulo, razão pela qual o hindu acreditava que seus mortos repetissem sem parar: "Possam nascer sempre na nossa linhagem filhos que nos tragam o arroz, o leite e o mel". Dizia ainda o hindu: "A extinção de uma família causa a ruína da religião dessa família; os ancestrais, privados da oferenda dos bolos, mergulham na morada dos desgraçados".[28]

Os homens da Itália e da Grécia por muito tempo pensaram identicamente. Se não nos deixaram em seus escritos uma expressão tão nítida deste pensar quanto aquela que encontramos nos velhos livros orientais, pelo menos suas leis estão aí para atestar suas antigas concepções. Em Atenas, a lei encarregava o primeiro magistrado da cidade de zelar para que nenhuma família viesse a desaparecer.[29] Do mesmo modo, a lei romana mantinha-se atenta no sentido de não permitir que nenhum culto doméstico cessasse de ser praticado.[30] Lê-se em um discurso de um orador ateniense: "Ele não é homem que, ciente de que deve morrer, tenha tão pouco zelo consigo mesmo a ponto de querer deixar sua família sem descendentes, pois assim ninguém haveria para lhe render o culto que é devido aos mortos".[31] Todos tinham, portanto, um imenso interesse em deixar um filho atrás de si, convencidos de que com isso asseguravam uma imortalidade feliz. Era até um dever para com os ancestrais já que a ventura destes só duraria o que durasse a família. Daí o Código de Manu chamar o filho primogênito de "aquele que é gerado para o cumprimento do dever".

Tocamos aqui em uma das características mais notáveis da família antiga. A religião que a formou requer imperiosamente que ela não pereça. Uma família extinta é um culto que morre. É preciso que apresentemos essas famílias à luz da época em que as crenças não haviam ainda se alterado. Cada uma delas possuía uma religião e deuses, patrimônio precioso pelo qual tinha que zelar. A maior infelicidade receada por sua piedade era a suspensão de sua linhagem, pois isto acarretaria o desaparecimento de sua religião da terra, seu fogo doméstico seria apagado e toda a sucessão de seus mortos cairia no olvido e na miséria eterna. O grande interesse da vida humana é a continuidade da descendência a fim de permitir a continuidade do culto.

Em virtude dessas opiniões, o celibato devia constituir a um tempo impiedade grave e uma desgraça. Impiedade, porque o celibato punha em perigo a felicidade dos manes de cada família; uma desgraça, porque o celibatário não deveria receber ele próprio nenhum culto após sua morte e não deveria

---

28. *Bhagavad-Gita*, I, 40.
29. Iseu, *De Apollod. hered.*, 30. Demóstenes, *in Macart.*, 75.
30. Cícero, *De legibus*, II, 19. *Perpetua sint sacra*. Dionísio, IX, 22: ἵνα μὴ ἱερὰ ἐκλείφθη πατρῷα.
31. Iseu, VII, *De Apollod. hered.*, 30. Cf. Estobeu, *Serm.*, LXVII, 25: εἰ γὰρ ἔκλιποι τὸ γένος, τίς τοῖς θεοῖς θύσει.

conhecer "o que regozija os manes". Era ao mesmo tempo para ele e para seus ancestrais uma espécie de maldição.

Pode-se pensar que, na falta de leis, essas crenças religiosas devessem por muito tempo ser suficientes para obstar o celibato. Parece, contudo, mais ainda, que desde que surgiram leis, estas tenham se pronunciado quanto ao celibato considerando-o mau e castigável. Dionísio de Halicarnasso, que manuseou os velhos anais de Roma, declara ter descoberto uma antiga lei que obrigava os jovens a se casarem.[32] O tratado *Das Leis,* de Cícero, tratado este que reproduz quase sempre, sob uma forma filosófica, as antigas leis de Roma, encerra uma que proíbe o celibato.[33] Em Esparta, a legislação de Licurgo punia severamente o homem que não se casava.[34]

Sabe-se, a partir de vários relatos, que quando o celibato deixou de ser proibido pelas leis, continuou sendo condenado pelos costumes. Parece, enfim, segundo uma passagem de Pólux, que em muitas cidades gregas a lei punia o celibato como um delito,[35] o que se coadunava com as crenças: o homem não se pertencia, ele pertencia à família. Era membro de uma série, sendo forçoso que esta sucessão não fosse interrompida por ele. Ele não nascera por acaso. Fora introduzido na vida para que desse prosseguimento a um culto. Não devia deixar a vida sem estar seguro do prosseguimento desse culto após sua morte.

Todavia, não bastava gerar um filho. O filho que devia perpetuar a religião doméstica tinha que ser o fruto de um casamento religioso. O bastardo, filho natural, aquele que os gregos chamavam de νόθος e os latinos de *spurius,* não podia desempenhar o papel que a religião atribuía ao filho. Com efeito, o vínculo de sangue por si só não constituía para o filho o pertencer à família, sendo indispensável também o vínculo do culto. Ora, o filho nascido de uma mulher que não se associara ao culto de um esposo pela cerimônia do casamento não podia, ele próprio, participar do culto.[36] Não tinha o direito de oferecer o repasto fúnebre e a família não se perpetuava por meio dele. Veremos adiante que, pela mesma razão, ele não tinha direito à herança.

O casamento era, portanto, obrigatório. Sua finalidade não era o prazer, seu objeto principal não era a união de dois seres que simpatizavam entre si e desejavam se associar para atingir a felicidade e enfrentar as dificuldades da

---

32. Dionísio de Halicarnasso, IX, 22.
33. Cícero, *De legibus,* III, 2.
34. Plutarco, *Licurgo,* 15; *Apophth. dos Lacedemônios;* Cf. *Vida de Lisandro,* 30: ἀγαμίου δίκη.
35. Pólux, III, 48.
36. Iseu, VI, *De Philoct. hered.,* 47. Demóstenes, *in Macartatum,* 51.

vida. O efeito do casamento, perante a religião e as leis, era, ao unir dois seres no mesmo culto doméstico, deles fazer nascer um terceiro que estivesse apto a continuar esse culto. Percebe-se isto muito bem pela fórmula sacramental pronunciada no ato do casamento: *Ducere uxorem liberum quaerendorum causa*, diziam os romanos; παίδων ἐπ' ἀρότων γνησίων, diziam os gregos.³⁷

Sendo o casamento contratado somente para perpetuar a família, se afigurava justo que pudesse ser rompido no caso de esterilidade da mulher. O divórcio neste caso sempre constituiu um direito entre os antigos – cogita-se até da possibilidade que fosse uma obrigação. Na Índia, a religião prescrevia que "a mulher estéril fosse substituída ao fim de oito anos".³⁸ Nenhum texto formal nos prova que esse dever tenha existido na Grécia e em Roma, todavia Heródoto cita dois reis de Esparta que foram forçados a repudiar suas mulheres por serem estas estéreis.³⁹ Relativamente a Roma, é notória a história de Carvílio Ruga, cujo divórcio é o primeiro registrado nos anais de Roma. "Carvílio Ruga" – diz Aulo Gélio –, "homem de família nobre, separou-se de sua mulher pelo divórcio porque ela não podia lhe dar filhos. Ele a amava com ternura e só podia ser louvado por sua conduta. Sacrificou, entretanto, seu amor pela religião do juramento, pois jurara (na fórmula do casamento) que a tomava por esposa a fim de ter filhos".⁴⁰

Segundo a religião, a família não devia se extinguir. Todo afeto e todo direito natural deviam capitular diante dessa regra absoluta. Se um casamento permanecia sem descendência devido à esterilidade do marido, prevalecia o princípio absoluto da continuidade da família. Impunha-se que um irmão ou parente do marido viesse substituí-lo, estando a mulher obrigada a entregar-se a esse homem. A criança nascida desta união era considerada como filha do marido e dava prosseguimento ao seu culto. Tais eram as regras vigentes entre os antigos hindus. Nós as reencontraremos nas leis de Atenas e naquelas de Esparta.⁴¹ Que imenso poder terá detido essa religião! Quanto superava o dever religioso a todos os demais deveres!

---

37. Menandro, *Fragm.*, 185. Demóstenes, *in Neaeram*, 122. Luciano, *Tímon*, 17. Ésquilo, *Agamenon*, 1207. *Alcífron*, I, 16.
38. *Código de Manu*, IX, 81.
39. Heródoto, V, 39; VI, 61.
40. Aulo Gélio, IV, 3. Valério Máximo, II, 1, 4. Dionísio, II, 25.
41. Plutarco, *Sólon*, 20. – Assim devemos interpretar o que, tanto Xenofonte, como Plutarco, dizem sobre Esparta; Xen., *Resp. Laced.*, I; Plutarco, *Licurgo*, 15. – Cf. *Código de Manu*, IX, 121.

Com muito mais razão, as legislações antigas prescreviam o casamento da viúva, quando esta não tinha tido filhos, com o parente mais próximo do marido morto. O filho que nascesse dessa união era considerado filho do defunto.[42] O nascimento de uma filha não representava o atingimento da meta do casamento. De fato, a filha não podia dar continuidade ao culto porque no dia que se casasse renunciaria à família e ao culto de seu pai, passando a pertencer à família e à religião de seu marido. A continuidade da família, tal como a do culto, só era possível pela linhagem masculina, fato capital de que veremos as consequências na sequência.

O descendente esperado e necessário era, portanto, o filho. Era o filho que a família, os ancestrais, o fogo doméstico reclamavam. "Por ele – rezam as velhas leis dos hindus – um pai quita sua dívida com os manes de seus ancestrais, garantindo para si mesmo a imortalidade." Este filho não era menos precioso aos olhos dos gregos já que mais tarde devia executar os sacrifícios, oferecer o repasto fúnebre e conservar por seu culto a religião doméstica. Por isso, no velho Ésquilo, o filho é chamado de salvador do fogo doméstico paterno.[43]

A entrada desse filho na família era assinalada por um ato religioso. Era mister, em primeiro lugar, que fosse bem acolhido pelo pai. Este, a título de senhor e guardião vitalício do fogo doméstico, como representante dos ancestrais, devia pronunciar se o recém-nascido pertencia ou não à família. O nascimento em si constituía tão somente o laço físico; a declaração do pai constituía o laço moral e religioso. Essa formalidade era igualmente obrigatória em Roma, na Grécia e na Índia.

Era necessária, ademais, para o filho, como já o vimos em relação à mulher, uma espécie de iniciação. Acontecia pouco depois do nascimento, no nono dia em Roma, no décimo na Grécia, no décimo ou décimo segundo na Índia.[44] Nesse dia o pai reunia a família, convocava testemunhas e fazia um sacrifício ao seu fogo doméstico.

A criança era apresentada aos deuses domésticos; uma mulher a carregava nos braços e, correndo, completava várias voltas com ele ao redor do fogo

---

42. *Código de Manu*, IX, 69, 146. O mesmo entre os hebreus, *Deuteronômio*, 25.
43. Ésquilo, *Coéforas*, 264 (262). – Do mesmo modo, em Eurípides (*Fenic.*, 16), Laio pede a Apolo que lhe conceda filhos homens, παίδων ἀρσένων κοινωνίαν.
44. Aristófanes, *Aves*, 922. Demóstenes, *in Baeot. de dote*, 28. Macróbio, *Sat.*, I, 17. *Código de Manu*, II, 30.

sagrado.⁴⁵ Esta cerimônia tinha dupla finalidade. Além de purificar a criança,⁴⁶ ou seja, retirar-lhe a mácula que os antigos supunham que havia contraído pela gestação, a iniciava no culto doméstico. A partir desse momento a criança era admitida naquela espécie de sociedade santa e pequena igreja que chamávamos de família. Aqui tinha sua religião, aqui praticava seus ritos, estava apta a dizer as orações. Aqui honrava os ancestrais, e depois, devia ser, ela mesma, um ancestral honrado.

---

45. Platão, *Teéteto*, Lísias, em *Harpocration*, v. ἀμιδρομία.
46. *Puer lustratur*, Macróbio, *Sat.*, I, 17.

CAPÍTULO IV

DA ADOÇÃO E DA EMANCIPAÇÃO

O dever de perpetuar o culto doméstico foi o princípio do direito de adoção entre os antigos. A mesma religião que obrigava o homem a se casar, que declarava o divórcio em caso de esterilidade e que, em caso de impotência ou morte prematura substituía o marido por um parente, outorgava ainda à família um derradeiro recurso para escapar à infelicidade tão temida da extinção: o direito de adoção.

"Aquele a quem a natureza não concedeu filhos pode adotar um para que não cessem as cerimônias fúnebres", é o que declara o velho legislador dos hindus.[47] Dispomos de um curioso discurso de um orador ateniense em um processo em que se contestava a um filho adotivo a legitimidade de sua adoção. Em primeiro lugar, o defensor nos mostra por que motivo adotava-se um filho: "Menecles" – diz ele – "não desejava morrer sem filhos; precisava deixar alguém para o sepultar e para celebrar-lhe, depois, as cerimônias do culto fúnebre". Mostra em seguida o que acontecerá se o tribunal anular sua adoção, ou seja, o que acontecerá não para ele próprio, mas para quem o adotou. Menecles morreu, mas é, entretanto, seu interesse que ainda está em jogo. "Se vós anulardes minha adoção, fareis com que Menecles esteja morto sem deixar um filho atrás de si, e consequentemente ninguém realizará sacrifícios em sua honra e lhe oferecerá os repastos fúnebres, e, enfim, ele ficará sem culto."[48]

Adotar um filho era, portanto, ser cioso com a perpetuidade da religião doméstica, com a salvação do fogo doméstico, com a continuação das oferendas fúnebres, com o repouso dos manes dos ancestrais. Não havendo outra razão

---

47. *Código de Manu*, IX, 10.
48. Iseu, *De Menacl. hered.*, 10-46. O mesmo orador, no discurso de defesa relativo ao caso de herança de Astifilos, c. 7, apresenta um homem que antes de morrer adotou um filho a fim de que este o honrasse depois da morte e desse sequência à sua descendência: ἐπὶ τοὺς βωμοὺς τοὺς πατρῴους οὗτος βαδιεῖται, καὶ τελευτήσαντι αὐτῷ καὶ τοῖς ἐκείνου προγόνοις τὰ νομιζόμενα ποιήσει.

de ser para a adoção salvo a necessidade de impedir a extinção de um culto, segue-se que a adoção só era permitida para aquele que não tinha filho. A lei dos hindus é formal quanto a isso,[49] a de Atenas não o é menos e a prova disso é todo o discurso de Demóstenes contra Leocares.[50] Nenhum texto expresso nos prova que coisa idêntica constava no antigo direito romano, e sabe-se que no tempo de Gaio um mesmo homem podia ter filhos pela natureza e filhos por adoção. Parece, todavia, que este ponto não era admitido no direito no tempo de Cícero, visto que em uma de suas defesas assim se expressa o orador: "Qual é o direito que rege a adoção? Não será necessário que o adotante esteja em idade em que não possa ter mais filhos, e que antes de adotá-los os tentasse ter? Adotar é solicitar à religião e à lei aquilo que não pudemos obter da natureza".[51] Cícero ataca a adoção de Clódio empregando como fundamento para isto que o homem que o adotou tinha já um filho, alegando que tal adoção era contrária ao direito religioso.

Quando se adotava um filho, era preciso, antes de mais nada, iniciá-lo no seu culto, "introduzi-lo em sua religião doméstica, aproximá-lo de seus penates".[52] Inclusive a adoção se operava mediante uma cerimônia sagrada que parece ter sido bastante semelhante àquela que marcava o nascimento do filho. Por meio dela, o recém-chegado era admtido ao fogo doméstico e associado à religião. Deuses, objetos sagrados, ritos, orações, tudo se lhe tornava comum com seu pai adotivo. Dizia-se dele *in sacra transiit* – passou ao culto de sua nova família.[53]

Por isso mesmo já renunciava ao culto da família anterior.[54] Vimos, com efeito, que de acordo com essas velhas crenças o mesmo homem não podia sacrificar a dois fogos domésticos nem honrar duas sucessões de antepassados. Admitido em uma nova casa, a casa paterna se lhe tornava estranha. Nada tinha mais em comum com o fogo doméstico que o vira nascer, não podendo mais oferecer o repasto fúnebre aos seus próprios ancestrais. O laço do nascimento

---

49. *Código de Manu*, IX, 168, 174. *Dattaca-Sandrica*, tr. Orianne, p. 260.
50. Ver também Iseu, *De Meneclis hered.*, 11-14.
51. Cícero, *Pro domo*, 13, 14. Comparar com Aulo Gélio relativamente à ad-rogação, que era a adoção de um *homo sui juris: arrogationes non temere nec inexplicate committuntur; nam comitia, arbitris pontificibus, praebentur; aetasque ejus qui arrogare vult an liberis gignendis idonea sit consideratur* (Aulo Gélio, V, 19).
52. ἐπὶ τὰ ἱερὰ ἀγαγών, Iseu, *De Apollod. hered.*, 1. *Venire in sacra*, Cícero, *Pro domo*, 13; *In penates adsciscere*, Tácito, *Hist.*, I, 15.
53. Valério Máximo, VII, 7. Cícero, *Pro domo*, 13: *Est heres sacrorum*.
54. *Amissis sacris paternis*, Cícero, *Pro domo*.

estava rompido; o laço novo do culto o substituía.⁵⁵ O homem se tornava tão completamente estranho à sua antiga família que, se viesse a morrer, seu pai natural não tinha o direito de se encarregar de seu funeral e de conduzir seu féretro. O filho adotado não podia jamais retornar à sua antiga família; quando muito, a lei lhe facultava que, tendo um filho, ele o deixasse em seu lugar na família adotante. Considerava-se que a perpetuidade desta última família estando assegurada, podia ele dela sair. Mas, neste caso, ele rompia todo e qualquer laço com o próprio filho.⁵⁶

À adoção correspondia a emancipação. Para que um filho pudesse adentrar em uma nova família, era necessário, logicamente, que pudesse sair da família antiga, ou seja, que pudesse se desligar de sua religião.⁵⁷ O efeito capital da emancipação era a renúncia ao culto da família na qual se tinha nascido. Os romanos designavam tal ato pelo nome bastante significativo de *sacrorum detestatio*.⁵⁸ O filho emancipado não era mais, nem pela religião nem pelo direito, membro da família.

---

55. Tito Lívio, XLV, 40: *Duo filii quos, duobus aliis datis in adoptionem, solos sacrorum heredes retinuerat domi*.
56. Iseu, *De Philoct. hered*., 45; *De Aristarchi. her*., 11. Demóstenes, *in Leocharem*, 68. Antífon, *Fragm*., 15. Harpocration, ed. Bekker, p. 140. – Comparar com o *Código de Manu*, IX, 142.
57. *Consuetudo apud antiquos fuit ut qui in familiam transiret prius se abdicaret ab ea in qua natus fuerat*. Sérvio, *ad Aen*., II, 156.
58. Aulo Gélio, XV, 27. Confrontar com aquilo que os gregos denominavam ἀποκήρυξις. Platão, *As Leis*, XI, p. 928: ὑπὸ κήρυκος ἐνάντιον ἁπάντων ἀπειπεῖν υἱὸν, κατὰ νόμον μηκέτι εἶναι. Cf. Luciano, XXIX, *O Filho Deserdado*. Pólux, IV, 93. Hesíquio, v. ἀποκήρυκτος.

CAPÍTULO V
DO PARENTESCO – DO QUE OS ROMANOS CHAMAVAM DE AGNAÇÃO

Platão diz que o parentesco é a comunidade dos mesmos deuses domésticos.[59] Dois irmãos, diz ainda Plutarco, são dois homens que têm o dever de fazer os mesmos sacrifícios, de ter os mesmos deuses paternos, de partilhar o mesmo túmulo.[60] Quando Demóstenes quer provar que dois homens são parentes, ele mostra que eles praticam o mesmo culto e oferecem o repasto fúnebre no mesmo túmulo. Era, com efeito, a religião doméstica que constituía o parentesco. Dois homens podiam se dizer parentes se compartilhassem os mesmos deuses, o mesmo fogo doméstico, o mesmo repasto fúnebre.

Ora, vimos anteriormente que o direito de fazer os sacrifícios no fogo doméstico somente se transmitia por via masculina e que o culto dos mortos também somente se encaminhava aos descendentes por linhagem masculina. O resultado desta regra religiosa é que era impossível que se fosse parente por meio das mulheres. Na concepção dessas gerações antigas, a mulher não transmitia nem a existência nem o culto. O filho pertencia totalmente ao pai. Ademais, não se podia pertencer a duas famílias, invocar dois fogos domésticos; a única família tida pelo filho era a do pai.[61] Como ter uma família materna? Sua própria mãe, no dia em que os ritos sagrados do casamento foram celebrados, havia renunciado de uma maneira absoluta à sua própria família; a partir de então ela passara a oferecer o repasto fúnebre aos antepassados do esposo, como se tivesse se tornado filha deles, não o tendo mais oferecido aos seus antepassados, pois deixara de se considerar sua descendente. Ela não conservara nem o vínculo religioso nem o vínculo de direito com a família

---

59. Platão, *As Leis*, V, p. 729: Συγγένεια, ὁμογνίων θεῶν κοινωνία.
60. Plutarco, *De frat. amore*, 7.
61. *Patris, non matris familiam sequitur. Digesto*, Liv. 50, Tít. 14, § 196.

no seio da qual havia nascido. Com mais razão, não tinha seu filho nada de comum com essa família.

O princípio do parentesco não residia no ato material do nascimento. Este princípio residia no culto. Tal coisa se vê claramente na Índia, onde o chefe de família duas vezes por mês oferece o repasto fúnebre. Ele apresenta um bolo aos manes de seu pai, outro a seu avô paterno, um terceiro a seu bisavô paterno, jamais ao avô e bisavô maternos. Depois, indo além, mas sempre na mesma linha, faz uma oferenda ao quarto, ao quinto, ao sexto ascendentes; apenas que, para estes, a oferenda é mais ligeira, uma simples libação de água e alguns grãos de arroz. Tal é o repasto fúnebre e é com base na realização desses ritos que se encontra o parentesco. Quando dois homens que realizam separadamente seus repastos fúnebres podem, recuando cada um deles pela série de seus últimos seis antepassados, aí encontrar um que seja comum a ambos, esse dois homens são parentes. Eles se dizem *samanodacas*, se o antepassado comum está entre aqueles a quem se oferece apenas a libação de água; *sapindas* se está entre aqueles aos quais o bolo é ofertado.[62] Se computarmos por nossos costumes, o parentesco dos *sapindas* iria até o sétimo grau e o dos *samanodacas* até o décimo quarto. Em um e outro caso, o parentesco é reconhecido pelo direito de fazer a oferenda a um mesmo ancestral comum, e se constata que neste sistema o parentesco pela linha feminina é inadmissível.

Coisa idêntica se dava no ocidente. Tem-se discutido muito sobre o que os jurisconsultos romanos entendiam por agnação. Entretanto, o problema passa a ser de fácil solução se aproximarmos a agnação da religião doméstica. Da mesma forma que a religião se transmitia somente de homem para homem, do mesmo modo todos os jurisconsultos antigos atestam que dois homens somente podem ser *agnados* mutuamente se, recuando sempre na linhagem ascendente masculina, eles constatarem a presença de antepassados comuns.[63] A regra da agnação era, portanto, a mesma do culto. Havia entre essas duas coisas uma relação visível. A agnação não era outra coisa senão o parentesco tal como a religião o estabelecera originariamente.

---

62. *Código de Manu*, V, 60. Mitakchara, tr. Orianne, p. 213.
63. Gaio, I, 156: *Sunt agnati per virilis sexus personas cognatione juncti, veluti frater ex eodem patre natus, fratris filius, neposve ex eo, item patruus et patrui filius et nepos ex eo. Id.*, III, 10; Ulpiano, XXVI; *Institutas de Justiniano*, III, 2.

A fim de tornar tal verdade mais evidente, tracemos abaixo a árvore genealógica de uma família romana.

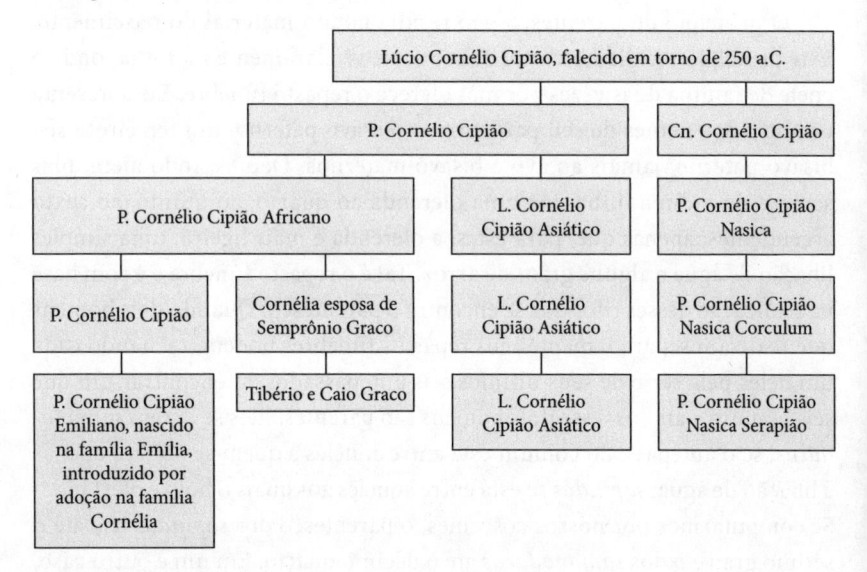

```
Lúcio Cornélio Cipião, falecido em torno de 250 a.C.
├── P. Cornélio Cipião
│   ├── P. Cornélio Cipião Africano
│   │   ├── P. Cornélio Cipião
│   │   │   └── P. Cornélio Cipião Emiliano, nascido na família Emília, introduzido por adoção na família Cornélia
│   │   └── Cornélia esposa de Semprônio Graco
│   │       └── Tibério e Caio Graco
│   └── L. Cornélio Cipião Asiático
│       └── L. Cornélio Cipião Asiático
│           └── L. Cornélio Cipião Asiático
└── Cn. Cornélio Cipião
    └── P. Cornélio Cipião Nasica
        └── P. Cornélio Cipião Nasica Corculum
            └── P. Cornélio Cipião Nasica Serapião
```

Neste quadro, a quinta geração, que viveu em torno do ano 140 a.C., é representada por quatro pessoas. Eram elas todas parentes entre si? Seriam, de acordo com nossos conceitos modernos, mas não de acordo com a opinião dos romanos. Examinemos, efetivamente, se tinham o mesmo culto doméstico, isto é, se faziam oferendas aos mesmos ancestrais. Imaginemos o terceiro Cipião Asiático, que se encontra só em seu ramo, oferecendo no dia marcado o repasto fúnebre. Recuando na linha masculina terá como terceiro ancestral Públio Cipião. Analogamente, Cipião Emiliano ao executar seu sacrifício, encontrará na sucessão de seus ascendentes esse mesmo Públio Cipião. Conclui-se que Cipião Asiático e Cipião Emiliano são parentes entre si; entre os hindus nós os chamaríamos de *sapindas*.

Por outro lado, Cipião Serapião tem como quarto antepassado Lúcio Cornélio Cipião, que é também o quarto antepassado de Cipião Emiliano. São, por conseguinte, parentes entre si. Entre os hindus os chamaríamos de *samanodacas*. Na linguagem jurídica e religiosa de Roma esses três Cipiões são agnados; os dois primeiros o são entre si no sexto grau, o terceiro com eles em oitavo grau.

Tal coisa não acontece com Tibério Graco. Este homem, que conforme nossos costumes modernos seria o mais próximo parente de Cipião Emiliano, não era seu parente mesmo no grau mais remoto. Pouco importa, com efeito, que Tibério seja filho de Cornélia, a filha dos Cipiões – nem ele nem a própria Cornélia pertencem a essa família pela religião. Ele não tem outros antepassados salvo os Semprônios; é a estes que oferece o repasto fúnebre. Recuando pela série de seus ascendentes, jamais encontrará outro nome, exceto um Semprônio. Cipião Emiliano e Tibério Graco não são, portanto, agnados. O vínculo de sangue não basta para estabelecer esse parentesco – faz-se indispensável o vínculo do culto.

Disto se compreende porque aos olhos da lei romana dois irmãos consanguíneos eram agnados e dois irmãos uterinos não eram. Que não se sustente sequer que a descendência pela linhagem masculina constituía o princípio imutável no qual se fundava o parentesco. Não era pelo nascimento, mas pelo culto que eram verdadeiramente reconhecidos os agnados. De fato, o filho que a emancipação tinha desvinculado do culto, não era mais agnado de seu pai; o estranho que tivesse sido adotado, ou seja, admitido ao culto, se tornava agnado do adotante e mesmo de toda sua família. Assim se prova cabalmente que era a religião que fixava o parentesco.

Indubitavelmente, um tempo chegou para a Índia e para a Grécia, como para Roma, em que o parentesco pelo culto deixou de ser o único admitido. À medida que essa velha religião foi se debilitando, a voz do sangue falou mais alto, e o parentesco pelo nascimento foi reconhecido como direito. Os romanos davam o nome de *cognatio* a esse tipo de parentesco, absolutamente independente das regras da religião doméstica. Quando lemos os jurisconsultos a partir de Cícero até Justiniano, constatamos a presença dos dois sistemas de parentesco rivalizando entre si e disputando o domínio do direito. Mas, na época das Doze Tábuas, conhecia-se somente o parentesco de agnação e só ele conferia o direito à herança. Veremos na sequência que o mesmo ocorreu entre os gregos.

CAPÍTULO VI

O DIREITO DE PROPRIEDADE

Eis aqui uma instituição dos antigos em relação à qual não devemos formar uma ideia baseados no direito de propriedade de nossos dias. Os antigos alicerçaram o direito de propriedade em princípios que não são mais aqueles das presentes gerações, do que resulta que as leis mediante as quais eles o garantiram são sensivelmente diferentes das nossas.

Sabe-se que há raças que jamais estabeleceram no seu seio a propriedade privada. Outras a esta chegaram depois de muito tempo e muitas dificuldades. Constituía, com efeito, um problema crucial à origem das sociedades saber se o indivíduo podia se apropriar do solo e estabelecer um liame tão forte entre seu ser e uma porção de terra a ponto de poder afirmar: "Esta terra é minha, esta terra é como uma parte de mim". Os tártaros concebiam o direito de propriedade no que se referia aos rebanhos, mas não o concebiam no que dizia respeito ao solo. Entre os antigos germanos, segundo alguns autores, a terra não pertencia a ninguém – todo ano a tribo designava a cada um de seus membros um lote de terra para ser cultivado, mudando-se o lote no ano seguinte. O germano era proprietário da colheita, mas não da terra. Sucede ainda o mesmo quanto a uma parte dos povos de raça semítica e entre alguns povos eslavos.

Em contrapartida, as populações da Grécia e da Itália desde a mais remota antiguidade sempre conheceram e praticaram a propriedade privada. Com relação a estas populações, não dispomos de nenhum registro histórico de alguma época na qual a terra tivesse sido comum;[64] e não observamos, ademais,

---

64. Alguns historiadores afirmam que em Roma a propriedade foi, primeiramente, pública e que só se tornaria privada sob Numa. A origem deste erro é uma falsa interpretação de três textos, de Plutarco (*Numa*, 16), de Cícero (*República*, II, 14) e de Dionísio (II, 74). Estes três autores afirmam, realmente, que Numa distribuiu certas terras aos cidadãos. Contudo, eles indicam muito claramente que ele efetuou tal partilha exclusivamente com as terras que as últimas conquistas de seu predecessor haviam anexado ao território romano, *agri quos bello Romulus ceperat*. Quanto ao *ager Romanus*, ou seja, o território que circundava Roma em um raio de cinco milhas (Estrabão,

nada que se assemelhe a essa partilha anual dos campos que é observada entre os germanos. Há aqui até um fato bastante notável. Enquanto as raças que não atribuíam ao indivíduo a propriedade do solo, atribuíam-lhe, ao menos, aquela do fruto do seu trabalho, ou seja, de sua colheita, com os gregos ocorria precisamente o contrário. Em algumas cidades os cidadãos eram forçados a colocar suas colheitas à disposição da comunidade, ou, ao menos, a sua maior parte, e deviam consumi-las também em comum;[65] o indivíduo não era, portanto, em absoluto, dono do trigo que colhera, mas, ao mesmo tempo, por uma contradição bastante notável, detinha a propriedade absoluta do solo. A terra lhe pertencia mais que a colheita. Parece que entre os gregos a concepção do direito de propriedade seguiu um rumo completamente oposto àquele que parece ser o natural. Não se aplicou primeiramente à colheita e depois ao solo – a ordem inversa é que foi seguida.

Há três coisas que desde o período mais antigo percebemos que estão fundadas e solidamente estabelecidas nessas sociedades gregas e itálicas: a religião doméstica, a família e o direito de propriedade – três coisas que tiveram entre si, originariamente, uma visível relação e que parecem ter sido inseparáveis.

A ideia de propriedade privada já estava encerrada na própria religião. Cada família possuía seu fogo doméstico e seus ancestrais. Tais deuses podiam somente ser venerados por ela, só a ela protegiam – eles eram sua propriedade.

Ora, entre os deuses e o solo, os homens dos antigos tempos viam uma relação misteriosa. Tomemos, em primeiro lugar, o fogo doméstico: este altar é o símbolo da vida sedentária; seu nome por si só já o indica.[66] Deve ser disposto sobre o solo; e uma vez disposto não se deve mais mudá-lo de lugar. O deus da família deseja ter uma morada fixa; materialmente é difícil transportar a pedra sobre a qual ele brilha; religiosamente, isso é ainda mais difícil e só se permite ao homem se este for premido por dura necessidade, se um inimigo o está perseguindo ou se a terra não pode alimentá-lo. Quando se dispõe o fogo doméstico, isto é feito com o pensamento e a esperança que ele permanecerá sempre no mesmo sítio. O deus ali se instala não por um dia, nem mesmo pelo que dura a vida de um homem, mas por todo o tempo que durar a família e enquanto

---

V, 3, 2) era propriedade privada desde a origem da cidade. Ver Dionísio, II, 7; Varrão, *De re rustica*, I, 10; Nônio Marcelo, ed. Quicherat, p. 61.

65. Assim em Creta cada um dava para as refeições comuns a décima parte da colheita de sua terra (*Ateneu*, IV, 22). Do mesmo modo, em Esparta, cada um devia fornecer de recurso próprio uma quantidade determinada de farinha, vinho, frutas para as despesas da mesa comum (Aristóteles, *Polít.*, II, 7, ed. Didot, p. 515; Plutarco, *Licurgo*, 12; Dicearca, no *Ateneu*, IV, 10).

66. ἑστία, ἵστημι, stare. Ver Plutarco, *De primo frigido*, 21; Macróbio, I, 23; Ovídio, *Fastos*, VI, 299.

restar alguém para conservar sua chama mediante o sacrifício. Assim, o fogo doméstico se apossa do solo, faz sua essa parte da terra – ela é sua propriedade. E a família, que por dever e religiosidade permanece agrupada ao redor de seu altar, fixa-se ao solo tal como o próprio altar. A ideia de domicílio nasce naturalmente. A família está ligada ao fogo doméstico, o fogo doméstico ao solo – assim, uma conexão estreita se estabelece entre o solo e a família. Aí deve ser sua morada permanente, a qual jamais pensará em deixar, a não ser que uma força superior a isso a constranja. Tal como o fogo doméstico, ela ocupará sempre esse lugar, lugar que lhe pertence, que é sua propriedade, propriedade não apenas de um homem, mas de uma família, cujos diferentes membros devem vir um após o outro ali nascer e ali morrer.

Sigamos as ideias dos antigos. Dois fogos domésticos representam divindades distintas, que não se unem nem se confundem jamais. Isto é tão verdadeiro que o próprio casamento entre duas famílias não instaura a aliança entre os seus deuses. O fogo doméstico deve estar isolado, ou seja, separado nitidamente de tudo que não é dele; é imperioso que o estranho dele não se aproxime no momento em que as cerimônias do culto são realizadas, que nem sequer o veja: e por isso os deuses são chamados de deuses ocultos, μύχιοι, ou deuses interiores, *Penates*. Para que esta regra religiosa seja bem cumprida é necessário que em torno do fogo doméstico, a uma certa distância, haja um recinto cercado. Pouco importa se é formado por paliçada, por sebe ou muro de pedra; como quer que seja, marca o limite que separa o domínio de um fogo doméstico do domínio de um outro fogo doméstico. Esse recinto é considerado sagrado.[67] Constitui impiedade transpô-lo. O deus o vigia e o mantém sob sua guarda e por isso damos a esse deus o epíteto de ἑρκεῖος.[68] Este recinto traçado pela religião e protegido por ela é o emblema mais certo, a marca mais irrecusável do direito de propriedade.

Reportemo-nos às épocas primitivas da raça ariana. O recinto sagrado que os gregos chamam de ἕρκος e os latinos de *herctum* é o recinto fechado bastante amplo no qual a família tem sua casa, seus rebanhos e o pequeno campo

---

67. ἕρκος ἱερόν. Sófocles, *Trachin*., 606.
68. Na época em que este culto antigo foi quase apagado pela religião mais brilhante de Zeus, e quando se associou Zeus à divindade do fogo doméstico, o deus novo tomou para si o epíteto de ἑρκεῖος. Não é menos verdadeiro que originalmente o verdadeiro protetor do recinto fechado era o deus doméstico. Dionísio de Halicarnasso o atesta (I, 67) quando diz que os θεοὶ ἑρκεῖοι são os próprios Penates. Isto se evidencia, ademais, no confronto de uma passagem de Pausânias (IV, 17) com uma passagem de Eurípides (*Tr.*, 17) e uma de Virgílio (*En.*, II, 514); estas três passagens se vinculam ao mesmo fato e mostram que o Ζεύς ἑρκεῖος outra coisa não era senão o fogo doméstico.

que cultiva. No centro se eleva o fogo doméstico protetor. Transportemo-nos para as épocas seguintes: a população atingiu a Grécia e a Itália e construiu cidades. As moradias ficaram mais próximas, sem, todavia, se tornarem contíguas. O recinto fechado ainda existe, porém, de menores proporções; mais frequentemente foi reduzido a um pequeno muro, um fosso, a um sulco ou a uma simples faixa de terra de poucos pés de largura. De qualquer forma, duas casas não devem se tocar; a contiguidade é uma coisa tida como impossível. A mesma parede não pode ser comum a duas casas, pois, se assim fosse, o recinto fechado e sagrado dos deuses domésticos desapareceria. Em Roma, a lei fixa em dois pés e meio a largura do espaço livre que deve sempre separar duas casas, e esse espaço é consagrado ao "deus do cercado".[69]

Em decorrência dessas velhas regras religiosas, a vida comunitária jamais pôde se estabelecer entre os antigos. O falanstério nunca foi conhecido entre essas populações. O próprio Pitágoras não conseguiu estabelecer instituições às quais a religião íntima dos homens resistisse. Não encontramos, ademais, em nenhuma época da vida dos antigos, nada que se pareça com essa promiscuidade do povoado tão generalizada na França no século XII. Cada família, detentora de seus deuses e seu culto, devia também possuir seu lugar particular sobre o solo, seu domicílio isolado, sua propriedade.

Os gregos diziam que o fogo doméstico ensinara o homem a edificar casas.[70] De fato, o homem que estava fixado pela sua religião a um lugar que acreditava não dever abandonar jamais, deve ter pensado bem cedo em construir nesse lugar uma edificação sólida. A tenda convinha ao árabe, o carro ao tártaro, mas a uma família que possuía um fogo doméstico se fazia necessária uma moradia durável. A cabana de barro ou de madeira logo foi substituída pela casa de pedra. Não se construía apenas para a vida de um homem, mas para toda uma família, cujas gerações deviam se suceder em uma mesma casa.

A casa se situava sempre dentro do recinto cercado sagrado. Entre os gregos, dividia-se em dois o quadrado formado por esse recinto cercado: a primeira parte era ocupada pelo pátio, a casa ocupava a segunda parte. O fogo doméstico, disposto aproximadamente ao centro do recinto cercado total, se achava assim aos fundos do pátio e junto da entrada da casa. Em Roma a disposição era diferente, mas o princípio era idêntico. O fogo doméstico permanecia colocado no meio

---

69. Festo, v. *Ambitus*. Varrão, *L.L.*, V, 22. Sérvio, *ad Aen.*, II, 469.
70. Diodoro, V, 68. Esta mesma crença é relatada por Eustates, que afirma que a casa se originou do fogo doméstico (Eust., *ad Odyss.*, XIV, v. 158; XVII, v. 156).

do recinto cercado, mas os compartimentos se elevavam ao seu redor dos quatro lados, de modo a encerrá-lo ao centro de um pequeno pátio.

Percebe-se perfeitamente qual o pensamento que inspirou esse sistema da construção: as paredes são levantadas em torno do fogo doméstico para o isolar e proteger, e podemos assim dizer com os gregos que a religião ensinou como construir uma casa.

Nessa casa, a família é senhora e proprietária; é sua divindade doméstica que lhe assegura seu direito. A casa é consagrada pela presença perpétua dos deuses; ela é o templo que os guarda. "O que há de mais sagrado" – diz Cícero – "que a moradia de cada homem? Aí está o altar; aí brilha o fogo sagrado; aí estão as coisas santas e a religião."[71] Penetrar uma tal casa com intenções maléficas representava sacrilégio. O domicílio era inviolável. Segundo uma tradição romana, o deus doméstico repelia o ladrão e afastava o inimigo.[72]

Se passarmos para um outro objeto de culto, o túmulo, veremos que as mesmas ideias a ele se vinculam. O túmulo detinha uma grande importância na religião dos antigos, pois, de um lado, devia-se um culto aos ancestrais e, de outro lado, a principal cerimônia desse culto, ou seja, o repasto fúnebre, devia ser realizada no próprio lugar onde repousavam os ancestrais.[73] A família possuía, pois, um túmulo comum onde seus membros deviam vir repousar um após o outro. Em relação a esse túmulo, a regra era a mesma do fogo doméstico: tal como não era permitido unir dois fogos domésticos em uma única casa, não era também permitido unir duas famílias em uma mesma sepultura. Constituía igual impiedade enterrar um morto fora do túmulo de sua família ou colocar no seu túmulo o corpo de um estranho.[74] A religião doméstica, fosse na vida, fosse na morte, separava cada família de todas as demais e afastava severamente toda aparência de comunidade. Do mesmo modo que as casas não deviam ser contíguas, os túmulos também não deviam tocar-se; cada um deles possuía, como a casa, uma espécie de recinto cercado isolante.

Como em tudo isso se manifesta o caráter da propriedade privada! Os mortos são deuses que pertencem propriamente a uma família e que só ela tem o

---

71. Cícero, *Pro domo*, 41.
72. Ovídio, *Fastos*, V, 141.
73. Tal era, ao menos, a regra antiga visto que se acreditava que o repasto fúnebre servia de alimento aos mortos. Ver Eurípides, *Troianas*, 381 (389).
74. Cícero, *De legib.*, II, 22; II, 26. Gaio, *Instit.*, II, 6. *Digesto*, liv. XLVII, tít. 12. Cumpre notar que o escravo e o cliente, como veremos na sequência, faziam parte da família e eram enterrados no túmulo comum. A regra que prescrevia que todo homem fosse enterrado no túmulo da família submetia-se a uma exceção, a saber, no caso em que a própria cidade decretava funerais públicos.

direito de invocar. Estes mortos tomaram posse do solo; vivem sob esse pequeno outeiro e ninguém, a não ser que seja da família, pode cogitar de se misturar a eles. Ninguém, ademais, tem o direito de os despossuir do solo que eles ocupam; um túmulo, entre os antigos, não pode jamais ser destruído ou deslocado;[75] as leis mais severas o proíbem. Eis, portanto, uma parte do solo que, em nome da religião, se tornava um objeto de propriedade perpétua para cada família. A família se apropriava dessa terra colocando aí seus mortos, fixando-se aí para sempre. O descendente vivo dessa família pode dizer legitimamente: "Esta terra me pertence". A tal ponto lhe pertence que é dele inseparável, não tendo ele o direito de abdicar de sua posse. O solo onde repousam os mortos é inalienável e imprescritível. A lei romana estipula que se uma família vender o campo onde se encontra o seu túmulo, permanecerá, a despeito disso, proprietária desse túmulo, conservando o direito de atravessar o campo para realizar as cerimônias de seu culto.[76]

Pelo costume antigo, os mortos eram enterrados não em cemitérios ou à beira de estradas, mas no campo de cada família. Este costume dos tempos antigos é atestado por uma lei de Sólon e por várias passagens de Plutarco.[77] Vê-se em um discurso de Demóstenes que no seu tempo ainda cada família enterrava seus mortos no seu campo, e que quando se comprava um domínio na Ática, lá se achava sempre a sepultura dos antigos proprietários.[78] No caso da Itália, esse mesmo costume nos é atestado por uma Lei das Doze Tábuas, pelos textos de dois jurisconsultos e pela seguinte frase de Sículo Flaco: "Havia antigamente duas maneiras de dispor o túmulo: uns o dispunham nos limites do campo, outros aproximadamente no centro".[79]

De acordo com tal uso, concebe-se que a ideia da propriedade tenha facilmente se expandido da pequena colina onde repousavam os mortos para o campo que circundava essa colina. Pode-se ler no livro do velho Catão uma fórmula mediante a qual o lavrador itálico suplicava aos manes que zelassem

---

75. Licurgo, *Contra Leocrates*, 25. Em Roma, para que uma sepultura fosse mudada de lugar era necessária a autorização dos pontífices. Plínio, *Cartas*, X, 73.

76. Cícero, *De legibus*, II, 24. *Digesto*, liv. XVIII, tít. 1, 6.

77. *Lei de Sólon*, citada por Gaio no *Digesto*, X, 1, 13. Plutarco, *Aristides*, 1, *Címon*, 19. Marcelino, *Vida de Tucídides*, § 17.

78. Demóstenes, *in Calliclem.*, 13, 14. Ele descreve, além disso, o túmulo dos Busélidas: "outeiro bastante amplo e fechado conforme o antigo uso, onde repousam em comum todos aqueles que descendem de Buselos" (Dem., *in Macart.*, 79).

79. Sículo Flaco, ed. Goez, p. 4-5. Ver *Fragm. terminalia*, ed. Goez, p. 147. Pompônio, no *Digesto*, liv. XLVII, tít. 12, 5. Paulo, no *Digesto*, VIII, 1, 14. *Digesto*, XIX, 1, 53: *Si vendidisti fundum in quo sepulcrum habuisti;* XI, 7, 2, § 9, XI, 7, 43 e 46.

por seu campo, que o protegessem contra os ladrões e que o fizesse produzir uma boa colheita. Assim, essas almas dos mortos estendiam sua ação tutelar e com esta seu direito de propriedade até aos limites do domínio. Para elas, a família era senhora única nesse campo. A sepultura estabelecera a união indissolúvel da família com a terra, quer dizer, a propriedade.

Na maioria das sociedades primitivas, é pela religião que o direito de propriedade foi estabelecido. Na Bíblia, o Senhor diz a Abraão: "Eu sou o Eterno que te fez sair da Ur dos caldeus a fim de dar-te essa terra", e a Moisés: "Eu vos farei entrar na terra que jurei dar a Abraão, e vô-la darei em herança". Assim, Deus, proprietário primitivo por direito de criação, delega ao homem sua propriedade de uma porção do solo.[80] Houve algo de análogo junto às antigas populações greco-itálicas. É verdade que não foi a religião de Júpiter que fundou esse direito, talvez porque não existisse ainda. Os deuses que conferiram a cada família seu direito sobre a terra foram os deuses domésticos, o fogo doméstico e os manes. A primeira religião que deteve o império sobre suas almas foi também aquela que constituiu entre eles a propriedade.

É bem evidente que a propriedade privada era uma instituição sem a qual não podia passar a religião doméstica. Esta religião prescrevia isolar o domicílio e isolar também a sepultura: a vida em comum se tornava deste modo impossível. A mesma religião impunha que o fogo doméstico fosse fixado ao solo, que o túmulo não fosse nem destruído nem mudado de lugar. Suprimir a propriedade e o fogo doméstico será errante, as famílias se mesclarão, os mortos serão abandonados e ficarão sem culto. Pelo fogo doméstico fixo e a sepultura permanente a família tomou posse do solo; a terra foi, de algum modo, imbuída e penetrada pela religião do fogo doméstico e dos ancestrais. E, assim, o homem dos tempos antigos livrou-se da resolução de problemas demasiado difíceis. Sem discussão, sem trabalho, sem a sombra de uma hesitação, chegou de um só golpe e por virtude tão somente de suas crenças à concepção do direito de propriedade, deste direito de onde emerge toda a civilização, já que por meio dele o homem melhora a terra e se torna, ele próprio, melhor.

Não foram as leis que garantiram primeiramente o direito de propriedade – e sim a religião. Cada domínio conservava-se sob os olhos das

---

80. A mesma tradição entre os etruscos: *Cum Jupiter terram Etruriae sibi vindicavit constituit jussitque metiri campos signarique agros (Auctores rei agrariae* no *Fragmento* que tem por título: *Idem Vegoidae Arrunti,* edit. Lachmann, p. 350).

divindades domésticas que por ele zelavam.⁸¹ Cada campo era circundado, como já vimos para a casa, de um recinto fechado que o separava nitidamente dos domínios das outras famílias.

Este cercado não era um muro de pedra. Era uma faixa de terra de alguns pés de largura que devia permanecer inculta e intocável em relação ao arado. Tratava-se de um espaço sagrado: a lei romana o declarava imprescritível⁸² – pertencia à religião. Em certos dias preestabelecidos do mês e do ano, o pai de família fazia a roda da totalidade de seu campo seguindo a linha de demarcação. Conduzia diante de si as vítimas, cantava hinos e oferecia sacrifícios.⁸³ Por esta cerimônia acreditava ter despertado a benevolência de seus deuses no que dizia respeito ao seu campo e à sua casa; marcara, sobretudo, seu direito de propriedade levando ao redor de seu campo seu culto doméstico. O caminho seguido pelas vítimas e pelas orações constituía os limites invioláveis do domínio.

Sobre essa linha, de distância em distância, o homem colocava algumas grandes pedras ou alguns troncos de árvores, aos quais se dava o nome de *termos*. Pode-se avaliar o que eram estes limites e que ideias estavam a eles ligadas pela maneira com que a piedade dos homens os depositava na terra. "Eis aqui" – diz Sículo Flaco – "o que os nossos antepassados praticavam: principiavam por cavar uma pequena vala, e erguendo o *termo* sobre a extremidade o coroavam com guirlandas de plantas e flores. Em seguida ofereciam um sacrifício; imolada a vítima, faziam seu sangue escorrer na vala; lançavam na vala carvões em brasa (provavelmente acesos no fogo sagrado), cereais, bolos, frutas, um pouco de vinho e de mel. Quando tudo isso tinha se consumido na vala, em cima das cinzas ainda quentes cravava-se a pedra ou o pedaço de madeira".⁸⁴ Percebe-se claramente que esta cerimônia tinha por objeto fazer do *termo* uma espécie de representante sagrado do culto doméstico. A fim de preservar-lhe este caráter todo ano renovava-se sobre ele o ato sagrado vertendo-se as libações e recitando-se orações. O *termo* disposto na terra significa, portanto, de alguma forma, a religião doméstica implantada no solo visando indicar que esse solo

---

81. *Lares agri custodes*, Tibulo, I, 1, 23, *Religio Larum posita in fundi villaeque conspectu*. Cícero, *De legibus*, II, 11.
82. Cícero, *De legibus*, I, 21.
83. Catão, *De re rust.*, 141. *Script. rei agrar.*, ed. Goez, p. 308. Dionísio de Halicarnasso, II, 74. Ovídio, *Fastos*, II, 639. Estrabão, V, 3.
84. Sículo Flaco, *De conditione agrorum*, ed. Lachmann, p. 141; ed. Goez, p. 5.

era perenemente propriedade da família. Posteriormente, com o auxílio da poesia, o *termo* passou a ser tido como um deus distinto e pessoal.

O uso dos *termos* ou limites sagrados dos campos parece ter sido universal em relação à raça indo-europeia. Existia entre os hindus em uma antiguidade remota, e as cerimônias sagradas de delimitação guardavam, entre elas, grande analogia com aquelas que Sículo Flaco descreve no que concerne à Itália.[85] Antes de Roma, encontramos o *termo* entre os sabinos[86] e ainda entre os etruscos. Os helenos também possuíam limites sagrados, os quais denominavam ὅροι, θεοὶ ὅριοι.[87]

Uma vez disposto um *termo* segundo os ritos, não havia nenhuma potência no mundo que pudesse deslocá-lo. Tinha que permanecer no mesmo lugar por toda a eternidade. Este princípio religioso era expresso em Roma por uma lenda: Júpiter, tendo querido obter um lugar no monte Capitolino para aí ter um templo, não conseguiu desalojar o deus Termo. Esta velha tradição mostra o quanto a propriedade era sagrada, pois o termo imóvel não significa outra coisa senão propriedade inviolável.

O *termo* guardava, de fato, o limite do campo e o vigiava. O vizinho não ousava aproximar-se demasiadamente dele, "pois então" – diz Ovídio – "o deus, que se sentia ferido pela relha do arado ou pelo alvião, clamava: Detém-te, este é meu campo, lá está o teu".[88] Para tomar posse do campo de uma família era necessário derrubar ou deslocar um marco: ora, este marco era um deus. O sacrilégio era horrível e o castigo severo; afirmava a velha lei romana: "Se tocar o *termo* com a relha de seu arado, que o homem bem como seus bois sejam votados aos deuses infernais".[89] O significado disso é que tanto o homem quanto seus bois seriam imolados em expiação. A lei etrusca, falando em nome da religião, exprimia-se assim: "Aquele que tiver tocado ou deslocado a demarcação será condenado pelos deuses – sua casa desaparecerá, sua raça se extinguirá, sua terra não produzirá mais frutos; o granizo, a ferrugem, os calores da canícula destruirão suas colheitas; os membros do culpado se cobrirão de úlceras e cairão por consunção".[90]

---

85. *Código de Manu*, VIII, 245. *Vrihaspati*, citado por Sicé, *Legislação Hindu*, p. 159.
86. Varrão, *L.L.*, V, 74.
87. Pólux, IX, 9. Hesíquio, ὅρος. Platão, *As Leis*, VIII, p. 842. Plutarco e Dionísio traduzem *terminus* por ὅρος. Ademais, a palavra τέρμων também existia na língua grega (Eurípides, *Electra*, 96).
88. Ovídio, *Fastos*, II, 677.
89. Festo, v. *Terminus*, ed. Muller, p. 368: *Qui terminum exarasset, et ipssum et boves sacros esse.*
90. *Script. rei agrar.*, ed. Goez, p. 258; ed. Lachmann, p. 351.

Não dispomos do texto da lei ateniense acerca deste mesmo assunto; dele somente nos restaram três palavras que significam: "Não transponhas o marco". Mas Platão parece completar o pensamento do legislador quando diz: "Nossa primeira lei deve ser esta: Que ninguém toque o marco que separa seu campo do campo do vizinho, pois tal marco deve permanecer imóvel. Que ninguém se disponha a abalar a pequena pedra que separa a amizade da inimizade, a pedra que nos comprometemos por juramento a deixar em seu lugar".[91]

De todas essas crenças, de todos esses usos, de todas essas leis, conclui-se claramente que foi a religião doméstica que ensinou ao homem a apropriação da terra, e que lhe assegurou seu direito sobre ela.

Compreende-se sem dificuldade que o direito de propriedade, tendo sido assim concebido e estabelecido, tenha sido muito mais completo e mais absoluto nos seus efeitos do que nas sociedades modernas, nas quais está fundado em outros princípios. A propriedade era de tal modo inerente à religião doméstica que a uma família não era permissível renunciar tanto a uma quanto a outra. A casa e o campo eram como que incorporados à família, não podendo esta perdê-los nem abandonar a sua legítima posse. Platão, no seu tratado *As Leis*, não tencionava inovar ao proibir o proprietário de vender seu campo: apenas confirmava uma velha lei. Tudo nos leva a crer que nos tempos antigos a propriedade era inalienável. Sabe-se bem que em Esparta era formalmente proibido vender a própria terra.[92] Idêntica proibição consta nas leis de Locres e de Leucade.[93] Fídon de Corinto, legislador do século IX, prescrevia que o número de famílias e de propriedades permanecesse imutável.[94] Ora, esta prescrição não poderia ser acatada a não ser que fosse proibido a cada família vender sua terra, e mesmo reparti-la. A lei de Sólon, sete ou oito gerações posterior à de Fídon de Corinto, não proibia mais a venda da propriedade, mas punia o vendedor com uma pena severa, ou seja, a perda dos direitos de cidadania.[95]

---

91. Platão, *As Leis*, VIII, p. 842.
92. Aristóteles, *Política*, II, 6, 10 (ed. Didot, p. 512). Heráclides do Ponto, *Fragm. Hist. Greg.*, ed. Didot, t. II, p. 211. Plutarco, *Instituta laconica*, 22.
93. Aristóteles, *Política*, II, 4, 4.
94. Aristóteles, *Política*, II, 3, 7. Esta lei do velho legislador não visava a igualdade das fortunas pois Aristóteles acrescenta: "...ainda que as propriedades fossem desiguais". Visava unicamente a manutenção da propriedade na família. – Em Tebas, também, o número das propriedades era inalterável. Aristóteles, *Política*, II, 9, 7.
95. O homem que alienava seu patrimônio, ὁ τὰ πατρῷα κατεδηδοκώς, era punido com ἀτιμία. Ésquines, *in Timarchum*, 30; Diógenes Laércio, *Sólon*, I, 55. Essa lei que não era certamente mais acatada no tempo de Ésquines subsistia como formalidade e como vestígio da antiga regra; houve sempre uma δίκη κατεδηδοκέναι τὰ πατρῷα (Bekker, *Anecdota*, p. 199 e 310).

Enfim, Aristóteles nos informa de maneira geral que em muitas cidades as antigas legislações proibiam a venda das terras.[96]

Semelhantes leis não devem nos surpreender. Colocai como fundamento da propriedade o direito do trabalho e o homem cedo contará com a faculdade de se despojar dessa mesma propriedade. Colocai como fundamento da propriedade a religião e isso não será mais possível: um liame mais forte que a vontade humana une a terra a ele. Aliás, esse campo onde se acha o túmulo, onde vivem os antepassados divinos, onde a família deve praticar perenemente seu culto, não é exclusivamente propriedade de um homem, mas de uma família. Não é o indivíduo atualmente vivo que estabeleceu seu direito sobre essa terra: é o deus doméstico. O indivíduo só a detém a título de um depósito; ela pertence àqueles que estão mortos e àqueles que vão nascer. Forma corpo com essa família e não pode mais dela se separar. Destacar uma da outra significa alterar um culto e ofender uma religião. Entre os hindus, a propriedade, fundada também sobre o culto, era igualmente inalienável.[97]

Nós só conhecemos o direito romano a partir das Doze Tábuas. Está claro que nessa época era permitida a venda da propriedade. Mas não faltam razões para que pensemos que nos primórdios de Roma, e na Itália antes da existência de Roma, a terra fosse inalienável como na Grécia. Se não resta qualquer testemunho dessa velha lei, pode-se distinguir, ao menos, as atenuações que pouco a pouco foi sofrendo. A Lei das Doze Tábuas, deixando no túmulo o caráter da inalienabilidade, isentou o campo de tal princípio. Permitiu-se depois que a propriedade fosse dividida no caso da existência de diversos irmãos, mas sob a condição da realização de uma nova cerimônia religiosa: a religião tão somente podia repartir aquilo que a religião havia outrora proclamado como indivisível. Enfim, permitiu-se que o domínio fosse vendido, mas ainda com a necessidade de formalidades de cunho religioso. A ocorrência da venda só era permissível com a presença do *libriprens* e mediante todos os ritos simbólicos da *mancipação*. Algo análogo observa-se na Grécia: a venda de uma casa ou de bens de raiz era acompanhada de um sacrifício aos deuses.[98] Parece que toda mudança de propriedade precisava ser autorizada pela religião.

---

96. Aristóteles, *Política*, IV, 2, 5: ἣν τὸ ἀρχαῖον ἐν πολλαῖς πόλεσι νενομοθετημένον μὴ πωλεῖν ἐξεῖναι τοὺς (alias πρώτους) κλήρους.
97. *Mitakchara*, trad. Orianne, p. 50. Esta regra desapareceu gradativamente à medida que o bramanismo se tornou dominante.
98. Fragmentos de Teofrasto, citado em Estobeu, *Serm.* 42.

Se o homem não podia, ou apenas dificilmente podia, destituir-se de sua terra, com muito mais razão não devia poder ser dela destituído contra sua vontade. Desconhecia-se entre os antigos a expropriação em função de utilidade pública. A confiscação era praticada apenas como consequência de sentença de exílio,[99] quer dizer, quando um homem destituído de seu título de cidadão não podia exercer mais qualquer direito quanto ao solo da cidade. Também não se acha no direito antigo das cidades a expropriação por dívidas.[100] A Lei das Doze Tábuas não poupa certamente o devedor; não obstante, não permite que sua propriedade seja confiscada a favor do credor. O corpo do homem responde por sua dívida, mas não sua terra, visto que a terra é inseparável da família. É mais fácil submeter um homem à escravidão do que subtrair-lhe um direito de propriedade que pertence mais à sua família do que a ele mesmo; o devedor é colocado nas mãos de seu credor; sua terra, de algum modo, o segue no seu estado de escravidão. O senhor que utiliza para seu proveito a força física de um homem goza igualmente dos frutos da terra, porém não se torna proprietário desta, tanto está o direito de propriedade acima de tudo e tão grande é sua inviolabilidade![101]

---

99. Esta regra foi extinta com o advento da democracia nas cidades.
100. Uma certa lei dos helenos interditava a hipoteca da terra: Aristóteles, *Política*, VII, 2. Desconhece-se a hipoteca no antigo direito romano. O que se afirma a respeito de hipoteca no direito ateniense antes de Sólon se apoia em uma palavra mal compreendida de Plutarco. O termo ὅρος, que significou mais tarde um limite hipotecário, significava no tempo de Sólon o marco santo que indicava o direito de propriedade. Ver mais adiante, liv. IV, c. 6. A hipoteca somente apareceria posteriormente no direito ático, e exclusivamente sob a forma de venda com a condição de resgate.
101. No artigo da Lei das Doze Tábuas que concerne ao devedor insolvente podemos ler *Si volet suo vivito*, ou seja, o devedor convertido em quase escravo conserva ainda alguma coisa de sua; sua propriedade, se a possui, não lhe é subtraída. Os acordos conhecidos no direito romano com os nomes de *mancipação com fidúcia* e de *pignus* constituíam, antes da ação serviana, meios indiretos para assegurar ao credor o pagamento da dívida; provam indiretamente que a expropriação por dívidas não existia. Posteriormente, quando a escravidão corpórea foi abolida, foi necessário encontrar um meio para tomar os bens do devedor, o que não era fácil. Contudo, a distinção que se fazia entre *propriedade* e *posse* facultou um meio. O credor obteve do pretor o direito de fazer vender não a propriedade, *dominium*, mas os bens do devedor, *bona*. E então somente, sob uma expropriação disfarçada, o devedor veio a perder o gozo de sua propriedade.

CAPÍTULO VII

O DIREITO DE SUCESSÃO

1º. Natureza e princípio do direito de sucessão entre os antigos

O direito de propriedade, tendo sido estabelecido pelo cumprimento de um culto hereditário, não seria possível se esse direito se extinguisse após a efêmera existência de um indivíduo. O homem morre, o culto permanece; o fogo doméstico não devia apagar-se e nem o túmulo ser abandonado. Com a continuação da religião doméstica, devia o direito de propriedade com ela continuar.

Há duas coisas estreitamente ligadas nas crenças bem como nas leis dos antigos: o culto de uma família e a propriedade dessa família. Assim, constatamos ser regra sem exceção seja no direito grego, seja no romano não se poder adquirir a propriedade sem o culto nem o culto sem a propriedade. "A religião prescreve" – diz Cícero – "que os bens e o culto de cada família sejam inseparáveis, e que o cuidado dos sacrifícios seja sempre transmitido àquele a quem reverte a herança".[102] Em Atenas, vejamos em que termos um litigante reclama uma sucessão: "Refleti bem, juízes, e dizei se meu adversário ou eu deve herdar os bens de Filoctêmon e fazer os sacrifícios no seu túmulo".[103] É possível dizer mais claramente que o cuidado do culto é inseparável da sucessão? O mesmo sucede na Índia: "A pessoa que herda, quem quer que seja, está encarregada de fazer as oferendas no túmulo".[104]

---

102. Cícero, *De legibus*, II, 19, 20. Tal era a importância dos *sacra* que o jurisconsulto Gaio escreveu ainda esta curiosa passagem: *Quare autem tam improba possessio et usucapio concessa sit, illa ratio est quod voluerunt veteres maturius hereditates adiri, ut essent qui sacra facerent, quorum illis temporibus summa observatio fuit* (Gaio, II, 55). – Festo, v. *Everriator* (ed. Muller, p. 77). *Everriator vocatur qui, accepta hereditate, justa facere defuncte debet: si non fecerit, suo capite luat.*
103. Iseu, VI, 51. Platão chama o herdeiro de διάδοχος θεῶν, *As Leis*, V, p. 740.
104. *Código de Manu*, IX, 186.

Deste princípio se originaram todas as regras do direito de sucessão entre os antigos. A primeira é que, se a religião doméstica é, como já vimos, hereditária pela linhagem masculina, a propriedade também o é. Como o filho é o continuador natural e necessário do culto, ele herda igualmente os bens. Desta maneira, encontra-se a regra de hereditariedade; ela não é o resultado de uma simples convenção feita entre os homens; ela deriva de suas crenças, de sua religião, daquilo que há de mais poderoso sobre suas almas. O que faz com que o filho herde não é a vontade pessoal do pai. Não é preciso que o pai faça um testamento; o filho herda por seu pleno direito, *ipso jure heres exsistit,* nas palavras do jurisconsulto. Ele é, inclusive, herdeiro necessário, *heres necessarius.*[105] Não se trata nem de aceitar nem de recusar a herança. A continuação da propriedade, como a do culto, é para ele uma obrigação tanto quanto um direito. Queira ou não, a sucessão é incumbência sua, não importa qual seja ela, mesmo com seus encargos e dívidas. O benefício do inventário, bem como o benefício da abstenção, eram inadmissíveis para o filho no direito grego e só foram introduzidos no direito romano muito tardiamente.

Na linguagem jurídica de Roma, o filho era chamado de *heres suus,* como se disséssemos *heres sui ipsius.* Ele herda, de fato, somente de si mesmo. Entre o pai e ele não existe nem doação, nem legado, nem mudança de propriedade. Há simplesmente continuação, *morte parentis continuatur dominium.* Já enquanto seu pai vivia, ele era proprietário do campo e da casa, *vivo quoque patre dominus existimatur.*[106]

Para fazermos uma ideia verdadeira da hereditariedade entre os antigos, não convém imaginarmos uma fortuna que passa de uma mão para outra. A fortuna é imóvel tal como o fogo doméstico e o túmulo aos quais ela está ligada. É o homem que passa. É o homem que, à medida que a família desdobra suas gerações, atinge sua hora marcada para continuar o culto e assumir o cuidado do domínio.

---

105. *Digesto,* liv. XXXVIII, tít. 16, 14.
106. *Institutas,* III, 1, 3; III, 9, 7; III, 19, 2.

2º. O FILHO HERDA, A FILHA NÃO

É neste ponto que as leis antigas, à primeira vista, parecem bizarras e injustas. Experimenta-se alguma surpresa ao se constatar no direito romano que a filha não herda do pai se for casada, e, no direito grego, que não herda em caso algum. No que concerne aos colaterais parece, ao primeiro olhar, ainda mais divorciado da natureza e da justiça. É que todas essas leis brotam não da lógica e da razão, não do sentimento de equidade, mas das crenças e da religião que imperavam sobre as almas.

A regra para o culto é ser transmitido por via masculina; a regra para a herança é em conformidade com o culto. A filha não é apta a dar continuidade à religião paterna porque se casa e, ao casar, renuncia ao culto do pai para adotar o do esposo: não detém, portanto, qualquer título à herança. Se acontecesse de um pai deixar seus bens para sua filha, a propriedade seria separada do culto, o que é inadmissível. A filha não poderia nem sequer cumprir o primeiro dever do herdeiro, que é continuar a série de repastos fúnebres, já que é aos ancestrais de seu marido que ela oferece sacrifícios. A religião, então, a proíbe de herdar do pai.

Tal é o princípio antigo, o qual se impôs igualmente entre os legisladores dos hindus, entre os da Grécia e os de Roma. Estes três povos possuem as mesmas leis, isto não porque houvesse intercâmbio entre eles, mas porque extraíram suas leis das mesmas crenças.

"Depois da morte do pai" – assevera o Código de Manu –, "que os irmãos dividam entre si o patrimônio"; e o legislador acresce a recomendação no sentido de dotar suas irmãs, pelo que se comprova que estas, por si próprias, não tinham nenhum direito à sucessão paterna.

Fato idêntico ocorre em Atenas. Os oradores áticos em seus discursos com frequência têm a oportunidade de revelar que as filhas nada herdam.[107] Demóstenes é, ele mesmo, um exemplo da aplicação dessa regra, pois tinha uma irmã e sabemos por seus próprios escritos que ele foi o herdeiro único do patrimônio: seu pai reservou deste somente a sétima parte para dotar sua filha.

---

107. Em Iseu, *in Xenoenetum*, 4, encontramos certo pai que deixa um filho, duas filhas e ainda um outro filho emancipado. O primeiro filho é o único herdeiro. Em Lísias, *Pro Mantitheo*, 10, vemos dois irmãos que dividem o patrimônio e que se contentam em dotar suas duas irmãs. Ademais, o dote, dentro dos costumes de Atenas, atingia apenas uma modesta parcela da fortuna paterna. Demóstenes, *in Baeotum, de dote*, 22-24, mostra também que as filhas não eram herdeiras. Enfim, Aristófanes, *Aves*, 1653-1654, indica claramente que uma filha não herda se possuir irmãos.

No que se refere a Roma, conhece-se muito precariamente as disposições do direito primitivo. Não dispomos de um único texto legal dessas épocas antigas que aborde o direito de sucessão das filhas. Também não dispomos de qualquer documento análogo aos discursos de Atenas. Somos forçados, enfim, a buscar os débeis traços do direito primitivo em um direito muito posterior e bastante diverso. Gaio e as *Institutas* de Justiniano registram ainda que a filha não consta no elenco dos herdeiros naturais a não ser que se ache subordinada ao pai no momento da morte deste:[108] ora, ela não se acha mais subordinada ao pai se estiver casada segundo os ritos religiosos. Supondo, portanto, que antes de se casar ela pudesse partilhar a herança com um irmão, certamente deixaria de poder fazê-lo a partir do dia no qual a *confarreatio* a fizesse deixar a família paterna para ingressar na do marido. É bem verdade que, solteira, a lei não a privava formalmente de sua parte da herança; entretanto, é preciso indagar se na prática ela podia realmente ser herdeira. Ora, não devemos perder de vista que essa filha estava colocada sob a tutela do irmão ou de seus agnados e assim permanecia a vida inteira; que a tutela no antigo direito era estabelecida no interesse dos bens e não no interesse da filha, tendo por objeto a conservação dos bens na família;[109] que, enfim, a filha não podia em idade alguma se casar nem mudar de família sem a autorização de seu tutor. Estes fatos, estritamente verdadeiros, nos permitem crer que existia, senão nas leis, ao menos na prática e nos costumes, uma série de dificuldades que se opunham a que a filha fosse tão completamente dona de sua parte do patrimônio quanto o filho era da sua. Não dispomos da prova de que a filha fosse excluída da herança, mas temos a certeza de que, casada, ela não herdava de seu pai, e que solteira não podia jamais dispor daquilo que herdara. Se era herdeira, só o era provisoriamente, sob condições, quase em simples usufruto; não detinha o direito nem de testar nem de alienar sem a autorização do irmão ou dos agnados, que deviam, após sua morte, herdar seus bens, e que, durante sua vida, possuíam a guarda deles.[110]

Há ainda uma outra observação que devemos fazer. As *Institutas* de Justiniano lembram o velho princípio, agora caído em desuso, mas não esquecido, que prescrevia que a herança tinha que passar por via masculina.[111] É indubitavelmente em função dessa regra que a mulher, em direito civil, não podia

---

108. Gaio, III, 1-2; *Institutas* de Justiniano, II, 19, 2.
109. É o que mostrou muito bem M. Gide no seu *Étude sur la condition de la femme*, p. 114.
110. Gaio, I, 192.
111. *Institutas*, III, 1, 15; III, 2, 3. *Ita jura constitui ut plerumque hereditates ad masculos confluerent.*

jamais ser instituída como herdeira. Quanto mais recuarmos da época de Justiniano às épocas antigas, mais nos aproximaremos de uma regra que proibia às mulheres que herdassem. No tempo de Cícero, se um pai deixasse um filho e uma filha, só podia legar à sua filha um terço de sua fortuna; se tivesse somente uma filha única, esta teria de sua fortuna apenas a metade. E cumpre observar que para que essa filha tivesse um terço ou a metade do patrimônio, era necessário que o pai fizesse um testamento em seu favor; a filha, de seu pleno direito, não possuía nada.[112] Enfim, um século e meio antes de Cícero, Catão, querendo reviver antigos costumes, publica a lei Voconia proibindo: 1. instituir a mulher como herdeira, fosse ela filha única, casada ou solteira; 2. legar às mulheres mais do que a metade do patrimônio.[113] A lei Voconia nada fez senão renovar leis mais antigas, pois não se pode supor que ela tivesse sido aceita pelos contemporâneos dos Cipiões se não tivesse sido apoiada em velhos princípios ainda alvos de respeito. Ela visava restabelecer aquilo que o tempo alterara. O que há, a propósito, de mais curioso nessa lei Voconia é ela nada estipular quanto à hereditariedade *ab intestat*. Ora, um tal silêncio não poderia significar que neste caso a filha fosse herdeira legítima, pois é inadmissível que a lei interditasse a filha de herdar de seu pai por meio de testamento já sendo herdeira de pleno direito sem testamento. Este silêncio significa, sim, que o legislador nada tivera a dizer da hereditariedade *ab intestat* porque neste ponto as velhas regras se tinham conservado.

Por conseguinte, embora não possamos afirmar que a filha fosse claramente excluída da sucessão, é, pelo menos certo, que a antiga lei romana, bem como a antiga lei grega, concediam à filha uma situação bastante inferior à do filho, e que isso era a consequência natural e inevitável dos princípios que a religião inculcara em todos os espíritos.

É bem verdade que logo os homens encontraram um desvio para conciliar a prescrição religiosa que proibia a filha de herdar com o sentimento natural de que ela pudesse usufruir da fortuna do pai. Isto se evidencia sobretudo no direito grego. A legislação ateniense pretendia conspicuamente que a filha, à falta de ser herdeira, ao menos desposasse o herdeiro. Se, por exemplo, o defunto tivesse deixado um filho e uma filha, a lei autorizava o casamento entre

---

112. Cícero, *De Rep.*, III, 7.
113. Cícero, in *Verr.*, II, 1, 42: *Nes quis heredem virginem neque mulierem faceret. Id.*, 43: *Si plus legarit quam ad heredes perveniat, non licet.* Cf. Tito Lívio, *Epitom.*, XLI; Gaio, II, 226 e 274; Sto. Agostinho, *De civit. Dei*, III, 21: *Ne quis heredem feminam faceret, nec unicam filiam.*

irmão e irmã, desde que não fossem nascidos da mesma mãe. O irmão, único herdeiro, podia, à sua escolha, desposar a irmã ou dotá-la.[114] Se um pai tivesse só uma filha, podia adotar um filho e dar-lhe sua filha em casamento. Podia, ainda, instituir mediante testamento um herdeiro que desposasse sua filha.[115]

Se o pai de uma filha única morria sem ter adotado nem testamentado, o antigo direito determinava que seu parente mais próximo fosse seu herdeiro;[116] porém, este herdeiro tinha a obrigação de desposar a filha. É em virtude desse princípio que o casamento do tio com a sobrinha era autorizado e até mesmo exigido pela lei.[117] E mais: se tal filha já se encontrasse casada, devia deixar o marido para se casar com o herdeiro de seu pai.[118] O próprio herdeiro já podia ser casado, devendo neste caso divorciar-se para desposar sua parente.[119] É de se constatar aqui quanto o direito ático, à força de se conformar à religião, ignorou a natureza.[120]

A necessidade de satisfazer a religião, combinada com o desejo de salvaguardar os interesses de uma filha única fez com que se encontrasse um outro

---

114. Demóstenes, *in Eubulidem*, 20. Plutarco, *Temístocles*, 32. Cornélio Nepote, *Címon*, I. É preciso notar que a lei não permitia que se desposasse um irmão uterino ou um irmão emancipado. Podia-se somente desposar o irmão consanguíneo, visto que apenas este era herdeiro do pai.

115. Iseu, *De Pyrrhi hereditate*, 68.

116. Esta disposição do velho direito ático não se achava mais em pleno vigor no século IV. Contudo, dela encontramos vestígio visível no discurso de Iseu, *De Cironis hereditate*. O objeto do processo é o seguinte: Círon estando morto, e deixando somente uma filha, o irmão de Círon reclamou a herança. Iseu defendia a filha. Não dispomos do discurso do adversário, que sustentava evidentemente em nome dos velhos princípios que a filha não tinha quaisquer direitos, porém o autor de ὑπόθεσις, colocada como introdução do discurso de Iseu, nos adverte que esse habilíssimo advogado sustentou em tal oportunidade uma má causa; sua tese, diz ele, é conforme a equidade natural, mas contrária à lei.

117. Iseu, *De Pyrrhi hered.*, 64, 72-75; Iseu, *De Aristarchi hered.*, 5; Demóstenes, *in Leocharem*, 10. A filha única era chamada de ἐπίκληρος, palavra que se traduz erroneamente por herdeira; a significação primitiva e essencial dessa palavra é *aquela que está ao lado da herança*, que se *toma com a herança*. Em direito estrito, a filha não é herdeira; de fato, o herdeiro assume a herança σὺν αὐτῇ, como assevera a lei citada no discurso de Demóstenes, *in Macartatum*, 51. Cf. Iseu, III, 42: *De Aristarchi hered.*, 13. – A condição de ἐπίκληρος não era exclusiva do direito ateniense; encontramo-la em Esparta (Heródoto, VI, 57; Aristóteles, *Política*, II, 6, 11) e em Thurii (*Diodoro*, XII, 18).

118. Iseu, *De Pyrrhi hered.*, 64; *De Aristarchi hered.*, 19.

119. Demóstenes, *in Eubulidem*, 41; *In Onetorem*, I, argumento.

120. Todas estas obrigações foram atenuadas pouco a pouco. De fato, na época de Iseu e de Demóstenes, o parente mais próximo podia deixar de desposar a *epiclera*, contanto que renunciasse à sucessão e dotasse sua parente (Demóstenes, *in Macartatum*, 54; Iseu, *De Cleonymi hered.*, 39).

subterfúgio. No que concerne a este ponto, o direito hindu e o direito grego comungaram-se maravilhosamente. Podemos ler no Código de Manu: "Aquele que não tem um filho homem pode encarregar sua filha de lhe dar um que se torna o seu e que executa em sua honra a cerimônia fúnebre". Para isso, o pai deve prevenir o esposo ao qual dá sua filha pronunciando esta fórmula: "Eu te dou, ataviada de joias, esta filha que não tem irmão; o filho que dela nascer será meu filho e celebrará meus obséquios".[121] Em Atenas, havia o mesmo costume; o pai podia assegurar sua descendência por meio da filha dando-a a um marido sob essa condição especial. O filho nascido de tal casamento era considerado filho do pai da mulher; ele seguia seu culto, assistia a seus atos religiosos e, mais tarde, cuidava de seu túmulo.[122] No direito hindu, essa criança herdava de seu avô como se fosse seu filho; em Atenas, ocorria exatamente o mesmo. Quando um pai casava sua filha única da maneira que acabamos de descrever, seu herdeiro não era nem sua filha nem seu genro, mas o *filho da filha*.[123] No momento em que este atingia sua maioridade, assumia a posse do patrimônio de seu avô materno, embora seu pai e sua mãe ainda fossem vivos.[124]

Essas tolerâncias singulares da religião e da lei confirmam a regra que indicamos anteriormente. A filha não era apta a herdar. Mas, por uma atenuação bastante natural do rigor desse princípio, a filha única era considerada como intermediária pela qual a família podia ter continuidade. Ela não herdava, mas o culto e a herança eram transmitidos por ela.

3º. Da sucessão colateral

Um homem morria sem filhos. Para conhecer o herdeiro de seus bens era suficiente procurar aquele que devia ser o continuador de seu culto.

Ora, a religião doméstica era transmitida pelo sangue por via masculina. A descendência pela linhagem masculina estabelecia apenas entre dois homens o vínculo religioso que permitia a um continuar o culto do outro. Aquilo que se chamava de parentesco não era outra coisa, como vimos nas páginas anteriores, senão a expressão desse vínculo. Era-se parente porque tinha-se um mesmo culto, um mesmo fogo doméstico, os mesmos ancestrais. Contudo, não

---

121. *Código de Manu*, IX, 127, 136. Vasishta, XVII, 16.
122. Iseu, *De Cironis hereditate*, 1, 15, 16, 21, 24, 25, 27.
123. Não era chamado de neto; dava-se-lhe o nome específico de θυγατριδοῦς.
124. Iseu, *De Cironis hered.*, 31. *De Arist. hered.*, 12. Demóstenes, *in Stephanum*, II, 20.

se era parente por se ter saído do mesmo seio materno; a religião não admitia o parentesco pelas mulheres. Os filhos de duas irmãs ou de uma irmã e um irmão não tinham nenhum vínculo entre si e não pertenciam nem à mesma religião doméstica nem à mesma família.

Tais princípios regulavam a ordem da sucessão. Se um homem que perdera seu filho e sua filha deixava apenas netos atrás de si, o filho de seu filho herdava, mas o filho de sua filha não. Na falta de descendentes, o herdeiro seria seu irmão e não sua irmã; o filho de seu irmão, não o filho de sua irmã. Na falta de irmãos e de sobrinhos, era necessário recuar na série de ascendentes do morto, sempre na linhagem masculina, até que se encontrasse um ramo que se destacou da família mediante um homem; em seguida, continuava-se novamente a linha descendente naquele ramo pela via masculina até encontrar um homem vivo: este era o herdeiro.

Essas regras vigoraram igualmente entre os hindus, gregos e romanos. Na Índia "a herança pertence ao *sapinda* mais próximo; na falta de um *sapinda*, ao *samanodaca*".[125] Ora, vimos que o parentesco expresso por estas palavras era o parentesco religioso ou parentesco por via masculina, correspondendo também à agnação romana.

Eis agora a lei de Atenas: "Se um homem morrer sem filhos, o herdeiro será o irmão do morto, contanto que seja irmão consanguíneo; na falta deste, o filho do irmão: *porque a sucessão passa sempre aos homens e aos descendentes dos homens*".[126] Citava-se ainda esta velha lei no tempo de Demóstenes, se bem que já fora modificada e já se começara a admitir nessa época o parentesco pelas mulheres.

As Doze Tábuas, do mesmo modo, decidiam que se um homem morria sem *herdeiro seu*, a sucessão pertencia ao agnado mais próximo. Ora, vimos que não se era jamais agnado pelas mulheres. O antigo direito romano especificava ainda que o sobrinho herdava do *patruus*, quer dizer, do irmão de seu pai, e não herdava do *avunculus*, irmão de sua mãe.[127] Se nos reportarmos à árvore genealógica que traçamos para a família dos Cipiões, observaremos que Cipião Emiliano, tendo morrido sem filhos, sua herança não devia passar nem a Cornélia, sua tia, nem a Caio Graco que, de acordo com nossas ideias

---

125. *Código de Manu*, IX, 186, 187.
126. Demóstenes, *in Macart.*, 51; *in Leocharem*, Iseu, VII, 20.
127. *Institutas*, III, 2, 4.

modernas,[128] seria seu primo-irmão, mas a Cipião Asiático, que era, segundo o direito dos antigos, seu parente mais próximo.

No tempo de Justiniano, o legislador não mais compreendia tais velhas leis; afiguravam-se-lhe iníquas e ele acusava de rigor excessivo o direito das Doze Tábuas "que concedia sempre a preferência à posteridade masculina e excluía da herança aqueles que só eram ligados ao morto pelas mulheres".[129] Direito iníquo, se o desejar, pois não levava em conta a natureza, porém direito singularmente lógico, pois partindo do princípio de que a herança estava vinculada ao culto, descartava da herança aqueles que a religião não autorizava a continuar o culto.

4º. Efeitos da emancipação e da adoção

Vimos anteriormente que a emancipação e a adoção produziam para o homem uma mudança de culto. A primeira o separava do culto paterno, a segunda o iniciava na religião de uma outra família. Ainda neste caso o direito antigo se conformava às regras religiosas. O filho que fora excluído do culto paterno pela emancipação era afastado também da herança.[130] Ao contrário, o estranho que estivera associado ao culto de uma família por adoção e se tornava um filho continuava o culto e herdava bens. Em um e outro caso, o antigo direito tinha mais em conta o vínculo religioso do que o de nascimento.

Como era contrário à religião que um mesmo homem tivesse dois cultos domésticos, não podia tampouco herdar de duas famílias. Assim, o filho adotivo que herdava da família adotante, não herdava de sua família natural. O direito ateniense era bastante explícito quanto a este ponto. Os discursos dos oradores áticos mostram-nos frequentemente homens que foram adotados em uma família e desejavam herdar daquela no seio da qual haviam nascido. Mas a lei a isto se opõe. O homem adotado só pode herdar de sua própria família se voltar ao seu seio, o que só pode fazer se renunciar à família adotante, da qual só pode sair sob duas condições: primeira, abandonar o patrimônio dessa família; segunda, que o culto doméstico que motivou sua adoção não cesse devido ao abandono, daí a necessidade dele deixar nessa família um filho que o

---

128. Tenhamos em mente que o autor escreve estas linhas na segunda década da segunda metade do século XIX (aproximadamente em 1863). (N.T.)
129. *Institutas*, III, 3.
130. Iseu, *De Aristarchi hered.*, 45 e 11; *De Astyph. hered.*, 33.

substitua.¹³¹ Este filho assume o cuidado do culto e a posse dos bens; o pai poderá então retornar à família de nascimento e dela herdar. Mas este pai e este filho não podem mais herdar um do outro considerando-se que não pertencem à mesma família, não são parentes.

Percebe-se claramente qual era o pensamento do velho legislador quando estabeleceu essas regras tão minuciosas. Ele não julgava possível que duas heranças fossem reunidas sobre a mesma cabeça, já que dois cultos domésticos não podiam ser servidos pela mesma mão.

5º. O TESTAMENTO ERA DESCONHECIDO PRIMITIVAMENTE

O direito de testar, ou seja, de dispor dos próprios bens após a morte transferindo-os a outras pessoas e não ao herdeiro natural se opunha às crenças religiosas que constituíam o fundamento do direito de propriedade e do direito de sucessão. Sendo a propriedade inerente ao culto e sendo o culto hereditário, poder-se-ia pensar em testamento? Além disso, a propriedade não pertencia ao indivíduo, mas à família, pois o homem não a adquirira mediante o direito do trabalho, mas pelo culto doméstico. Ligada à família, transmitia-se do morto ao vivo, não em conformidade com a vontade e a escolha do morto, mas em virtude de regras superiores que a religião estabelecera.

O antigo direito hindu desconhecia o testamento. O direito ateniense até Sólon o interditava de uma maneira absoluta¹³² e o próprio Sólon só o permitia àqueles que não deixavam filhos.¹³³ O testamento foi durante muito tempo proibido ou ignorado em Esparta e somente foi autorizado depois da Guerra do Peloponeso.¹³⁴ Conservou-se a lembrança de um tempo no qual ocorria o mesmo em Corinto e em Tebas.¹³⁵ É certo que a faculdade de legar arbitrariamente os próprios bens não foi reconhecida inicialmente como um direito natural. O princípio constante das épocas antigas sustentava que toda propriedade devia permanecer na família à qual a religião a havia ligado.

---

131. Harpocration, v. ὅτι οἱ ποιητοί. Demóstenes, *in Leocharem*, 66-68.
132. Plutarco, *Sólon*, 21.
133. Iseu, *De Pyrrh. hered.*, 68. Demóstenes, *in Stephanum*, II, 14.
134. Plutarco, *Agis*, 5.
135. Aristóteles, *Política*, II, 3, 4.

Platão, no seu tratado *As Leis*, que não é na sua maior parte senão um comentário das leis atenienses, explica com bastante clareza o pensamento dos antigos legisladores. Ele supõe que um homem, no seu leito de morte, pleiteia a faculdade de fazer um testamento e exclama: "Ó deuses! Não é bem duro que eu não possa dispor de meus bens como entenda e em favor de quem me agrade, deixando mais a este, menos àquele, de acordo com a afeição que me demonstraram?" Mas o legislador responde a esse homem: "Tu, que não podes garantir para ti mesmo um só dia, tu que tão somente passas pela terra, porventura cabe a ti decidir sobre tais assuntos? Tu não és nem senhor dos teus bens nem de ti mesmo... tu e teus bens, tudo isto pertence à tua família, quer dizer, aos teus ancestrais e à tua posteridade".[136]

O antigo direito de Roma para nós é obscuro; já o era para Cícero. O que dele conhecemos não vai em absoluto além das Doze Tábuas, que seguramente não são o direito primitivo de Roma, e mesmo assim dessas leis só nos restam alguns fragmentos. Esse código autoriza o testamento, contudo, o fragmento relativo a esta matéria é demasiadamente curto e evidentemente incompleto para que possamos nos gabar de conhecer as verdadeiras disposições do legislador nesse assunto; concedendo a faculdade de testar, desconhecemos quais as reservas e quais as condições impostas pela lei.[137] Anteriormente às Doze Tábuas não dispomos de nenhum texto legal que interdita ou permite o testamento. Entretanto, a língua preservou a lembrança de um tempo em que ele não era conhecido, visto que se chamava o filho de *herdeiro próprio e necessário*. Esta fórmula que Gaio e Justiniano ainda empregavam, mas que não estava mais de acordo com a legislação de seu tempo, provinha sem qualquer dúvida de uma época remota em que o filho não podia nem ser deserdado nem recusar a herança. O pai não detinha, portanto, a faculdade de dispor livremente de seus bens. O testamento não era absolutamente desconhecido, mas era extremamente difícil. Grandes formalidades se faziam necessárias. Em primeiro lugar, o testador não podia, enquanto vivo, guardar segredo a respeito de sua derradeira vontade; o homem que deserdava sua família e violava a lei que a religião estabelecera devia fazê-lo publicamente, de modo ostensivo, e atrair sobre si durante toda a vida todo o ódio que tal ato suscitava. E isso não é tudo: era ainda indispensável que a vontade do testador obtivesse a aprovação da autoridade soberana, ou seja, do povo reunido em cúrias sob a presidência do

---

136. Platão, *As Leis*, XI.
137. *Uti legassit, ita jus esto*. Se da lei de Sólon dispuséssemos somente das palavras διαθέσθαι ὅπως ἄν ἐθέλῃ, poderíamos supor também que o testamento era permitido em todos os casos possíveis; todavia, a lei acrescenta ἄν μὴ παῖδες ὦσι.

pontífice.[138] Não creiamos que isto não passasse de uma vã formalidade, sobretudo nos primeiros séculos. Estes comícios por cúrias eram a assembleia mais solene da cidade romana. Seria pueril afirmar que se convocava um povo sob a presidência de seu chefe religioso para assistir à leitura de um testamento como simples testemunha. Podemos crer, perfeitamente, que o povo votava, e que isto era, se refletirmos, inclusive necessário; existia, de fato, uma lei geral que regulava a ordem da sucessão de uma maneira estrita; para que esta ordem fosse modificada em um caso particular, se requeria uma outra lei. Esta lei de exceção era o testamento. A faculdade de testar não era, pois, plenamente reconhecida ao homem e não podia sê-lo enquanto essa sociedade permanecesse sob o império da velha religião. Segundo as crenças dessas idades antigas, o homem vivo era apenas o representante por alguns anos de um ser constante e imortal: a família. Detinha o culto e a propriedade tão somente como um depósito; seu direito a eles cessava com sua vida.

6º. Antiga indivisão do patrimônio

É necessário remontarmos além do tempo do qual a história conservou a lembrança, a esses séculos longínquos durante os quais as instituições domésticas foram estabelecidas e as instituições sociais foram preparadas. Dessa época não nos resta, e nem seria possível que nos restasse, nenhum monumento escrito.[139] Contudo, as leis que então regiam os homens deixaram alguns vestígios no direito das épocas seguintes.

Nesses tempos remotos, distingue-se uma instituição que devia vigorar por muito tempo e que exerceu uma influência considerável sobre a constituição futura das sociedades, e sem a qual esta constituição seria inexplicável. Trata-se da indivisão do patrimônio, acompanhada de uma espécie de direito de primogenitura.

A velha religião estabelecia uma diferença entre o filho primogênito e o filho mais novo: "O primogênito – diziam os antigos arianos – foi gerado para o cumprimento do dever em relação aos ancestrais, os outros nasceram do amor". Em virtude desta superioridade original, o primogênito gozava do privilégio, depois da morte do pai, de presidir a todas as cerimônias do culto doméstico;

---

138. Ulpiano, XX, 2. Gaio, I, 102, 119. Aulo Gélio, XV, 27. O testamento *calatis comitiis* foi, indubitavelmente, o mais antigamente praticado. Já não era mais conhecido no tempo de Cícero (*De orat.*, I, 53).
139. No original, *monument écrit*. (N.T.)

era ele que oferecia os repastos fúnebres e que proferia as fórmulas de oração, "pois o direito de proferir as orações pertence àquele entre os filhos que veio ao mundo em primeiro lugar". O primogênito era então o herdeiro dos hinos, o continuador do culto, o chefe religioso da família. Desta crença decorria uma regra de direito: o primogênito sozinho herdava os bens. Isto é o que consta em um velho texto que o último redator do Código de Manu inseriu ainda no seu código: "O primogênito toma posse do patrimônio inteiro, e os outros irmãos vivem sob sua autoridade tal como viviam sob aquela de seu pai. O primogênito assume a dívida para com os ancestrais e portanto deve tudo possuir".[140]

O direito grego é originado das mesmas crenças religiosas que o direito hindu. Não é de se surpreender, consequentemente, que nele encontremos também primitivamente o direito de progenitura. Em Esparta as parcelas de propriedade primitivamente estabelecidas eram indivisíveis, não cabendo parcela alguma aos filhos mais novos. O mesmo ocorre em muitas legislações antigas estudadas por Aristóteles, que nos informa, com efeito, que a legislação de Tebas prescrevia em termos absolutos que o número de lotes de terra permanecesse imutável, o que excluía certamente a partilha entre irmãos. Uma antiga lei de Corinto pretendia também que o número de famílias fosse invariável, o que só era exequível se o direito de primogenitura impedisse as famílias de se desmembrar a cada geração.[141]

Entre os atenienses não devemos esperar encontrar essa velha instituição ainda em vigor no tempo de Demóstenes; contudo, subsistia ainda nessa época aquilo a que se dava o nome de privilégio do primogênito.[142] Parece que este privilégio consistia em manter fora da partilha a casa paterna, vantagem materialmente considerável e mais considerável ainda do ponto de vista religioso, porque a casa paterna continha o antigo fogo doméstico da família. Enquanto o filho mais novo, no tempo de Demóstenes, ia acender um fogo doméstico novo, o primogênito, verdadeiramente o único herdeiro, se mantinha de posse do fogo doméstico paterno e do túmulo dos ancestrais; era também exclusivamente o primogênito quem conservava o nome da família[143] – vestígios de um tempo quando ele era o único possuidor do patrimônio.

---

140. *Código de Manu*, IX, 105-107, 126. Esta antiga regra foi modificada paralelamente ao debilitamento da velha religião. Já no próprio Código de Manu encontramos artigos que autorizam e mesmo recomendam a divisão da sucessão.

141. Aristóteles, *Política*, II, 9, 7; II, 3, 7; II, 4, 4.

142. Πρεσβεία, Demóstenes, *Pro Phorm.*, 34. Na época de Demóstenes, πρεσβεία constituía apenas uma palavra vazia, a sucessão, desde há muito, se efetivando por porções iguais entre os irmãos.

143. Demóstenes, *in Boeotum, de nomine*.

Pode-se observar que a iniquidade do direito de primogenitura, além de deixar de atingir aqueles espíritos para os quais a religião se afigurava toda-poderosa, foi, com o tempo, sendo retificada por muitos costumes dos antigos. Nas ocasiões em que o caçula era adotado por uma outra família, ele herdava; nas oportunidades em que desposava uma filha única, também; às vezes, enfim, recebia o lote de terra de uma família extinta. Na ausência de todos esses expedientes, os filhos mais novos eram enviados para as colônias.

No que concerne a Roma, não descobrimos nenhuma lei que se relaciona com o direito de progenitura. Contudo, não se deve inferir daí que fosse desconhecido na antiga Itália. Pode ter desaparecido e sua própria lembrança desvanecido. O que nos permite crer que além dos tempos por nós conhecidos ele esteve em vigor é o fato da existência da *gens* romana e sabina apresentar-se inexplicável sem o direito de progenitura. Como uma família teria podido chegar a conter diversos milhares de pessoas livres, como a família Cláudia, ou diversas centenas de combatentes, todos patrícios, como a família Fábia, se o direito de progenitura não tivesse mantido essa unidade durante uma longa sequência de gerações e não a houvesse aumentado de século em século impedindo-a de se esfacelar? Este velho direito de progenitura se prova por suas consequências e, por assim dizer, por suas obras.

É preciso, ademais, entender bem que o direito de progenitura não era a espoliação dos filhos mais novos para o proveito do primogênito. O Código de Manu explica-nos o seu sentido ao dizer: "Que o primogênito tenha por seus jovens irmãos a afeição de um pai por seus filhos, e que estes, por sua vez, o respeitem como um pai". No pensamento das idades antigas, o direito de progenitura implicava sempre na vida comum. No fundo, não era senão o fruir dos bens em comum por todos os irmãos sob a preeminência do mais velho. Representava a indivisão do patrimônio como a indivisão da família. É neste sentido que para nós é possível crer que esteve em vigor no mais antigo direito de Roma ou, ao menos, em seus usos, e que foi a fonte da *gens* romana.[144]

---

144. A velha língua latina manteve um vestígio dessa indivisão que, por mais modesto que seja, merece ser assinalado. Chamava-se de *sors* a um lote de terra, domínio de uma família; *sors patrimonium significat*, diz Festo. A palavra *consortes* se referia, assim, àqueles que tinham apenas um lote de terra e viviam no mesmo domínio. Ora, a velha língua designava com essa palavra os irmãos e mesmo parentes a um grau de parentesco bastante distante: testemunho de um tempo no qual o patrimônio e a família eram indivisíveis (Festo, v. *Sors*, Cícero, *in Verrem*, II, 3, 23. Tito Lívio, XLI, 27. Veleio, I, 10. Lucrécio, III, 772; VI, 1280).

CAPÍTULO VIII

A AUTORIDADE NA FAMÍLIA

1º. Princípio e natureza do poder paternal entre os antigos

A família não recebeu suas leis da cidade. Se fosse a cidade que tivesse estabelecido o direito privado, é provável que o houvesse feito completamente diferente daquilo que estudamos até este ponto. Teria regulado o direito de propriedade e o direito de sucessão segundo outros princípios, pois não constituía seu interesse a terra ser inalienável e o patrimônio indivisível. A lei que permite ao pai vender e até matar seu filho, lei que encontramos tanto na Grécia quanto em Roma, não foi concebida pela cidade. A cidade teria, antes, dito ao pai: "A vida de tua mulher e de teu filho não te pertencem mais tanto quanto não te diz respeito a liberdade deles; eu os protegerei, mesmo de ti; não é tu que os julgarás, que os matarás se falharem nos seus deveres: eu serei o único juiz deles". Se a cidade não discursa assim, é aparentemente porque não pode fazê-lo. O direito privado existia antes dela. Quando ela começou a escrever suas leis, achou tal direito já estabelecido, vivo, enraizado nos usos, forte devido ao apoio universal. Ela o aceitou, não podendo fazer de outra maneira e não ousou modificá-lo a não ser muito tempo depois. O antigo direito não é obra de um legislador – é, ao contrário, imposto ao legislador. Foi no seio da família que ele nasceu. Nasceu aí espontaneamente, sendo totalmente formado dos antigos princípios que a constituíram. Proveio das crenças religiosas universalmente admitidas na era primitiva desses povos que exerciam o domínio sobre as inteligências e as vontades.

Uma família se compõe de um pai, uma mãe, filhos e escravos. Este grupo, por menor que seja, precisa ter sua disciplina. A quem caberá, então, a autoridade primeira? Ao pai? Não. Há em cada casa alguma coisa que está acima do próprio pai: é a religião doméstica, o deus que os gregos chamam de senhor do fogo doméstico, ἑστία δέσποινα, e os latinos nomeiam como *Lar familiae Pater*.[145] Esta divindade interior, ou, o que dá no mesmo, a crença que existe na alma humana, é esta a autoridade menos discutível e é ela que vai fixar na família a condição de cada um.

O pai é o primeiro junto ao fogo doméstico: ele o acende e o conserva; é ele o pontífice. Em todos os atos religiosos, a função mais elevada é desempenhada pelo pai; é ele que degola a vítima; é sua boca que pronuncia a fórmula de oração que deve atrair sobre si e os seus a proteção dos deuses. A família e o culto são perpetuados por meio dele; tão somente o pai representa toda a sequência dos descendentes. O culto doméstico repousa sobre ele. Ele pode quase dizer como o hindu: sou eu que sou o deus. Quando a morte chegar, ele será um ser divino que os descendentes invocarão.

A religião não coloca a mulher em uma posição assim tão elevada. É verdade que ela participa dos atos religiosos, mas ela não é a senhora do fogo doméstico. Sua religião não advém do nascimento; foi nela somente iniciada pelo casamento; aprendeu com seu marido a oração que faz. Ela não representa os ancestrais, visto que não é descendente deles. Não se tornará, ela mesma, uma ancestral; sepultada, não receberá no túmulo um culto especial. Na morte como na vida, ela não passa de um membro de seu esposo.

O direito grego, o direito romano, o direito hindu, que derivam dessas crenças religiosas, concordam em considerar a mulher sempre como inferior. Ela não pode jamais possuir um fogo doméstico próprio, não é jamais um chefe de culto. Em Roma, ela recebe o título de *materfamilias*, mas o perde por ocasião da morte do marido.[146] Não possuindo nunca um fogo doméstico que lhe pertença, ela não dispõe de nada que lhe outorgue autoridade em casa. Jamais manda; não é sequer livre ou senhora de si mesma, *sui juris*. Encontra-se sempre junto ao fogo doméstico de outra pessoa, repetindo a oração de outra pessoa; para todos os atos da vida religiosa necessita de um chefe, e para todos os atos da vida civil necessita de um tutor.

Diz o Código de Manu: "A mulher, durante sua infância, depende de seu pai; durante sua juventude, de seu marido; com a morte do marido, depende de seus filhos; se não tiver filhos, dos parentes próximos do marido; pois uma

---

145. Plauto, *Mercator*, V, l, 5: *Dii Penates familiaeque Lar Pater* – O sentido primitivo da palavra *Lar* é o de senhor, príncipe, mestre. Cf. *Lar Porsenna, Lar Tolumnius*.
146. Festo, ed. Muller, p. 125: *Materfamiliae non ante dicebatur quam vir ejus paterfamiliae dictus esset... Nec vidua hoc nomine appellari potest.*

mulher não deve nunca governar-se por sua vontade".[147] As leis gregas e romanas afirmam a mesma coisa. Filha se acha submetida ao pai; morto o pai, aos irmãos e a seus agnados;[148] casada, encontra-se sob a tutela do marido; morto o marido, não retorna à sua própria família, pois a ela renunciou para sempre por meio do casamento sagrado;[149] a viúva permanece submetida à tutela dos agnados de seu marido, ou seja, de seus próprios filhos; se não os tem,[150] ou, na falta de filhos, dos parentes mais próximos.[151] Seu marido detém tal autoridade sobre ela e pode, antes de morrer, designar para ela um tutor e mesmo escolher para ela um segundo marido.[152]

Para marcar o poder do marido sobre a mulher, os romanos possuíam uma expressão antiquíssima que seus jurisconsultos conservaram: é a palavra *manus*. Não é fácil descobrir-lhe o sentido primordial. Os comentadores vinculam-na à expressão da força material, como se a mulher estivesse colocada sob a mão brutal do marido. É muito provável que se enganem. O poder do marido sobre a mulher não resultava em absoluto da superioridade em força física do primeiro. Procedia, como todo o direito privado, das crenças religiosas que colocavam o homem acima da mulher. A prova disto é que a mulher que não casara segundo os ritos sagrados, e que, consequentemente, não se associara ao culto, não estava submetida ao poder marital.[153] Era o casamento que gerava a subordinação e ao mesmo tempo a dignidade da mulher. Tanto é isto verdade que não é o direito do mais forte que constitui a família!

Passemos à criança. Neste caso, a natureza fala dela mesma com voz bem alta; ela quer que a criança tenha um protetor, um guia, um mestre. A religião está de acordo com a natureza; ela diz que o pai será o chefe do culto e que o filho deverá somente auxiliá-lo em suas funções santas. Entretanto, a natureza não exige essa subordinação senão durante um certo número de anos; a religião a exige por mais tempo. A natureza outorga ao filho uma maioridade;

---

147. *Código de Manu*, V, 147, 148.
148. Demóstenes, *in Onetorem*, I, 7; *In Baeotum, de dote*, 7; *In Eubulidem*, 40. Iseu, *De Meneclis hered.*, 2 e 3. Demóstenes, *in Stephanum*, II, 18.
149. Em caso de divórcio, ela retornava à casa paterna. Demóstenes, *in Eubulid.*, 41.
150. Demóstenes, *in Stephanum*, II, 20; *In Phaenippum*, 27; *In Macartatum*, 75. Iseu, *De Pyrrhi hered.*, 50. – Cf. *Odisseia*, XXI, 350-353.
151. Gaio, I, 145-147, 190; IV, 118; Ulpiano, XI, 1 e 27.
152. Demóstenes, *in Aphobum*, I, 5; *Pro Phormione*, 8.
153. Cícero, *Topic.*, 14. Tácito, *An.*, IV, 16. Aulo Gélio, XVIII, 6. Veremos na sequência que em uma certa época, e por razões que serão então apresentadas, foram concebidas modalidades novas de casamento, as quais produziram efeitos jurídicos idênticos aos do casamento sagrado.

a religião não o faz. De acordo com os antigos princípios, o fogo doméstico é indivisível e a propriedade a mesma coisa; os irmãos não se separam com a morte do pai; com muito mais razão não podem dele se desligar durante a vida deste. Dentro do rigor do direito primitivo, os filhos permanecem ligados ao fogo doméstico do pai e, consequentemente, submetidos à sua autoridade, visto que enquanto o pai viver, eles serão menores.

É compreensível que tal regra não sobrevivesse ao período de vigência plena da religião doméstica. Esta sujeição ilimitada do filho ao pai sumiu logo em Atenas. Em Roma, a velha regra foi escrupulosamente preservada: ao filho não era permitido jamais conservar um fogo doméstico particular enquanto o pai vivesse. Mesmo casado, mesmo tendo filhos, permanecia sempre sob o poder paterno.[154]

De resto, sucedia com o poder paterno o mesmo que com o poder do marido; esse poder tinha como princípio e por condição o culto doméstico. O filho nascido do concubinato não era colocado sob a autoridade paterna. Entre o pai e ele não havia comunidade religiosa; não havia, portanto, nada que conferisse a um autoridade e que obrigasse o outro à obediência. A paternidade não dava, por si só, nenhum direito ao pai.

Graças à religião doméstica, a família era um pequeno corpo organizado, uma pequena sociedade que tinha seu chefe e seu governo. Nada, em nossa sociedade moderna,[155] é capaz de nos dar uma ideia do que era esse poder paterno. Nesses tempos antigos, o pai não é meramente o homem forte que protege e que possui, também, o poder de se fazer obedecer: ele é o sacerdote, o herdeiro do fogo doméstico, o continuador dos antepassados, o tronco dos descendentes, o depositário dos ritos misteriosos do culto e das fórmulas secretas da oração. Toda a religião nele reside.

O próprio nome pelo qual o chamamos, *pater*, traz em si curiosos ensinamentos. A palavra é idêntica em grego, latim e em sânscrito, do que se conclui de imediato que essa palavra data de um tempo em que os ancestrais dos

---

154. Quando Gaio diz do poder paterno: *Jus proprium est civium Romanorum*, é preciso que se compreenda que no tempo de Gaio o *direito romano* só reconhecia esse poder para o *cidadão romano*, o que não quer dizer que não tivesse existido anteriormente alhures e que não tivesse sido reconhecido pelo direito de outras cidades. Isto será esclarecido quando abordarmos a situação legal dos submetidos à dominação romana. No direito ateniense anterior a Sólon, o pai podia vender seus filhos (Plutarco, *Sólon*, 13 e 23).
155. Cumpre lembrar que Fustel de Coulanges viveu na Europa em torno dos meados do século XIX. (N.T.)

helenos, dos itálicos e dos hindus[156] viviam ainda juntos na Ásia Central. Qual o seu sentido e que ideia apresentava, então, ao espírito humano? Isto é possível que se saiba, pois essa palavra conservou a significação primeira nas fórmulas da língua religiosa e naquelas da linguagem jurídica. Quando os antigos, ao invocar Júpiter, o chamavam de *pater hominum Deorumque*, não pretendiam dizer que Júpiter fosse o pai dos deuses e dos homens, pois nunca o consideraram como tal, crendo, ao contrário, que o gênero humano fosse anterior em sua existência a Júpiter. O título mesmo de *pater* era atribuído a Netuno, a Apolo, a Baco, a Vulcano, a Plutão, os quais seguramente os homens não consideravam como seus pais;[157] assim, o título de *mater* se aplicava a Minerva, a Diana, a Vesta, reputadas como três deusas virgens. Analogamente, na linguagem jurídica, o título de *pater* ou *paterfamilias* podia ser dado a um homem que não tinha filhos, que não era casado e que não estava sequer na idade de contratar o casamento.[158] A ideia de paternidade, portanto, não se prendia a essa palavra. A velha língua tinha para ela uma outra palavra que designava propriamente o pai e que, tão antiga quanto *pater*, se acha, como esta, nas línguas dos gregos, dos romanos e dos hindus (γεννητήρ, *genitor*, *gânitar*).[159] A palavra *pater* possuía um outro sentido. Na língua religiosa, se aplica a todos os deuses; na língua jurídica a todo homem que não dependia de nenhum outro e que detinha autoridade sobre uma família e sobre um domínio: *paterfamilias*. Os poetas nos mostram que esse emprego se fazia com relação a todos aqueles que se desejava honrar. O escravo e o cliente usavam a palavra referindo-se ao seu senhor. Era sinônima das palavras *rex*, ἄναξ, βασιλεύς. Encerrava em si não a ideia de paternidade, mas a de poder, de autoridade, de dignidade majestosa.

Que uma tal palavra se aplicasse ao pai de família até poder tornar-se pouco a pouco seu nome mais ordinário é certamente um fato bastante significativo e que se afigurará sério a quem quer que deseje conhecer as antigas

---

156. É preciso termos sempre em mente que Fustel de Coulanges emprega o termo *hindous* em correspondência ao português *indianos*, e não ao português *hindus* no sentido apenas de adepto e membro do hinduísmo ou bramanismo. (N.T.)

157. Aulo Gélio, V, 12: *Jupiter... Sic et Neptunuspater conjuncte dictus est et Saturnuspater et Marspater*. Lactâncio, *Instit.*, IV, 3: *Jupiter a precantibus pater vocatur, et Saturnus et Janus et Liber et ceteri*. Plutão era chamado de *Dis Pater* (Varrão, *De ling. lat.*, V, 66; Cícero, *De nat. deor.*, II, 26). A mesma palavra se aplica ao deus Tibre nas orações; *Tiberine Pater, te, Sancte, precor* (Tito Lívio, II, 10). Virgílio chama Vulcano de *Pater Lemnius*, o deus de Lemnos.

158. Ulpiano, no *Digesto* I, 6, 4: *Patresfamiliarum sunt qui sunt suae potestatis, sive puberes, sive impuberes*.

159. No original em francês, a ordem está diferente: *gânitar*, γεννητήρ, *genitor*. (N.T.)

instituições. A história desta palavra é suficiente para nos dar uma ideia do poder que o pai exerceu por muito tempo dentro da família, e do sentimento de veneração que a ele se vinculava como a um pontífice e a um soberano.

2º. Enumeração dos direitos que compunham o poder paterno

As leis gregas e romanas reconheceram ao pai tal poder ilimitado, do qual a religião o havia primeiramente revestido. Os numerosos e diversos direitos que elas lhe conferiram podem ser classificados em três categorias, considerando-se o pai de família como chefe religioso, senhor da propriedade ou juiz.

I – O pai é o chefe supremo da religião doméstica. Regula todas as cerimônias do culto como bem o entende, ou melhor, à imitação de seu pai. Ninguém na família contesta sua supremacia sacerdotal. A própria cidade e seus pontífices nada podem alterar no seu culto. Como sacerdote do fogo doméstico, ele não reconhece nenhum superior.

Na qualidade de chefe religioso, é ele o responsável pela perpetuidade do culto e, consequentemente, por aquela da família. Tudo o que diz respeito a essa perpetuidade, que é seu primeiro cuidado e seu primeiro dever, depende tão somente dele mesmo. E disso deriva toda uma série de direitos, a saber:

— Direito de reconhecer o filho por ocasião de seu nascimento ou de rejeitá-lo. Este direito é concedido ao pai pelas leis gregas[160] tanto quanto pelas leis romanas. Por mais bárbaro que seja, não está em contradição com os princípios sobre os quais está fundada a família. A filiação, mesmo incontestável, não basta para permitir a admissão ao círculo sagrado da família: são necessários o consentimento do chefe religioso e a iniciação ao culto. Enquanto o filho não estiver associado à religião doméstica, nada significará para o pai.

— Direito de repudiar a mulher, seja em caso de esterilidade – visto que a família não pode extinguir-se –, seja em caso de adultério – visto que a família e a descendência devem ser isentas de toda alteração.

— Direito de casar a filha, ou seja, de ceder a um outro o poder que ele detém sobre ela. Direito de casar o filho: o casamento do filho interessa à perpetuidade da família.

---

160. Heródoto, I, 59. Plutarco, Alcibíades, 23; Agesilau, 3.

— Direito de emancipar, ou seja, de excluir um filho da família e do culto. Direito de adotar, ou seja, de introduzir um estranho junto ao fogo doméstico.
— Direito de designar ao morrer um tutor para sua mulher e para seus filhos.

Necessário se faz observar que todos esses direitos eram atribuídos exclusivamente ao pai, excluindo todos os outros membros da família. A mulher não tinha o direito de se divorciar, ao menos nas épocas mais antigas. Mesmo quando era viúva, não podia nem emancipar nem adotar. Jamais era tutora, até mesmo de seus próprios filhos. Em caso de divórcio, os filhos permaneciam com o pai, inclusive as filhas. A mulher nunca tinha seus filhos sob seu poder. No caso do casamento de sua filha, seu consentimento não era solicitado.[161]

II – Vimos previamente que a propriedade não fora concebida, originariamente, como um direito individual, mas como um direito de família. A fortuna pertencia, como diz Platão formalmente e como dizem implicitamente todos os antigos legisladores, aos ancestrais e descendentes. Essa propriedade, por sua própria natureza, não se dividia. Em cada família só podia haver um proprietário, o qual era a própria família, e um só usufrutuário, o pai. Este princípio explica diversas disposições do antigo direito.

A propriedade, não podendo ser dividida e se apoiando inteiramente na cabeça do pai, a mulher e o filho nada possuíam de próprio. O regime dotal era então desconhecido e mesmo com este regime a partilha da propriedade teria sido impraticável. O dote da mulher pertencia sem reserva ao marido, que exercia sobre os bens dotais não apenas direitos de um administrador, mas os de um proprietário. Tudo aquilo que a mulher podia adquirir durante o casamento caía nas mãos do marido. Nem se tornando viúva ela retomava seu dote.[162]

O filho encontrava-se nas mesmas condições da mulher: nada possuía. Toda doação feita por ele carecia de validade pelo simples motivo de que ele não possuía coisa alguma. Igualmente não podia fazer qualquer aquisição; os frutos de seu trabalho, os benefícios de seu comércio pertenciam a seu pai. Se um testamento tivesse sido feito por um estranho a seu favor, era seu pai e não ele que recebia o legado. Por isso, explica-se o texto do direito romano que proibia todo contrato de venda entre pai e filho. Se o pai vendesse ao

---

161. Demóstenes, *in Eubul.*, 40 e 43. Gaio, I, 155. Ulpiano, VIII, 8. *Institutas*, I, 9. *Digesto*, liv. I, tít. 1, 11.
162. Gaio, II, 98. Todas estas regras do direito primitivo foram modificadas pelo direito pretoriano. Do mesmo modo em Atenas, no tempo de Iseu e de Demóstenes, o dote era restituído em caso de dissolução do casamento. Limitamo-nos neste capítulo a falar do direito mais antigo.

filho, teria vendido a si mesmo, já que tudo que o filho adquirisse passaria a pertencer de imediato ao pai.[163]

Percebe-se no direito romano e descobrimos também nas leis de Atenas que o pai podia até vender seu filho,[164] visto que o pai podia dispor de toda a propriedade da família, podendo o filho ser encarado como uma propriedade, já que seus braços e seu trabalho constituíam uma fonte de renda. Assim, o pai podia, a seu critério, conservar para si este instrumento de trabalho ou cedê-lo a outro. Ceder, neste caso, era a designação que se dava à venda do filho. Os textos de que dispomos do direito romano não nos informam com muita clareza qual a natureza desse contrato de venda e quais as reservas que poderiam estar nele contidas. Parece certo, entretanto, que o filho vendido não se convertia totalmente em escravo do comprador. O pai podia estipular no contrato que o filho lhe seria revendido. Mantinha, assim, seu poder sobre ele, e após tê-lo retomado, ainda podia vendê-lo novamente.[165] A Lei das Doze Tábuas autorizava tal operação até três vezes, mas declarava que depois da venda tripla o filho seria, enfim, liberado do poder paterno.[166] Pode-se julgar por isso quanto no direito antigo a autoridade do pai era absoluta.[167]

III – Plutarco nos informa que em Roma as mulheres não podiam comparecer perante a justiça, nem como testemunhas.[168] Lemos no jurisconsulto Gaio: "É preciso saber que não se pode ceder nada na justiça às pessoas que se encontram sob poder, ou seja, à mulher, ao filho e ao escravo. Pois do fato destas pessoas não poderem nada possuir de próprio se concluiu com razão que igualmente não podiam fazer reivindicação na justiça. Se vosso filho, submetido ao vosso poder, cometeu um delito, a ação na justiça será aberta contra vós. O delito cometido por um filho contra seu pai não dá lugar a nenhuma ação na justiça".[169] De tudo isso resulta que a mulher e o filho não podiam ser

---

163. Cícero, *De legib.*, I, 20. Gaio, II, 87. *Digesto*, liv. XVIII, tít. 1, 2.
164. Plutarco, *Sólon*, 13. Dionísio de Halicarnasso, II, 26. Gaio, I, 117, 132; VI, 79. Ulpiano, X, 1. Tito Lívio, XLI, 8. Festo, v. *Deminutus*.
165. Gaio, I, 140: *Quem pater ea lege vendidit ut sibi remanciparetur, tunc pater potestatem propriam reservare sibi videtur.*
166. *Si pater filium ter venumduit, filius a patre liber esto* (apud Ulpiano, *Fragm.*, X, 1).
167. Quando o filho cometia algum delito, o pai podia abrir mão de sua responsabilidade entregando o filho à pessoa lesada a título de indenização. Gaio, I, 140: *Quem pater ex noxali causa mancipio dedit, velut qui furti nomine damnatus est et eum mancipio actori dedit... hunc actor pro pecunia habet.* Neste caso, o pai perdia seu poder. Ver Cícero, *Pro Caecina*, 34; *De Oratore*, I, 40.
168. Plutarco, *Publicola*, 8.
169. Gaio, II, 96; IV, 77, 78.

nem demandistas,[170] nem defensores, nem acusadores, nem acusados, nem testemunhas. De toda a família, o único que podia comparecer perante o tribunal era o pai; a justiça pública existia somente para ele, de modo que era ele o responsável pelos delitos cometidos pelos seus.

Se a justiça para o filho e a mulher não se encontrava na cidade, é porque se encontrava na casa. O juiz para eles era o chefe de família, tomando assento como em um tribunal em virtude de sua autoridade marital ou paterna, em nome da família e sob os olhos das divindades domésticas.[171]

Tito Lívio conta que o Senado, querendo extirpar de Roma as Bacanais, decretou a pena de morte para aqueles que delas participassem. O decreto revelou-se de fácil execução no que se referia aos cidadãos, mas em relação às mulheres, que não eram as menos culpadas, viram-se diante de uma grave dificuldade: as mulheres não podiam ser justiçadas pelo Estado, somente a família detinha o direito de julgá-las. O Senado respeitou esse velho princípio e deixou aos maridos e aos pais o encargo de pronunciarem contra as mulheres a sentença de morte.[172]

Esse direito de justiça que o chefe de família exercia em sua casa era cabal e relativamente a ele não havia possibilidade para apelação. O chefe de família podia condenar à morte, tal como fazia o magistrado da cidade. Nenhuma autoridade gozava do direito de alterar suas sentenças. "O marido" – diz Catão, o Antigo – "é juiz de sua mulher; seu poder é ilimitado; ele pode o que quer. Se ela cometeu alguma falta, ele a pune; se bebeu vinho, ele a condena; se manteve relações sexuais com outro homem, ele a mata." O direito era idêntico no que concernia aos filhos. Valério Máximo cita um certo Atílio que matou a filha culpada de impudicícia, e todos conhecem aquele pai que deu cabo da vida do filho, cúmplice de Catilina.[173]

Fatos dessa natureza abundam na história romana. Entretanto, seria fazer uma ideia falsa crer que o pai tivesse o direito absoluto de matar sua mulher e seus filhos. Ele era seu juiz – se os feria de morte, isto era estritamente em função de seu direito de justiça. Como o pai de família estava sujeito sozinho ao

---

170. Pessoas que intentam *demandas*, ou seja, ações judiciais por processo civil. (N.T.)
171. Um tempo adveio em que esta jurisdição foi modificada pelos costumes. O pai consultava toda a família e constituía com ela um tribunal que ele presidia. Tácito, *An.*, XIII, 32; *Digesto*, liv. XXIII, tít. 4, 5. Platão, *As Leis*, IX.
172. Tito Lívio, XXXIX, 18.
173. Catão, em Aulo Gélio, X, 23; Valério Máximo, VI, 1, 3-6. – Igualmente, a lei ateniense permitia que o marido matasse sua esposa adúltera (anot. *ad Horat.*, *Sat.*, II, 7, 62) e que o pai vendesse a filha desonrada para a servidão (Plutarco, *Sólon*, 23).

julgamento da cidade, a mulher e o filho não dispunham de outro juiz senão ele, que era no seio de sua família o único magistrado.

Deve-se frisar, ademais, que a autoridade paterna não consistia em um poder arbitrário, como seria aquele que derivasse do poder do mais forte. Essa autoridade tinha como princípio as crenças que jaziam no âmago das almas, encontrando seus limites nessas próprias crenças. Por exemplo, o pai tinha o direito de excluir o filho de sua família, mas sabia bem que se o fizesse, a família correria o risco de se extinguir e os manes de seus ancestrais caírem no eterno esquecimento. Ele tinha o direito de adotar um estranho, mas a religião o proibia de fazê-lo se já tivesse um filho. Ele era o proprietário único dos bens, mas não tinha, ao menos originariamente, o direito de aliená-los. Ele podia repudiar sua esposa, porém, para fazê-lo, era necessário que ousasse romper o vínculo religioso que o casamento estabelecera. Desta maneira, a religião tanto impunha ao pai obrigações quanto lhe conferia direitos.

Tal foi a família antiga por muito tempo. As crenças presentes nos espíritos bastaram, sem que houvesse necessidade do direito da força ou da autoridade de um poder social, para constituir a família regularmente, para lhe dar uma disciplina, um governo, uma justiça e para fixar em todos esses detalhes o direito privado.

CAPÍTULO IX
A ANTIGA MORAL DA FAMÍLIA

A história não estuda somente os fatos materiais e as instituições – seu verdadeiro objeto de estudo é a alma humana. A história deve aspirar a conhecer quais foram as crenças, os pensamentos e os sentimentos desta alma ao longo dos diferentes períodos da vida do gênero humano.

Mostramos no início deste livro antigas crenças concebidas pelo homem a respeito de seu destino após a morte. Dissemos, em seguida, como essas crenças engendraram as instituições domésticas e o direito privado. Resta investigar qual foi a ação dessas crenças sobre a moral nas sociedades primitivas. Sem pretender que essa velha religião tenha criado sentimentos morais nos corações dos homens, podemos crer, ao menos, que tenha se associado a eles para fortalecê-los, para lhes dar uma autoridade maior, para assegurar o império deles e seu direito de direção sobre a conduta do homem, e mesmo, por vezes, para falseá-los.

A religião dessas primeiras idades era exclusivamente doméstica e assim também o era a moral. A religião não dizia a um homem referindo-se a um outro homem: ali está teu irmão. Ela lhe dizia: ali está um estranho, que não pode participar dos atos religiosos de teu fogo doméstico, que não pode se aproximar do túmulo de tua família; ele tem deuses diferentes dos teus, não podendo se unir a ti em uma oração comum; teus deuses rejeitam sua adoração e o veem como inimigo deles e ele é teu inimigo, também.

Nessa religião do fogo doméstico, o homem jamais ora à divindade em favor de outros homens – apenas a invoca para si e os seus. Há um provérbio grego que permaneceu como uma lembrança e um vestígio desse antigo isolamento do homem na oração. No tempo de Plutarco ainda se dizia ao egoísta: Tu sacrificas no fogo doméstico.[174] Isto significava: Tu te afastas de teus concidadãos, tu não tens amigos, teus semelhantes nada representam para ti, vives

---

174. ἑστίᾳ θύεις. Pseudo-Plutarco, ed. Dübner, V, 167. Eustates, *in Odyss.*, VII, 247: Παροιμία τῇ ἑστίᾳ θύομεν ἐφ' ὧν οὐκ ἐστὶ μεταδοῦναι οὐδὲ ἐξενέγκειν.

apenas para ti e os teus. Esse provérbio continha o indício de um tempo em que, estando toda religião em torno do fogo doméstico, o horizonte da moral e da afeição não ultrapassava ainda o estreito círculo da família.

É natural que a ideia moral tivesse tido sua origem e seu desenvolvimento nos mesmos termos da ideia religiosa. O deus das primeiras gerações nessa raça era bem pequeno; pouco a pouco os homens o tornaram maior: assim a moral, bastante estreita e incompleta no início, se ampliou imperceptivelmente até, na sucessão de progressos, chegar a proclamar o dever do amor para com todos os homens. Seu ponto de partida foi a família e é sob a ação das crenças da religião doméstica que os deveres apareceram primeiramente aos olhos do homem.

Imaginemos esta religião do fogo doméstico e do túmulo na época de sua vigência plena. O homem vê muito perto de si a divindade, que está presente, como a própria consciência em suas menores ações. O homem, este ser frágil, se acha sob o olhar de uma testemunha que jamais o abandona. O homem nunca se sente só. Ao seu lado, na casa, no campo, ele conta com protetores que o sustentam nos labores da vida e juízes para punir suas ações culpáveis. "Os Lares" – dizem os romanos – "são divindades terríveis, encarregadas de castigar os homens e zelar por tudo o que se passa no interior das casas." "Os Penates" – dizem ainda os romanos – "são os deuses que nos fazem viver; nutrem nosso corpo e regulam nossa alma."[175]

Gostava-se de dar ao fogo doméstico o epíteto de casto[176] e se acreditava que ele orientava os homens para a castidade. Nenhum ato material ou moralmente impuro devia ser perpetrado à sua vista.

As primeiras ideias de falta, castigo, expiação parecem ter procedido daí. O homem que se sente culpado não pode mais se aproximar do seu próprio fogo doméstico. Seu deus o repele. Para qualquer um que haja vertido o sangue de seu semelhante, não há mais sacrifício permitido, nem libação, nem oração, nem repasto sagrado. O deus é tão severo que não admite qualquer desculpa; não distingue entre um assassinato involuntário e um crime premeditado. A mão manchada de sangue não pode mais tocar os objetos sagrados.[177] Para que um homem possa retomar seu culto e recuperar a posse de seu deus é necessário, ao menos, que se purifique por meio de uma cerimônia expiatória.[178] Essa religião conhece

---

175. Plutarco, *Quest. rom.*, 51. Macróbio, *Sat.*, III, 4.
176. Ἁγνοῖς ἑστίας βάθροις, Eurípides, *Hercul. fur.*, 705.
177. Heródoto, I, 35. Virgílio, *Eneida*, II, 719. Plutarco, *Teseu*, 12.
178. Heródoto, *ibidem*; Ésquilo, *Coef.*, 96; a cerimônia é descrita por Apolônio de Rodes, IV, 704-707.

a misericórdia; possui ritos para apagar as máculas da alma; por mais estreita e grosseira que seja, sabe consolar o homem de suas próprias culpas.

Se ela ignora absolutamente os deveres da caridade, ao menos delineia para o homem com admirável nitidez seus deveres de família. Torna o casamento obrigatório; o celibato é um crime para uma religião que faz da continuidade da família o primeiro e o mais santo dos deveres. Mas a união que ela prescreve só pode se realizar na presença das divindades domésticas. É a união religiosa, sagrada, indissolúvel de esposo e esposa. Que o homem não se creia autorizado a deixar de lado os ritos e fazer do casamento um simples contrato consensual, como ele o foi ao fim das sociedades grega e romana. Essa antiga religião o proíbe de fazê-lo, e se ele ousa fazê-lo, o pune por isso. Pois o filho que vier a nascer de tal união é considerado um bastardo, isto é, um ser que carece de lugar no fogo doméstico; não tem o direito de executar nenhum ato sagrado; não pode orar.[179]

Essa mesma religião vigia cuidadosamente a pureza da família. Para ela, a mais grave falta que se pode cometer é o adultério, pois a primeira regra do culto é a transmissão de pai para filho do fogo doméstico; ora, o adultério transtorna a ordem do nascimento. Outra regra é o túmulo conter exclusivamente membros da família; ora, o filho de um adultério é um estranho que será enterrado no túmulo. Todos os princípios da religião são transgredidos: o culto é maculado, o fogo doméstico se torna impuro, cada oferenda ao túmulo se converte em uma impiedade. E mais: pelo adultério, a sucessão dos descendentes é rompida; a família, mesmo sem o conhecimento dos homens vivos, fica extinta, e não há mais felicidade divina para os ancestrais. Assim diz o hindu: "O filho do adultério aniquila nesta vida e na outra as oferendas dirigidas aos manes".[180]

Eis porque as leis da Grécia e de Roma dão ao pai o direito de rejeitar a criança que acaba de nascer. Eis também o motivo porque essas leis são tão rigorosas, tão inexoráveis em relação ao adultério. Em Atenas, permitia-se que o marido matasse o culpado. Em Roma, o marido, juiz da mulher, a condena à morte. Essa religião era tão severa que o homem não dispunha sequer do direito de perdoar completamente, sendo ao menos forçado a repudiar sua mulher.[181]

---

179. Iseu, *De Philoct. heredit.*, 47; Demóstenes, *in Macartatum*, 51: νόθῳ δὲ μηδὲ νόθῃ μὴ εἶναι ἀγχιστείαν μήθ' ἱερῶν μήθ' ὁσίων. A religião dos tempos posteriores proibia ainda ao νόθος oficiar como sacerdote. Ver Ross, *Inscr. gr.*, III, 52.
180. *Código de Manu*, III, 175.
181. Demóstenes, *in Neaer.*, 86. É verdade que se esta moral primitiva condenava o adultério, não reprovava o incesto – a religião o autorizava. As proibições relativas ao casamento eram opostas

Temos aqui, portanto, as primeiras leis da moral doméstica descobertas e sancionadas. Eis aqui, além do sentimento natural, uma religião imperiosa que diz ao homem e à mulher que estão unidos para sempre e que dessa união derivam deveres rigorosos cujo esquecimento acarretaria as mais graves consequências nesta vida e na outra. Daqui se origina o caráter sério e sagrado da união conjugal entre os antigos e a pureza que a família conservou durante muito tempo.

Essa moral doméstica prescrevia ainda outros deveres. Asseverava à esposa que ela devia obedecer e ao marido, que devia comandar. Instruía a ambos que se respeitassem entre si. A mulher tem direitos pois tem seu lugar no fogo doméstico; é ela que está encarregada de zelar para que ele não se apague. É ela, sobretudo, que deve estar atenta para que ele permaneça puro; ela o invoca, ela lhe oferece o sacrifício.[182] Ela também tem, portanto, seu sacerdócio. Onde ela não está presente, o culto doméstico é incompleto e insuficiente. Constitui grande infelicidade para um grego ter "um fogo doméstico privado de esposa".[183] Entre os romanos a presença da mulher é tão indispensável no sacrifício que o sacerdote perde o sacerdócio ao se tornar viúvo.[184]

Pode-se afirmar que é a essa partilha do sacerdócio doméstico que deve a mãe de família a veneração que sempre a cercou nas sociedades grega e romana. Daí a mulher ter na família o mesmo título de seu marido: os latinos dizem *paterfamilias* e *materfamilias*, os gregos οἰκοδεσπότης e οἰκοδέσποινα, os hindus *grihapati* e *grihapatni*. Daí procede também esta fórmula que a mulher pronunciava no casamento romano: *Ubi tu Caius, ego Caia,* fórmula que nos diz que se na casa a mulher não tem autoridade igual à do marido, ao menos goza de igual dignidade.[185]

às nossas; era louvável desposar a irmã (Cornélio Nepote, *prooemium*; *id.*, *Vida de Címon*, c. 1; Minúcio Félix, *Octavius*, 30), mas proibido, em princípio, desposar uma mulher de outra cidade.
182. Catão, *De re rust.*, 143: *Rem divinam faciat... Focum purum habeat.* Macróbio, I, 15, *in fine: Nupta in domo viri rem facit divinam.* Comparar com Dionísio de Halicarnasso, II, 22.
183. Xenofonte, *Gov. de Laced.*, IX, 5: Γυναικὸς κενὴν ἑστίαν.
184. Plutarco, *Quest. rom.,* 50. Cf. Dionísio de Halicarnasso, II, 22.
185. Assim, há grande equívoco quando se fala da triste sujeição da mulher romana *in manu mariti*. A palavra *manus* implica não na ideia de força bruta mas na de autoridade e se aplica tanto à autoridade do pai sobre a filha ou a do irmão sobre a irmã quanto àquela do marido sobre a mulher. Tito Lívio, XXXIV, 2: *Feminas in manu esse parentum, fratrum, virorum.* A mulher casada segundo os ritos era a dona de casa. *Nupta in domo viri DOMINIUM adipiscitur* (Macróbio, I, 15, *in fine*); Dionísio de Halicarnasso, II, 25, exprime claramente a situação da mulher: "Obedecendo em tudo ao seu marido, ela era a dona da casa como ele mesmo".

Quanto ao filho, nós o vimos submetido à autoridade de um pai que pode vendê-lo e condená-lo à morte. Mas este filho também tem seu papel no culto, desempenhando uma função nas cerimônias religiosas. Sua presença, em certos dias, é de tal forma necessária que o romano que não tem filho é forçado a adotar um ficticiamente para esses dias, de maneira que os ritos possam ser celebrados.[186] E vede que vínculo poderoso a religião estabelece entre o pai e o filho! Acredita-se em uma segunda vida no túmulo, vida afortunada e calma se os repastos fúnebres forem regularmente oferecidos. Assim, o pai está convencido que seu destino após esta vida dependerá do cuidado que seu filho terá com seu túmulo, e o filho, por seu lado, está convencido que seu pai morto se tornará um deus que ele terá de invocar.

Podemos adivinhar tudo que tais crenças representavam em matéria de respeito e afeição recíproca no seio da família. Os antigos davam o nome de piedade às virtudes domésticas: a obediência do filho para com o pai e o amor que o filho devotava à sua mãe eram chamados de piedade, *pietas erga parentes*; o afeto do pai pelo seu filho, a ternura da mãe eram também piedade, *pietas erga liberos*. Tudo era divino na família. Sentimento de dever, afeição natural, ideia religiosa, tudo isso se confundia, formava algo único e se exprimia por uma mesma palavra.

Parecerá, talvez, bastante estranho considerar o amor da casa como uma virtude, mas assim o foi entre os antigos. Este sentimento era profundo e poderoso em suas almas. Vede Anquises que, à vista de Troia em chamas, não quer, todavia, abandonar sua velha morada. Vede Ulisses, a quem se oferece todos os tesouros e a própria imortalidade, e que não deseja senão rever a flama de seu fogo doméstico. Caminhemos até Cícero. Não é mais um poeta, é um homem de Estado que fala: "Aqui está minha religião, aqui está minha raça, aqui estão os traços de meus pais; não sei qual o encanto que aqui existe que penetra meu coração e meus sentidos".[187] É preciso que nos coloquemos em pensamento no meio das mais antigas gerações para compreender quanto esses sentimentos, enfraquecidos já no tempo de Cícero, tinham sido vivos e poderosos. Para nós, a casa é simplesmente um domicílio, um abrigo. Nós a abandonamos e a esquecemos sem maiores dificuldades, ou, se a ela nos apegamos é tão só pela força dos hábitos e das lembranças. Isto porque para nós a religião não está na casa. Nosso deus é o Deus do universo e o encontramos em todo lugar. Não era assim com os antigos – era em suas casas que encontravam sua principal

---

186. Dionísio de Halicarnasso, II, 20, 22.
187. Cícero, *De legib.*, II, 1. *Pro domo*, 41.

divindade, sua providência, aquela que os protegia individualmente, que escutava suas orações, que dava deferimento às suas aspirações. Fora de sua morada, um homem não sentia mais deus; o deus de seu vizinho era um deus hostil. O homem, então, amava sua casa como hoje ama sua igreja.[188]

Devido a isso, as crenças das prístinas idades não foram estranhas ao desenvolvimento moral dessa parcela da humanidade. Esses deuses prescreviam a pureza e proibiam o derramamento de sangue. A noção de justiça, se é que não se originou dessa crença, pelo menos foi fortalecida por ela. Esses deuses pertenciam em comum a todos os membros de uma mesma família. A família se achava assim unida por um vínculo poderoso e todos os seus membros aprendiam a se amar e a se respeitar entre si. Aqueles deuses viviam no interior de cada casa: o homem, portanto, amava sua casa, sua moradia fixa e duradoura, que havia herdado de seus antepassados e legaria aos seus filhos como um santuário.

A antiga moral, regulada por essas crenças, desconhecia a caridade, mas ensinava, ao menos, as virtudes domésticas. O isolamento da família foi para essa raça a gênese da moral. Então, surgiram os deveres, claros, precisos, imperiosos, porém confinados em um círculo restrito. E será necessário lembrarmos, na sequência deste livro, desse caráter estreito da moral primitiva, pois a sociedade civil, fundada posteriormente sobre os mesmos princípios, revestiu-se do mesmo caráter e diversos traços singulares da política antiga serão elucidados por seu intermédio.[189]

---

188. Em decorrência disto, a santidade do domicílio, o qual os antigos reputavam sempre como inviolável; Demóstenes. *In Androt.*, 52; *In Evergum*, 60. *Digesto, De in jus voc.*, II, 4.

189. Será mister advertir que tentamos neste capítulo captar a mais antiga moral dos povos que se converteram nos gregos e nos romanos? Haverá necessidade de acrescentar que esta moral foi se modificando a seguir no decorrer do tempo, sobretudo entre os gregos? Já na Odisseia encontraremos sentimentos novos e outros costumes. A sequência deste livro o mostrará.

CAPÍTULO X

A *GENS* EM ROMA E NA GRÉCIA

Encontramos entre os jurisconsultos romanos e os escritores gregos os vestígios de uma instituição antiga que parece ter experimentado o apogeu nos primórdios das sociedades grega e itálica, mas que, debilitando-se gradativamente, deixou apenas indícios precariamente perceptíveis na última parte de sua história. Desejamos nos referir ao que os latinos chamavam de *gens* e os gregos de γένος.

Discutiu-se muito acerca da natureza e constituição da *gens*. Não será talvez inútil dizer primeiramente de onde proveio a dificuldade do problema.

A *gens*, como veremos mais adiante, formava um corpo cuja constituição era totalmente aristocrática. É graças à sua organização interna que os patrícios de Roma e os eupátridas de Atenas perpetuaram por muito tempo seus privilégios. Quando o partido popular passou a preponderar, não deixou de combater com todo seu vigor essa velha instituição. Se tivesse podido anulá-la completamente, é provável que não houvesse restado dessa instituição a mais ínfima memória. Contudo, estava singularmente viva e arraigada nos costumes, de tal modo que não foi possível fazê-la desaparecer inteiramente. Contentaram-se, então, em modificá-la, eliminando aquilo que constituía seu caráter essencial e fazendo subsistir suas formas exteriores, as quais não prejudicavam em nada o novo regime. Desta feita, em Roma os plebeus imaginaram formar as *gentes* à imitação dos patrícios; em Atenas houve a tentativa de alterar os γενή, fundi-los entre si e substituí-los pelos *demos* que foram estabelecidos à sua semelhança. Teremos que explicar estes fatos quando abordarmos as revoluções. Aqui será suficiente observar que essa alteração profunda que a democracia introduziu no regime da *gens* é de uma natureza passível de confundir aqueles que desejam conhecer sua constituição primitiva. De fato, quase todas as informações que a nós chegaram sobre ele datam da época na qual sofreu transformação.

Tais informações se limitam a mostrar desse regime aquilo que as revoluções deixaram subsistir dele.

Suponhamos que em vinte séculos se tivesse perdido todo o conhecimento da Idade Média, que não restasse mais nenhum documento a respeito do que precede a revolução de 1789, e que surgisse, contudo, um historiador dessa época desejando fazer uma ideia das instituições anteriores. Os únicos documentos que teria nas mãos lhe mostrariam a nobreza do século XIX, ou seja, algo bastante distinto do feudalismo. Mas o historiador pensaria que uma grande revolução teria ocorrido no intervalo, concluindo daí ajuizadamente que essa instituição, como todas as outras, teria se transformado – essa nobreza revelada por seus textos seria para ele apenas a sombra ou imagem bastante alterada de uma outra nobreza incomparavelmente mais poderosa. A seguir, se examinasse atentamente os precários fragmentos do antigo monumento, algumas expressões que perduraram na língua, quaisquer termos que escaparam à lei, memórias vagas ou lamentações estéreis, adivinharia, quiçá, alguma coisa do regime feudal e conseguiria fazer das instituições da Idade Média uma ideia que não estaria demasiadamente distante da verdade. A dificuldade seria seguramente grande e não é menor para o historiador de hoje que deseja conhecer a *gens* antiga, pois as únicas informações que tem sobre ela são as que datam de um tempo em que ela era apenas a sombra de si mesma.

Principiaremos analisando tudo o que os escritores antigos nos dizem sobre a *gens*, ou seja, aquilo que subsistia dela na época em que já se achava muito modificada. Em seguida, com a ajuda desses vestígios, tentaremos entrever o verdadeiro regime da *gens* antiga.

1º. O que os escritores antigos nos permitem conhecer da *gens*

Se abrirmos o livro da história romana no tempo das guerras púnicas, encontraremos três personagens que se denominam Cláudio Pulcher, Cláudio Nero e Cláudio Centho. Todos os três pertencem a uma *gens* idêntica, a *gens* Cláudia.

Demóstenes, em um de seus discursos, nos apresenta sete testemunhas que confirmam que fazem parte do mesmo γένος, aquele dos Brítidas. O que é notável neste exemplo é o fato das sete pessoas citadas como membros do mesmo γένος se encontrarem inscritas em seis demos diferentes, o que mostra que o γένος não correspondia exatamente ao demo, não sendo como este uma simples divisão administrativa.[190]

Está assim averiguado um primeiro fato: havia *gentes* em Roma e em Atenas. Poder-se-ia citar exemplos relativos a muitas outras cidades da Grécia e da Itália e daí concluir que, com toda a probabilidade, essa instituição foi universal entre tais povos antigos.

Cada *gens* tinha um culto especial. Na Grécia, reconhecia-se os membros de uma mesma *gens* "como aqueles que realizavam sacrifícios em comum desde uma época muito remota".[191] Plutarco menciona o lugar dos sacrifícios da *gens* dos Licomedas, e Ésquines fala do altar da *gens* dos Butadas.[192]

Também em Roma, cada *gens* tinha atos religiosos a cumprir; o dia, o lugar, os ritos, eram fixados pela religião particular.[193] O Capitólio é cercado pelos gauleses; um Fábio sai dele e cruza as linhas inimigas, vestido com traje religioso e carregando às mãos objetos sagrados: está a caminho para oferecer o sacrifício no altar de sua *gens*, que está situado no Quirinal. Na segunda guerra púnica, um outro Fábio, aquele a quem se apelidava de o escudo de Roma, enfrenta Aníbal. Seguramente, a república necessita grandemente que ele não abandone seu exército; ele, contudo, o deixa nas mãos do imprudente Minúcio porque chegara o dia de aniversário do sacrifício de sua *gens*, exigindo que ele corresse a Roma a fim de realizar o ato sagrado.[194]

Esse culto devia ser perpetuado, de geração em geração, e constituía um dever deixar um filho depois de si para continuá-lo. Um inimigo pessoal de Cícero, Cláudio, deixou sua *gens* para entrar em uma família plebeia e Cícero lhe diz: "Por que expões a religião da *gens* Cláudia à extinção por meio de tua culpa?".[195]

Os deuses da *gens*, *Dii gentiles*, protegiam tão somente a ela e só desejavam ser por ela invocados. Nenhum estranho podia ser admitido às cerimônias

---

190. Demóstenes, *in Neaer.*, 71. Ver Plutarco, *Temist.*, 1. Ésquines, *De falsa legat.*, 147. Boeckh, *Corp. Inscr.*, n. 385, Ross, *Demi Attici*, 24. A *gens* entre os gregos era chamada frequentemente de πάτρα: Píndaro, *passim*.
191. *Harpocration*, v. Γεννῆται: ἕκαστη τῶν φρατρίων διῄρητο εἰς γένη τριάκοντα, ἐξ ὧν αἱ ἱερωσύναι αἱ ἑκάστοις προσηκοῦσαι ἐκληροῦντο. Hesíquio: Γεννῆται, οἱ τοῦ αὐτοῦ γένους μετέχοντες καὶ ἄνωθεν ἀπ' ἀρχῆς ἔχοντες κοινὰ ἱερά.
192. Plutarco, *Temist.*, I. Ésquines, *De falsa legat.*, 147.
193. Cícero, *De arusp. resp.*, 15. Dionísio de Halicarnasso, XI, 14. Festo, v. *Pro pudi*, ed. Muller, p. 238.
194. Tito Lívio, V, 46; XXII, 18. Valério Máximo, I, l, 11. Políbio, III, 94. Plínio, XXXIV, 13. Macróbio, III, 5.
195. Cícero, *Pro domo*, 13.

religiosas. Acreditava-se que se um estranho tivesse alguma parte da vítima do sacrifício, ou meramente se assistisse ao sacrifício, os deuses da *gens* ficariam ofendidos com isto e todos os membros estariam sujeitos a serem responsabilizados por uma grave impiedade.

Do mesmo modo que cada *gens* possuía seu culto e suas festas religiosas, possuía também seu túmulo comum. Lemos em um discurso de Demóstenes: "Este homem, tendo perdido seus filhos, os sepultou no túmulo de seus pais, no túmulo comum a todos aqueles de sua *gens*". A sequência do discurso mostra que nenhum estranho podia ser enterrado naquele túmulo. Em um outro discurso, o mesmo orador se refere ao túmulo onde a *gens* dos Busélidas sepulta seus membros e onde realiza todo ano um sacrifício fúnebre, "este lugar de sepultamento é um campo muito vasto circundado por uma cerca, conforme o costume antigo".[196]

Coisa idêntica ocorria com os romanos. Veleio fala do túmulo da *gens* Quintília, e Suetônio nos informa que a *gens* Cláudia tinha o seu na encosta do monte Capitolino.[197]

O antigo direito de Roma considera os membros de uma *gens* como aptos a herdar uns dos outros. As Doze Tábuas declaram que, na falta de filho e agnados, o *gentilis* é o herdeiro natural. Nesta legislação, o *gentilis* aparece, portanto, como parente mais próximo que o cognado, ou seja, mais próximo que o parente pelas mulheres.[198]

Nada é mais estreitamente ligado que os membros da uma *gens*. Unidos na celebração das mesmas cerimônias sagradas, eles se ajudam mutuamente em todas as necessidades da vida. A *gens* inteira responde pelo débito de um de seus membros, pelo resgate do prisioneiro ou pelo pagamento da multa do condenado. Se um dos membros chega a ser magistrado, a *gens* se quotiza a fim de pagar as despesas a que se obriga toda magistratura.[199]

O acusado é acompanhado ao tribunal por todos os membros de sua *gens*, o que marca a solidariedade que a lei estabelece entre o homem e o corpo do qual ele faz parte. É um ato contrário à religião fazer queixa contra um homem da mesma *gens* ou simplesmente testemunhar contra ele. Um Cláudio, personagem de certa monta, era desafeto pessoal de Ápio Cláudio, o decênviro; quando este último foi citado na justiça e ameaçado de morte, o primeiro Cláudio se

---

196. Demóstenes, *in Macart.*, 79; *In Eubul.*, 28.
197. Suetônio, *Tibério*, I. Veleio, II, 119.
198. Gaio, III, 17. *Digesto*, III, 3, 1.
199. Tito Lívio, V, 32. Dionísio de Halicarnasso, *Fragm.*, XIII, 5. Apiano, *Aníbal*, 28.

apresentou para defendê-lo e suplicou ao povo a seu favor, previamente comunicando, contudo, que se o fazia "não era por afeição, mas por dever".[200]

Se um membro da *gens* não detinha o direito de convocar um outro perante a justiça da cidade, é porque havia uma justiça dentro da própria *gens*. Cada uma possuía, com efeito, seu chefe, que era, ao mesmo tempo, seu juiz, seu sacerdote e seu comandante militar.[201] Sabe-se que logo que a família sabina dos Cláudios se estabeleceu em Roma, as três mil pessoas que a compunham obedeciam a um único chefe. Mais tarde, quando os Fábios se encarregaram sozinhos da guerra contra os Veios, percebemos que essa *gens* possuía um chefe que falava em seu nome perante o Senado e que a conduziu contra o inimigo.[202]

Na Grécia também, cada *gens* tinha seu chefe; as inscrições disto fazem fé e nos indicam que esse chefe recebia com muita frequência o nome de arconte.[203] Em Roma, enfim, como na Grécia, a *gens* tinha suas assembleias: estabelecia decretos aos quais seus membros deviam obedecer e que a própria cidade respeitava.[204]

Tal o conjunto de usos e leis que encontramos ainda em vigência nas épocas em que a *gens* já se apresentava debilitada e quase desnaturada. Eram os restos dessa antiga instituição.[205]

2º. Exame de algumas opiniões emitidas visando explicar a *gens* romana

Acerca deste tema, desde muito objeto das disputas dos eruditos, vários sistemas foram propostos. Alguns dizem: a *gens* não passa de uma semelhança de nome. Para outros, a *gens* é apenas a expressão de uma relação entre uma família que exerce o patronado e outras famílias que são clientes. Cada uma destas duas

---

200. Tito Lívio, III, 58. Dionísio, XI, 14.
201. Dionísio de Halicarnasso, II, 7.
202. *Idem*, IX, 5.
203. Boeckh, *Corp. inscr.*, n. 397, 399. Ross, *Demi Attici*, 24.
204. Tito Lívio, VI, 20. Suetônio, *Tibério*, 1. Ross, *Demi Attici*, 24.
205. Cícero tentou definir a *gens*: *Gentiles sunt qui inter se eodem nomine sunt, qui ab ingenuis oriundi sunt, quorum majorum nemo servitutem servivit* (Cícero, *Tópicos*, 6). Esta definição é incompleta: indica mais alguns sinais externos do que as características essenciais. Cícero, que pertencia à ordem plebeia, parece ter tido ideias bastante vagas a respeito da *gens* dos tempos antigos. Ele afirma que o rei Sérvio Túlio era seu *gentilis* (*meo regnante gentili, Tusculanes*, I, 16), e que um certo Verrucino era quase o *gentilis* de Verres (*In Verrem*, II, 77).

opiniões encerrra uma parcela de verdade, mas nenhuma delas responde a toda a série de fatos, leis e usos que acabamos de enumerar.

De acordo com uma outra teoria, a palavra *gens* designa uma espécie de parentesco artificial. A *gens* é uma associação política de diversas famílias que eram originariamente estranhas entre si; na ausência do laço de sangue, a cidade estabeleceu entre elas uma união fictícia e um parentesco convencional.

Já se apresenta, contudo, uma primeira objeção. Se a *gens* não passa de uma associação fictícia, como explicar que seus membros gozam do direito de herdar uns dos outros? Por que o *gentilis* tem preferência sobre o cognado? Vimos anteriormente as regras da hereditariedade e dissemos que relação estreita e necessária a religião estabelecera entre o direito de herança e o parentesco masculino. Pode-se supor que a lei antiga tenha se afastado desse princípio a ponto de conceder a sucessão aos *gentiles* tendo sido estes entre si estranhos?

O caráter que mais se destaca e é melhor constatado sobre a *gens* é ela deter em si mesma um culto, tal como a família detém o seu. Ora, se investigarmos qual é o deus que cada uma venera, notaremos que se trata sempre de um antepassado divinizado e que o altar onde se sacrifica é um túmulo. Em Atenas, os Eumólpidas veneram Eumolpos, autor de sua raça; os Fitálidas adoram o herói Fítalos, os Butadas a Butos, os Eusélidas a Buselos, os Laquíadas a Laquios, os Aminandridas a Cecrops.[206] Em Roma, os Cláudios descendem de um Clauso; os Cecílios honram como chefe de sua raça o herói Céculo, os Calpúrnios a Calpo, os Júlios a um Julo, os Clélios a um Clelo.[207]

É verdade que nos é lícito crer que muitas dessas genealogias foram inventadas posteriormente, mas é preciso que confessemos também que tal farsa não teria tido razão de ser se não tivesse sido um uso constante entre as verdadeiras *gentes* reconhecer um ancestral comum e render-lhe um culto. A mentira busca sempre imitar a verdade.

Ademais, a farsa não era assim tão fácil de ser cometida quanto nos possa parecer. Tal culto não era uma vã formalidade exibicionista. Uma das regras mais rigorosas da religião é que somente se devia honrar como ancestrais aqueles de que se descendesse efetivamente; oferecer o culto a um estranho constituía impiedade grave. Assim sendo, se a *gens* adorava em comum um ancestral é porque acreditava sinceramente descender dele. Simular um túmulo, aniversários e repastos fúnebres teria sido alimentar a mentira naquilo que se tinha de mais sagrado, e brincar com a religião. Uma tal ficção fora possível no tempo

---

206. Demóstenes, *in Macart.*, 79. Pausânias, I, 37. *Inscrição dos Aminandridas*, citada por Ross, p. 24.
207. Festo, v. *Coeculus, Calpurnii, Cloelia*.

de César, quando a velha religião das famílias já não comovia mais ninguém. Mas, se nos atemos ao tempo em que essas crenças eram vigorosas, não se pode imaginar que várias famílias, associando-se em uma mesma patifaria, dissessem: vamos fingir que temos um mesmo ancestral; erigiremos um túmulo para ele, lhe ofereceremos repastos fúnebres e nossos descendentes o venerarão por todos os tempos. Um tal pensamento não devia se afigurar nos espíritos, ou devia ser afastado como pensamento culposo.

Em meio aos problemas difíceis que a história frequentemente nos apresenta, convém solicitar aos termos da língua todas as informações que nos possam dar. Por vezes, uma instituição é explicada pela palavra que a designa. Ora, a palavra *gens* é precisamente idêntica à palavra *genus*, de tal modo que se podia tomar uma pela outra e dizer indiferentemente *gens Fabia* e *genus Fabium*;[208] as duas correspondem ao verbo *gignere* e ao substantivo *genitor*, exatamente como γένος corresponde a γέννα e a γονεύς. Todas estas palavras trazem em si a ideia de filiação. Os gregos designavam também os membros de um γένος por meio da palavra ομογάλακτες, que significa *nutridos do mesmo leite*.[209] Que se compare todas estas palavras àquelas que costumamos traduzir por família, o latim *familia* e o grego οἶκος. Nem uma nem outra encerra em si o sentido de geração ou parentesco. A verdadeira significação de *familia* é propriedade: designa o campo, a casa, o dinheiro, os escravos, e devido a isso as Doze Tábuas dizem, referindo-se ao herdeiro, *familiam nancitor*, aquele que aceita a sucessão. Quanto a οἶκος, está claro que apresenta ao espírito somente a ideia de propriedade ou de domicílio. E no entanto são as palavras que comumente traduzimos por família. Ora, é admissível que termos cujo sentido intrínseco é o de domicílio ou de propriedade tenham podido ser empregados frequentemente para designar uma família, e outras palavras cujo sentido interno é o de filiação, nascimento, paternidade, não tenham designado jamais senão uma associação artificial? Seguramente, isso não seria conforme a nitidez e a precisão das línguas antigas. É indubitável que os gregos e os romanos vinculavam às palavras *gens* e γένος[210] a ideia de uma origem comum. A ideia pôde se apagar quando a *gens* alterou-se, porém a palavra permaneceu para dela reter um testemunho.

---

208. Tito Lívio, II, 46: *Genus Fabium*.
209. Filocoro, nos *Fragm. Hist. Graec.*, t. 1, p. 399: Γεννῆται, οἱ ἐκ τοῦ αὐτοῦ τῶν τριάκοντα γένων, οὕς καὶ πρότερόν φησι Φιλόχορος ομογάλακτας καλεῖσθαι. – Pólux, VIII, 11: Οἱ μετέχοντες τοῦ γένους γεννῆται καὶ ὁμογάλακτες.
210. Aparentemente a ordem seria γένος e *gens*. (N.T.)

O sistema que apresenta a *gens* como uma associação fictícia tem, portanto, contra si: *1)* a velha legislação que dá aos *gentiles* um direito de hereditariedade; *2)* desejarem as crenças religiosas somente comunidade de culto onde houvesse comunidade de nascimento; *3)* os termos da língua que atestam na *gens* uma origem comum. Uma outra falha deste sistema é ele supor que as sociedades humanas puderam nascer mediante uma convenção e um artifício, o que a ciência histórica não pode admitir como verdadeiro.

3º. A GENS É A FAMÍLIA AINDA DETENTORA DE SUA ORGANIZAÇÃO PRIMITIVA E SUA UNIDADE

Tudo nos revela a *gens* unida por um vínculo de nascimento. Consultemos mais uma vez a linguagem: os nomes das *gentes* tanto na Grécia quanto em Roma possuem todos a forma utilizada nas duas línguas para os patronímicos. Cláudio significa filho de Clauso, e Butadas filho de Butas.

Aqueles que creem ver na *gens* uma associação artificial partem de um dado falso. Eles supõem que uma *gens* contava sempre com várias famílias possuidoras de nomes diversos, e citam de bom grado o exemplo da *gens* Cornélia, que encerrava com efeito Cipiões, Lêntulos, Cossos, Silas. Porém, para afirmar tal, dever-se-ia ter aqui uma regra, ou seja, que sempre fosse assim. A *gens* Márcia parece ter tido sempre uma única linhagem; constatamos também apenas uma na *gens* Lucrécia, e na *gens* Quintília durante muito tempo. Seria decididamente demasiado difícil dizer quais famílias formaram a *gens* Fábia, visto que todos os Fábios conhecidos na história pertencem visivelmente à mesma estirpe; todos exibem em primeiro lugar o mesmo sobrenome de Vibulano; substituem-no em seguida pelo sobrenome Ambusto, o qual trocam mais tarde pelo de Máximo ou de Dorso.

Sabe-se que era costume em Roma todo patrício usar três nomes. Alguém era chamado, por exemplo, Públio Cornélio Cipião. Não seria sem proveito investigar qual desses três nomes era tido como o nome verdadeiro. Públio não passava de um *nome colocado antes, proenomen*; Cipião era um *nome acrescido, agnomen*. O verdadeiro nome, *nomen*, era Cornélio, ou, este nome era ao mesmo tempo o nome da *gens* inteira. Tivéssemos nós apenas esta única informação sobre a *gens* antiga, e já nos seria suficiente para afirmar que houve

Cornélios antes que houvesse Cipiões, e não, como é dito amiúde, que a família dos Cipiões se associou a outras para formar a *gens* Cornélia.

A história nos indica, com efeito, que a *gens* Cornélia foi durante muito tempo indivisa e que todos os seus membros usavam igualmente o *cognomen* de Maluginensis e o de Cosso. É somente no tempo do ditador Camilo que um dos seus ramos adotou o sobrenome Cipião; um pouco depois um outro ramo tomou o sobrenome Rufus, que foi substituído, a seguir, por Sila. Os Lêntulos só surgem na época das guerras dos samnitas, os Cetegos na segunda guerra púnica. O mesmo sucede com a *gens* Cláudia. Os Cláudios permanecem longo tempo unidos em uma única família, usando todos o sobrenome de Sabino ou de Regilensis, sinal de sua origem. Durante sete gerações, não se distinguem ramos na sucessão desta família, a propósito, bastante numerosa. É somente na oitava geração, ou seja, no tempo da primeira guerra púnica, que se constata a separação de três ramos, adotando três sobrenomes que se tornam para eles hereditários: são os Cláudios Pulcher que perduram por dois séculos, os Cláudios Centho, que logo se extinguiram, e os Cláudios Nero, que se conservaram até o tempo do Império.

Conclui-se com base em tudo isso que a *gens* não era uma associação de famílias, mas a própria família. Podia compreender indiferentemente uma única linhagem ou produzir ramos numerosos. Mas não deixava nunca de ser uma só família.

É, entretanto, fácil entender a formação da *gens* antiga e sua natureza se nos reportarmos às velhas crenças e às velhas instituições que examinamos anteriormente. Reconhecer-se-á mesmo que a *gens* deriva de modo inteiramente natural da religião doméstica e do direito privado das antigas idades. O que prescreve, efetivamente, essa religião primitiva? Que o ancestral, ou seja, o primeiro homem que foi enterrado no túmulo, seja honrado perpetuamente como um deus e que seus descendentes reunidos todo ano junto ao sítio sagrado onde ele repousa lhe ofereçam o repasto fúnebre. Um fogo doméstico aceso sempre, um túmulo sempre honrado por um culto – eis o centro em torno do qual todas as gerações vêm viver e pelo qual todos os ramos da família, por mais numerosos que possam ser, perduram agrupados em um só feixe. E o que diz, ainda, o direito privado dessas antigas idades? Observando o que era a autoridade na família antiga, vimos que os filhos não se separavam do pai; estudando as regras da transmissão do patrimônio, constatamos que graças ao princípio da comunidade do domínio, os irmãos mais novos não se separavam do irmão mais velho. Fogo doméstico, túmulo, patrimônio, tudo isto originariamente era indivisível. Consequentemente a família também o era. O tempo não a desmembrava. Esta família indivisível, a qual se desenvolvia por meio das idades, perpetuando de século em século seu culto e seu nome, era verdadeiramente a *gens* antiga. A *gens* era a família, mas a família tendo conservado a unidade que sua religião lhe impunha, e tendo atingido todo o desenvolvimento que o antigo direito privado lhe permitia atingir.[211]

Esta verdade admitida, tudo que os escritores antigos nos dizem acerca da *gens* se torna claro. A estreita solidariedade que observamos imediatamente entre seus membros nada mais apresenta de surpreendente: eles são parentes por nascimento. O culto que praticam em comum não é uma ficção – provém de seus ancestrais. Como eles são uma mesma família, possuem uma sepultura comum. Pela mesma razão, a Lei das Doze Tábuas os declara aptos a herdar uns dos outros. Como possuíam todos originariamente um mesmo patrimônio indiviso, constituiu um costume e mesmo uma necessidade que a *gens* inteira respondesse pelo débito de um dos seus membros, e que pagasse o resgate do prisioneiro ou a multa do condenado. Todas estas regras se instauraram por si mesmas quando a *gens* possuía ainda sua unidade; quando ela se desmembrou, não foi possível que elas desaparecessem completamente. Da unidade antiga e santa dessa família restaram marcas persistentes no sacrifício anual, que reunia os membros esparsos, na legislação, que lhes reconhecia direitos de hereditariedade, nos costumes, que lhes impunha que prestassem ajuda reciprocamente.

Era natural que os membros de uma mesma *gens* usassem um nome idêntico, e foi precisamente o que aconteceu. O uso dos nomes patronímicos data

---

211. Não voltamos atrás no que afirmamos anteriormente (liv. II, cap. V) a respeito da *agnação*. Pudemos perceber que a *agnação* e a *gentilidade* derivaram dos mesmos princípios e constituíram um parentesco de mesma natureza. O trecho da Lei das Doze Tábuas que atribui a herança aos *gentiles* na falta de *agnati* confundiu os jurisconsultos e fez pensar que pudesse haver aí uma diferença essencial entre essas duas espécies de parentesco. Mas esta diferença essencial não é encontrada em texto algum. Era-se *agnatus* como se era *gentilis* pela descendência masculina e pelo vínculo religioso. Entre os dois existia apenas uma diferença de grau, que se tornou marcante sobretudo a partir da época em que os ramos de uma mesma *gens* se separaram. O *agnatus* foi membro do ramo, o *gentilis* da *gens*. Foi estabelecida, então, a mesma distinção entre os termos *gentilis* e *agnatus* que foi estabelecida entre os vocábulos *gens* e *familia*. *Familiam dicimus omnium agnatorum*, diz Ulpiano no *Digesto*, Liv. L, Tít. 16, § 195. Quando se era agnado em relação a um homem, com maior razão se era seu *gentilis*; mas podia-se ser *gentilis* sem ser agnado. A Lei das Doze Tábuas dava a herança, na falta de agnados, àqueles que não passavam de *gentiles* relativamente ao defunto, isto é, que pertenciam à sua *gens* sem pertencerem a seu ramo ou sua família. – Veremos na sequência que se introduziu na *gens* um elemento de ordem inferior, a clientela, formando aqui um vínculo de direito entre a *gens* e o cliente; ora, este vínculo de direito foi chamado também de *gentilitas*. Por exemplo, em Cícero, *De oratore*, I, 39, a expressão *jus gentilitatis* designa a relação entre a *gens* e os clientes. Assim, a mesma palavra designou duas coisas que não devemos confundir.

dessa alta antiguidade e se relaciona conspicuamente com essa velha religião. A unidade de nascimento e de culto se firmou pela unidade de nome. Cada *gens* transmitia, de geração em geração, o nome do ancestral e o perpetuava com o mesmo cuidado que perpetuava seu culto. Aquilo que os romanos chamavam propriamente de *nomen* era esse nome do ancestral que todos os descendentes e os membros da *gens* deviam usar. Chegou um dia no qual cada ramo, tornando-se independente em certos aspectos, marcou sua individualidade adotando um sobrenome (*cognomen*). Como, além disso, cada pessoa devia distinguir-se por uma denominação particular, cada um teve seu *agnomen*, como Caio ou Quinto. Mas o verdadeiro nome era aquele da *gens*; era aquele que se usava oficialmente; era aquele que era sagrado; era aquele que, remontando ao primeiro antepassado conhecido, devia durar tanto tempo quanto a família e seus deuses. O mesmo sucedia na Grécia. Romanos e gregos se assemelham também neste ponto. Cada grego, pelo menos se pertencesse a uma família antiga e regularmente constituída, tinha três nomes, como o patrício de Roma. Um de seus nomes lhe era particular, um outro era o de seu pai, e, como estes nomes alternavam-se entre si ordinariamente, o conjunto dos dois equivalia ao *cognomen* hereditário, que designava em Roma um ramo da *gens*; enfim, o terceiro nome era aquele da *gens* inteira. Assim dizia-se Milcíades, filho de Címon, Laquíadas, e à geração seguinte, Címon, filho de Milcíades, Laquíadas, Κίμων Μιλτιάδου Λακιάδης. Os Laquíadas formavam um γένος como os Cornélios uma *gens*. O mesmo ocorria com os Butadas, os Fitalidas, os Britidas, os Aminandridas etc. Podemos observar que Píndaro jamais faz o elogio desses heróis sem lembrar o nome de seu γένος. Este nome entre os gregos era ordinariamente terminado em -ίδης ou -άδης, possuindo assim uma forma de adjetivo, do mesmo modo que o nome da *gens* entre os romanos terminava invariavelmente em *ius*. Não era tampouco o verdadeiro nome; no falar cotidiano podia-se designar um homem por seu sobrenome individual, mas na linguagem oficial da política ou da religião fazia-se necessário dar ao homem sua denominação completa e, principalmente, não esquecer o nome do γένος.[212] Vale observar que a história dos nomes junto aos antigos seguiu um rumo inteiramente diferente daquele das sociedades cristãs. Na Idade Média, até o século XII, o nome verdadeiro era o nome de batismo ou nome individual, e os nomes patronímicos surgiram só muito mais tarde como nomes de terra ou sobrenomes. Entre os antigos, sucedeu precisamente o oposto.

---

212. É verdade que mais tarde a democracia substituiu o nome do demo por aquele do γένος, o que era uma maneira de imitar e de se apropriar da regra antiga.

Ora, esta diferença se vincula, se observarmos bem, à diferença das duas religiões. Para a velha religião doméstica, a família era o verdadeiro corpo, o verdadeiro ser vivo, do qual o indivíduo era meramente um membro inseparável, de sorte que o nome patronímico foi o primeiro cronologicamente e o primeiro em importância. A nova religião, ao contrário, reconhecia ao indivíduo uma vida própria, uma liberdade completa, uma independência totalmente pessoal, não a repugnando em absoluto isolá-lo da família, de modo que o nome de batismo foi o primeiro e durante muito tempo o único nome.

4º. Extensão da família; a escravidão e a clientela

O que nós vimos da família, sua religião doméstica, os deuses que criou, as leis que estabeleceu, o direito de progenitura sobre o qual foi fundada, sua unidade, seu desenvolvimento ao longo das idades até formar a *gens*, sua justiça, seu sacerdócio, seu governo interior, tudo isto conduz forçosamente nosso pensamento rumo a uma época primitiva quando a família era independente de todo poder superior, ou quando a cidade ainda não existia.

Observemos atentamente essa religião doméstica, esses deuses que pertenciam somente a uma família e que exerciam sua providência somente dentro do recinto de uma casa, esse culto que era secreto, essa religião que não queria ser propagada, essa antiga moral que prescrevia o isolamento das famílias: é evidente que crenças de tal natureza só puderam nascer nos espíritos dos homens em uma época em que as grandes sociedades ainda não haviam sido formadas. Se o sentimento religioso se contentara com uma concepção tão estreita do divino, é porque a associação humana era então proporcionalmente estreita. O tempo em que o homem se limitava a crer em deuses domésticos é também o tempo em que só famílias existiam. É bem verdade que tais crenças conseguiram subsistir mais tarde, e inclusive durante muito tempo, já no advento das cidades e nações formadas. O homem não se liberta facilmente das opiniões que outrora o dominaram. Essas crenças conseguiram, assim, perdurar, embora estivessem agora em contradição com o estado social. O que é, de fato, mais contraditório do que viver em sociedade civil e ter em cada família deuses particulares? Está claro, contudo, que tal contradição não existira sempre, e que, na época em que essas crenças haviam sido instauradas nos espíritos e haviam se tornado assaz poderosas a ponto de formar uma religião, correspondiam exatamente ao estado social dos homens. Ora, o único estado social que podia estar de acordo com elas é aquele no qual a família vive independente e isolada.

É em tal estado que toda a raça ariana parece ter vivido por muito tempo. Os hinos dos Vedas testemunham tal coisa para o ramo que deu origem aos hindus; as velhas crenças e o velho direito privado o atestam relativamente àqueles que se converteram nos gregos e romanos.

Se compararmos as instituições políticas dos arianos orientais com aquelas dos arianos ocidentais, não perceberemos quase nenhuma analogia. Se, ao contrário, compararmos as instituições domésticas desses diversos povos, perceberemos que a família era constituída conforme os mesmos princípios na Grécia e na Índia. Estes princípios eram, ademais, como já constatamos previamente, de uma natureza tão singular que não é lícito supor que essa semelhança fosse o efeito do acaso. Enfim, não só essas instituições revelam uma manifesta analogia, como também as palavras que as designam são com frequência idênticas nas diferentes línguas que essa raça falou desde o Ganges até o Tibre. Disto podemos extrair duas conclusões: a primeira é que o nascimento das instituições domésticas nessa raça é anterior à época em que seus diferentes ramos se separaram, a segunda é que, ao contrário, o nascimento das instituições políticas é posterior a essa separação. As primeiras[213] foram fixadas desde o tempo em que a raça vivia ainda em seu antigo berço da Ásia Central; as segundas[214] se formaram pouco a pouco nas diversas regiões aonde suas migrações a conduziram.

Pode-se, então, vislumbrar um longo período durante o qual os homens não conheceram nenhuma outra forma de sociedade a não ser a família. Foi quando se produziu a religião doméstica, que não poderia ter nascido em uma sociedade constituída diversamente, e que deve ter sido, inclusive, por muito tempo um obstáculo ao desenvolvimento social. Nesse tempo estabeleceu-se também o antigo direito privado, que mais tarde se achou em desacordo com os interesses de uma sociedade um tanto extensa, mas que se encontrava em perfeita harmonia com o estado social no qual nascera.

Coloquemo-nos, pois, via pensamento, no centro dessas antigas gerações cuja recordação não pôde perecer totalmente e que legaram suas crenças e suas leis às gerações seguintes. Cada família possui sua religião, seus deuses, seu sacerdócio. O isolamento religioso é sua lei; seu culto é secreto. Na própria morte ou na existência que a esta se sucede, as famílias não se misturam: cada

---

213. Ou seja, as instituições domésticas. (N.T.)
214. Ou seja, as instituições políticas. (N.T.)

uma continua a viver à parte no seu túmulo, do qual o estranho é excluído. Cada família possui também sua propriedade, ou seja, sua parcela de terra à qual está inseparavelmente ligada por sua religião; seus deuses Termos guardam seus limites e seus manes velam por ela. O isolamento da propriedade é de tal modo obrigatório que dois domínios não podem ser contíguos, devendo haver entre eles uma faixa de terra neutra e que permanece inviolável. Enfim, cada família possui seu chefe, como uma nação teria seu rei. A família tem suas leis, que sem dúvida não são escritas, mas que a crença religiosa grava no coração de cada homem. A família tem sua justiça interior acima da qual não existe nenhuma outra a que se possa apelar. Tudo aquilo que o homem requer rigorosamente para sua vida material ou sua vida moral, a família possui em si mesma. Ele nada carece que esteja fora. A família é um Estado organizado, uma sociedade autossuficiente.

Mas esta família das antigas idades não se reduzia às proporções da família moderna. Nas grandes sociedades a família se desmembra, se reduz, mas na ausência de qualquer outra sociedade ela se expande, se desenvolve, se ramifica sem se dividir. Vários ramos mais novos ficam agrupados ao redor de um ramo mais velho, junto ao fogo doméstico único e do túmulo comum.

Um outro elemento ainda entrou na composição dessa família antiga. A necessidade recíproca que o pobre tem do rico e que este tem do pobre produziu os servos. Mas neste tipo de regime patriarcal servos e escravos constituem um todo. Pensa-se, com efeito, que o princípio da prestação de serviço livre, voluntária, podendo cessar em função da vontade do servo, não pode em absoluto se harmonizar com um estado social no qual a família vive isolada. Ademais, a religião doméstica não permite o ingresso de estranhos na família. É preciso, portanto, que por intermédio de algum expediente o servo se transforme em um membro e em uma parte integrante dessa família. Era o que ocorria, por uma espécie de iniciação do recém-vindo ao culto doméstico.

Um uso curioso, o qual subsistiu longamente nas casas atenienses, nos mostra como o escravo entrava na família. Aproximava-se-o do fogo doméstico; apresentava-se-o à divindade doméstica; vertia-se sobre sua cabeça água lustral e ele partilhava com a família de alguns bolos e algumas frutas.[215] Esta

---

215. Demóstenes, in Stephanum, I, 74. Aristófanes, Plutus, 768. Estes dois escritores indicam claramente uma cerimônia, mas não a descrevem. O anotador de Aristófanes ajunta alguns detalhes. Ver em Ésquilo como Clitemnestra recebe um novo escravo: "Entra nesta casa, pois Júpiter deseja que participes das abluções da água lustral, com meus outros escravos, junto ao meu fogo doméstico". (Ésquilo, Agamenon, 1035-1038).

cerimônia era análoga àquela do casamento e àquela da adoção. Significava sem dúvida que o recém-chegado, estranho na véspera, seria doravante um membro da família, tendo sua mesma religião. Deste modo, o escravo assistia às orações e participava das festas.[216] O fogo doméstico o protegia; a religião dos deuses Lares pertencia tanto a ele quanto ao seu senhor.[217] Por este motivo, o escravo devia ser sepultado no local de sepultamento da família.

Contudo, pelo mesmo recurso que o servo adquiria o culto e o direito de orar, ele perdia a liberdade. A religião era uma cadeia que o prendia. Estava preso à família por toda sua vida e mesmo pelo tempo que se seguia à sua morte.

Seu senhor podia fazê-lo deixar a baixa servidão e tratá-lo como homem livre. Mas isto não facultava ao servo abandonar a família. Como a ela estava ligado pelo culto, só podia dela desligar-se pela impiedade. Sob o nome de *liberto* ou sob o de *cliente* ele prosseguia reconhecendo a autoridade do chefe ou patrono e não deixava de ter obrigações em relação a ele. Somente podia se casar mediante a autorização do senhor, e os filhos que dele nascessem continuavam devendo obediência ao mesmo senhor.[218]

Formava-se assim no seio da grande família um certo número de pequenas famílias clientes e subordinadas. Os romanos atribuíam o estabelecimento da clientela a Rômulo, como se uma instituição dessa natureza pudesse ser obra de um homem. A clientela é mais velha que Rômulo. Aliás, existiu em toda parte, tanto na Grécia como em toda a Itália.[219] Não foram as cidades que a estabeleceram e regularam; estas, ao contrário, como veremos na sequência, gradativamente a debilitaram até destruí-la. A clientela é uma instituição do direito doméstico e existiu nas famílias antes do aparecimento das cidades.

---

216. Aristóteles, *Econômicos*, I, 5: "É ainda mais para os escravos do que para as pessoas livres que é preciso realizar os sacrifícios e as festas". Cícero, *De legibus*, II, 8: *Ferias in famulis habento*. Nos dias de festas, era proibido que o escravo trabalhasse (Cíc., *De legib.*, II, 12).

217. Cícero, *De legibus*, II, 11: *Neque ea, quae a majoribus prodita est cum dominis tum famulis religio Larum, repudianda est*. Ao escravo era permitido até mesmo realizar o ato religioso em nome de seu senhor; Catão, *De re rustica*, 83.

218. No que concerne às obrigações dos libertos no direito romano, ver o *Digesto*, XXXVII, 14, *De jure patronatus*; XII, 15, *De obsequiis parentibus et patronis praestandis*; XIII, 1, *De operis libertorum*. O direito grego, no que respeita à condição de liberto e à clientela, transformou-se muito mais cedo que o romano. Assim, restou-nos muito pouca informação sobre a antiga condição dessas classes de homens. Ver, todavia, Lísias no *Harpocration*, na palavra ἀποστάσιον, Crísipo em *Ateneu*, VI, 93, e um trecho curioso de Platão, *As Leis*, XI, p. 915. Disto se infere que o liberto tinha sempre deveres em relação ao seu antigo senhor.

219. Clientela entre os sabinos (Tito Lívio, II, 16; Dionísio, V, 40); entre os etruscos (Dionísio, IX, 5); entre os gregos, ἔθος ἑλληνικὸν καὶ ἀρχαῖον (Dionísio, II, 9).

Convém não avaliar a clientela dos tempos antigos com o olhar nos clientes que encontramos no tempo de Horácio. Fica claro que o cliente foi durante bastante tempo um servo preso ao patrono. Mas havia algo, então, que lhe dava dignidade: era o fato de ele participar do culto e estar associado à religião da família. Era detentor do mesmo fogo doméstico, das mesmas festas, dos mesmos *sacra* dos quais seu patrono era detentor. Em Roma, em virtude desta comunidade religiosa, ele assumia o nome da família. Nela ele era considerado como um membro por adoção. O resultado era um liame estreito e deveres recíprocos entre patrono e cliente. Ouve a velha lei romana: "Se o patrono prejudicou seu cliente, maldito seja, *sacer esto*, que morra".[220] O patrono devia proteger o cliente por todos os meios e com todas as forças de que dispunha, por meio de sua oração como sacerdote, por meio de sua lança como guerreiro, por meio de sua lei como juiz. Posteriormente, quando a justiça da cidade convocar o cliente, o patrono deverá defendê-lo; deverá, inclusive, revelar-lhe as fórmulas misteriosas da lei que o farão ganhar a causa.[221] Poder-se-á testemunhar em justiça contra um cognado, porém não se poderá fazê-lo contra um cliente.[222] E se continuará considerando os deveres em relação aos clientes como muito superiores aos deveres relativamente aos cognados.[223] Por quê? É que um cognado, ligado somente pelas mulheres, não é um parente e não participa da religião da família. O cliente, ao contrário, possui a comunidade do culto; ele tem, por mais inferior que seja, o verdadeiro parentesco, que consiste, conforme a expressão de Platão, em adorar os mesmos deuses domésticos.

A clientela é um laço sagrado que a religião formou e que nada pode romper. Uma vez cliente de uma família, não se pode mais desligar-se dela. A clientela desses tempos primitivos não é uma relação voluntária e passageira entre dois homens; ela é hereditária, é-se cliente por dever, de pai a filho.[224]

---

220. Lei das Doze Tábuas, citada por Sérvio, *ad Aen.*, VI, 609. Cf. Virgílio: *Aut fraus innexa clienti*.
– Sobre os deveres dos patronos, ver Dionísio, II, 10.
221. *Clienti promere jura*, Horácio, *Epit.*, II, 1, 104. Cícero, *De orat.*, III, 33.
222. Catão, em Aulo Gélio, V, 3; XXI, 1: *Adversus cognatos pro cliente testatur; testimonium adversus clientem nemo dicit*.
223. Aulo Gélio, XX, 1: *clientem tuendum esse contra cognatos*.
224. Esta verdade, na nossa opinião, destaca-se plenamente de dois episódios que nos são relatados, um por Plutarco, outro por Cícero. C. Herênio, convocado como testemunha para depor contra Mário, alegou que contrariava as regras antigas que um patrono testemunhasse contra seu cliente; e como causasse espanto aparentemente a todos que Mário, que já fora tribuno, fosse qualificado de cliente, ele acrescentou que, com efeito, "Mário e sua família eram desde a antiguidade clientes da família dos Herênios". Os juízes reconheceram o argumento, mas Mário, desgostoso de ser reduzido ali a tal situação, replicou que no dia em que fora eleito para uma magistratura tinha

Percebe-se por tudo isso, que a família dos tempos mais antigos, com seu ramo mais velho e seus ramos mais novos, seus servos e seus clientes, era capaz de formar um grupo de homens bastante numeroso. Uma família, graças à sua religião, que mantinha a sua unidade, graças a seu direito privado, que a tornava indivisível, graças às leis da clientela, que retinham seus servos, chegava a formar ao longo do tempo uma sociedade bastante extensa, que possuía seu chefe hereditário. Foi de um número indefinido de sociedades dessa natureza que a raça ariana parece ter sido composta por uma longa sequência de séculos. Esses milhares de pequenos grupos viviam isolados, mantendo poucas relações entre si, prescindindo uns dos outros, não estando unidos por qualquer vínculo religioso ou político, detendo cada um seu domínio, cada um seu governo interno, cada um seus deuses.

---

sido liberado da clientela; "o que não era, de fato, verdadeiro" – ajunta o historiador – ,"pois nem toda magistratura liberta da condição de cliente, privilégio que diz respeito unicamente às magistraturas curules*." (Plutarco, *Vida de Mário*, 5). A clientela era, portanto, salvo esta única exceção, obrigatória e hereditária. Mário a esquecera e os Herênios o lembraram disso. Cícero menciona um processo que foi objeto de debate em seus dias entre os Cláudios e os Marcelos; os primeiros, a título de chefes da *gens* Cláudia, pretendiam, em virtude do direito antigo, que os Marcelos fossem seus clientes: não importava que estes ocupassem já há dois séculos as altas magistraturas do Estado, os Cláudios insistiam que o laço de clientela não podia ter sido rompido. Estes dois fatos que sobreviveram ao esquecimento nos permitem julgar o que era a clientela primitiva.

*. Os magistrados *curules* eram os primeiros magistrados de Roma, aos quais estavam reservadas as cadeiras de marfim (em latim, *curulis*). (N.T.)

LIVRO TERCEIRO

A CIDADE

CAPÍTULO I

A FRATRIA E A CÚRIA – A TRIBO

Não apresentamos até aqui e não nos é possível apresentar ainda nenhuma data. Na história dessas sociedades antigas, as épocas são mais facilmente marcadas pela sucessão das ideias e das instituições do que pela sucessão dos anos.

O estudo das antigas regras do direito privado nos fez entrever, além dos tempos que denominamos históricos, um período constituído por séculos durante os quais a família foi a única forma de sociedade. Essa família podia, então, conter no seu amplo quadro vários milhares de seres humanos. Porém, nestes limites, a associação humana era ainda demasiadamente acanhada: acanhada demais para as necessidades materiais, visto que era difícil que essa família se bastasse diante de todos os acasos da vida; acanhada demais igualmente para as necessidades morais de nossa natureza, pois vimos o quanto, neste pequeno mundo, a inteligência do divino era insuficiente e a moral incompleta.

A estreiteza dessa sociedade primitiva correspondia bem à estreiteza da ideia que se fazia da divindade. Cada família possuía seus deuses, e o homem se limitava a conceber e venerar divindades domésticas. Mas ele não devia se contentar por muito tempo com esses deuses tão extremamente abaixo daquilo que sua inteligência era capaz de atingir. Se lhe eram necessários ainda muitos séculos para chegar a representar Deus como um ser único, incomparável, infinito, pelo menos devia avizinhar-se insensivelmente desse ideal ampliando ao longo das idades sua concepção e afastando paulatinamente a linha do horizonte que separava para ele o Ser divino das coisas da terra.

A ideia religiosa e a sociedade humana iriam, portanto, desenvolver-se simultaneamente.

A religião doméstica proibia que as famílias se misturassem e se fundissem. Todavia, era possível que diversas famílias, sem nada sacrificar de sua religião particular, se unissem ao menos para a celebração de um outro culto que lhes fosse comum. Foi o que sucedeu. Um certo número de famílias formou um grupo que na língua grega é fratria¹ e na latina é cúria.² Existia entre as famílias de um mesmo grupo um vínculo de nascimento? É impossível asseverá-lo. O que é certo é que essa associação nova não se produziu sem uma certa expansão da ideia religiosa. No próprio momento em que se uniram, as famílias conceberam uma divindade superior às suas divindades domésticas, que lhes fosse comum a todas e que velasse pelo grupo inteiro. As famílias erigiram um altar para ela, acenderam um fogo sagrado e instituiram um culto.³

Não havia cúria ou fratria que não tivesse seu altar e seu deus protetor. O ato religioso aqui celebrado era da mesma natureza daquele da família. Consistia essencialmente em um repasto feito em comum; o alimento era preparado no próprio altar, sendo consequentemente sagrado; era comido alternando-se a refeição com algumas preces; a divindade estava presente e recebia sua parte dos alimentos e da bebida.⁴

Os repastos religiosos da cúria sobreviveram muito tempo em Roma. Cícero os menciona e Ovídio os descreve.⁵ No tempo de Augusto ainda conservavam todas as suas formas antigas. "Vi nessas moradas sagradas" – diz um historiador dessa época – "o repasto posto diante do deus; as mesas eram de madeira, conforme o costume dos antigos, e a baixela de barro. Os alimentos eram pães, bolos de farinha-flor e algumas frutas. Vi as libações sendo feitas; nestas não eram usadas taças de ouro ou prata, mas vasos de argila; e eu admirei os homens de

---

1. φρατρία. Associação de cidadãos constituída pelos sacrifícios e repastos religiosos comuns. Em Atenas, formava uma divisão política. A partir de Sólon, cada tribo (φυλή) encerrava três fratrias e cada fratria trinta famílias (γένη); Atenas era dividida em quatro tribos, abrangendo consequentemente doze fratrias e trezentos e sessenta famílias. (N.T.)

2. Este modo por meio do qual a fratria foi criada é nitidamente indicado em um curioso fragmento de Dicearco (*Fragm. hist. gr.*, ed. Didot, t. II, p. 238); após ter tratado do culto familiar, que, a propósito, não se comunicava pelo casamento, ele acresce: ἑτέρα τις ἐτέθη ἱερῶν κοινωνικὴ σύνοδος ἣν φρατρίαν ὠνόμαζον. As fratrias são indicadas em Homero como uma instituição comum à Grécia; *Ilíada*, II, 362: κρῖν' ἄνδρας κατὰ φῦλα κατὰ φρήτρας Ἀγάμεμνον, ὡς φρήτρη φρήτρηφιν ἀρήγῃ, φῦλα δὲ φύλοις. Pólux, III, 52: Φρατρίαι ἦσαν δυοκαίδεκα, καὶ ἐν ἑκάστῃ γένη τριάκοντα. Demóstenes, *in Macartatum*, 14; Iseu, *De Philoct. hered.*, 10. Havia fratrias em Tebas (anotador de Píndaro, *Isthm.*, VI, 18), em Corinto (*ibid., Olymp.*, XIII, 127); na Tessália (*ibid., Isthm.*, X, 85): em Neápolis (Estrabão, V, p. 246); em Creta (Boeckh, *Corp. inscr.*, n. 2555). Alguns historiadores acham que os ὠβαί de Esparta correspondem às fratrias de Atenas. As palavras fratria e cúria eram consideradas sinônimas; Dionísio de Halicarnasso (II, 85) e Dion Cássio (*Fragm.* 14) as traduzem uma pela outra.

3. Demóstenes, *in Macart.*, 14, e Iseu, *De Apollod. hered.*, mencionam o altar da fratria e o sacrifício que ali se fazia. Cratino (no Ateneu, XI, 3, p. 460) fala do deus que preside à fratria, Ζεὺς φράτριος. Pólux, III, 52. Θεοι φράτριος. Τὸ ἱερὸν ἐν ᾧ συνῆεσαν φράτορες, φράτριον ἐκαλεῖτο, φράτριος αἴξ, ἡ θυόμενη τοῖς φράτορσι.

4. Φρατριακὰ δεῖπνα (Ateneu, V, 2); *Curiales mesae* (Festo, p. 64).

5. Cícero, *De orat.*, I, 7: *Dies curiae, convivium*. Ovídio, *Fastos*, VI, 305. Dionísio, II, 65.

hoje que permanecem tão fiéis aos ritos e aos costumes de seus pais".[6] Em Atenas, nos dias de festas, tais como as Apatúrias e as Targélias, cada fratria se reunia em torno de seu altar, uma vítima sendo imolada; as carnes, assadas no fogo sagrado, eram divididas entre todos os membros da fratria, e se atentava para que nenhum estranho participasse servindo-se de qualquer porção.[7]

Há usos que duraram até os fins da história grega e que lançam alguma luz sobre a natureza da fratria antiga. Assim, constatamos que no tempo de Demóstenes fazer parte de uma fratria requeria ser nascido de um casamento legítimo dentro de uma das famílias que compunham a fratria, isto porque a religião da fratria, como a da família, era transmitida exclusivamente pelo sangue. O jovem ateniense era apresentado à fratria por seu pai, que jurava ser ele seu filho. A admissão tinha lugar sob forma religiosa. A fratria imolava uma vítima, cuja carne era assada no altar na presença de todos os membros. Caso negassem a admissão do recém-chegado, como era de seu direito se duvidassem da legitimidade de seu nascimento, deveriam remover a carne da superfície do altar. Se não o faziam, se após assada a carne a repartiam com o recém-chegado, significava a aceitação do jovem, que, a partir de então, se tornava irrevogavelmente membro da associação.[8] Estas práticas se explicam pela crença dos antigos segundo a qual todo alimento preparado sobre um altar e partilhado entre diversas pessoas estabelecia entre elas um vínculo indissolúvel e uma união santa que só cessava com a morte.[9]

---

6. Dionísio, II, 23. A despeito do que se diz aqui, algumas mudanças foram introduzidas. Os repastos da cúria já não passavam de formalidade vã, apenas positiva para os sacerdotes. Os membros da cúria a dispensavam voluntariamente, instaurando-se a prática de substituir o repasto comum por uma distribuição de víveres e dinheiro; Plauto, *Aululária*, V, 69 e 137.

7. Iseu, *De Apollod. hered.*, 15-17, descreve um desses repastos; ademais em *De Astyph. hered.*, 33 ele trata de um homem que, tendo saído de sua fratria devido a uma adoção, foi considerado como estranho. Em vão ele se apresentava em cada repasto sagrado, pois não lhe era dada parte alguma das carnes da vítima. Cf. Lísias, *Fragm.*, 10 (ed. Didot, t. II, p. 255): "Se um homem nascido de pais estrangeiros se juntar a uma fratria, todo ateniense poderá demandá-lo em justiça".

8. Demóstenes, *in Macartatum*, 13-15. Iseu, *De Philoct. hered.*, 21-22; *De Cironis hered.*, 18. Lembremos que uma adoção regular produzia sempre os mesmos efeitos da filiação legítima e que a substituía.

9. Este mesmo conceito é o princípio da hospitalidade antiga. Não nos cabe aqui descrever esta curiosa instituição. Digamos somente que a religião nela desempenhou grande papel. O homem que tivera êxito em atingir o fogo doméstico não podia mais ser considerado como um estranho – se tornara ἐφέστιος (Sófocles, *Trachin.*, 262; Eurípides, *Ion*, 654; Ésquilo, *Eumênides*, 577; Tucídides, I, 137). Aquele que repartira o repasto sagrado estava para sempre em comunidade religiosa com seu hospedeiro; é por isso que Evandro diz aos troianos: *Communem vocate Deum* (Virgílio, *Eneida*, VIII, 275). Vê-se aqui um exemplo daquilo que sempre há de sabiamente ilógico na alma humana: a religião doméstica não é feita para o estranho; já pela sua essência ela o rejeita, mas por isso mesmo o estranho, uma vez nela admitido, é tanto mais sagrado. Desde o momento em que tocou o fogo doméstico, é preciso forçosamente que cesse de ser um estranho. O mesmo princípio que o afastava ontem exige que ele seja hoje e para sempre um membro da família.

Cada fratria ou cúria possuía um chefe chamado curião ou fratriarca, cuja função principal era presidir aos sacrifícios. Talvez suas atribuições tenham sido, originariamente, mais amplas. A fratria tinha suas assembleias, suas deliberações e podia instituir decretos.[10] Nela, tanto quanto na família, havia um deus, um culto, um sacerdócio, uma justiça, um governo. Era uma pequena sociedade moldada exatamente sobre a família. A associação continuou naturalmente a crescer e segundo o mesmo sistema. Várias cúrias ou fratrias se agruparam e formaram uma tribo. Este novo círculo teve ainda sua religião; em cada tribo houve um altar e uma divindade protetora.[11]

O deus da tribo era ordinariamente da mesma natureza daquele da fratria ou daquele da família. Tratava-se de um homem divinizado, um *herói*. A tribo tirava seu nome dele, de maneira que os gregos o chamavam de *herói epônimo*. Para ele havia um dia para festa anual. A parte principal da cerimônia religiosa era constituída por um repasto no qual a tribo inteira tomava parte.[12]

A tribo, como a fratria, realizava assembleias e promulgava decretos, aos quais todos os seus membros deviam se submeter. Possuía um tribunal e um direito de justiça sobre seus membros. Possuía um chefe, *tribunus*, φυλοβασιλεύς.[13] Com base no que sabemos das instituições da tribo, percebemos que fora constituída, originariamente, para ser uma sociedade independente, e como se não houvesse nenhum poder social acima dela.[14]

---

10. Sobre o *curio* ou *magister curiae*, ver Dionísio, II, 64; Varrão, *De ling. lat.*, V., 83; Festo, p. 126. O fratriarca é mencionado em Demóstenes, *in Eubul.*, 23. A deliberação e o voto são descritos em Dem., *in Macart.*, 82. Várias inscrições contêm decretos promulgados pelas fratrias; ver *Corpus inscr. attic.*, t. II, ed. Kohler, n. 598, 599, 600.

11. Φυλίων θεῶν ἱερά (Pólux, VIII, 110).

12. Φυλετικὰ δεῖπνα (Ateneu, V, 2); Pólux, III, 67; Demóstenes, *in Boeot., de nom.*, 7. A respeito das quatro antigas tribos de Atenas e suas relações com as fratrias e os γένη, ver Pólux, VIII, 109-111, e *Harpocration*, v. Τριττύς, segundo Aristóteles. A existência de antigas tribos em número de três ou quatro, é um fato comum a todas as cidades gregas, dóricas ou jônicas; *Ilíada*, II, 362 e 668; *Odisseia*, XIX, 177; Heródoto, IV, 161; V, 68 e 69; ver Otf. Muller, *Dorier*, t. II, p. 75. Há uma distinção a ser feita entre as tribos religiosas dos primeiros tempos e as tribos simplesmente locais dos tempos posteriores, do que voltaremos a tratar na sequência. Só as primeiras se relacionam com as fratrias e os γένη.

13. Pólux, VIII, 111: Οἱ φυλοβασιλεῖς, ἐξ Εὐπατρίδων ὄντες μάλιστα τῶν ἱερῶν ἐπεμελοῦντο. Cf. Aristóteles, fragmento citado por Fócio, v. Ναυκραρία.

14. A organização política e religiosa das três tribos primitivas de Roma deixou poucos vestígios nos documentos. Tudo o que se sabe é que eram compostas de cúrias e de *gentes* e que cada uma delas tinha seu *tribunus*. Seus nomes de Ramnes, Tities e Luceres foram conservados, bem como algumas cerimônias de seu culto. Tais tribos eram, ademais, corpos demasiado consideráveis para que a cidade não deixasse de se empenhar em as debilitar e lhes tirar a independência. Por isso, os plebeus trabalharam para fazê-las desaparecer.

CAPÍTULO II

NOVAS CRENÇAS RELIGIOSAS

1º. Os deuses da natureza física

Antes de passar da formação das tribos ao nascimento das cidades, é necessário mencionar um elemento importante da vida intelectual dessas populações antigas.

Quando buscávamos as mais antigas crenças desses povos, descobrimos uma religião que tinha por objeto os ancestrais e por principal símbolo o fogo doméstico. Foi ela que constituiu a família e estabeleceu as primeiras leis. Entretanto, essa raça teve, também, em todas as suas ramificações, uma outra religião, aquela cujas principais figuras foram Zeus, Hera, Atena, Juno, aquela do Olimpo helênico e do Capitólio romano.

Destas duas religiões, a primeira tomava seus deuses na alma humana; a segunda tomava os seus na natureza física. Se o sentimento da força viva e da consciência que ele traz em si havia inspirado ao homem a primeira ideia do divino, a visão da imensidade que o cercava e que o esmagava delineou para o seu sentimento religioso um outro curso.

O homem dos primeiros tempos estava incessantemente na presença da natureza; os hábitos da vida civilizada não erguiam ainda um véu entre ela e ele. O olhar do homem encantava-se com essas belezas ou deslumbrava-se com essas grandezas. Desfrutava a luz e receava a noite, e quando observava o retorno da "santa claridade dos céus"[15] experimentava o reconhecimento. Sua vida repousava nas mãos da natureza; ele aguardava a nuvem benevolente da qual dependia sua colheita; temia a tempestade que podia destruir o trabalho e a esperança de todo um ano. Sentia a todo momento sua fraqueza e a força

---

15. Sófocles, *Antígona*, v. 879. *Os Vedas* expressam frequentemente a mesma ideia.

incomparável do que o cercava. Provava continuamente uma mescla de veneração, amor e terror por essa poderosa natureza.

Esse sentimento não o conduziu imediatamente à concepção de um Deus único regente do universo, pois ele não dispunha ainda do conceito de universo; não sabia que a Terra, o sol, os astros são partes de um mesmo corpo; não lhe ocorria o pensamento que eles pudessem ser governados por um mesmo Ser. Aos primeiros olhares que lançou sobre o mundo exterior, este lhe surgiu como uma espécie de república confusa, na qual forças antagônicas se faziam guerra. Como julgava as coisas exteriores em conformidade consigo mesmo, e como se sentia uma pessoa livre, via também em cada porção da criação, no solo, na árvore, na nuvem, na água do rio, no sol, tantas outras pessoas semelhantes a si; assim ele lhes atribuiu pensamento, vontade, escolha para a ação; como as sentia poderosas e que estava submetido ao seu domínio, confessou-lhes sua dependência; lhes dirigia suas súplicas e as venerava; fez delas deuses.

Assim, nessa raça, a ideia religiosa se apresentou sob duas formas muito diversas. De um lado, o homem vinculou o atributo divino ao princípio invisível, à inteligência, àquilo que entrevia da alma, àquilo que sentia como sagrado em si. De outro lado, aplicou sua ideia do divino aos objetos exteriores que contemplava, que amava ou temia, aos agentes físicos que eram os senhores de sua felicidade e de sua vida.

Estas duas ordens de crenças deram lugar a duas religiões que constatamos terem durado tanto quanto as sociedades grega e romana. Não guerrearam entre si – até conviveram em bons termos de inteligência e dividiram o domínio sobre o homem. Todavia, jamais se confundiram. Sempre detiveram dogmas completamente distintos, amiúde contraditórios, cerimônias e práticas absolutamente diferentes. O culto aos deuses do Olimpo e o culto aos heróis e os manes nunca tiveram entre si algo de comum. Destas duas religiões não saberíamos dizer qual delas foi a primeira cronologicamente; não saberíamos sequer afirmar que uma tenha sido anterior à outra. O que podemos asseverar com certeza é que uma, ou seja, aquela dos mortos, tendo sido fixada em uma época remotíssima, manteve-se sempre imutável em suas práticas enquanto seus dogmas se apagavam pouco a pouco; a outra, a da natureza física, foi mais progressiva e se desenvolveu livremente ao longo das eras, alterando gradativamente suas lendas e doutrinas, e aumentando ininterruptamente sua autoridade sobre o homem.

2º. Relação desta religião com o desenvolvimento da sociedade humana

É-nos possível crer que os primeiros rudimentos dessa religião da natureza são extremamente antigos, tão antigos talvez quanto o culto dos ancestrais. Contudo, como ela correspondia a concepções mais gerais e mais elevadas, foi-lhe necessário muito mais tempo para se fixar em uma doutrina precisa.[16] Foi suficientemente averiguado que ela não se produziu no mundo em um dia e que não saiu pronta do cérebro de um homem. Não se vê na origem dessa religião nem um profeta nem um corpo de sacerdotes. Nasceu nas diferentes inteligências por um efeito de sua força natural. Cada uma das inteligências de então a construiu à sua maneira. Entre todos esses deuses, brotados de espíritos diversos, ocorreram semelhanças, porque as ideias formavam-se no homem segundo um processo quase uniforme; mas houve também uma enorme variedade porque cada espírito era o autor de seus deuses. Disto resultou que esta religião foi por muito tempo confusa e seus deuses, inúmeros.

Entretanto, os elementos deificáveis não eram tão numerosos. O sol que fecunda, a terra que nutre, a nuvem alternadamente benéfica ou funesta, tais eram as principais potências das quais se podia construir deuses. E, contudo, de cada um desses elementos se originaram milhares de deuses. Isto porque o mesmo agente físico percebido sob aspectos diversos recebeu dos homens nomes diferentes. O sol, por exemplo, foi chamado aqui de Héracles (o glorioso), ali de Febo (o brilhante), alhures de Apolo (aquele que afasta a noite ou o mal); um o nomeava como o Ser superior (Hiperion), outro como aquele que socorre (Alexicacos) e, no decorrer do tempo, os grupos de homens que haviam dado esses nomes diversos ao astro brilhante não conseguiram reconhecer que estavam diante do mesmo deus.

Na verdade, cada homem adorava apenas um número bastante limitado de divindades; mas os deuses de um não pareciam ser os de outro. Os nomes podiam, de fato, se assemelhar. Muitos homens puderam dar separadamente

---

16. Será necessário relembrar todas as tradições gregas e itálicas que fizeram da religião de Júpiter uma religião jovem e relativamente recente? A Grécia e a Itália conservaram a memória de um tempo quando as sociedades humanas já existiam e quando essa religião ainda não fora formada. Ovídio, *Fastos*, II, 289; Virgílio, *Georg.*, I, 126; Ésquilo, *Eumênides*; Pausânias, VIII, 8. É provável que entre os hindus os *Pitris* fossem anteriores aos *Devas*.

a seu deus o nome de Apolo ou o de Hércules, já que estas palavras pertenciam à língua ordinária e não passavam de adjetivos que designavam o Ser divino por um ou outro de seus atributos mais notáveis. Mas sob este mesmo nome os diferentes grupos de homens não podiam crer que houvesse apenas um deus. Contavam-se milhares de Júpiteres diferentes; havia uma multidão de Minervas, de Dianas, de Junos, muito pouco semelhantes entre si. Cada uma dessas concepções tendo se formado pelo trabalho livre de cada espírito e sendo, de algum modo, sua propriedade, sucedeu que tais deuses foram por muito tempo independentes uns dos outros, possuindo cada um sua lenda particular e seu culto.[17]

Como tais crenças surgiram primeiramente em uma época em que os homens viviam ainda no estado de família, esses deuses novos envergaram em um primeiro momento, como os demônios, os heróis e os lares, o caráter de divindades domésticas. Cada família produzia os seus deuses e os guardava para si como protetores, cujas graças ela não desejava dividir com estranhos. Eis um pensamento que aparece com frequência nos hinos dos Vedas; e não resta dúvida que tal pensamento esteve também no espírito dos arianos ocidentais, pois deixou marcas visíveis em sua religião. À medida que uma família criava pela personificação um deus, ela o associava ao seu fogo doméstico, o contava entre seus penates e acrescentava algumas palavras para ele à sua fórmula de oração, razão pela qual encontramos amiúde entre os antigos expressões como estas: os deuses que se sentam junto de meu fogo doméstico, o Júpiter de meu fogo doméstico, o Apolo de meus pais.[18] "Eu te conjuro" – diz Tecmesse a Ajax – "em nome do Júpiter que tem assento junto de teu fogo doméstico." Medeia, a maga, diz em Eurípides: "Eu juro por Hécate, minha deusa mestra, que venero e que habita o santuário de meu fogo doméstico". Quando Virgílio descreve o que há de mais velho na religião de Roma, ele mostra Hércules associado ao fogo doméstico de Evandro e adorado por ele como divindade doméstica.

Daí provêm esses milhares de cultos locais entre os quais jamais a unidade pôde se estabelecer. Daí essas lutas de deuses das quais o politeísmo está repleto e que representam lutas de famílias, de cantões ou de cidades. Daí, enfim, essa

---

17. Se acontecia amiúde de vários nomes representarem uma mesma divindade ou uma mesma concepção do espírito, acontecia também de um mesmo nome disfarçar frequentemente divindades bastante diferentes: Poseidon Hippios, Poseidon Fitalmios, Poseidon Erecteu, Poseidon Egeu, Poseidon Heliconiano eram deuses diversos que nem tinham atributos idênticos nem veneradores idênticos.

18. ἐστιοῦχοι, ἐφέστιοι, πατρῷοι. Ὁ ἐμὸς Ζεύς, Eurípides, *Hécuba,* 345; *Medeia,* 395. Sófocles, *Ajax,* 492. Virgílio, VIII, 543. Heródoto, I, 44.

turba inumerável de deuses e de deusas, da qual seguramente só conhecemos a menor parte, visto que muitos pereceram sem deixar sequer a lembrança de seus nomes, porque as famílias que os veneravam estão extintas ou as cidades que lhes votaram um culto foram destruídas.

Foi necessário bastante tempo para que esses deuses saíssem do seio das famílias que os haviam concebido e que os consideravam como seu patrimônio. Sabe-se até que muitos dentre eles jamais se desligaram desse tipo de laço doméstico. A Deméter de Elêusis permaneceu a divindade particular da família dos Eumólpidas; a Atena da acrópole de Atenas pertencia à família dos Butadas. Os Potícios de Roma tinham um Hércules e os Náucios uma Minerva.[19] Há grande probabilidade de que o culto de Vênus tenha sido durante muito tempo encerrrado na família dos Júlios e de que essa deusa não contasse com um culto público em Roma.

Sucedeu com o passar do tempo que a divindade de uma família, tendo adquirido um grande prestígio na imaginação dos homens e parecendo poderosa proporcionalmente à prosperidade dessa família, atraísse o desejo de toda uma cidade no sentido de adotá-la e lhe render um culto público para obter seus favores. Foi o que aconteceu com a Deméter dos Eumólpidas, a Atena dos Butadas, o Hércules dos Potícios. Mas quando uma família consentia em partilhar assim seu deus, ela se reservava, ao menos, o sacerdócio. Pode-se observar que a dignidade de sacerdote, para cada deus, foi durante longo tempo hereditária e não pôde sair de uma certa família.[20] Trata-se de um vestígio de um tempo em que o próprio deus era propriedade dessa família, só a ela protegia e só desejava ser servido por ela.

É, portanto, verdadeiro dizer que essa segunda religião sempre esteve em conformidade com o estado social dos homens. Ela teve por berço cada família e ficou durante muito tempo confinada nesse estreito horizonte. Contudo, ela se prestava melhor que o culto dos mortos aos avanços vindouros da associação humana. Com efeito, os ancestrais, os heróis, os manes eram deuses que, pela sua própria essência, só podiam ser venerados por um número de homens

---

19. Tito Lívio, IX, 29: *Potitii, gens cujus familiare fuerat sacerdotium Herculis*. Dionísio, II, 69. Do mesmo modo, a família dos Aurélios tinha o culto doméstico do sol (Festo, v. *Aureliam...*, ed. Muller, p. 23).

20. Heródoto, V, 64, 65; VII, 153; IX, 27. Píndaro, *Isthm.*, VII, 18, Xenofonte, *Helen.*, VI, 8, Platão, *As Leis*, VI, p. 759, *O Banquete*, p. 40. Plutarco, *Teseu*, 23; *Vida dos Dez Oradores*, Licurgo, c. 11. Filócoro, *Fragm.*, 158, p. 411. Diodoro, V, 58. *Pausânias*, I, 37; IV, 15, VI; 17, X, 1. Apolodoro, III, 13. Justino, XVIII, 5. Harpocration, v. ἐτεοβουτάδαι, Εὐνεῖδαι. Cícero, *De divinatione*, I, 41. Estrabão, IX, p. 421; XIV, p. 634. Tácito, *Anais*, II, 54.

muito pequeno, que estabeleciam perpetuamente linhas infranqueáveis de demarcação entre as famílias. A religião dos deuses da natureza constituía um quadro mais amplo. Não havia nenhuma lei rigorosa que se opusesse à propagação de cada um desses cultos; não estava na natureza íntima desses deuses ser adorados por uma única família e repelir o estranho. Enfim, os homens deviam acabar por compreender insensivelmente que o Júpiter de uma família era, no fundo, o mesmo ser ou a mesma concepção que o Júpiter de uma outra família, o que era incogitável no sentido de dois Lares, dois ancestrais ou dois fogos domésticos.

Acresçamos a isso que essa religião nova tinha também uma outra moral. Ela não se limitava a ensinar ao homem os deveres familiares. Júpiter era o deus da hospitalidade. De sua parte, vinham os estrangeiros, os suplicantes, "os veneráveis indigentes", aqueles que cumpria tratar "como irmãos". Todos esses deuses assumiam com frequência a forma humana e se revelavam aos mortais. Por vezes vinham assistir às suas lutas e participar de seus combates; muitas vezes também se mostravam para lhes prescrever a concórdia e lhes ensinar a ajuda mútua.

À medida que esta segunda religião foi se desenvolvendo, a sociedade cresceu. Ora, é bastante evidente que tal religião, inicialmente frágil, em seguida ampliou-se, ganhando grande extensão. Originariamente, estava como que abrigada no seio das famílias, sob a proteção do fogo doméstico. Aí o deus novo obtivera um pequeno espaço, uma modesta *cela*, à vista e ao lado do altar venerado, para que um pouco do respeito que os homens tributavam ao fogo doméstico se dirigisse para o deus. Gradativamente, o deus, conquistando mais autoridade sobre a alma, renunciou a essa espécie de tutela; abandonou o fogo doméstico; passou a ter uma morada própria e sacrifícios que lhe eram próprios. Essa morada (ναός, de ναίω, habitar) foi, a propósito, construída à imagem do antigo santuário; foi, como antes, uma *cela* de frente para um fogo doméstico; mas a *cela* se ampliou, embelezou-se e transformou-se em um templo. O fogo doméstico permaneceu à entrada da casa do deus, mas agora parecia bem modesto ao lado dessa casa. Aquele que fora antes o principal, era agora acessório. Deixou de ser o deus e desceu à posição de altar do deus, de instrumento para o sacrifício. Foi encarregado de queimar a carne da vítima e de levar a oferenda acompanhada da oração do homem à divindade majestosa cuja estátua se achava no templo.

Quando vemos tais templos se erguerem e abrirem suas portas diante da multidão de adoradores, podemos estar finalmente convencidos que, após muito tempo, a inteligência humana e a sociedade cresceram.

CAPÍTULO III

FORMA-SE A CIDADE

A tribo, como a família e a fratria, era constituída com o objetivo de ser um corpo independente, visto que detinha um culto especial do qual o estranho estava excluído. Uma vez formada, nenhuma outra família podia ser admitida na tribo. Duas tribos não podiam, de maneira alguma, se fundir em uma única; sua religião se opunha a isso. Entretanto, do mesmo modo que diversas fratrias se uniam em uma tribo, diversas tribos podiam associar-se entre si, sob a condição de que o culto de cada uma delas fosse respeitado. No dia em que esta aliança foi feita, nasceu a cidade.

Importa pouco investigar a causa que levou várias tribos vizinhas à união. Tenha sido a união voluntária, tenha sido ela imposta pela força superior de uma tribo ou pela vontade poderosa de um homem, o que é certo é que o vínculo da nova associação foi ainda um culto. As tribos que se agruparam para formar uma cidade nunca deixaram de acender um fogo sagrado e de ter uma religião comum.

Assim, a sociedade humana, no que diz respeito a essa raça, não se desenvolveu à maneira de um círculo que se amplia pouco a pouco, conquistando espaço de um lugar a outro. Foram, ao contrário, pequenos grupos que, já constituídos antecipadamente há muito tempo, agregaram-se uns aos outros. Diversas famílias formaram a fratria, diversas fratrias a tribo, diversas tribos a cidade. Família, fratria, tribo, cidade são, por conseguinte, sociedades exatamente análogas entre si e nascidas uma da outra por meio de uma série de federações.

Deve-se, inclusive, observar que à medida que esses grupos se associavam desse modo entre si, nenhum deles perdia, entretanto, sua individualidade e sua independência. Embora várias famílias se unissem em uma fratria, cada uma delas se mantinha constituída como na época de seu isolamento; nada se alterara nela, quer seu culto, seu sacerdócio, seu direito de propriedade, quer sua justiça interna. Em seguida, associavam-se as cúrias, mas cada uma delas conservava seu culto, suas reuniões, suas festas e seu chefe. Da tribo se passava à cidade, mas isto não causava a dissolução das tribos, e cada uma delas continuava a formar um corpo, quase como se a cidade não existisse. Religiosamente, subsistiu uma multidão de pequenos cultos acima dos quais se estabeleceu um culto comum; politicamente, uma multidão de pequenos governos continuou a funcionar, elevando-se acima deles um governo comum.

A cidade era uma confederação, daí ter sido obrigada, pelo menos durante muitos séculos, a respeitar a independência religiosa e civil das tribos, das cúrias e das famílias, não tendo inicialmente o direito de intervir nos assuntos particulares de cada um desses pequenos corpos. Nada tinha a ver com o que se passava no interior das famílias; não era juiz do que ali dentro sucedia; deixava ao pai o direito e o dever de julgar a mulher, seu filho e seu cliente. É por esta razão que o direito privado, que fora fixado na época do isolamento das famílias, pôde subsistir nas cidades, tendo sido modificado só muito posteriormente.

Este modo de criação das cidades antigas é atestado por usos que perduraram muitíssimo. Se observarmos o exército da cidade nos primeiros tempos, perceberemos que ele é distribuído em tribos, em cúrias e em famílias,[21] "de tal sorte" – diz um antigo – "que o guerreiro tem por vizinho no combate aquele com quem em tempo de paz faz a libação e o sacrifício no mesmo altar".[22] Se observarmos o povo reunido nos primeiros séculos de Roma, veremos que o povo vota por cúrias e por *gentes*.[23] Se observarmos o culto, veremos em Roma seis Vestais, duas para cada tribo. Em Atenas, o arconte faz a maioria dos sacrifícios em nome da cidade inteira, porém restam ainda algumas cerimônias religiosas que devem ser realizadas em comum pelos chefes das tribos.[24]

Assim, a cidade não é um conjunto de indivíduos. Ela é uma confederação de vários grupos constituídos antes dela e que ela permite que subsistam. Constata-se nos oradores áticos que cada ateniense faz parte ao mesmo tempo de quatro sociedades distintas; ele é membro de uma família, de uma fratria, de uma tribo e de uma cidade. Não entra simultaneamente e no mesmo dia em todas as quatro, como o francês que, a partir de seu nascimento, pertence concomitantemente a uma família, a uma comuna, a um departamento e uma pátria. A fratria e a tribo não são divisões administrativas. O homem entra em

---

21. Homero, *Ilíada*, II, 362. Varrao, *De ling. lat.*, V, 89. Subsistiu o uso em Atenas de enfileirar os soldados por tribos e por demos: Heródoto, VI, 111; Iseu, *De Meneclis hered.*, 42; Lísias, *Pro Mantitheo*, 15.
22. Dionísio de Halicarnasso, II, 23.
23. Aulo Gélio, XV, 27.
24. Pólux, VIII, 111.

épocas diversas nessas quatro sociedades e sobe, de alguma maneira, de uma para outra. A criança, primeiramente, é admitida na família pela cerimônia religiosa que ocorre dez dias após seu nascimento. Alguns anos depois, ela entra na fratria mediante uma nova cerimônia que descrevemos páginas atrás. Enfim, com a idade de dezesseis ou dezoito anos apresenta-se para sua admissão na cidade. Neste dia, na presença de um altar e diante da carne fumegante de uma vítima, pronuncia um juramento pelo qual se compromete, entre outras coisas, a respeitar sempre a religião da cidade.[25] A partir deste dia, o jovem está iniciado no culto público e se torna cidadão.[26] Que se observe este jovem ateniense ascendendo de degrau em degrau, de culto em culto, e se terá a imagem dos graus pelos quais a associação humana havia passado outrora.

O caminho que esse jovem é compelido a trilhar é aquele que a sociedade primeiramente trilhou.

Um exemplo tornará esta verdade mais clara. Foram-nos legadas das antiguidades de Atenas suficientes tradições e lembranças para que sejamos capazes de ver com certa nitidez como foi formada a cidade ateniense. "Originariamente" – diz Plutarco –, "a Ática era dividida por famílias."[27] Algumas dessas famílias da época primitiva, como os Eumólpidas, os Cecrópidas, os Gefirenses, os Fitálidas, os Laquíadas, perpetuaram-se penetrando as épocas seguintes. Naquela ocasião, a cidade ateniense não existia; mas cada família, circundada por seus ramos mais novos e seus clientes, ocupava um cantão e aí vivia em uma independência absoluta. Cada uma possuía sua religião própria: os Eumólpidas, fixados em Elêusis, adoravam Deméter; os Cecrópidas, que habitavam o rochedo onde mais tarde seria Atenas, tinham por divindades protetoras Poseidon e Atena. Ao lado, sobre a pequena colina do Areópago, o deus protetor era Ares; em Maratona, havia um Hércules; em Prásias, um Apolo; um outro Apolo em Fila; os Dioscuros, em Cefalônia; e assim por diante em todos os outros cantões.[28]

Cada família, tal como possuía seu deus e seu altar, possuía também seu chefe. Quando Pausânias visitou a Ática, descobriu nos pequenos burgos antigas tradições que se perpetuaram com o culto; ora, essas tradições o tornaram

---

25. Ἀμύνω ὑπὲρ ἱερῶν καὶ ὁσίων... καὶ ἱερὰ τὰ πατρία τιμήσω. (Pólux, VIII, 105-106).
26. Iseu, *De Cironis hered.*, 19; *Pro Euphileto*, 3. Demóstenes, *in Eubulidem*, 46. A necessidade de estar inscrito em uma fratria, ao menos nos tempos antigos, antes de fazer parte da cidade, deriva de uma lei citada por Dinarca (*Oratores attici*, col. Didot, t. II, p. 462, fr. 82).
27. Κατὰ γένη, Plutarco, *Teseu*, 24; *ibid.*, 13.
28. Pausânias, I, 15; I, 31; I, 37; II, 18.

ciente de que cada burgo tivera seu rei antes da época em que Cécrops reinou em Atenas.²⁹ Não seria isto a reminiscência de uma época remota na qual essas grandes famílias patriarcais, semelhantes aos clãs célticos, possuíam cada uma seu chefe hereditário, que era simultaneamente sacerdote e juiz? Uma centena de pequenas sociedades viviam então isoladas no país, não conhecendo entre si nem vínculo religioso nem vínculo político, possuindo cada uma seu território, fazendo-se amiúde a guerra, estando, enfim, a tal ponto separadas umas das outras que o casamento entre elas nem sempre era permitido.³⁰

Contudo, as necessidades ou os sentimentos as aproximaram. Imperceptivelmente elas se uniram em pequenos grupos, aos quatro, aos seis.

Assim, descobrimos nas tradições que os quatro burgos da planície da Maratona se associaram para adorarem juntos Apolo Delfiniano; os homens do Pireu, de Falera e de dois cantões vizinhos se uniram por seu lado e erigiram em comum um templo a Hércules.³¹ Com o decorrer do tempo, essa centena de pequenos Estados reduziu-se a doze confederações. Esta transformação, por meio da qual a população da Ática passou do estado de família patriarcal a um estado de sociedade um pouco mais ampla, foi atribuída pela lenda aos esforços de Cécrops; por isso se deve somente entender que tal coisa só foi finalizada na época em que se situava o reinado desse personagem, isto é, em torno do século XVI antes de nossa era. Percebe-se, ademais, que esse Cécrops reinava apenas sobre uma das doze associações, aquela que seria posteriormente Atenas; as outras onze eram totalmente independentes; cada uma tinha seu deus protetor, seu altar, seu fogo sagrado, seu chefe.³²

No desenrolar de várias gerações, o grupo dos Cecrópidas ganhou maior importância. Deste período, restou a lembrança de uma luta sangrenta que eles sustentaram contra os Eumólpidas de Elêusis, e cujo resultado foi a submissão destes com a única condição de conservarem o sacerdócio hereditário de sua divindade.³³ Pode-se dizer que houve outras lutas e outras conquistas cuja lembrança não foi retida. O rochedo dos Cecrópidas, onde se desenvolvera

---

29. Pausânias, I, 31: Τῶν ἐν τοῖς δήμοις φαναὶ πολλούς ὡς καὶ πρὸ τῆς ἀρχῆς τῆς Κέκροπος ἐβασιλεύοντο.
30. Plutarco, *Teseu*, 13.
31. Plutarco, *Teseu*, 14, Pólux, VI, 105. Estêvão de Bizâncio, v. Ἐχελιδαί.
32. Filócoro, citado por Estrabão, IX, p. 609: Κέκροπα πρῶτον ἐς δώδεκα πόλεις συνοικίσαι τὸ πλῆθος. Tucídides, II, 15: Ἐπὶ Κέκροπος ἐς Θησέα ἀεὶ ἡ Ἀττικὴ κατὰ πόλεις ᾠκεῖτο πρυτανεία τε ἔχουσα καὶ ἄρχοντας... αὐτοὶ ἕκαστοι ἐπολιτεύοντο καὶ ἐβουλεύοντο, καὶ τινες καὶ ἐπολέμησαν ποτε αὐτῶν. Cf. Pólux, VIII, 111.
33. Pausânias, I, 38.

pouco a pouco o culto a Atena, e que acabou por adotar o nome de sua divindade principal, adquiriu a supremacia sobre os outros onze Estados. E então apareceu Teseu, herdeiro dos Cecrópidas. Todas as tradições concordam em afirmar que ele reuniu os doze grupos em uma cidade. Ele conseguiu, com efeito, que se adotasse em toda a Ática o culto de Atena Polias, de sorte que toda a região celebrou desde logo em comum o sacrifício das Panateneias. Antes dele, cada pequeno burgo possuía seu fogo sagrado e seu pritanado. Teseu quis que o pritanado de Atenas fosse o centro religioso de toda a Ática.[34] Não tardou para que a unidade ateniense fosse fundada; religiosamente, cada cantão conservou seu antigo culto, mas todos adotaram um culto comum; politicamente, cada um conservou seus chefes, seus juízes, seu direito de reunião, mas acima desses governos locais havia o governo central da cidade.[35]

Destas reminiscências e destas tradições tão precisas que Atenas conservou religiosamente, parece-nos que emergem duas verdades igualmente evidentes: primeiro, que a cidade foi uma confederação de grupos constituídos anteriormente a ela; segundo, que a sociedade somente se desenvolveu à medida que a religião se expandia. Não saberíamos dizer se foi o progresso religioso

---

34. Tucídides, II, 15: Ὁ Θησεὺς καταλύσας τῶν ἄλλων πολέων τὰ βουλευτήρια καὶ τὰς ἀρχὰς... ἐν βουλευτήριον ἀποδείξας καὶ πρυτάνειον... Plutarco, *Teseu*, 24: Ἕν ποιήσας ἅπασι κοινὸν πρυτάνειον... καὶ Παναθήναια θυσίαν ἐποίησε κοινήν. ἔθυσε δὲ καὶ Μετοικία, ἣν ἔτι καὶ νῦν θύουσι. Cf. Pausânias, VIII, 2, 1.
35. Plutarco e Tucídides afirmam que Teseu destruiu os pritanados locais e aboliu as magistraturas dos pequenos burgos. Todavia, se ele tentou fazê-lo, é certo que não obteve êxito, pois bastante tempo depois dele encontramos ainda os cultos locais, as assembleias, os *reis de tribos*. Boeckh, *Corp. inscr.*, 82, 85. Demóstenes, *in Theocrinem*. Pólux, VIII, 111. Deixamos de lado a lenda de Íon, à qual vários historiadores modernos parecem, a nosso ver, ter dado excessiva importância apresentando-a como o sintoma de uma invasão estrangeira na Ática. Esta invasão não é indicada por nenhum documento. Se a Ática tivesse sido conquistada por esses jônios do Peloponeso, é improvável que os atenienses tivessem conservado tão religiosamente seus nomes de Cecrópidas, de Erecteidas, e que tivessem, ao contrário, considerado como uma injúria o nome de jônios (Heródoto, I, 143). Aos que creem nessa invasão dos jônios e que acrescentam que a nobreza dos Eupátridas daí procede, podemos ainda responder que a maioria das grandes famílias de Atenas remontam a uma época muito anterior àquela em que se situa a chegada de Íon à Ática. Quer-se com isto dizer que os atenienses não eram na sua maioria jônios? Pertenciam seguramente a esse ramo da raça helênica, mesmo porque Estrabão nos diz que nos tempos mais recuados a Ática se chamava *Jônia e Ias*. Mas erraremos se fizermos do filho de Xutos, do herói lendário de Eurípides, o tronco desses jônios; eles são sumamente anteriores a Íon, e seu nome é, talvez, muito mais antigo que o de helenos. Cometeremos um equívoco se fizermos descender desse Íon todos os Eupátridas e apresentar essa classe de homens como uma população de conquistadores que oprimiu pela força uma população derrotada. Este ponto de vista não tem como apoio nenhum testemunho antigo.

que conduziu o progresso social; o que é certo é que ambos foram produzidos simultaneamente e dentro de um notável acordo.

Convém pensarmos na imensa dificuldade que encaravam os povos primitivos para fundar sociedades regulares. O vínculo social não é algo fácil de se estabelecer entre esses seres humanos tão diversos, tão livres, tão inconstantes. Para dar-lhes regras comuns, para instituir o comando e fazer com que a obediência fosse acatada, para fazer a paixão ceder perante a razão e a razão individual ceder ante a razão pública é necessário certamente algo mais vigoroso do que a força material, mais respeitável do que o interesse, mais seguro do que uma teoria filosófica, mais imutável do que uma convenção, algo que esteja igualmente no âmago de todos os corações e que aí tenha sua sede com império.

Tal coisa é uma crença. Nada tem mais poder sobre a alma. Uma crença é a obra de nosso espírito; no entanto, não somos livres para modificá-la como bem entendemos. Ela é nossa criação, mas nós a ignoramos. Ela é humana, e nós a cremos divina. Ela é o efeito de nosso poder, e mais forte do que nós. Ela está em nós; ela não nos abandona; ela nos fala a todo momento. Se ela nos indica a obediência, obedecemos; se nos traça deveres, nós nos submetemos. O homem pode domar a natureza, mas está sempre submetido ao seu pensamento.

Ora, uma antiga crença ordenava que o homem honrasse o ancestral; o culto do antepassado agrupou a família em torno de um altar. Daí a primeira religião, as primeiras orações, a primeira ideia de dever e a primeira moral; daí também a instituição da propriedade e a fixação da ordem de sucessão; daí, enfim, todo o direito privado e todas as regras da organização doméstica. Mais tarde, a crença cresceu e, simultaneamente, a associação. À medida que os homens sentiram que havia para eles divindades comuns, eles se uniram em agrupamentos maiores. As mesmas regras, presentes e estabelecidas na família, se aplicam sucessivamente à fratria, à tribo e à cidade.

Abarquemos com o olhar o caminho que os homens percorreram. No princípio, a família vive isolada e o homem só conhece deuses domésticos, θεοὶ πατρῷος, *dii gentiles*. Acima da família forma-se a fratria com seu deus, θεὸς φράτριος, *Juno curialis*. Na sequência vem a tribo, e o deus da tribo, θεὸς φύλιος. Chega-se finalmente à cidade, e se concebe um deus cuja providência abrange essa cidade inteira, θεὸς φιλιεύς, *penates publici*. Hierarquia de crenças, hierarquia de associações. A ideia religiosa foi entre os antigos o sopro inspirador e organizador da sociedade.

As tradições dos hindus, dos gregos, dos etruscos narram que os deuses revelaram aos homens as leis sociais. Sob esta forma lendária reside uma verdade. As leis sociais foram obra dos deuses; mas esses deuses tão poderosos e tão benéficos não eram outra coisa senão as próprias crenças dos homens.

Deste modo, foi criado o Estado entre os antigos. Este estudo fez-se necessário para nos esclarecer plenamente sobre a natureza e as instituições da cidade. Porém, cumpre que façamos aqui uma ressalva. Se as primeiras cidades foram formadas pela confederação de pequenas sociedades anteriormente constituídas, isto não significa que todas as cidades que conhecemos tenham sido formadas da mesma maneira. Uma vez atingida a organização municipal, não era mais necessário que para cada nova cidade se retomasse a mesma estrada longa e difícil. Podia até acontecer com muita frequência que se trilhasse a ordem inversa. Quando um chefe que saía de uma cidade já constituída ia fundar uma outra, trazia consigo geralmente um pequeno número de cidadãos da primeira cidade, aos quais era hábito se somarem muitos outros homens provenientes de diversos lugares, podendo, inclusive, pertencer a diversas raças. Contudo, esse chefe nunca deixava de constituir o novo Estado à imagem daquele que ele acabara de abandonar. Consequentemente, dividia seu povo em tribos e fratrias. Cada uma destas pequenas associações tinha seu altar, seus sacrifícios, suas festas; cada uma até mesmo imaginava um antigo herói que ela honrava com um culto, e do qual, no transcurso do tempo, acreditava-se descendente.

Amiúde, também, sucedia que os homens de uma certa região vivessem sem leis e sem ordem, seja porque não se conseguira estabelecer a organização social, como na Arcádia, seja porque a organização social fora corrompida e dissolvida por revoluções demasiado bruscas, como em Cirene e Thurii. Se um legislador tomava a iniciativa de impor regras em meio aos homens, não deixava jamais de começar distribuindo-os em tribos e fratrias, como se não houvesse outro tipo de sociedade a não ser aquele. Em cada um de seus quadros ele instituía um herói epônimo, instaurava sacrifícios e inaugurava tradições. Era sempre assim que se principiava se o que se visava era fundar uma sociedade regular.[36] Assim agiu o próprio Platão ao imaginar uma cidade-modelo.[37]

---

36. Heródoto, IV, 161. Cf. Platão, *As Leis*, V, 738; VI, 771. Assim, quando Licurgo reforma e renova a cidade de Esparta, a primeira coisa que faz é construir um templo, a segunda é dividir os cidadãos em φυλαί e em ὦβαί: suas leis políticas só surgiram depois (Plutarco, *Licurgo*, 6).
37. Ver o diálogo *A República*. (N.T.)

CAPÍTULO IV

A URBE

Cidade e urbe não eram palavras sinônimas entre os antigos. A cidade era a associação religiosa e política das famílias e das tribos; a urbe era o local de reunião, o domicílio e, sobretudo, o santuário dessa associação.

É preciso que não façamos das cidades antigas a ideia que nos transmitem as cidades que vemos ser construídas atualmente. Constroem-se algumas casas e tem-se um povoado; o número de casas aumenta e tem-se uma urbe, e rematamos, se houver espaço, circundando-a com um fosso e uma muralha. Uma urbe para os antigos não se formava passo a passo ao longo do tempo mediante o lento aumento do número de homens e de construções. Fundava-se uma urbe de uma só vez, inteira, em um só dia. Mas era necessário que a cidade fosse construída primeiramente, sendo ela a obra mais difícil e em geral a mais longa. Uma vez estivessem as famílias, as fratrias e as tribos de acordo quanto a se unirem e a terem um mesmo culto, logo se fundava a urbe para que fosse o santuário desse culto comum. Assim, a fundação da urbe era sempre um ato religioso.

Tomaremos à guisa de primeiro exemplo a própria Roma, a despeito da imagem de incredulidade relacionada a essa antiga história. Tem-se reiterado que Rômulo era um chefe de aventureiros, que constituiu um povo convocando para si vagabundos e ladrões e que todos estes homens, agrupados sem qualquer critério de seleção, construíram ao acaso algumas cabanas para nelas encerrar o produto do roubo. Mas os escritores antigos nos apresentam os fatos de um modo totalmente diverso, nos parecendo que, se desejamos conhecer a antiguidade, a primeira regra deve ser encontrar suporte nos testemunhos que dela procedem. Esses escritores falam, na verdade, de um asilo, quer dizer, de um recinto sagrado onde Rômulo admitia todos aqueles que ali se apresentavam, no que imitava o exemplo que muitos fundadores de urbes lhe haviam dado.[38] Porém, esse asilo não era a urbe, não tendo sequer sido aberto senão

---

38. Tito Lívio, I, 8: *Vetere consilio condentium urbes.*

depois que a urbe foi fundada e completamente construída.[39] Tratava-se de um apêndice acrescido à Roma, e não Roma. Não fazia sequer parte da urbe de Rômulo, pois estava situado na encosta do monte Capitolino, enquanto a urbe ocupava o planalto do Palatino.[40] É importante distinguir bem o elemento duplo da população romana. No asilo, estavam os aventureiros sem eira nem beira; no Palatino, estavam os homens vindos de Alba, ou seja, os homens já organizados em sociedade, distribuídos em *gentes* e cúrias, detentores de cultos domésticos e leis. O asilo era apenas uma espécie de aldeia ou subúrbio onde as cabanas eram construídas ao acaso e sem regras. No Palatino, construiu-se a urbe religiosa e santa.

Com respeito ao modo pelo qual essa urbe foi fundada, contamos com copiosas informações na antiguidade; encontramo-las em Dionísio de Halicarnasso, que se supre na fonte de autores mais antigos que ele; encontramo-las em Plutarco, nos *Fastos* de Ovídio, em Tácito, em Catão, o Antigo, que compulsou os velhos anais e em dois outros escritores que devem, mormente, nos inspirar grande confiança, o sábio Varrão e o sábio Vérrio Flaco, que Festo em parte nos conservou, ambos fartamente instruídos nas antiguidades romanas, amigos da verdade, nada crédulos e bons conhecedores das regras da crítica histórica. Todos estes escritores nos transmitiram a reminiscência da cerimônia religiosa que marcou a fundação de Roma, e não temos o direito de rejeitar um tal número de testemunhos.

Não é raro nos defrontarmos no estudo dos antigos com fatos que nos surpreendem. Será isto motivo para se dizer que são fábulas, sobretudo se esses fatos, mesmo se distanciando muito das ideias modernas, se harmonizam perfeitamente com as dos antigos? Vimos na vida privada deles uma religião que regulava todos seus atos; vimos em seguida que foi essa religião que os constituíra como sociedade: o que há de surpreendente depois disso no fato da fundação de uma urbe ter sido também um ato sagrado e ter o próprio Rômulo realizado ritos que eram observados em toda parte?

---

39. Tito Lívio, I, 8: é após ter contado a fundação da urbe sobre o Palatino e depois de ter falado de suas primeiras instituições e suas primeiras ampliações que Tito Lívio acrescenta: *Deinde asylum aperit.*

40. A urbe, *urbs,* ocupava o Palatino, o que é formalmente afirmado por Dionísio, II, 69; Plutarco, *Rômulo,* 9; Tito Lívio, I, 7 e 33; Varrão, *De ling. lat.*, VI, 34; Festo, v. *Quadrata,* p. 258; Aulo Gélio, XIII, 14. Tácito, *Anais,* XII, 24, dá o traçado desse recinto cercado primitivo, no qual o Capitolino não se achava compreendido. Ao contrário, o *asilo* ficava situado na encosta do Capitolino; Tito Lívio, I, 8; Estrabão, V, 3, 2; Tácito, *Histórias,* III, 71; Dionísio, II, 15; tratava-se, aliás, de um simples *lucus* ou ἱερὸν ἄσυλον, tal como existia em toda parte na Itália e na Grécia.

O primeiro cuidado do fundador é escolher o local da nova urbe. Mas essa escolha, coisa grave e da qual se crê que depende o destino do povo, é sempre deixada para a decisão dos deuses. Se Rômulo tivesse sido grego, teria consultado o oráculo de Delfos; se samnita, teria seguido o animal sagrado, o lobo ou o picanço. Latino, muito chegado aos etruscos, iniciado na ciência augural,[41] pede aos deuses que lhe revelem a vontade deles através do voo das aves. E os deuses lhe apontam o Palatino.

Chegado o dia da fundação, ele oferece em primeiro lugar um sacrifício. Seus companheiros se colocam em torno dele, acendem um fogo de sarças e cada um deles salta através da chama ligeira.[42] A explicação desse rito é que para o ato a ser realizado é mister que o povo esteja puro. Ora, os antigos acreditavam purificar-se de toda mácula física ou moral saltando através da chama sagrada.

Estando o povo preparado por esta cerimônia preliminar para o grande ato da fundação, Rômulo cava uma pequena vala de forma circular. Lança nesta vala um torrão de terra que trouxe da urbe de Alba.[43] Depois, cada um de seus companheiros, aproximando-se um a um, lança, tal como ele fez, um pouco de terra da região de onde viera. Este rito é notável e nos revela com relação a esses homens um pensamento que é importante assinalar. Antes de se dirigirem ao Palatino, habitavam Alba ou qualquer outra das urbes vizinhas. Ali estava o fogo doméstico deles, era ali que seus pais haviam vivido e tinham sido sepultados. Ora, a religião proibia que se abandonasse a terra onde o fogo doméstico fora fixado e onde os ancestrais divinos repousavam. Fazia-se necessário, portanto, com o fito de se furtar de qualquer impiedade, que cada um desses homens fizesse uso de uma ficção, e que trouxesse consigo, sob o símbolo de um torrão de terra, o solo sagrado onde seus ancestrais eram sepultados e ao qual seus manes estavam ligados. Não era possível que o homem se deslocasse a não ser que trouxesse consigo seu solo e seus ancestrais. Era necessário que esse rito fosse realizado para que ele pudesse dizer, mostrando o sítio novo que adotara: "Esta é ainda a terra dos meus pais, *terra patrum, patria*; aqui está minha pátria, pois aqui se encontram os manes de minha família".

A vala onde cada um lançara assim um pouco de terra era denominada *mundus*; ora, esta palavra designava especialmente na antiga língua religiosa

---

41. Cícero, *De divin.*, I, 17. Plutarco, *Camilo*, 32. Plínio, XIV, 2; XVIII, 12.
42. Dionísio, I, 88.
43. Plutarco, *Rômulo*, 11. Dion Cássio, *Fragm.*, 12. Ovídio, *Fastos*, IV, 821. Festo, v. *Quadrata*.

a região dos manes.⁴⁴ Deste mesmo lugar, segundo a tradição, as almas dos mortos saíam três vezes por ano, desejosas de rever por um momento a luz.⁴⁵ Será que vemos ainda nesta tradição o verdadeiro pensamento desses homens antigos? Depositando na vala um torrão de terra de sua antiga pátria, acreditavam ali encerrar também as almas de seus ancestrais. Estas almas, reunidas ali, deviam receber um culto perpétuo e velar por seus descendentes. Neste mesmo lugar Rômulo dispôs um altar e ali acendeu um fogo. Foi o fogo da cidade.⁴⁶

Ao redor desse fogo, devia erguer-se a urbe, como a casa se ergue ao redor do fogo doméstico. Rômulo traça um sulco que marca os limites. Ainda aqui os menores detalhes são fixados por um ritual. O fundador deve se servir de uma relha de cobre; seu arado é tirado por um touro branco e uma vaca branca. Rômulo, com a cabeça velada e envergando o hábito sacerdotal, segura, ele mesmo, a rabiça do arado e o dirige entoando orações. Seus companheiros caminham atrás dele, observando um silêncio religioso. À medida que a relha ergue torrões de terra, estes são cuidadosamente lançados ao interior do recinto cercado para que nenhuma parcela dessa terra sagrada fique do lado do estranho.⁴⁷

Esse cercado traçado pela religião é inviolável. Nem o estrangeiro, nem o cidadão têm o direito de transpô-lo. Saltar por cima desse pequeno sulco constitui ato de impiedade; a tradição romana afirmava que o irmão do fundador cometera esse sacrilégio e o pagara com a vida.⁴⁸ Mas, para que se pudesse entrar

---

44. Plutarco, *Rômulo*, 11: Καλοῦσι δὲ τὸν βόθρον τοῦτον Μοῦνδον. Festo, ed. Muller, p. 156: *mundum... inferiorem ejus partem consecratam diis manibus*. Sérvio, *ad Aen.*, III, 134: *aras Inferorum (vocant) mundos*.

45. A expressão *mundus patet* designava esses três dias nos quais os manes saíam de suas moradas. Varrão, em Macróbio, *Saturn.*, I, 16: *mundus cum patet, Deorum tristium atque inferum quasi janua patet*. Festo, ed. Muller, p. 156: *mundum ter in anno patere putabant... clausum omni tempore praeter hos tres dies quos religiosos judicaverunt quod his diebus ea quae occulta religionis deorum manium essent, in lucem adducerentur*.

46. Ovídio, *Fastos*, IV, 822. *Fossa repletur humo plenaeque imponitur ara. Et novus accenso fungitur igne focus*. O fogo foi mudado de lugar mais tarde. Quando as três urbes do Palatino, do Capitolino e do Quirinal se fundiram, o fogo comum ou templo de Vesta foi colocado em um terreno neutro entre as três colinas.

47. Plutarco, *Rômulo*, 11. Dionísio de Halicarnasso, I, 88. Ovídio, *Fastos*, IV, 825 ss. Varrão, *De ling. lat.*, V, 143: *Oppida condebant in Latio, Etrusco ritu; junctis bobus, tauro et vacca interiore, aratro circumagebant sulcum; hoc faciebant religionis causa, die auspicato. Terram unde exculpserant fossam vocabant et introrsum jactam murum*. Festo, ed. Muller, p. 375: *Urvat... ab eo sulco qui fit in urbe condenda sulco aratri*. Estas regras eram de tal modo conhecidas e empregadas que Virgílio, descrevendo a fundação de uma urbe, começa pela descrição desta prática: *Interea Aeneas urbem designat aratro* (V, 755).

48. Plutarco, *Quest. rom.*, 27: Τὸ τεῖχος ἱερόν· οὕτω γὰρ δοκεῖ Ῥωμύλος ἀποκτεῖναι τὸν ἀδελφὸν ὡς ἄβατον καὶ ἱερὸν τόπον ἐπιχειροῦντα δαπηδᾶν καὶ ποιεῖν βέβηλον.

na urbe e dela sair, o sulco era interrompido em certos pontos – para isso, Rômulo ergueu a relha; estes intervalos chamavam-se *portae*: as portas da urbe.⁴⁹ Sobre o sulco sagrado, ou um pouco atrás, elevam-se a seguir as muralhas, que também são sagradas.⁵⁰ Ninguém poderá tocá-las, mesmo que seja para seu reparo, sem a permissão dos pontífices. Dos dois lados da muralha, é dado à religião um espaço de alguns passos; chama-se-o *pomoerium*; neste espaço não é permitido que se are nem que se construa.⁵¹

Tal foi, conforme uma profusão de testemunhos antigos, a cerimônia da fundação de Roma. Se nos perguntarmos como sua lembrança pôde se conservar até os escritores que a transmitiram a nós, poderemos responder que esta cerimônia era registrada todo ano na memória do povo por uma festa de aniversário que se chamava de dia natal de Roma.⁵² Esta festa foi celebrada em toda a antiguidade, de ano em ano, e o povo romano ainda a celebra hoje em dia na mesma data de outrora, a saber, 21 de abril, tanto os homens por meio de suas contínuas transformações permanecem fiéis aos velhos costumes!

Não é plausível supormos que tais ritos tenham sido imaginados pela primeira vez por Rômulo. É certo, ao contrário, que muitas urbes antes de Roma tenham sido fundadas da mesma maneira. Varrão diz que esses ritos eram comuns no Lácio e na Etrúria. Catão, o Antigo, que, para escrever seu livro das *Origens*, consultara os anais de todos os povos itálicos, nos informa que ritos análogos

---

49. Catão, citado por Sérvio: *Urbem designat aratro; quem Cato in Originibus dicit morem fuisse; conditores enim civitatis taurum in dextra, vaccam intrinsecus jungebant; et incicti ritu Sabino, id est, togae parte caput velati, parte succincti, tenebant stivam incurvam ut glebae omnes intrinsecus caderent; et ita sulco ducto loca murorum designabant, aratrum suspendentes circa loca portarum* (Sérvio, *ad Aen.*, V, 755).

50. Cícero, *De nat. deorum*, III, 40: *muri urbis quos vos, pontifices, sanctos esse dicitis, diligentiusque urbem religione quam moenibus cingitis.* Gaio, II, 8: *Sanctae quoque res, velut muri et portae, quodammodo divini juris sunt. Digesto*, I, 8, 8: *muros esse sanctos; ibid.*, 11: *Si quis violaverit muros, capitte punitur.*

51. Varrão, V, 143: *Postea qui fiebat orbis, urbis principium: ...postmoerium dictum, quo urbana auspicia finiuntur. Cippi pomoerii stant circum Romam.* Tito Lívio, I, 44: *pomoerium... locus quem in condendis urbibus quondam Etrusci certis terminis inaugurato consecrabant, ut neque interiore parte aedificia moenibus continuarentur ac extrinsecus puri aliquid ab humano cultu pateret soli... Neque habitari neque arari fas est.* Aulo Gélio, XIII, 14, dá a definição que encontrou nos livros dos áugures: *Pomoerium est locus intra agrum effatum per totius urbis circuitum pene muros, regionibus (religionibus) certis determinatus, qui facit finem urbani auspici.*

52. Plutarco, *Rômulo*, 12: Καὶ τὴν ἡμέραν ταύτην ἑορτάζουσι Ῥωμαῖοι γενέθλιον τῆς πατρίδος ὀνομάζοντες. Plínio, *Hist. nat.*, XVIII, 66, 247: *XI Kalendas maias urbis Romae natalis.* Cf. *Corpus inscript. lat.*, t. I, p. 340-341: *Natalis dies urbis Romae.*

eram praticados por todos os fundadores de urbes. Os etruscos possuíam livros litúrgicos nos quais constava o ritual completo dessas cerimônias.[53]

Os gregos acreditavam, como os itálicos, que o local de uma urbe devia ser selecionado e revelado pela divindade. Assim, quando desejavam fundar uma, consultavam o oráculo de Delfos.[54] Heródoto indica como ato de impiedade ou de loucura o fato do espartano Dorieu ter ousado construir uma urbe "sem consultar o oráculo e sem praticar nenhuma das cerimônias prescritas," e o pio historiador não se surpreende que uma urbe assim construída à revelia de todas as regras não tenha durado mais de três anos.[55] Tucídides, lembrando do dia em que Esparta foi fundada, menciona cantos piedosos e os sacrifícios desse dia.[56] O mesmo historiador nos conta que os atenienses possuíam um ritual particular e que jamais fundavam uma colônia sem o fazer em conformidade com ele.[57] Pode-se observar em uma comédia de Aristófanes um quadro bastante preciso da cerimônia que era usada em tal caso. Quando o poeta apresentava a agradável fundação da urbe das Aves, certamente tinha em mente os costumes que eram observados na fundação das urbes dos homens, de maneira que coloca em cena um sacerdote que acendia um fogo invocando os deuses, um poeta que cantava hinos e um adivinho que recitava oráculos.

Pausânias percorria a Grécia pelos tempos de Adriano. Chegando em Messênia, conseguiu que os sacerdotes lhe narrassem a fundação da urbe de Messênia, e ele nos transmitiu o relato deles.[58] O evento não era muito antigo, pois ocorrera no tempo de Epaminondas. Três séculos antes, os messênios haviam sido expulsos de seu país e desde então viviam dispersos entre outros gregos, sem pátria, porém preservando com cuidado piedoso seus costumes e sua religião nacional. Os tebanos quiseram reconduzi-los ao Peloponeso colimando fixar um inimigo aos flancos de Esparta, mas o mais difícil era fazer os messênios decidirem. Epaminondas, que os tinha na conta de homens supersticiosos, julgou oportuno divulgar um oráculo que predizia a esse povo o retorno à sua antiga pátria. Aparições miraculosas atestaram que os deuses nacionais dos messênios, os quais os tinham traído na época da conquista, se tornavam

---

53. Catão, em Sérvio, V, 755. Varrão, *L.L.*, V, 143. Festo, v. *Rituales*, p. 285: *Rituales nominantur Etruscorum libri in quibus praescriptum est quo ritu condantur urbes, arae, aedes sacrentur, qua sanctitate muri.*
54. Heródoto, IV, 156; Diodoro, XII, 12; Pausânias, VII, 2; Ateneu, VIII, 62.
55. *Idem*, V, 42.
56. Tucídides, V, 16.
57. *Idem*, III, 24.
58. Pausânias, IV, 27.

para eles, nesta ocasião, favoráveis. E aquele povo tímido decidiu, então, voltar ao Peloponeso, seguindo um exército tebano. Entretanto, tratava-se de saber onde a urbe seria construída, pois ocupar novamente as antigas urbes do país era incogitável, estando elas maculadas pela conquista. Por outro lado, para escolher o lugar de estabelecimento da nova urbe, não se podia dispor do recurso ordinário de consultar o oráculo de Delfos, já que a pítia pertencia agora ao partido de Esparta. Por felicidade, os deuses possuíam outros meios para revelar sua vontade. Um sacerdote messênio teve um sonho no qual um dos deuses de sua nação lhe apareceu e lhe disse que ele ia se estabelecer no monte Itoma, e que convidava o povo a acompanhá-lo para lá. Estando assim indicado o local para a nova urbe, restava ainda saber quais os ritos necessários para a fundação. Porém, os messênios os haviam esquecido e não podiam, ademais, adotar os dos tebanos nem de qualquer outro povo. E assim desconhecia-se como construir a urbe. Muito a calhar, um outro messênio teve um sonho: os deuses ordenavam a ele que se dirigisse ao monte Itoma, que ali procurasse um seixo que se achava ao pé de um mirto e que, a seguir, cavasse a terra nesse ponto. Ele obedeceu e descobriu uma urna e no interior desta folhas de estanho, na superfície das quais se encontrava gravado o ritual completo da cerimônia sagrada. Os sacerdotes se apressaram em copiá-lo e inscrevê-lo em seus livros. Não se furtaram de acreditar que a urna fora ali depositada por um antigo rei dos messênios antes da conquista do país.

Estando de posse do ritual, a fundação principiou. Os sacerdotes primeiramente ofereceram um sacrifício; foram invocados os antigos deuses da Messênia, os Dioscuros, o Júpiter de Itoma, os antigos heróis, os ancestrais conhecidos e venerados. De acordo com as crenças dos antigos, todos estes protetores do país o haviam abandonado evidentemente no dia em que o inimigo o dominara, tornando-se seu senhor. Assim, todos aqueles protetores eram conjurados para que ali retornassem. Eram pronunciadas fórmulas que deviam ter por efeito determiná-los a habitar a nova urbe em comum com os cidadãos. Isto era o que importava. Fixar os deuses junto a eles era o que esses homens alimentavam com maior intensidade em seus corações, podendo-se crer que esta era a única meta da cerimônia religiosa. Da mesma maneira que os companheiros de Rômulo haviam cavado uma vala e depositado os manes de seus antepassados, os contemporâneos de Epaminondas, analogamente, convocaram a si os seus heróis, os seus ancestrais divinos, os deuses do país. Acreditavam que, pelas fórmulas e pelos ritos, os prendiam ao solo que eles mesmos iam ocupar, e os encerravam no recinto fechado que iam traçar. E assim diziam: "Vinde conosco, ó Seres divinos! e habitai conosco em comum esta urbe". Nestes sacrifícios e nestas orações, o primeiro dia foi empregado. No dia seguinte, os limites do recinto cercado foram traçados, enquanto o povo entoava hinos religiosos.

Fica-se surpreso, ao primeiro olhar, quando se vê pelos autores antigos que não havia nenhuma urbe, por mais antiga que pudesse ser, que não pretendesse se tornar ciente do nome de seu fundador e da data de sua fundação. É que uma urbe não podia perder a memória da cerimônia santa que marcara seu nascimento, visto que todo ano celebrava seu aniversário por meio de um sacrifício. Atenas, tanto quanto Roma, festejava seu dia natal.[59]

Acontecia com frequência de colonos ou conquistadores se estabelecerem em uma urbe já construída. Não tinham casas para construir, pois nada os impedia de ocupar aquelas casas dos vencidos. Contudo, necessitavam cumprir a cerimônia da fundação, ou seja, dispor seu próprio fogo e fixar em sua nova morada seus deuses nacionais. É por isso que se lê em Tucídides e em Heródoto que os dórios fundaram Esparta e os jônios, Mileto, embora esses dois povos tenham encontrado essa urbes totalmente construídas e já bem antigas.

Tais usos nos atestam claramente o que era a urbe no pensamento dos antigos. Circundada por um limite sagrado e estendendo-se em torno de um altar, era o domicílio religioso que recepcionava os deuses e os homens da cidade. Tito Lívio dizia referindo-se a Roma: "Não há um único lugar nesta urbe que não esteja impregnado de religião e que não esteja ocupado por alguma divindade... Os deuses a habitam". O que Tito Lívio dizia de Roma, todo homem podia dizer de sua própria urbe, pois tendo ela sido fundada segundo os ritos, tinha recebido no seu recinto deuses protetores que era como se tivessem sido implantados em seu solo, não devendo mais deixá-lo. Toda urbe era um santuário; toda urbe podia ser chamada de santa.[60]

Como os deuses estavam para sempre ligados à urbe, o povo, igualmente, não devia deixar o lugar onde seus deuses estavam fixados. Havia com relação a isto um compromisso recíproco, uma espécie de contrato entre deuses e homens. Os tribunos da plebe asseveravam em uma certa ocasião que Roma, tendo sido devastada pelos gauleses, não sendo mais que um monte de escombros e existindo há cinco léguas dali uma urbe totalmente construída, grande

---

59. Plutarco, *Teseu*, 24: Ἔθυσε τὰ Μετοίκια, ἣν ἔτι καὶ νῦν θύουσι. Cícero, *Pro Sextio*, 63, observa que desembarcou em Brindisi no dia em que a urbe festejava o dia natal: *idem dies natalis coloniae Brundisinae*.
60. Ἴλιος ἱρή (*Ilíada*), ἱεραὶ Ἀθῆναι (Aristófanes, *Chev.*, 1319), Λακεδαίμονι δίῃ (Teógnis, v. 837); ἱερὰν πόλιν, diz Teógnis referindo-se a Megara. Pausânias, I, 26: ἱερὰ τῆς Ἀθηνᾶς ἐστιν ἡ πόλις.

e bela, bem situada e desocupada desde que os romanos a haviam conquistado, era necessário que se deixasse a Roma destruída, transferindo-se em seguida para Veios. Diante disto, o piedoso Camilo lhes retrucou: "Nossa urbe foi fundada religiosamente. Os próprios deuses marcaram seu lugar e nele se estabeleceram com nossos pais. Por mais em ruínas que esteja, ainda é a morada de nossos deuses nacionais." Os romanos permaneceram em Roma.

Algo de sagrado e de divino se vinculava naturalmente a essas urbes que os deuses haviam erguido[61] e que prosseguiam preenchendo com suas presenças. Diz-se que as tradições romanas prometiam a Roma a eternidade. Todas as cidades tinham tradições semelhantes. Todas as urbes eram construídas para serem eternas.

---

61. *Neptunia Troja*, θεόδμητοι Ἀθῆναι. Ver Teógnis, v. 755 (Welcker).

CAPÍTULO V

O CULTO DO FUNDADOR: A LENDA DE ENEIAS

O fundador era o homem que realizava o ato religioso sem o qual uma urbe não podia existir. Era ele que dispunha o lar onde devia queimar eternamente o fogo sagrado; era ele que, por suas orações e seus ritos, convocava os deuses e os fixava para sempre na urbe nova.

Imagina-se o respeito que devia ser atribuído a esse homem sagrado. Durante sua vida, viam os homens nele o autor do culto e o pai da cidade; morto, ele se tornava um ancestral comum para todas as gerações subsequentes; ele era para a cidade aquilo que o primeiro antepassado era para a família, um Lar familiar. Sua lembrança se perpetuava como o fogo do lar que ele acendera. Votava-se a ele um culto, acreditava-se ser ele um deus e a urbe o adorava como sua Providência. Sacrifícios e festas se renovavam todo ano sobre seu túmulo.[62]

Todos sabem que Rômulo era adorado, que contava com um templo e sacerdotes. Os senadores puderam degolá-lo, mas não privá-lo do culto ao qual ele tinha direito como fundador.[63] Cada urbe, de maneira análoga, adorava aquele que a fundara. Cécrops e Teseu, que se considerava como tendo

---

62. Píndaro, *Pit.*, V, 117-132; *Olimp.*, VII, 143-145. Píndaro chama o fundador de "pai das cerimônias sagradas" (*Hyporchemes*, fr. 1). O uso de instituição de um culto para o fundador é atestado por Heródoto, VI, 38: Μιλτιάδει τελευτήσαντι Χερσονησῖται θύουσιν, ὡς νόμος οἰκιστῇ. Diodoro de Sicília, XI, 78: Ἱερῶν ἐτελεύτησε καὶ τιμῶν ἡρωικῶν ἔτυχεν, ὡς ἂν κτίστης γεγονὼς τῆς πόλεως. Plutarco, *Aratus*, 53, descreve as honras religiosas e os sacrifícios que foram instituídos para Arato depois de sua morte, ao que ele acresce ὥσπερ οἰκιστὴν ἐκήδευσαν.
63. Plutarco, *Rômulo*, 29. Dionísio, II, 63: Τὸν Ῥωμύλον ἱεροῦ κατασκευῇ καὶ θυσίαις διετησίοις ἔταξε γεραίρεσθαι. Ovídio, *Fastos*, II, 475-510. Cícero, *De rep.*, II, 10; I, 41. Não há a menor dúvida que alguns hinos foram compostos desde esse momento em honra do fundador e estaríamos predispostos a ver um eco desses velhos cantos em alguns versos de Ênio citados por Cícero: *Simul inter / Sese sic memorant: O Romule, Romule die, / Qualem te patriae custodem Di genuerunt! / O pater, o genitor, o sanguen Dis oriundum, / Tu produxisti nos intra luminis oras.*

sido sucessivamente fundadores de Atenas, aí tinham templos. Abdera fazia sacrifícios ao seu fundador Timésios, Tera a Tera, Tenedos a Tenes, Delos a Ânios, Cirene a Batos, Mileto a Neleu, Amfípolis a Hagnon.[64] No tempo de Pisístrato, Milcíades foi fundar uma colônia no Queroneso da Trácia. Esta colônia instituiu-lhe um culto após sua morte "segundo o uso ordinário". Hierão de Siracusa, tendo fundado a urbe de Etna, usufruiu aí mais tarde "do culto dos fundadores".[65]

Nada havia de mais caro para uma urbe do que a recordação de sua formação. Quando Pausânias visitou a Grécia, no segundo século de nossa era, cada urbe foi capaz de lhe dizer o nome de seu fundador com sua genealogia e os principais fatos de sua existência. Não era possível que esse nome e esses fatos saíssem da memória, pois faziam parte da religião, sendo anualmente relembrados nas cerimônias sagradas.

Conservamos a lembrança de um grande número de poemas gregos que tinham como tema a fundação de uma urbe. Filócoro tinha cantado a fundação de Salamina, Íon a de Quios, Críton a de Siracusa, Zópiro a de Mileto. Apolônio, Hermógenes, Helânico e Diocles compuseram sobre o mesmo tema poemas e narrativas. Talvez não houvesse uma única urbe que não possuísse seu poema ou, ao menos, seu hino em torno do ato sagrado que lhe havia dado origem.

Entre todos esses antigos poemas que tinham por objeto a fundação santa de uma urbe, existe um que não pereceu porque, se seu assunto o tornava caro a uma cidade, suas belezas o tornaram precioso a todos os povos e todos os séculos. Sabe-se que Eneias fundou Lavínio, de onde vieram os albanos e os romanos, sendo ele, por conseguinte, tido como o primeiro fundador de Roma. Em torno da figura de Eneias, formou-se um conjunto de tradições e de reminiscências que já encontramos indicadas nos versos do velho Névio e nas narrativas de Catão, o Antigo. Virgílio tirou proveito do tema e escreveu o poema nacional da cidade romana.

O tema da *Eneida* é a chegada de Eneias, ou melhor, é o transporte dos deuses de Troia para a Itália. O poeta canta esse homem que atravessou os mares para fundar uma urbe e levar seus deuses ao Lácio,

---

64. Heródoto, I, 168. Píndaro, *Píticas*, IV. Tucídides, V, 11. Estrabão, XIV, 1. Cícero, *De nat. Deorum*, III, 19. Plutarco, *Quest. gregas*, 28. Pausânias, I, 34; III, 1.
65. Heródoto, VI, 38. Diodoro, XI, 78. O culto do fundador parece ter existido também entre os sabinos: *Sabini etiam regem suum primum Sangum retulerunt in Deos* (Sto. Agostinho, *Cidade de Deus*, XVIII, 19).

> *dum conderet urbem*
> *Inferretque Deos Latio.*

Não se deve julgar a *Eneida* segundo nossas ideias modernas. Há quem se queixe, por vezes, de não encontrar em Eneias a audácia, o arrojo e a paixão. Cansamo-nos desse epíteto de piedoso que é reiterado incessantemente. Espanta-nos ver esse guerreiro consultar seus Penates com um cuidado tão escrupuloso, invocar para tudo alguma divindade, erguer os braços ao céu quando se trata de combater, deixar-se arrastar pelos oráculos por todos os mares, e verter lágrimas à vista de um perigo. Também não nos furtamos em absoluto de censurar sua frieza com relação a Dido e há quem se incline a acusar esse coração insensível.

> *Nullis ille movetur*
> *Fletibus, aut voces ullas tractabilis audit.*

É que não se trata aqui de um guerreiro ou de um herói de romance. O poeta deseja mostrar-nos um sacerdote. Eneias é o chefe do culto, o homem sagrado, o divino fundador cuja missão é salvar os Penates da cidade:

> *Sum pius Aeneas raptos qui ex hoste Penates*
> *Classe veho mecum.*

Sua qualidade dominante deve ser a piedade, e o epíteto que o poeta lhe aplica com mais frequência é também aquele que mais lhe convém. Sua virtude deve ser uma impersonalidade fria e elevada que dele faça não um homem, mas um instrumento dos deuses. Por que buscar nele paixões? Ele não tem o direito de tê-las, ou deve afogá-las no âmago de seu coração:

> *Multa gemens multoque animum labefactus amore,*
> *Jussa tamen Divum insequitur.*

Já em Homero, Eneias era um personagem sagrado, um grande sacerdote que o povo "venerava como um deus", e que Júpiter preferia a Heitor. Em Virgílio ele é o guardião e o salvador dos deuses troianos. Durante a noite em que foi consumada a ruína da urbe, Heitor surgiu-lhe em sonho, "Troia" – disse-lhe – "confia a ti seus deuses. Encontra uma nova urbe". E, ao mesmo tempo, entregou-lhe as coisas santas, as estatuetas de proteção e o fogo do lar que não deve apagar-se. Este sonho não é um mero ornamento ali colocado pela fantasia do poeta. É, ao contrário, o fundamento sobre o qual repousa o poema inteiro, já que é por ele que Eneias se torna o depositário dos deuses da cidade e que sua missão santa lhe é revelada.

A urbe de Troia perecera, mas não a cidade troiana. Graças a Eneias, o fogo doméstico não se extinguiu, e os deuses têm ainda um culto. A cidade e os deuses fogem com Eneias; percorrem os mares e procuram uma região na qual lhes seja permitido se deterem:

Considere Teucros
Errantesque Deos agitataque numina Trojae...

Eneias procura uma morada fixa, por menor que seja, para seus deuses paternos:

Dis sedem exiguam patriis.

Mas a escolha dessa morada, à qual o destino da cidade estará ligado para sempre, não depende dos homens: pertence aos deuses. Eneias consulta os adivinhos e interroga os oráculos. Não marca ele próprio sua rota e sua meta – deixa-se orientar pela divindade:

Italiam non sponte sequor.

Ele desejaria deter-se na Trácia, em Creta, na Sicília, em Cartago com Dido: *fata obstant*. Entre ele e seu desejo de repouso, entre ele e seu amor vem colocar-se sempre o freio dos deuses, a palavra revelada, *fata*.

É mister não nos enganarmos: o verdadeiro herói do poema não é Eneias – são os deuses de Troia, estes mesmos deuses que devem ser um dia os deuses de Roma. O tema da *Eneida* é a luta dos deuses romanos contra uma divindade hostil. Obstáculos de toda natureza buscam detê-los:

Tantae molis erat romanam condere gentem!

Quase que a tempestade os tragou ou o amor de uma mulher os acorrentou. Saem triunfantes, não obstante, de tudo, e atingem a meta estabelecida:

Fata viam inveniunt.

Eis aí o que devia despertar singularmente o interesse dos romanos. Nesse poema eles se viam – eles, seu fundador, sua urbe, suas instituições, suas crenças, seu império, pois privada de seus deuses a cidade romana não existiria.[66]

---

66. Não nos cabe aqui examinar se a lenda de Eneias corresponde a um fato real. É-nos suficiente nela ver uma crença. A lenda nos revela a imagem que os antigos faziam do fundador da urbe, e que ideia faziam do *penatiger*, o que para nós é o que importa. E cumpre-nos acrescentar que diversas urbes na Trácia, em Creta, no Épiro, em Citera, em Zacinto, na Sicília e na Itália acreditavam ter sido fundadas por Eneias e lhe rendiam culto.

CAPÍTULO VI

OS DEUSES DA CIDADE

É preciso que não percamos de vista que nos tempos antigos o que constituía o vínculo de toda sociedade era um culto. Do mesmo modo que um altar doméstico tinha agrupados em torno de si os membros de uma família, a cidade era a reunião daqueles que tinham os mesmos deuses protetores e que executavam o ato religioso no mesmo altar.

Esse altar da cidade ficava encerrado no recinto fechado de uma construção, que os gregos denominavam pritaneu[67-68] e os romanos chamavam de templo de Vesta.[69]

Não havia nada de mais sagrado em uma urbe que tal altar, onde o fogo sagrado era sempre mantido. É verdade que essa grande veneração logo perdeu força na Grécia porque a imaginação grega se deixou levar pelos templos mais belos, pelas lendas mais ricas e as estátuas mais formosas. Entretanto,

---

67. *Pritaneu* (πρυτάνειον). (N.T.)
68. O pritaneu era, antes de tudo, a construção que continha o fogo-lar. Pólux, I, 7: ἑστία... οὕτω δ' ἂν κυριώτατα καλοίης τὴν ἐν πρυτανείῳ, ἐφ' ἧς τὸ πῦρ τὸ ἄσβεστον ἀνάπτεται. Pausânias, V, 15, 5: ἐν αὐτῷ τῷ πρυτανείῳ οἴκημα ἔνθα ἡ ἑστία. Dionísio de Halicarnasso, II, 23, afirma que nos pritaneus dos gregos se achava o fogo-lar comum das fratrias, ὥσπερ ἐν τοῖς ἑλληνικοῖς πρυτανείοις ἑστία κοινὴ τῶν φρατριῶν. Cf. anotador de Píndaro, *Nemeenas*, XI; anotador de Tucídides, II, 15. Havia um pritaneu em todas as urbes gregas; em Atenas (Tucíd., II, 15; Pausânias, I, 18); em Sicíone (Heródoto, V, 67); em Megara (Pausânias, I, 43); em Hermíone (Pausânias, II, 35); em Élis (Pausânias, V, 15); em Sifnos (Heródoto, III, 57); entre os aqueus ftiotas (Heródoto, VII, 197); em Rodes (Políbio, XXIX, 5); em Mantineia (Pausânias, VIII, 9); em Tasos (Ateneu, I, 58); em Mitilene (Ateneu, X, 24); em Cízico (Tito Lívio, XLI, 20); em Naucrates (Ateneu, IV, 32); em Siracusa (Cícero, *in Verrem, De signis*, 53) e até nas ilhas de Lipari que a raça grega habitava (Diodoro, XX, 101). Dionísio de Halicarnasso afirma que não se considerava possível fundar uma urbe sem se estabelecer primeiramente o fogo doméstico comum (II, 65). Havia em Esparta uma sacerdotisa que usava o título de ἑστία πόλεως (Boeckh, *Corp. inscr. gr.*, t. I, p. 610).
69. Em Roma, o templo de Vesta não era outra coisa senão o fogo-lar sagrado da urbe. Cícero, *De legibus*, II, 8: *Virgines Vestales custodiunt ignem foci publici sempiternum. Ibid*, II, 12: *Vesta quasi focus urbis*. Ovídio, *Fastos*, VI, 291: *Nec tu aliud Vestam quam vivam intellige flammam*.

em Roma ela não perdeu força. Os romanos se conservaram convencidos de que o destino da cidade estava vinculado a esse fogo que representava os deuses.[70] O respeito que se prestava às Vestais prova a importância de seu sacerdócio.[71] Se um cônsul encontrava uma vestal em seu caminho, ele abaixava suas armas diante dela. Em contrapartida, se uma delas deixasse o fogo apagar-se ou maculasse o culto faltando ao seu dever de castidade, a urbe, que se acreditava então ameaçada de perder seus deuses, vingava-se da vestal enterrando-a viva.[72]

Em um certo dia em que o templo de Vesta correu o perigo de ser destruído por um incêndio das casas das imediações, Roma se alarmou, pois sentiu que todo seu futuro estava em risco. Passado o perigo, o senado ordenou ao cônsul que investigasse visando a localização dos autores do incêndio. Logo o cônsul dirigia acusações contra alguns habitantes de Cápua que se achavam na ocasião em Roma. Isto não significava que ele tinha qualquer prova contra eles, mas que pensava da seguinte forma: "Um incêndio ameaçou nosso fogo-lar; este incêndio que devia despedaçar nossa grandeza e interromper nossos destinos só pode ter sido provocado por nossos mais cruéis inimigos. Ora, entre estes os mais encarniçados são os habitantes de Cápua, urbe que atualmente é aliada de Aníbal e que pretende nos substituir como capital da Itália. Foram, portanto, aqueles homens que desejaram destruir nosso templo de Vesta, nosso fogo eterno, penhor e garantia de nossa grandeza vindoura".[73] Assim, este cônsul, guiado por suas ideias religiosas, acreditava que os inimigos de Roma não haviam conseguido descobrir meio mais eficiente de vencê-la que uma ação através da qual destruíssem seu fogo-lar. É visível aqui a crença dos antigos; o fogo público era o santuário da cidade; era o que a fizera nascer e o que a conservava.

Do mesmo modo que o culto do fogo doméstico era secreto, ficando reservado exclusivamente à família o direito de nele tomar parte, o culto do fogo público era vedado aos estrangeiros. Ninguém, a não ser que fosse

---

70. Tito Lívio, XXVI, 27: *Conditum in penetrali fatale pignus romani imperii*. Cícero, *Filípicas*, XI, 10. *Quo salvo salvi sumus futuri*.
71. *Virginas sanctae* (Horácio, *Odes*, I, 2, 27), *sanctissimum sacerdotium* (Cícero, *Pro domo*, 53). Cf. Cícero, *Pro Fonteio*, 20.
72. Tito Lívio, XXVIII, 11. Festo, p. 106. *Ignis Vestae si quando interstinctus esset, virgines verberibus afficiebantur a pontifice*. O fogo só podia ser reacendido mediante um procedimento antigo e religioso. *Mos erat tabulam felicis materiae tamdiu terebrare quousque ignem cribro aeneo virgo in oedem ferret* (Festo, *ibidem*).
73. Tito Lívio, XXVI, 27.

cidadão, podia assistir aos sacrifícios. O olhar do estrangeiro por si só manchava o ato religioso.[74] Cada cidade tinha deuses que só a ela pertenciam. Estes deuses eram, via de regra, da mesma natureza daqueles da religião primitiva das famílias. Como eles, eram chamados de Lares, Penates, Gênios, Demônios, Heróis;[75]sob todos estes nomes atendiam almas humanas divinizadas pela morte, pois constatamos que na raça indo-europeia o homem experimentou em primeiro lugar o culto da força invisível e imortal que sentia dentro de si. Esses Gênios ou esses Heróis eram, na maioria das vezes, os ancestrais do povo.[76] Os corpos eram enterrados na própria urbe ou em seu território, e como, de acordo com as crenças que expusemos páginas atrás, a alma não abandonava o corpo, disto resultava que esses mortos divinos estavam ligados ao solo onde suas ossadas tinham sido enterradas. Do fundo de seus túmulos eles velavam pela cidade; protegiam o país, sendo nele de alguma maneira os chefes e os senhores. Esta expressão, chefes do país, quando aplicada aos mortos, está contida em um oráculo dirigido pela pítia a Sólon: "Honra com um culto os chefes do país, os mortos que habitam sob a terra".[77] Estas ideias provinham do enorme poder que as antigas gerações haviam atribuído à alma humana após a morte. Todo homem que prestara um grande serviço à cidade, desde aquele que a fundara até aquele que lhe concedera uma vitória ou aprimorara suas leis, tornava-se um deus para essa cidade.[78] Não era sequer indispensável que tal homem tivesse sido uma excelente pessoa ou um benfeitor. Bastava que tivesse impressionado

---

74. ἱερὰ ἀπόρρητα ἀθέατα, ἄδηλα. Plutarco, *Numa*, 9; *Camila*, 20; Dionísio de Halicarnasso, II, 66. Virgílio, *Eneida*, III, 408. Pausânias, V, 15. Apiano, G. *civ.*, I, 54.

75. *Penates publici* (Tito Lívio, III, 17); *Lares publici* (Plínio, *H. N.*, XXI, 3, 8). *Et vigilant nostra semper in urbe Lares* (Ovídio, *Fastos*, II, 616). Cícero, *Pro Sextio*, 20: *Te, patria, testor, et vos, Penates patriique dii.* Macróbio, *Saturn.*, III, 4: *De diis Romanorum propriis, id est, Penatibus.* Sérvio, *ad Aen.*, II, 351: *Genio urbis Romae.*

76. Plutarco, *Aristides*, 11: οἱ μὲν γὰρ ἥρωες, οἷς ἐκέλευε θύειν, ἀρχηγέται Πλαταιέων ἦσαν. Sófocles, *Antígona*, 199: Γῆν πατρῴαν καὶ θεοὺς τοὺς ἐγγενεῖς. Estes deuses são chamados geralmente de δαίμονες ἐγχώριοι. Comparar, no caso dos latinos, com os *dii indigetes* (Sérvio, *ad Aen.*, XII, 794; Aulo Gélio, II, 16).

77. Plutarco, *Sólon*, 9: Ἀρχηγοὺς χώρας θυσίαις ἥρωας ἐνοίκους ἵλασο, οἳ φθίμενος δέρκονται ἐς ἠέλιον δύνοντα. Estas últimas palavras aludem ao costume dos atenienses de enterrar os mortos volvendo-os para o sol poente (Plutarco, *Sólon*, 10).

78. Licurgo possuía um templo em Esparta, bem como sacerdotes, festas sagradas e hinos (Heródoto, I, 65; Plutarco, *Licurgo*, 31; Éforo, em *Estrabão*, VIII, 5, 5). Teseu era um deus em Atenas, que erigiu um templo às suas ossadas. Aristômenes era honrado com um culto pelos messênios (Pausânias, IV, 32); os Eácidas em Egina (Heródoto, V, 80). Pode-se ver em Pausânias o número dos heróis locais que cada cidade venerava.

marcantemente a imaginação de seus contemporâneos e tivesse se convertido em objeto de uma tradição popular para tornar-se um herói, ou seja, um morto poderoso cuja proteção era desejável e a cólera temível. Os tebanos se mantiveram durante dez séculos oferecendo sacrifícios a Etéocles e Polinices.[79] Os habitantes de Acanto rendiam culto a um persa que morrera entre eles durante a expedição de Xerxes.[80] Hipólito era venerado como um deus em Trezena.[81] Pirro, filho de Aquiles, era um deus em Delfos, unicamente porque foi ali morto e ali enterrado.[82] Crotona rendia culto a um herói pelo simples motivo de ter sido este durante a vida o mais belo homem da urbe.[83] Atenas adorava como um dos seus protetores Euristeu, que fora, todavia, um argivo; Eurípides nos explica a gênese desse culto quando faz surgir em cena Euristeu na iminência da morte e dizendo aos atenienses: "Sepultai-me na Ática. Eu vos serei propício e no seio da terra serei para vossa região um hóspede protetor".[84] Toda a tragédia de Édipo em Colona se baseia nessas crenças: Creonte e Teseu, quer dizer, Tebas e Atenas disputam o corpo de um homem que vai morrer e torna-o um deus; Édipo, segundo a lenda, se pronuncia a favor de Atenas, indica ele mesmo o sítio onde deseja ser enterrado: "Morto" – diz ele –, "não serei um habitante inútil desta região;[85] eu vos defenderei contra vossos inimigos; serei para vós um escudo mais resistente que milhões de combatentes;[86] meu corpo, adormecido sob a terra, beberá o sangue dos guerreiros tebanos".[87]

Os mortos, quem quer que fossem, eram os guardiões do país, desde que se lhes rendessem um culto. "Os megarianos indagaram um dia ao oráculo de Delfos como poderia ser sua urbe venturosa, ao que o deus respondeu que ela o seria se eles fossem ciosos de deliberar sempre com o maior número; eles entenderam que com essas palavras o deus queria dizer os mortos, os quais são, efetivamente, mais numerosos que os vivos. Consequentemente, eles construíram sua sala de conselho no próprio lugar onde se achava a sepultura de seus

---

79. Pausânias, IX, 18.
80. Heródoto, VII, 117.
81. Diodoro, IV, 62.
82. Pausânias, X, 23; Píndaro, *Nemeanas,* VII, 65 ss.
83. Heródoto, V, 47.
84. Eurípides, *Heráclidas,* 10, 32.
85. Sófocles, *Édipo em Colona,* 627.
86. *Idem, ibidem,* 1524, 1525.
87. *Idem, ibidem,* 621-622. Exibia-se em Atenas o túmulo onde repousava a ossada de Édipo e o ἡρῷον onde ele recebia as honras fúnebres (Pausânias, I, 26; I, 30). Ocioso dizer que os tebanos tinham a respeito de Édipo uma outra lenda.

heróis".⁸⁸ Constituía grande dita para uma cidade possuir mortos que durante a existência haviam sido homens importantes. Mantineia se referia com orgulho à ossada de Arcas, Tebas à de Gerion, Messena àquela de Aristômenes.⁸⁹ Visando obter essas relíquias preciosas, por vezes se empregava astúcia. Heródoto narra por meio de que velhacaria os espartanos furtaram a ossada de Orestes.⁹⁰ É verdade que tais ossos, aos quais estava unida a alma do herói, prontamente proporcionaram uma vitória aos espartanos. Conquistado o poder por Atenas, a primeira utilização que dele fez foi apoderar-se dos ossos de Teseu, que fora inumado na ilha de Ciro, e edificar para ele um templo na urbe para aumentar o número de seus deuses protetores.

Além desses heróis e desses gênios, os homens tinham deuses de uma outra espécie, como Júpiter, Juno, Minerva, para os quais o espetáculo da natureza havia conduzido seu pensamento. Mas já vimos que tais criações da inteligência humana tiveram por muito tempo o caráter de divindades domésticas ou locais. Estes deuses não foram concebidos inicialmente como deuses que velavam pelo gênero humano inteiro; acreditava-se que cada um deles pertencia propriamente a uma família ou a uma cidade.

Assim, era habitual que cada cidade, além de seus heróis, tivesse ainda um Júpiter, uma Minerva ou qualquer outra divindade que ela havia associado aos seus primeiros penates e ao seu fogo público. Havia na Grécia e na Itália uma multidão de divindades *políadas*. Cada urbe tinha deuses que a habitavam.⁹¹

Os nomes de muitas dessas divindades estão esquecidos; foi fortuitamente que se conservou a memória do deus Satrapas, que pertencia à urbe de Élis, da deusa Dindímena que pertencia a Tebas, de Sotéria, de Égio, de Britomartis, de Creta, de Hibleia, de Hibla. Os nomes de Zeus, Atena, Hera, Júpiter, Minerva, Netuno nos são mais conhecidos e estamos cientes que eram amiúde aplicados a

---

88. Pausânias, I, 43. Uma lenda semelhante e a mesma prática são encontradas na urbe grega de Tarento (Políbio, VIII, 30).
89. Pausânias, IV, 32, VIII, 9; VIII, 36.
90. Heródoto, I, 67-68. Pausânias, III, 3.
91. Chamava-se estes deuses de θεοὶ πολιεῖς (Pólux, IX, 40), πολιοῦχοι (Ésquilo, *Sept*, 109), Πολῖται (Ésquilo, *ibid.*, 253), ἀστυνόμοι (Ésquilo, *Agam.*, 88). Eles exercem uma proteção especial sobre a urbe; Vitrúvio, I, 7: *Quorum deorum in tutela civitas videtur esse*. Macróbio, III, 9: *Constat omnes urbes in alicujus Dei esse tutela*. Hesíquio: Πολιοῦχοι, οἱ τὴν πόλιν σῴζοντες καὶ οἱ ἄρχοντες αὐτῆς. Virgílio exprime ideia idêntica: *Di patrii, quorum semper sub numine Troja est* (IX, 246). A necessidade de toda nova urbe outorgar-se em primeiro lugar uma divindade políada está indicada em Aristófanes, *Aves*, 826: Τίς δαὶ θεὸς πολιοῦχος ἔσται. Estas divindades habitavam a região e a possuíam; Demóstenes, *Pro corona*, 141: Θεοὶ ὅσοι τὴν χώραν ἔχουσι τὴν Ἀττικήν. Plutarco, *Aristides*, 18: Θεοὶ οἳ τὴν Πλαταιίδα ἔχουσι. Licurgo, *in Leocratem*, 26: Ἀθηνᾶν τὴν χώραν εἰληχυῖαν.

essas divindades políadas. Contudo, do fato de duas urbes darem ao seu deus o mesmo nome, furtemo-nos de concluir que adoravam o mesmo deus; havia uma Atena em Atenas e outra em Esparta, mas eram deusas distintas.[92] Um grande número de cidades possuía um Júpiter como divindade políada. Havia tantos Júpiteres quanto urbes. Na lenda da Guerra de Troia encontramos uma Palas que combatia com os gregos, e existia entre os troianos uma outra Palas, que recebia um culto e que protegia aqueles que a veneravam.[93] Diremos que se trata da mesma divindade manifestando-se entre as fileiras dos dois exércitos? Claro que não, visto que os antigos não atribuíam aos seus deuses o dom da ubiquidade.[94] As urbes de Argos e de Samos detinham cada uma delas uma Hera políada; não era seguramente a mesma deusa, pois era representada nas duas urbes com atributos bem diversos. Em Roma havia uma Juno; a cinco léguas de Roma, em Veios, havia uma outra; tão pouco era ela a mesma Juno de Roma, que vemos o ditador Camilo ao sitiar Veios dirigir-se à Juno do inimigo conjurando-a a abandonar a urbe etrusca e se transferir para o seu acampamento. Senhor da urbe, ele toma a estátua, sobejamente persuadido que ao mesmo tempo toma uma deusa e a transporta devotamente a Roma. A partir de então, Roma passou a ter duas Junos protetoras. História idêntica se repetirá alguns anos depois relativamente a um Júpiter que um outro ditador trará de Prenesto, isto quando Roma já possuía três ou quatro consigo.[95]

A urbe que possuía uma divindade própria não aspirava a que ela protegesse os estrangeiros e não permitia que ela fosse venerada por eles. A maior parte do tempo um templo oferecia acesso somente aos cidadãos. Os argivos exclusivamente tinham direito de entrar no templo de Hera de Argos. Para adentrar no templo de Atena em Atenas era preciso ser ateniense.[96] Os romanos, que veneravam em Roma duas Junos, não podiam entrar no templo de uma terceira Juno, que havia na pequena urbe de Lanúvio.[97]

É preciso reconhecer que os antigos, se excetuarmos algumas raras inteligências de elite, jamais representaram Deus como um ser único exercendo sua

---

92. Tucíd., I, 134; Pausânias, III, 17.
93. Ilíada, VI, 88.
94. Havia em Atenas uma Ἀθηνᾶ πολιάς, havendo também uma Ἀθηνᾶ πολιάς em Tégea; esta Atena prometera aos tegeatas que sua urbe jamais seria tomada (Pausânias, VIII, 47).
95. Tito Lívio, V, 21, 22; VI, 29. Ver em Dion Cássio, LIV, 4, uma história que mostra Júpiter Capitolino e Júpiter Trovejante como dois deuses diferentes.
96. Heródoto, V, 72; VI, 81. Esparta tinha uma Atena e uma Hera (Plutarco, Licurgo, 6; Pausânias, III); mas um espartano não tinha o direito de penetrar no templo da Atena políada de Atenas ou da Hera políada de Argos.
97. Só lograram este direito após a conquista da urbe, Tito Lívio, VIII, 14.

ação sobre o universo. Cada um dos seus inúmeros deuses possuía seu pequeno domínio: um em uma família, outro em uma tribo, outro ainda em uma cidade – ali estava o mundo que era suficiente à providência de cada um deles. Quanto ao Deus do gênero humano, alguns filósofos foram capazes de adivinhá-lo, os mistérios de Elêusis puderam fazê-lo vislumbrar aos mais inteligentes de seus iniciados, porém o vulgo jamais creu nele. Durante muito tempo, o homem só conseguiu conceber o ser divino como uma força que o protegia pessoalmente, sendo que cada homem ou cada grupo de homens quis ter seus deuses. Ainda hoje, entre os descendentes desses gregos, vemos camponeses rudes orar aos santos com fervor, mas é duvidoso que concebam a ideia de Deus; cada um deles quer ter entre esses santos um protetor particular, uma providência especial. Em Nápoles, cada bairro tem sua madona; o *lazzarone*[98] se ajoelha diante daquela de sua rua e insulta aquela da rua vizinha; não é raro ver dois *facchini*[99] discutirem calorosamente e brigarem a golpes de faca pelos méritos de suas respectivas madonas. Atualmente isto é excepcional e o flagramos apenas junto a certos povos e em certas classes. Entre os antigos, contudo, era regra.

Cada cidade possuía seu corpo de sacerdotes independente de qualquer autoridade estrangeira. Entre os sacerdotes de duas cidades inexistia qualquer vínculo, qualquer comunicação, qualquer permuta de preceitos ou de ritos. Se se passasse de uma urbe a outra, encontrava-se outros deuses, outros dogmas, outras cerimônias. Os antigos tinham livros litúrgicos, porém os de uma urbe não se assemelhavam aos de uma outra. Cada cidade tinha sua coletânea de orações e de práticas que ela mantinha ciosamente secreta; a cidade acreditava estar comprometendo sua religião e seu destino se permitisse que os estrangeiros vissem tal coletânea. Assim, a religião era inteiramente local, inteiramente civil, tomando-se esta palavra no sentido antigo, ou seja, de peculiar a cada cidade.[100]

O homem, geralmente, conhecia somente os deuses de sua urbe, só a eles honrava e respeitava. Cada um podia dizer aquilo que em uma tragédia de Ésquilo um estrangeiro diz às argivas: "Não temo os deuses de vosso país e não lhes devo nada".[101]

---

98. Indivíduo de baixíssima condição social. Este termo é usado quase que exclusivamente em Nápoles e adquiriu forte conotação pejorativa, de mendigo a velhaco e patife. (N.T.)
99. Singular *facchino*, carregador, mariola, garoto de recados, varredor de igrejas. (N.T.)
100. Não existiam cultos comuns a diversas cidades, salvo no caso de confederações. Trataremos disto na sequência.
101. Ésquilo, *Supl.*, 858.

Cada urbe esperava de seus deuses sua salvação. Eram invocados no perigo dizendo-lhes: "Deuses desta urbe, não façais com que ela seja destruída com nossas casas e nossos fogos-lares... Ó tu que habitas há tanto tempo nossa terra, tu a trairás? Ó todos vós, guardiães de nossas torres, não as cedeis ao inimigo."[102] Era, portanto, para assegurar a proteção dos deuses que os homens lhes votavam um culto. Esses deuses eram ávidos de oferendas: era-se pródigo com eles, contudo, sob a condição de vigiarem para que a urbe se mantivesse íntegra. Não nos esqueçamos que a ideia de um culto puramente moral, de uma veneração de espírito, não é algo muito antigo entre os homens. Nas eras antigas, o culto consistia em alimentar o deus, em lhe dar tudo que agradava seus sentidos, a saber, carnes, bolos, vinhos, perfumes, vestes e joias, danças e música. Como retorno, deles se exigia benefícios e serviços. Assim, na Ilíada, Crisos diz ao seu deus: "Há muito tenho queimado para ti touros gordos; hoje, atende meus votos e projeta tuas flechas contra meus inimigos". Alhures os troianos invocam sua deusa, lhe oferecem um belo vestido e lhe prometem doze bezerras "se ela salvar Ílion".[103-104] Há sempre um contrato entre tais deuses e tais homens; a piedade destes últimos não é gratuita e aqueles não dão algo por nada. Em Ésquilo, os tebanos se dirigem às suas divindades políadas nos seguintes termos: "Sede nossa defesa. Nossos interesses são comuns. Se a urbe prosperar, honrará seus deuses. Mostrai que vós amais nossa urbe. Pensai no culto que este povo vos presta e lembrai-vos dos pomposos sacrifícios que vos são oferecidos".[105] Este pensamento é expresso uma centena de vezes pelos antigos; Teógnis assevera que Apolo salvou Megara do assalto dos persas "para que sua urbe lhe oferecesse todos os anos brilhantes hecatombes".[106-107]

Daí uma urbe não permitir que os estrangeiros apresentassem oferendas às suas divindades políadas e nem sequer que entrassem em seu templo.[108] Para que seus deuses velassem exclusivamente por ela, fazia-se necessário que recebessem um culto exclusivamente dela. Sendo honrados apenas por ela, se desejassem o prosseguimento dos sacrifícios e das hecatombes que lhes eram

---

102. Ésquilo, *Sete Chefes*, v. 69-73, 105, 109, 139, 168-170.
103. Ἴλιον, antigo nome de Troia (Τροία). (N.T.)
104. *Ilíada*, I, 37 ss.; VI, 93-96.
105. Ésquilo, *Sete Chefes*, 76-77, 176-181.
106. ἑκατόμβη, originalmente sacrifício de *cem bois*; por extensão, *grande sacrifício público*. (N.T.)
107. Teógnis, ed. Welcker, v. 759; ed. Boissonade, v. 777.
108. É sem dúvida ocioso observar que estas regras antigas foram bastante atenuadas no decorrer do tempo; há inscrições que indicam estrangeiros dirigindo oferendas às divindades de Atenas, não obstante sejam tais inscrições de data relativamente recente.

caras, estavam obrigados a defender aquela urbe, fazê-la perdurar para sempre e torná-la rica e poderosa.

De ordinário, com efeito, esses deuses se empenhavam muito por sua urbe; vede em Virgílio como Juno "faz esforços e labora" para que sua Cartago obtenha um dia o império do mundo. Cada um de seus deuses, como a Juno de Virgílio, tinha interesse na grandeza de sua cidade. Os deuses tinham os mesmos interesses que os homens, seus concidadãos. Em tempo de guerra marchavam em combate no meio deles. Apreciamos em Eurípides um personagem que diz, à aproximação de uma batalha: "Os deuses que combatem conosco não são menos fortes que os que se acham do lado de nossos inimigos".[109] Os eginetas nunca entravam em combate sem levar com eles as estátuas de seus heróis nacionais, os Eácidas. Os espartanos portavam em todas as suas expedições os Tindáridas.[110] Na peleja, deuses e cidadãos se sustentavam reciprocamente e, caso saíssem vitoriosos, era porque todos haviam cumprido seu dever. Se, ao contrário, eram derrotados, a culpa da derrota era dos deuses; eram censurados por ter cumprido mal seu dever de defensores; às vezes chegava-se a derrubar seus altares e a lançar pedras contra seus templos.[111]

Se uma urbe era vencida, acreditava-se ter seus deuses sido vencidos com ela.[112] Se uma urbe era tomada, os seus próprios deuses caíam cativos.

É bem verdade que a respeito deste último ponto as opiniões eram incertas e diversas. Muitos estavam persuadidos que uma urbe não podia jamais ser tomada enquanto seus deuses aí residissem; se sucumbia, era porque seus deuses já a haviam abandonado. Quando Eneias percebe que os gregos são senhores de Troia, ele exclama que os deuses da urbe partiram, desertores de seus templos e de seus altares.[113] Em Ésquilo, o coro dos tebanos exprime crença idêntica quando, à aproximação do inimigo, conjura os deuses a não deixarem a urbe.[114]

Devido a essa opinião fazia-se mister para tomar uma urbe providenciar a saída dos deuses dela. Visando isto, os romanos empregavam uma certa fórmula que constava em seus rituais e que nos foi conservada por Macróbio:

---

109. Eurípides, *Heráclidas*, 347.
110. Heródoto, V, 65; V, 80.
111. Suetônio, *Calígula*, 5; Sêneca, *De vita beata*, 36.
112. Virgílio, *Eneida*, I, 68: *victosque Penates*.
113. Virgílio, Eneida, II, 351: *Excessere omnes, adytis arisque relictis, / Di quibus imperium hoc steterat*.
114. Ésquilo, *Sete Chefes*, 217-220. "Etéocles: Dizem-lhe que quando uma urbe é tomada, os deuses a abandonam. O coro: Queiram os deuses que aqui se acham jamais nos deixar, e que não vejamos Tebas tomada de assalto e entregue às chamas!"

"Tu, ó mui grande, que tem sob tua proteção esta cidade, eu te suplico, eu te adoro e eu te peço a graça de abandonares esta urbe e este povo, de deixar estes templos, estes sítios sagrados e, afastando-se deles, vir a Roma comigo e os meus. Que nossa urbe, nossos templos, nossos sítios sagrados te sejam mais agradáveis e mais caros. Toma a nós sob tua guarda. Se assim o fizeres, edificarei um templo em tua honra".[115] Ora, os antigos estavam convencidos que havia fórmulas de tal eficácia e poder que se as pronunciássemos com precisão e sem mudar uma única palavra, o deus não poderia resistir ao pedido dos homens. O deus assim interpelado passava então ao inimigo e a urbe era então tomada.[116]

Notamos na Grécia os mesmos pontos de vista e costumes análogos. Ainda no tempo de Tucídides, por ocasião do assédio de uma urbe, não se deixava de dirigir uma invocação a seus deuses para que permitissem que ela fosse tomada.[117] Com frequência, em lugar de utilizar uma fórmula para atrair o deus, os gregos preferiam surrupiar habilmente sua estátua. Todos conhecem a lenda de Ulisses, que apresenta este roubando Palas dos troianos. Em uma outra época, os eginetas, motivados pelo desejo de guerrear contra Epidauro, começaram por roubar duas estátuas protetoras dessa urbe, e as transportaram com eles.[118]

Heródoto conta que os atenienses queriam fazer guerra contra os eginetas, mas a empresa se mostrava arriscada visto que Egina possuía um herói protetor de grande poder e de fidelidade ímpar: Éaco. Os atenienses, após madura reflexão, prorrogaram para trinta anos depois a execução de seu plano; ao mesmo tempo edificaram em sua nação uma capela dedicada a esse mesmo Éaco, e passaram a lhe votar um culto. Estavam convictos de que se este culto fosse praticado ininterruptamente durante trinta anos, o deus deixaria de pertencer aos eginetas, transferindo-se para os atenienses. Parecia-lhes, com

---

115. Macróbio, *Saturnales*, III, 9. Plínio, *Hist. nat.* XXVIII, 4, 18: *"In oppugnationibus ante omnia solitum a Romanis sacerdotibus evocari deum in cujus tutela id oppidum esset promittique illi eumden aut ampliorem apud Romanos cultum."*

116. Sobre o poder das fórmulas, ἐπαγωγαί ou καταδεσεις, ver Platão, *As Leis*, XI, p. 933; Eurípides, *Suplicantes*, 39. Essas fórmulas eram tão antigas que muitas palavras não eram mais compreendidas e nem sequer pertenciam à língua grega; ver Hesíquio, na palavra ἐφέσια. Os antigos acreditavam que tinham a capacidade de obrigar os deuses e os constranger. É a ideia que Virgílio expressa nos versos a seguir:
Junonis magnae primum prece numen adora; / Junoni cane vota libens, dominamque potentem / Supplicibus supera donis (*En.*, III, 427-410).
O enunciado da oração, *preces*, as promessas, *vota*, as oferendas, *dona*, eis as três armas pelas quais pôde vencer-se, *superare*, a má vontade de uma deusa.

117. Tucídides, II, 74.

118. Heródoto, V, 83.

efeito, que um deus não podia aceitar por tanto tempo o sacrifício de gordas vítimas sem tornar-se devedor daqueles que as ofereciam. Éaco seria, então, finalmente forçado a abandonar os interesses dos eginetas e conceder a vitória aos atenienses.[119]

Em Plutarco, lemos uma outra história. Era desejo de Sólon que a pequena ilha de Salamina, então sob o domínio dos megarianos, passasse ao domínio de Atenas. Consultou o oráculo, que lhe respondeu: "Se queres conquistar a ilha, é preciso que primeiramente ganhes o favorecimento dos heróis que a protegem e a habitam". Sólon obedeceu. Em nome de Atenas ofereceu sacrifícios aos dois principais heróis salaminos, os quais não resistiram aos presentes que se lhes faziam e passaram para o lado de Atenas, sendo que a ilha, despojada de protetores, foi conquistada.[120]

Em tempo de guerra, se os sitiantes procuravam se apossar das divindades da urbe sitiada, os sitiados, por seu lado, se empenhavam em retê-las. Algumas vezes o deus era acorrentado para que fosse impedido de desertar. Em outras ocasiões era escondido cuidadosamente para que o inimigo não pudesse encontrá-lo; ou ainda, opunha-se à fórmula mediante a qual o adversário tentava subornar o deus uma outra fórmula detentora da virtude de retê-lo. Os romanos imaginaram um expediente que lhes parecia mais seguro: mantinham secreto o nome do seu deus protetor principal e mais poderoso. Consideravam que estando o inimigo impossibilitado de convocar esse deus por seu nome, o deus nunca passaria para o lado dele e consequentemente a urbe jamais seria conquistada.[121]

Percebe-se, por tudo, isso a ideia singular que os antigos faziam dos deuses. Eles permaneceram durante muito tempo sem conceber a Divindade como um poder supremo. Cada família possuía sua religião doméstica, cada cidade sua religião nacional. Uma urbe era como uma pequena igreja completa, que tinha seus deuses, seus dogmas e seu culto. Estas crenças nos parecem bem grosseiras e, contudo, foram as do povo mais espiritual daqueles tempos. Exerceram sobre esse povo e o povo romano uma ação tão intensa que a maior parte de suas leis, de suas instituições e de sua história delas derivaram.

---

119. Heródoto, V, 99.
120. Plutarco, *Sólon*, 9.
121. Plínio, *Hist. nat.*, XXVIII, 4, 18. *Constat ideo occultatum in cujus dei tutela Roma esset, ne qui hostium evocarent.* Macróbio, *Sat.*, III, 9: *Ipsius urbis nomen etiam doctissimis ignotum est, caventibus Romanis ne, quod saepe adversus urbes hostium fecisse se noverant, idem ipsi hostili evocatione paterentur, si tutelae suae nomen divulgaretur.* Sérvio, *ad Aen.*, II, 351. *"Romani celatum esse voluerunt in cujus dei tutela Roma sit, ne sui nominibus dii Romani appellarentur, ne exaugurari possint."*

CAPÍTULO VII

A RELIGIÃO DA CIDADE

1º. Os repastos públicos

Vimos anteriormente que a principal cerimônia do culto doméstico era um repasto a que se denominava sacrifício. Comer um alimento preparado sobre um altar, tal foi, com toda a probabilidade, a primeira forma que o homem deu ao ato religioso. A necessidade de se pôr em contato com a Divindade foi satisfeita por essa refeição para a qual a convidavam e a quem faziam participar.

A principal cerimônia do culto da cidade era também um repasto dessa natureza. Tinha que ser realizado em comum por todos os cidadãos em honra das divindades protetoras. O uso dessas refeições públicas era universal na Grécia; acreditava-se que a salvação da cidade, a preservação de sua integridade dependia da realização do repasto público.[122]

A *Odisseia* nos oferece a descrição de um desses repastos sagrados: nove longas mesas são postas para o povo de Pilos; a cada uma delas se sentam quinhentos cidadãos e cada grupo imola nove touros em honra dos deuses. Este repasto, a que se chama repasto dos deuses, começa e termina por libações e orações.[123] O antigo costume dos repastos em comum é assinalado também pelas mais velhas tradições atenienses; conta-se que Orestes, assassino de sua mãe, chegara a Atenas no exato momento em que a cidade, reunida em torno de seu rei, ia cumprir o ato sagrado.[124] Podemos presenciar também tais refeições públicas no tempo de Xenofonte; em certos dias do ano, a urbe imola

---

122. Σωτήρια τῶν πόλεων σύνδειπνα. Ateneu, V, 2. Pólux, I, 34, menciona os δημοθοινίαι ou πανθοινίαι no número das festas religiosas.
123. *Odisseia*, III, 5-9; 43-50; 339-341.
124. Ateneu, X, 49, segundo Fanodemo.

numerosas vítimas e o povo reparte as carnes.[125] As mesmas práticas existiam em toda parte.[126]

Além desses imensos banquetes, aos quais acorriam todos os cidadãos e que só podiam acontecer rigorosamente em datas de festas solenes, a religião prescrevia que todo dia fosse realizada uma refeição sagrada. Com esta finalidade, alguns homens escolhidos pela cidade deviam comer juntos, em seu nome, no recinto do pritaneu, na presença do fogo-lar e dos deuses protetores. Os gregos estavam convictos de que se este repasto fosse omitido um único dia, o Estado ficaria ameaçado de perder o favor de seus deuses.[127]

Em Atenas, a sorte designava os homens que deviam participar do repasto comum e a lei punia com severidade aqueles que se recusassem a acatar esse dever.[128] Os cidadãos que se sentavam à mesa sagrada se revestiam momentaneamente de um caráter sacerdotal; chamava-se-os *parasitas*, uma palavra que embora mais tarde tenha adquirido um sentido pejorativo, inicialmente se aplicava a um título sagrado.[129] No tempo de Demóstenes, os parasitas já haviam desaparecido, porém os prítanes permaneciam com a obrigação de fazer o repasto em comum no Pritaneu. Em todas as urbes, existiam salas destinadas aos repastos comuns.[130]

Se observarmos como as coisas se passavam nesses repastos, reconheceremos nitidamente tratar-se de cerimônia religiosa. Cada conviva tinha uma coroa na cabeça. De fato, constituía costume antigo coroar-se com folhas ou flores

---

125. Xenofonte, *Resp. Aten.*, 3; θύουσι δημοσίᾳ ἡ πόλις ἱερεῖα πολλά, ἔστι δὲ ὁ δῆμος εὐωχούμενος καὶ διαλαγχάνων τὰ ἱερεῖα. Cf. anotador de Aristófanes, *Nuvens*, 386. Plutarco, *Péricles*, 11, e Isócrates, *Areopagítico*, 29, mencionam o uso dos ἑστιάσεις em Atenas.

126. Ateneu, V, 2: Οἱ νομοθέται τά τε φυλετικὰ δεῖπνα καὶ τὰ δημοτικὰ προσέταξαν καὶ τὰ φρατριακά. O mesmo escritor menciona em Argos os Δημόσιαι θοῖναι e, em Esparta, as refeições κατὰ τὰς ἑορτάς que são distintas dos φειδίτια cotidianos (Ateneu, XI, 66). Ele dá uma longa descrição dos repastos sagrados das urbes de Figália e Naucratis e menciona os ritos aí seguidos, as libações, os hinos (IV, 32). Refere-se àqueles de Tarento: Ἡ πόλις καθ' ἕκαστον μῆνα βουθυτεῖ καὶ δημοσίᾳ ἑστιάσεις ποιεῖται (IV, 61). Faz ainda alusão a este uso, X, 25. Píndaro, na XIª Nemeana descreve os repastos sagrados de Tenedos. Cf. Diodoro, XI, 72.

127. Ateneu, V, 2: Συνεδείπνουν ὁσημέραι οἱ περὶ πρύτανιν σώφρονα καὶ σωτήρια τῶν πόλεων σύνδειπνα.

128. Ver um decreto citado por Ateneu, VI, 26: Ὅς ἂν μὴ δέλῃ παρασιτεῖν, εἰσαγέτω εἰς τὸ δικαστήριον.

129. Plutarco, *Sólon*, 24: Ἴδιον δὲ τοῦ Σόλωνος καὶ τὸ περὶ τῆς ἐν δημοσίῳ σιτήσεως, ὅπερ αὐτὸς παρασιτεῖν κέκληκε. Ateneu, VI, 26: Τὸ τοῦ παρασίτου ὄνομα πάλαι ἦν σεμνὸν καὶ ἱερόν... Ἐν τοῖς παλαιοῖς νόμοις αἱ πλεῖσται τῶν πόλεων ἔτι καὶ τήμερον ταῖς ἐντιμοτάταις ἀρχαῖς συγκαταλέγουσι παρασίτους. Filócoro, frag. 156; Clitodemo, fr. 11. Pólux, VI, 35.

130. Demóstenes, *Pro Corona*, 53. Aristóteles, *Política*, VII, 1, 19. Pólux, VIII, 155. Pausânias, V, 15.

em toda oportunidade que se realizava um ato solene da religião. "Quanto mais enfeitado de flores se estiver" – dizia-se –, "mais se terá certeza de agradar os deuses... mas se tu sacrificares sem ter uma coroa, eles se desviarão de ti."[131] "Uma coroa" – dizia-se ainda – "é a mensageira de augúrio venturoso que a oração envia, à frente, aos deuses."[132] Os convivas, por razão idêntica, vestiam-se de mantos brancos, sendo o branco a cor sagrada para os antigos, ou seja, aquela que agradava aos deuses.[133]

A refeição começava invariavelmente por uma oração e libações, e hinos eram cantados.[134] A natureza das iguarias e o tipo de vinho servidos eram regulados pelo ritual de cada cidade. Afastar-se no que fosse do uso herdado dos antepassados, apresentar um novo prato ou alterar o ritmo dos hinos sagrados era impiedade grave da qual a cidade inteira seria responsável em relação aos deuses. A religião chegava a fixar a natureza dos utensílios a ser empregados, seja para o cozimento dos alimentos, seja para o serviço de mesa. Em uma urbe, era indispensável que o pão fosse colocado em cestos de cobre, na outra somente em utensílios de barro. A própria forma dos pães era estabelecida de maneira inalterável.[135] Estas regras da velha religião nunca deixaram de ser acatadas e os repastos sagrados conservaram sempre sua simplicidade primitiva. Crenças, costumes, estado social, tudo isto mudou; esses repastos, contudo, permaneceram invariáveis, pois os gregos foram sempre observadores escrupulosíssimos de sua religião nacional.

Deve-se acrescentar que, quando os convivas tivessem satisfeito a religião comendo os alimentos prescritos, era-lhes permitido iniciar, imediatamente depois, uma outra refeição mais suculenta e mais em conformidade com seu paladar. Isto fazia parte dos costumes em Esparta.[136]

O costume dos repastos sagrados esteve em vigor tanto na Itália quanto na Grécia. Aristóteles afirma que ele existia antigamente entre os povos a que se dava o nome de enotrianos, oscos e ausônios.[137] Virgílio registrou disso a

---

131. Fragmento de Safo, em Ateneu, XV, 16.
132. Fragmento de Chaeremon, em Ateneu, XV, 19.
133. Platão, *As Leis*, XII, 956. Cícero, *De legib.*, II, 18. Virgílio, V, 70, 774; VII, 135; VIII, 274. Do mesmo modo, entre os hindus, nos atos religiosos era necessário usar uma coroa e estar vestido de branco. *Código de Manu*, IV, 66, 72.
134. Τοῦ ἱεροκήρυκος τὰς πατρίους εὐχὰς καταλέγοντος, συνσπένδοντες: Hérmias, em Ateneu, IV, 32.
135. Ver os autores citados por Ateneu, I, 58; IV, 31 e 32; XI, 66.
136. Ateneu, IV, 19; IV, 20.
137. Aristóteles, *Política*, VII, 9, 2-3, ed. Didot, p. 611.

recordação por duas vezes em sua *Eneida*; o velho Latino recebe os enviados de Eneias não em sua morada, mas em um templo "consagrado pela religião dos ancestrais; ali tiveram lugar os banquetes sagrados após a imolação das vítimas; ali todos os chefes de família sentavam-se juntos diante de longas mesas". Mais adiante, quando Eneias alcança Evandro, ele o encontra celebrando um sacrifício; o rei se acha no meio de seu povo; todos estão coroados de flores; todos, sentados à mesma mesa, cantam um hino em louvor ao deus da cidade.[138]

Este uso perpetuou-se em Roma. Lá houve sempre uma sala onde os representantes das cúrias comiam em comum. O senado em certos dias fazia uma refeição sagrada no Capitólio.[139] No caso das festas solenes, mesas eram postas nas ruas e todo o povo participava do repasto. Originalmente, os pontífices presidiam a esses repastos; posteriormente tal tarefa foi delegada a sacerdotes especiais, aos quais se denominou *epulones*.[140]

Esses velhos costumes nos dão uma ideia do liame estreito que unia os membros de uma cidade. A associação humana era uma religião; seu símbolo um repasto feito em comum.

É preciso que imaginemos uma dessas pequenas sociedades primitivas reunida em sua totalidade, ao menos seus chefes de família, à uma mesma mesa, cada um trajado de branco e usando na cabeça uma coroa. Todos fazem juntos a libação, recitam uma oração idêntica, cantam os mesmos hinos, comem o mesmo alimento preparado sobre o altar. No seu meio estão os antepassados e os deuses protetores partilham do repasto. Eis a origem da união íntima dos membros da cidade. Caso sobrevenha uma guerra, os homens se lembrarão segundo as palavras de um antigo historiador "que não devem abandonar seu companheiro de classe com o qual celebraram os mesmos sacrifícios e as mesmas libações, com o qual partilharam os repastos sagrados".[141] Estes homens estão ligados, realmente, por algo mais forte que o interesse, que a

---

138. Virgílio, VII, 174 ss.; VIII, 102-111, 283-305.
139. Dionísio, II, 23. Aulo Gélio, XII, 8. Tito Lívio, XL, 59.
140. Cícero, *De oratore*, III, 19: *Pontifices veteres, propter sacrificiorum multitudinem tres viros epulones esse voluerunt... ut illud ludorum epulare sacrificium facerent.* A palavra *epulum* dizia-se propriamente dos repastos em honra dos deuses. Festo, ed. Muller, p. 78: *Epulones... datum his nomen quod epulas indicendi Jovi caeterisque diis potestatem haberent.* Ver Tito Lívio, XXV, 2; XXVII, 36; XXIX, 38; XXXIII, 42; XXXIX, 46, *in quo toto foro strata triclinia.* Cícero, *Pro Murena*, 36: *Cum epulum populo romano daret.*
141. Dionísio, II, 23: Μὴ καταλιπεῖν τὸν παραστάτην, ᾧ συνέσπεισε καὶ συνέθυσε καὶ κοινῶν ἱερῶν μετέσχε. O historiador refere-se aqui às refeições comuns dos espartanos que compara, ademais, às refeições comuns dos romanos.

convenção, que o hábito, pela comunhão santa piedosamente realizada na presença dos deuses da cidade.

2º. As festas e o calendário

Em todos os tempos, e em todas as sociedades, o homem desejou honrar seus deuses mediante festas. Estabeleceu que haveria dias nos quais o sentimento religioso reinaria com exclusividade em sua alma, sem ser distraído pelos pensamentos e labores terrenos. Do número de dias reservados ao homem para viver, ele determinou um quinhão para os deuses.

Cada urbe fora fundada com ritos que, segundo pensavam os antigos, haviam tido por efeito fixar nos seus limites os deuses nacionais. Era necessário que a virtude desses ritos fosse anualmente renovada por meio de uma nova cerimônia religiosa; dava-se a esta festa o nome de dia natal, cabendo a todos os cidadãos celebrá-la.

Tudo o que era sagrado dava lugar a uma festa. Havia a festa dos muros da cidade, *amburbalia*, a festa dos limites do território, *ambarvalia*. Naqueles dias, os cidadãos formavam uma grande procissão, trajados de mantos brancos e coroados de folhas. Davam uma volta à urbe ou ao território ao mesmo tempo que entoavam preces. À frente, caminhavam os sacerdotes conduzindo as vítimas que eram imoladas ao final da cerimônia.[142]

Vinha em seguida a festa do fundador. Depois, cada um dos heróis da cidade, cada uma das almas que os homens invocavam como protetoras, reclamavam um culto. Rômulo tinha o seu, bem como Sérvio Túlio e tantos outros, incluindo a ama de Rômulo e a mãe de Evandro. Atenas contava, também, com a festa de Cécrops, a de Ereteu, a de Teseu. E Atenas celebrava cada um dos heróis da nação, o tutor de Teseu, Euristeu, Androgeu e uma profusão de outros.

Havia ainda as festas dos campos, a festa do trabalho, a das sementeiras, a da florescência, a das vindimas. Na Grécia, como na Itália, cada ato da vida do agricultor era acompanhado de sacrifícios, e executava-se os trabalhos recitando-se hinos sagrados. Em Roma, os sacerdotes estabeleciam todos os anos o dia quando deviam começar as vindimas, e o dia em que se podia beber o vinho novo. Tudo era regulado pela religião. Era a religião que ordenava

---

142. Festo, v. *Amburbiales,* ed. Muller, p. 5. Macróbio, *Sat.,* III, 5. A descrição da festa encontra-se em Tibulo, liv. II, elegia 1.

a poda da videira, pois era ela que dizia aos homens que haveria impiedade em oferecer aos deuses uma libação com o vinho de uma videira não podada.[143]

Toda cidade tinha uma festa para cada uma das divindades que adotara como protetora, do que resultava amiúde ter a cidade muitas festas. À medida que o culto de uma divindade nova se introduzia na cidade, fazia-se necessário descobrir no ano um dia para a ela consagrar. O que caracterizava essas festas religiosas era a proibição do trabalho,[144] a obrigação de estar jubiloso, o canto e os jogos em público. E a religião acrescentava: Guardai-vos nestes dias de fazer mal uns aos outros.[145]

O calendário não era outra coisa senão a sucessão das festas religiosas. Daí ser estabelecido pelos sacerdotes. Em Roma existiu por muito tempo sem ser por escrito. No primeiro dia do mês, o pontífice, após ter oferecido um sacrifício, convocava o povo e dizia quais festas haveria no desenrolar do mês. Esta convocação era chamada de *calatio*, de onde provém a expressão calendas, à qual se atribuía a esse dia.[146]

Não se regulava o calendário nem com base no curso da lua, nem com base no curso aparente do sol. Era regulado tão somente pelas leis da religião, leis misteriosas que apenas os sacerdotes conheciam. Algumas vezes, a religião prescrevia o encurtamento do ano, outras vezes prescrevia que fosse alongado. Pode-se fazer uma ideia dos calendários primitivos se pensarmos que entre os albanos o mês de maio tinha vinte e dois dias e que março tinha trinta e seis.[147]

É compreensível que o calendário de uma urbe não se assemelhasse em nada ao de outra, já que a religião não era a mesma entre elas, e as festas, como os deuses, diferiam. A duração do ano variava de uma urbe para outra. Os meses não tinham os mesmos nomes. Atenas os denominava de forma completamente diferente de Tebas, e Roma inteiramente diferente de Lavínio. Motivo:

---

143. Plutarco, *Numa*, 14: Μὴ σπένδειν θεοῖς ἐξ ἀμπέλων ἀτμήτων. Varrão, *L.L.*, VI, 16: *Aliquot locis vindemiae primum ab sacerdotibus publice fiebant, ut Romae etiam nunc; nam flamen dialis auspicatur vindemiam et, ut jussit vinum legere, agna Jovi facit.* Plínio, XVIII, 2: *Nec degustabant nova vina ante quam sacerdotes primitias libassent.* Quanto às festas que deviam preceder à colheita, ver Virgílio, *Geórgicas*, I, 340-350.

144. Platão, *As Leis*, II, p. 584. Demóstenes, *in Midiam*, 10. Demóst., *in Timocratea*, 29: Μὴ χρηματίζειν ὅτι ἂν μὴ περὶ τῆς ἑορτῆς ᾖ. Cícero, *De legibus*, II, 12: *Feriarium ratio in liberis requietem habet litium et jurgiorum, in servis operum et laborum.* Macróbio, I, 16: *Affirmabant sacerdotes pollui ferias, si opus aliquod fieret.*

145. Demóstenes, *in Timocratea*, 29. Mesma prescrição em Roma; Macróbio, *Sat.*, I, 15: *In feriis vim cuiquam inferre piaculare est.* Cf. Cícero, *De legibus*, II, 12: *requietem jurgiorum.*

146. Varrão, *De ling. lat.*, VI, 27. Sérvio, *ad Aen.*, VIII, 654. Macróbio, *Sat.*, I, 14; I, 15.

147. Censorino, *De die natali*, 22.

o nome de cada mês era tirado ordinariamente da festa principal que era nele realizada; ora, as festas não eram as mesmas nas diferentes urbes. As cidades não tinham um consenso entre si quanto a começar o ano na mesma época e nem quanto a contarem a sucessão de anos a partir de data idêntica. Na Grécia, a festa da Olimpíada se tornou no decorrer do tempo uma data comum, o que, contudo, não impediu que cada cidade tivesse seu ano particular. Na Itália, cada cidade contava os anos a partir do dia de sua fundação.

3º. O CENSO E A LUSTRAÇÃO

Entre as cerimônias mais importantes da religião da cidade havia uma a que se dava o nome de purificação.[148] Acontecia todos os anos em Atenas;[149] em Roma era realizada apenas de quatro em quatro anos. Os ritos observados nesta cerimônia e o seu próprio nome indicam que devia ter por objetivo apagar as faltas cometidas pelos cidadãos contra o culto. De fato, essa religião tão complicada constituía uma fonte de terrores para os antigos. Como a fé e a pureza de intenções pouco representavam, toda a religião consistindo na prática minuciosa de inúmeros preceitos, as pessoas se mantinham sempre temerosas de ter perpetrado qualquer negligência, qualquer omissão ou erro, nunca se tendo certeza de não se estar sujeito à cólera ou ao rancor de algum deus. Fazia-se indispensável, então, a fim de assegurar uma certa paz para o coração humano, um sacrifício expiatório. O magistrado encarregado de realizá-lo (em Roma era o censor; antes do censor fora o cônsul; antes do cônsul, o rei) começava por assegurar-se, com o auxílio dos áugures, se a cerimônia era do agrado dos deuses. Em seguida, convocava o povo por intermédio de um arauto, o qual, para tal efeito, se servia de uma fórmula sacramental.[150] Todos os cidadãos no dia marcado se reuniam fora dos muros; ali, estando todos em silêncio, o magistrado fazia três vezes a volta da assembleia, conduzindo à sua frente três vítimas, um cordeiro, um porco e um touro (*suovetaurile*). A reunião desses três

---

148. Denominava-se esta operação καθαίρειν ou ἁγνεύειν πόλιν. Hiponax, ed. Bergk, *Fragm.* 60. Dizia-se em latim *lustrare*. Cícero, *De divin.*, I, 45: *Cum censor populum lustraret*. Sérvio, *ad Aen.*, I, 283: *Post quinquennium unaquaeque civitas lustrabatur*.
149. Diógenes Laércio, *Sócrates*, c. 23. ἕκτῳ Θαργηλιῶνος, ὅτε καθαίρουσι τὴν πόλιν Ἀθηναῖοι. *Harpocration*, v. φάρμακος: Δύο ἄνδρας Ἀθήνησιν ἐξῆγον καθάρσια ἐσομένους τῆς πόλεως ἐν τοῖς Θαργηλίοις, ἕνα δὲ ὑπὲρ τῶν ἀνδρῶν, ἕνα δὲ ὑπὲρ τῶν γυναικῶν. Do mesmo modo, purificava-se todo ano o fogo doméstico: Ésquilo, *Coéforas*, 966.
150. Varrão, *De ling. lat.*, VI, 86, 87.

animais constituía entre os gregos, bem como entre os romanos, um sacrifício expiatório. Sacerdotes e vitimários seguiam a procissão; finda a terceira volta, o magistrado proferia uma fórmula de oração e imolava as vítimas.[151] A partir deste momento, toda mácula era apagada, toda negligência no culto reparada e a cidade ficava, então, em paz com seus deuses.

Para um ato dessa natureza e de tal monta eram necessárias duas coisas: primeiramente, que nenhum estrangeiro se imiscuísse entre os cidadãos, o que perturbaria e viciaria a cerimônia; em segundo lugar, que todos os cidadãos ali estivessem presentes, sem o que a cidade poderia reter alguma mácula. Assim, era preciso que essa cerimônia religiosa fosse precedida de um recenseamento dos cidadãos. Em Roma e em Atenas, eram contados com extremo cuidado. É provável que o número de cidadãos fosse pronunciado pelo magistrado na fórmula de oração, sendo inscrito em seguida no relatório da cerimônia preparado pelo censor.

A perda do direito de cidadania era a punição para o homem que não se fizesse inscrever no censo. Tal severidade é explicável. O homem que não tivesse participado do ato religioso, que não tivesse sido purificado, para o qual a oração não tivesse sido dita e nem a vítima imolada não podia mais ser um membro da cidade. Perante os deuses que haviam estado presentes na cerimônia, ele não era mais cidadão.[152]

A importância dessa cerimônia pode ser avaliada considerando-se o poder exorbitante do magistrado que a presidia. O censor, antes de começar o

---

151. Tito Lívio, I, 44: *Suovetaurilibus lustravit*. Dionísio de Halicarnasso, IV, 22: Κελεύσας τοὺς πολίτας ἅπαντας συνελθεῖν... καθαρμὸν αὐτῶν ἐποιήσατο ταύρῳ καὶ κριῷ καὶ τράγῳ. Cícero, *De oratore*, II, 66: *Lustrum condidit et taurum immolavit*. Sérvio, *ad Aen.*, III, 279: *Lustrato populo dii placantur*, Cf. *ibid.*, VIII, 183. Valério Máximo resume a oração que era proferida pelo censor: *Censor, cum lustrum conderet, inque solito fieri sacrifício scriba ex publicis tabulis solenne ei precationis carmen praeiret, quo dii immortales ut populi romani res meliores amplioresque facerent rogabantur* (Valério Máximo, IV, 1, 10). Estes usos alcançaram o Império; Vopisco, *Aureliano*, 20: *Lustrata urbs, cantata carmina*. Tito Lívio, I, 44, parece crer que a cerimônia da lustração foi instituída por Sérvio. É tão antiga quanto Roma e o que o prova é que a *lustratio* do Palatino, ou seja, da urbe primitiva de Rômulo, prosseguiu sendo realizada todo ano. Varrão, *De ling. lat.*, VI, 34: *Februatur populus, id est, lupercis nudis lustratur antiquum oppidum Palatinum gregibus humanis cinctum*. Sérvio Túlio aplicou, talvez, pela primeira vez a *lustratio* à urbe ampliada por ele, tendo, sobretudo, instituído o censo que acompanhava a lustração, mas que não se confundia com ela.
152. Este homem podia ser açoitado e vendido como escravo; Dionísio, IV, 15; V, 15; Cícero, *Pro Caecina*, 34. Os cidadãos ausentes de Roma deviam aí retornar para o dia de lustração; motivo algum justificava sua ausência para o cumprimento desse dever. Tal era a regra no princípio e que só foi suavizada nos dois últimos séculos da República; Veleio, II, 7, 7; Tito Lívio, XXIX, 37; Aulo Gélio, V, 19.

sacrifício, dispunha o povo segundo uma determinada ordem, aqui os senadores, ali os cavaleiros, acolá as tribos. Senhor absoluto daquele dia, o censor fixava o lugar de cada homem nas diferentes categorias. A seguir, estando todos dispostos em conformidade com os preceitos, ele executava o ato sagrado. Ora, a consequência disso era que a partir daquele dia até a lustração seguinte cada homem conservava na cidade a posição que o censor lhe atribuíra na cerimônia. Era senador, se tivesse sido contado naquele dia entre os senadores; cavaleiro, se tivesse figurado entre os cavaleiros. Simples cidadão, fazia parte da tribo em cujas fileiras ele fora colocado naquele dia; se o magistrado tivesse se recusado a admiti-lo à cerimônia, ele não era mais cidadão. Assim, o lugar que cada um ocupara no ato religioso e onde os deuses o haviam visto era aquele que ele conservaria na cidade durante quatro anos. Aqui residia a origem do imenso poder dos censores.

Tão somente os cidadãos assistiam a essa cerimônia. Mas suas mulheres, seus filhos, seus escravos, seus bens, móveis e imóveis eram, de alguma maneira, purificados por meio da pessoa do chefe de família. É por isso que antes do sacrifício cada um devia dar ao censor a lista das pessoas e das coisas que dele dependiam.[153]

A lustração era realizada no tempo de Augusto mediante a mesma precisão e os mesmos ritos dos tempos mais antigos. Os pontífices a tinham ainda na conta de um ato religioso; os homens de Estado nela viam ao menos uma excelente medida administrativa.

4º. A RELIGIÃO NA ASSEMBLEIA, NO SENADO, NO TRIBUNAL E NO EXÉRCITO – O TRIUNFO

Não havia um só ato da vida pública em que não se fizesse intervir os deuses. Como se vivia sob o império da ideia segundo a qual os deuses eram a um tempo excelentes protetores ou inimigos cruéis, o homem não ousava jamais agir sem assegurar-se que os deuses lhe eram favoráveis.

O povo se reunia em assembleia exclusivamente nos dias em que a religião lhe permitia. Lembrava que a cidade provara, certo dia, um desastre... era, sem

---

153. Cícero, *De legibus*, III, 3; *Pro Flacco*, 32. Tito Lívio, I, 43. Dionísio, IV, 15, V, 75. Varrão, *De ling. lat.*, VI, 93. Plutarco, *Cato major*, 16.

sombra de dúvida, porque naquele dia os deuses haviam estado ausentes ou irritados; sem dúvida o deveriam estar igualmente todos os anos em época semelhante, devido a razões ignoradas aos mortais.[154] E, consequentemente, tal dia se tornava nefasto para sempre: nele ninguém se reunia, nele não se julgava, a vida pública sendo suspensa.[155]

Em Roma, antes de entrar em sessão, era necessário que os áugures se assegurassem que os deuses se mostravam favoráveis. A assembleia começava por uma oração que o áugure pronunciava e que o cônsul repetia depois dele.[156]

O mesmo ocorria entre os atenienses. A assembleia começava sempre por um ato religioso. Sacerdotes ofereciam um sacrifício; em seguida, traçava-se um grande círculo, espalhando-se por terra água lustral. Era dentro deste círculo sagrado que os cidadãos se reuniam.[157] Antes que algum orador tomasse a palavra, uma oração era pronunciada diante do povo silencioso.[158] Consultava-se também os auspícios e caso se manifestasse no céu algum sinal de caráter funesto, a assembleia se separava logo.[159]

A tribuna era um lugar sagrado; o orador que a ela subia só o fazia com uma coroa na cabeça,[160] e durante muito tempo o costume lhe impôs que principiasse o discurso invocando os deuses.

O local de reunião do senado de Roma foi sempre um templo. Se uma sessão fosse realizada em um lugar que não fosse o sítio sagrado, as decisões nela

---

154. Acerca desta maneira de pensar dos antigos, ver Cássio Hémina em Macróbio, I, 16.
155. A respeito dos dias nefastos entre os gregos, ver Hesíodo, *Opera et dies*, v. 710 ss. Os dias nefastos se chamavam ἡμέραι ἀποφράδες (Lísias, *Pro Phania, Fragm.*, ed. Didot, t. II, p. 728). Cf. Heródoto, VI, 106. Plutarco, *De defectu oracul.*, 14; *De εἰ apud Delphos*, 20.
156. Cícero, *Pro Murena*, 1. Tito Lívio, V, 14; VI, 41; XXXIX, 15. Dionísio, VII, 59; IX, 41; X, 32. Plínio, no panegírico de Trajano, 63, recorda ainda o *longum carmen comitiorum*.
157. Ésquines, *Timarchum*, 23: Ἐπειδὰν τὸ καθάρσιον περιενεχθῇ καὶ ὁ κῆρυξ τὰς πατρίους εὐχὰς εὔξηται. *Id., in Ctesiph.*, 2-6. Pólux, VIII, 104: περιεστίαρχοι ἐκάθαιρον χοιριδίοις τὴν ἐκκλησίαν. Daí a expressão de Aristófanes, *Acharn.*, 44: Ἐντὸς τοῦ καθάρματος para designar o lugar da assembleia. Cf. Dinarca, *in Aristog.*, 14.
158. Demóstenes lembra desta oração sem citar a fórmula dela, *De falsa legat.*, 70. Pode-se fazer uma ideia dela com base na paródia que da mesma nos dá Aristófanes em *Thesmophoriazousae*, v. 295-350.
159. Aristófanes, *Acharn.*, 171: Διοσημία ἐστί.
160. *Idem, Thesmoph.*, 381, e o escoliasta: Στέφανον ἔθος ἦν τοῖς λέγουσι στεφανοῦσθαι πρῶτον. Era o costume antigo. Cícero, *in Vatinium*, 10: *In Rostris, in illo augurato templo*. Sérvio, *ad Aen.*, XI, 301, diz que entre os antigos todo discurso começava por uma oração e cita como prova os discursos que ele possuía de Catão e dos Gracos.

tomadas seriam anuladas, já que os deuses não tinham estado presentes.¹⁶¹ Antes de qualquer deliberação, o presidente oferecia um sacrifício e proferia uma oração. Havia na sala um altar onde cada senador, ao entrar, vertia uma libação invocando os deuses.¹⁶²

O senado de Atenas, no que diz respeito a esse ponto, se assemelhava ao de Roma. A sala encerrava também um altar e um fogo. Executava-se um ato religioso ao início de cada sessão. Todo senador, ao entrar, aproximava-se do altar e pronunciava uma oração.¹⁶³

Julgamentos só eram feitos na cidade, em Roma e em Atenas, nos dias que a religião indicava como favoráveis. Em Atenas, a sessão do tribunal tinha lugar próximo a um altar e começava por um sacrifício.¹⁶⁴ No tempo de Homero, os juízes se reuniam "em um círculo sagrado".

Festo afirma que nos rituais dos etruscos distinguia-se a indicação da maneira pela qual se devia fundar uma urbe, consagrar um templo, distribuir as cúrias e as tribos em assembleia e ordenar um exército para batalha. Todas estas coisas estavam marcadas nos rituais, porque todas estas coisas se relacionavam com a religião.

Na guerra a religião era, no mínimo, tão poderosa quanto na paz. Havia nas urbes itálicas colégios de sacerdotes chamados feciais, que presidiam, como os arautos entre os gregos, a todas as cerimônias sagradas a que davam lugar as relações internacionais. Um fecial, com a cabeça coberta por um véu de lã segundo os ritos, os deuses tendo sido tomados por testemunhas, declarava a guerra pronunciando uma fórmula sacramental.¹⁶⁵ Ao mesmo tempo, o cônsul, envergando um traje sacerdotal, fazia um sacrifício e abria solenemente o templo da divindade mais antiga e mais venerada da Itália, o templo de Jano.¹⁶⁶ Antes de partir para uma expedição, estando o exército reunido, o general

---

161. Varrão, em Aulo Gélio, XIV, 7: *Nisi in loco per augures constituto, quod templum appellaretur, senatusconsultum factum fuisset, justum id non esse.* Cf. Sérvio, *ad Aen.*, I, 446; VII, 153: *Nisi in augusto loco consilium senatus habere non poterat.* Cf. Cícero, *Ad diversos*, X, 12.
162. Varrão, em Aulo Gélio, *ibid.*: *Immolare hostiam prius auspicarique debere qui senatum habiturus esset.* Suetônio, *Augustus,* 35. Dion Cássio, LIV, 30.
163. Andócides, *De suo reditu,* 15; *De mysteriis,* 44; Antífone, *Super choreuta,* 45. Licurgo, *in Leocratem,* 122, Demóstenes, *in Midiam,* 114. Diodoro, XIV, 4. Xenofonte, *Helênicas,* II, 3, 52.
164. Aristófanes, *Vespas,* 860-865. Cf. *Ilíada,* XVIII, 504.
165. Pode-se ver em Tito Lívio, I, 32, os "ritos" da declaração de guerra. Comparar com Dionísio, II, 72; Plínio, XXII, 2, 5; Sérvio, *ad Aen.*, IX, 52; X, 14. Dionísio, I, 21, e Tito Lívio, I, 32, asseguram que essa instituição era comum a muitas urbes itálicas. Na Grécia também, a guerra era declarada por um κῆρυξ; Tucídides, I, 29; Pausânias, IV, 5, 8. Pólux, IV, 91.
166. Tito Lívio, I, 19; a descrição precisa e minuciosa da cerimônia está em Virgílio, VII, 601-617.

pronunciava orações e oferecia um sacrifício. Exatamente o mesmo ocorria em Atenas e em Esparta.[167]

O exército em campanha representava a imagem da cidade; sua religião a seguia. Os gregos transportavam com eles as estátuas de suas divindades. Todo exército grego ou romano carregava consigo um fogo-lar no qual noite e dia o fogo sagrado era conservado.[168] Um exército romano era acompanhado de áugures e pulários. Todo exército grego tinha um adivinho.

Observemos um exército romano no momento em que se dispõe para o combate. O cônsul traz uma vítima e a golpeia com um machado; ela tomba e suas entranhas devem indicar a vontade dos deuses. Um arúspice as examina e, se os signos são favoráveis, o cônsul dá o sinal da batalha. As disposições mais hábeis e as circunstâncias mais felizes de nada servem se os deuses não permitirem o combate. O fundamento da arte bélica entre os romanos consistia em jamais ser obrigado a combater, mesmo isto se apresentando como inadiável, quando os deuses se mostravam contrários. Daí a razão de eles transformarem seus acampamentos, todo dia, em uma espécie de cidadela.

Observemos agora um exército grego, tomando como exemplo a batalha de Plateias. Os espartanos se colocam alinhados, cada um em seu posto de combate; têm todos uma coroa na cabeça e os flautistas executam os hinos religiosos. O rei, um pouco atrás das fileiras, degola as vítimas. Mas as entranhas não dão sinais favoráveis, de modo que é preciso recomeçar o sacrifício. Duas, três, quatro vítimas são sucessivamente imoladas. Neste ínterim, a cavalaria persa se aproxima, lança suas flechas e mata um grande número de espartanos. Os espartanos permanecem imóveis, os próprios escudos colocados aos pés, sem defesa contra os golpes dos inimigos. Aguardam o sinal dos deuses. Finalmente, as vítimas apresentam os sinais favoráveis e

---

167. Dionísio, IX, 57: Οἱ ὕπατοι εὐχὰς ποιησάμενοι τοῖς θεοῖς καὶ καθήραντες τὸν στρατόν ἐξῆεσαν ἐπὶ τοὺς πολεμίους, Xenofonte, *Helên.*, III, 4, 3; IV, 7, 2; V, 6, 5. Ver em Xenofonte, *Resp. Laced.*, 13 (14), a série de sacrifícios que o chefe de um exército espartano fazia antes de sair da urbe, antes de transpor a fronteira, e que ele repetia a seguir toda manhã antes de dar qualquer ordem de marcha. À partida de uma frota, os atenienses, como os romanos, oferecem um sacrifício; comparar com Tucídides, VI, 32, e Tito Lívio, XXIX, 27.

168. Heródoto, IX, 19. Xenofonte, *Resp. Lac.*, 13. Plutarco, *Licurgo*, 22. À frente de todo exército grego, marchava um πυρφόρος portando o fogo sagrado (Xenofonte, *Resp. Lac.*, 13: Herod., VIII, 6; Pólux, I, 35; Hesíquio, v. Πυρφόρος). De maneira análoga, em um acampamento romano havia sempre um fogo-lar aceso (Dionísio, IX, 6). Os etruscos igualmente transportavam um fogo-lar em seus exércitos (Plutarco, *Publicola*, 17); Tito Lívio, II, 12, mostra também um *accensus ad sacrificium foculus*. O próprio Sila possuía um fogo-lar diante de sua tenda (Julius Obsequens, 116).

então os espartanos erguem os escudos, empunham as espadas, combatem e saem vitoriosos.[169]

Após cada vitória oferecia-se um sacrifício, e aqui reside a origem do triunfo tão conhecido entre os romanos, não o sendo menos entre os gregos. Este costume foi a consequência do ponto de vista que atribuía a vitória aos deuses da cidade. Antes da batalha, o exército lhes havia endereçado uma oração análoga àquela que se lê em Ésquilo: "A vós, deuses que habitais e possuís nosso território, se nossas armas forem felizes e nossa urbe salva, eu vos prometo regar vossos altares do sangue de ovelhas, imolar-vos touros e depositar nos vossos templos santos os troféus conquistados pela lança".[170] Em função desta promessa, o vencedor se tornava devedor de um sacrifício. O exército reentrava na urbe para realizá-lo, dirigindo-se ao templo em forma de uma longa procissão e cantando um hino sagrado, θρίαμβος.[171]

Em Roma, a cerimônia era quase idêntica. O exército se punha em procissão rumo ao principal templo da urbe. Os sacerdotes caminhavam à frente do cortejo, conduzindo as vítimas. Uma vez no templo, o general imolava as vítimas aos deuses. A caminho, os soldados usavam todos uma coroa, como convinha em uma cerimônia sagrada, e entoavam um hino, tal como na Grécia. Na verdade, com o passar do tempo, os soldados não hesitaram, menos escrupulosos, em trocar o hino por canções de caserna ou chacotas dirigidas ao seu general. Mas conservaram, ao menos, o uso de repetir de tempos em tempos o antigo refrão, *Io triumphe*.[172] Era este próprio refrão sagrado que dava à cerimônia o seu nome.

Assim, em tempo de paz e em tempo de guerra, a religião intervinha em todos os atos. Em toda parte fazia-se presente, envolvendo o homem. A alma, o corpo, a vida privada, a vida pública, os repastos, as festas, as assembleias, os tribunais, os combates, tudo se achava sob o domínio da religião da cidade, religião que regulava todas as ações do homem, dispunha de todos os instantes de sua vida e fixava todos os seus hábitos. Governava o ser humano por meio de uma autoridade tão absoluta que a ele nada restava exterior a ela.

---

169. Heródoto, IX, 61-62.
170. Ésquilo, *Sete Chefes*, 252-260. Eurípides, *Phenic.*, 573.
171. Diodoro, IV, 5. Fócio: Θρίαμβος, ἐπίδειξις νίκης, πομπή.
172. Tito Lívio, XLV, 39: *Diis quoque, non solum hominibus, debetur triumphus... Consul proficiscens ad bellum vota in Capitolio noncupat; victor, perpetrato bello, in Capitolio triumphans ad eosdem deos, quibus vota numcupavit, merita dona populi romani traducit.* Tito Lívio, V, 23; X, 7. Varrão, *De ling. lat.*, VI, 68. Plínio, *H. N.*, VII, 56; XXXIII, 7, 36.

Seria conceber uma ideia bastante falsa da natureza humana crer que essa religião dos antigos era uma impostura e, por assim dizer, uma comédia. Montesquieu pretende que os romanos só se deram um culto visando produzir um freio para conter o povo. Jamais religião alguma teve esta origem, e qualquer religião que passasse a se sustentar unicamente por essa razão de utilidade pública não se sustentaria por muito tempo. Montesquieu afirma ainda que os romanos subordinaram a religião ao Estado, embora o contrário seja mais verdadeiro; é impossível ler algumas páginas de Tito Lívio sem se ficar impressionado com a dependência absoluta dos homens em relação aos seus deuses. Nem os romanos nem os gregos conheceram esses lamentáveis conflitos que têm sido tão comuns em outras sociedades entre a Igreja e o Estado, o que se explica unicamente pelo fato de que em Roma, como em Esparta e Atenas, o Estado estava submetido à religião. Não é que houve um corpo de sacerdotes que impôs sua dominação. O Estado antigo não obedecia a um sacerdócio – sua sujeição era à sua própria religião. Esse Estado e essa religião encontravam-se tão completamente confundidos que era impossível não só cogitar um conflito entre eles, como sequer distinguir um do outro.

CAPÍTULO VIII
OS RITUAIS E OS ANAIS

O caráter e a virtude da religião dos antigos não era elevar a inteligência humana à concepção do absoluto, abrir ao espírito ávido uma senda fulgurante em cuja extremidade acreditasse entrever Deus. Essa religião era um conjunto mal encadeado de pequenas crenças, pequenas práticas e ritos minuciosos. Não era preciso sondar-lhe o sentido; nada havia na religião para ser refletido, para ser considerado. A palavra religião não significava o que significa para nós. Por este termo entendemos um corpo de dogmas, uma doutrina a respeito de Deus, um símbolo de fé sobre os mistérios que estão em nós e em torno de nós; esta mesma palavra, entre os antigos, significava ritos, cerimônias e atos de culto exterior. A doutrina era pouca coisa, as práticas é que eram o importante; eram elas que eram obrigatórias e imperiosas. A religião constituía um liame material, uma cadeia que mantinha o homem em escravidão. O homem a tinha criado e era governado por ela. Ele a temia e não ousava raciocinar, discutir, nem fitá-la de frente. Deuses, heróis, mortos, dele reclamavam um culto material, e ele lhes pagava sua dívida para fazer deles amigos, e mais ainda, para não fazer deles inimigos.

Com sua amizade, o homem pouco contava. Eram deuses invejosos, irritáveis, destituídos de afeto ou benevolência, de bom grado em guerra com o homem.[173] Os deuses não amavam o homem e este tampouco os amava. Ele acreditava em sua existência, porém, por vezes, teria preferido que não existissem. Mesmo seus deuses domésticos ou nacionais, ele os temia, receava ser por eles traído. Incorrer na ira desses seres invisíveis constituía sua grande inquietude. Permanecia a vida toda ocupado em apaziguá-los, *paces deorum quaerere*, diz o poeta. Mas, e quanto ao modo de contentá-los? O modo de, sobretudo,

---

173. Plutarco, *De defectu oracular.*, 14: ἃ δρῶσιν ἄνθρωποι μηνίματα δαιμόνων, ἀφοσιούμενοι καὶ πραΰνοντες οὕς ἀλάστορας καὶ παλαμναίους ὀνομάζουσι.

estar seguro que se os contentava e se os tinha a seu favor? Acreditou-se encontrar um tal modo no emprego de certas fórmulas. Tal oração, composta de certas palavras, fora acompanhada de sucesso relativamente a algum pedido; isto ocorrera, indiscutivelmente, porque a oração fora ouvida pelo deus, surtira efeito sobre ele, havia sido poderosa, mais poderosa do que ele, porquanto este não fora capaz de resistir a ela. Foram conservados, pois, os termos misteriosos e sagrados dessa oração. Depois do pai, o filho os repetiu. Quando a escrita foi aprendida, eles foram registrados por escrito. Cada família, ao menos cada família religiosa, possuía um livro onde estavam contidas as fórmulas das quais os ancestrais se serviam e diante das quais os deuses haviam cedido. Tratava-se de uma arma que o homem utilizava contra a inconstância de seus deuses. Mas não se devia alterar nem uma palavra, nem uma única sílaba, e nem, principalmente, o ritmo no qual ela devia ser cantada, pois, se assim se fizesse, a oração perderia sua força e os deuses se tornariam indiferentes.[174]

Entretanto, a fórmula não bastava. Havia ainda atos exteriores cujos detalhes eram minuciosos e inalteráveis. Os menores gestos do sacrificador e as menores partes de sua vestimenta estavam submetidos a regras; ao dirigir-se a um deus, era preciso ter a cabeça velada; ao dirigir-se a um outro, a cabeça descoberta; no caso de um terceiro, a aba da toga devia estar erguida sobre o ombro. Em certos atos, era preciso estar de pés nus. Havia orações que só apresentavam eficácia se o homem, após tê-las pronunciado, executasse piruetas sobre si mesmo da esquerda para a direita. A natureza da vítima, a cor de seu pelo, a maneira de degolá-la, a forma da faca, a espécie de madeira a ser empregada para assar a carne, tudo isto era regulado para cada deus pela religião de cada família ou de cada cidade. Em vão, o coração mais fervoroso oferecia aos deuses as mais gordas vítimas se um dos inúmeros ritos do sacrifício fosse descurado, pois este seria nulo. A mais ínfima falta fazia de um ato sagrado um ato de impiedade. A mais ligeira alteração transtornava e desordenava a religião da pátria, e transformava os deuses protetores em tantos outros inimigos cruéis. É por isso que Atenas se mostrava severa com o sacerdote que

---

174. Com referência aos antigos hinos que os gregos prosseguiram cantando nas cerimônias, ver Pausânias, I, 18; VII, 15, *in fine*; VII, 21; IX, 27, 29, 30. Cícero, *De legibus*, II, 15, observa que as urbes gregas eram ciosas no que dizia respeito a conservar os ritmos antigos, *antiquum vocum servare modum*. Platão, *As Leis*, VII, p. 799-800, conforma-se às antigas regras ao prescrever que os cantos e os ritmos fossem mantidos imutáveis. Entre os romanos, as fórmulas das orações eram fixadas por um ritual; ver Varrão, *De ling. lat.*, e Catão, *passim*. Quintiliano, I, 11: *Saliorum carmina, vix sacerdotibus suis intellecta, mutari vetat religio et consecratis utendum est.*

mudava qualquer coisa dos antigos ritos;[175] é por isso que o senado de Roma degradava seus cônsules e seus ditadores que haviam cometido algum erro em um sacrifício.

Todas essas fórmulas e práticas haviam sido legadas pelos ancestrais que delas tinham provado a eficácia. Nada havia para ser inovado. Cumpria basear-se naquilo que tais ancestrais tinham feito e a piedade suprema consistia em fazer como eles. Importava pouquíssimo que a crença mudasse – podia se modificar livremente ao longo das idades e assumir mil formas diversas, ao sabor da reflexão dos sábios ou da imaginação popular. Mas era sumamente importante que as fórmulas não caíssem no esquecimento e que os ritos não fossem modificados. Por isso toda cidade possuía um livro no qual tudo isso era conservado.

O uso dos livros sagrados era universal entre os gregos, entre os romanos e entre os etruscos.[176] Por vezes, o ritual era escrito em tabuinhas de madeira, outras era registrado em telas. Atenas gravava seus ritos em placas de cobre ou sobre estelas de pedra, de modo que fossem imperecíveis.[177] Roma tinha seus livros dos pontífices, seus livros dos áugures, seu livro das cerimônias, e sua coleção dos *Indigitamenta*. Não havia qualquer urbe que não possuísse uma coleção de velhos hinos em honra de seus deuses;[178] embora a língua mudasse com os costumes e as crenças, as palavras e o ritmo permaneciam inalteráveis e nas festas continuava-se a cantar esses hinos sem compreendê-los.

Tais livros e cantos, escritos pelos sacerdotes, eram guardados por eles com extremo cuidado. Não eram exibidos jamais aos estrangeiros. Revelar um rito ou uma fórmula significava trair a religião da cidade e entregar seus deuses ao inimigo. Com o intuito de redobrar a precaução, eram ocultados até dos cidadãos, os sacerdotes apenas podendo deles ter ciência.

---

175. Demóstenes, *in Neoeram*, 116, 117. Varrão cita algumas palavras dos *libri sacrorum* que foram conservadas em Atenas e cuja língua era arcaica (*De ling. lat.*, V, 97). Acerca do respeito que os gregos nutriam pelos velhos ritos, ver alguns exemplos curiosos em Plutarco, *Quest. greg.*, 26, 31, 35, 36, 58. O pensamento antigo é bem expresso por Isócrates, *Areopagítico*, 29-30, e em todo o discurso contra Nereu.
176. Pausânias, IV, 27. Plutarco, *Contra Colotes*, 17. Plínio, *H. N.*, XIII, 21. Valério Máximo, I, 1, 3. Varrão, *L.L.*, VI, 16. Censorino, 17. Festo, v. *Rituales*.
177. Pólux, VIII, 128: Δέλτοι χαλκαῖ, αἷς ἦσαν πάλαι ἐντετυπωμένοι οἱ νόμοι οἱ περὶ τῶν ἱερῶν καὶ τῶν πατρίων. Sabe-se que uma das significações mais antigas da palavra νόμος é a de rito ou regra religiosa. Lísias, *in Nicomachum*, 17: Χρὴ θύειν τὰς θυσίας τὰς ἐκ τῶν κύρβεων καὶ τῶν στηλῶν κατὰ τὰς ἀναγραφάς.
178. Ateneu, XIV, 68, cita os hinos antigos de Atenas; Élio, II, 39, os dos cretenses; Píndaro, *Pit.*, V, 134, os de Cirene; Plutarco, *Teseu*, 16, os dos beócios; Tácito, *An.*, IV, 43, os *vatum carmina* que os espartanos e messênios conservavam.

No pensamento desses povos, todo o antigo era respeitável e sagrado. Quando um romano desejava dizer que algo era caro para ele, dizia: isso é antigo para mim. Os gregos tinham uma expressão análoga.[179] As urbes tinham raízes profundas no seu passado, visto que era no passado que descobriam todos os motivos e todas as regras de sua religião. Era-lhes imprescindível recordar-se, pois era nas recordações e nas tradições que todo seu culto repousava. Daí possuir a história para os antigos muito mais importância do que para nós. Existiu muito antes de Heródoto e de Tucídides; escrita ou não-escrita, simples tradição oral ou livro, foi contemporânea do nascimento das cidades. Não havia urbe, por menor e mais obscura que fosse, que não tenha dedicado a maior atenção ao cuidado de preservar a memória de seu passado. Não se tratava de vaidade, mas de religião. A urbe acreditava não ter o direito de esquecer coisa alguma, pois tudo em sua história ligava-se ao seu culto.

A história começava, com efeito, pelo ato da fundação acompanhado da declaração do nome sagrado do fundador. Tinha continuidade pela lenda dos deuses da cidade, dos heróis protetores. Ministrava a data, a origem, a razão de cada culto e explicava os ritos obscuros. Nela, ou seja, na história, eram consignados os prodígios operados pelos deuses do país por meio dos quais eles haviam manifestado seu poder, sua bondade ou sua cólera. Nela eram descritas as cerimônias pelas quais os sacerdotes haviam habilmente desviado um mau presságio ou apaziguado os rancores dos deuses. Nela constavam quais epidemias tinham atingido a cidade e as fórmulas santas pelas quais tais epidemias haviam sido erradicadas, em que dia um templo fora consagrado e por que motivo um sacrifício ou uma festa haviam sido estabelecidos. Nela se inscreviam todos os eventos que pudessem se relacionar com a religião, as vitórias que provavam a assistência dos deuses e nas quais se vira amiúde esses deuses combaterem, as derrotas que indicavam a cólera deles e para as quais fora necessário instituir um sacrifício expiatório. Tudo isso estava escrito para o ensino e a piedade dos descendentes. Toda essa história constituía a prova material da existência dos deuses nacionais, pois os eventos nela encerrados eram a forma visível sob a qual esses deuses se revelavam no desenrolar das idades. Mesmo entre esses fatos se apresentavam muitos outros que ensejavam aniversários, ou seja, sacrifícios, festas, jogos sagrados. A história da cidade informava ao cidadão tudo aquilo em que ele devia crer e tudo aquilo que devia venerar.

---

179. Πάτριόν ἐστιν ἡμῖν. Estas palavras aparecem com frequência em Tucídides e nos oradores áticos.

Tratava-se, assim, de uma história escrita pelos sacerdotes. Roma possuía seus anais dos pontífices; os sacerdotes sabinos, os sacerdotes samnitas e os sacerdotes etruscos possuíam anais semelhantes.[180] Dos gregos nos restaram o testemunho dos livros ou anais sagrados de Atenas, de Esparta, de Delfos, de Naxos e de Tarento.[181] Quando Pausânias percorreu a Grécia no tempo de Adriano, os sacerdotes de cada urbe contaram-lhe as velhas histórias locais; eles não as haviam inventado, haviam-nas aprendido em seus anais.

Essa espécie de história era inteiramente local. Iniciava com a fundação da cidade, porque aquilo que antecedia a esta data não interessava em nada à cidade, razão pela qual os antigos ignoraram tão cabalmente as origens de sua raça. Igualmente, só eram relatados os eventos nos quais a cidade se achava envolvida, a história não se ocupando do resto da terra. Cada cidade tinha sua história especial, do mesmo modo que possuía sua religião e seu calendário.

É de se supor que esses anais das urbes fossem sumamente toscos e bizarros tanto no seu teor quanto na sua forma. Afinal, não eram obras de arte, mas de religião. O advento dos escritores é posterior, com narradores como Heródoto e pensadores como Tucídides. A história saiu, então, das mãos dos sacerdotes e foi transformada. Infelizmente, esses belos e brilhantes escritos nos deixam saudosos dos velhos registros das urbes e de tudo o que nos ensinavam sobre as crenças e a vida íntima dos antigos. Tais documentos inestimáveis, que parecem ter sido mantidos em segredo, que não deixavam os santuários, dos quais cópias não eram feitas e que somente os sacerdotes liam, foram todos perdidos, e deles resta-nos apenas uma débil memória.

É verdade que essa memória tem um grande valor para nós. Sem ela, estaríamos, talvez, no direito de rejeitar tudo o que a Grécia e Roma nos contam acerca de suas antiguidades; todos os seus relatos, que nos parecem tão pouco verossímeis porque se afastam de nossos hábitos e de nossa maneira de pensar e de agir, poderiam passar por produto da imaginação humana. Mas tal memória

---

180. Dionísio, II, 49. Tito Lívio, X, 33. Cícero, *De divin.*, II, 41; I, 33; II, 23. Censorino, 12, 17. Suetônio, *Cláudio,* 42. Macróbio, I, 12; V, 19. Solin, II, 9. Sérvio, VII, 678; VIII, 398. Cartas de Marco Aurélio, IV, 4.
181. Os velhos anais de Esparta, ὧροι, παλαιόταται ἀναγραφαί são mencionados por Plutarco, *Adv. Coloten,* 17; por Ateneu, XI, 49; por Tácito, *An.,* IV, 43. Plutarco, *Sólon,* 11, fala daqueles de Delfos. Os próprios messênios tinham *Anais* e *monumenta sculpta aere prisco,* que remontavam – diziam – à invasão dórica (Tácito, *ibidem*). Dionísio de Halicarnasso, *De Tucid. hist.,* ed. Reiske, t. VI, p. 819: Ὅσαι διεσῴζοντο παρὰ τοῖς ἐπιχωρίοις μνῆμαι κατὰ ἔθνη καὶ κατὰ πόλεις, εἴτ' ἐν ἱεροῖς εἴτ' ἐν βεβήλοις ἀποκείμεναι γραφαί. Políbio assinala também os δημόσιαι τῶν πόλεων ἀναγραφαί (XII, 10).

que restou dos velhos anais nos mostra, ao menos, o respeito piedoso que os antigos nutriam por sua história. Sabemos que nesses arquivos os fatos eram religiosamente depositados à medida que se produziam. Nesses livros sagrados, cada página era contemporânea do evento que narrava. A alteração desses documentos era materialmente impossível, pois os sacerdotes mantinham-nos sob sua guarda e era do maior interesse religioso que permanecessem inalteráveis. Não era, inclusive, fácil para o pontífice, conscientemente, inserir fatos contrários à verdade à medida que escrevia o texto, isto porque se acreditava que todo evento provinha dos deuses, que o evento revelava a vontade dos deuses, que dava lugar para as gerações subsequentes a memórias piedosas e mesmo a atos sagrados. Todo evento que se produzia na cidade fazia logo parte da religião do futuro. Detendo tais crenças, compreende-se perfeitamente que tenham ocorrido muitos erros involuntários, resultado da credulidade, da predileção pelo maravilhoso, da fé nos deuses nacionais. Todavia, a mentira voluntária era inconcebível, pois teria sido impiedade; seria violação da santidade dos anais e alteração da religião. Podemos, então, crer que se o conteúdo desses velhos livros não é totalmente verdadeiro, ao menos neles não havia nada que o sacerdote não acreditasse verdadeiro. Ora, constitui para o historiador que busca penetrar a obscuridade desses tempos antigos um vigoroso motivo de confiança saber que se, por um lado, tem que lidar com equívocos, por outro não tem que lidar com impostura. E esses próprios equívocos, detentores da vantagem de ser contemporâneos dos velhos tempos que ele estuda, podem revelar-lhe, senão as minúcias dos eventos, ao menos as crenças sinceras dos homens.

Havia também, além dos anais, documentos escritos e autênticos, uma tradição oral que se perpetuava em meio ao povo de uma cidade, não tradição vaga e indiferente como são as nossas, mas uma tradição muito cara às urbes, a qual não flutuava ao sabor da imaginação, e em relação à qual não se estava livre para modificar, pois fazia parte do culto, sendo composta de narrativas e cantos que se repetiam ano a ano nas festividades da religião. Estes hinos sagrados e imutáveis fixavam as recordações e reavivavam perpetuamente a tradição.

Sem dúvida, não se pode crer que tal tradição tivesse a precisão dos anais. O desejo de exaltar os deuses podia ser mais intenso que o amor à verdade. Contudo, a tradição devia ser, pelo menos, o reflexo dos anais, encontrando-se, inclusive, de conformidade com eles, já que os sacerdotes que os redigiam e os liam eram os mesmos que presidiam as festas nas quais as velhas narrativas eram cantadas.

Um tempo chegou, mais tarde, em que esses anais foram divulgados. Roma acabou por publicar os seus; aqueles de outras urbes itálicas tornaram-se conhecidos; os sacerdotes das urbes gregas deixaram de lado os escrúpulos quanto a revelar o teor dos seus.[182] Estes monumentos autênticos foram manuseados e estudados. Uma escola de eruditos foi formada, de Varrão e Valério Flaco até Aulo Gélio e Macróbio. Fez-se luz sobre toda a história antiga. Corrigiram-se alguns erros que haviam se infiltrado sub-repticiamente na tradição e que os historiadores da época precedente tinham repetido; soube-se, à guisa de exemplo, que Porsena tomara Roma e que o ouro fora dado em pagamento aos gauleses. Principiou, então, o advento da crítica histórica. Ora, deve-se destacar que essa crítica, que remontava às fontes e estudava os anais, nada encontrou que lhe desse direito de rejeitar o conjunto histórico que historiadores como Heródoto e Tito Lívio haviam construído.

---

182. Cícero, *De oratore*, II, 12: *Res omnes singulorum annorum mandabat litteris pontifex et proponebat domi ut potestas esset populo cognoscendi*. Cf. Sérvio, *ad Aen.*, I, 373. Dionísio declara conhecer os livros sagrados e os anais secretos de Roma (XI, 62). Na Grécia, desde uma época bastante antiga, houve *logógrafos* que consultaram e copiaram os anais sagrados das urbes; ver Dionísio, *De Tucid. hist.*, c. 5, ed. Reiske, p. 819.

CAPÍTULO IX

GOVERNO DA CIDADE – O REI

1º. Autoridade religiosa do rei

Não se deve representar uma cidade à sua origem deliberando sobre o governo que vai se outorgar, buscando e discutindo suas leis, combinando suas instituições. Não foi assim que leis foram elaboradas e governos foram estabelecidos. As instituições políticas da cidade nasceram com a própria cidade, no mesmo dia que ela. Cada membro da cidade as trazia em si mesmo, pois elas se encontravam em germe nas crenças e religião de cada homem.

A religião prescrevia que o fogo-lar contasse sempre com um sacerdote supremo. A religião não admitia que a autoridade sacerdotal fosse dividida. O fogo doméstico possuía um sumo sacerdote, o pai da família; o fogo da cúria tinha seu curião ou fratriarca; cada tribo possuía, da mesma maneira, seu chefe religioso, que os atenienses chamavam de rei da tribo. A religião da cidade devia ter também seu pontífice.

Esse sacerdote do fogo público detinha o nome de rei. Por vezes, dava-se-lhe outros títulos. Como ele era, antes de tudo, sacerdote do pritaneu, os gregos o chamavam, de bom grado, de prítane; às vezes era denominado arconte.[183] Sob estes nomes diversos, a saber, rei, prítane, arconte, devemos ver um personagem que é, sobretudo, o chefe do culto; ele mantém o fogo, faz o sacrifício e profere a oração, além de presidir aos repastos religiosos.

É evidente que os antigos reis da Itália e da Grécia foram tanto sacerdotes quanto reis. Lê-se em Aristóteles: "O cuidado dos sacrifícios públicos da

---

183. ἄρχων (οντος); genericamente, chefe. Em Atenas, os *arcontes* eram os nove magistrados principais da cidade. (N.T.)

cidade pertence, segundo o costume religioso, não a sacerdotes especiais, mas sim a esses homens que zelam pela dignidade do fogo público, e que chamamos aqui de reis, ali de prítanes, acolá, arcontes".[184] Assim fala Aristóteles, o homem que melhor conheceu as constituições das cidades gregas. Este trecho tão preciso prova, em primeiro lugar, que as três palavras, a saber, rei, prítane e arconte, foram por muito tempo sinônimas; isto é tão verdadeiro que um historiador, Charon de Lâmpsaco, que escreveu um livro a respeito dos reis de Lacedemônia, o intitulou *Arcontes e Prítanes dos Lacedemônios*.[185] Esse historiador ainda é da opinião que o personagem que se designava indiscriminadamente por um desses três nomes, talvez por todos os três simultaneamente, era o sacerdote da cidade, e que o culto do fogo público era a fonte de sua dignidade e de seu poder.

Esse caráter sacerdotal da realeza primitiva é claramente indicado pelos escritores antigos. Em Ésquilo, as filhas de Dânaos se dirigem ao rei de Argos nos seguintes termos: "Tu és o prítane supremo e és tu que velas pelo fogo deste país".[186] Em Eurípides, Orestes, assassino de sua mãe, diz a Menelau: "É justo que, sendo filho de Agamenon, eu reine em Argos"; e Menelau responde: "Estarás tu, assassino, em condição de tocar os vasos de água lustral para os sacrifícios? Estarás em situação de poder degolar as vítimas?".[187] A principal função de um rei era, portanto, realizar as cerimônias religiosas. Um antigo rei de Sícion foi deposto porque tendo sua mão se manchado de sangue por um assassinato ele não estava mais em condição de oferecer os sacrifícios.[188] Na impossibilidade de continuar sendo sacerdote, era-lhe igualmente impossível continuar sendo rei.

Homero e Virgílio nos mostram os reis ocupados incessantemente com cerimônias sagradas. Sabemos por intermédio de Demóstenes que os antigos reis da Ática faziam eles próprios todos os sacrifícios prescritos pela religião da cidade, e por intermédio de Xenofonte que os reis de Esparta eram os chefes

---

184. Aristóteles, *Política*, VI, 5, 11 (Didot, p. 600). Dionísio de Halicarnasso, II, 65: Τὰ καλούμενα πρυτανεῖα ἐστὶν ἱερὰ καὶ θεραπεύεται πρὸς τῶν ἐχόντων τὸ μέγιστον ἐν ταῖς πόλεσι κράτος.

185. Suidas, v. Χάρων.

186. Ésquilo, *Suplicantes*, 369 (357). Sabe-se que havia junto aos antigos estreita relação entre o teatro e a religião. Uma representação teatral era uma cerimônia do culto e o poeta trágico devia celebrar, geralmente, uma das lendas sagradas da cidade. Eis a razão de descobrirmos nos trágicos tantas tradições antigas e mesmo antigas formas de linguagem.

187. Eurípides, *Orestes*, 1594-1597.

188. Nicolau de Damasco, nos *Fragm. hist. greg.*, t. III, p. 394.

da religião lacedemônia.[189] Os *lucumons*[190] etruscos eram concomitantemente magistrados, chefes militares e pontífices.[191]

Em relação aos reis de Roma não ocorreu coisa diferente. A tradição os representa sempre como sacerdotes. O primeiro foi Rômulo, que era "instruído na ciência augural",[192] e que fundou a urbe segundo os ritos religiosos. O segundo foi Numa. Segundo Tito Lívio, "ele preenchia a maioria das funções sacerdotais, mas prevendo que seus sucessores, tendo frequentemente que sustentar guerras, não poderiam sempre se ocupar ciosamente dos sacrifícios, criou os flâmines para que substituíssem os reis no caso da ausência destes em Roma". Assim, o sacerdócio romano não era senão uma espécie de emanação da realeza primitiva.[193]

Esses reis-sacerdotes eram entronizados mediante um cerimonial religioso. O novo rei, conduzido ao cume do monte Capitolino, sentava-se em um banco de pedra, o rosto voltado para o sul. À sua esquerda, sentava-se um áugure, a cabeça coberta de pequenas faixas sagradas e segurando o bastão augural. Traçava no céu certas linhas, pronunciava uma oração e, colocando a mão sobre a cabeça do rei, suplicava aos deuses que indicassem por meio de um signo visível que aquele chefe era por eles aceito. Em seguida, desde que um relâmpago ou o voo das aves tivessem manifestado o assentimento dos deuses, o novo rei tomava posse de seu cargo. Tito Lívio descreve esta cerimônia no caso da posse de Numa; Dionísio assegura que ocorria para todos os reis, e depois dos reis, para os cônsules; ele acrescenta que era praticada ainda no seu tempo.[194] Um tal uso tinha sua razão de ser: como o rei ia ser o chefe supremo da religião e ia depender de suas orações e seus sacrifícios a salvação da cidade, davam-se perfeitamente o direito de se assegurarem em primeiro lugar que esse rei fosse aceito pelos deuses.

---

189. Demóstenes, in *Neoeram*, 74-81. Xenofonte, *Resp. Lac.*, 13-14. Heródoto, VI, 57. Aristóteles, *Pol.*, III, 9, 2: Τὰ πρὸς τοὺς θεοὺς ἀποδέδοται βασιλεῦσι.
190. Chefes hereditários de tribos da antiga Etrúria. (N.T.)
191. Virgílio, X, 175. Tito Lívio, V, 1. Censorino, 4.
192. Cícero, *De nat. deor.*, III, 2; *De rep.*, II, 10; *De divinat.*, I, 17; II, 38. Ver os versos de Ênio em Cícero, *De div.*, I, 48. Os antigos não representavam Rômulo em traje de guerreiro, mas vestido de sacerdote, com o bastão augural e a trábea, *lituo pulcher trabeaque Quirinus* (Ovídio, *Fastos*, VI, 375; cf. Plínio, *Hist. nat.*, IX, 39, 136).
193. Tito Lívio, I, 20. Sérvio, *ad Aen.*, III, 268: *Majorum haec erat consuetude ut rex esset etiam sacerdos et pontifex*.
194. Tito Lívio, I, 18. Dionísio, II, 6; IV, 80. Razão pela qual Plutarco, resumindo um discurso de Tibério Graco, o faz dizer: Ἡ γε βασιλεία ταῖς μεγίσταις ἱερουργίαις καθωσίωται πρὸς τὸ θεῖον (Plutarco, *Tibério*, 15).

Os antigos não nos informam sobre a maneira em que os reis de Esparta se organizavam em suas funções. Mas, nos informam, ao menos, que uma cerimônia religiosa era então realizada.[195] Reconhece-se, até mesmo pelos velhos usos que duraram até o fim da história de Esparta, que a cidade desejava estar bem segura de que seus reis eram bem aceitos pelos deuses. Com esse propósito, a cidade interrogava os próprios deuses pedindo-lhes "um sinal, σημεῖον". E é Plutarco que nos diz qual era esse sinal: "De nove em nove anos, os éforos[196] escolhiam uma noite bem clara, mas sem lua. Sentavam-se em silêncio com os olhos fixos no céu. Caso vissem uma estrela atravessar o céu de um lado a outro, isto era para eles indicação de que seus reis eram culpados de algum delito em relação aos deuses. Suspendiam-nos, então, da realeza até que um oráculo proveniente de Delfos os libertasse de seu infortúnio".[197]

2º. Autoridade política do rei

Do mesmo modo que no seio da família a autoridade era inerente ao sacerdócio, sendo o pai, como chefe do culto doméstico, ao mesmo tempo juiz e senhor, o sumo sacerdote da cidade era nesta também o chefe político. O altar, conforme a expressão de Aristóteles,[198] lhe conferia a dignidade. Esta confusão de sacerdócio e poder nada tem que possa surpreender. Encontramo-la à origem de quase todas as sociedades, seja porque na infância dos povos só existia a religião com a capacidade de obter dos povos a obediência, seja porque nossa natureza experimenta a necessidade de não se submeter jamais a outro domínio salvo àquele de uma ideia moral.

Já dissemos o quanto a religião da cidade se mesclava a todas as coisas. O homem se sentia a todo instante na dependência dos seus deuses, e consequentemente daquele sacerdote que se colocava entre eles e ele. Era esse sacerdote que zelava pelo fogo sagrado; era – como diz Píndaro – seu culto de cada dia que salvava cada dia a cidade.[199]

Era ele que conhecia as fórmulas de oração às quais os deuses não resistiam; no momento do combate, era ele que degolava a vítima e que atraía para

---

195. Tucídides, V, 16, *in fine*.
196. ἔφορος, aquele que zela, que protege; por extensão, chefe de uma nação ou de um exército. (N.T.)
197. Plutarco, *Agis*, 11.
198. Aristóteles, *Política*, VI, 5, 11: Ἀπὸ τῆς κοινῆς ἑστίας ἔχουσι τὴν τιμήν.
199. Píndaro, *Nemeanas*, XI, 1-5.

o exército a proteção dos deuses. Era bastante natural que um homem detentor de tal poder fosse aceito e reconhecido como chefe. Do fato da religião se misturar ao governo, à justiça, à guerra, resultou necessariamente que o sacerdote foi ao mesmo tempo magistrado, juiz e chefe militar. "Os reis de Esparta" – diz Aristóteles[200] – "têm três atribuições: realizam sacrifícios, comandam na guerra e ministram a justiça." Dionísio de Halicarnasso se expressa em termos idênticos quanto aos reis de Roma.

As regras constitutivas dessa monarquia foram bastante simples, não tendo sido necessário investigá-las por muito tempo, já que derivavam das próprias regras do culto. O fundador que instituíra o fogo sagrado foi naturalmente o primeiro sacerdote. A hereditariedade era a regra constante, no princípio, para a transmissão desse culto; fosse o fogo de uma família ou fosse ele de uma cidade, a religião prescrevia que o cuidado de conservá-lo passava sempre de pai para filho. O sacerdócio foi, portanto, hereditário, o mesmo ocorrendo com o poder.[201]

Um traço bem conhecido da antiga história da Grécia prova de um modo evidente que a realeza pertencia, no princípio, ao homem que instituíra o fogo público da cidade. Sabe-se que a população das colônias jônicas não se compunha de atenienses, sendo sim uma mescla de pelasgos, eólios, abânteos e cadmianos. Todavia, os fogos públicos das cidades novas foram todos instituídos pelos membros da família religiosa de Codro. Disto resultou que esses colonos, em lugar de ter como chefes os homens de sua raça, os pelasgos um pelasgo, os abânteos um abânteo, os eólios um eólio, concederam todos a realeza de suas doze urbes aos códridas.[202] Certamente, tais personagens não obtiveram sua autoridade pela força, pois eram quase que os únicos atenienses existentes nessa numerosa aglomeração. Mas, como haviam instituído os fogos públicos, a eles competia conservá-los. Foi-lhes então a realeza deferida sem contestação e permaneceu hereditária em suas famílias. Batos fundou Cirene na África. Os Batíadas detiveram a dignidade real na África por muito tempo. Prótis tinha fundado Marselha, e os Protíadas, de pai para filho, aí exerceram o sacerdócio e aí gozaram de grandes privilégios.

---

200. Aristóteles, *Política,* III, 9.
201. Fazemos referência aqui tão somente à primeira idade das cidades. Ver-se-á, na sequência, que em um período posterior a hereditariedade deixou de ser a regra. Em Roma a realeza nunca foi hereditária, o que se explica por ser Roma de fundação relativamente recente e datando de uma época em que a realeza era atacada e enfraquecida em toda parte.
202. Heródoto, I, 142-148. Pausânias, VII, 1-5.

Não foi, assim, a força que produziu os chefes e os reis nas cidades antigas. Não seria correto afirmar que o primeiro que nelas foi rei tenha sido um soldado bem-sucedido. A autoridade se originou, tal como diz formalmente Aristóteles, do culto do fogo público. A religião produziu o rei na cidade como produzira o chefe de família na casa. A crença, a incontestável e imperiosa crença, dizia que o sacerdote hereditário do fogo público era o depositário das coisas santas e o guardião dos deuses. Como hesitar na obediência a esse homem? Um rei era um ser sagrado, βασιλεῖς ἱεροί, diz Píndaro. Via-se nele não realmente um deus, mas, ao menos, "o homem mais poderoso para conjurar a cólera dos deuses",[203] o homem sem o socorro do qual nenhuma oração era eficaz, nenhum sacrifício era aceito.

Essa realeza semirreligiosa e semipolítica se estabeleceu em todas as urbes desde a origem destas, sem esforços por parte dos reis, sem resistência por parte dos súditos. Não vemos na origem dos povos antigos as flutuações e as lutas que caracterizam a penosa criação das sociedades modernas. Estamos cientes de quanto tempo foi necessário, após a queda do Império Romano, para redescobrir as regras de uma sociedade regular. A Europa contemplou, durante séculos, vários princípios ideológicos opostos disputarem o governo dos povos e os povos se recusarem, por vezes, a toda organização social. Não é possível contemplar tal espetáculo nem na antiga Grécia nem na antiga Itália, já que sua história não começa por conflitos, as revoluções só tendo eclodido no fim. No que diz respeito a essas populações, a sociedade se formou lentamente, demoradamente, por estágios, passando da família à tribo e da tribo à cidade, porém sem abalos e sem lutas. A realeza estabeleceu-se de forma completamente natural, primeiramente dentro da família, posteriormente dentro da cidade. Não foi concebida pela ambição de alguns, mas nasceu de uma necessidade que se manifestou aos olhos de todos. Por longos séculos foi pacífica, honrada e obedecida. Os reis prescindiam da força material. Não dispunham nem de exército nem de finanças, mas, sustentados por crenças que exerciam poder sobre as almas, a autoridade deles se mantinha santa e inviolável.

Mais tarde, uma revolução, da qual trataremos alhures, eliminará a realeza em todas as urbes. Mas a realeza, ao cair, não deixou nenhum ódio no coração dos homens. Este desprezo misturado a rancor que se prende ordinariamente às grandezas aniquiladas jamais a feriu. Por mais decaída que estivesse, o respeito e a afeição dos homens permaneceram ungidos à sua memória. Observou-se

---

203. Sófocles, *Édipo Rei*, 34.

mesmo na Grécia algo que não é muito comum na história, a saber, nas urbes onde a família real não se extinguiu, não somente esta não foi expulsa, como os próprios homens que a haviam deposto do poder continuaram a honrá-la. Em Éfeso, em Marselha, em Cirene, a família real, despojada de seu poder, prosseguiu cercada do respeito dos povos e conservou até o título e as insígnias da realeza.[204]

Os povos estabeleceram o regime republicano, contudo o nome de rei, longe de se converter em uma injúria, permaneceu um título venerado. Tem-se o hábito de afirmar que essa palavra era odiosa e desprezada – erro singular! Os romanos a utilizavam referindo-se aos deuses em suas orações. O fato de os usurpadores não terem ousado jamais tomar esse título não significava que fosse odioso, antes que fosse sagrado.[205] Na Grécia, a monarquia foi inúmeras vezes restabelecida nas urbes, mas os novos monarcas jamais acreditaram no direito de se fazerem chamar reis, contentando-se em ser chamados de tiranos.[206-207] O que distinguia estes dois nomes não era a quantidade maior ou menor de qualidades morais encontradas no soberano; não se chamava um bom príncipe de rei e um mau de tirano – era mormente a religião que os distinguia um do outro. Os reis primitivos haviam desempenhado as funções de sacerdotes e detido a autoridade do fogo público; os tiranos da época posterior não passavam de chefes políticos, devendo seu poder tão somente à força ou à eleição.

---

204. Estrabão, XIV, 1, 3: Καὶ ἔτι νῦν οἱ ἐκ τοῦ γένους Ἀνδρόκλου ὀνομάζονται βασιλεῖς ἔχοντες τινὰς τιμὰς, προεδρίαν ἐν ἀγῶσι καὶ πορφύραν ἐπίσημον τοῦ βασιλικοῦ γένους, σκίπωνα ἀντὶ σκήπτρου, καὶ τὰ ἱερὰ τῆς Δήμητρος. Ateneu, XIII, 36, p. 576.
205. Tito Lívio, III, 39: *Nec nominis (regii) homines tum pertaesum esse, quippe quo Jovem appellari fas sit, quod sacris etiam ut solemne retentum sit.* – Sanctitus regum (Suetônio, *Julius*, 6),
206. τύραννος, senhor todo-poderoso, senhor absoluto (referindo-se primordialmente de maneira restrita aos deuses e ao *amor*); posteriormente, a palavra adquire o significado nitidamente político de alguém que usurpa o poder absoluto em um Estado livre. (N.T.)
207. Cícero, *De rep.*, I, 33: *Cur enim regem appellem, Jovis Optimi nomine, hominem dominandi cupidum aut populo oppresso dominantem, non tyrannum potius?*

CAPÍTULO X

O MAGISTRADO

A confusão da autoridade política e do sacerdócio concentrada no mesmo personagem não foi interrompida conjuntamente com a realeza. A revolução que estabeleceu o regime republicano não separou funções cuja mistura parecia sumamente natural, sendo então a lei fundamental da sociedade humana. O magistrado que substituiu o rei foi, como este último, um sacerdote, ao mesmo tempo que um chefe político.

Por vezes, esse magistrado anual conservou o título sagrado de rei.[208] Ademais, o nome de prítane, que lhe foi conservado, indicava sua principal função.[209] Em outras urbes, o título de arconte prevaleceu. Em Tebas, por exemplo, o primeiro magistrado foi chamado por esse nome. E o que Plutarco diz referindo-se a essa magistratura mostra que diferia pouco de um sacerdócio. Esse arconte, durante o exercício de seu cargo, devia usar uma coroa,[210] tal como convinha a um sacerdote. A religião o proibia de deixar crescer os cabelos e carregar consigo qualquer objeto de ferro, prescrições que o faziam assemelhar-se um pouco aos flâmines romanos. A urbe de Plateias possuía também um arconte, e a religião desta cidade ordenava que durante todo o período de sua magistratura ele se vestisse de branco,[211] ou seja, da cor sagrada.

Os arcontes atenienses, no dia em que assumiam o cargo, subiam à acrópole, a cabeça coroada de mirto, e ofereciam um sacrifício à divindade políada.[212] Usavam, igualmente, no exercício de suas funções, uma coroa de folhas à cabeça.[213] Ora, é certo que a coroa, que se tornou no decorrer do tempo e

---

208. Em Megara, na Samotrácia. Tito Lívio, XLV, 5. Boeckh, *Corp. inscr. gr.*, n. 1052.
209. Píndaro, *Nemeanas*, XI.
210. Plutarco, *Quest. rom.*, 40.
211. Plutarco, *Aristides*, 21.
212. Tucídides, VIII, 70. Apolodoro, *Fragm.* 21 (col. Didot, t. I, p. 432).
213. Demóstenes, *in Midiam*, 33. Ésquines, *in Timarch.*, 19.

permaneceu como o emblema do poder, não passava então de um emblema religioso, um sinal exterior que acompanhava a oração e o sacrifício.[214] Entre esses nove arcontes, aquele a que se chamava Rei era, principalmente, o chefe da religião; contudo, cada um de seus colegas também tinha alguma função sacerdotal a cumprir, algum sacrifício a oferecer aos deuses.[215]

Os gregos tinham uma expressão genérica para designar os magistrados. Diziam οἱ ἐν τέλει, o que significa literalmente "aqueles que estão incumbidos de realizar o sacrifício":[216] velha expressão que indica a ideia que se fazia primitivamente do magistrado. Píndaro diz em relação a esses personagens que pelas oferendas que fazem no fogo público asseguram a salvação da cidade.

Em Roma, o primeiro ato do cônsul era realizar um sacrifício no *forum*. Vítimas eram conduzidas à praça pública. Declaradas dignas de serem oferecidas pelo pontífice, o cônsul as imolava com suas mãos, enquanto um arauto ordenava um silêncio religioso à multidão e um flautista fazia soar a melodia sagrada.[217] Poucos dias depois, o cônsul se dirigia a Lavínio, de onde se originavam os Penates romanos, e oferecia ainda um sacrifício.

Quando examinamos atentamente o caráter do magistrado entre os antigos, constatamos quão pouco ele se parece com os chefes de Estado das sociedades modernas. Sacerdócio, justiça e comando confundem-se em sua pessoa. Ele representa a cidade, que é tanto uma associação religiosa quanto política. Tem em suas mãos os auspícios, os ritos, a oração, a proteção dos deuses. Um cônsul é algo que ultrapassa o homem, é o intermediário entre o homem e a divindade. À sua fortuna está associada a fortuna pública. Ele é como o gênio tutelar da cidade. A morte de um cônsul é *funesta* à república.[218] Quando o cônsul Cláudio Nero abandona seu exército para correr em socorro de seu colega, Tito Lívio nos mostra como Roma se alarmava com a sorte desse exército, já que, privado de seu chefe, o exército estaria, ao mesmo tempo, privado da proteção celeste; com o cônsul partiam os auspícios, ou seja, a religião e os deuses.[219]

---

214. A coroa era usada nos coros e nas procissões. Plutarco, *Nícias*, 3; *Phocion*, 37. Cícero, *in Verr.*, IV, 50.
215. Pólux, VIII, c. IX, n. 89 e 90; Lísias, *in Andoc.*, 4.
216. A expressão οἱ ἐν τέλει ou τὰ τέλη foi assim empregada tanto para designar os magistrados de Esparta quanto os de Atenas. Tucídides, I, 58; II, 10; III, 36; IV, 65; VI, 88; Xenofonte, *Agesilau*, I, 36; *Helen.*, VI, 4, 1. Comparar com: Heródoto, I, 133; III, 18; Ésquilo, *Pers.*, 204; *Agam.*, 1202; Eurípides, *Trach.*, 238.
217. Cícero, *De lege agr.*, II, 34. Tito Lívio, XXI, 63; IX, 8; XLI, 10. Macróbio, *Saturn.*, III, 3.
218. Tito Lívio, XXVII, 40.
219. Tito Lívio, XXVII, 44: *Castra relicta sine imperio, sine auspicio.*

As outras magistraturas romanas que constituíram, de qualquer maneira, membros sucessivamente separados do consulado, reuniram tal como ele atribuições sacerdotais e políticas. Presenciava-se, em certos dias, o censor, coroa na cabeça, oferecer um sacrifício em nome da cidade e ferir com sua própria mão a vítima. Os pretores, os *edis curuis*, presidiam às festas religiosas.[220] Não havia magistrado que não tivesse algum ato sagrado para realizar, visto que segundo o pensamento antigo toda autoridade devia ter algum aspecto religioso.

Os tribunos da plebe eram os únicos que não estavam encarregados de realizar sacrifício algum, motivo pelo qual não se contavam entre os verdadeiros magistrados. Veremos na sequência que a autoridade deles era de uma natureza inteiramente excepcional.

O caráter sacerdotal que se atribuía ao magistrado é mostrado principalmente na maneira pela qual ele era eleito. Aos olhos dos antigos, não parecia que os sufrágios dos homens fossem suficientes para instituir o chefe da cidade. Enquanto durou a realeza primitiva, pareceu natural que tal chefe fosse determinado pelo nascimento em virtude da lei religiosa que prescrevia que o filho sucedesse ao pai em todo sacerdócio; o nascimento parecia revelar suficientemente a vontade dos deuses. Quando as revoluções suprimiram em toda parte essa realeza, parece que os homens buscaram, para substituição da sucessão por hereditariedade, um modo de eleição que os deuses não reprovassem. Os atenienses, tal como muitos povos gregos, não encontraram melhor forma para isso que o sorteio. É importante que não se faça uma ideia falsa deste procedimento, a partir do qual constituiu-se uma matéria de acusação contra a democracia ateniense, e para tanto é mister que penetremos no pensamento dos antigos. Para eles, a sorte não era o acaso; a sorte era a revelação da vontade divina. Do mesmo modo que se comparecia aos templos com a finalidade de surpreender os segredos do alto, a cidade ia ao templo para escolher o seu magistrado. Estava-se persuadido que os deuses designavam o mais digno, fazendo seu nome sair da urna. Platão expressava o pensamento dos antigos quando dizia: "Do homem designado pela sorte dizemos que é querido à divindade e achamos justo que ele governe. Para todas as magistraturas que tocam às coisas sagradas, deixando à divindade a escolha daqueles que a agradam, confiamo-nos à sorte". A cidade acreditava assim receber seus magistrados dos deuses.[221]

---

220. Varrão, *L.L.*, VI, 54, Ateneu, XIV, 79.
221. Platão, *As Leis*, III, p. 690; VI, p. 759. Os historiadores modernos conjeturaram que o sorteio tenha sido uma invenção da democracia ateniense e que deve ter havido um tempo em que

No fundo e sob aspectos diferentes, as coisas se passavam do mesmo modo em Roma. A designação do cônsul não devia dizer respeito aos homens. A vontade ou o capricho do povo não tinha o poder de criar legitimamente um magistrado. Eis, portanto, como o cônsul era escolhido. Um magistrado em exercício, isto é, um homem que já era detentor do caráter sagrado e dos auspícios, indicava entre os dias fastos aquele no qual o cônsul devia ser nomeado. Durante a noite que precedia esse dia, ele ficava em vigília ao ar livre,

---

os arcontes eram eleitos pela χειροτονία. Trata-se de uma pura hipótese que não conta com o apoio de texto algum. Os textos, ao contrário, indicam que o sorteio, κλῆρος, τῷ κυάμῳ λαχεῖν, é muito antigo. Plutarco, que escreveu a vida de Péricles segundo historiadores contemporâneos como Estesimbrote, diz que Péricles jamais foi um arconte porque esta dignidade era atribuída por sorteio desde a mais distante antiguidade, ἐκ παλαιοῦ (Plutarco, *Péricles*, 9). Demétrio de Falero, que escreveu obras sobre a legislação de Atenas e, em particular, sobre o arcontado, asseverava formalmente que Aristides fora arconte por sorteio (Demétrio, citado por Plutarco, *Aristides*, 1). É verdade que Idomeneu de Lâmpsaco, escritor posterior, afirmava que Aristides fora conduzido a tal cargo pela escolha de seus concidadãos; mas Plutarco, que relata esta asserção (*ibidem*), acrescenta que, se nela há exatidão, é preciso entender que os atenienses fizeram uma exceção a favor do mérito eminente de Aristides. Heródoto, VI, 109, mostra muito bem que, no tempo da batalha de Maratona, os nove arcontes e, em seu meio, o polemarca, eram nomeados por sorteio. Demóstenes, *in Leptinem*, 90, cita uma lei da qual se infere que no tempo de Sólon já era a sorte que designava os arcontes. Enfim, Pausânias, IV, 5, dá a entender que o arcontato anual com sorteio sucedeu imediatamente ao arcontato decenal, ou seja, em 683. Sólon, é verdade, foi escolhido por ser arconte, ᾑρέθη ἄρχων; Aristides, talvez o tenha sido também; porém, nenhum texto deixa implícito que a eleição como regra tenha jamais existido. O sorteio parece ser tão antigo quanto o próprio arcontato, ao menos é o que devemos pensar na ausência de textos em contrário. Ademais, não constituía um procedimento democrático. Demétrio de Falero diz que no tempo de Aristides só se fazia o sorteio entre as famílias mais ricas, ἐκ τῶν γενῶν τῶν τὰ μέγιστα τιμήματα ἐχόντων. Antes de Sólon, só se fazia o sorteio entre os eupátridas. Mesmo no tempo de Lísias e Demóstenes, os nomes de todos os cidadãos não eram colocados dentro da urna (Lísias, *De invalido*, 13; *in Andocidem*, 4; Isócrates, Περὶ ἀντιδόσεως, 150). Não se conhece bem as regras desse sorteio que, aliás, era confiado aos tesmótetas em exercício; tudo o que se pode afirmar é que em nenhuma época os textos indicam a prática da χειροτονία para os nove arcontes. Vale a pena observar que quando a democracia saiu vitoriosa, criou os estrategos*, outorgando-lhes toda a autoridade; no caso destes chefes, não pensou em praticar o sorteio, preferindo elegê-los por sufrágio; de maneira que ocorria sorteio para as magistraturas que datavam do período aristocrático, e eleição para aquelas que datavam do período democrático.

* στρατηγός, general, comandante do exército, chefe de expedição militar. Particularmente em Atenas, o *estratego* era uma espécie de ministro da guerra; originalmente eram dez estrategos, um para cada tribo, eleitos pelos cidadãos atenienses. Especificamente no tempo de Demóstenes, dois estrategos atuavam em período bélico, um responsável pelo comando das tropas de infantaria e o outro encarregado do comando das de cavalaria; os demais se mantinham em Atenas. A palavra *estratego* designou também o chefe a um tempo militar e civil das ligas aqueia e etólia e um alto funcionário nas cidades da Ásia Menor. O sentido essencial da palavra, entretanto, sempre diz respeito à ação de comandar um exército, ao posto ou dignidade de comandante do exército ou mesmo à aptidão e capacidade de comandar um exército, ou seja, στρατηγία. (N.T.).

o olhar fixo no céu, observando os sinais que os deuses enviavam, ao mesmo tempo em que pronunciava mentalmente o nome de alguns candidatos à magistratura. Se os presságios fossem favoráveis, significava que os deuses davam sua aprovação em relação aos candidatos. No dia seguinte, o povo se reunia no campo de Marte; o mesmo personagem que consultara os deuses presidia a assembleia. Dizia em voz alta os nomes dos candidatos a favor dos quais ele tomara os auspícios; se entre aqueles que pleiteavam o consulado houvesse alguém para quem os auspícios não tivessem sido favoráveis, ele omitia seu nome. A votação do povo se fazia unicamente em relação aos nomes pronunciados por esse presidente.[222] Se o presidente se limitava a pronunciar apenas dois nomes, o povo votava exclusivamente nestes dois candidatos; se nomeasse três, o povo realizava sua escolha entre esses três. A assembleia jamais tinha o direito de dirigir seus sufrágios a outros homens que não tivessem sido indicados pelo presidente, pois só estes últimos haviam sido contemplados com o favorecimento dos auspícios e só para eles o assentimento dos deuses fora assegurado.[223]

Tal modalidade de eleição, que foi escrupulosamente acatada nos primeiros séculos da República, explica algumas características da história romana, que à primeira vista nos causaram surpresa. Constata-se, por exemplo, com bastante frequência, que o povo demonstra quase unanimemente desejar conduzir dois

---

222. Valério Máximo, I, 1, 3. Plutarco, *Marcellus*, 5. Tito Lívio, IV, 7.
223. Estas regras do antigo direito público romano, as quais caíram em desuso nos derradeiros séculos da República, são confirmadas por numerosos textos. Dionísio, IV, 84, frisa bem que o povo se limita a votar nos nomes propostos pelo presidente dos comícios: ὁ Λουκρέτιος ἄνδρας αἱρεῖται δύο, Βροῦτον καὶ Κολλάτινον, καὶ ὁ δῆμος καλούμενος κατὰ λόχους ἐπεκύρωσε τοῖς ἀνδράσι τὴν ἀρχήν. Se algumas centúrias votavam em outros nomes, o presidente podia não considerar tais sufrágios; Tito Lívio, III, 21: *Consules edicunt ne quis L. Quinctium consulem faceret; si quis fecisset, se id suffragium non observaturos*. Tito Lívio, VII, 22: *Consules... rationem ejus se habituros negabant*. Este último fato pertence já ao ano 352 a.C., e o relato de Tito Lívio mostra que o direito do presidente era marcantemente desconsiderado desta feita pelo povo. Este direito, que a partir de então tornou-se letra morta, não foi, todavia, legalmente abolido, e mais de um cônsul, em seguida, ousou a ele recorrer. Aulo Gélio, VI, 9; *Fulvium pro tribu aedilem curulem renuntiaverunt; at aedilis qui comitia habebat negat accipere*; aqui o presidente, que é um simples edil, se nega a aceitar e computar os sufrágios. Ademais, o cônsul Pórcio declara que não aceitará um certo candidato, *non accipere nomen ejus* (Tito Lívio, XXXIX, 39). Valério Máximo, III, 8, 3, conta que por ocasião da abertura dos comícios se indagou ao presidente C. Pisão se, no caso em que os sufrágios do povo fossem para Lólio Palicano, o presidente o proclamaria eleito; Pisão responde que não o proclamará, *non renuntiabo*; e a assembleia então dirigiu seus votos para um outro candidato. Vemos em Vélio, II, 92, um presidente de comícios proibir um candidato de se apresentar, *profiteri vetuit*, e diante da insistência deste, declarar que mesmo que ele fosse eleito pelos votos de todo o povo, não reconheceria a votação. Ora, a proclamação do presidente, *renuntiatio*, era indispensável, não havendo eleição sem ela.

homens ao consulado, e que, contudo, não o consegue, visto que o presidente não tomou os auspícios sobre esses dois homens, ou os deuses não se mostraram favoráveis. Em contrapartida, vê-se diversas vezes o povo nomear para cônsules dois homens que abomina,[224] devido ao fato de o presidente ter pronunciado apenas dois nomes. Era forçoso que neles se votasse, já que a votação era expressa somente por um sim ou um não; cada sufrágio devia conter dois nomes próprios, sem que fosse possível escrever outros além dos designados. O povo ao qual eram apresentados candidatos que lhe fossem odiosos podia perfeitamente indicar sua indignação retirando-se do local sem votar, mas no recinto permaneciam sempre cidadãos suficientes para dar validade à votação.[225]

Diante disso, é possível avaliar o poder do presidente dos comícios, e não nos espantamos mais com a expressão consagrada, *creat consules,* que se aplicava, não ao povo, mas ao presidente dos comícios. Era mais em referência a ele do que ao povo que se podia dizer: é o criador dos cônsules, porque era ele que descobria a vontade dos deuses. E se não era ele que constituía os cônsules, ao menos era por meio dele que os deuses os constituíam. O poder do povo não ia além daquele da ratificação da eleição, no máximo o poder de escolher entre três ou quatro nomes, caso os auspícios se mostrassem igualmente favoráveis a três ou quatro candidatos.

Está fora de dúvida que tal procedimento foi bastante vantajoso para a aristocracia romana, porém nos enganaríamos se víssemos em tudo isso tão somente um ardil por ela concebido. Um tal ardil é inconcebível nos séculos em que tal religião era objeto de crença. Politicamente, era inútil nos primeiros tempos, visto que os patrícios detinham, então, a maioria no que concerne aos sufrágios. Poderia, até, voltar-se contra eles investindo-se um único homem detentor de um poder exorbitante. A única explicação que se pode atribuir a tais usos, ou melhor, a tais ritos eletivos é que todos acreditavam muito sinceramente que a escolha do magistrado não cabia ao povo, mas aos deuses. O homem que ia dispor da religião e da fortuna da cidade devia ser revelado pela voz divina.

A regra número um para a eleição de um magistrado é aquela que nos apresenta Cícero: "Que ele seja nomeado conforme os ritos".[226] Se, muitos meses depois, o senado era comunicado que algum rito fora descurado ou mal

---

224. Tito Lívio, II, 42; II, 43. Dionísio, VIII, 87.
225. Em Dionísio, VIII, 82, e Tito Lívio, II, 64, são encontrados dois exemplos disto.
226. Cícero, *De legibus,* III, 3: *Auspicia patrum sunto, ollique ex se produnto qui comitiatu creare consules rite possint.* Sabe-se que em *De legibus,* Cícero nada mais faz do que reproduzir e explicar as leis de Roma.

realizado, o próprio senado ordenava aos cônsules que abdicassem, e eles obedeciam. Os exemplos são copiosos; e se para dois ou três nos é permitido crer que o senado tenha então querido desembaraçar-se de um cônsul, por este ser inábil ou estúpido, na maioria dos casos, ao contrário, não podemos ver aí outro motivo senão um escrúpulo religioso.

É verdade que, quando o sorteio em Atenas ou os auspícios em Roma haviam designado o arconte ou o cônsul, havia uma espécie de prova mediante a qual se examinava o mérito do novo eleito.[227] Mas até isto irá nos mostrar o que a cidade desejava encontrar no seu magistrado; não buscava o homem mais corajoso para a guerra, o mais hábil ou o mais justo na paz, mas o mais amado dos deuses. Com efeito, o senado ateniense perguntava ao novo eleito se ele possuía um deus doméstico,[228] se fazia parte de uma fratria, se possuía um túmulo de família e se cumpria todos os seus deveres em relação aos mortos.[229] Por que estas questões? Porque aquele que não tinha um culto familiar não devia participar do culto nacional e não se achava apto a realizar os sacrifícios em nome da cidade. Aquele que se descuidava do culto de seus mortos ficava exposto às suas terríveis cóleras, sendo também perseguido por inimigos invisíveis. Seria uma temeridade que a cidade confiasse sua fortuna a um tal homem. A cidade desejava que o novo magistrado fosse, segundo a expressão de Platão, de uma família pura.[230] É que se um dos ancestrais tivesse perpetrado um desses atos que feriam a religião, o fogo doméstico teria sido maculado para sempre, sendo os descendentes abominados pelos deuses. Tais eram as principais perguntas que eram dirigidas àquele que ia ser magistrado. Parece que não havia qualquer preocupação quanto ao seu caráter ou à sua inteligência. Era preciso assegurar-se, sobretudo, que estivesse apto a cumprir as funções sacerdotais e que a religião da cidade não ficasse comprometida em suas mãos. Este tipo de exame parece ter sido empregado também em Roma.

---

227. Δοκιμασία ου ἀνάκρισις ἀρχόντων. As diversas questões que eram colocadas neste exame se acham enumeradas em Dinarca, in Aristogitonem, 17-18, e em Pólux, VIII, 85-86. Cf. Licurgo, Fragm. 24 e Harpocration, v. Ἑρκεῖος.
228. Εἰ φράτορές εἰσὶν αὐτῷ καὶ βωμοὶ Διὸς ἑρκείου καὶ Ἀπόλλωνος πατρῴου (Dinarca em Harpocration). Εἰ Ἀπόλλων ἐστὶν αὐτοῖς πατρῷος καὶ Ζεὺς ἑρκεῖος (Pólux, VIII, 85).
229. Εἰ ἡρία πατρῷα ἐστί (Dinarca, in Aristog., 17-18). Perguntava-se também ao arconte se executara todas as campanhas para as quais fora ordenado e se pagara todos os impostos.
230. Platão, As Leis, VI, p. 759: Ὡς ὅτι μάλιστα ἐκ τῶν καθαρευουσῶν οἰκήσεων. Por motivos análogos, afastava-se do arcontado todo homem enfermo ou disforme (Lísias, De invalido, 13), visto que um defeito físico, sinal da má vontade dos deuses, tornava um homem indigno de cumprir qualquer sacerdócio, e consequentemente de exercer qualquer magistratura.

É verdade que não dispomos de nenhuma informação acerca das questões às quais o cônsul devia responder, mas sabemos, ao menos, que esse exame era feito pelos pontífices, e podemos perfeitamente crer que só se referia à aptidão religiosa do magistrado.[231]

---

231. Dionísio, II, 73: Οἱ ποντίφικες... τὰς ἀρχὰς ἁπάσας ἐξετάζουσι. É ocioso informar que nos últimos séculos da República esse exame, supondo-se que ainda fosse feito, seria mera formalidade.

CAPÍTULO XI

A LEI

Entre os gregos e entre os romanos, e também entre os hindus, a lei foi, de início, uma parte da religião. Os antigos códigos das cidades constituíam um conjunto de ritos, de preceitos litúrgicos, de orações, e, ao mesmo tempo, de disposições legislativas. As regras do direito de propriedade e do direito sucessório apresentavam-se esparsas em meio às regras relativas aos sacrifícios, ao sepultamento e ao culto dos mortos.

O que nos restou das mais antigas leis romanas, que eram chamadas de leis reais, se aplica com frequência tanto ao culto quanto às relações da vida civil. Uma delas proibia à mulher culpada a aproximação dos altares; outra proibia que fossem servidos certos alimentos nos repastos sagrados; uma terceira indicava qual a cerimônia que um general vitorioso devia realizar ao entrar na urbe. O código das Doze Tábuas, embora mais recente, continha ainda prescrições minuciosas sobre os ritos religiosos da sepultura. A obra de Sólon era ao mesmo tempo um código, uma constituição e um ritual; aí eram regulamentadas a ordem dos sacrifícios e o preço das vítimas tanto quanto os ritos das núpcias e o culto dos mortos.

Cícero, no seu tratado das Leis, traça o plano de uma legislação que não é na sua totalidade imaginária. Tanto no teor quanto na forma de seu código, ele imita os antigos legisladores. Ora, eis as primeiras leis que ele escreve: "Que ninguém se aproxime dos deuses exceto com as mãos puras; que se conserve os templos dos pais e a morada dos Lares domésticos; que os sacerdotes não empreguem nos repastos sagrados senão os alimentos prescritos; que se renda aos deuses Manes o culto que lhes é devido". Certamente, o filósofo romano pouco se preocupava com essa velha religião dos Lares e dos Manes, mas traçava um código à imagem dos códigos antigos e se acreditava compelido a nele inserir as regras do culto.

Em Roma, reconhecia-se como verdade que não era possível ser um bom pontífice se não se conhecesse o direito,[232] e reciprocamente, que não era possível conhecer o direito sem conhecer a religião. Por muito tempo, os pontífices foram os únicos jurisconsultos. Como não havia quase nenhum ato da vida que não tivesse alguma relação com a religião, resultava que quase tudo era submetido às decisões desses sacerdotes, e que eles se considerassem os únicos juízes competentes para uma quantidade infinita de processos. Todas as contestações relativas ao casamento, ao divórcio, aos direitos civis e religiosos das crianças eram levadas ao tribunal deles. Julgavam tanto o incesto quanto o celibato. Como a adoção se relacionava com a religião, só podia ocorrer com o assentimento do pontífice. Fazer um testamento significava transgredir a ordem que a religião estabelecera para a sucessão dos bens e a transmissão do culto, de modo que o testamento devia, originariamente, ser autorizado pelo pontífice. Como os limites de toda propriedade eram demarcados pela religião, desde que dois vizinhos estavam em litígio, deviam discursar perante o pontífice ou perante os sacerdotes aos quais se chamava irmãos arvais.[233] Tal a razão porque os mesmos homens eram pontífices e jurisconsultos – o direito e a religião constituíam uma unidade.[234]

Em Atenas, o primeiro arconte e o Rei detinham aproximativamente as mesmas atribuições judiciárias do pontífice romano. O arconte tinha a missão de zelar em perpetuidade pelos cultos domésticos[235] e o Rei, muito semelhante ao pontífice de Roma, detinha a direção suprema da religião da cidade. Assim, o primeiro julgava todos os debates que diziam respeito ao direito familiar, e o segundo lidava com todos os delitos que atingiam a religião.[236]

O processo de produção das leis antigas se revela com clareza. Não se trata de um homem que as inventou. Sólon, Licurgo, Minos, Numa puderam expressar por escrito as leis de suas cidades, mas não foram eles que as fizeram. Se entendermos por legislador um homem que cria um código graças ao poder de seu gênio e que o impõe aos outros homens, não houve tal legislador entre os antigos. Do mesmo modo, a lei antiga não saiu dos votos do povo.

---

232. Cícero, *De legibus*, II, 19: *Pontificem neminem bonum esse nisi qui jus civile cognoscit*.
233. Cícero, *De legibus*, II, 9, 19, 20, 21; *De aruspic. resp.*, 7; *Pro domo*, 12, 14. Dionísio, II, 73. Tácito, *Annales*, I, 10; *Hist.*, I, 15. Dion Cássio, XLVIII, 44. Plínio, *Hist. nat.*, XVIII, 2. Aulo Gélio, V, 19; XV, 27. Pompônio no *Digesto*, *De origine juris*.
234. Do que é oriunda esta velha definição que os jurisconsultos conservaram até Justiniano: *Jurisprudentia est rerum divinarum atque humanarum notitia*.
235. Iseu, *De Apollod. hered.*, 30.
236. Pólux, VIII, 90. Andócides, *De mysteriis*, 111.

A ideia de que o número dos sufrágios podia produzir uma lei só surgiu muito tardiamente nas cidades, e apenas depois que duas revoluções as haviam transformado. Até então, as leis se apresentavam como algo antigo, imutável e venerável. Tão velhas quanto a própria cidade, foi o fundador que as *estabeleceu* ao mesmo tempo que *estabelecia* o fogo público, *moresque viris et moenia ponit*. Instituiu-as ao mesmo tempo que instituía a religião. Mas, ainda assim, não se pode dizer que ele próprio as concebeu. Quem foi, então, seu verdadeiro autor? Quando nos referimos páginas atrás à organização da família e das leis gregas ou romanas que regulamentam a propriedade, a sucessão, o testamento, a adoção, pudemos observar o quanto essas leis correspondiam com exatidão às crenças das antigas gerações. Se confrontarmos essas leis com a equidade natural, as veremos amiúde em contradição com ela, e parece bastante evidente que não é na noção do direito absoluto e no sentimento do justo que deveremos buscá-las. Mas se confrontarmos essas mesmas leis com o culto dos mortos e do fogo-lar, se as compararmos com as diversas prescrições dessa religião primitiva, reconheceremos que celebram com tudo isto um acordo perfeito.

O homem não se pôs a estudar sua consciência e disse: isto é justo, isto não é. Não foi assim que nasceu o direito antigo. Contudo, o homem acreditava que o fogo sagrado, em virtude da lei religiosa, passava de pai para filho; disto resultou ser a casa um bem hereditário. O homem que sepultara seu pai no seu campo acreditava que o espírito do morto assumia para sempre a posse desse campo e reclamava de sua posteridade um culto perpétuo, do que resultou que o campo, domínio do morto e local de sacrifícios, se tornou a propriedade inalienável de uma família. A religião declarava: o filho continua o culto, não a filha, e a lei declarou com a religião: o filho herda, a filha não herda, o sobrinho por linhagem masculina herda, o sobrinho por linhagem feminina não herda. Eis como a lei foi produzida. Apresentou-se espontaneamente, por si própria, sem necessidade que a procurássemos. Era a consequência direta e necessária da crença; era a própria religião sendo aplicada às relações dos homens entre si.

Os antigos afirmavam que suas leis eram oriundas dos deuses. Os cretenses atribuíam as suas não a Minos, mas a Júpiter; os lacedemônios acreditavam que seu legislador não era Licurgo, mas Apolo. Os romanos diziam que Numa escrevera o que fora ditado por uma das divindades mais poderosas da Itália antiga, a deusa Egéria. Os etruscos haviam recebido suas leis do deus Tagés. Encontramos verdade em todas estas tradições. O verdadeiro legislador entre os antigos não foi o homem, mas a crença religiosa que o homem possuía em si.

As leis permaneceram durante muito tempo como uma coisa sagrada. Mesmo na época em que se admite que a vontade de um homem ou os sufrágios de um povo podiam produzir uma lei, ainda era necessário que a religião fosse consultada e que fosse, ao menos, consensual. Em Roma, não se acreditava que a unanimidade dos votos fosse suficiente para que houvesse uma lei: era indispensável ainda que a decisão do povo fosse aprovada pelos pontífices e que os áugures atestassem o favorecimento dos deuses em relação à lei proposta.[237] Em um certo dia que os tribunos da plebe desejavam que uma lei fosse adotada por uma assembleia das tribos, um patrício lhes disse: "Que direito tendes vós de produzir uma nova lei ou tocar nas leis existentes? Vós que não dispondes dos auspícios, vós que em vossas assembleias não realizais atos religiosos, que tendes de comum com a religião e todas as coisas sagradas, entre as quais está incluída a lei?".[238]

Daí se entende o respeito e o apego que os antigos conservaram por muito tempo por suas leis. Nelas não viam uma obra humana. Tinham uma origem santa. Não se trata de expressão vazia quando Platão diz que obedecer às leis é obedecer aos deuses. Ele se limita a exprimir o pensamento grego quando no *Críton* mostra Sócrates entregando sua vida porque as leis a exigem dele. Antes de Sócrates, foi escrito sobre o rochedo das Termópilas: "Viajante, vá dizer a Esparta que morremos aqui para obedecer às suas leis". A lei entre os antigos foi sempre santa; no tempo da realeza, era a rainha dos reis; no tempo das repúblicas, foi a rainha dos povos. Desobedecê-la era um sacrilégio.

Em princípio, sendo a lei divina, era imutável. Deve-se salientar que as leis jamais eram revogadas. Podia-se certamente produzir novas, porém as antigas subsistiam sempre, a despeito de qualquer contradição que houvesse entre elas. O código de Drácon não foi abolido pelo de Sólon,[239] nem as Leis Reais pelas Doze Tábuas. A pedra onde a lei era gravada era inviolável; quando muito, os menos escrupulosos se acreditavam no direito de revirá-la. Este princípio foi a causa principal da grande confusão que se observa no direito antigo. Leis que se opõem e de diferentes épocas se acham associadas, e todas elas tinham direito

---

237. Dionísio, IX, 41: Τὰς φρατριαρχικὰς ψηφηφορίας ἔδει, προβουλευσαμένης τῆς βουλῆς, καὶ τοῦ πλήθους κατὰ φρατρίας τὰς ψήρους ἐπενέγκαντος, καὶ μετ' ἀμφότερα ταῦτα τῶν παρὰ τοῦ Δαιμονίου σημείων καὶ οἰωνῶν μηδὲν ἐναντιωθέντων, τότε κυρίας εἶναι. Esta regra, muito rigorosamente observada no primeiro século da República, desapareceu mais tarde ou foi suprimida.
238. Dionísio, X, 4; Τίνος ὑμῖν μέτεστι τῶν ἱερῶν, ὧν ἕν τι καὶ νόμος ἦν. Cf. Tito Lívio, III, 41: *Nec plebem nec tribunos legem ferre posse.*
239. Andócides, *De mysteriis*, 82: Ἔδοξε τῷ δήμῳ, Τισάμενος εἶπε, πολιτεύεσθαι Ἀθηναίους κατὰ τὰ πάτρια, νόμοις δὲ χρῆσθαι τοῦ Σόλωνος, χρῆσθαι δὲ καὶ τοῖς Δράκοντος θεσμοῖς, οἷσπερ ἐχρώμεθα ἐν τῷ πρόσθεν χρόνῳ. Cf. Demóstenes, *in Evergum*, 71; *in Leptinem*, 158. Pólux, IX, 61. Aulo Gélio, XI, 18: *Draconis leges, quoniam videbantur acerbiores, non decreto jussoque, sed tacito, illiteratoque Atheniensium consensu obliteratae sunt.*

ao acatamento. Vê-se, em um discurso de Iseu, dois homens disputarem uma herança – cada um deles alega uma lei a seu favor e estas duas leis são absolutamente contrárias e igualmente sagradas. Assim, o Código de Manu mantém a antiga lei que estabelece o direito de primogenitura, fazendo constar também uma outra que prescreve a partilha igual entre os irmãos.

A lei antiga jamais fazia considerandos. Para que necessitaria tê-los? Não precisava dar suas razões: existia por ter sido feita pelos deuses. Não é discutível, impõe-se. É uma obra de autoridade; os homens a obedecem porque têm fé nela.

Em um período que abrangeu muitas gerações, as leis não eram escritas, sendo transmitidas de pai para filho com a crença e a fórmula de oração. Constituíam uma tradição sagrada que se perpetuava em torno do fogo da família ou do fogo da cidade.

No dia em que se começou a escrevê-las, foi nos livros sagrados que se as consignou, nos rituais, em meio de orações e cerimônias. Varrão cita uma lei antiga da urbe de Túsculo e ele acrescenta que a leu nos livros sagrados dessa urbe.[240] Dionísio de Halicarnasso, que consultara os documentos originais, diz que em Roma, antes da época dos decênviros, as poucas leis escritas existentes se achavam nos livros sagrados.[241] Mais tarde, a lei saiu dos rituais, passou a ser escrita à parte, mas o uso de dispô-la em um templo perdurou, e os sacerdotes conservaram sua guarda.

Escritas ou não, essas leis eram sempre formuladas em sentenças curtas, que se pode comparar, do ponto de vista da forma, aos versículos do livro de Moisés e aos çlocas do livro de Manu. Há, inclusive, probabilidade que as palavras da lei fossem ritmadas.[242] Aristóteles afirma que, antes do advento das leis escritas, elas eram cantadas.[243] Disso restam reminiscências na língua, pois os romanos chamavam as leis de *carmina*,[244] que significa versos, e os gregos diziam νόμοι, que quer dizer cantos.[245]

Esses velhos versos eram textos invariáveis. Mudar uma só letra deles, deslocar uma palavra, alterar-lhes o ritmo seria destruir a própria lei, destruindo a forma sagrada sob a qual ela era revelada aos homens. A lei era como a oração,

---

240. Varrão, *De ling. lat.*, VI, 16.
241. Dionísio, X, 1: Ἐν ἱεραῖς βίβλοις ἀποκείμενα.
242. Eliano, *H. V.*, II, 39.
243. Aristóteles, *Probl.*, XIX, 28.
244. Tito Lívio, I, 26: *Lex horrendi carminis erat.*
245. Νέμω, dividir; νόμος, divisão, medida, ritmo, canto; ver Plutarco, *De musica*, p. 1133; Píndaro, *Pyth.*, XII, 41; *Fragm.*, 190 (ed. Heyne). Escoliasta de Aristófanes, *Chev.*, 9: Νόμοι καλοῦνται οἱ εἰς θεοὺς ὕμνοι.

a qual somente era agradável à divindade se fosse recitada com precisão e que se tornava ímpia caso uma única palavra dela fosse mudada. No direito primitivo, o exterior, a letra é tudo; não se trata de buscar o sentido ou o espírito da lei. A lei não vale pelo princípio moral nela contido, mas pelas palavras que sua fórmula encerra. Sua força reside nas palavras sagradas que a compõem.

Entre os antigos e sobretudo em Roma, a ideia do direito era inseparável do emprego de certas palavras sacramentais. Caso se tratasse, por exemplo, da obrigação para contratar, um dos contratantes devia dizer: *Dari spondes?*, o outro devendo responder: *Spondeo*. Se estas palavras não fossem pronunciadas, não havia contrato. Em vão, o credor viria a reclamar o pagamento da dívida – o devedor não lhe deveria nada, visto que o que obrigava o homem nesse direito antigo não era a consciência nem o senso de justiça, mas a fórmula sagrada. Essa fórmula, pronunciada entre dois homens, estabelecia entre eles um vínculo de direito. Onde não existia fórmula, não existia direito.

As formas bizarras do antigo processo romano não nos surpreenderão se pensarmos que o direito antigo era uma religião, a lei um texto sagrado, a justiça um conjunto de ritos. O demandista procede mediante a lei, *agit lege*. Pelo enunciado da lei, ele agarra o adversário. Mas que se acautele, pois para ter a lei a seu favor é preciso conhecer os termos e pronunciá-los com precisão. Se ele trocar as palavras, não existirá mais lei e esta não poderá vir em sua defesa. Gaio conta a história de um homem cujo vizinho tinha cortado suas videiras, fato que se repetia. Ele declarou a lei, mas, em lugar de pronunciar árvores como ordenava a lei, pronunciou videiras, com o que perdeu o processo.[246]

O enunciado da lei não bastava. Era indispensável, também, um acompanhamento de signos exteriores, que eram como os ritos dessa cerimônia religiosa que se chamava de contrato ou se chamava de processo na justiça. É por isso que para toda venda mister se fazia utilizar o pedaço de cobre e a balança, que para comprar um objeto era preciso tocá-lo com a mão, *mancipatio*; que, se uma propriedade era disputada, havia um combate fictício, *manuum consertio*. Daí as formas de alforria, as de emancipação, as de ação na justiça e toda a pantomima do processo.

Visto que a lei fazia parte da religião, participava do caráter misterioso de toda essa religião das cidades. As fórmulas da lei eram mantidas secretas como as do culto; ocultadas do estrangeiro, também o eram até do plebeu, isto não porque os patrícios houvessem calculado que gozariam de uma grande força

---

246. Gaio, *Instit.*, IV, 11.

com a posse exclusiva das leis, mas porque a lei, por sua origem e natureza, pareceu durante muito tempo um mistério ao qual não se podia ser iniciado a não ser que já se o tivesse sido previamente no culto nacional e no culto doméstico.

A origem religiosa do direito antigo nos explica ainda uma das principais características desse direito. A religião era puramente *civil*, ou seja, especial de cada cidade; dela só podia assim derivar um direito *civil*. Contudo, é importante distinguir o sentido que tal palavra tinha entre os antigos. Quando diziam que o direito era civil, *jus civile*, νόμοι πολιτικοί, não entendiam somente que cada cidade possuía seu código, como nos nossos dias cada Estado possui o seu. Queriam dizer que suas leis só tinham valor e aplicabilidade entre os membros de uma mesma cidade. Não bastava habitar uma urbe para estar submetido às suas leis e ser por estas protegido: era necessário ser cidadão dela. A lei não existia para o escravo como não existia para o estrangeiro. Veremos na sequência que o estrangeiro, domiciliado em uma urbe, nesta não podia ser nem proprietário, nem herdeiro, nem testar, nem celebrar contrato de espécie alguma, nem comparecer perante o tribunal ordinário dos cidadãos. Em Atenas, se se achassse na condição de credor de um cidadão, não podia demandá-lo em justiça para obter o pagamento de sua dívida, a lei não reconhecia nenhum contrato válido para ele.

Tais disposições do antigo direito detinham uma perfeita lógica. O direito não se originava da ideia de justiça, mas da religião, não sendo concebido independentemente dela. Para que houvesse uma relação de direito entre dois homens, era necessário que já houvesse entre eles uma relação religiosa, isto é, que participassem do culto de um mesmo fogo público e dos mesmos sacrifícios. Quando entre dois homens não existia essa comunidade religiosa, parecia não ser possível existir qualquer relação de direito. Ora, nem o escravo nem o estrangeiro participavam da religião da cidade. Um estrangeiro e um cidadão podiam viver lado a lado durante muitos anos sem que se concebesse a possibilidade de estabelecer um vínculo de direito entre eles. O direito era tão somente uma das faces da religião. Sem religião comum, não havia direito comum.

CAPÍTULO XII

O CIDADÃO E O ESTRANGEIRO

Reconhecia-se o cidadão naquele que participava do culto da cidade, e era desta participação que lhe advinham todos os seus direitos civis e políticos. Renunciar ao culto significava renunciar aos direitos. Falamos anteriormente dos repastos públicos, que constituíam a principal cerimônia do culto nacional. Ora, em Esparta, aquele que não comparecia ao repasto público, mesmo que não fosse por sua culpa, cessava de imediato de ser considerado cidadão.[247] Cada cidade exigia que todos os seus membros participassem das festas de seu culto.[248] Em Roma, era mister ter estado presente à cerimônia santa da lustração para usufruir dos direitos políticos.[249] O homem que não assistira à cerimônia, ou seja, que não tomara parte da oração comum e do sacrifício, não era mais cidadão até o lustro seguinte.

Se quisermos definir o cidadão dos tempos antigos por seu atributo mais essencial, deveremos dizer que é o homem que detém a religião da cidade. É aquele que honra os mesmos deuses da cidade.[250] É aquele para quem o arconte ou o prítane oferece o sacrifício todo dia,[251] quem tem o direito de aproximar-se dos altares, quem pode adentrar o recinto sagrado onde ocorrem as assembleias, quem assiste às festas, quem acompanha as procissões e se mistura aos

---

247. Aristóteles, *Política*, II, 6, 21 (II, 7).
248. Boeckh, *Corp. inscr.*, n. 3641 *b*, t. II, p. 1131. Do mesmo modo, em Atenas, o homem que fora designado para tomar parte nos repastos públicos e que não atendia a este dever era julgado e punido; ver uma lei citada por Ateneu, VI, 26.
249. Dionísio, IV, 15; V, 75. Cícero, *Pro Caecina*, 34. Veleio, II, 15. Admite-se uma exceção para o caso dos soldados em campanha, embora ainda assim o censor lhes enviasse alguém para colher seus nomes, de modo que, inscritos no registro da cerimônia, fossem então considerados como presentes.
250. Οὓς ἡ πόλις νομίζει θεοὺς νομίζων (Xenofonte, *Memor.*, I, 1).
251. Sobre os sacrifícios que os prítanes faziam todo dia em nome da urbe, ver Antífone, *Super choreuta*, 45.

panegiristas,[252] quem se senta para os repastos sagrados e recebe sua porção das vítimas. E também este homem, no dia em que foi inscrito no registro dos cidadãos, jurou que praticaria o culto dos deuses da cidade e que combateria por eles.[253] Vede os termos da língua: ser admitido entre os cidadãos é expresso em grego pelas palavras μετεῖναι τῶν ἱερῶν, partilhar das coisas sagradas.[254]

O estrangeiro, ao contrário, é aquele que não tem acesso ao culto, aquele que os deuses da cidade não protegem e que não tem, inclusive, o direito de invocá-los, já que esses deuses nacionais só desejam receber orações e oferendas do cidadão; repelem o estrangeiro. A entrada do estrangeiro nos templos é interdita e sua presença, durante as cerimônias, um sacrilégio. Um testemunho desse antigo sentimento de repulsa nos restou em um dos principais ritos do culto romano. O pontífice quando sacrificava ao ar livre devia ter a cabeça coberta por um véu "porque é necessário que ante os fogos sagrados, no ato religioso que é oferecido aos deuses nacionais, o rosto de um estrangeiro não se mostre aos olhos do pontífice, com o que os auspícios seriam perturbados".[255] Um objeto que caísse, mesmo apenas momentaneamente, nas mãos de um estrangeiro, tornava-se imediatamente profano, só podendo recuperar seu cunho religioso mediante uma cerimônia expiatória.[256] Se o inimigo tivesse se apoderado de uma urbe e os cidadãos viessem a recuperá-la, era necessário, antes de qualquer outra coisa, que os templos fossem purificados e todos os fogos apagados e depois renovados: o contato do estrangeiro os havia maculado.[257]

Assim, a religião estabelecia entre o cidadão e o estrangeiro uma distinção profunda e indelével.[258] Esta mesma religião, enquanto exerceu poder sobre

---

252. De πανήγυρις, assembleia popular, festividade nacional, reunião para uma celebração solene, reunião para um sacrifício. (N.T.)

253. Καὶ τὰ ἱερὰ τὰ πάτρια τιμήσω... ἀμύνω δὲ ὑπὲρ ἱερῶν. A fórmula completa deste juramento está em Pólux, VIII, 105-106.

254. Decreto concernente aos plateanos, em Demóstenes, *in Neaeram*, 104. Cf. *ibidem*, 113: Τελετῶν καὶ ἱερῶν καὶ τιμῶν μετέχειν. Ver ainda Isócrates, *Panegir.*, 43, e Estrabão, IX, 3, 5.

255. Virgílio, *Eneida*, III, 406. Festo, v. *Exesto: Lictor in quibusdam sacris clamitabat, hostis exesto. Hostis* se referia ao estrangeiro (Macróbio, I, 17; Varrão, *De ling. lat.*, V, 3; Plauto, *Trinummus*, I, 2, 65); *hostilis facies*, em Virgílio, significa o rosto de um estrangeiro.

256. *Digesto*, liv. XI, tít. 6, 36.

257. Pode-se ter um exemplo desta regra para a Grécia em Plutarco, *Aristides*, 20, e para Roma em Tito Lívio, V, 50.

258. Estas regras dos tempos antigos foram suavizadas posteriormente; os estrangeiros obtiveram o direito de entrar nos templos da cidade e neles depositar suas oferendas. Todavia, persistiram certas festas e certos sacrifícios dos quais o estrangeiro foi sempre excluído; ver Boeckh, *Corp. inscr.*, n. 101: Πειραιεῦσι νόμιμός ἐστιν εἰσιέναι, ἄλλῳ δὲ μή.

as almas, proibiu de transmitir aos estrangeiros o direito de cidadania. No tempo de Heródoto, Esparta não o havia ainda concedido a ninguém, salvo a um adivinho, e mesmo neste caso houvera necessidade da ordem formal do oráculo.[259] Atenas o concedia, por vezes, mas com precauções! Em primeiro lugar, era necessário que o povo reunido votasse pela admissão do estrangeiro; mas isto não bastava, sendo necessário que nove dias depois uma segunda assembleia votasse no mesmo sentido em escrutínio secreto e que o estrangeiro obtivesse, pelo menos, seis mil votos, número que parecerá enorme, se considerarmos que era bastante raro que uma assembleia ateniense reunisse uma tal quantidade de cidadãos. E enfim, qualquer cidadão ateniense podia opor uma espécie de veto, citar o decreto ante os tribunais como contrário às velhas leis e fazer com que fosse anulado. Não havia, certamente, nenhum outro ato público em que o legislador estivesse tão cercado de dificuldades e precauções quanto este em que se pretendia conferir a cidadania a um estrangeiro, e ficamos em dúvida se haveria até mesmo tantas formalidades a ser cumpridas para a declaração de uma guerra ou produzir uma nova lei. Qual a razão de se impor tantos obstáculos ao estrangeiro que desejava tornar-se cidadão? Seguramente não se temia que nas assembleias políticas seu voto fizesse pender a balança em um certo rumo. Demóstenes nos revela o verdadeiro motivo e o verdadeiro pensamento dos atenienses: "É que devemos pensar nos deuses e reter nos sacrifícios a pureza deles". Excluir o estrangeiro é "zelar pelas cerimônias santas". Admitir um estrangeiro entre os cidadãos é "conceder-lhe participação na religião e nos sacrifícios".[260] Ora, para tal ato, o povo não se sentia inteiramente livre, sendo presa de um escrúpulo religioso, pois sabia que os deuses nacionais eram levados a repelir o estrangeiro e que os sacrifícios seriam, talvez, alterados pela presença daquele que acabara de chegar. A dádiva do direito de cidadania a um estrangeiro constituía uma verdadeira violação aos princípios fundamentais do culto nacional, e é devido a isso que a cidade, originariamente, era tão avara em concedê-lo. Que se note, ainda, que o homem que tão dificilmente conseguisse ser admitido como cidadão não podia ser nem arconte nem sacerdote. A cidade lhe permitia assistir ao seu culto, mas, quanto a presidi-lo, considerava-se demasiado.

---

259. Heródoto, IX, 33-35. Todavia, Aristóteles afirma que os antigos reis de Esparta haviam concedido de muito boa vontade o direito de cidadania (*Política*, II, 9, 12).
260. Demóstenes, in *Neaeram*, 89, 91, 92, 113, 114.

Tampouco era possível tornar-se cidadão em Atenas caso já se fosse cidadão em outra urbe,[261] pois havia uma impossibilidade religiosa em ser ao mesmo tempo membro de duas cidades, como vimos que havia em ser membro de duas famílias. Não se podia pertencer a duas religiões ao mesmo tempo. A participação no culto trazia consigo a posse dos direitos. Como o cidadão podia assistir ao sacrifício que precedia à assembleia, podia aí também votar. Como podia fazer os sacrifícios em nome da cidade, podia ser prítane e arconte. De posse da religião da cidade, podia invocar a lei e realizar todos os ritos do processo.

O estrangeiro, ao contrário, não participando em nada da religião, não tinha direito algum. Se penetrasse o recinto sagrado traçado pelo sacerdote, era punido de morte. As leis da cidade não existiam para ele. Se cometesse algum delito, era tratado como o escravo e punido sem processo, já que a cidade não lhe devia nenhuma justiça.[262] Quando foi experimentada a necessidade de se dispor de uma justiça para o estrangeiro, foi preciso instituir um tribunal excepcional. Roma tinha um pretor para julgar o estrangeiro (*praetor peregrinus*). Em Atenas, o juiz dos estrangeiros foi o polemarca, quer dizer, o mesmo magistrado que estava encarregado dos cuidados da guerra e de todas as relações com o inimigo.[263]

Nem em Roma nem em Atenas o estrangeiro podia ser proprietário.[264] Também não podia se casar; de qualquer modo, se o fizesse, seu casamento não era reconhecido. Os filhos nascidos da união de um cidadão com uma estrangeira eram considerados bastardos.[265] Não podia celebrar um contrato com um cidadão e, se o fizesse, a lei não reconhecia qualquer valor nesse contrato. Originariamente, não tinha o direito de fazer comércio.[266] A lei romana o proibia de herdar de um cidadão e mesmo de um cidadão herdar dele.[267] O rigor deste

---

261. Plutarco, *Sólon*, 24. Cícero, *Pro Caecina*, 34.
262. Aristóteles, *Política*, III, 1, 3, Platão, *As Leis*, VI.
263. Demóstenes, *in Neaeram*, 49. Lísias, *in Pancleonem*, 2, 5, 13. Pólux, VIII, 91. Harpocration, v. Πολέμαρχος.
264. Xenofonte, *De vectigal.*, II, 6. O estrangeiro podia conseguir por favor individual aquilo que o direito grego chamava de ἔγκτησις e o que o direito romano chamava de *jus commercii*.
265. Demóstenes, *in Neaeram*, 16. Aristófanes, *Aves*, 1652. Aristóteles, *Polit.*, III, 3, 5. Plutarco, *Péricles*, 37. Pólux, III, 21. Ateneu, XIII, 38. Tito Lívio, XXXVIII, 36 e 43. Gaio, I, 67. Ulpiano, V, 4-9. Paulo, II, 9. Era preciso uma lei especial da cidade para dar aos habitantes de uma outra urbe o ἐπιγαμία ou o *connubium*.
266. Ulpiano, XIX, 4. Demóstenes, *Pro Phorm*, 6; *in Eubulidem*, 31.
267. Cícero, *Pro Archia*, 5, II, 110.

princípio ia a tal ponto que, se um estrangeiro obtivesse o direito de cidadania romana sem que seu filho, nascido antes dessa época, gozasse do mesmo favor, o filho se tornava em relação ao pai um estrangeiro e ficava impossibilitado de herdar dele.[268] A distinção entre cidadão e estrangeiro era mais forte que o vínculo natural entre pai e filho.

Pareceria, à primeira vista, que se pretendia instaurar um sistema vexatório contra o estrangeiro. Mas não se tratava disso de modo algum. Atenas e Roma, ao contrário, acolhiam bem o estrangeiro e o protegiam por razões de caráter comercial ou político. Entretanto, sua benevolência e seu próprio interesse não tinham o poder de abolir as antigas leis que a religião estabelecera. Essa religião não permitia que o estrangeiro se tornasse proprietário, visto que ele não podia ser dono de parte do solo religioso da cidade. Não permitia que o estrangeiro herdasse do cidadão nem que o cidadão herdasse do estrangeiro porque toda transmissão de bens provocava a transmissão de um culto, e era tão impossível o cidadão realizar o culto do estrangeiro quanto este o do cidadão.

Podia-se acolher o estrangeiro, velar por ele, mesmo estimá-lo se fosse rico ou honrado, mas não se podia conceder-lhe participação na religião e no direito. O escravo, em certos aspectos, era melhor tratado do que ele, já que o escravo, membro de uma família de cujo culto partilhava, estava unido à cidade por intermédio de seu senhor, estando sob a proteção dos deuses. Assim, a religião romana afirmava que o túmulo do escravo era sagrado, mas que o do estrangeiro não o era.[269]

Para que o estrangeiro fosse considerado em relação a qualquer coisa aos olhos da lei, para que pudesse praticar o comércio, celebrar contratos, usufruir com segurança de seus bens, para que a justiça da cidade pudesse defendê--lo com eficácia, era necessário que se tornasse o cliente de um cidadão. Roma e Atenas desejavam que todo estrangeiro adotasse um patrono.[270] Colocando--se na condição de cliente e sob a dependência de um cidadão, o estrangeiro era vinculado por tal intermediário à cidade. Passava a participar, então, de alguns dos benefícios do direito civil e conquistava a proteção das leis.

As antigas cidades puniam a maioria das faltas contra elas cometidas retirando do culpado sua qualidade de cidadão, pena a qual se dava o nome de

---

268. Pausânias, VIII, 43.
269. *Digesto*, liv. XI, tít. 7, 2; liv. XLVII, tít. 12, 4.
270. Harpocration, v. προστάτης, Pólux, III, 56. Licurgo, *in Leocratem,* 21. Aristóteles, *Política*, III, 1, 3.

ἀτιμία.²⁷¹ O homem que fosse atingido por esta pena não podia mais nem ocupar qualquer magistratura, nem participar dos tribunais, nem discursar nas assembleias. Ao mesmo tempo, a religião lhe era interditada; a sentença declarava "que não entraria mais em qualquer santuário da cidade, que não teria mais o direito de se coroar de flores nos dias em que os cidadãos se coroavam, que não poria mais o pé no recinto traçado pela água lustral e o sangue das vítimas na ágora".²⁷²⁻²⁷³ Os deuses da cidade não existiam mais para ele. Perdia, ao mesmo tempo, todos os direitos civis. Não comparecia mais perante os tribunais, nem sequer como testemunha; se fosse lesado, não lhe era permitido dar queixa; "podia-se feri-lo impunemente";²⁷⁴ as leis da cidade não lhe ofereciam proteção. Para ele não existia mais compra, nem venda, nem contrato de espécie alguma.²⁷⁵ Tornava-se um estrangeiro em sua própria urbe. Direitos políticos, religião, direitos civis, tudo lhe fora retirado de um só golpe. Todo este conjunto estava compreendido dentro do título de cidadão e se perdia com ele.

---

271. Sobre o ἀτιμία em Atenas ver Ésquines, *in Timarchum*, 21; Andócides, *De mysteriis*, 73-80; Plutarco, *Phocion*, 26, 33, 34, 37. Sobre o ἀτιμία em Esparta, Heródoto, VII, 231; Tucídides, V, 34; Plutarco, *Agesilau*, 30. A mesma penalidade existia em Roma; era expressa pelos termos *infamia* ou *tribu movere*; Tito Lívio, VII, 2; XXIV, 18; XXIX, 37; XLII, 10; XLV, 15; Cícero, *Pro Cluentio*, 43; *De oratore*, II, 67; Valério Máximo, II, 9, 6; Ps. Ascónio, ed. Orelli, p. 103; *Digesto*, liv. III, tít. 2. Dionísio, XI, 63, traduz *infames* por ἄτιμοι e Dion Cássio, XXXVIII, 13 traduz *tribu movere* por ἀτιμάζειν.

272. Ésquines, *in Timarchum*: Μὴ ἐξέστω αὐτῷ ἱερωσύνην ἱεράσασθαι, μηδ' εἰς τὰ δημοσία ἱερὰ εἰσίτω, μηδ' ἐν ταῖς κοιναῖς στεφανηφορίαις στεφανούσθω, μηδ ἐντὸς τῶν τῆς ἀγορᾶς περιρραντηρίων πορευέσθω. Lísias, *in Andocidem*, 24: Εἴργεσθαι τῆς ἀγορᾶς καὶ τῶν ἱερῶν.

273. ἀγορά, assembleia; em Atenas, assembleia dos demos e das tribos. Esta palavra designa também o discurso que se faz diante de uma assembleia e o local onde se realiza uma assembleia ou reunião e daí também praça pública. Em Atenas, especificamente, a ágora era um lugar extenso onde estavam situadas diversas construções (templos, palácio do senado, tribunais etc.) e dividido em zonas atribuídas a cada corporação de mercadores. (N.T.)

274. Plutarco, *Agesilau*, 30: Παίει ὁ βουλόμενος αὐτούς. Lísias, *in Andocidem*, 24. Ὥστε μηδ' ἀδικούμενον ὑπὸ τῶν ἐχτρῶν δύνασθαι δίκην λαβεῖν. Demóstenes, *in Midiam*, 92: Ἀτιμία νόμων καὶ δικῶν καὶ πάντων στέρησις. O discurso contra Nero, 26-28, indica que o ἄτιμος não era sequer admitido para depor em justiça.

275. Em Esparta, não podia comprar, nem vender, nem contratar casamento regular, nem casar sua filha com um cidadão. Tucídides, V, 34, Plutarco, *Agesilau*, 30.

CAPÍTULO XIII

O PATRIOTISMO
– O EXÍLIO

A palavra pátria entre os antigos significava a terra dos pais, *terra patria*. A pátria de cada homem era a porção de solo que sua religião doméstica ou nacional santificara; a terra onde estavam depositados os ossos de seus ancestrais, que as almas destes ocupavam. A pequena pátria era o recinto fechado da família, com seu túmulo e seu fogo doméstico. A grande pátria era a cidade, com seu pritaneu e seus heróis, com seu recinto sagrado e seu território demarcado pela religião. "Terra sagrada da pátria", diziam os gregos. Não era uma expressão vã. Este solo era verdadeiramente sagrado para o homem, visto que era habitado por seus deuses. Estado, Cidade, Pátria, estas palavras não eram uma abstração como entre os modernos; representavam realmente todo um conjunto de divindades locais com um culto diário e poderosas crenças atuantes sobre a alma.

É a partir disso que se explica o patriotismo dos antigos, sentimento enérgico que era para eles a virtude suprema e para o qual todas as demais virtudes vinham convergir. Tudo o que o homem podia ter de mais caro se confundia com a pátria. Nela, ele encontrava o seu bem, a sua segurança, o seu direito, a sua fé, o seu deus. Ao perdê-la, perdia tudo. Era quase impossível que o interesse privado estivesse em desacordo com o interesse público. Platão diz: "É a pátria que nos dá a luz, que nos nutre e que nos educa". E Sófocles diz: "É a pátria que nos conserva".

Uma tal pátria não é para o homem apenas um domicílio. Se abandonar suas santas muralhas, se transpuser as fronteiras sagradas do território, não encontrará mais para si nem religião, nem vínculo social de espécie alguma. Em todo lugar, à exceção de sua pátria, estará excluído da vida regular e do direito; em todo lugar, à exceção de sua pátria, ele estará sem deus e excluído da vida moral. Somente em sua pátria ele goza de sua dignidade humana e de seus deveres. Somente em sua pátria pode ele ser homem.

A pátria prende o homem por meio de um vínculo sagrado. É necessário amá-la como se ama uma religião, obedecê-la como se obedece a Deus. "É preciso a ela dar-se por inteiro, tudo lhe entregar, devotar-lhe tudo." Cumpre amá-la gloriosa ou obscura, próspera ou desventurada. É mister amá-la nos seus benefícios e amá-la, ainda, nos seus rigores. Sócrates, condenado por ela sem motivo, não deve por isso amá-la menos. É preciso amá-la como Abraão amava seu Deus, a ponto de sacrificar-lhe seu filho. É preciso, acima de tudo, saber morrer por ela. O grego ou o romano não morre em absoluto por devoção a um homem ou por uma questão de honra – é à pátria que deve sua vida, pois se a pátria for atacada estarão atacando a sua religião. Ele combate verdadeiramente por seus altares, por seus fogos, *pro aris et focis*;[276] isto porque se o inimigo tomar sua urbe, seus altares serão derrubados, seus fogos-lares apagados, seus túmulos profanados, seus deuses destruídos, seu culto alijado. O amor à pátria é a piedade dos antigos.

Certamente, a posse da pátria era um bem precioso, pois os antigos não concebiam castigo mais cruel do que privar o homem dela. A punição ordinária dos grandes crimes era o exílio.

O exílio não se limitava à interdição de residência na urbe e no afastamento do solo da pátria: era ao mesmo tempo a interdição do culto. Encerrava aquilo que os modernos chamaram de excomunhão. Exilar um homem era, segundo a fórmula empregada pelos romanos, interditar-lhe o fogo e a água.[277] Por este fogo cumpre entender o fogo dos sacrifícios, por essa água, a água lustral.[278] O exílio, portanto, retirava um homem da religião. Em Esparta, também, quando um homem era privado do direito de cidadania, o fogo lhe era interditado.[279] Um poeta ateniense coloca na boca de uma de suas personagens a fórmula terrível que atingia o exilado: "Que fuja" – dizia a sentença – "e que não se aproxime jamais dos templos. Que nenhum cidadão lhe dirija a palavra nem o receba; que ninguém o admita às orações ou aos sacrifícios; que ninguém lhe apresente a água lustral".[280] Toda casa era maculada por sua presença; todo homem que o acolhia se tornava impuro ao seu contato. "Aquele que tiver comido ou bebido em sua companhia ou que o tiver tocado" – dizia

---

276. Daqui provém a fórmula do juramento que o jovem ateniense pronunciava: ἀμύνω ὑπὲρ τῶν ἱερῶν. Pólux, VIII, 105. Licurgo, *in Leocratem*, 78.
277. Cícero, *Pro domo*, 18. Tito Lívio, XXV, 4. Ulpiano, X, 3.
278. Festo, ed. Muller, p. 2.
279. Heródoto, VII, 231.
280. Sófocles, *Édipo Rei*, 229-250. Ocorria o mesmo no ἀτιμία, espécie de exílio no interior.

a lei – "deverá se purificar."[281] Sob o golpe dessa excomunhão, o exilado não podia participar de nenhuma cerimônia religiosa; não dispunha mais de culto, nem repastos sagrados, nem orações. Estava deserdado de sua parte da religião. Convém não esquecer que, para os antigos, Deus não estava em toda parte. Se é que faziam qualquer vaga ideia de uma divindade universal, não era a que consideravam como sua Providência e que invocavam. Os deuses de cada homem eram aqueles que habitavam sua casa, seu cantão, sua urbe. O exilado, ao deixar sua pátria atrás de si, deixava também seus deuses. Não encontraria mais em parte alguma uma religião que o pudesse consolar e proteger; já não sentia nenhuma Providência a zelar por ele e a ventura de orar lhe era tirada. Tudo aquilo capaz de satisfazer as necessidades de sua alma era afastado dele.

Ora, a religião era a fonte de onde provinham os direitos civis e políticos. O exilado perdia, então, tudo isto ao perder a religião da pátria. Excluído do culto da cidade, via-se destituído no mesmo golpe de seu culto doméstico, devendo extinguir seu fogo doméstico.[282] Não tinha mais direito de propriedade, sendo sua terra e todos os seus bens confiscados a favor dos deuses ou do Estado.[283] Privado de culto, não tinha mais família; deixava de ser esposo e pai. Seus filhos não estavam mais sob seu poder,[284] sua mulher não era mais sua mulher, podendo de imediato desposar outro homem.[285] Vede o caso de Régulo – prisioneiro do inimigo –, a lei romana o considera um exilado; se o Senado lhe solicita seu parecer, ele se recusa a dá-lo porque este exilado não é mais senador; se sua mulher e seus filhos correm a ele, ele repele sua afeição, pois para o exilado não há mais filhos, não há mais esposa:

---

281. Platão, *As Leis*, IX, p. 881: Φευγέτω ἀειφυγίαν ἐξ ἄστεος καὶ πάντων ἱερῶν εἰργέσθω... Ἐὰν δὲ τις τῷ τοιούτῳ συμφάγῃ ἢ συμπίῃ ἢ τινα ἄλλην κοινωνίαν κοινωνήσῃ, ἢ καὶ μόνον ἐντυγχάνων προσάπτηται, μήτε εἰς ἱερὸν ἔλθῃ μήτ' εἰς ἀγορὰν πρότερον ἢ καθήρηται.
282. Ovídio, *Tristes*, I, 3, 4: *Exstinctos focos*.
283. Tito Lívio, III, 58; XXV, 4, Dionísio, XI, 46. Demóstenes, *in Midiam*, 43. Tucídides, V, 60. Plutarco, *Temístocles*, 25. Pólux, VIII, 99. Esta regra foi, por vezes, atenuada. Os bens podiam ser, em certos casos, conservados pelo exilado ou transmitidos aos seus filhos. Platão, *As Leis*, IX, p. 877. Não se deve, ademais, de modo algum confundir o ostracismo com o exílio, visto que o primeiro não implicava no confisco.
284. *Institutas* de Justiniano, I, 12, 1. Gaio, I, 128: *Cui aqua et igni interdicitur, proinde ac mortuo eo liberi desinunt in potestate esse*. Do mesmo modo, o exilado não ficava mais em poder de seu pai (Gaio, *ibidem*). Os laços familiares estando rompidos, os direitos à herança desapareciam.
285. Ver em Dionísio, VIII, 41, as despedidas de Coriolano à sua mulher: "Não tens mais marido; possas tu encontrar um outro marido mais afortunado do que eu!". Acrescenta que seus filhos não têm mais pai. Não se trata aqui de uma declamação retórica – é a expressão do direito antigo.

Fertur pudicae conjugis osculum
Parvosque natos, ut capitis minor,
A se removisse.[286]

Assim, o exilado perdia, com a religião e os direitos de cidadania, a sua religião e os direitos familiares; não possuía mais nem fogo doméstico, nem mulheres, nem crianças. Morto, não podia ser sepultado nem no solo da cidade nem no túmulo de seus ancestrais,[287] pois se tornara um estrangeiro.

Não é de se surpreender que as repúblicas antigas tenham quase sempre permitido ao culpado escapar à morte pela fuga. O exílio não parecia um suplício mais suave que a morte.[288] Os jurisconsultos romanos o consideravam uma pena capital.

---

286. Horácio, *Odes*, III, 5. As palavras *capitis minor* se explicam pela *capitis deminutio* do direito romano, que era a consequência do exílio. Cf. Gaio, I, 129: *Si ab hostibus captus fuerit parens, pendet jus liberorum*. Régulo, que era prisioneiro sob palavra, era legalmente *servus hostium*, segundo a expressão de Gaio (*ibidem*) e, consequentemente, não tinha mais nem os direitos de cidadania nem os direitos familiares: ver ainda Cícero, *De officis*, III, 27.
287. Tucídides, I, 138.
288. É o pensamento que expressam Eurípides, *Electra*, 1315; *Fenic.*, 388 e Platão, *Críton*, p. 52.

CAPÍTULO XIV
DO ESPÍRITO MUNICIPAL

O que vimos até aqui das antigas instituições e, sobretudo, das antigas crenças, pode nos dar uma ideia da distinção profunda que sempre existia entre duas cidades. Por mais vizinhas que fossem, formavam sempre duas sociedades completamente separadas. Entre elas havia bem mais que a distância que separa hoje duas urbes, bem mais que a fronteira que divide dois Estados; os deuses não eram os mesmos, nem as cerimônias, nem as orações. O culto de uma cidade era proibido ao homem da cidade vizinha. Acreditava-se que os deuses de uma urbe rejeitavam as homenagens e orações de quem quer que seja que não fosse seu concidadão.

É verdade que essas velhas crenças foram no decorrer do tempo modificadas e suavizadas, mas estiveram em pleno vigor na época em que as sociedades se formaram, tendo estas sociedades sempre conservado sua marca.

Disso pode-se extrair facilmente duas conclusões: primeiramente, que esta religião peculiar a cada urbe deve ter constituído a cidade de uma maneira muito sólida e quase inabalável; é, de fato, maravilhoso que essa organização social, malgrado suas falhas e todas as suas chances de ruína, tenha durado tanto; e em segundo lugar, que essa religião deve ter produzido o efeito, ao longo de muitos séculos, de impossibilitar a instauração de uma outra forma social que não fosse a cidade.

Cada cidade, por exigência de sua própria religião, devia ser absolutamente independente. Era necessário que cada uma possuísse seu código particular, porquanto toda cidade tinha sua religião e era da religião que emanava a lei. Cada uma devia ter sua justiça soberana, não podendo haver nenhuma justiça superior àquela da cidade. Cada uma tinha suas festas religiosas e seu calendário, os meses e o ano não podiam ser os mesmos em duas urbes, já que a sequência dos atos religiosos era diferente. Cada uma tinha sua moeda particular, que, originariamente, era de ordinário marcada com seu emblema religioso. Cada uma possuía seu sistema próprio de pesos e medidas. Era inadmissível que houvesse qualquer coisa em comum entre duas cidades. A linha de demarcação era tão profunda que era difícil imaginar que o casamento fosse permitido entre habitantes de duas urbes diferentes. Uma tal união afigurou-se sempre estranha, sendo por muito tempo considerada ilegítima. A legislação de Roma e a de Atenas se opunham frontalmente a admiti-la. Quase em todo lugar os filhos nascidos desse casamento eram confundidos com os bastardos e privados dos direitos do cidadão.[289] Para que o casamento fosse legítimo entre habitantes de duas urbes, fazia-se necessário que houvesse entre elas uma convenção particular (*jus connubi*, ἐπιγαμία).[290]

Cada cidade tinha em torno de seu território uma linha de limites sagrados. Constituía o horizonte de sua religião nacional e de seus deuses. Além desses limites, reinavam outros deuses e se praticava um outro culto.[291]

A característica que mais se destaca na história da Grécia e na da Itália, antes da conquista romana, era o parcelamento levado ao extremo e o espírito de isolamento de toda cidade. A Grécia jamais conseguiu formar um Estado único; as urbes latinas, as urbes etruscas, as tribos samnitas tampouco tiveram êxito na formação de um corpo compacto. Atribuiu-se a incurável cisão dos gregos à natureza de seu país, e afirmou-se que as montanhas que nele se cruzavam estabeleciam entre os homens fronteiras naturais. Contudo, não havia montanhas entre Tebas e Plateias, entre Argos e Esparta, entre Síbaris e Crotona. Não as havia igualmente entre as urbes do Lácio e nem entre as doze cidades da Etrúria. A natureza exerce, sem dúvida, uma certa ação sobre a história dos povos, mas as crenças dos homens exercem uma ação bem mais poderosa. Entre duas cidades vizinhas havia algo mais instransponível do que uma montanha: era a série de limites sagrados, era a diferença dos cultos, era a barreira que cada cidade construía entre o estrangeiro e seus deuses. Ela proibia ao estrangeiro entrar nos templos de suas divindades políadas e exigia que suas divindades políadas odiassem e combatessem o estrangeiro.[292]

---

289. Pólux, III, 21: Νόθος ὁ ἐκ ξένης ἢ παλλακίδος – ὃς ἂν μὴ ἐξ ἀστῆς γένηται νόθον εἶναι (lei citada por Ateneu, XIII, 38). Demóstenes, *in Neaeram*, 16. Plutarco, *Péricles*, 37.
290. Lísias, *De Antiqua reip. forma*, 3. Demóstenes, *Pro corona*, 91. Isócrates, *Plataic.*, 51. Gaio, I, 67. Ulpiano, V, 4. Tito Lívio, XLIII, 3; XXXVIII, 36.
291. Plutarco, *Teseu*, 25. Platão, *As Leis*, VIII, p. 842. Pausânias, *passim*. Pólux, I, 10. Boeckh, *Corp. inscript.*, t. II, p. 571 e 837. A linha dos limites sagrados do *ager romanus* existia ainda no tempo de Estrabão, e sobre cada uma dessas pedras os sacerdotes faziam todo ano um sacrifício (Estrabão, V, 3, 2).
292. Que fique claro que nos referimos aqui somente à primeira idade das cidades. Estes sentimentos se debilitaram marcantemente no decorrer do tempo.

Em função disso, os antigos não puderam estabelecer e nem sequer conceber alguma outra organização social diferente da cidade. Nem os gregos, nem os itálicos, nem os romanos, mesmo em um largo arco de tempo, conceberam a ideia segundo a qual diversas urbes poderiam unir-se e viver em igualdade de condições sob um mesmo governo. Entre duas cidades era possível haver perfeitamente uma aliança, uma associação momentânea em vista de algum lucro ou visando repelir algum perigo, mas jamais havia uma união completa, visto que a religião fazia de cada urbe um corpo que não podia se agregar a nenhum outro. O isolamento era a lei da cidade.

Considerando-se as crenças e os usos religiosos que vimos, como várias urbes teriam podido se confundir em um mesmo Estado? Não se compreendia a associação humana e ela não parecia regular a não ser na medida em que fosse baseada na religião. O símbolo dessa associação devia ser um repasto sagrado feito em comum. Alguns milhares de cidadãos poderiam, a rigor, reunir-se ao redor de um mesmo pritaneu, recitar a mesma oração e repartir os alimentos sagrados. Mas como tentar, mediante estes usos, fazer um único Estado da Grécia inteira? Como realizar os repastos públicos e todas as cerimônias santas às quais todos os cidadãos são obrigados a assistir? Onde seria o pritaneu? Como fazer a lustração anual dos cidadãos? No que se transformariam os limites invioláveis que demarcariam no princípio o território da cidade e que a separariam para sempre do resto do solo? O que aconteceria com todos os cultos locais, as divindades políadas, os heróis que habitam cada lugar? Atenas tem em suas terras o herói Édipo, inimigo de Tebas: como reunir Atenas e Tebas em um mesmo culto e em um mesmo governo?

Quando essas superstições se enfraqueceram (e só se enfraqueceram muito tarde no espírito do vulgo), não havia mais tempo de estabelecer uma nova forma de Estado. A divisão estava consagrada pelo costume, pelo interesse, pelo ódio inveterado e pela lembrança das velhas lutas. Já não se podia alterar o pretérito.

Cada urbe tinha em alta consideração a sua *autonomia*, ao que chamava um conjunto que compreendia seu culto, seu direito, seu governo, toda sua independência religiosa e política. Era mais fácil uma cidade sujeitar-se à outra do que a ela se unir. A vitória podia fazer de todos os habitantes de uma urbe conquistada uma multidão de escravos, mas não podia fazer desses habitantes concidadãos do vencedor. Confundir duas cidades em um único Estado, unir a população vencida à população vitoriosa e associá-las sob um mesmo governo é um fenômeno que, certamente, jamais ocorreu entre os antigos, salvo uma única exceção à qual nos referiremos na sequência. Se Esparta conquistou Messênia não foi para transformar espartanos e messênios em um só povo; expulsou ou escravizou os derrotados e tomou suas terras. Atenas agiu da mesma forma com relação a Salamina, a Égina e a Melos.

Introduzir os vencidos na cidade dos vencedores era uma ideia impossível de acudir à mente de alguém. A cidade possuía deuses, hinos, festas, leis, que eram seu patrimônio precioso e zelava para que os vencidos não partilhassem deste patrimônio. Nem sequer tinha a cidade este direito. Porventura, podia Atenas admitir que um habitante de Égina entrasse no templo de Atena políada? Que dirigisse um culto a Teseu? Que tomasse parte nos repastos sagrados? Que alimentasse, como prítane, o fogo público? A religião o proibia. Portanto, a população vencida da ilha de Égina não podia formar um mesmo Estado em conjunto com a população de Atenas. Não tendo os mesmos deuses, os eginetas e os atenienses não podiam ter as mesmas leis nem os mesmos magistrados.

Mas não podia Atenas, ao menos, poupando da destruição a urbe vencida, enviar para o seu interior magistrados para que a governassem? Era absolutamente contrário aos princípios dos antigos que uma cidade fosse governada por um homem que não fosse cidadão dela. Com efeito, o magistrado devia ser um chefe religioso e sua função principal era realizar o sacrifício em nome da cidade. O estrangeiro, que não tinha o direito de fazer o sacrifício, não podia, portanto, ser magistrado. Não incumbido de qualquer função religiosa, não detinha aos olhos dos homens nenhuma autoridade regular. Esparta tentou estabelecer nas urbes seus harmostes,[293] mas esses homens não eram magistrados, não eram juízes, não compareciam às assembleias. Não entretendo nenhuma relação regular com o povo das urbes, eram incapazes de se manter por muito tempo nelas.

Disso resultava que a todo vencedor cabia somente duas alternativas: ou destruir a cidade vencida e ocupar seu território, ou poupá-la e deixá-la independente. Não havia meio termo. Ou a cidade deixava de existir ou era um Estado soberano. Se tinha seu culto, devia ter seu governo; só perdia um perdendo o outro, e então não existiria mais.

Essa independência absoluta da cidade antiga só podia deixar de existir quando as crenças sobre as quais a cidade estava fundada tivessem desaparecido completamente. Depois que as ideias foram transformadas e que essas sociedades antigas foram submetidas a diversas revoluções, então se pôde chegar a conceber e a estabelecer um Estado maior regido por outras regras. Mas, para isso, foi necessário que os homens descobrissem princípios e uma vinculação social diferentes daqueles das velhas idades.

---

293. αρμοστής designa precisamente isto: governador espartano nas cidades ou ilhas estrangeiras conquistadas. (N.T.)

CAPÍTULO XV

RELAÇÕES ENTRE AS CIDADES
– A GUERRA – A PAZ
– A ALIANÇA DOS DEUSES

A religião, que exercia um tão grande império sobre a vida interior da cidade, intervinha com autoridade idêntica em todas as relações que as cidades entretinham entre si. É o que se pode constatar observando como os homens desses velhos tempos guerreavam, como celebravam a paz e como formavam alianças.

Duas cidades eram duas associações religiosas que não dispunham de deuses comuns. Quando estavam em guerra, não eram apenas os homens que combatiam, mas os deuses também participavam da luta. Que não se creia residir nisto uma mera ficção poética. Havia entre os antigos uma crença bem definida e solidamente arraigada segundo a qual todo exército conduzia consigo seus deuses. Todos estavam convictos que estes se misturavam aos homens na refrega; os soldados os defendiam e eles defendiam os soldados. Ao combater o inimigo, todos acreditavam estar combatendo também os deuses da outra cidade. Era permitido que se detestasse os deuses estrangeiros, que se os injuriasse, que se os ferisse; podia-se, inclusive, fazê-los prisioneiros.

A guerra assumia, assim, um aspecto estranho. Imaginemos dois pequenos exércitos um diante do outro: cada um deles tem no seu meio suas estátuas, seu altar, seus estandartes, que são emblemas sagrados;[294] cada um possui seus oráculos que lhes prometeram o êxito, seus áugures e seus adivinhos que lhes asseguraram a vitória. Antes da batalha, cada soldado nos dois exércitos pensa e diz como este grego em Eurípides: "Os deuses que combatem conosco são mais fortes que os que estão com nossos inimigos". Cada exército pronuncia contra o exército inimigo uma imprecação do gênero daquela que Macróbio nos

---

294. Ἐπὶ τὰς ἱερὰς ἐτάττοντο σημείας, Dionísio, X, 16.

conservou a fórmula: "Ó deuses! Espalhai o medo, o terror e o mal entre nossos inimigos. Que estes homens e quem quer que habite seus campos e sua urbe sejam por vós privados da luz do sol. Que esta urbe e seus campos, animais e pessoas vos sejam dedicados".[295] Dito isto, lutava-se dos dois lados com aquele encarniçamento selvagem alimentado pelo pensamento de que se contava com deuses para si e que se combatia os deuses estrangeiros. Nenhuma piedade em relação ao inimigo; a guerra é implacável, e a religião preside à luta e excita os guerreiros. Não pode aí haver nenhuma regra superior que tempere o desejo de matar; permite-se degolar os prisioneiros e eliminar os feridos.

Mesmo fora do campo de batalha não se tem a ideia de um dever, seja qual for, em relação ao inimigo. O estrangeiro não tem direitos, jamais, e, com mais razão, quando se lhe faz guerra. No que concerne a ele, não se trata de distinguir o justo do injusto. Múcio Cévola e todos os romanos acreditavam ser belo e nobre assassinar os inimigos. O cônsul Márcio se vangloriava publicamente de ter enganado o rei da Macedônia. Paulo Emílio vendeu como escravos cem mil epirotas que voluntariamente se entregaram a ele acatando sua condição de vencedor.[296]

O lacedemônio Fébidas, em período de paz total, apoderou-se da cidadela dos tebanos. Agesilau foi indagado a respeito da justiça dessa ação, ao que respondeu: "Examinai somente se ela é útil – disse o rei – pois desde que uma ação seja útil à pátria, é sempre nobre praticá-la". Era este o direito das gentes das cidades antigas. Um outro rei de Esparta, Cleômenes, dizia que todo mal que podíamos fazer ao inimigo era sempre justo aos olhos dos deuses e dos homens.[297]

Ao vencedor era permitido fazer de sua vitória o que lhe aprouvesse. Não havia qualquer lei divina ou humana que freasse sua vingança ou cupidez. No dia em que Atenas decretou que todos os mitilenianos, sem distinção de sexo ou idade, seriam exterminados, não acreditava com isto ter ultrapassado seu direito; quando no dia seguinte Atenas voltou atrás no seu decreto e se contentou em executar mil cidadãos e confiscar todas as terras, ela se considerou humana e indulgente. Após a tomada de Plateias, os homens foram degolados, as mulheres vendidas e ninguém acusou os vitoriosos de ter violado o direito.[298]

---

295. Macróbio, *Saturnais*, III, 9.
296. Tito Lívio, XLII, 57; XLV, 34.
297. Plutarco, *Agesilau*, 23; *Apotegmas dos Lacedemônios*. O próprio Aristides não constitui exceção; ele parece ter sido de opinião que a justiça não era obrigatória de uma cidade para outra: ver o que diz Plutarco, *Vida de Aristides*, c. 25.
298. Tucídides, III, 50; III, 68.

Não se fazia a guerra somente aos soldados: fazia-se a guerra à população inteira, homens, mulheres, crianças, escravos. Não se fazia a guerra apenas aos seres humanos, seu alvo sendo também os campos e as colheitas. Queimavam-se as casas, abatiam-se as árvores; a colheita do inimigo era quase sempre devotada aos deuses infernais e, consequentemente, incinerada.[299] Os animais eram exterminados e nem sequer escapavam as sementeiras que produziriam no ano seguinte, aniquiladas pelo conquistador. Uma guerra podia de um só golpe extinguir o nome e a raça de um povo inteiro e transformar uma região fértil em um deserto. É em virtude deste direito da guerra que Roma espalhou a desolação em torno de si; do território onde os volscos tinham vinte e três cidades ela fez os pântanos pontinos; as cinquenta e três urbes do Lácio desapareceram; no Sâmnio foi possível reconhecer por muito tempo os lugares onde os exércitos romanos haviam passado, menos pelos vestígios de seus acampamentos do que pela desolação que dominava os arredores.[300]

Quando o vencedor não exterminava os vencidos, tinha o direito de suprimir a cidade destes, ou seja, romper sua associação religiosa e política. Cessavam, então, os cultos e os deuses eram esquecidos.[301] Abatida a religião da cidade, simultaneamente desaparecia a religião de cada família. Os fogos-lares se apagavam. Com o culto caíam as leis, o direito civil, a família, a propriedade – tudo aquilo que se baseava na religião.[302] Escutemos o vencido ao qual se poupou a vida e que se faz pronunciar a fórmula seguinte: "Dou minha pessoa, minha urbe, minha terra, a água que nela corre, meus deuses Termos, meus templos, meus objetos mobiliários, todas as coisas que pertencem aos deuses,

---

299. Tito Lívio, VI, 31; VII, 22: *Cum agris magis quam cum hominibus urendo populandoque gesserunt bella.*
300. Tito Lívio, II, 34; X, 15. Plínio, *Hist. nat.*, XXXV, 12.
301. Eurípides, *Troianas*, 25-28: Νοσεῖ τὰ τῶν θεῶν οὐδὲ τιμᾶσθαι θέλει. Por vezes, o vencedor levava os deuses consigo. Outras vezes, caso se estabelecesse na terra conquistada, arrogava-se como direito o cuidado de prosseguir com o culto aos deuses ou aos heróis do país. Tito Lívio conta que os romanos, senhores de Lanúvio "restituíram-lhe os seus cultos", prova que pelo fato tão somente da conquista eles os haviam tirado; apenas impuseram a Lanúvio, a título de condição, que eles teriam o direito de entrar no templo de Juno Lanuvina (Tito Lívio, VIII, 14).
302. Os vencidos perdiam o direito de propriedade sobre suas terras. Tucídides, I, 98; III, 58. Plutarco, *Péricles*, 11. Sículo Flaco, *De cond. agror.*, nos *Gramatici*, ed. Lachmann, p. 138: *Bellis gestis victores populi terras omnes ex quibus victos ejecerunt publicavere.* Sículo Flaco, p. 136: *Ut vero Romani omnium gentium potiti sunt, agros ex hoste captos in victorem populum partiti sunt.* Cícero, *in Verrem*, II, III, 6; *De lege agraria*, I, 2; II, 15. Apiano, *Guerras civis*, I, 7. É em virtude deste princípio que o *solum provinciale* pertencia em direito ao povo romano; Gaio, II, 7: *In provinciali solo dominium populi romani est.*

eu as dou ao povo romano".³⁰³ A partir desse momento, os deuses, os Templos, as casas, as terras, as pessoas passavam a pertencer ao vencedor. Diremos na sequência no que tudo isso se tornou sob a dominação de Roma.

Para celebrar um tratado de paz era necessário um ato religioso. Já na *Ilíada*, vemos "os arautos sagrados que levam as oferendas destinadas aos juramentos dos deuses, ou seja, os cordeiros e o vinho; o comandante do exército, com a mão sobre a cabeça das vítimas, dirige-se aos deuses e lhes faz suas promessas; depois imola os cordeiros e verte a libação, enquanto que o exército pronuncia esta fórmula de oração: Ó deuses imortais! Fazei com que do mesmo modo que esta vítima foi golpeada pelo ferro, assim seja despedaçada a cabeça do primeiro que transgredir seu juramento".³⁰⁴ Os mesmos ritos prosseguem durante toda a história grega. Ainda no tempo de Tucídides, um tratado era celebrado mediante um sacrifício. Os chefes do povo, com a mão sobre a vítima imolada,³⁰⁵ pronunciam uma fórmula de oração, obrigando-se ante os deuses. Cada povo invoca seus deuses particulares³⁰⁶ e pronuncia a fórmula de juramento que lhe é própria.³⁰⁷ É esta oração e este juramento prestados aos deuses que obrigam as partes contratantes. Os gregos não dizem: assinar um contrato; dizem: degolar a vítima do juramento, ὅρχια τέμνειν, ou fazer a libação, σπένδεσθαι; e quando o historiador deseja dar os nomes daqueles que em linguagem moderna chamaríamos de signatários do tratado, ele diz: Eis aqui os nomes daqueles que fizeram a libação.³⁰⁸

Virgílio, que descreve com meticulosa exatidão os costumes e os ritos dos romanos, não se afasta muito de Homero quando nos mostra como se forma um tratado: "Coloca-se entre os dois exércitos um fogo-lar, ergue-se um altar às divindades que lhes são comuns. Um sacerdote vestido de branco conduz a vítima; os dois chefes fazem a libação, invocam os deuses, enunciam sua promessa; em seguida a vítima é degolada e suas carnes são colocadas sobre a chama do altar".³⁰⁹ Tito Lívio é notavelmente claro a respeito desta matéria do direito público romano: "Um tratado não pode ser concluído sem os feciais e sem a realização dos

---

303. Tito Lívio, I, 38; VII, 31; XXVIII, 34. Políbio, XXXVI, 2. Encontra-se a fórmula de oferecimento em Plauto, *Anfítrion*: *Urbem, agrum, aras, focos seque uti dederent* (v. 71); *deduntque se, divina humanaque omnia, urbem et liberos* (v. 101).
304. *Ilíada*, III, 245-301.
305. Κατὰ ἱερῶν τελείων, Tucídides, V. 47. Cf. Xenofonte, *Anabase*, II, 2, 9: Σφάξαντες ταῦρον καὶ κάπρον καὶ κριόν, καὶ βάπτοντες ξίφος.
306. Tucídides, II, 71.
307. *Idem*, V, 47: Ὀμνύντων τὸν ἐπιχώριον ὅρκον ἕκαστοι.
308. *Idem*, V, 19.
309. Virgílio, XII, v. 13, 118-120, 170-174, 200-215. Cf. VIII, 641: *Et caesa jungebant, foedera porca.*

ritos sacramentais, visto que um tratado não é uma convenção, uma *sponsio*, como entre os homens: um tratado se conclui pelo enunciado de uma oração, *precatio*, na qual se exige que o povo que vier a faltar às condições que acabaram de ser expressas seja ferido pelos deuses tal como a vítima o é pelo fecial".[310]

Essa cerimônia religiosa conferia, por si só, às convenções internacionais um caráter sagrado e inviolável. Todos conhecem a história das forças caudinas. Um exército inteiro, representado pelos seus cônsules, questores, tribunos e centuriões fizera uma convenção com os samnitas. Contudo, não houve nem vítima imolada, nem oração pronunciada, nem obrigação contraída com os deuses. Diante disto, o senado se viu no direito de declarar que a convenção carecia de qualquer validade. E, ao anular tal convenção, certamente não ocorreu ao espírito de qualquer pontífice ou patrício que o senado cometia com isso um ato de má-fé.

Constituía opinião corrente entre os antigos que todo homem só tinha obrigações para com seus deuses particulares. Vale a pena lembrar a palavra de um certo grego cuja cidade adorava o herói Alabandos; ele se dirigia a um homem de outra urbe que venerava Hércules: "Alabandos" – dizia ele – "é um deus e Hércules, não".[311] Com estas ideias era necessário que em um tratado de paz cada cidade tomasse seus próprios deuses em testemunho de seus juramentos. "Fizemos um tratado e vertemos as libações" – dizem os plateanos aos espartanos –, "nós atestamos, vós os deuses de vossos pais, nós os deuses que ocupam nosso país."[312] Procurava-se, efetivamente, invocar, se fosse possível, as divindades que fossem comuns às duas urbes. Jurava-se por esses deuses que a todos são visíveis, o sol que tudo ilumina, a Terra nutre. Mas os deuses de cada cidade e seus heróis protetores comoviam bem mais os homens, sendo necessário que os contratantes os tomassem em testemunho, caso se quisesse que eles fossem verdadeiramente ligados pela religião.

Do mesmo modo que na guerra os deuses se misturavam aos combatentes, deviam, igualmente, estar compreendidos no tratado. Estipulava-se, portanto, que haveria aliança tanto entre os deuses quanto entre os homens de duas urbes. Para marcar esta aliança dos deuses, acontecia, por vezes, que os dois povos se autorizassem mutuamente a assistir às suas festas sagradas.[313] Algumas vezes, abriam seus templos em reciprocidade e faziam uma permuta de ritos

---

310. Tito Lívio, IX, 5. O mesmo historiador dá, alhures, I, 24, a descrição completa da cerimônia e uma parte da *precatio*. Nós a encontraremos também em Políbio, III, 25.
311. Cícero, *De nat. Deorum*, III, 19.
312. Tucídides, II, 71.
313. Tucídides, V, 23. Plutarco, *Teseu*, 25, 33.

religiosos. Roma estipulou um dia que a divindade da urbe de Lanúvio protegeria doravante os romanos, que teriam o direito de orar a ela e de entrar em seu templo.[314] Com frequência cada uma das duas partes contratantes se comprometia a oferecer um culto às divindades da outra. Assim, os eleatas, tendo celebrado um tratado com os etólios, ofereceram em seguida um sacrifício anual aos heróis de seus aliados.[315] Ainda, algumas vezes, duas urbes convencionavam que cada uma delas incluiria o nome da outra em suas orações.[316]

Era frequente, logo depois de uma aliança, representar por estátuas ou medalhas as divindades das duas urbes dando-se as mãos. É por isso que há medalhas nas quais vemos unidos o Apolo de Mileto e o Gênio de Esmirna, a Palas dos sidonianos e a Ártemis de Perga, o Apolo de Hierápolis e a Ártemis de Éfeso. Virgílio, falando de uma aliança entre a Trácia e os troianos, mostra os Penates dos dois povos unidos e associados.[317]

Tais costumes extravagantes correspondiam perfeitamente à ideia que os antigos faziam dos deuses. Como cada cidade possuía os seus, parecia natural que esses deuses figurassem nos combates e nos tratados. A guerra ou a paz entre duas urbes era a guerra ou a paz entre duas religiões. O direito das gentes dos antigos foi por muito tempo baseado nesse princípio. Quando os deuses eram inimigos, havia guerra sem piedade e sem regras; desde que fossem amigos, os homens estavam ligados entre si e alimentavam um sentimento de deveres recíprocos. Supondo que as divindades políadas de duas cidades tivessem algum motivo para serem aliadas, isto era o bastante para que as duas cidades também o fossem. A primeira urbe com a qual Roma contraiu amizade foi Caré na Etrúria, e Tito Lívio diz qual foi a razão: no desastre da invasão gaulesa, os deuses romanos haviam encontrado um asilo em Caré; haviam habitado esta urbe, tendo sido aqui adorados. Um laço sagrado de hospitalidade se formaria assim entre os deuses romanos e a cidade etrusca;[318] a partir de então a religião não permitiu que as duas urbes fossem inimigas, estando aliadas para sempre.

---

314. Tito Lívio, VIII, 14.
315. Pausânias, V, 15, 12.
316. Assim, Atenas orava por Quios e Quios por Atenas. Ver Aristófanes, *Aves*, v. 880 e um curioso fragmento de Teopompo, citado pelo escoliasta com respeito ao mesmo verso.
317. Virgílio, *Eneida*, III, 15: *Sociique penates*, Cf. Tito Lívio, I, 45: *Deos consociatos*.
318. Tito Lívio, V, 50. Aulo Gélio, XVI, 13.

CAPÍTULO XVI

AS CONFEDERAÇÕES - AS COLÔNIAS

Não há dúvida que o espírito grego se empenhou para elevar-se acima do regime municipal. Não demorou para que diversas cidades se reunissem em uma espécie de federação, mas ainda aqui as práticas religiosas desempenharam um papel de grande monta. Do mesmo modo que a cidade tinha seu fogo público do pritaneu, as cidades associadas tiveram um fogo público comum.[319] A cidade possuía seus heróis, suas divindades políadas, suas festas; a confederação possuiu também seu templo, seu deus, suas cerimônias, seus aniversários marcados por repastos piedosos e por jogos sagrados.

O grupo das doze colônias jônicas na Ásia Menor tinha seu templo comum, que era conhecido como Paniônio;[320] era consagrado ao mesmo Poseidon Heliconiano que esses mesmos homens haviam honrado no Peloponeso antes de sua migração.[321] Todo ano, eles se reuniam nesse sítio sagrado para celebrar a festa chamada *Panionia*; ofereciam conjuntamente um sacrifício e repartiam os alimentos sagrados.[322] As urbes dóricas da Ásia possuíam seu templo comum no promontório Trióipio; este templo era dedicado a Apolo e a Poseidon, e aí celebravam-se nos dias aniversários os jogos triópicos.[323]

No continente grego, o grupo de cidades beócias possuía seu templo de Atena Itônia[324] e suas festas anuais, *Pamboetia*. As cidades aqueias celebravam seus sacrifícios comuns em Égio e ofereciam um culto a Demeter Panaqueia.[325]

---

319. Ἑστία κοινὴ τῶν Ἀρκάδων. Pausânias, VIII, 53.
320. Heródoto, I, 143.
321. Estrabão, VIII, 7, 2.
322. Heródoto, I, 148: Συλλεγόμενοι Ἴωνες ἄγεσκον ὁρτὴν, τῇ ἔθεντο οὔνομα Πανιώνια. Estrabão, XIV, I, 20: Πανιώνια κοινὴ πανήγυρις τῶν Ἰώνων συντελεῖται τῷ Ποσειδῶνι καὶ θυσία. Diodoro, XV, 49.
323. Heródoto, I, 144. Aristides de Mileto, em *Fragmenta hist. graec.*, ed. Didot, t. IV, p. 324.
324. Pausânias, IX, 34.
325. Pausânias, VII, 24.

A palavra anfictionia[326] parece ter sido o termo antigo que designava a associação de diversas cidades. Houve, desde os primórdios da Grécia, um número muito grande de anfictionias. Conhece-se as de Caláuria, Delos, Termópilas e Delfos. A ilha de Caláuria era o centro onde se uniam as urbes de Hermíona, Epidauro, Prásias, Náuplia, Égina, Atenas e Orcômeno; estas urbes celebravam aí um sacrifício do qual nenhuma outra participava.[327] Ocorria o mesmo em Delos, onde desde tempos remotíssimos as ilhas vizinhas enviavam representantes para celebrar a festa de Apolo mediante sacrifícios, coros e jogos.[328]

A anfictionia das Termópilas, a mais conhecida da história, não diferia em sua natureza das anteriores. Formada originariamente entre cidades que eram vizinhas,[329] possuía seu templo de Demeter, seu sacrifício e sua festa anual.[330]

Não existia anfictionia ou federação sem um culto, "pois – diz um antigo – o mesmo pensamento que presidiu à fundação das urbes fez com que se instituísse também os sacrifícios comuns a várias cidades; a vizinhança e a necessidade natural as aproximando, celebravam juntas festas religiosas e panegíricos. Um vínculo de amizade nascia do repasto sagrado e da libação feita em comum".[331] As cidades confederadas enviavam nos dias determinados pela religião alguns homens que eram revestidos momentaneamente de um caráter sacerdotal e que eram chamados de teores, pilágoras ou hieronêmones. Uma vítima era imolada diante deles em honra ao deus da associação, e as carnes, cozidas no altar, eram repartidas entre os representantes das cidades. Este repasto comum, acompanhado de hinos, orações e jogos, constituía a marca e o vínculo da associação.

---

326. ἀμφικτιονία, ἀμφικτυονία, confederação, liga. (N.T.)
327. Estrabão, VIII, 6, 14. Com o tempo ocorreram mudanças. Os argivos tomaram o lugar de Náuplia na cerimônia sagrada e os lacedemônios o lugar de Prásias.
328. Tucídides, III, 104: Ἦν δὲ τὸ πάλαι μεγάλη σύνοδος ἐς τὴν Δῆλον τῶν Ἰώνων καὶ νησιωτῶν σὺν γυναιξὶ καὶ παισὶν ἐθεώρουν, καὶ ἀγὼν ἐποιεῖτο, χόρους τε ἀνῆγον αἱ πόλεις. Esta anfictionia foi restabelecida no quinto século por Atenas, mas dentro de um espírito totalmente distinto.
329. Ésquines, De falsa legat., 116, enumera os povos que partilhavam a posse do templo, ἔθνη μετέχοντα τοῦ ἱεροῦ; eram os tessálios, os beócios, os dórios da tetrápole, os jônios, os perrebos, os magnetos, os dólopes, os lócrios, os eteus, os ftiotas, os malienses e os foceus. Esparta figurava aqui como colônia da Dória, Atenas como parte do povo jônico. Cf. Pausânias, X, 8; Harpocration, v. Ἀμφικτύονες.
330. Estrabão, IX, 5, 17: Δήμητρος ἱερὸν ἐν ᾧ θυσίαν ἐτέλουν οἱ ἀμφικτύονες.
331. Estrabão, IX, 3. 6. Meineke, tendo achado este trecho interpolado, retirou-o de sua edição. Mas pertence seguramente a um autor antigo, muito provavelmente a Estrabão. O mesmo pensamento é, ademais, expresso por Dionísio de Halicarnasso, IV, 25.

Se a própria unidade do corpo helênico se manifestou nitidamente ao espírito dos gregos, assim o foi principalmente devido aos deuses que lhes eram comuns e devido às cerimônias santas onde se reuniam. À semelhança das divindades políadas, tiveram um Zeus pan-helênico. Os jogos olímpicos, ístmicos, nemeus e píticos eram grandes solenidades religiosas às quais todos os gregos foram pouco a pouco admitidos. Cada urbe enviava para ali sua *teoria*[332] para que participasse do sacrifício.[333] O patriotismo grego só conheceu por muito tempo esta forma religiosa. Tucídides nos lembra muitas vezes dos deuses que são comuns aos helenos,[334] e quando Aristófanes conclama seus compatriotas a renunciar às suas lutas intestinas, ele lhes diz: "Vós que em Olímpia, nas Termópilas e em Delfos, regais os altares com a mesma água lustral, não dilacereis mais a Grécia com vossas querelas, mas uni-vos contra os bárbaros".[335]

Essas anfictionias e confederações praticavam pouca ação política. Imaginar as *teorias* das Termópilas, do Paniônio ou de Olímpia como um congresso ou senado federal seria um grande equívoco. Se esses homens foram levados algumas vezes a se ocupar dos interesses materiais e políticos das associações, tal coisa sucedeu excepcionalmente e sob a influência de circunstâncias particulares. Essas anfictionias nem sequer impediam que seus membros guerreassem entre si. Suas atribuições regulares consistiam não em deliberar quanto a interesses, mas em honrar aos deuses, em realizar cerimônias, em manter a trégua sagrada durante as festas, e se as *teorias* se instituíam como tribunais e infligiam uma pena a uma das urbes da associação, assim o faziam apenas porque tal urbe havia faltado a algum dever religioso ou porque tinha usurpado alguma terra consagrada à divindade.[336]

Instituições análogas existiram na antiga Itália. As urbes do Lácio tinham as férias latinas; seus representantes se reuniam todo ano no santuário

---

332. Θεωρία, ação de observar, contemplação, especulação; ação de assistir a um espetáculo, a uma festa e por extensão a própria festa solene ou procissão. A função do Θεωρός, representante ou deputado de uma urbe confederada, era precisamente a de *comparecer como representante e assistir aos jogos públicos e solenidades comuns, ou mesmo consultar um oráculo*. (N.T.)

333. Platão, *As Leis*, XII, p. 950: Θεωρούς... πυθῶδε τῷ Ἀπόλλωνι καὶ εἰς Ὀλυμπίαν Διί καὶ ἐς Νεμέαν καὶ ἐς Ἰσθμὸν χρὴ πέμπειεν, κοινονοῦτας θυσιῶν καὶ ἀγώνων τούτοις τοῖς θεοῖς.

334. Τὰ ἱερὰ τὰ κοινὰ τῆς Ἑλλάδος (Tucídides, III, 58). Θεοὶ ὁμοβώμιοι καὶ κοινοὶ τῶν Ἑλλήνων (*Id.*, III, 59; V, 18).

335. Aristófanes, *Lysistrata*, v. 1130 ss.

336. Só posteriormente, e no tempo de Filipe da Macedônia que os anfictiões se ocuparam de interesses políticos.

de Júpiter Laciaris, no monte Albano. Imolava-se um touro branco, cuja carne era dividida em um número de partes correspondente à quantidade de cidades confederadas.[337] As doze urbes da Etrúria possuíam, também, seu templo comum, sua festa anual e seus jogos presididos por um sumo sacerdote.[338]

Sabe-se que nem os gregos nem mesmo os romanos praticaram a colonização nos moldes dos povos modernos. Uma colônia não era uma dependência ou um anexo do Estado colonizador. Era ela própria um Estado completo e independente. Todavia, existia um vínculo de cunho particular entre a colônia e a metrópole, o que se devia à maneira pela qual toda colônia era fundada.

Não convém crermos, com efeito, que uma colônia se formava ao acaso e conforme o capricho de um certo número de emigrantes. Um bando de aventureiros não podia jamais fundar uma urbe e não tinha o direito, segundo as ideias dos antigos, de se organizar como cidade. Havia regras às quais era preciso se conformar. O primeiro requisito era possuir, antes de mais nada, um fogo sagrado; o segundo era se fazer acompanhar de alguém que fosse capaz de praticar os ritos da fundação. Os emigrantes solicitavam isto à metrópole. Traziam o fogo aceso no lar;[339] conduziam, ao mesmo tempo, um fundador que devia pertencer a uma das famílias santas da cidade.[340] Este realizava a fundação da nova urbe segundo os mesmos ritos que haviam sido realizados outrora para a urbe da qual essa nova urbe se originava.[341] O fogo-lar estabelecia para sempre um liame religioso e de parentesco entre as duas urbes. Aquela que o fornecera era chamada de cidade-mãe;[342] aquela que o recebia estava, frente à doadora, na situação de filha.[343] Duas colônias da mesma urbe eram chamadas entre si de cidades-irmãs.[344]

---

337. Dionísio, IV, 49: Ἵνα συνερχόμενοι πανηγυρίζωσι καὶ ἑστιῶνται καὶ κοινῶν ἱερῶν μεταλαμβάνωσι. Varrão, VI, 25: *Latinae feriae, a Latinis populis quibus ex sacris carnem petere jus fuit cum Romanis.* Plínio, *H. N.*, III, 9, 69: *Cum his carnem in monte Albano soliti accipere populi.* Cf. Tito Lívio, XLI, 16. Dionísio, IV, 49: Ἑνὸς ταύρον κοινῶς ὑπὸ πασῶν θυομένον, μέρος ἑκάστη τὸ τεταγμένον λαμβάνει.
338. Tito Lívio, V, 1.
339. *Etymologicum magnum*, v. Πρυτανεία; Heródoto, I, 136.
340. Heródoto, I, 146; Tucídides, I, 24; VI, 3-5; Diodoro, V, 53, 59, 81, 83, 84; Plutarco, *Timoleonte*.
341. Tucídides, III, 34; VI, 4. Varrão, *De lingua lat.*, V, 143: *Coloniae nostrae item conditae ut Roma.*
342. Heródoto chama os atenienses de *pais* dos jônios, VII, 51; VIII, 22.
343. Este pensamento é muitas vezes expresso pelos antigos. Políbio, XII, 10; Dionísio, III, 7; Tito Lívio, XXVII, 9; Platão, *As Leis*, VI; Tucídides, I, 38.
344. Políbio, XXII, 7, 11; Plutarco, *Timoleonte*, 15.

A colônia tinha o mesmo culto da metrópole.³⁴⁵ Podia ter alguns deuses particulares, porém devia conservar e honrar as divindades políadas da urbe da qual era oriunda. As doze cidades jônicas da Ásia Menor, que eram consideradas como colônias de Atenas, não por terem sido compostas de atenienses, mas por terem trazido o fogo sagrado do pritaneu de Atenas e conduzido fundadores atenienses, rendiam um culto às divindades de Atenas, celebravam festas para elas³⁴⁶ e a elas dirigiam, todos os anos, sacrifícios e *teorias*.³⁴⁷ Assim faziam as colônias de Corinto e as de Naxos.³⁴⁸ Do mesmo modo, Roma, colônia de Alba, e por intermédio desta, colônia de Lavínio, realizava todo ano um sacrifício no monte Albano, além de enviar vítimas a Lavínio "onde estavam seus Penates".³⁴⁹ Era mesmo um costume antigo entre os gregos a colônia receber da metrópole os pontífices que presidiam ao seu culto e zelavam pela manutenção dos ritos.³⁵⁰

Esses vínculos religiosos entre colônias e metrópoles permaneceram muito fortes até o século V antes de nossa era. Quanto a um vínculo político, os antigos ficaram muito tempo sem pensar em estabelecê-lo.³⁵¹

---

345. Tucídides, VI, 4; Políbio, IX, 7; Estrabão, IV, 1, 4.
346. Heródoto, I, 147; VII, 95.
347. Tucídides, I, 25; escoliasta de Aristófanes, *Nuvens*, 385; Isócrates, *Panegírico*, 7, 31.
348. Diodoro, XII, 30; Tucídides, VI, 3.
349. Varrão, *De ling. lat.*, V, 144; Dionísio, II, 52; Plutarco, *Coriolano*, 28.
350. Ἔθος ἦν ἀρχιερέας ἐκ μητροπόλεως λαμβάνειν, escoliasta de Tucídides, I, 25.
351. Este vínculo político, tentado apenas por Corinto (Tucídides, I, 56), só foi verdadeiramente constituído nas *cleróquias* de Atenas e colônias de Roma, considerando-se que tanto aquelas quanto estas pertencem a uma data relativamente recente, não nos cabendo nos referir a elas aqui.

CAPÍTULO XVII
O ROMANO – O ATENIENSE

Esta mesma religião, que foi o fundamento das sociedades e que as governou durante muito tempo, moldou também a alma humana e transmitiu ao homem seu caráter. Por seus dogmas e suas práticas, concedeu ao romano e ao grego uma certa maneira de pensar e de agir e, também, certos costumes, dos quais por longo tempo eles não conseguiram se desembaraçar. Ela mostrava ao homem deuses em todas as partes, deuses pequenos, deuses facilmente irritáveis e malevolentes. Esmagava o homem sob o temor de ter sempre deuses contra si, não lhe deixando qualquer margem de liberdade para os seus atos.

É preciso ver que lugar a religião ocupa na vida de um romano. Sua casa é para ele o que é para nós um templo; ali encontra ele seu culto e seus deuses. O seu fogo doméstico é um deus; as paredes, as portas, a soleira são deuses; os limites que cercam seu campo também são deuses. O túmulo é um altar e seus ancestrais são seres divinos.

Cada uma de suas ações de cada dia é um rito; todo o seu dia pertence à sua religião. De manhã e à noite ele invoca seu fogo doméstico, seus penates, seus ancestrais; ao sair de sua casa e ao nela entrar novamente ele lhes dirige uma oração. Cada refeição é um ato religioso que ele compartilha com suas divindades domésticas. O nascimento, a iniciação, o tomar da toga, o casamento e os aniversários de todos estes acontecimentos são os atos solenes de seu culto.

Ele sai de sua casa e mal pode dar um passo sem dar com um objeto sagrado, seja uma capela, seja um lugar já atingido outrora pelo raio, seja um túmulo; por vezes é necessário recolher-se e fazer uma oração, outras vezes é preciso desviar o olhar e cobrir o rosto para evitar a visão de um objeto funesto.

Todo dia ele sacrifica em sua casa, todo mês na cúria, e várias vezes por ano em sua *gens* ou em sua tribo. Acima de todos esses deuses, ele deve ainda um culto aos deuses da cidade. Em Roma, há mais deuses que cidadãos.

Realiza sacrifícios para agradecer aos deuses; realiza outros, em número muito superior, para aplacar a cólera deles. Um dia ele figura em uma procissão dançando segundo um ritmo antigo ao som da flauta sagrada. Outro dia ele conduz carros nos quais estão deitadas as estátuas das divindades.[352] Em uma outra ocasião, trata-se de um *lectisternium*; uma mesa é posta em uma rua e coberta de iguarias; nos leitos se acham deitadas as estátuas dos deuses, e cada romano passa inclinando-se perante os deuses, uma coroa sobre a cabeça e um ramo de louro na mão.[353]

O romano tem uma festa para as sementeiras, uma para a colheita e ainda outra para a poda da videira. Antes do trigo chegar à espiga, ele já fez mais de dez sacrifícios e invocou uma dezena de divindades particulares para o sucesso de sua colheita. Ele tem, sobretudo, um grande número de festas para os mortos porque tem medo deles.[354]

O romano, ademais, nunca sai de casa sem se certificar da ausência de qualquer ave de mau agouro no exterior. Há palavras que não ousa pronunciar por nada deste mundo. Se experimenta algum desejo, ele o inscreve com seu voto em uma tabuinha que coloca aos pés da estátua de um deus.[355]

A todo momento ele consulta os deuses e quer saber qual a vontade deles. Descobre todas suas decisões nas entranhas das vítimas, no voo das aves, ou nas advertências do raio.[356] O anúncio de chuva de sangue ou de um boi que falou o perturbam e fazem tremer; não se sentirá tranquilo enquanto uma cerimônia expiatória não o tiver reconciliado com os deuses.[357]

O romano somente sai de casa com o pé direito. Só permite ter os cabelos cortados durante a lua cheia. Carrega consigo amuletos. Para prevenir-se contra incêndios, cobre as paredes de sua casa com inscrições mágicas. Conhece fórmulas para evitar a doença e também fórmulas para curá-la, mas é preciso

---

352. A respeito da procissão das *tensae*, ver Tito Lívio, V, 41; Suetônio, *Vespasiano*, 5, Festo, ed. Muller, p. 364.
353. Tito Lívio, XXXIV, 55; XL, 37; Plínio, XXXII, 2, 10.
354. Plauto, *Anfitrião*, II, 2, 145; Ovídio (*Fastos*, V, 421 ss.) descreve os ritos para expulsar as almas do outro mundo; era necessário levantar-se à meia-noite, atravessar de pés nus a casa, fazer estalar o dedo médio com o polegar, enfiar na boca favas negras e lançá-las ao chão desviando a cabeça e dizendo: "Eis o que te dou, por estas favas me resgato". Os espíritos apanham as favas e, satisfeitos, vão-se embora. Tal é o rito antigo.
355. Juvenal, *Sat.*, X, 55. É disto que ainda encontramos testemunho nas plaquinhas de chumbo achadas em Delfos por Carapanos.
356. Cícero, *De divin.*, I, 2: *Nihil publice sine auspiciis nec domi nec militiae gerebatur*. Valério Máximo, II, 2, 1: *Apud antiquos, non solum publice, sed etiam privatim, nihil gerebatur sine auspicio prius sumpto*.
357. Tito Lívio, XXIV, 10; XXVII, 4; XXVIII, 11, *et alias, passim*.

repeti-las vinte e sete vezes e cuspir, em cada uma destas ocasiões, de uma certa maneira.[358]

Ele não delibera no Senado se as vítimas não fornecerem os sinais favoráveis. Ele abandona imediatamente a assembleia do povo se ouvir o chiado de um rato. Renuncia aos projetos mais bem planejados se perceber um mau presságio ou se uma palavra funesta chegar aos seus ouvidos. É bravo no combate, mas desde que os auspícios lhe assegurem a vitória.

Este romano que aqui apresentamos não é o homem do povo, o homem fraco de espírito que a miséria e a ignorância retêm na superstição. Referímo-nos ao patrício, ao homem nobre, poderoso e rico. Este patrício é alternadamente guerreiro, magistrado, cônsul, agricultor, comerciante; mas em toda parte e sempre ele é sacerdote e seu pensamento está fixado nos deuses. Patriotismo, amor à glória, amor ao ouro – por mais fortes que sejam estes sentimentos em sua alma, o temor aos deuses tudo domina. Horácio disse as palavras mais verdadeiras sobre o romano: é temendo os deuses que ele se tornou o senhor da terra,

> *Dis te minorem quod geris, imperas.*

Tem-se dito que se tratava de uma religião de política. Mas podemos nós supor que um senado de trezentos membros, um corpo de três mil patrícios, tenha se combinado com tal unanimidade para enganar o povo ignorante? E isso durante séculos, sem que, entre tantas rivalidades, lutas, ódios pessoais, uma única voz jamais tivesse se elevado para dizer: isto é uma balela. Se um patrício tivesse traído os segredos de sua casta, se, dirigindo-se aos plebeus que suportavam impacientemente o jugo dessa religião, os desembaraçasse e livrasse, repentinamente, desses auspícios e desses sacerdotes, tal homem teria conquistado imediatamente um tal crédito que se tornaria o senhor do Estado. Poderíamos crer que, se os patrícios não tivessem acreditado na religião que praticavam, uma tal tentação não teria sido tão forte a ponto de determinar que, ao menos, um entre eles revelasse o segredo? Comete-se um crasso equívoco a respeito da natureza humana ao se supor que uma religião possa estabelecer-se por convenção e se sustentar por impostura. Que se conte em Tito Lívio quantas vezes tal religião incomodou os próprios patrícios, quantas vezes embaraçou o Senado e entravou sua ação, e que se diga depois que essa religião foi inventada para comodidade

---

358. Ver, entre outras, as fórmulas indicadas por Catão, *De re rust.*, 160, e Varrão, *De re rust.*, II, 1; I, 37. Cf. Plínio, *H. N.*, XXVIII, 2-5 (4-23). A Lei das Doze Tábuas pune o homem *qui fruges excantassit* (Plínio, XXVIII, 2, 17; Sérvio, *ad Eclogas*, VIII, 99. Cf. Cícero, *De rep.*, IV, 10).

dos políticos. É no tempo de Cícero que se começou a crer que a religião era útil ao governo, mas então a religião já estava morta nas almas.

Tomemos um romano dos primeiros séculos. Escolhamos um dos maiores guerreiros, Camilo, que foi cinco vezes ditador e que se sagrou vitorioso em mais de dez batalhas. Para fazer jus à verdade é preciso apresentá-lo a um tempo como sacerdote e guerreiro. Pertence à *gens* Fúria, seu sobrenome é uma palavra que designa uma função sacerdotal. Quando criança, fizeram-no usar a toga pretexta que indica sua casta e a bula que distancia a má sorte. Cresceu assistindo todos os dias às cerimônias do culto; passou sua juventude instruindo-se sobre os ritos da religião. É verdade que eclodiu uma guerra e o sacerdote se fez soldado; vimo-lo, ferido na coxa durante certo combate de cavalaria, arrancar o ferro da ferida e continuar combatendo. Depois de muitas campanhas, foi elevado às magistraturas; como magistrado realizou sacrifícios públicos, julgou e comandou o exército. Chegou um dia em que se pensou nele para a ditadura. Nesse dia, o magistrado em exercício, após se recolher em uma noite clara, consultou os deuses: seu pensamento se voltava para Camilo, cujo nome ele pronunciava bem baixinho, o olhar fixo no céu, onde procurava os presságios. E os deuses só enviaram-lhe bons presságios, pois Camilo os agradava. E assim ele foi nomeado ditador.

Ei-lo comandante do exército. Deixa a urbe, não sem antes consultar os auspícios e imolar um grande número de vítimas. Tem sob suas ordens muitos oficiais, quase a mesma quantidade de sacerdotes, um pontífice, áugures, arúspices, pulários, vitimários e um porta-fogo.

Foi encarregado de terminar a guerra contra Veios que é sitiada sem sucesso há nove anos. Veios é uma urbe etrusca, isto é, quase uma urbe santa; é mais de sentimento religioso do que de bravura que precisam para lutar. Se há nove anos os romanos não têm obtido vantagens no seu assédio é porque os etruscos conhecem melhor os ritos que agradam aos deuses e as fórmulas mágicas que ganham o seu favorecimento. Roma, por seu lado, abriu seus livros sibilinos e tentou aí encontrar a vontade dos deuses. Percebeu que suas férias latinas haviam sido maculadas por quaquer vício de forma e renovou o sacrifício. Os etruscos, todavia, ainda detinham a superioridade, diante do que só restava um recurso, a saber, capturar um sacerdote etrusco e descobrir por meio dele o segredo dos deuses. Um sacerdote de Veios é capturado e conduzido ao senado: "Para que Roma tome Veios" – ele diz –, "é necessário que baixe o nível do lago Albano, cuidando bem para que suas águas não corram para o mar". Roma obedece cavando uma infinidade de canais e sulcos, de modo que a água do lago se perde no campo.

É nessa ocasião que Camilo é eleito ditador. Ruma com o exército para as proximidades de Veios. Está seguro do êxito, pois todos os oráculos foram revelados, todas as ordens dos deuses cumpridas. Além disso, antes de deixar Roma, prometeu aos deuses protetores festas e sacrifícios. Mas, ao mesmo tempo, com a finalidade de vencer, ele não se descuida dos recursos humanos; aumenta o exército, redobra a disciplina, manda cavar uma galeria subterrânea para penetrar na cidadela. Chega finalmente o dia do ataque. Camilo sai de sua tenda. Tira os auspícios e imola as vítimas. Os pontífices e os áugures o cercam. Revestido do *paludamentum*, ele invoca os deuses: "Sob tua orientação, ó Apolo, e por tua vontade que me inspira, eu marcho para tomar e destruir a urbe de Veios; a ti, se eu for vitorioso, prometo e devoto a décima parte do saque". Mas não bastava ter os deuses de seu lado já que o inimigo também tem uma divindade poderosa que o protege. Camilo a evoca mediante esta fórmula: "Juno Rainha, que presentemente habita Veios, eu te suplico, acompanha a nós, vencedores; segue-nos a nossa urbe, recebe nosso culto, que nossa urbe se torne tua". Em seguida, os sacrifícios realizados, as orações proferidas, as fórmulas recitadas, quando os romanos estão seguros que os deuses estão com eles e que nenhum deus defende o inimigo, o assalto é feito e a urbe tomada.

Este é Camilo. Um general romano é um homem que sabe combater admiravelmente, que conhece, sobretudo, a arte de se fazer obedecer, mas que crê firmemente nos áugures, que realiza todo dia atos religiosos e que está convencido que o que mais importa não é a coragem, não é nem mesmo a disciplina, mas o enunciado de algumas fórmulas ditas com exatidão segundo os ritos. Estas fórmulas dirigidas aos deuses os determinam e os constrangem quase sempre a lhe conceder a vitória. Para um tal general, a recompensa suprema é o senado permitir-lhe a realização do sacrifício triunfal. Ele sobe, então, no carro sagrado atrelado a quatro cavalos brancos, os mesmos que tiram a estátua de Júpiter no dia da grande procissão; ele se veste com o manto sagrado, o mesmo com o qual se reveste o deus nos dias de festa; sua cabeça é coroada, sua mão direita segura um ramo de louro, a esquerda o cetro de marfim; são exatamente os atributos e o traje usado pela estátua de Júpiter.[359] Com tal majestade quase divina, ele se mostra aos seus concidadãos e vai render homenagem à majestade verdadeira do maior dos deuses romanos. Sobe com esforço a encosta do Capitólio e, uma vez diante do templo de Júpiter, imola as vítimas.

---

359. Tito Lívio, V, 23: *Curru albis equis juncto... Jovis Solisque equis. Id.*, X, 7: *Qui Jovis Optimi Maximi ornatu decoratus, curru curato vectus in Capitolium.* Plínio, *H. N.*, XXXIII, 7, 36: *Jovis simulacri faciem minio inlini solitum triumphamtiumque corpora.* Dionísio, II, 34; V, 47. Apiano, *Guerras púnicas*, 66. Cf. Juvenal, X, 38: *In tunica Jovis.*

O medo dos deuses não foi um sentimento alimentado exclusivamente pelo romano. Dominava também o coração do grego. Estes povos, constituídos originariamente pela religião, nutridos e educados por ela, conservaram durante muito tempo a marca de sua primeira educação. Sabe-se dos escrúpulos do espartano que não iniciava jamais uma expedição enquanto a lua não fosse cheia,[360] que imola incessantemente vítimas para saber se deve combater, e que desiste dos empreendimentos mais bem concebidos e mais necessários porque um mau presságio o amedronta. O ateniense se distancia do romano e do espartano por meio de mil características do seu caráter, bem como do seu espírito, mas assemelha-se a eles no que diz respeito ao temor dos deuses. Um exército ateniense jamais entra em campanha antes do sétimo dia do mês e quando uma frota vai se fazer ao mar tem-se grande cuidado no sentido de dourar novamente as estátuas de Palas.

Xenofonte assegura que os atenienses têm mais festas religiosas do que qualquer outro povo grego.[361] "Quantas vítimas oferecidas aos deuses" – diz Aristófanes[362] –, "quantos templos! Quantas estátuas! Quantas procissões sagradas! A toda hora durante o ano observamos banquetes religiosos e vítimas coroadas." "Somos nós" – diz Platão – "que oferecemos os mais numerosos sacrifícios e que fazemos para os deuses as procissões mais brilhantes e mais santas."[363] A urbe de Atenas e seu território estão repletos de templos e capelas. Destes há aqueles para o culto da cidade, para o culto das tribos e dos demos e para o culto das famílias. Cada casa é ela mesma um templo e em quase todos os campos há um túmulo sagrado.

O ateniense, concebido como tão inconstante, tão caprichoso, tão livre-pensador, tem, pelo contrário, um respeito singular pelas velhas tradições e os velhos ritos. Sua principal religião, aquela que obtém dele a mais fervorosa devoção, é a religião dos ancestrais e dos heróis. Ele mantém o culto dos mortos e os teme. Uma de suas leis o obriga a lhes oferecer todo ano as primícias de sua colheita; uma outra lei o proíbe de pronunciar uma única palavra que provoque a ira dos

---

360. Heródoto, VI, 106; "Com a notícia do desembarque dos persas, desejaram os espartanos socorrer os atenienses; entretanto, era para eles impossível fazê-lo de imediato, pois não queriam violar a regra (τὸν νόμον, a regra religiosa). Declararam que só entrariam em campanha no dia em que a lua fosse cheia". O historiador não afirma ter sido isso um pretexto. Devemos julgar os antigos segundo suas ideias e não segundo as nossas.
361. Xenofonte, *Resp. at.*, III, 2. Sófocles diz que Atenas é a mais piedosa das cidades (*Édipo em Colona*, 1007) e Pausânias observa, I, 24, que os atenienses eram mais ciosos que os outros povos no que concerne ao culto dos deuses.
362. Aristófanes, *Nuvens*, 305-309.
363. Platão, *Alcibíades*, II, p. 148.

mortos.³⁶⁴ Tudo o que se relaciona com a antiguidade é sagrado para o ateniense. Ele dispõe de velhas coletâneas onde estão consignados seus ritos e jamais ele, o ateniense, se afasta destes;³⁶⁵ se um sacerdote introduzir no culto a mais ligeira inovação, será punido com a morte. Os ritos mais bizarros são observados ao longo dos séculos. Em um dia do ano, o ateniense faz um sacrifício em honra de Ariadne e, porque se diz que a amante de Teseu morreu no parto, é preciso que se imite os gritos e as contorções de uma mulher em trabalho de parto. O ateniense celebra uma outra festa anual que se chama Oscofórias e que imita a pantomima do retorno de Teseu à Ática. Coroa-se o caduceu de um arauto porque o arauto de Teseu coroou seu caduceu; dá-se um certo grito que se supõe ter o arauto dado e se procede a uma procissão na qual cada um veste o traje que se achava em uso no tempo de Teseu. Há um outro dia em que o ateniense não deixa de ferver legumes em uma panela de uma certa forma, o que corresponde a um rito cuja origem se perde em uma antiguidade remota e do qual se desconhece o sentido, mas que é renovado piedosamente todo ano.³⁶⁶

O ateniense, como o romano, conta com dias nefastos. Nesses dias, não se casa, não se começa nenhum empreendimento, não se realiza assembleia, não se administra justiça. O décimo oitavo e o décimo nono dias de cada mês são empregados para as purificações. No dia das Plintérias, dia nefasto entre todos, cobre-se com o véu a estátua da grande divindade políada.³⁶⁷ Em contrapartida, no dia das Panateneias, o véu da deusa é conduzido em grande procissão, e todos os cidadãos, sem distinção de idade ou posição, devem compor o cortejo. O ateniense faz sacrifícios em prol das colheitas; faz seja para o retorno da chuva, seja para o retorno do bom tempo. Também os faz para curar doenças e afastar a fome ou a peste.

Atenas possui suas coletâneas dos antigos oráculos como Roma tem seus livros sibilinos e alimenta no pritaneu homens que anunciam o porvir.³⁶⁸ Nas suas ruas, encontramos a cada passo adivinhos, sacerdotes, intérpretes dos

---

364. Plutarco, *Sólon*, 21.
365. Ver o que Isócrates diz da fidelidade dos ancestrais para com os velhos ritos, *Areopagítico*, 29-30. Cf. Lísias, *Adv. Nicomach.*, 19: Τὰ ἐκ τῶν κύρβεων θύοντες. Demóstenes lembra ainda o velho princípio que exige que os sacrifícios sejam feitos de acordo com os ritos dos antigos sem que nada seja omitido e nada seja inovado (*In Neaeram*, 75).
366. Plutarco, *Teseu*, 20, 22, 23.
367. Platão, *As Leis*, VII, p. 800: Ἡμέραι μὴ καθαραὶ ἀλλ' ἀποφράδες. Filócoro, *Fragmentos*, 183. Xenofonte, *Helênicas*, I, 4, 12.
368. Aristófanes, *Paz*, 1084.

sonhos.³⁶⁹ Atenas crê em presságios. Um espirro ou um zunido nos ouvidos bastam para fazer o ateniense desistir de um empreendimento.³⁷⁰ Nunca embarca sem ter previamente consultado os auspícios.³⁷¹ Antes de se casar, não deixa de consultar o voo das aves.³⁷² Acredita nas palavras mágicas e, se estiver enfermo, coloca amuletos em torno do pescoço.³⁷³ A assembleia popular se dissolve no momento em que alguém garante que apareceu no céu um signo funesto.³⁷⁴ Se um sacrifício foi perturbado pelo anúncio de uma má notícia, deve ser recomeçado.³⁷⁵

O ateniense não começa em absoluto uma frase sem invocar primeiramente a boa fortuna.³⁷⁶ Na tribuna, o orador inicia, de bom grado, com uma invocação aos deuses e aos heróis que habitam o país. Dirige-se ao povo propalando-lhe oráculos. Os oradores, com o intuito de fazer prevalecer suas opiniões, repetem a todo momento: a deusa assim o ordena.³⁷⁷

Nícias pertence a uma grande e rica família. Muito jovem ainda, conduz ao santuário de Delos uma *teoria,* isto é, vítimas e um coro para cantar os louvores do deus durante o sacrifício. De volta a Atenas, ele homenageia os deuses dando-lhes uma parte de sua fortuna, dedicando uma estátua a Atena e uma capela a Dionísio. Alternadamente, Nícias é *hestiator* e cobre os gastos do repasto sagrado de sua tribo; ele é corego, entretendo um coro para as festas religiosas. Não passa um único dia sem oferecer um sacrifício a algum deus. Tem um adivinho ligado à sua casa, que não o deixa e que ele consulta sobre os assuntos públicos bem como sobre seus interesses particulares. Nomeado general, ele dirige uma expedição contra Corinto; ao retornar vitorioso a Atenas, descobre que dois de seus soldados mortos ficaram sem sepultura no território inimigo; é tomado então

---

369. Tucídides, II, 8. Platão fala também "dos sacrificadores ambulantes e dos adivinhos que assediam as portas dos ricos" (*Política,* II).
370. Aristófanes e seu escoliasta, *Aves,* 721. Eurípides, *Íon,* 1189.
371. Aristófanes, *Aves,* 596.
372. Aristófanes, *Aves,* 718. Xenofonte, *Memoráveis,* I, 1, 3: "Acreditam na adivinhação, interrogam as aves, as vozes, os sinais, as entranhas das vítimas". Xenofonte assegura que Sócrates acreditava nos áugures e recomendava o estudo da adivinhação; *ibidem,* I, 1, 6; IV, 7, 10. Ele próprio era muito supersticioso; acreditava em sonhos (*Anabase,* III, 1; IV, 3); consultava as entranhas das vítimas (*ibid.,* IV, 3) e se cercava de adivinhos (*ibid.,* V, 2, 9; VI, 4, 13). Ver em *Anabase* (III, 2) a cena do espirro.
373. É a respeito do próprio Péricles que Plutarco nos dá este detalhe (Plut., *Péricles,* 37, segundo Teofrasto).
374. Aristófanes, *Acarnânios,* 171.
375. Plutarco, *Teseu,* 22.
376. Aristófanes, *Aves,* 436.
377. Licurgo, *in Leocratem,* 1. Aristófanes, *Cavaleiros,* 903, 999, 1171, 1179.

por um escrúpulo religioso – detém sua frota e envia um arauto solicitando aos coríntios permissão para sepultar os dois cadáveres. Algum tempo depois, o povo ateniense decide-se sobre a expedição da Sicília. Nícias sobe à tribuna e declara que seus sacerdotes e seu adivinho anunciam presságios que se opõem à expedição. É verdade que Alcibíades dispõe de outros adivinhos que interpretam os oráculos em sentido contrário. O povo fica indeciso. Chegam, então, homens do Egito. Estes homens haviam consultado o deus Amon, que já começa a estar intensamente em voga, e trazem o seguinte oráculo: Os atenienses dominarão todos os siracusanos. O povo se decide imediatamente a favor da guerra.[378]

Nícias, a contragosto, comanda a expedição. Antes de partir, ele realiza um sacrifício segundo o costume. Leva consigo, como faz todo general, um grupo de adivinhos, sacrificadores, arúspices e arautos. A frota carrega também seu fogo-lar; cada embarcação possui um emblema que representa algum deus.

Mas Nícias tem pouca esperança. Não havia sido a desventura anunciada por tantos prodígios? Corvos danificaram uma estátua de Palas, um homem foi mutilado sobre um altar e a partida ocorrera durante os dias nefastos das Plintérias! Nícias sabe sobejamente que esta guerra será fatal para ele e para a pátria. E, assim, durante todo o desenrolar desta campanha ele é visto temeroso e circunspecto; quase nunca se atreve a dar o sinal para uma batalha, aquele que era famoso por ser um tão bravo soldado e um tão hábil general.

Não foi possível tomar Siracusa, e após perdas cruéis foi necessário decidir-se pelo regresso a Atenas. Nícias prepara sua frota para o retorno com o mar ainda livre. Ocorre, contudo, um eclipse lunar. Ele consulta seu adivinho e este responde que o presságio é contrário e que ele deve aguardar três vezes nove dias. Nícias obedece e passa todo este tempo na inação, oferecendo muitos sacrifícios a fim de aplacar a ira dos deuses. Durante este período, os inimigos fecham o porto e destroem sua frota. Nada resta senão fazer a retirada por terra, mas isto se revela impossível. Nem ele nem nenhum de seus soldados escapam aos siracusanos.

Que disseram os atenienses diante da notícia do desastre? Conheciam a coragem pessoal de Nícias e sua admirável perseverança. Não pensaram tampouco em culpá-lo por ter seguido os ditames da religião. Só encontraram uma coisa para censurá-lo, a saber, ter levado consigo um adivinho ignorante, pois o adivinho se enganara acerca do presságio do eclipse da lua – devia saber que para um exército que deseja bater em retirada a lua que oculta sua luz é um presságio favorável.[379]

---

378. Plutarco, *Nícias*, 4, 5, 6, 13.
379. Plutarco, *Nícias*, 23. Tucídides, VI, VII. Diodoro, XII, XIII.

CAPÍTULO XVIII

DA ONIPOTÊNCIA DO ESTADO – OS ANTIGOS NÃO CONHECERAM A LIBERDADE INDIVIDUAL

A cidade fora fundada em uma religião e constituída como uma igreja. Daí sua força; daí também sua onipotência e o império absoluto que exercia sobre seus membros. Em uma sociedade estabelecida sobre tais princípios, era impossível existir liberdade individual. O cidadão estava submetido em todas as coisas e sem qualquer reserva à cidade. Ele pertencia a ela inteiramente. A religião que havia criado o Estado e o Estado que mantinha a religião sustentavam-se mutuamente como uma unidade; estes dois poderes associados e confundidos formavam um poder quase sobre-humano ao qual alma e corpo estavam igualmente submetidos.

Não havia nada no homem que fosse independente. Seu corpo pertencia ao Estado, sendo destinado à sua defesa. Em Roma, o serviço militar era obrigatório até os quarenta e seis anos, em Atenas e em Esparta por toda a vida.[380] A fortuna do cidadão se achava sempre à disposição do Estado; se a cidade necessitasse de dinheiro, podia ordenar às mulheres que lhe entregassem suas joias, aos credores que renunciassem aos seus créditos, aos proprietários das oliveiras que cedessem graciosamente o azeite que haviam fabricado.[381]

A vida privada não escapava dessa onipotência do Estado. Muitas cidades gregas proibiam que o homem permanecesse celibatário.[382] Esparta punia não apenas aquele que não se casava como também aquele que se casava tarde.

---

380. Tucídides, I, 105; Plutarco, *Phocion*, 24; Pausânias, I, 26. Xenofonte, *Helênicas*, VI, 4, 17.
381. Aristóteles, *Econom.*, II. O autor cita exemplos de Bizâncio, de Atenas, de Lâmpsaco, de Heracleu Pôntico, de Quios, de Clazômena e de Éfeso.
382. Pólux, III, 48: Ἦσαν καὶ ἀγαμίου δίκαι πολλαχοῦ, καὶ ὀψιγαμίου καὶ κακογαμίου ἐν Λακεδαίμονι. Cf. VIII, 40: γραφὴ ἀγαμίου. Plutarco, *Lisandro*, 30. Em Roma, um decreto dos

O Estado podia prescrever em Atenas o trabalho, e em Esparta a ociosidade.[383] Exercia sua tirania até nas mínimas coisas; em Locres a lei proibia que os homens bebessem vinho puro; em Roma, Mileto e Marselha proibiam-no às mulheres.[384] Era comum o vestuário ser fixado invariavelmente pelas leis de cada cidade. A legislação de Esparta regulamentava o penteado das mulheres e a de Atenas as proibia de levar em viagem mais de três vestidos.[385] Em Rodes, a lei proibia que se fizesse a barba; em Bizâncio punia com uma multa aquele que tivesse em casa uma navalha; em Esparta, ao contrário, a lei obrigava que se raspasse o bigode.[386]

O Estado detinha o direito de não tolerar que seus cidadãos fossem disformes ou monstruosos. Consequentemente, ordenava ao pai de uma criança que nascia nessas condições que a matasse. Esta lei constava nos antigos códigos de Esparta e de Roma.[387] Desconhecemos se existia em Atenas, mas sabemos que tanto Aristóteles quanto Platão a incluíram em suas legislações ideais.

Há um fato na história de Esparta muito admirado por Plutarco e Rousseau. Esparta acabara de sofrer uma derrota em Leuctras e muitos cidadãos seus haviam perecido. Diante desta notícia, os pais dos mortos tiveram que aparecer em público com uma expressão de júbilo nos rostos. A mãe que soubera que seu filho escapara do desastre e que iria revê-lo mostrava aflição e chorava. Aquela que sabia que não iria mais rever o filho testemunhava alegria e percorria os templos agradecendo aos deuses. Tal era o poder do Estado, que ele ordenava a inversão dos sentimentos naturais e nisto era obedecido!

O Estado não admitia que um homem fosse indiferente aos seus interesses; o filósofo, o homem de estudo, não tinha o direito de viver isolado. Era seu dever votar nas assembleias e, por sua vez, ser magistrado. Em um tempo em que as discórdias eram frequentes, a lei ateniense não permitia a neutralidade por parte do cidadão, o qual devia combater com uma ou outra facção. Contra

---

censores multava os celibatários. Valério Máximo, II, 9; Aulo Gélio, I, 6; II, 15. Cícero diz ainda: *Censores... coelibes esse prohibento* (*De legibus*, III, 3).

383. Plutarco, *Licurgo*, 24. Pólux, VIII, 42. Teofrasto, fragmento 99.

384. Ateneu, X, 33. Eliano, *H. V.*, II, 38. Teofrasto, fr. 117.

385. Xenofonte, *Resp. Lac.*, 7. Tucídides, I, 6. Plutarco, *Licurgo*, 9. Heráclides do Ponto, *Fragmenta*, ed. Didot, t. II, p. 211. Plutarco, *Sólon*, 21.

386. Ateneu, XIII, 18. Plutarco, *Cleômenes*, 9. "Os romanos não acreditavam que cabia a cada um a liberdade de se casar, ter filhos, viver à sua maneira, dar banquetes, seguir os próprios gostos, sem ser submetido a uma inspeção e um julgamento." Plutarco, *Catão*, 23.

387. Cícero, *De legibus*, III, 8; Dionísio, II, 15; Plutarco, *Licurgo*, 16.

aquele que desejava permanecer à parte dos partidos e mostrar tranquilidade, a lei pronunciava uma pena severa, a perda do direito à cidadania.[388]

A educação entre os gregos estava bem longe de ser livre. Não havia, ao contrário, outra área em que o Estado desejasse tanto ser o senhor. Em Esparta, o pai não tinha o menor direito com respeito à educação de seu filho. A lei parece ter sido menos rigorosa em Atenas, embora a cidade fizesse com que a educação fosse ministrada em comum por mestres selecionados por ela. Aristófanes, em uma passagem eloquente, nos mostra as crianças de Atenas a caminho da sua escola; em ordem, distribuídas por bairros, andam em filas cerradas, sob a chuva, sobre a neve ou sob o sol quente. Essas crianças parecem já compreender que se trata de um dever cívico que estão cumprindo.[389] O Estado desejava dirigir sozinho a educação e Platão indica a razão desta exigência:[390] "Os pais não devem gozar de liberdade para enviar ou não enviar seus filhos aos mestres que a cidade escolheu, pois as crianças pertencem menos aos seus pais do que à cidade". O Estado considerava o corpo e a alma de todo cidadão como propriedade sua, de maneira que pretendia moldar esse corpo e essa alma de modo a tirar deles o melhor partido. Ensinava-se a ginástica porque sendo o corpo do homem uma arma para a cidade, era indispensável que essa arma fosse a mais forte e ágil possível. Ensinavam-se, também, os cantos religiosos, os hinos, as danças sagradas em função da necessidade deste conhecimento para a boa execução dos sacrifícios e das festas da cidade.[391]

Reconhecia-se ao Estado o direito de impedir que houvesse um ensino livre paralelo ao seu. Atenas decretou um dia uma lei que proibia instruir os jovens sem uma autorização dos magistrados e, uma outra, que proibia especialmente que se ensinasse a filosofia.[392]

Ao homem não cabia a escolha de suas crenças. Devia crer e se sujeitar à religião da cidade. Podia-se odiar ou desprezar os deuses da cidade vizinha. Quanto às divindades de caráter geral e universal, como Júpiter Celeste, ou Cibele, ou Juno, estava-se livre para nelas crer ou não crer. Mas que não se duvidasse de Atena Políada, de Erecteu ou ainda de Cécrops. Nisto residiria

---

388. Plutarco, *Sólon*, 20.
389. Aristófanes, *Nuvens*, 960-965.
390. Platão, *As Leis*, VII.
391. Aristófanes, *Nuvens*, 966-968. O mesmo em Esparta: Plutarco, *Licurgo*, 21.
392. Xenofonte, *Memor.*, I, 2, 31. Diógenes Laércio, *Teofr.*, c. 5. Estas duas leis não duraram muito tempo, contudo, servem para provar que onipotência se reconhecia ao Estado em matéria de instrução.

grande impiedade que ofenderia à religião e ao Estado ao mesmo tempo, e que o Estado puniria severamente. Sócrates foi condenado à morte por este crime.[393] A liberdade de pensar relativamente à religião da cidade era absolutamente desconhecida entre os antigos. Fazia-se mister conformar-se a todas as regras do culto, participar de todas as procissões e do repasto sagrado. A legislação ateniense pronunciava pena contra aqueles que se abstivessem de celebrar religiosamente uma festa nacional.[394]

Os antigos não conheciam, portanto, nem a liberdade da vida privada, nem a liberdade de educação, nem a liberdade religiosa. A pessoa humana representava pouquíssimo ante esta autoridade santa e quase divina a que se chamava pátria ou o Estado. O Estado não detinha apenas, como nas sociedades modernas, um direito de justiça com relação aos cidadãos. Detinha o poder de punir sem que o homem fosse culpado e tão somente porque seu interesse estava em jogo. Aristides seguramente não havia cometido crime algum e nem sequer era alvo de suspeita; entretanto, a cidade tinha o poder de expulsá-lo de seu território pelo simples motivo de Aristides ter conquistado por suas virtudes influência demasiada, podendo se tornar perigoso, se o quisesse. Denominava-se isso ostracismo, uma instituição que não era peculiar a Atenas. Encontramo-la em Argos, Megara, Siracusa, e Aristóteles dá a entender que existia em todas as cidades gregas sob governo democrático.[395] Ora, o ostracismo não era um castigo, mas uma precaução tomada pela cidade contra um cidadão sob suspeita de algum dia perturbá-la. Em Atenas, podia-se acusar e condenar um homem por incivismo, ou seja, por falta de afeição ao Estado. Quando o interesse da cidade estava em jogo, nenhuma garantia era oferecida à vida de um homem. Roma criou uma lei segundo a qual se permitia matar todo homem que tivesse a intenção de se tornar rei.[396] A funesta máxima de que a salvação do Estado é a lei suprema foi formulada pela antiguidade.[397] Pensava-se que o direito, a justiça, a moral, tudo enfim devia ceder diante do interesse da pátria.

Constitui, assim, um erro singular entre todos os erros humanos acreditar-se que nas cidades antigas o homem desfrutava de liberdade. Ele nem tinha noção

---

393. O ato da acusação dizia: Ἀδικεῖ Σωκράτης οὕς ἡ πόλις νομίζει θεοὺς οὐ νομίζων. (Xenofonte, *Memoráveis*, I, 1). Sobre a γραφὴ ἀσεβείας, ver Plutarco, *Péricles*, 32; o discurso de Lísias contra Andócides; Pólux, VIII, 90.
394. Pólux, VIII, 46. Ulpiano, *Escol. in Demóst.*, in Midiam.
395. Aristóteles, *Política*, III, 8, 2; V, 2, 5. Diodoro, XI, 87. Plutarco, *Aristides*, 1; *Temístocles*, 22. Filócoro, ed. Didot, p. 396. Escoliasta de Aristófanes, *Cavaleiros*, 855.
396. Plutarco, *Publicola*, 12.
397. Cícero, *De legibus*, III, 3.

do que era isso. Não acreditava que podia existir detendo direitos em face da cidade e de seus deuses. Veremos em breve que as formas de governo foram substituídas diversas vezes, mas a natureza do Estado permaneceu essencialmente a mesma, sua onipotência não tendo diminuído em absoluto. O governo chamava-se alternadamente monarquia, aristocracia, democracia, mas nenhuma destas revoluções concedeu aos homens a verdadeira liberdade, a liberdade individual. Ter direitos políticos, votar, nomear magistrados, poder ser arconte, a isto se chamava liberdade, mas com tudo isto não foi o homem menos servo do Estado. Os antigos, e sobretudo os gregos, exageraram sempre no que concerne à importância e os direitos da sociedade, e isto, indubitavelmente, em função do caráter sagrado e religioso de que a sociedade estava revestida originariamente.

LIVRO QUARTO
AS REVOLUÇÕES

Não é possível imaginar nada de mais solidamente constituído do que essa família dos tempos antigos, a qual continha em si seus deuses, culto, sacerdote e magistrado. Nada mais forte que essa cidade que possuía também em si mesma sua religião, seus deuses protetores, sacerdócio independente, comandando tanto a alma quanto o corpo do homem, e que, infinitamente mais poderosa que o Estado de hoje, reunia em si a dupla autoridade que vemos ser dividida nos nossos dias entre o Estado e a Igreja. Se uma sociedade foi constituída para durar, certamente foi esta. Entretanto, como tudo o que é humano, passou por uma série de revoluções.

Não podemos precisar de uma maneira geral em que época essas revoluções principiaram. Considera-se, com efeito, que essa época não tenha sido idêntica para as diferentes cidades da Grécia e da Itália. O que é certo é que, desde o sétimo século a.C., essa organização social era discutida e atacada em toda parte. A partir de então, só pôde se sustentar com dificuldade e uma mescla mais ou menos hábil de resistência e concessões. Debateu-se assim por muitos séculos no bojo de lutas perpétuas, e enfim desapareceu.

As causas que a levaram a extinguir-se podem ser reduzidas a duas. Uma é a transformação que se operou ao longo do tempo no domínio das ideias por conta do desenvolvimento natural do espírito humano, e que, apagando as antigas crenças, soterrava ao mesmo tempo o edifício social erigido por essas crenças e que só por elas podia ser sustentado. A outra é a existência de uma classe de homens que se encontrava fora dessa organização da cidade, que era forçada a suportá-la, que tinha o interesse de destruí-la e que lhe fazia uma guerra sem trégua.

Assim, quando as crenças sobre as quais esse regime social estava baseado se debilitaram, e os interesses da maioria dos homens se acharam em desacordo com esse regime, ele teve que desmoronar. Nenhuma cidade escapou a esta lei de transformação, nem Esparta ou Atenas, nem Roma ou a Grécia. Do mesmo modo que vimos como os homens da Grécia e os da Itália tiveram originariamente as mesmas crenças, e que a mesma sequência de instituições se desenvolveu entre eles, veremos agora que essas cidades passaram pelas mesmas revoluções.

É preciso estudar por que e como os homens se afastaram gradualmente dessa antiga organização, não rumo ao declínio, mas, pelo contrário, procurando avançar para uma forma social mais ampla e melhor, pois, sob uma aparência de desordem e, por vezes, de decadência, cada uma de suas mudanças os aproximava de uma finalidade que eles ignoravam.

CAPÍTULO I

PATRÍCIOS E CLIENTES

Até o momento, não nos referimos às classes inferiores e nada nos ensejou a fazê-lo, visto que se tratava de descrever o organismo primitivo da cidade e as classes inferiores não tiveram a menor importância nesse organismo. A cidade era constituída como se essas classes não existissem. Pudemos assim aguardar até o período das revoluções para estudá-las.

A cidade antiga, como toda sociedade humana, apresentava posições, distinções e desigualdades. Conhece-se em Atenas a distinção originária entre os eupátridas e os tetas; em Esparta, encontramos a classe dos iguais e a dos inferiores. Na Eubeia, registramos a existência da classe dos cavaleiros e a do povo. A história de Roma está repleta de luta entre os patrícios e os plebeus, luta que constatamos igualmente em todas as cidades sabinas, latinas e etruscas. Pode-se até observar que, quanto mais recuamos na história da Grécia e da Itália, mais profunda se afigura essa distinção e mais incisivamente marcante a separação das classes, prova certa de que a desigualdade não se formou ao longo do tempo, tendo sim existido desde a origem das cidades, sendo contemporânea da origem destas.

É importante investigar quais os princípios em que se fundava essa divisão de classes. Poder-se-á ver assim mais facilmente em função de que ideias ou de que necessidades as lutas serão travadas, qual a reivindicação das classes inferiores e em nome de que princípios as classes superiores defenderão seu domínio.

Vimos páginas atrás que a cidade nascera da confederação das famílias e das tribos. Ora, antes do dia em que a cidade se formou, a família já continha em si mesma tal distinção de classes. Com efeito, a família não se desmembrava, era indivisível tal como a religião do fogo doméstico. O primogênito, sucedendo somente ele ao pai, tomava em suas mãos o sacerdócio, a propriedade, a autoridade e seus irmãos eram perante ele o que tinham sido perante o pai. De geração em geração, de primogênito em primogênito, havia sempre um único chefe de família que presidia ao sacrifício, proferia orações, julgava e governava. A ele tão somente, originariamente, cabia o título de *pater*, visto que esta palavra, que designava o poder e não a paternidade, se aplicava exclusivamente ao chefe de família. Seus filhos, seus irmãos, seus servos, todos assim o chamavam.

Eis, portanto, na constituição íntima da família um primeiro princípio de desigualdade. O primogênito detém o privilégio do culto, da sucessão, do comando. Após muitas gerações, formam-se naturalmente, em cada uma dessas grandes famílias, ramos mais novos que se acham, do ponto de vista da religião e do costume, em uma condição de inferioridade frente ao ramo primogênito e que, vivendo sob sua proteção, se submetem à sua autoridade.

Ademais, essa família possui servos que não a abandonam, que estão hereditariamente ligados a ela e sobre os quais o *pater* ou *patrono* exerce a tripla autoridade de senhor, magistrado e sacerdote. Nós os chamamos mediante nomes que variam de acordo com o lugar, sendo o de clientes e de tetas os mais conhecidos.

Aqui temos ainda uma classe inferior. O cliente está abaixo não apenas do chefe supremo da família como também dos ramos mais novos. Entre estes e ele, há a diferença de que o membro de um ramo mais novo, recuando na sequência de seus ancestrais, chega sempre a um *pater*, ou seja, a um chefe de família, a um desses antepassados divinos que a família invoca em suas orações. Como ele descende de um *pater*, chama-se-o em latim *patricius*. O filho de um cliente, ao contrário, por mais que recue em sua genealogia, limita-se sempre a chegar a um cliente ou a um escravo. Não tem um *pater* entre os seus antepassados, do que resulta uma condição de inferioridade da qual nada pode fazê-lo sair.

A distinção entre essas duas classes de homens se manifesta no que concerne aos seus interesses materiais. A propriedade da família cabe inteiramente ao chefe, que, aliás, partilha sua fruição com os ramos mais novos e mesmo com os clientes. Mas, enquanto o ramo mais novo possui, ao menos, um direito eventual sobre a propriedade, no caso do ramo primogênito vier a se extinguir, o cliente jamais poderá se tornar proprietário. A terra que cultiva, ele a tem apenas como mero depósito; se ele morrer, esta terra voltará ao patrono. O direito romano das épocas posteriores conservou um vestígio dessa antiga regra naquilo que se chamava de *jus applicationis*.[1] O próprio dinheiro do cliente não lhe pertence, visto que o patrono é o seu verdadeiro proprietário, podendo tomá-lo para suas próprias necessidades. É em virtude desta regra antiga que o direito romano determina que o cliente deve dotar a filha do patrono, que deve

---

1. Cícero, *De oratore*, I, 39; Aulo Gélio, V, 13.

pagar as multas deste, que deve suprir o seu resgate ou contribuir nos encargos de suas magistraturas.

A distinção é ainda mais evidente na religião. O descendente de um *pater* pode exclusivamente realizar as cerimônias do culto familiar. O cliente assiste a elas; faz-se para ele o sacrifício, mas ele mesmo não o faz. Entre ele e a divindade doméstica há sempre um intermediário. Ele não pode sequer substituir a família ausente. Se esta família vier a desaparecer, os clientes não continuarão o culto e se dispersarão, pois a religião não era seu patrimônio; ela nada tem a ver com seu sangue, ela não procede de seus ancestrais naturais. É uma religião de empréstimo – podem dela usufruir, mas ela não lhes pertence.

Relembremos que, de acordo com as ideias das antigas gerações, o direito de ter um deus e de orar era hereditário. A santa tradição, os ritos, as palavras sacramentais, as fórmulas poderosas que determinavam a ação dos deuses, tudo isso só se transmitia pelo sangue. Era, consequentemente, bastante natural que, no seio de cada uma dessas antigas famílias, a parte livre e ingênua, que descendia realmente do primeiro ancestral, fosse a única detentora do caráter sacerdotal. Os patrícios ou eupátridas detinham o privilégio de ser sacerdotes e de possuir uma religião que lhes pertencia naturalmente.[2]

Assim, antes mesmo que se saísse do estado de família, já existia uma distinção de classes. A velha religião doméstica estabelecera classes. Quando, em seguida, formou-se a cidade, nada foi alterado no que diz respeito à constituição interna da família. Mostramos, a propósito, que a cidade originariamente não foi uma associação de indivíduos, mas uma confederação de tribos, de cúrias e de famílias, e que neste tipo de aliança, cada um desses corpos permaneceu o que era antes. Os chefes desses pequenos grupos uniram-se entre si, mas cada um deles continuava senhor absoluto na pequena sociedade em que já era chefe. É por isso que o direito romano deixou por tanto tempo ao *pater* a autoridade absoluta sobre os seus, o poder absoluto e o direito de justiça relativamente aos clientes. A distinção das classes, nascida na família, continuidade, portanto, na cidade.

A cidade, nos seus primeiros tempos, foi tão somente a reunião dos chefes de família. Temos testemunhos de um tempo no qual só eles podiam ser cidadãos. Pode-se entrever ainda um vestígio desta regra em uma antiga lei de Atenas que dizia que para ser cidadão era necessário possuir um deus doméstico.[3]

---

2. Diodoro, I, 28; Pólux, VIII, 3; *Etymologicum magnum*, p. 395. Dionísio de Halicarnasso, II, 9; Tito Lívio, X, 6-8; IV, 2; VI, 41.

3. Harpocration, v. Ζεὺς ἑρκεῖος, segundo Hipérides e Demétrio de Falero.

Aristóteles observa "que antigamente em algumas urbes constituía regra o filho não ser cidadão enquanto o pai fosse vivo e, morto o pai, só o filho primogênito passava a gozar de direitos políticos".[4] A lei não incluía, portanto, na cidadania, nem os ramos segundogênitos nem, por maior razão, os clientes. Por conseguinte – ajunta Aristóteles – os verdadeiros cidadãos representavam um número bastante modesto.

A assembleia que deliberava sobre os interesses gerais da cidade se limitava, assim, na sua composição, nesses tempos antigos, aos chefes de família, *patres*. É lícito não crermos em Cícero quando ele afirma que Rômulo chamou de *pais* os senadores para marcar a afeição paterna que eles tinham pelo povo. Os membros desse antigo Senado usavam naturalmente esse título porque eram os chefes das *gentes*. Ao mesmo tempo em que esses homens reunidos representavam a cidade, cada um deles permanecia senhor absoluto em sua *gens*, que era para ele como um pequeno reino. Observa-se também desde os primórdios de Roma uma outra assembleia mais numerosa, a das cúrias, porém pouquíssimo difere daquela dos *patres*. São ainda estes que formam o elemento principal dessa assembleia, exceto pela diferença de que cada *pater* se mostra aqui circundado por sua família; seus parentes, e mesmo seus clientes, compõem seu cortejo e marcam seu poder. Cada família possui, aliás, nestes comícios, somente um sufrágio.[5] Pode-se admitir perfeitamente que o chefe colhe a opinião de seus parentes e inclusive dos seus clientes, mas está claro que é ele que vota. A lei, a propósito, proíbe ao cliente ter uma opinião divergente daquela do patrono.[6] Se os clientes estão ligados à cidade, assim o é somente devido à intermediação de seus chefes patrícios. Participam do culto público, comparecem diante do tribunal, são admitidos na assembleia, porém apenas acompanhando seus patronos.

Não se deve imaginar a cidade desses antigos tempos como uma aglomeração de homens vivendo confusamente no interior das mesmas muralhas. A urbe não é, em absoluto, nos primórdios, um local de habitação – é o santuário onde moram os deuses da comunidade, é a fortaleza que os defende e que a presença dos deuses santifica, é o centro da associação, a residência dos reis e dos sacerdotes, o lugar onde se administra a justiça. Mas os homens não vivem na urbe. Por muitas gerações ainda, os homens continuarão a viver fora da urbe,

---

4. Aristóteles, *Política*, V, 5, 3.
5. Aulo Gélio, XV, 27. Veremos que a clientela se transformou posteriormente – aqui nos referimos somente àquela dos primeiros séculos de Roma.
6. Dionísio, II, 10: Οὔτε ὅσιον οὔτε θέμις ψῆφον ἐναντίαν φέρειν.

no seio de famílias isoladas que dividem o campo. Cada uma dessas famílias ocupa seu cantão, onde possui seu santuário doméstico e onde forma, sob a autoridade de seu *pater,* um grupo indivisível.[7] Depois, em certos dias, caso se trate dos interesses da cidade ou das obrigações do culto comum, os chefes dessas famílias se dirigem à urbe e se reúnem em torno do rei, seja para deliberar, seja para assistir ao sacrifício. Caso se trate de uma guerra, cada um desses chefes chegará seguido de sua família e de seus servos (*sua manus*); agrupar-se-ão por fratrias ou por cúrias e formarão o exército da cidade sob as ordens do rei.

---

7. Tucídides, II, 15-16, descreve estes antigos costumes que subsistiram na Ática até seu tempo: Τῇ κατὰ χώραν αὐτονόμῳ οἰκήσει μετεῖχον οἱ Ἀθηναῖοι, ἐν τοῖς ἀγροῖς πανοικησίᾳ οἰκήσαντες. É só no início da Guerra do Peloponeso que abandonaram οἰκίας καὶ ἱερὰ ἃ διὰ παντὸς ἦν αὐτοῖς ἐκ τῆς κατὰ τὸ ἀρχαῖον πολιτείας πατριᾶς.

CAPÍTULO II
OS PLEBEUS

É necessário agora indicar um outro elemento da população que estava abaixo dos próprios clientes, e que, no início bastante frágil, adquiriu sensivelmente tanta força a ponto de desintegrar a antiga organização social. Esta classe, que se tornou mais numerosa em Roma do que em qualquer outra cidade, era aí chamada de plebe. É preciso investigarmos a origem e o caráter dessa classe a fim de compreender o papel que desempenhou na história da cidade e da família entre os antigos.

Os plebeus não eram os clientes. Os historiadores da antiguidade não confundem estas duas classes entre si. Tito Lívio afirma em algum lugar: "A plebe não quis participar da eleição dos cônsules, de modo que os cônsules foram eleitos então pelos patrícios e seus clientes".[8] E alhures: "A plebe lamentava que os patrícios tinham excessiva influência nos comícios graças aos sufrágios de seus clientes".[9] Lê-se em Dionísio de Halicarnasso: "A plebe saiu de Roma e se retirou para o monte Sagrado; os patrícios permaneceram sozinhos na urbe com seus clientes". E mais adiante: "A plebe descontente recusou-se a se alistar, os patrícios tomaram armas acompanhados de seus clientes e fizeram a guerra".[10] Esta plebe, bem distinta dos clientes, não fazia parte, pelo menos nos primeiros séculos, daquilo que se denominava povo romano. Em uma velha fórmula de oração, que se repetia ainda no tempo das guerras púnicas, pedia-se aos deuses que fossem propícios "ao povo e à plebe".[11] A plebe não estava,

---

8. Tito Lívio, II, 64.
9. *Idem*, II, 56.
10. Dionísio, VI, 46; VII, 19; X, 27.
11. Tito Lívio, XXIX, 27: *Ut ea mihi populo plebique romanae bene verruncent*. Cícero, *Pro Murena*, I: *Ut ea res mihi magistratuique meo, populo plebique romanae bene atque feliciter eveniat*. Macróbio (*Saturn.*, I, 17) cita um velho oráculo do adivinho Márcio que dizia: *Praetor qui jus populo plebique dabit*. Que os escritores antigos não tenham sempre levado em conta esta distinção essencial entre o *populus* e a *plebs* não será surpreendente se pensarmos que tal distinção

portanto, incluída originariamente no povo. O povo consistia nos patrícios e seus clientes, estando a plebe de fora.

Os antigos lançam pouca luz no que diz respeito à constituição primitiva da plebe. É-nos perfeitamente lícito supor que se compôs, majoritariamente, de antigas populações conquistadas e dominadas. E, contudo, nos surpreendemos ao ver em Tito Lívio, que conhecia as velhas tradições, a afirmação de que os patrícios censuravam os plebeus não por serem descendentes de povos derrotados, mas por não possuírem religião e mesmo família. Ora, esta censura, que já era imerecida no tempo de Licínio Estola e dificilmente compreensível pelos contemporâneos de Tito Lívio, devia remontar a uma época muito antiga e conduz aos primeiros tempos da cidade.

Percebe-se, com efeito, na própria natureza das velhas ideias religiosas, várias causas que produziram a formação de uma classe inferior. A religião doméstica não se propagava; nascida no seio de uma família aí permanecia encerrada; era necessário que cada família produzisse sua crença, seus deuses, seu culto. Ora, pode ter ocorrido que famílias não tivessem em seu espírito a capacidade de criar uma divindade, de instituir um culto, de inventar o hino e o ritmo da oração. Essas famílias ficaram, em função disso, em uma condição de inferioridade no confronto com aquelas que possuíam uma religião, não podendo entrar em associação com elas. Deve ter sucedido também, certamente, que famílias que haviam possuído um culto doméstico o perderam, seja por negligência e esquecimento dos ritos, seja após um desses crimes ou uma dessas máculas que interditavam ao homem a aproximação de seu fogo doméstico, a continuidade de seu culto. Teria acontecido, enfim, que clientes que haviam sempre participado do culto do senhor, e jamais tinham conhecido um outro, tenham sido expulsos da família ou a tenham deixado voluntariamente, ou seja, haviam renunciado a uma religião. Cumpre ainda acrescentar que o filho nascido de um casamento sem ritos era considerado bastardo, como aquele nascido do adultério, de maneira que a religião doméstica não existia para eles. Todos estes homens excluídos das famílias e postos fora do culto recaíam na classe dos homens sem fogo doméstico. A existência de uma plebe era a consequência necessária da natureza exclusiva da organização antiga.

Encontra-se esta classe à margem de quase todas as cidades antigas, mas separada por um linha de demarcação. Uma urbe grega é dupla; há a urbe

---

não existia mais quando escreveram. No tempo de Cícero, já há muito tempo a *plebs* fazia parte do *populus*. Mas as velhas fórmulas permaneciam como vestígios do tempo em que as duas populações não se confundiam.

propriamente dita, πόλις, que se eleva ordinariamente sobre o topo de uma colina; fundada com ritos religiosos e encerra o santuário das divindades políadas. Ao pé da colina existe uma aglomeração de casas, que foram construídas sem cerimônias religiosas, sem recinto sagrado – é o domicílio da plebe, que não pode habitar na urbe santa.

Em Roma, a diferença original entre as duas populações é contundente. A urbe dos patrícios e de seus clientes é a que Rômulo fundou segundo os ritos no planalto do Palatino. O domicílio da plebe é o Asilo, espécie de recinto fechado situado na encosta do monte Capitolino, e onde o primeiro rei admitiu as pessoas sem eira nem beira cuja admissão na urbe ele não podia permitir. Mais tarde, quando novos plebeus chegaram a Roma, como eram estranhos à religião da cidade, foram instalados no Aventino, ou seja, fora do *pomoerium*,[12] e da urbe religiosa.[13]

Esses plebeus são caracterizados por uma frase: não têm culto, ao menos os patrícios os reprovam por não tê-lo. "Eles não têm ancestrais", o que quer dizer no pensamento dos seus adversários que não possuem ancestrais reconhecidos e legalmente admitidos. "Eles não têm pais", ou seja, recuariam em vão pela série de seus ascendentes não encontrando jamais um chefe de família religiosa, um *pater*. "Eles não têm família, *gentem non habent*", isto é, possuem apenas a família natural; quanto àquela que forma e constitui a religião, a verdadeira *gens*, eles não a têm.[14]

O casamento sagrado não existe para eles; não conhecem os ritos dele. Carecendo de fogo sagrado, a união que o fogo instaura lhes é interdita. Assim sendo, o patrício, o qual não conhece outra união regular salvo aquela que une o esposo à esposa na presença da divindade doméstica, pode dizer, referindo-se aos plebeus: *Connubia promiscua habent more ferarum*.

Não havendo família, não há autoridade paterna. Os plebeus podem exercer sobre seus filhos o poder dado pela força ou o sentimento natural, mas essa autoridade santa da qual a religião reveste o pai, eles não a têm.

Inexiste, para eles, o direito de propriedade, já que toda propriedade deve ser estabelecida e consagrada por um fogo-lar, por um túmulo, por deuses

---

12. O *pomoerium* era um espaço sagrado fora das muralhas de Roma, onde tanto o cultivo da terra quanto a construção eram proibidos. (N.T.)
13. Aulo Gélio, XIII, 14; Tito Lívio, I, 33.
14. Constata-se a existência de *gentes* plebeias somente nos três últimos séculos da República. Neste período, a plebe se transformava e do mesmo modo que conquistava direitos dos patrícios, assumia também costumes peculiares e se moldava mediante imagem própria.

Termos, quer dizer, por todos os elementos do culto doméstico. Se o plebeu possui um pedaço de terra, esta terra carece do caráter sagrado; é profana e não tem demarcação. Mas nos primeiros tempos podia o plebeu efetivamente possuir alguma terra? Sabe-se que, em Roma, ninguém podia exercer o direito de propriedade se não fosse cidadão; ora, o plebeu nos primeiros tempos de Roma não é cidadão. O jurisconsulto diz que não se pode ser proprietário a não ser pelo direito dos Quirites, e o plebeu não se situa nos primeiros tempos entre os Quirites. À origem de Roma, o *ager romanus* foi dividido entre as tribos, as cúrias e as *gentes*;[15] ora, o plebeu, não pertencendo a nenhum desses grupos, não participou seguramente da divisão. Os plebeus, não tendo religião, estão privados daquilo que faz o homem poder colocar sua marca em uma porção de terra e torná-la sua. Sabe-se que habitaram por muito tempo o Aventino, onde construíram casas, mas foi somente depois de três séculos e muitas lutas que obtiveram enfim a propriedade desse terreno.[16]

Para os plebeus não há lei, não há justiça, porque a lei é decretada pela religião, e o processo é um conjunto de ritos. O cliente detém o benefício do direito da cidadania por intermédio do patrono; para o plebeu este direito não existe. Um historiador antigo afirma explicitamente que o sexto rei de Roma foi o primeiro a promulgar algumas leis para a plebe, enquanto que os patrícios possuíam as suas há muito tempo.[17] Parece, até mesmo, que os plebeus foram, depois, destituídos dessas leis, ou que, não sendo fundadas na religião, os patrícios se recusaram a considerá-las, pois constatamos, ainda no mesmo historiador, que, quando os tribunos foram criados, foi necessário produzir uma lei especial para proteger a vida e a liberdade deles, e que essa lei era concebida nos seguintes termos: "Que todos tomem cuidado para não ferir ou matar um tribuno como o fariam com um homem da plebe".[18] Parece, portanto, que se tinha o direito de ferir ou matar um plebeu, ou, ao menos, que tal delito perpetrado contra um homem que se achava fora da lei não era legalmente punido.

Para os plebeus não há direitos políticos. Em primeiro lugar, eles não são cidadãos e nenhum entre eles pode ser magistrado. Não houve outra assembleia em Roma por dois séculos exceto a das cúrias; ora, estas incluem, nos três

---

15. Varrão, *De ling. lat.*, V, 55; Dionísio, II, 7.
16. Dionísio, X, 32; Cf. Tito Lívio, III, 31.
17. *Idem*, IV, 43.
18. *Idem*, VI, 89: Ὡς ἕνα τῶν πολλῶν. A expressão οἱ πολλοί é a que Dionísio emprega frequentemente para designar a plebe.

primeiros séculos de Roma, somente os patrícios e seus clientes. A plebe não está sequer na composição do exército, tanto que este é distribuído por cúrias. Mas o que separa mais manifestamente o plebeu do patrício é o fato de o primeiro não ter a religião da cidade. Assim, é impossível que seja revestido de um sacerdócio. Pode-se crer, inclusive, que a oração, nos primeiros séculos, lhe é interdita e que os ritos não possam lhe ser revelados. É como na Índia onde "o sudra deve ignorar sempre as fórmulas sagradas". O plebeu é um estranho e consequentemente sua mera presença mancha o sacrifício. É repelido pelos deuses. Há entre o patrício e ele toda a distância que a religião é capaz de estabelecer entre dois homens. A plebe é uma população desprezada e abjeta, à margem da religião, à margem da lei, à margem da sociedade, à margem da família. O patrício só pode comparar esta existência do plebeu com a do animal, *more ferarum*. O contato do plebeu é impuro. Os decênviros, nas suas dez primeiras tábuas, se esqueceram de interditar o casamento entre as duas ordens, isto porque esses primeiros decênviros eram todos patrícios, não tendo jamais ocorrido à mente de qualquer um deles que um tal casamento fosse possível.

Observa-se nos primórdios das cidades quanto as classes estavam sobrepostas umas às outras. No alto, encontrava-se a aristocracia dos chefes de família, aqueles que a língua oficial de Roma chamava de *patres*, que os clientes chamavam de *reges*, que a Odisseia denomina βασιλεῖς ou ἄνακτες. Abaixo, estavam os ramos mais novos das famílias; abaixo ainda, os clientes; e finalmente, bem mais abaixo, e totalmente marginalizada, a plebe.

É da religião que essa distinção de classes se originara, pois no tempo em que os ancestrais dos gregos, dos itálicos e dos hindus viviam ainda juntos na Ásia Central, a religião declarara: "O primogênito fará a oração". Daí viera a preponderância do primogênito em tudo. O ramo primogênito em cada família fora o ramo sacerdotal e proprietário. A religião, não obstante, tinha em alta conta os ramos mais novos, que eram como uma reserva para substituir um dia o ramo primogênito extinto e salvar o culto. Tinha em certa conta, ainda, o cliente, e mesmo o escravo, pois estes assistiam aos atos religiosos. Mas o plebeu, que não tinha participação alguma no culto, a religião não o considerava em absoluto para nada. E, deste modo, estavam as classes estabelecidas.

Mas nenhuma forma social concebida e estabelecida pelo homem é imutável. E essa forma social trazia em si um germe de doença e morte, a saber, o seu excesso de desigualdade. Muitos homens alimentavam o interesse de destruir uma organização social que não lhes concedia nenhum benefício.

CAPÍTULO III

PRIMEIRA REVOLUÇÃO

1º. A AUTORIDADE POLÍTICA É RETIRADA DOS REIS

Dissemos que, originariamente, o rei tinha sido o chefe religioso da cidade, o sumo sacerdote do fogo público, e que a esta autoridade sacerdotal ele havia somado a autoridade política, visto que parecera natural que o homem que representava a religião da cidade fosse ao mesmo tempo o presidente da assembleia, o juiz e o comandante do exército. Por fidelidade a este princípio, ocorreu que tudo o que significava poder no Estado fora concentrado nas mãos do rei.

Entretanto, os chefes de famílias, os *patres*, e acima deles os chefes das fratrias e das tribos formavam ao lado desse rei uma aristocracia muito forte. O rei não era o único rei, já que cada *pater* era rei como ele em sua *gens*; havia, a propósito, em Roma, o costume antigo de atribuir a cada um desses poderosos patronos o nome de rei. Em Atenas, cada fratria e cada tribo tinha seu chefe e, ao lado do rei da cidade, havia os reis das tribos, φυλοβασιλεῖς. Tratava-se de uma hierarquia de chefes tendo todos dentro de um domínio mais ou menos extenso as mesmas atribuições e a mesma inviolabilidade. O rei da cidade não exercia seu poder sobre a população inteira. O interior das famílias e toda a clientela escapavam à sua ação. Como o rei feudal, o qual tinha por súditos apenas alguns poderosos vassalos, esse rei da cidade antiga se limitava a comandar os chefes das tribos e das *gentes*, esfera em que cada um individualmente podia ser tão poderoso quanto ele, e que reunidos o eram muito mais. Pode-se muito bem acreditar que para ele não era fácil fazer-se obedecer. Os homens deviam nutrir por ele um grande respeito, visto ser ele o chefe do culto e o guardião do fogo sagrado, mas sem dúvida pouco se submetiam a ele, porquanto ele dispunha de pouca força. Os governantes e os governados não demoraram muito tempo para perceber que não estavam de acordo no que dizia respeito à medida de obediência devida. Os reis queriam ser poderosos e os *pais* não queriam que os fossem. Desencadeou-se, assim, uma luta em todas as cidades entre a aristocracia e os reis.

Em toda parte, o resultado da luta foi idêntico: a derrota da realeza. Mas não se deve perder de vista que essa realeza primitiva era sagrada. O rei era o homem que pronunciava a oração, que realizava o sacrifício, que detinha, enfim, pelo direito hereditário, o poder de atrair para a urbe a proteção dos deuses. Não era possível, portanto, se pensar em dispensar o rei porque ele era indispensável para a religião; precisava-se do rei para a salvação da cidade. Assim, presenciamos em todas as cidades cuja história nos é conhecida, que não se tocou, de início, na autoridade sacerdotal do rei e que se contentou em retirar-lhe a autoridade política. Esta não passava de uma espécie de apêndice que os reis haviam adicionado ao seu sacerdócio; não era santa e inviolável como ele. Era possível retirá-la dos reis sem que a religião fosse posta em perigo.

A realeza foi então conservada, mas, despojada de seu poder, limitou-se a ser um sacerdócio. "Nos tempos muito antigos" – diz Aristóteles –, "os reis detinham um poder absoluto na paz e na guerra, porém depois alguns renunciaram eles mesmos a tal poder, de outros reis esse poder tendo sido tirado à força, de modo que só restou a esses reis o cuidado dos sacrifícios." Plutarco afirma a mesma coisa: "Como os reis se mostravam orgulhosos e duros no comando, a maioria dos gregos lhes retirou o poder, deixando-lhes tão somente o cuidado da religião".[19] Heródoto fala da urbe de Cirene e diz: "Deixou-se a Batos, descendente dos reis, o cuidado do culto e a posse das terras sagradas, mas dele se retirou todo o poder do qual seus pais haviam usufruído".

Tal realeza assim reduzida às funções sacerdotais prosseguiu, a maior parte do tempo, hereditária dentro da família santa que outrora estabelecera o fogo-lar e iniciara o culto nacional. Nos tempos do Império Romano, ou seja, sete ou oito séculos depois desta revolução, havia ainda em Éfeso, Marselha e Téspias famílias que conservavam o título e as insígnias da antiga realeza, tendo, inclusive, ainda a presidência das cerimônias religiosas.[20] Nas outras urbes, as famílias sagradas estavam extintas e a realeza se tornara eletiva e ordinariamente anual.

---

19. Aristóteles, *Política*, III, 9, 8. Plutarco, *Quest. rom.*, 63.
20. Estrabão, XIV, 1, 3. Diodoro, IV, 29.

2°. História desta revolução em Esparta

Esparta sempre teve reis e todavia a revolução a que nos referimos aqui, aí ocorreu, tal como nas outras cidades. Parece que os primeiros reis dórios reinaram como senhores absolutos. Mas desde a terceira geração o conflito se instaurou entre os reis e a aristocracia. Houve ao longo de dois séculos uma série de lutas que fizeram de Esparta uma das cidades mais agitadas da Grécia;[21] sabe-se, a propósito, que um de seus reis, o pai de Licurgo, pereceu ferido em uma guerra civil.[22]

Nada é mais obscuro que a história de Licurgo; seu biógrafo antigo começa por estas palavras: "Nada se pode dizer dele que não esteja sujeito a controvérsia". É, ao menos, certo que Licurgo surgiu no meio de discórdias, "em um tempo em que o governo oscilava em uma agitação perpétua".[23] O que ressalta com maior clareza entre todas as informações que nos atingiram sobre ele é que sua reforma assestou um golpe na realeza do qual esta jamais se recuperou. "Sob Carilau" – diz Aristóteles –, "a monarquia deu lugar à aristocracia".[24] Ora, esse Carilau era rei quando Licurgo implantou sua reforma. Sabe-se, ademais, por Plutarco, que Licurgo não foi encarregado das funções de legislador a não ser em meio a uma insurreição durante a qual o rei Carilau teve que procurar asilo em um templo. Licurgo rapidamente assumiu o poder a ponto de ser capaz de suprimir a realeza, porém deixou de fazê-lo, julgando a realeza necessária e a família reinante inviolável. Entretanto, agiu de modo que os reis estivessem doravante submetidos ao Senado no que concernia ao governo e que não fossem mais que os presidentes dessa assembleia e os executores de suas decisões. Um século depois, a realeza foi ainda mais enfraquecida e esse poder executivo lhe foi tirado e confiado a magistrados anuais que foram chamados de éforos.

É fácil avaliar, diante das atribuições dadas aos éforos, quão pouco de poder restou aos reis. Os éforos administravam a justiça em matéria civil, enquanto

---

21. Tucídides, I, 18. Heródoto, I, 65.
22. Estrabão, VIII, 5. Plutarco, *Licurgo*, 2.
23. Plutarco, *Licurgo*, 5. Cf. *Ibid.*, 8.
24. Aristóteles, *Política*, V, 10, 3, ed. Didot, p. 589. Heráclides, nos *Fragmentos dos historiadores gregos*, col. Didot, t. II, p. 210.

que o Senado julgava os assuntos criminais.[25] Os éforos, com o parecer do Senado, declaravam a guerra ou regulamentavam as cláusulas dos tratados de paz. Em tempo de guerra, dois éforos acompanhavam o rei, o vigiando; eram eles que estabeleciam o plano de campanha e comandavam todas as operações.[26] Que restava então aos reis, se lhes retiravam a justiça, as relações exteriores e as operações militares? Restava-lhes o sacerdócio. Heródoto descreve suas prerrogativas: "Se a cidade faz um sacrifício, eles ocupam o primeiro lugar no repasto sagrado; são os primeiros a ser servidos e recebem porção dupla. São também os primeiros a fazer a libação e o couro das vítimas lhes pertence. Recebem duas vezes por mês uma vítima que imolam a Apolo".[27] "Os reis" – diz Xenofonte – "realizam os sacrifícios públicos e a eles cabem a melhor parte das vítimas." E se não julgam nem em matéria civil nem em matéria criminal, se lhes reserva, pelo menos, o julgamento de alguns assuntos que se relacionam com a religião. Em caso de guerra, um dos reis marcha sempre à frente das tropas, fazendo todos os dias os sacrifícios e consultando os presságios. Em presença do inimigo, ele imola vítimas, e quando os signos são favoráveis, dá o sinal da batalha. No combate ele é mantido cercado por adivinhos que lhe indicam a vontade dos deuses, e também de flautistas que executam hinos sagrados. Os espartanos dizem que é o rei que comanda porque tem em suas mãos a religião e os auspícios; contudo, são os éforos e os polemarcas que regulamentam todos os movimentos do exército.[28]

É correto, portanto, afirmar que a realeza de Esparta é, sobretudo, um sacerdócio hereditário. A mesma revolução que suprimiu o poder político do rei em todas as cidades também o suprimiu em Esparta. O poder pertence efetivamente ao Senado, que dirige, e aos éforos, que executam. Os reis, em tudo o que não concerne à religião, obedecem aos éforos. Consequentemente, Heródoto

---

25. Aristóteles, *Política*, III, 1, 7.
26. Xenofonte, *Resp. Lac.*, 8, 11, 15; *Helênicas*, II, 4, 36; VI, 4, 1. Os éforos tinham a presidência da assembleia, Tucídides, I, 87. Decretavam o recrutamento dos soldados, Xenofonte, *Resp. Lac.*, 11; *Helênicas*, VI, 4, 17. Detinham o direito de julgar os reis, de aprisioná-los e multá-los, Heródoto, VI, 85, 82; Tucídides, I, 131; Plutarco, *Licurgo*, 12; *Agis*, 11; *Apoph. lac.*, p. 221. Aristóteles chama o eforado ἀρχὴ κυρία τῶν μεγίστων (*Política*, II, 6, 14). Os reis tinham conservado algumas atribuições militares, mas se constata inúmeras vezes os éforos a dirigi-los em suas expedições ou a fazê-los regressar a Esparta (Xenofonte, *Hel.*, VI, 4, 1; Tucídides, V, 63; Plutarco, *Agesilau*, 10, 17, 23, 28; *Lisandro*, 23).
27. Heródoto, VI, 56, 57; Xenofonte, *Resp. Lac.*, 14. Aristóteles, *Política*, III, 9, 2: Τὰ πρὸς τοὺς θεοὺς ἀποδέδοται βασιλεῦσι.
28. Xenofonte, *Resp. Lac.*, 13-15. Heródoto, VI, 56.

pode afirmar que Esparta não conhece o regime monárquico e Aristóteles, por sua vez, que o governo de Esparta é uma aristocracia.[29]

3º. A mesma revolução em Atenas

Vimos nas páginas anteriores qual tinha sido o estado primitivo da população da Ática. Um certo número de famílias, independentes e sem nenhum laço entre si, repartia o país; cada uma delas formava uma pequena sociedade governada por um chefe hereditário. Depois, essas famílias se agruparam e de sua associação nasceu a cidade ateniense. Atribuiu-se a Teseu a proeza de ter realizado a grande obra da unificação da Ática. Todavia, as tradições acrescentam e nós cremos, sem maiores dificuldades, que Teseu tenha necessitado quebrar muitas resistências. A classe de homens que lhe fez oposição não foi a dos clientes, nem a dos pobres que estavam espalhados pelos vilarejos e pelos γένη. Esses homens se regozijaram com a mudança que conferia um chefe aos seus chefes e assegurava para eles próprios um recurso e uma proteção. Os que sofreram com a mudança foram os chefes das famílias, os chefes dos vilarejos e das tribos, os βασιλεῖς, os φυλοβασιλεῖς, estes eupátridas que tinham por direito hereditário a autoridade suprema no seu γένος ou em sua tribo. Defenderam como melhor puderam sua independência; perdida esta, só lhes restou lamentar o fato.

Pelo menos, retiveram tudo o que foi possível de sua antiga autoridade. Cada um deles permaneceu o chefe todo-poderoso de sua tribo ou de seu γένος. Teseu não pôde destruir uma autoridade que a religião estabelecera e que tornava inviolável. E mais. Se examinarmos as tradições relativas a essa época, descobriremos que esses poderosos eupátridas só consentiram em se associar para formar uma cidade estipulando que o governo seria realmente federativo e que cada um deles nele participasse. Haveria, com efeito, um rei supremo, mas, no momento em que os interesses comuns estivessem em jogo, a assembleia dos chefes devia ser convocada e nada importante podia ser executado sem o assentimento dessa espécie de senado.

Tais tradições, na linguagem das gerações seguintes, exprimiam-se mais ou menos assim: Teseu mudou o governo de Atenas, que de monárquico tornou-o republicano. Assim declaram Aristóteles, Isócrates, Demóstenes, Plutarco. Sob

---

29. Heródoto, V, 92. Aristóteles, *Política*, V, 10. Isócrates, *Nicocles*, 24. Plutarco, *De unius in rep. dominatione*, c. 3.

esta forma um tanto enganosa, há um fundo verdadeiro. Teseu, é bem verdade, como diz a tradição, "repôs a autoridade soberana entre as mãos do povo". A única ressalva é que a palavra povo, δῆμος, que a tradição conservou, não tinha no tempo de Teseu uma aplicação tão ampla quanto a que teve no tempo de Demóstenes. Esse povo ou corpo político só podia ser então a aristocracia, ou seja, o conjunto dos chefes dos γένη.[30]

Teseu, ao instituir essa assembleia, não agia voluntariamente como inovador. A formação da grande unidade ateniense mudava, contra sua vontade, as condições do governo. Desde que esses eupátridas, cuja autoridade continuava intacta nas famílias, haviam se reunido em uma mesma cidade, constituíram um corpo poderoso que detinha seus direitos e podia ter suas exigências. O rei do pequeno rochedo de Cécrops se tornou rei de toda a Ática; mas, se em seu vilarejo ele fora rei absoluto, em um Estado federativo ele não passou de chefe, isto é, o primeiro entre outros iguais.

Não podia tardar que explodisse um conflito entre essa aristocracia e a realeza. "Os eupátridas lamentavam a perda do poder verdadeiramente real que cada um deles exercera até então em seu burgo." Parece que esses guerreiros-sacerdotes tinham em vista, acima de tudo, a religião e indicavam que a autoridade dos cultos locais estava enfraquecida. Se é verdade, como diz Tucídides, que Teseu tentou destruir os pritaneus dos burgos, não é de se surpreender que o sentimento religioso tenha se voltado contra ele. Não é possível dizer quantas lutas teve ele que sustentar, quantos levantes teve que reprimir por meio de destreza ou por meio da força; o que é certo é que acabou sendo vencido, expulso de Atenas, tendo morrido no exílio.[31]

Os eupátridas assim o venceram e não aboliram a realeza, mas empossaram um rei de sua escolha, Menesteu. Depois deste rei, a família de Teseu retomou o poder e o manteve durante três gerações. Depois, foi substituída por outra família, a dos Melantidas. Toda esta época deve ter sido muito conturbada, embora as memórias das suas guerras civis não tenham sido claramente conservadas.

A morte de Codro coincide com a vitória definitiva dos eupátridas. Estes não suprimiram ainda a realeza, pois sua religião os proibia; mas eles tiraram dela seu poder político. O viandante Pausânias, que floresceu em um período bem posterior a estes acontecimentos, mas que consultava cuidadosamente as

---

30. Plutarco, *Teseu*, 25; Aristóteles, citado por Plutarco, *ibidem*, Isócrates, *Helena*, 36; Demóstenes, *in Neaeram*, 75. A lenda de Teseu fora sem qualquer dúvida alterada pelo tempo e sobretudo pelo espírito democrático.
31. Plutarco, *Teseu*, 25 e 32. Diodoro, IV, 62.

tradições, assevera que a realeza perdeu, então, uma grande parte de suas atribuições e "se tornou dependente"; o que significa, sem dúvida, que foi desde logo subordinada ao senado dos eupátridas. Os historiadores modernos chamam esse período da história de Atenas de arcontado e não deixam em absoluto de afirmar que a realeza foi então abolida, o que não é inteiramente verdadeiro. Os descendentes de Codro se sucederam de pai para filho ao longo de treze gerações. Detinham o título de arcontes, porém há documentos antigos que lhes atribuem também o nome de reis,[32] e dissemos páginas atrás que esses dois títulos eram precisamente sinônimos. Atenas, durante esse longo período, possuía então ainda reis hereditários, mas lhes tinham suprimido seu poder, deixando-lhes tão somente suas funções religiosas. É o que ocorrera em Esparta.

Ao cabo de três séculos, os eupátridas encontraram essa realeza religiosa ainda mais forte do que o desejavam e a debilitaram. Decidiu-se que o mesmo homem não seria mais investido dessa alta dignidade sacerdotal por mais de dez anos. De resto, continuou-se a crer que a antiga família real era a única apta a cumprir as funções de arconte.[33]

Cerca de quarenta anos assim se passaram. Mas um dia a família real se maculou com um crime. Alegou-se que ela não podia mais cumprir as funções sacerdotais[34] e se decidiu que no futuro os arcontes seriam tomados fora dessa família e que tal dignidade passaria a ser acessível a todos os eupátridas. Mais quarenta anos transcorridos, com a finalidade de enfraquecer essa realeza ou para dividi-la entre mais partidos, foi tornada anual e, ao mesmo tempo, foi dividida em duas magistraturas distintas. Até então, o arconte fora simultaneamente rei; doravante estes dois títulos foram separados. Um magistrado nomeado arconte e um outro magistrado nomeado rei partilhavam as atribuições da antiga realeza religiosa. O encargo de velar pela perpetuidade das famílias, de autorizar ou interditar a adoção, de receber os testamentos, de julgar em matéria de propriedade imobiliária, todas as coisas em que a religião se encontrava interessada ficaram sob a responsabilidade do arconte. A incumbência de realizar os sacrifícios solenes e aquela de julgar em matéria de impiedade foram reservadas ao rei. Assim, o título de rei, título sagrado que era necessário à religião, perpetuou-se na cidade com os sacrifícios e o culto nacional. O rei e

---

32. Ver os *Mármores de Paros* e relacionar com Pausânias, 1, 3, 2; IV, 5, 10; VII, 2, 1; Platão, *Menexenes*, p. 238, c. Eliano, *H. V.*, V, 13.
33. Pausânias, IV, 5, 10.
34. Heráclides do Ponto, nos *Fragmenta*, t. II, p. 208; Nicolau de Damasco, *Fragm.*, 51. Suidas, v. ἱππομένης. Diodoro, *Fragm.*, liv. VIII.

o arconte, unidos ao polemarca e aos seis tesmotetas, que existiam, talvez, há muito tempo, completaram o número de nove magistrados anuais, que se adquiriu o hábito de chamar de nove arcontes, a partir do nome do primeiro deles.

A revolução que tirou da realeza seu poder político operou-se sob formas diversas em todas as cidades. Em Argos, desde a segunda geração dos reis dórios, a realeza foi debilitada ao ponto "de se deixar aos descendentes de Temenos somente o nome de rei destituído de qualquer poder", embora essa monarquia tenha permanecido hereditária durante muitos séculos.[35] Em Cirene, os descendentes de Batos concentraram primeiramente em suas mãos o sacerdócio e o poder, mas a partir da quarta geração só se lhes deixou o sacerdócio.[36] Em Corinto, a realeza era, anteriormente, transmitida hereditariamente na família dos Baquíadas; a revolução teve como efeito torná-la anual, mas sem fazer com que saísse dessa família, cujos membros a detiveram sucedendo-se uns aos outros durante um século.[37]

4º. A MESMA REVOLUÇÃO EM ROMA

A realeza foi, a princípio, em Roma o que foi na Grécia. O rei era o sumo sacerdote da cidade. Era ao mesmo tempo o juiz supremo; em tempo de guerra comandava os cidadãos armados. Ao lado dele estavam os chefes de família, *patres*, que formavam um senado. Havia apenas um rei porque a religião prescrevia a unidade no sacerdócio e a unidade no governo. Entendia-se, contudo, que esse rei devia, em todo assunto importante, consultar os chefes das famílias confederadas.[38] Os historiadores mencionam, desde esta época, uma assembleia do povo. Mas faz-se necessário perguntar-se qual podia ser, então, o sentido da palavra povo (*populus*), ou seja, qual era o corpo político no tempo dos primeiros reis. Todos os testemunhos estão de acordo em mostrar que esse povo se reunia sempre por cúrias; ora, as cúrias eram a reunião das *gentes*; cada *gens* aí se encaminhava em conjunto e só tinha um sufrágio. Os clientes ali estavam, ordenados em torno do *pater*, consultados, talvez, dando seus pareceres, contribuindo na composição do voto único que a *gens* pronunciava, mas não podendo

---

35. Pausânias, II, 19.
36. Heródoto, IV, 161. Diodoro, VIII, *Fragm*.
37. Diodoro, VII; Heródoto, V, 92; Pausânias, II, 3 e 4. A *gens* dos Baquíadas compreendia aproximadamente 200 membros.
38. Cícero, *De republ.*, II, 8.

ser de opinião divergente daquela do *pater*. Essa assembleia das cúrias não era, portanto, outra coisa senão a cidade patrícia reunida na presença do rei.

Percebe-se diante disso que Roma encontrava-se nas mesmas condições das outras cidades. O rei estava na presença de um corpo aristocrático muito fortemente constituído e que tirava sua força da religião. Os mesmos conflitos que vimos com relação à Grécia ocorrem, assim, também em Roma.

A história dos sete reis é a história dessa longa querela. O primeiro quer aumentar seu poder e livrar-se da autoridade do senado. Faz-se amar pelas classes inferiores, mas os *Pais* lhe são hostis.[39] Morre assassinado em uma reunião do senado.

A aristocracia logo pensa em abolir a realeza e os *Pais* exercem de maneira sucessiva as funções do rei. É verdade que as classes inferiores se agitam, pois não desejam ser governadas pelos chefes das *gentes*: exigem, então, a restauração da realeza.[40] Mas os patrícios encontram sua consolação ao decidir que ela será doravante eletiva, passando a fixar com extraordinária habilidade as formas de eleição: o senado deverá escolher entre os candidatos, e a assembleia patrícia das cúrias confirmará tal escolha, para enfim os áugures patrícios dizerem se o recém-eleito agrada aos deuses.

Numa foi eleito segundo estas regras. Mostrou-se bastante religioso, mais sacerdote que guerreiro, observador meticuloso de todos os ritos do culto e, consequentemente, apegadíssimo à constituição religiosa das famílias e da cidade. Foi um rei que contou com a afeição dos patrícios e morreu em paz no seu leito.

Parece que no governo de Numa a realeza foi reduzida às funções sacerdotais, tal como acontecera nas cidades gregas. É, ao menos, certo que a autoridade religiosa do rei era totalmente distinta de sua autoridade política e que uma não implicava necessariamente na outra, e o que prova tal coisa é que havia dupla eleição. Em virtude da primeira, o rei não passava de um chefe religioso; se a esta dignidade queria somar o poder político, *imperium*, era necessário que a cidade o conferisse a ele mediante um decreto especial. Este ponto se salienta claramente no que Cícero nos diz sobre a antiga constituição.[41] Assim, o

---

39. Tito Lívio, I, 15: *Multitudini gratior quam Patribus*.
40. Tito Lívio, I, 17: *Fremere plebs multiplicatam servitutem, centum pro uno dominos factos, nec ultra nisi regem et ab ipsis creatum videbantur passuri*. Cícero, *De rep.*, II, 12: *Senatus tentavit ut ipse gereret sine rege rempublicam; populus id non tulit et regem flagitare non destitit*.
41. Cícero, *De rep.*, II, 13: *Quanquam populus eum curiatis comitis regem esse jusserat, tamen ipse de suo imperio curiatam legem tulit*. Cf. *ibidem*, II, 17: *Tullus Hostilius, rex creatus, populum de imperio consuluit curiatim;* II, 20: *Cunctis populi suffragiis rex est creatus L. Tarquinius, isque de suo imperio legem tulit*. Se estes homens, já reis regularmente, necessitam ainda propor uma lei que

sacerdócio e o poder eram distintos; podiam ser colocados nas mesmas mãos, mas isto exigia comícios duplos e dupla eleição.

O terceiro rei os reuniu certamente em sua pessoa. Teve o sacerdócio e o comando; foi até mais guerreiro do que sacerdote; desdenhou e quis diminuir a religião que produzia a força da aristocracia. Constata-se ter ele acolhido em Roma uma multidão de estrangeiros, a despeito do princípio religioso que os excluía; ousa até mesmo morar entre eles, no Célio. Vemo-lo ainda distribuir aos plebeus algumas terras cujo rendimento até então favorecia aos gastos dos sacrifícios. Os patrícios o acusam de ter descurado os ritos, e mesmo, coisa mais grave, de tê-los modificado e alterado. O resultado é que ele morre como Rômulo. Os deuses dos patrícios o ferem com o raio e seus filhos com ele. Tal golpe devolve a autoridade ao senado, que nomeia um rei com base na sua escolha. Anco observa escrupulosamente a religião, faz guerra o menos que pode e passa sua vida nos templos. Querido pelos patrícios, morre em seu leito.

O quinto rei é Tarquínio, o qual obteve a realeza a contragosto do senado e mediante o apoio das classes inferiores. Era pouco religioso, bastante incrédulo; era preciso nada menos do que um milagre para convencê-lo da ciência dos áugures. Inimigo das velhas famílias, cria patrícios, altera o máximo que pode a velha constituição religiosa da cidade. Tarquínio é assassinado.

O sexto rei se apodera da realeza de surpresa; parece até que o senado jamais o tenha reconhecido como rei legítimo. Favorece as classes inferiores, distribui-lhes terras, desprezando o princípio antigo do direito de propriedade; dá-lhes até mesmo um posto no exército e na cidade. Sérvio é degolado nos degraus do senado.

A querela entre os reis e a aristocracia assume o cunho de uma luta social. Os reis associaram-se ao povo; com os clientes e a plebe encontram um suporte. Ao patriciado tão poderosamente organizado opuseram as classes inferiores, já numerosas em Roma. A aristocracia se achou então em um duplo perigo, em que o pior não era dobrar-se diante da realeza. Via erguerem-se atrás de si as classes que desprezava. Assistia, ao erguer da plebe, a classe sem religião e sem fogo-lar. Via-se, talvez, atacada por seus clientes no próprio interior da família, cuja constituição, direito e religião eram questionados e postos em risco.

---

lhes confira o *imperium*, é porque a realeza e o *imperium* são coisas distintas. É preciso observar que a palavra *imperium* não designava o comando militar exclusivamente, mas se aplicava também à autoridade civil e política; ver exemplos desta significação: Tito Lívio, I, 17; I, 59; XXVI, 28; XXVII, 22; XXXII, 1; Cícero, *De rep.*, II, 13; Tácito, *Anais*, VI, 10: Dion Cássio, XXXIX, 19; LII, 41.

Os reis eram para ela, portanto, inimigos odiosos que, para aumentar seu poder, pretendiam conturbar a organização santa da família e da cidade.

A Sérvio sucede o segundo Tarquínio, que trai a esperança nele depositada pelos senadores que o elegeram. Quer ser senhor, *de rege dominus exstitit*. Prejudica o máximo que pode o patriciado, abate os líderes poderosos, reina sem consultar os *Pais,* promove a guerra e a paz sem solicitar-lhes a aprovação. O patriciado parece decididamente derrotado.

Enfim, apresenta-se uma ocasião. Tarquínio está longe de Roma, não só ele como também o exército, ou seja, aquele que o sustenta. A urbe está momentaneamente nas mãos do patriciado. O prefeito da urbe, quer dizer, aquele que detém o poder civil na ausência do rei é um patrício, Lucrécio. O chefe da cavalaria, ou seja, aquele que detém a autoridade militar depois do rei é um patrício, Júnio.[42] Estes dois homens preparam o levante. Têm como associados outros patrícios, Valério e Tarquínio Colatino. O lugar da reunião não é Roma, mas uma pequena urbe de Colátia, propriedade particular de um dos conjurados. Ali eles mostram o cadáver de uma mulher ao povo; acrescentam que esta mulher se suicidou castigando a si mesma pelo crime de ter tido um filho do rei. O povo de Colátia se rebela. Os conjurados se dirigem a Roma e aí repetem a cena. Os espíritos estão transtornados, os partidários do rei desconcertados e, além disso, neste mesmo momento, o poder legal em Roma pertence a Júnio e Lucrécio.

Os conjurados não reúnem o povo, dirigindo-se sim ao senado. O senado declara o destronamento de Tarquínio e a abolição da realeza. Mas o decreto do senado deve ser confirmado pela cidade. Lucrécio, na qualidade de prefeito da urbe, detém o direito de convocar a assembleia. As cúrias se reúnem; pensam como os conjurados e pronunciam a deposição de Tarquínio e a criação de dois cônsules.

Decidido este ponto principal, deixa-se o encargo de nomear os cônsules para a assembleia por centúrias. Mas esta assembleia onde votam alguns plebeus não irá protestar contra aquilo que os patrícios fizeram no senado e nas cúrias? Não pode, pois toda assembleia romana é presidida por um magistrado que designa o objeto do voto, e ninguém pode colocar em deliberação um outro assunto. E mais: nesta época, nenhum outro, exceto o próprio presidente, está investido do direito de falar. No que diz respeito a uma lei, as centúrias só podem votar mediante um sim ou um não. Tratando-se de uma eleição, o

---

42. A família Júnia era patrícia. Dionísio, IV, 60. Os Júnios que encontramos posteriormente na história são plebeus.

presidente apresenta candidatos, e ninguém pode votar a não ser nos candidatos apresentados. Neste caso em particular, o presidente designado pelo senado é Lucrécio, um dos conjurados. Ele indica como único assunto de votação a eleição de dois cônsules, e apresenta dois nomes para a votação das centúrias, a saber, os nomes de Júnio e Tarquínio Colatino. Estes dois homens são necessariamente eleitos. Em seguida, o senado ratifica a eleição, e finalmente os áugures a confirmam em nome dos deuses.

Esta revolução não agradou a todos em Roma. Muitos plebeus tomaram o partido do rei e se ligaram ao seu destino.[43] Em contrapartida, um rico patrício da Sabina, o chefe poderoso de uma *gens* numerosa, o orgulhoso Átio Clauso, achou o novo governo tão conforme aos seus pontos de vista que veio se estabelecer em Roma.

De resto, a realeza política tão somente foi suprimida; a realeza religiosa era santa e devia perdurar. Assim, houve pressa no sentido de se nomear um rei, mas que fosse rei apenas para os sacrifícios, *rex sacrorum*. Tomam-se todas as precauções imagináveis a fim de que esse rei-sacerdote não abuse jamais do grande prestígio que suas funções lhe conferiam para se apossar da autoridade.

---

43. Dionísio, V, 26, 53, 58, 59, 63, 64. Tito Lívio não indica estes fatos, mas a eles faz alusão quando afirma que os patrícios foram obrigados a fazer concessões à plebe, *inservire plebi* (II, 21).

CAPÍTULO IV

A ARISTOCRACIA GOVERNA AS CIDADES

A mesma revolução, sob formas ligeiramente variadas, ocorreu em Atenas, Esparta, Roma, em todas as cidades, enfim, cuja história nos é conhecida. Em todo lugar fora obra da aristocracia, em todo lugar seu efeito foi suprimir a realeza política, deixando subsistir a realeza religiosa. A partir desta época e durante um período cuja duração foi bastante diferente para as diversas urbes, o governo da cidade pertenceu à aristocracia.

Esta aristocracia se fundava ao mesmo tempo no nascimento e na religião. Seu princípio repousava na constituição religiosa das famílias. A fonte de onde ela emanava eram as mesmas regras que observamos nas páginas anteriores relativas ao culto doméstico e ao direito privado, ou seja, a lei da hereditariedade do fogo-lar, o privilégio do primogênito, o direito de dizer a oração ligado ao nascimento. A religião hereditária era o título dessa aristocracia à dominação absoluta. Ela lhe concedia direitos que pareciam sagrados. Segundo as velhas crenças, só podia ter a propriedade do solo aquele que tivesse um culto doméstico; só podia ser membro da cidade aquele que detivesse em si o caráter religioso que constituía o cidadão; só podia ser sacerdote aquele que descendesse de uma família que possuísse um culto; só podia ser magistrado aquele que tivesse o direito de realizar os sacrifícios. O homem que não possuía culto hereditário devia ser o cliente de outro homem, ou, se não se resignasse a isso, devia se manter à margem de toda sociedade. Ao longo de muitas gerações, não ocorreu à mente dos homens que tal desigualdade fosse injusta. Não se teve a ideia de constituir a sociedade humana segundo outras regras.

Em Atenas, desde a morte de Codro até Sólon, toda autoridade esteve nas mãos dos eupátridas. Eles eram com exclusividade sacerdotes e arcontes. Somente eles administravam a justiça e conheciam as leis, que, a propósito, não eram escritas, e cujas fórmulas sagradas eles transmitiam de pai para filho.

Essas famílias conservavam tanto quanto possível as antigas formas do regime patriarcal. Não viviam reunidas na urbe. Continuavam vivendo nos diversos cantões da Ática, cada uma no seu vasto domínio, cercada por seus numerosos servos, governada por seu chefe eupátrida e praticando com absoluta independência seu culto hereditário.[44] A cidade de Atenas, durante quatro séculos, não foi senão a confederação desses poderosos chefes familiares que se reuniam em certos dias para a celebração do culto central ou para a deliberação sobre interesses comuns.

Tem-se observado, com frequência, o quanto a história emudece acerca desse longo período da existência de Atenas e, em geral, acerca da existência das cidades gregas. É de se espantar como, a despeito de ter conservado a memória de muitos eventos dos tempos dos antigos reis, a história não tenha registrado quase nenhum evento do tempo dos governos aristocráticos, isto porque sem dúvida eram produzidos então escassíssimos atos de interesse geral. O retorno ao regime patriarcal interrompera quase em toda parte a vida nacional. Os homens viviam separados e tinham poucos interesses comuns. O horizonte de cada um era o pequeno grupo e o vilarejo onde vivia na qualidade de eupátrida ou na qualidade de servo.

Em Roma também, cada uma das famílias patrícias vivia em seu domínio, cercada por seus clientes. Comparecia-se à urbe para as festas do culto público ou para as assembleias. Durante os anos que se seguiram à expulsão dos reis, o poder da aristocracia foi absoluto. Ninguém, exceto o patrício, podia desincumbir as funções sacerdotais na cidade; era na casta sagrada que era mister escolher com exclusividade as vestais, os pontífices, os sálios, os flâmines e os áugures. Somente os patrícios podiam ser cônsules, somente eles podiam compor o senado. Se a assembleia por centúrias, onde os plebeus tinham acesso, não foi suprimida, considerava-se, pelo menos, a assembleia por cúrias como a única que foi legítima e santa. Aparentemente, na assembleia das centúrias era realizada a eleição dos cônsules, mas já vimos que só lhes era permitido votar nos nomes apresentados pelos patrícios, e, ademais, suas decisões eram submetidas à tríplice ratificação do senado, das cúrias e dos áugures. Os patrícios eram os únicos a administrar a justiça e os únicos que conheciam as fórmulas da lei.

Esse regime político durou em Roma poucos anos. Na Grécia, pelo contrário, a aristocracia foi senhora do governo durante um longo período.

---

44. Tucídides, II, 15-16.

A *Odisseia* nos apresenta um quadro fiel desse estado social na parte ocidental da Grécia. Vemos aí, de fato, um regime patriarcal bastante análogo àquele que observamos na Ática. Algumas grandes e opulentas famílias repartiam o país; numerosos servos cultivam o solo ou cuidam dos rebanhos; a vida é simples; uma mesma mesa reúne chefe e servos. Esses chefes são chamados por um nome que nas outras sociedades se transformou em um título pomposo, ἄνακτες, βασιλεῖς. Assim, os atenienses da época primitiva chamavam de βασιλεύς ao chefe do γένος, a quem os clientes de Roma se habituaram a chamar de *rex*, o chefe da *gens*. Esses chefes familiares detêm caráter sagrado. O poeta os chama de reis divinos. Ítaca é bem pequena e encerra, contudo, um grande número desses reis. Entre eles há, na verdade, um rei supremo; mas ele carece de grande importância e parece ter como única prerrogativa presidir ao conselho dos chefes. A confiarmos em certos indícios, parece até que eram submetidos a eleições, e constatamos que Telêmaco só seria o chefe supremo da ilha na medida em que os outros chefes, seus iguais, quisessem, por bem, elegê-lo. Ao retornar à sua pátria, Ulisses parece ter apenas como súditos seus servos particulares; quando mata alguns dos chefes, os servos destes tomam das armas e sustentam uma luta que o poeta não pensa em considerar censurável. Entre os feácios, Alcino detém a autoridade suprema, mas nós o vemos comparecendo à reunião dos chefes, e pode-se notar que não foi ele que convocou o conselho, mas que foi o conselho que ordenou a presença do rei. O poeta descreve uma assembleia da cidade feácia; esta reunião dificilmente pode ser considerada uma assembleia da multidão. Reúnem-se somente os chefes, individualmente convocados pelo arauto, como em Roma para os *comitia calata*. Sentam-se em bancos de pedra; o rei toma a palavra e qualifica seus ouvintes com o nome de reis portadores de cetros.

Na urbe de Hesíodo, na pedregosa Ascra, encontramos uma classe de homens que o poeta chama de chefes ou reis; são eles que administram a justiça ao povo. Píndaro nos mostra também uma classe de chefes entre os cádmios; em Tebas, o poeta louva a raça sagrada dos espartanos, à qual Epaminondas ligou mais tarde seu nascimento.[45] Não é possível, de maneira alguma, ler Píndaro sem se impressionar com o espírito aristocrático que reina ainda na sociedade grega no tempo das guerras médicas, e adivinha-se por aí o quanto essa aristocracia fora poderosa um século ou dois antes, porque o que o poeta mais louva em seus heróis é a família destes, e devemos supor que essa espécie

---

45. Píndaro, *Isth.*, I, 41; Pausânias, VIII, 11; IX, 5.

de elogio estava, então, em grande apreço e que o nascimento parecia ainda o bem supremo. Píndaro nos mostra as grandes famílias que brilhavam, então, em cada cidade. Só na cidade de Égina ele nomeia os Midílidas, os Teândridas, os Euxênidas, os Blepsíadas, Caríadas e os Balíquidas. Em Siracusa, ele louva a família sacerdotal dos Iâmidas, em Agrigento a dos Emênidas, prosseguindo assim quanto a todas as urbes das quais tem oportunidade de falar.

Em Epidauro, o corpo inteiro dos cidadãos, ou seja, daqueles que tinham direitos políticos, se compôs por muito tempo de apenas 180 membros; todos os outros "estavam à margem da cidade".[46] Os verdadeiros cidadãos eram menos numerosos ainda em Heracleia, onde os filhos mais novos das grandes famílias não tinham direitos políticos.[47] Coisa idêntica ocorreu por muito tempo em Cnido, em Istros e Marselha. Em Tera, todo o poder estava nas mãos de algumas famílias com a reputação de sagradas. Assim também era na Apolônia.[48] Na Eritreia, existia uma classe aristocrática a qual se dava o nome de Basílidas.[49] Nas urbes de Eubeia, a classe soberana se chamava Cavaleiros.[50] Pode-se observar, a este propósito, que entre os antigos, tal como na Idade Média, constituía um privilégio combater a cavalo.

A monarquia já não existia mais em Corinto quando uma colônia dali partiu para fundar Siracusa. Assim, a nova cidade não conheceu a realeza e foi governada desde o princípio por uma aristocracia. Chamava-se esta classe de geômoros, ou seja, proprietários. Compunha-se de famílias que, no dia da fundação, distribuíram mediante todos os ritos ordinários as partes sagradas do território. Esta aristocracia se manteve ao longo de muitas gerações senhora absoluta do governo, e conservou seu título de *proprietários,* o que parece indicar que as classes inferiores não tinham o direito de propriedade sobre o solo.[51] Uma aristocracia semelhante foi durante muito tempo soberana em Mileto e em Samos.

---

46. Plutarco, *Quest. gr.,* 1.
47. Aristóteles, *Política,* V, 5, 2.
48. Aristóteles, *Política,* III, 9, 8; VI, 3, 8.
49. *Idem, ibidem,* V, 5, 4.
50. Ippobotai. Heródoto, V, 77. Plutarco, *Péricles,* 23. Estrabão, X, 1, 8: ἡ τῶν ἱπποβοτῶν καλουμένη πολιτεία ἐπεκράτει, προέστησαν γὰρ ἀπὸ τιμημάτων ἄνδρες ἀριστοκρατικῶς ἄρχοντες. Aristóteles, *Política,* IV, 3, 2: Ἐπὶ τῶν ἀρχαίων χρόνων ὅσαις πόλεσιν ἐν τοῖς ἵπποις ἡ δύναμις ἦν, ὀλιγαρχίαι παρὰ τούτοις ἦσαν.
51. Heródoto, VII, 155. Diodoro, VIII, 5. Dionísio, VI, 62.

CAPÍTULO V

SEGUNDA REVOLUÇÃO – MUDANÇAS NA CONSTITUIÇÃO DA FAMÍLIA – DESAPARECIMENTO DO DIREITO DE PROGENITURA – A *GENS* SE DESMEMBRA

A revolução que derrubara a realeza havia modificado a forma exterior do governo antes mesmo de ter mudado a constituição da sociedade. Não foi obra das classes inferiores que estavam interessadas em destruir as velhas instituições, mas da aristocracia, que desejava mantê-las. Assim, a revolução não foi produzida para alterar a organização antiga da família, mas para conservá-la. Os reis haviam alimentado sempre a tentação de elevar as classes baixas e enfraquecer as *gentes*, e é por isso que se derrubou a realeza. A aristocracia somente operou uma revolução política para impedir uma revolução social e doméstica. Tomara em suas mãos o poder menos pelo prazer do dominar do que para defender dos ataques suas velhas instituições, seus velhos princípios, seu culto doméstico, sua autoridade paterna, o regime da *gens* e enfim todo o direito privado que a religião primitiva estabelecera.

Esse grande esforço geral da aristocracia correspondia, assim, a um perigo, já que parece que a despeito de seus esforços e mesmo de sua vitória, o perigo subsistiu. As velhas instituições começaram a vacilar e graves transformações iriam se introduzir na constituição íntima das famílias.

O velho regime da *gens*, fundado pela religião da família, não fora destruído no dia em que os homens passaram para o regime da cidade. Não se quis ou não se pôde a ele renunciar imediatamente, os chefes tendo que conservar sua autoridade, os inferiores não alimentando de imediato a ideia de se libertarem. Compatibilizara-se, portanto, o regime da *gens* com o da cidade. Mas eram, no fundo, dois regimes opostos que não se devia esperar que estivessem aliados para sempre, devendo, ao contrário, um dia ou outro se fazerem guerra.

A família, indivisível e numerosa, era demasiadamente forte e demasiado independente para que o poder social não experimentasse a tentação e mesmo a necessidade de debilitá-la. Ou não devia a cidade durar, ou devia esta com o passar do tempo despedaçar a família.

Concebe-se a antiga *gens* com seu fogo único, seu chefe soberano, seu domínio indivisível, enquanto dura o estado de isolamento e diante da inexistência de uma outra sociedade distinta dela; mas, no momento em que os homens se reuniram na cidade, o poder do antigo chefe foi forçosamente reduzido, pois ao mesmo tempo que ele é soberano entre os seus, é membro de uma comunidade e, como tal, os interesses gerais lhe ordenam sacrifícios do mesmo modo que as leis gerais lhe exigem obediência. Aos seus próprios olhos, e sobretudo aos olhos de seus inferiores, sua dignidade é diminuída. Ademais, nesta comunidade, por mais aristocraticamente que seja constituída, os inferiores são levados em conta para qualquer coisa que seja, ao menos devido ao seu número. A família que compreende diversos ramos e que se dirige aos comícios cercada por uma multidão de clientes tem naturalmente mais autoridade nas deliberações comuns que a família pouco numerosa e que conta com poucos braços e poucos soldados. Ora, esses inferiores não tardam em absoluto em perceber sua importância e força; um certo sentimento de orgulho e o desejo de melhor sorte nascem em suas almas. Some-se a isto as rivalidades dos chefes de família lutando por influência e procurando se enfraquecer mutuamente. Some-se ainda que se tornam ávidos das magistraturas da cidade e que para obtê-las procuram se tornar populares, e que para as gerirem descuram ou esquecem sua pequena soberania local. Estas causas produziram pouco a pouco uma espécie de afrouxamento na constituição da *gens*; aqueles que tinham interesse em manter essa instituição respeitavam-na cada vez menos e aqueles que tinham interesse em modificá-la se tornavam mais audaciosos e mais fortes.

A regra de indivisão que produziria a força da família antiga foi gradativamente abandonada. O direito de primogenitura, condição de sua unidade, desapareceu. Não se deve, indiscutivelmente, esperar que algum escritor antigo nos forneça a data exata dessa grande transformação. É provável que não tenha havido data porque isso não ocorreu em um ano. Aconteceu ao longo do tempo, a princípio no seio de uma família, depois no seio de outra, e paulatinamente em todas. Consumou-se sem que, por assim dizer, se pudesse percebê-lo.

Pode-se perfeitamente crer também que os homens não passaram de um só salto da indivisibilidade do patrimônio para a partilha igual entre os irmãos. Houve efetivamente entre estes dois regimes uma transição. As coisas sucederam, talvez, na Grécia e na Itália como na antiga sociedade hindu, onde a lei religiosa, após ter prescrito a indivisibilidade do patrimônio, deixou o pai livre para dar qualquer porção daquele a seus filhos mais novos; depois, após ter exigido que o primogênito tivesse, pelo menos, uma parte dupla, permitiu que a partilha fosse feita com igualdade, acabando mesmo por recomendá-la.[52]

Contudo, acerca disso tudo não dispomos de qualquer indicação precisa. Um único ponto é certo, a saber, que o direito de primogenitura e a indivisão foram regra antiga, tendo ambos em seguida desaparecido.

Essa transformação não ocorreu nem ao mesmo tempo nem da mesma maneira em todas as cidades. Em algumas, a lei manteve por muitíssimo tempo a indivisão do patrimônio. Em Tebas e Corinto, esta ainda estava em vigor no século VIII. Em Atenas, a legislação de Sólon apresentava ainda uma certa preferência com relação ao primogênito. Houve urbes nas quais o direito de primogenitura só desapareceu depois de uma insurreição. Em Heracleia, Cnido, Istros, Marselha, os ramos dos mais novos tomaram armas para aniquilar simultaneamente a autoridade paterna e o privilégio do primogênito.[53] A partir deste momento, qualquer cidade grega que não contara até então com mais de uma centena de homens gozando direitos políticos, pôde contar com até quinhentos ou seiscentos. Todos os membros das famílias aristocráticas foram cidadãos, e o acesso às magistraturas e ao senado lhes foi aberto.

Não é possível dizer em que época o privilégio do primogênito se extinguiu em Roma. É provável que os reis, em meio à sua luta contra a aristocracia, fizeram o que estava ao seu alcance para suprimi-lo e para assim desorganizar as *gentes*. No início da República, vemos cento e quarenta novos membros adentrarem o senado. "Eram oriundos" – diz Tito Lívio – "das primeiras fileiras da ordem equestre."[54] Ora, sabemos que as seis primeiras centúrias de cavaleiros eram compostas de patrícios.[55] Eram, portanto, ainda patrícios que vinham preencher as vagas do senado. Mas Tito Lívio acresce um detalhe bastante significativo: a partir desse momento, passou-se a distinguir duas categorias de senadores, aqueles a que se chamava de *patres*, e outros a que se chamava *conscripti*.[56] Todos eram igualmente patrícios, mas os *patres* eram os chefes

---

52. A partilha do patrimônio já constitui regra em Roma em meados do século V; a Lei das Doze Tábuas reconhece a *actio familiae erciscundae* (Gaio, no *Digesto*, X, 2, 1).
53. Aristóteles, *Política*, V, 5, 2, ed. Didot, p. 571.
54. Tito Lívio, II, 1: *Primoribus equestris gradus lectis*.
55. Ver Belot, *História dos Cavaleiros Romanos*, liv. I, cap. 2.
56. Tito Lívio, II, 1: *Qui patres quique conscripti essent*. Festo, ed. Muller, p. 41: *Conscripti dicebantur qui ex equestri ordine patribus ascribebantur*. Distinguiu-se por muitos séculos os *patres* dos *conscripti*; ver Plutarco, *Questões romanas*, 58.

de 160 *gentes* que subsistiam ainda, e os *conscripti* eram escolhidos entre os ramos dos mais novos dessas *gentes*. Pode-se supor que esta classe, numerosa e enérgica, só tenha dado suporte à obra de Bruto e dos *patres* com a condição de obter direitos civis e políticos. Essa classe conquistou, assim, graças à própria necessidade que se tinha dela, aquilo que a mesma classe conquistara pelas armas em Heracleia, Cnido e Marselha.

O direito de primogenitura desapareceu, portanto, em toda parte, uma revolução considerável que começou a transformar a sociedade. A *gens* itálica e o γένος helênico perderam sua unidade primitiva. Os diferentes ramos se separaram; cada um deles teve doravante sua parte de propriedade, seu domicílio, seus interesses à parte, sua independência. *Singuli singulas familias incipiunt habere,* diz o jurisconsulto. Há na língua latina uma antiga expressão que parece datar dessa época: *familiam ducere,* dizia-se de alguém que se apartasse da *gens* e ia formar uma estirpe à parte, como se dizia *ducere coloniam* de alguém que deixava a metrópole e ia para longe fundar uma colônia. O irmão separado assim do irmão mais velho tinha desde então seu fogo-lar particular, indubitavelmente acendido por ele no mesmo fogo comum da *gens,* tal como a colônia acendia o seu no pritaneu da metrópole. A *gens* apenas conservou uma espécie de autoridade religiosa relativamente às diferentes famílias que se destacaram dela. Seu culto manteve a supremacia sobre os cultos dessas famílias. Não lhes era permitido esquecer que provinham dessa *gens*; continuaram a usar seu nome; em dias preestabelecidos, se reuniam em torno do fogo comum para venerar o antigo ancestral ou a divindade protetora. Continuaram mesmo a ter um chefe religioso e é provável que o primogênito tenha conservado seu privilégio para o sacerdócio, que se conservou por muito tempo hereditário. Isto à parte, ficaram independentes.

Este desmembramento da *gens* acarretou graves consequências. A antiga família sacerdotal, que formara um grupo tão coeso, tão fortemente constituído, tão poderoso, foi definitivamente debilitada. Esta revolução preparou e facilitou outras mudanças.

CAPÍTULO VI

OS CLIENTES SE LIBERTAM

1º. O QUE ERA A PRINCÍPIO A CLIENTELA E COMO SE TRANSFORMOU

Eis aqui uma revolução da qual não se pode indicar a data, mas que muito seguramente modificou a constituição da família e da própria sociedade. A família antiga compreendia, sob a autoridade de um chefe único, duas classes de posição desigual: de um lado, os ramos mais novos, quer dizer, os indivíduos naturalmente livres; do outro, os servos ou clientes, inferiores por nascimento, mas aproximados do chefe pela sua participação no culto doméstico. Destas duas classes, acabamos de ver como a primeira saiu de um estado de inferioridade; quanto à segunda, aspirou cedo à sua liberdade. A primeira com o tempo teve êxito. A clientela se transforma, mas acaba desaparecendo.

Imensa transformação que os escritores antigos não nos contam, o mesmo acontecendo na Idade Média, quando os cronistas não nos relatam como a população dos campos se transformou pouco a pouco. Surge na existência das sociedades humanas um grande número de revoluções cuja lembrança não nos é comunicada por documento algum. Os escritores não as notaram porque ocorreram lentamente, de um modo mal perceptível, sem lutas conspícuas, revoluções profundas e ocultas que revolveram as bases da sociedade humana sem que nada viesse à tona, e que permaneceram despercebidas pelas próprias gerações que as lavraram. A história só pode captá-las muito tempo depois de consumadas, quando, ao confrontar duas épocas da vida de um povo, constata entre elas tão grandes diferenças que se evidencia que, no intervalo que as separa, ocorreu uma grande revolução.

Se nos reportarmos exclusivamente ao quadro que os escritores nos traçam sobre a clientela primitiva de Roma, teremos diante de nós verdadeiramente uma instituição da idade de ouro. Que há de mais humano do que este patrono que defende seu cliente na justiça, que o sustenta com seu dinheiro se ele é pobre e que custeia a educação de seus filhos? O que há de mais comovente do que esse cliente que ampara, por sua vez, o patrono caído na miséria, que paga suas dívidas, que dá tudo o que possui para suprir seu resgate?[57] Contudo, não há tanto sentimento nas leis dos povos antigos. Afeição desinteressada e devotamento jamais foram instituições. É preciso que façamos uma outra ideia da clientela e do patronado.

O que sabemos com máxima certeza sobre o cliente é que ele não podia se separar do seu patrono, nem escolher um outro, e que estava ligado de pai para filho a uma família.[58] Este conhecimento basta por si só para nos impedir de crer que sua condição fosse assim tão doce. Acresça-se a isto que o cliente não podia ser proprietário do solo, pertencendo a terra a seu patrono, o qual, como chefe de um culto doméstico e também como membro de uma cidade, era só ele qualificado para ser proprietário. Se o cliente cultiva a terra, é em nome do senhor e para o lucro do senhor. O cliente não é pleno dono sequer dos objetos mobiliários, de seu dinheiro, de seu pecúlio. Prova disto é que o patrono pode retomar tudo isso para pagar suas próprias dívidas ou seu resgate. Assim, nada lhe pertence. É verdade que o patrono lhe deve a subsistência, a ele e a seus filhos, mas como retorno ele deve seu trabalho ao patrono. Não se pode dizer que o cliente seja precisamente um escravo, mas o fato é que tem um senhor ao qual pertence e a cuja vontade está submetido em tudo. Toda a sua vida ele é cliente e seus filhos o serão depois dele.

Há uma certa analogia entre o cliente dos tempos antigos e o servo da Idade Média. Na verdade, o princípio que os condena à obediência não é idêntico. Para o servo, este princípio é o direito de propriedade que se exerce sobre a terra e sobre o homem ao mesmo tempo; para o cliente, este princípio é a religião doméstica à qual ele está ligado sob a autoridade do patrono, que é o sacerdote dela. Quanto ao mais, para o cliente e para o servo, a subordinação é a mesma; um está ligado ao seu patrono como o outro está ligado ao seu senhor; o cliente não pode mais deixar a *gens* tal como o servo não pode deixar a gleba. O cliente, como o servo, permanece submetido a um senhor de pai para filho. Uma passagem de Tito Lívio nos faz supor que lhe era interdito casar-se fora

---

57. Plutarco, *Rômulo*, 13, Dionísio, II, 9-10.
58. Acerca deste assunto, ver um fato relatado por Plutarco em *A Vida de Mário*, 5. Cf. Cícero, *De oratore*, I, 39.

da *gens* tal como era para o servo fazê-lo fora do povoado.[59] O que é certo é ele não poder contrair casamento sem a autorização do patrono. O patrono pode retomar o solo que o cliente cultiva e o dinheiro que ele possui, como o senhor pode fazer em relação ao servo. Se o cliente morrer, tudo aquilo de que fazia uso retorna de direito ao patrono, do mesmo modo que a sucessão do servo pertence ao senhor.

O patrono não é apenas um senhor. É também um juiz e pode condenar o cliente à morte. É, adicionalmente, um chefe religioso. O cliente se dobra sob esta autoridade a um tempo material e moral que o prende por seu corpo e sua alma. É verdade que esta religião impõe deveres ao patrono, mas deveres em relação aos quais ele é o único juiz e não afetado por nenhuma sanção. O cliente não dispõe de nada que o proteja, já que não é cidadão por si mesmo; se quiser comparecer perante o tribunal da cidade, será necessário que seu patrono o conduza e fale por ele. Poderá ele invocar a lei? Não conhece as fórmulas sagradas delas e, se as conhecesse, a primeira lei que existe para ele é jamais testemunhar ou falar contra seu patrono. Sem o patrono não há nenhuma justiça, contra o patrono, nenhum recurso.

O cliente não existe somente em Roma. Encontramo-lo entre os sabinos e os etruscos, fazendo parte da *manus* de cada chefe.[60] Existiu na antiga *gens* helênica assim como na *gens* itálica. É verdade que não se deve procurá-lo nas cidades dóricas, onde o regime da *gens* desapareceu logo e onde os derrotados são ligados não à família de um senhor, mas a um lote de terra. Encontramos o cliente em Atenas e nas cidades jônicas e eólicas com o nome de *teta* ou *pélate*. Enquanto durou o regime aristocrático, o teta não fez parte da cidade; encerrado em uma família da qual não pode sair, encontra-se sob o poder de um eupátrida que tem em si o mesmo caráter e a mesma autoridade do patrono romano.

Pode-se presumir perfeitamente que não demorou para que houvesse ódio entre patrono e cliente. Imagina-se facilmente como era a existência dentro de uma família em que um detinha todo o poder e o outro carecia de qualquer direito, na qual a obediência sem reservas e sem esperança permanecia ao lado da onipotência sem freio, na qual o melhor senhor tinha seus arrebatamentos e seus caprichos, na qual o servidor mais resignado alimentava seus rancores, lamentos e cóleras. Ulisses é um bom senhor: vede que afeição paternal ele tem por Eumeu e Fileto. Entretanto, condena à morte um servo que o insultou sem reconhecê-lo e as servas que cometeram faltas às quais sua própria ausência

---

59. Tito Lívio, XXXIX, 19.
60. Dionísio, V, 20; IX, 5. Tito Lívio, II, 16.

as expôs. Perante a cidade ele é responsável pela morte dos pretendentes; mas ninguém lhe exige uma prestação de contas pela morte de seus servidores.

No estado de isolamento no qual a família vivera por muito tempo, a clientela pudera formar-se e conservar-se. A religião doméstica exercia, então, um poder absoluto sobre a alma. O homem que era seu sacerdote por direito hereditário se apresentava para as classes inferiores como um ser sagrado. Mais que um homem, era o intermediário entre os homens e Deus. De sua boca brotava a oração poderosa, a fórmula irresistível que atraía o favor ou a cólera da divindade. Diante de tal força, era necessário inclinar-se; a obediência era ordenada pela lei e pela religião. Ademais, como poderia ter o cliente a tentação de libertar-se? O único horizonte que vislumbrava era a família, à qual tudo o ligava. Nela, somente, encontrava uma vida calma, a subsistência assegurada; somente nela, se tivesse um senhor, tinha também um protetor; nela somente, enfim, encontrava um altar do qual podia aproximar-se, e deuses que lhe era permitido invocar. Deixar esta família significava colocar-se à margem de toda organização social e de todo direito; significava perder seus deuses e renunciar ao direito de orar.

Mas, com a fundação da cidade, os clientes das diferentes famílias podiam ver-se, falar-se, comunicar entre si suas aspirações ou seus ressentimentos, comparar os diversos senhores e entrever uma sorte melhor. Mais tarde, seus olhares começaram a abranger além do recinto fechado da família. Percebiam que fora dela existia uma sociedade, regras, leis, altares, templos, deuses. Sair da família não era mais para eles uma desdita sem remédio. A tentação tornava-se cada dia mais intensa; a condição de cliente parecia um fardo crescentemente pesado e, aos poucos, deixou-se de crer que a autoridade do senhor fosse legítima e santa. Penetra, então, no coração desses homens, um desejo ardente de liberdade.

Não há dúvida que não é possível encontrar na história de nenhuma cidade a lembrança de uma insurreição geral dessa classe. Se houve lutas armadas, foram encerradas e ocultadas no recinto fechado de cada família. É na família que vemos, durante mais de uma geração, de um lado enérgicos esforços para a independência, de outro uma repressão implacável. Desenvolveu-se em cada casa uma história longa e dramática que hoje é impossível retraçar. A única coisa que se pode dizer é que os esforços da classe inferior não foram em vão. Uma necessidade invencível obrigou gradativamente os senhores a ceder algo de sua onipotência. No momento em que a autoridade deixa de parecer justa para os súditos, foi necessário ainda algum tempo para que assim parecesse também aos senhores. Contudo, com o decorrer do tempo isso aconteceu, e então o senhor, já não crendo ser sua autoridade legítima, passa a defendê-la precariamente ou acaba por renunciar a ela. Acrescente-se que essa classe inferior era útil, que seus braços, cultivando a terra, produziam a riqueza do senhor, e que esses mesmos braços, portando armas, produziam a força do senhor em meio às rivalidades das famílias, de maneira que era prudente satisfazê-la e que as concessões eram aconselhadas pelo interesse somado à humanidade.

Parece certo que a condição dos clientes melhorou pouco a pouco. Originariamente, viviam na casa do senhor, cultivando em conjunto o domínio comum. Posteriormente, atribuiu-se a cada um deles um lote de terra particular. O cliente devia se sentir já mais feliz. Sem dúvida, trabalhava ainda para o proveito do senhor; a terra não lhe pertencia, pertencendo mais ele a ela do que o contrário. Não importa, ele a cultivava há muitos anos e a amava. Estabelecia-se entre ela e ele não aquele vínculo que a religião da propriedade criara entre ela e o senhor, mas um outro vínculo, ou seja, aquele que o trabalho e o próprio sofrimento são capazes de formar entre o homem que dá seu empenho e a terra que dá seus frutos.

Em seguida, houve um novo progresso. Passou a cultivar não mais para seu senhor, mas para si mesmo. Sob a condição de um foro, que talvez tenha sido inicialmente variável, tornando-se fixo em seguida, o cliente passou a ter algum lucro com a colheita. O suor de seu rosto encontrou assim alguma recompensa, sua vida tornando-se ao mesmo tempo mais livre e mais digna. "Os chefes de família" – diz um escritor antigo – "atribuíam porções de terra a seus inferiores, como se fossem seus próprios filhos".[61] Lê-se o mesmo na *Odisseia*: "Um senhor benevolente dá ao seu servo uma casa e uma terra"; e Eumeu acrescenta: "uma esposa desejada", visto que o cliente não pode ainda se casar sem o consentimento do senhor, que é, inclusive, quem lhe escolhe a companheira.

Mas esse campo, onde doravante transcorreria sua vida, onde estavam concentrados todo seu labor e todo o seu gozo, não era ainda sua propriedade, pois o cliente não detinha em si o cunho sagrado que fazia com que o solo pudesse tornar-se a propriedade de um homem. O lote que ele ocupava continuava a ter a demarcação santa, o deus Termo que a família do senhor colocara outrora. Este marco inviolável atestava que o campo, unido à família do senhor por um vínculo sagrado, não poderia jamais pertencer efetivamente ao cliente liberto. Na Itália, o campo e a casa ocupados pelo *villicus*, cliente do patrono, encerravam um fogo doméstico, um *Lar familiaris*; mas tal fogo não pertencia ao

---

61. Festo, v. *Patres*, Ed. Muller, p. 246.

cultivador, era o fogo doméstico do senhor.⁶² Isso estabelecia, ao mesmo tempo, o direito de propriedade do patrono e a subordinação religiosa do cliente que, por mais distante que estivesse do patrono, seguia ainda o culto deste.

O cliente, tornado possuidor da terra, sofria por não ser seu proprietário e aspirava por sê-lo. Colocou como sua ambição fazer desaparecer do campo, que parece ser seu em função do direito do trabalho, aquele marco sagrado que tornava o campo propriedade eterna do antigo senhor.

Percebe-se claramente que na Grécia os clientes atingiram sua meta; por quais meios, ignora-se. Quanto tempo e esforços lhes foram necessários para consegui-lo, só podemos conjeturá-lo. Talvez tenha se operado na antiguidade a mesma série de transformações sociais pela qual passou a Europa na Idade Média, quando os escravos dos campos tornaram-se servos da gleba, e estes, de servos submetidos à vontade do senhor, converteram-se em servos abonados para, depois, se transformarem em camponeses proprietários.

2º. A CLIENTELA DESAPARECEU EM ATENAS – A OBRA DE SÓLON

Esse tipo de revolução está registrado com nitidez na história de Atenas. A derrubada da realeza tivera como consequência o reavivamento do regime do γένος; as famílias haviam recuperado sua vida de isolamento e cada uma começara a formar um pequeno Estado, que tinha por chefe um eupátrida e por súditos a multidão de clientes ou servos que a língua antiga chamava de tetas.⁶³ Esse regime parece ter pesado muito sobre os ombros do povo ateniense, pois dele esse povo guarda uma lembrança desagradável. O povo se via tão desventurado que a época anterior se lhe afigurava ter sido uma espécie de idade de ouro. Sentia saudades dos reis e chegou a imaginar que sob o governo monárquico fora feliz e livre, que gozara então de igualdade e que fora somente após a queda dos monarcas que a desigualdade e o sofrimento haviam principiado. Havia ali uma ilusão que os povos com frequência experimentam. A tradição popular colocava o início da desigualdade no ponto em que o povo começara a considerá-la odiosa. Essa clientela, esta espécie de servidão, que era tão velha quanto a constituição da família, fazemo-la

---

62. Catão, *De re rust.*, 143. Columela, XI, 1, 19.
63. Esta palavra é usada com o sentido de servidor por Hesíodo, *Opera et dies*, v. 563, e na *Odisseia*, IV, 644. Dionísio de Halicarnasso, II, 9, compara os antigos tetas de Atenas aos clientes de Roma.

datar da época em que os homens sentiram dela pela primeira vez o peso e compreenderam a injustiça. É, contudo, perfeitamente certo que não é no século VII que os eupátridas estabeleceram as duras leis da clientela. Limitaram-se a conservá-las. Nisto somente consistiu seu erro, ou seja, manter tais leis a partir de uma época em que os homens não as aceitavam mais sem protesto; mantiveram-nas contra o voto dos homens. Os eupátridas dessa época eram, talvez, senhores menos duros do que haviam sido seus antepassados, e contudo foram mais detestados do que estes.

Parece que, mesmo sob a dominação de tal aristocracia, a condição da classe inferior melhorou, pois é então que se observa claramente essa classe obter a posse dos lotes de terra sob a única condição de pagar foro fixado sobre a sexta parte da colheita.[64] Esses homens estavam assim quase emancipados; tendo cada um sua própria casa e não mais sob o olhar do senhor, respiravam mais aliviados e trabalhavam em seu próprio proveito.

Mas tal é a natureza humana que esses homens, à medida que sua sorte melhorava, sentiam mais amargamente o que lhes restara da desigualdade. Não serem cidadãos e não participarem em nada da administração da cidade os tocava, sem dúvida, mediocremente, mas não poder se tornar proprietários do solo em que nasciam e morriam os tocava muito. Acrescentemos a isto que o que havia de suportável na condição presente deles carecia de estabilidade, pois se eram verdadeiramente possuidores do solo, nenhuma lei formal, no entanto, lhes assegurava quer essa posse, quer a independência que dela resultava. Vê-se em Plutarco que o antigo patrono podia retomar seu antigo servidor; caso não houvesse acerto da renda anual ou por qualquer outra causa, esses homens recaíam em uma espécie de escravidão.

Graves questões foram então discutidas na Ática ao longo de uma sequência de quatro ou cinco gerações. Não era absolutamente possível que os homens da classe inferior permanecessem nessa posição instável e irregular para a qual um progresso quase imperceptível os havia conduzido. E assim de duas coisas, uma, ou perdendo tal posição voltariam aos grilhões da dura clientela, ou decididamente libertados mediante um novo progresso, deveriam ascender à posição de proprietários do solo e homens livres.

Pode-se imaginar quantos esforços foram empreendidos por parte do trabalhador, antigo cliente, e quanta resistência por parte do proprietário, antigo

---

64. Plutarco, *Sólon*, 13: Ἐγεώργουν τοῖς πλουσίοις ἕκτα τῶν γενομένων τελοῦντες, ἑκτημόριοι προσαγορευόμενοι καὶ θῆτες. Pólux, IV, 165: Ἑκτημόριοι δὲ οἱ πελάται παρ' Ἀττικοῖς. *Idem*, VII, 151: Ἐπίμορτος γῆ ἐπὶ Σόλωνι, ἡ ἐπὶ μέρει γεωργουμένη.

patrono. Não foi precisamente uma guerra civil, de modo que os anais de Atenas não registram a memória de nenhum combate. Foi uma guerra doméstica em cada vilarejo, em cada casa, de pai para filho.

Tais conflitos parecem ter tido diversa fortuna conforme a natureza do solo dos diferentes cantões da Ática. Na planície, onde o eupátrida possuía seu principal domínio e onde estava sempre presente, sua autoridade se manteve quase totalmente intacta sobre o pequeno grupo de servos que haviam estado sempre sob seus olhos. Assim, os *pedienses* revelaram-se geralmente fiéis ao regime antigo. Mas aqueles que trabalhavam penosamente nos flancos da montanha, os *diacrienses*, mais distantes do senhor, mais acostumados à vida independente, mais ousados e mais corajosos, alimentavam no fundo do coração um ódio violento contra o eupátrida e uma firme vontade de se libertarem. Eram sobretudo esses homens que se indignavam ao ver continuamente "o marco sagrado" do senhor e sentir "sua terra escrava".[65] Quanto aos habitantes dos cantões vizinhos ao mar, aos *paralienses*, a propriedade do solo os tentava menos; eles tinham o mar diante de si, o comércio e a indústria. Vários deles ficaram ricos, e graças à riqueza eram quase livres. Não partilhavam, portanto, das ambições ardentes dos diacrienses e não votavam ódio intenso aos eupátridas. Mas, por outro lado, não participavam também da covarde resignação dos pedienses e exigiam mais estabilidade para sua condição e maior garantia de direitos.

Será Sólon que dará satisfação a esses anseios, na medida do possível. Há uma parte da obra deste legislador da qual os antigos nos legaram um conhecimento muito imperfeito, embora pareça ter sido a parte principal. Antes dele, a maioria dos habitantes da Ática ainda estava reduzida à posse precária do solo, podendo até mesmo recair na servidão individual. Depois dele, esta numerosa classe de homens não é mais encontrada; não vemos mais nem os rendeiros sujeitos ao foro nem "a terra escrava", tornando-se o direito de propriedade acessível a todos. Houve aqui uma grande transformação cujo autor só pode ter sido Sólon.

É bem verdade que, se ouvirmos Plutarco, Sólon teria apenas atenuado a legislação relativa às dívidas, tirando do credor o direito de escravizar o devedor. Porém, é preciso considerar de perto o que um escritor bem posterior a essa época nos diz acerca dessas dívidas que transtornaram a cidade de Atenas, como todas as cidades da Grécia e da Itália. É difícil crer que houvesse antes de Sólon uma tal circulação de dinheiro que permitisse a presença maciça de

---

65. *Sólon*, ed. Bach, p. 104, 105: Γῆ δουλεύουσα. Plutarco, *Sólon*, 15, Γῆ ὑποκειμένη.

credores e devedores. Não julguemos esses tempos segundo critérios dos tempos que a eles se seguiram. Havia, então, pouquíssimo comércio; a permuta de créditos era desconhecida e os empréstimos deviam ser bastante raros. Com que garantia o homem que não era proprietário de coisa alguma podia tomar dinheiro emprestado? Em sociedade alguma constitui uso emprestar dinheiro a quem nada tem. Diz-se, na verdade, fiando-nos mais nos tradutores de Plutarco do que nele mesmo, que aquele que tomava dinheiro emprestado hipotecava sua terra.[66] Mas, mesmo supondo que essa terra fosse sua propriedade, não teria podido hipotecá-la porque o sistema de hipoteca não era ainda conhecido naquele tempo e se opunha à natureza do direito de propriedade.[67]

Nesses devedores dos quais Plutarco nos fala, deve-se ver os antigos servidores; em suas dívidas o foro anual que deviam pagar aos antigos senhores; na servidão em que caíam, se não pagassem, a antiga clientela que novamente deles se apoderava.

Sólon suprimiu, talvez, o foro, ou com maior probabilidade, reduziu a cifra deste a uma taxa que facilitaria o resgate; acrescentou que no futuro a falta de pagamento não faria com que o homem voltasse à servidão.

E fez mais. Antes dele, esses antigos clientes, uma vez tornados possuidores do solo, não podiam se tornar proprietários do mesmo, pois sobre seu campo se achava sempre o marco sagrado e inviolável do antigo patrono. Para a liberação da terra e do lavrador, era forçoso que esse marco desaparecesse. Sólon o derrubou. Desta grande reforma temos o testemunho em alguns versos do próprio Sólon: "Era uma obra inesperada" – diz ele –, "executei-a com a ajuda dos deuses. Disto me atesta a deusa-mãe, a Terra negra, de onde em muitos locais arranquei os marcos, a terra que era escrava e que agora é livre". Ao fazer isto, Sólon realizou uma revolução considerável. Pusera de lado a antiga religião da propriedade que, em nome do deus Termo imóvel, retinha a terra em um pequeno número de mãos. Arrancara a terra da religião para concedê-la ao trabalho. Ele suprimira, com a autoridade do eupátrida sobre o solo, a autoridade deste sobre o homem, e podia assim dizer nos seus versos:

---

66. Plutarco fala de ὅροι. No tempo de Plutarco, e já no tempo de Demóstenes, havia os ὅροι: hipotecários. Na época de Sólon, o ὅρος só era e só podia ser o *terminus*, emblema e garantia do direito de propriedade. No caso a que nos referimos, o ὅρος indicava no campo ocupado pelo teta o domínio útil do eupátrida.
67. A propriedade pertencia ainda mais à família do que à pessoa. Será só mais tarde que o direito de propriedade se transformará em direito individual. E só então a hipoteca pôde ser usada, e, mesmo assim, somente foi adotada no direito ateniense mediante o subterfúgio da venda sob condição de resgate.

"Aqueles que nesta terra sofreram a cruel servidão e tremeram diante de um senhor, eu os fiz livres".

É provável que tenha sido essa libertação o que os contemporâneos de Sólon chamaram de σεισαχθεία (sacudir o fardo). As gerações seguintes que, uma vez habituadas à liberdade, não queriam ou não conseguiam crer que seus pais haviam sido servos, explicaram essa palavra como se ela indicasse somente uma abolição de dívidas. Mas tal vocábulo encerra tanta energia que nos revela uma revolução de envergadura muito maior. Acrescentemos a ela a frase seguinte de Aristóteles que, sem entrar na apreciação da obra de Sólon, simplesmente diz: "Ele fez com que cessasse a escravidão do povo".[68]

3º. Transformação da clientela em Roma

A guerra entre os clientes e os patronos preencheu também um largo período de manifestação em Roma. Tito Lívio, na verdade, nada nos informa a respeito porque não tem o hábito de observar de perto a transformação das instituições; além disso, os anais dos pontífices e os documentos análogos, fontes em que beberam os antigos historiadores compulsados por Tito Lívio, não deviam conter a narrativa dessas lutas domésticas.

Uma coisa, ao menos, é certa. Houve nos primórdios de Roma clientes. Restam-nos, inclusive, testemunhos muito precisos da dependência que tinham dos patronos. Se, muitos séculos depois, procurarmos esses clientes, não os encontraremos mais. Embora o nome ainda exista, a clientela não existe mais, visto que nada há de mais diferente dos clientes da época primitiva do que esses plebeus do tempo de Cícero que se diziam clientes de um rico para ter direito à espórtula.

Mas há alguém que se assemelha mais ao antigo cliente e é o liberto.[69] Tanto nos fins da República quanto nos primeiros tempos de Roma, o homem, ao sair do estado de servidão, não se tornava imediatamente homem livre e cidadão. Permanece submetido ao senhor. Outrora o chamávamos de cliente, hoje o chamamos de liberto, mas só o nome mudou. Quanto ao senhor, o seu próprio nome não mudou, pois se outrora era chamado de patrono, ainda o chamamos

---

68. Aristóteles, *Política*, II, 9, 2: Καὶ δουλεύοντα τὸν δῆμον παῦσαι.
69. O liberto tornava-se um cliente. A identidade entre estes dois termos é indicada por um trecho de Dionísio, IV, 23.

do mesmo modo. O liberto, como outrora o cliente, permanece ligado à família; usa seu nome tal como o antigo cliente. Depende de seu patrono; deve-lhe não apenas o reconhecimento como também um verdadeiro serviço, cuja medida é fixada unicamente pelo senhor. O patrono tem direito de justiça sobre o seu liberto do mesmo modo que tinha sobre seu cliente; pode devolver-lhe a condição de escravo por delito de ingratidão.[70] O liberto lembra em tudo o antigo cliente. Entre eles existe apenas uma diferença: era-se cliente outrora de pai para filho; hoje a condição de liberto cessa na segunda ou, ao menos, na terceira geração. A clientela, portanto, não desapareceu, atingindo ainda o homem no momento em que a servidão o deixa, apenas não sendo mais hereditária. Isto, por si só, já constitui uma transformação considerável. Mas, é impossível dizer em que época ocorreu.

É possível discernir bem as atenuações sucessivas que foram introduzidas à sorte do cliente e por quais estágios ele chegou ao direito de propriedade. A princípio, o chefe da *gens* lhes aponta um lote de terra para cultivar.[71] Na medida em que contribua para todas as despesas que estão a cargo de seu antigo senhor, ele se torna possuidor vitalício desse lote. As disposições tão duras da velha lei que o obrigam a pagar o resgate do patrono, o dote de sua filha, ou suas multas judiciárias, provam, ao menos, que no tempo em que essa lei foi escrita ele já podia possuir um pecúlio. O cliente fez em seguida um progresso a mais: obtém o direito, ao morrer, de transmitir o que possui a seu filho, embora seja verdadeiro que na falta do filho seus bens retornam ao patrono. Mas eis um progresso novo: o cliente que não deixa um filho obtém o direito de fazer um testamento. Neste ponto o costume oscila e varia: ora o patrono retoma a metade dos bens, ora a vontade do testador é acatada inteiramente. Mas em todos os casos seu testamento jamais é destituído de valor.[72] E, assim, o cliente, se não pode ainda se intitular proprietário, tem, ao menos, a fruição mais ampla possível do que possui.

Sem dúvida não se trata ainda da libertação plena. Mas nenhum documento nos permite fixar a época em que os clientes se desligaram definitivamente das

---

70. *Digesto,* liv. XXV, tít. 2, 5; liv. L, t. 16, 195. Valério Máximo, V, 1, 4. Suetônio, *Cláudio,* 25. Dion Cássio, LV. A legislação era a mesma em Atenas; v. Lísias e Hipérides em Harpocration, v. ἀποστασίου. Demóstenes, *in Aristogitonem,* e Suidas, v. ἀναγκαῖον. Os deveres dos libertos são enumerados em Platão, *As Leis,* XI, p. 915. É bastante evidente, contudo, que no tempo de Platão estas velhas leis não eram mais observadas.

71. Festo, v. *Patres.*

72. *Institutas,* de Justiniano, III, 7.

famílias patrícias. Há vários textos de Tito Lívio[73] que, se lidos ao pé da letra, mostram que desde os primeiros anos da República os clientes eram cidadãos. Há grande probabilidade de que já o eram no tempo do rei Sérvio; talvez votassem nos comícios curiais desde a gênese de Roma. Mas não se pode disso concluir que fossem totalmente libertos, pois é possível que os patrícios tenham considerado como de seu interesse dar a seus clientes direitos políticos e fazê-los votar nos comícios, sem que por isso tenham se permitido conceder-lhes direitos civis, ou seja, liberá-los de sua autoridade.

Não parece que a revolução que liberou os clientes em Roma tenha se consumado de um só fôlego, como ocorreu em Atenas. Ocorreu muito lentamente e de uma maneira quase imperceptível, sem nenhuma lei formal consagrá-la. Os laços da clientela se afrouxaram pouco a pouco e o cliente se afastou insensivelmente do patrono.

O rei Sérvio realizou uma grande reforma a favor dos clientes. Alterou a organização do exército. Antes dele, o exército marchava dividido em tribos, cúrias e *gentes*: era a divisão patrícia; cada chefe de *gens* se colocava à frente de seus clientes. Sérvio dividiu o exército em centúrias; cada um teve uma posição de acordo com sua riqueza. Disto resultou que o cliente passou a não marchar mais ao lado de seu patrono, não o reconhecendo mais como chefe no combate, adquirindo, assim, o hábito da independência.

Esta mudança provocou outra na constituição dos comícios. Antes, a assembleia se dividia em cúrias e em *gentes*, e o cliente, se votava, o fazia sob o olhar do senhor. Sendo estabelecida a divisão por centúrias para os comícios, tanto quanto para o exército, o cliente não se achou mais no mesmo quadro do seu patrono. É verdade que a velha lei ainda lhe ordenava que votasse como seu patrono, mas como apurar seu voto?

Distanciar o cliente do patrono nos momentos mais solenes da vida, no momento do combate e no momento da votação, era muito. A autoridade do patrono se achava assim fortemente reduzida e o que lhe restava foi dia a dia mais contestado. Desde o instante em que o cliente provou a independência, ele passou a desejá-la toda. Aspirou desligar-se da *gens* e adentrar a plebe, onde se era livre. Quantas oportunidades se ofereciam! Sob o governo dos reis, ele estava seguro de ser ajudado por eles, pois estes não procuravam outra coisa senão debilitar as *gentes*. Sob o governo republicano, o cliente encontrava

---

73. Tito Lívio, II, 16: *Atti Clausi clientibus civitas data.* II, 64: *Per patres clientesque patrum consules creati.*

a proteção da própria plebe e dos tribunos. Muitos clientes se liberaram assim e a *gens* não pôde reapoderar-se deles. Em 472 a.C., o número de clientes era ainda bastante considerável, já que a plebe se lamentava que os sufrágios dos clientes nos comícios centuriais faziam pender a balança a favor dos patrícios.[74] Por volta da mesma época, tendo a plebe se recusado a alistar-se, os patrícios conseguiram formar um exército com seus clientes.[75] Parece, contudo, que esses clientes não eram suficientemente numerosos para cultivarem sozinhos as terras dos patrícios, de modo que estes eram obrigados a recorrer aos braços da plebe.[76] É verossímil que a criação do tribunado, assegurando aos clientes fugidos proteção contra seus antigos patronos, e tornando a situação dos plebeus mais invejável e mais segura, apressou esse movimento gradual rumo à liberação. Em 372, não havia mais clientes e um certo Mânlio podia dizer à plebe: "Tanto quanto vós fostes clientes em torno de cada patrono, sereis agora adversários de um único inimigo".[77] Desde então, não vemos mais na história de Roma esses antigos clientes, esses homens hereditariamente ligados à *gens*. A clientela primitiva cedeu lugar a uma clientela de um gênero novo, de vínculo voluntário e quase fictício, que não acarreta mais as mesmas obrigações. Não se distingue mais em Roma as três classes dos patrícios, clientes e plebeus. Restam apenas duas, os clientes tendo se fundido à plebe.

Os Marcelos parecem ser, assim, um ramo desligado da *gens* Cláudia. O nome deles era Cláudios, mas por não serem patrícios não deviam ter feito parte da *gens* a não ser na qualidade de clientes. Livres há tempos, enriquecidos por meios que nos são desconhecidos, guindaram-se primeiramente às dignidades da plebe e mais tarde àquelas da cidade. Durante muitos séculos, a *gens* Cláudia pareceu ter esquecido seus antigos direitos sobre eles. Um certo dia, contudo, no tempo de Cícero,[78] ela se lembrou inopinadamente disso. Um liberto ou cliente dos Marcelos morrera e deixava uma herança que, segundo a lei, devia retornar ao patrono. Os Cláudios patrícios pretenderam que os Marcelos, como clientes que eram, não podiam eles próprios ter clientes, e que seus libertos deviam cair, eles e sua herança, nas mãos do chefe da *gens* patrícia, a única capaz de exercer os direitos do patronado. Este

---

74. Tito Lívio, II, 56.
75. Dionísio, VII, 19; X, 27.
76. *Inculti per secessionem plebis agri,* Tito Lívio, II, 34.
77. Tito Lívio, VI, 48.
78. Cícero, *De oratore,* I, 39.

processo surpreendeu grandemente o público e embaraçou os jurisconsultos. O próprio Cícero achou a questão bastante obscura. Não o teria sido quatro séculos antes e os Cláudios teriam ganho sua causa. Mas, no tempo de Cícero, o direito sobre o qual baseavam sua reivindicação era tão antigo que fora esquecido e o tribunal pôde perfeitamente dar ganho de causa aos Marcelos. A antiga clientela não existia mais.

CAPÍTULO VII

TERCEIRA REVOLUÇÃO
– A PLEBE ENTRA NA CIDADE

1º. História geral desta revolução

As transformações que ocorreram ao longo do tempo na constituição da família acarretaram outras na constituição da cidade. A antiga família aristocrática e sacerdotal se encontrava debilitada. O direito de primogenitura tendo desaparecido, essa família havia perdido sua unidade e seu vigor; libertos os clientes na sua maioria, perdera a maior parte de seus súditos. Os homens da classe inferior não estavam mais divididos nas *gentes*; vivendo fora delas, formaram entre si um corpo. Em razão disso, a cidade mudou de aspecto. Em lugar de ser uma união fragilmente encadeada, como o fora precedentemente, de tantos pequenos Estados quantas as suas famíllias, tornou-se então união, de um lado, dos membros patrícios das *gentes*, e do outro, dos homens de classe inferior. Houve assim dois grandes corpos em confronto, duas sociedades inimigas. Não foi mais, como na época anterior, uma luta obscura em cada família; foi em cada urbe uma guerra aberta. Das duas classes, uma desejava que a constituição religiosa da cidade fosse mantida, e que o governo, como o sacerdócio, permanecesse nas mãos das famílias sagradas. A outra desejava esfacelar as velhas barreiras que a colocavam à margem do direito, da religião e da sociedade política.

Na primeira parte da luta, a vantagem foi da aristocracia de nascimento. Na verdade, ela não possuía mais seus antigos súditos, sua força material estando arruinada; porém, restavam-lhe o prestígio de sua religião, sua organização regular, seu hábito do comando, suas tradições, seu orgulho hereditário. A aristocracia não duvidava de seu direito; defendendo-se, acreditava estar defendendo a religião. O povo só tinha do seu lado o seu grande número.

Era tolhido por um costume de respeito do que não era fácil desvencilhar-se. Ademais, não dispunha de chefes, carecendo de todo princípio de organização. Era, na sua origem, mais uma multidão sem encadeamento que um corpo bem constituído e vigoroso. Se nos lembrarmos que os homens não haviam encontrado outro princípio de associação exceto a religião hereditária das famílias, e que não concebiam a ideia de uma autoridade que não derivasse do culto, compreenderemos facilmente que essa plebe, que se achava à margem do culto e da religião, não podia formar inicialmente uma sociedade regular, e que lhe seria exigido muito tempo para descobrir em si mesma os elementos de uma disciplina e as regras de um governo.

Tal classe inferior, em sua fraqueza, só via, a princípio, um meio de combater a aristocracia: opor-lhe a monarquia.

Nas urbes em que a classe popular já estava formada no tempo dos antigos reis, a classe popular apoiou a realeza com toda a força de que dispunha, encorajando os reis a aumentar seu poder. Em Roma, a classe popular exigiu o restabelecimento da realeza depois de Rômulo; nomeou Hostílio; levou ao trono Tarquínio, o Antigo; amou Sérvio e lamentou Tarquínio, o Soberbo.

Quando os reis foram em todas as partes vencidos e a aristocracia se tornou soberana, o povo não se restringiu a lastimar a sorte da monarquia. Desejou restaurá-la sob uma forma nova. Na Grécia, durante o século VI, o povo teve êxito em eleger chefes e, não podendo chamá-los de reis, visto que este título implicava na ideia de funções religiosas e só podia ser usado pelas famílias sacerdotais, chamou-os de tiranos.[79]

Qualquer que seja o sentido original desta palavra, é certo que não foi tomada da língua da religião. Não era aplicável aos deuses como sucedia com a palavra rei; não era pronunciada nas orações. Designava, com efeito, algo muito novo entre os homens, uma autoridade que não derivava do culto, um poder que a religião não estabelecera. O aparecimento desta palavra na língua grega marca o surgimento de um princípio que as gerações anteriores não conheceram, a obediência do homem ao homem. Até então, não houvera outros chefes de Estado que não tivessem sido os chefes da religião; somente estes comandavam na cidade, realizavam o sacrifício e invocavam os deuses para ela; obedecendo-os, obedecia-se somente à lei religiosa e somente se fazia um ato de submissão à divindade. A obediência a um homem, a autoridade outorgada a este homem por outros homens, um poder de origem e natureza totalmente

---

79. Em algumas ocasiões, atribuiu-se o nome de rei a estes chefes populares, quando estes descendiam de famílias religiosas. Heródoto, V, 92.

humanas, tal coisa fora desconhecida dos antigos eupátridas, e tal coisa só foi concebida no dia em que as classes inferiores repeliram o jugo da aristocracia e buscaram um governo novo.

Citemos alguns exemplos. Em Corinto, "o povo suportava penosamente a dominação dos Baquíadas; Cípselo, testemunha do ódio que se votava aos Baquíadas e percebendo que o povo procurava um chefe para conduzi-lo à libertação", se oferece para ser tal chefe; o povo o aceitou, o fez tirano, expulsou os Baquíadas e obedeceu a Cípselo.[80] Mileto teve por tirano um certo Trasíbulo; Mitilene obedeceu a Pítaco; e Samos, a Polícrates. Encontramos tiranos em Argos, Epidauro, Megara, Calcis, durante o século VI; Sícion também teve os seus durante cento e trinta anos sem interrupção.[81] Entre os gregos da Itália constata-se a presença de tiranos em Cumas, Crotona, Síbaris, em todo lugar. Em Siracusa, em 485, a classe inferior tomou a urbe e expulsou a classe aristocrática, mas não pôde nem se manter nem se governar e ao cabo de um ano teve que escolher um tirano.[82]

Em todos os lugares esses tiranos, com maior ou menor violência, utilizavam a mesma política. Um tirano de Corinto solicitava um dia a um tirano de Mileto conselhos sobre o governo. Este, como resposta plena, cortou as espigas de trigo que ultrapassavam as outras. Assim, a regra de conduta dos tiranos consistia em abater os grandes cabeças e, com o apoio do povo, ferir a aristocracia.

A plebe romana formou primeiramente complôs para recolocar Tarquínio no trono. Tentou, em seguida, produzir tiranos e lançou um olhar, alternadamente, a Publícola, Espúrio Cássio e Mânlio. A acusação tão amiúde dirigida pelo patriciado àqueles entre os seus que se revelavam populares não dever ser mera calúnia. O medo dos poderosos atesta os desejos da plebe.

Mas cumpre notar que, se o povo na Grécia e em Roma procurou recuperar a monarquia, não era verdadeiramente por um apego a esse regime. O fato é que mais detestava a aristocracia do que amava os tiranos. A monarquia era para esse povo um meio de vencer e se vingar, pois jamais o governo dos tiranos, nascido do direito da força e sem base em qualquer tradição sagrada, teve raízes no coração das populações. Um tirano era nomeado devido à necessidade da luta; entregava-se a ele em seguida o poder por reconhecimento ou necessidade; mas, transcorridos alguns anos e apagada a lembrança da dura

---

80. Heródoto, V, 92. Aristóteles, *Política*, V, 9, 22. Diodoro, VII, 2. Pausânias, II, 3-4. Nicolau de Damasco, *fr.* 58.
81. Heródoto, I, 20; V, 67, 68; Aristóteles, *Política*, III, 8, 3; V, 4, 5; V, 8, 4; Plutarco, *Sólon*, 14.
82. Heródoto, VII, 155; Diodoro, XIII, 22; Aristóteles, V, 2, 6.

oligarquia, deixava-se que o tirano fosse deposto. Esta forma de governo jamais foi apreciada pelos gregos, os quais a aceitaram tão somente como um recurso momentâneo, aguardando que o partido popular encontrasse um regime melhor ou sentisse a força para governar a si mesmo.

A classe inferior cresceu pouco a pouco. Há formas de progresso que ocorrem obscuramente e, não obstante, decidem o porvir de uma classe e transformam a sociedade. Por volta do século VI a.C., a Grécia e a Itália viram brotar uma nova fonte de riqueza. A terra já não era suficiente para satisfazer todas as necessidades humanas; os gostos se inclinavam para a beleza e o fausto, as próprias artes nasciam e a indústria e o comércio se tornaram indispensáveis. Formou-se pouco a pouco uma riqueza mobiliária, a moeda foi cunhada e apareceu o dinheiro. Ora, o surgimento do dinheiro constituiu uma grande revolução. O dinheiro não estava submetido às mesmas condições de propriedade que a terra; ele era, segundo a expressão do jurisconsulto, *res nec mancipi*; podia passar de mão em mão sem qualquer formalidade religiosa, chegando sem obstáculo algum ao plebeu. A religião, que marcara o solo com seu selo, nada podia relativamente ao dinheiro.

Os homens das classes inferiores conheceram, então, uma atividade diferente do cultivo da terra. Surgiram os artesãos, os navegadores, os chefes da indústria, os comerciantes – e logo surgiram ricos entre eles. Novidade singular! Outrora somente os chefes das *gentes* podiam ser proprietários e agora eis antigos clientes ou plebeus ricos que ostentam sua opulência. Em seguida, o luxo que enriquecia o homem do povo empobrecia o eupátrida. Em muitas cidades, notadamente Atenas, viu-se uma parte dos membros do corpo aristocrático cair na miséria. Ora, em uma sociedade na qual a riqueza se movimenta, as classes destituídas dela tendem rapidamente a desaparecer.

Uma outra consequência dessa transformação foi que, no seio do próprio povo, se estabeleceram distinções e posições, como ocorre em toda sociedade humana. Algumas famílias adquiriram alta consideração; alguns nomes assumiram pouco a pouco importância. Formou-se, no interior da plebe, uma espécie de aristocracia, o que não constituía um mal, pois a plebe deixou de ser uma massa confusa para começar a se afigurar um conjunto constituído. Detentora de classes, podia lograr chefes sem ter mais necessidade de tomar entre os patrícios o primeiro adventício ambicioso que desejasse reinar. Essa aristocracia plebeia passou a ter em breve as qualidades que acompanham ordinariamente a riqueza conquistada pelo trabalho, ou seja, o sentimento do valor pessoal, o amor a uma liberdade tranquila, além daquele espírito de prudência que, anelando os melhoramentos, teme as aventuras. A plebe deixou-se guiar por essa elite que tinha orgulho de possuir em si. Renunciou aos tiranos no momento em que sentiu que detinha em seu seio os elementos de um governo melhor. E, finalmente, a riqueza tornou-se, por algum tempo, como veremos logo, um princípio de organização social.

Há ainda uma transformação da qual é preciso falar, visto ter ela auxiliado fortemente no crescimento da classe inferior. Referimo-nos à transformação ocorrida na arte bélica. Nos primeiros séculos da história das cidades, a força dos exércitos estava na cavalaria. O verdadeiro guerreiro era aquele que combatia sobre um carro ou sobre um cavalo; o soldado de infantaria, de pouca utilidade no combate, era objeto de pouca estima. Assim, a antiga aristocracia se reservou em toda parte o direito de combater a cavalo,[83] tanto que em algumas urbes os nobres se intitulavam cavaleiros. Os *celeres* de Rômulo, os cavaleiros romanos dos primeiros séculos, eram todos patrícios. Entre os antigos a cavalaria sempre foi a arma nobre. Mas aos poucos a infantaria adquiriu alguma importância. O avanço na fabricação de armas e a criação da disciplina permitiram-lhe confrontar a cavalaria. Ganho este ponto, a infantaria logo conquistou a primeira posição nas batalhas, pois permitia maior flexibilidade e manobras mais fáceis. Os legionários e os hoplitas[84] passaram a se destacar por sua força nos exércitos. Ora, os legionários e os hoplitas eram plebeus. E acrescente-se a isto que a marinha se desenvolveu, especialmente na Grécia, que houve batalhas navais e que o destino de uma cidade dependia com frequência dos remadores, ou seja, plebeus. Ora, a classe que é bastante forte para defender uma sociedade também o é para nesta conquistar direitos e exercer uma influência legítima. O estado social e político de uma nação está sempre relacionado com a natureza e composição de seus exércitos.

Enfim, a classe inferior conseguiu ter, ela também, sua religião. Esses homens alimentavam no coração, é lícito supô-lo, esse sentimento religioso que é inseparável de nossa natureza e que torna para nós necessidades a veneração e a prece. Sofriam, portanto, por se verem afastados da religião pelo antigo princípio que prescrevia que cada deus pertencia a uma família e que o direito de orar só se transmitia por meio do sangue. Empenharam-se, por isso, para terem um culto.

Não é possível tratarmos aqui de modo minucioso dos esforços que empreenderam, dos meios que conceberam, das dificuldades ou dos recursos que a

---

83. Aristóteles faz a observação de que em todas as antigas cidades em que a cavalaria foi a arma dominante a constituição fora oligárquica. *Política*, IV, 3, 2.
84. ὁπλίτης, soldado de infantaria "armado até os dentes". (N.T.)

eles se apresentaram. Esse trabalho, por muito tempo individual, foi por longo tempo o segredo de cada inteligência; dele só podemos perceber os resultados. Por vezes, seja por sua família plebeia ter se atrevido a acender ela mesma o fogo, seja por haver buscado em algum lugar o fogo sagrado, teria esta conquistado, assim, analogamente à família patrícia, um fogo-lar, ficando então com seu culto, seu santuário, sua divindade protetora, seu sacerdócio. Outras vezes, o plebeu, sem ter o culto doméstico, teve acesso aos templos da cidade. Em Roma, aqueles que não tinham fogo-lar, consequentemente a festa doméstica, ofereciam o seu sacrifício anual ao deus Quirino.[85] Quando a classe superior persistiu em afastar de seus templos a classe inferior, esta construiu templos para si. Em Roma, tinha um templo no Aventino que era consagrado a Diana, como tinha também o templo do pudor plebeu. Os cultos orientais, que a partir do século VI invadiram a Grécia e a Itália, foram acolhidos com solicitude pela plebe; eram cultos que, como o budismo, não apresentavam preferências nem de castas nem de povos. Com frequência, enfim, vê-se a plebe confeccionar objetos sagrados análogos aos deuses das cúrias e das tribos patrícias. Assim, o rei Sérvio erigiu um altar em cada bairro para que a multidão tivesse a oportunidade de fazer sacrifícios; do mesmo modo, os Pisistrátidas elevaram *hermes*[86] nas ruas e praças de Atenas.[87] Ali se colocavam os deuses da democracia. A plebe, outrora turba sem culto, teve daí para a frente suas cerimônias religiosas e suas festas. A plebe pôde orar, o que significava muito em uma sociedade na qual a religião constituía a dignidade do homem.

No momento em que a classe inferior conseguiu esses diversos progressos, em que teve no seu seio ricos, soldados, sacerdotes, em que se fez detentora de tudo aquilo que concede ao homem o sentimento de seu valor e de sua força, em que, enfim, obrigou a classe superior a levá-la em conta em algo, tornou-se impossível mantê-la à margem da vida social e política, e a cidade não pôde continuar mais fechada para ela.

A entrada dessa classe na cidade é uma revolução que do século VII ao século V a.C. preencheu a história da Grécia e da Itália. Os esforços do povo encontraram em todo lugar a vitória, mas não da mesma maneira nem por meios idênticos.

Aqui, o povo, sentindo-se forte, insurgiu-se. Empunhando armas, forçou as portas da urbe onde lhe proibiam que habitasse. Uma vez na posição de

---

85. Varrão, *De ling. latina*, VI, 13.
86. ἑρμῆς (ἑρμαῖ), cabeças ou bustos do deus Hermes. (N.T.)
87. Dionísio, IV, 5; Platão, *Hiparco;* Harpocration, v. ἑρμαῖ.

senhor da urbe, expulsava os poderosos e ocupava suas casas, ou se contentava em decretar a igualdade dos direitos. É o que pôde ser visto em Siracusa, Eritreia e Mileto.

Em outras partes, ao contrário, o povo utilizou meios menos violentos. Sem luta à mão armada, tão só pela força moral que lhe haviam conferido seus últimos avanços, constrangeu os poderosos a fazer concessões. Um legislador foi nomeado e a constituição alterada. Foi o que sucedeu em Atenas.

Alhures, a classe inferior, sem agitação e sem conturbação, chegou por estágios à sua meta. Assim, em Cumas, o número de membros da cidade, inicialmente bastante restrito, cresceu em uma primeira vez com a admissão daqueles do povo que eram suficientemente ricos para alimentar um cavalo. Mais tarde, elevou-se o número de cidadãos a mil, chegando-se, então, gradativamente à democracia.[88]

Em algumas urbes, a admissão da plebe entre os cidadãos foi obra dos reis. Assim foi em Roma. Em outras, foi obra dos tiranos populares, o sucedido em Corinto, Sícion e Argos. Quando a aristocracia recuperou sua posição superior, de ordinário teve a prudência de deixar à classe inferior o título de cidadão que os reis ou tiranos lhe haviam conferido. Em Samos, a aristocracia só logra a vitória na sua luta contra os tiranos dando liberdade às classes mais baixas. Seria excessivamente longa a lista das formas diversas nas quais essa grande revolução se realizou. O resultado em toda parte foi idêntico: a classe inferior penetrou a cidade e se integrou ao corpo político.

O poeta Teógnis nos dá uma ideia bastante clara dessa revolução e suas consequências. Diz-nos que em Megara, sua pátria, há duas espécies de homens. Chama uma dessas espécies de classe dos *bons*, ἀγαθοί, que era, com efeito, o nome que se dava a essa classe na maioria das urbes gregas; chama a outra de classe dos *maus*, κακοί, que era efetivamente a expressão com que se designava habitualmente a classe inferior. Quanto a esta classe, o poeta nos descreve sua condição antiga: "não conhecia outrora nem os tribunais nem as leis"; ou seja, diz-nos o suficiente para concluirmos que não tinha o direito de cidadania. A esses homens não era permitido sequer se aproximarem da urbe, "viviam fora como animais selvagens". Não assistiam ao repasto religioso e não tinham o direito de se casar com os membros das famílias dos *bons*.

Mas como tudo isso mudou! As classes foram reviradas, "os maus foram colocados acima dos bons". A justiça é perturbada; as leis antigas não

---

88. Heráclides, nos *Fragmentos dos Hist. Gregos,* col. Didot, t. II, p. 217.

vigoram mais, sendo substituídas por leis estranhamente novas. A riqueza se torna o único objeto dos desejos dos homens porque confere o poder. O homem de linhagem nobre desposa a filha de um plebeu rico e "o casamento confunde as estirpes".

Teógnis, oriundo de uma família aristocrática, tentou em vão resistir ao curso das coisas. Condenado ao exílio, despojado de seus bens, só lhe restava sua poesia para protestar e combater. Mas, se não tem esperança de sucesso, ao menos não duvida da justiça de sua causa; aceita a derrota, mas conserva o sentimento de seu direito. Aos seus olhos, a revolução que se realiza é um mal moral, um crime. Filho da aristocracia, parece-lhe que essa revolução não tem a seu favor nem a justiça nem os deuses, ofendendo a religião. "Os deuses" – diz ele – "abandonaram a terra; ninguém os teme. A estirpe dos homens piedosos desapareceu; ninguém mais se importa com os Imortais".

Estes seus lamentos são inúteis e ele bem o sabe. Se os faz é devido a uma espécie de dever piedoso, é porque recebeu dos antigos "a tradição santa", devendo perpetuá-la. Mas também é isto em vão, pois a própria tradição vai ceder e filhos de nobres esquecerão sua nobreza; logo os veremos todos se unindo pelo casamento às famílias plebeias, "beberão em suas festas e comerão às suas mesas"; logo assimilarão seus sentimentos. No tempo de Teógnis, tudo o que resta à aristocracia grega é o lamento, e mesmo este tem seus dias contados.

De fato, depois de Teógnis, a nobreza não passou de uma lembrança. As grandes famílias continuaram a guardar piedosamente o culto doméstico e a memória dos ancestrais, mas isso foi tudo. Houve ainda homens que se entretinham na contagem de seus antepassados, porém eram objeto de riso.[89] Conservou-se o costume de inscrever sobre alguns túmulos a indicação da ascendência nobre do morto, mas nenhuma tentativa foi feita no sentido de recuperar um regime decaído para sempre. Isócrates diz verazmente que no seu tempo as grandes famílias de Atenas existiam somente em seus túmulos.

Assim, a cidade antiga se transformou gradativamente. Originariamente, era uma associação de uma centena de chefes de família. Mais tarde, o número de cidadãos cresceu porque os ramos mais novos obtiveram a igualdade. Mais tarde ainda, os clientes libertos, a plebe, toda esta multidão que no decorrer dos séculos permanecera à margem da associação religiosa e política, por vezes mesmo à margem do recinto sagrado da urbe, derrubou as barreiras que se lhe opunham e penetrou a cidade, onde logo se tornou senhora.

---

89. Exceto Roma, onde a nobreza, mesmo se transformando, conservou prestígio e força.

2º. História desta revolução em Atenas

Os eupátridas, após a queda da monarquia, governaram Atenas por quatro séculos. A respeito desta longa dominação, a história se cala. A única coisa que se sabe é que foi uma dominação odiosa para as classes inferiores e que o povo se esforçou para livrar-se desse regime.

Por volta de 612, o descontentamento que se constatava geral e os sinais seguros que anunciavam uma revolução próxima despertaram a ambição de um eupátrida, Cílon, que pensou em derrubar o governo de sua casta e fazer de si mesmo um tirano popular. A energia dos arcontes abortou seu empreendimento, mas a agitação persistiu depois de Cílon. Foi em vão que os eupátridas fizeram farto uso de todos os recursos de sua religião. Em vão declararam que os deuses estavam irritados e que apareciam espectros. Em vão purificaram a urbe de todos os crimes do povo e erigiram dois altares à Violência e à Insolência, para aplacar essas duas divindades cuja influência maligna havia perturbado os espíritos.[90] Tudo isso de nada serviu. O sentimento de ódio não foi atenuado. Fez-se vir de Creta o piedoso Epimênides, personagem misterioso que diziam ser filho de uma deusa, fazendo-o realizar uma série de cerimônias expiatórias; esperava-se, ao impressionar assim a imaginação do povo, reavivar a religião e fortificar, consequentemente, a aristocracia. Mas o povo não se comoveu. A religião dos eupátridas não tinha mais qualquer prestígio sobre a alma popular e assim o povo prosseguiu exigindo reformas.

Durante dezesseis anos ainda, a oposição feroz dos pobres da montanha e a oposição paciente dos ricos da região da várzea fizeram uma guerra rude aos eupátridas. No final, as vozes prudentes dos três partidos concordaram em confiar a Sólon a tarefa de dar fim a essas querelas e prevenir desgraças maiores. Sólon contava com a rara sorte de pertencer ao mesmo tempo à casta dos eupátridas por nascimento e à classe dos comerciantes devido às suas ocupações da juventude. Suas poesias retratam-no a nós como um homem totalmente divorciado dos preconceitos de sua casta. Por seu espírito conciliador, seu gosto pela riqueza e o luxo, pelo seu amor ao prazer, está bem distanciado dos antigos eupátridas, pertencendo à nova Atenas.

Dissemos páginas atrás que Sólon começou liberando a terra da antiga dominação que a religião das famílias eupátridas exercera sobre ela. Rompeu

---

90. Plutarco, *Sólon*, 12. Diógenes Laércio, I, 110. Cícero, *De leg.*, II, 11. Ateneu, XIII, 76.

as correntes da clientela. Tal transformação do estado social acarretava outra transformação na ordem política. Era necessário que as classes inferiores tivessem doravante, segundo a expressão do próprio Sólon, um escudo para defender sua liberdade recente. Esse escudo eram os direitos políticos. Mal conhecemos a constituição de Sólon. Parece, pelo menos, que todos os atenienses passaram a pertencer, daí por diante, à Assembleia popular e o Senado deixou de ser composto apenas por eupátridas; parece, inclusive, que os arcontes puderam ser nomeados fora da antiga casta sacerdotal. Estas grandes inovações derrubaram todas as antigas regras da cidade. Sufrágios, magistraturas, sacerdócio, direção da sociedade – era necessário que o eupátrida partilhasse tudo isso com o homem da casta inferior. Na constituição nova, direitos de nascimento nada contavam. Ainda havia classes, mas a única coisa que as distinguia era a riqueza.[91] E desde então a dominação dos eupátridas desapareceu. O eupátrida não foi mais nada, a não ser que fosse rico; passou a valer por sua riqueza, não por seu nascimento. Doravante o poeta podia dizer: "Na pobreza o homem nobre não é mais nada". E, no teatro, o povo aplaudiu este dito espirituoso do cômico: "Qual o nascimento deste homem? Rico, hoje são estes os nobres".[92]

O regime que foi assim fundado tinha duas espécies de inimigos: os eupátridas, que lamentavam seus privilégios perdidos e os pobres, que ainda estavam submetidos à desigualdade.

Mal havia Sólon findado seu trabalho e a agitação recomeçava. "Os pobres se mostraram" – diz Plutarco – "rudes inimigos dos ricos". O novo governo os desagradava, talvez, tanto quanto o dos eupátridas. Além disso, como viam que os eupátridas podiam ainda ser arcontes e senadores, muitos acharam que a revolução não fora completa. Sólon mantivera as formas republicanas; ora, o povo alimentava ainda um ódio irracional contra essas formas de governo sob as quais vinha assistindo há quatro séculos o reinado da aristocracia. Seguindo o exemplo de muitas cidades gregas, o povo quis um tirano.

Pisístrato, de origem eupátrida, mas animado por um objetivo relacionado à sua ambição pessoal, prometeu aos pobres uma partilha das terras e assim conquistou seu favorecimento. Em um certo dia, surgiu na assembleia e, alegando ter sido ferido, solicita que lhe forneçam uma guarda. Os homens das

---

91. A respeito das quatro novas classes e sobre os τιμήματα, ver Plutarco, *Sólon*, 18; Aristóteles, citado por Harpocration, v. Ἱππάς; Pólux, VIII, 129.
92. Eurípides, *Fenícias*; Alexis, no *Ateneu*, IV, 49.

classes superiores estavam na iminência de responder-lhe e mostrar que mentia, mas a "população mostrou-se pronta para intervir em favor de Pisístrato, diante do que os ricos fugiram desordenadamente". Assim um dos primeiros atos da assembleia popular recentemente instituída foi ajudar um homem a se tornar senhor da pátria.[93]

A propósito, não parece que o reinado de Pisístrato tenha representado algum entrave para o desenrolar dos destinos de Atenas. Teve, pelo contrário, como principal efeito, assegurar e garantir contra os reacionários a grande reforma social e política que acabara de se operar.[94]

O povo não se mostrava em absoluto desejoso de recuperar sua liberdade; por duas vezes a coalizão dos poderosos e dos ricos derrubou Pisístrato e duas vezes ele retomou o poder, além de seu filho primogênito ter reinado em Atenas depois dele. Foi necessária a intervenção de um exército espartano na Ática para dar fim ao domínio dessa família.[95]

A antiga aristocracia acalentou por um momento a esperança de tirar partido da queda dos Pisístradas para recuperar seus privilégios, no que não só fracassou como recebeu o mais rude golpe de que já fora vítima até então. Clístenes, que era oriundo dessa classe, mas de uma família que essa mesma classe cobria de opróbrio e parecia renegar há três gerações, descobriu o meio mais seguro de tirar para sempre da classe aristocrática tudo o que ainda a essa classe restara de força.[96] Sólon, ao mudar a constituição política, deixara subsistir toda a velha organização religiosa da sociedade ateniense. A população permanecia dividida em duzentas ou trezentas *gentes*, doze fratrias e quatro tribos. Em cada um destes grupos havia ainda, como na época anterior, um culto hereditário, um sacerdote, que era um eupátrida e um chefe, que era o mesmo que um sacerdote. Tudo isso era o resto de um passado que custava a desaparecer; por meio deste resto, as tradições, os costumes, as regras e as distinções que haviam imperado no antigo estado social se perpetuavam. Estes quadros haviam sido estabelecidos pela religião e mantinham, por sua vez, a

---

93. Sobre a aliança de Pisístrato com as classes inferiores, ver Heródoto, I, 59; Plutarco, *Sólon*, 29, 30; Aristóteles, *Política*, V, 4, 5, ed. Didot, p. 571.
94. Heródoto, I, 59, e Tucídides, VI, 54, afirmam que Pisístrato conservou a constituição e as leis estabelecidas, isto é, as leis e a constituição de Sólon.
95. Heródoto, V, 63-65; VI, 123; Tucídides, I, 20; VI, 54-59. Estes dois historiadores mostram muito claramente que a tirania foi derrubada não por Armódio e Aristógiton, mas pelos espartanos. A lenda de Atenas alterou os fatos.
96. Heródoto, V, 66-69, dá uma ideia bastante clara da luta de Clístenes contra Iságoras e de sua aliança com as classes inferiores; Cf. Isócrates, Περὶ ἀτιδόσεως, c. 232.

religião, ou seja, o poder das grandes famílias. Havia em cada um desses quadros duas classes de homens, de um lado os eupátridas que hereditariamente possuíam o sacerdócio e a autoridade, e do outro os homens de uma condição inferior, que não eram mais nem servidores nem clientes, mas que ainda se achavam presos à autoridade do eupátrida pela religião. Em vão dizia a lei de Sólon que todos os atenienses eram livres. A velha religião se apoderava do homem quando este saía da Assembleia onde votara livremente e lhe dizia: Tu estás ligado a um eupátrida pelo culto; deves a ele respeito, deferência, submissão; como membro de uma cidade, Sólon te fez livre, mas como membro de uma tribo, tu obedeces a um eupátrida; como membro de uma fratria, tens ainda um eupátrida por chefe; na própria família, na *gens* onde teus ancestrais nasceram e de onde não podes sair, encontras ainda a autoridade de um eupátrida. De que adiantava a lei política ter feito desse homem um cidadão se a religião e os costumes insistiam em fazer dele um cliente? É verdade que há várias gerações muitos homens se achavam fora de seus quadros, seja porque tivessem vindo de países estrangeiros, seja porque tivessem escapado da *gens* da tribo para serem livres, mas esses homens sofriam de um outro modo – distanciados das tribos, encontravam-se em um estado de inferioridade moral diante dos outros homens, e uma espécie de ignomínia se prendia à sua independência.

Havia, portanto, após a reforma política de Sólon, uma outra reforma a ser operada no domínio da religião. Clístenes a realizou substituindo as quatro antigas tribos religiosas por dez tribos novas que eram divididas em um certo número de demos.[97]

Tais tribos e demos pareciam com as antigas tribos e as *gentes*. Em cada uma dessas circunscrições havia um culto, um sacerdote, um juiz, reuniões para as cerimônias religiosas e assembleias para deliberar sobre os interesses comuns.[98] Mas os grupos novos diferiam dos antigos em dois pontos essenciais. Em primeiro lugar, todos os homens livres de Atenas, mesmo aqueles que não haviam feito parte das antigas tribos e *gentes,* foram distribuídos nos quadros formados por Clístenes:[99] grande reforma que concedia um culto àqueles que até agora careciam de um, e que fazia entrar em uma associação religiosa aqueles que antes estavam excluídos de toda associação. Em segundo lugar, os homens foram distribuídos nas tribos e nos demos não mais segundo seu

---

97. Heródoto, I, 66, 69.
98. Ésquines, *in Ctesiph.*, 30. Demóstenes, *in Eubul.*, Pólux, VIII, 19, 95, 107.
99. Aristóteles, *Política*, III, 1, 10. Escoliasta de Ésquines, ed. Didot, p. 511.

nascimento, como outrora, mas segundo seu domicílio. Seu nascimento não tinha importância alguma; os homens foram aí igualados e não se conheceu mais privilégios. O culto, para cuja celebração a nova tribo ou demo se reunia, não era mais o culto hereditário de uma antiga família; a reunião não era mais em torno do fogo de um eupátrida. Não era mais um antigo eupátrida que a tribo ou o demo venerava como antepassado divino; as tribos tiveram novos heróis epônimos escolhidos entre os personagens antigos dos quais o povo havia conservado uma boa lembrança, e quanto aos demos, adotaram uniformemente como deuses protetores *Zeus, guardião da muralha, e Apolo paternal*. Desde então, não havia mais razão para que o sacerdócio fosse hereditário no demo como fora na *gens*; e também não havia nenhuma razão para que o sacerdote fosse sempre um eupátrida. Nos novos grupos, o cargo de sacerdote e de chefe foi anual, cada membro podendo exercê-lo por sua vez.

Essa reforma consumou a queda da aristocracia dos eupátridas. A partir deste momento, não há mais casta religiosa, nem privilégios de nascimento, nem em religião nem em política. A sociedade ateniense estava totalmente transformada.[100]

Ora, a supressão das velhas tribos, substituídas por tribos novas às quais todos os homens tinham acesso e onde eram iguais, não constitui fato particular da história de Atenas. A mesma transformação ocorreu em Cirene, Sícion, Eleia e Esparta, e provavelmente em muitas outras cidades gregas.[101] De todos os meios próprios para debilitar a antiga aristocracia, este é considerado por Aristóteles o mais eficaz: "Se se deseja fundar a democracia" – diz ele –, "far-se-á o que foi feito em Atenas por Clístenes entre os atenienses: serão estabelecidas novas tribos e novas fratrias; os sacrifícios hereditários das famílias serão substituídos por sacrifícios aos quais todos os homens serão admitidos; confundir-se-á tanto quanto possível as relações dos homens entre si, tendo o cuidado de romper todas as associações anteriores".[102]

Quando esta reforma se realizou em todas as cidades, pôde-se dizer que foi despedaçado o antigo molde da sociedade e que se formou um novo corpo

---

100 As fratrias antigas e os γένη não foram suprimidos; pelo contrário, subsistiram até o fim da história da Grécia; os oradores se referem a isto (Demóstenes, *in Macart.*, 14, 57; *in Neaeram*, 61; *in Eubulid.*, 23, 54; Iseu, *De Cironis her.*, 19). As incrições mencionam ainda seus atos e seus decretos (Boeckh, t. I, p. 106; t. II, p. 650; Ross, *Demi*, p. 24; Kohler, n. 598, 599, 600); mas estas fratrias e estes γένη não passaram de quadros religiosos sem qualquer valor na ordem política.
101. Heródoto, V, 67, 68; Aristóteles, *Política*, VII, 2, 11; Pausânias, V, 9.
102. Aristóteles, *Política*, VI, 2, 11, ed. Didot, p. 594-595.

social. Esta mudança nos quadros que a antiga religião herediária estabelecera e que declarava imutáveis marca o desfecho do regime religioso da cidade.

3º. História desta revolução em Roma

A plebe teve logo uma grande importância em Roma. A situação da urbe entre os latinos, os sabinos e os etruscos a condenava a uma guerra perpétua e a guerra exigia que contasse com uma população numerosa. Devido a isto os reis haviam acolhido e convocado todos os estrangeiros, sem levar em consideração suas origens. As guerras se sucediam incessantemente, e como havia necessidade de homens, o resultado mais comum de cada vitória era retirar da urbe vencida sua população, transferindo-a para Roma. E no que se convertiam estes homens trazidos junto com o produto do saque? Se houvesse entre eles famílias sacerdotais e patrícias, o patriciado se apressava em agregá-las. Quanto à turba, uma parte entrava na clientela dos poderosos ou do rei e outra parte era relegada à plebe.

Outros elementos ainda entravam na composição dessa classe. Muitos estrangeiros afluíam a Roma, local em que existia uma situação favorável ao comércio. Os insatisfeitos da Sabina, da Etrúria e do Lácio, em Roma, encontravam um refúgio. Tudo isso entrava na plebe. O cliente que conseguia escapar da *gens* convertia-se em um plebeu. O patrício que contraía um casamento desigual ou que cometia uma daquelas faltas que ocasionavam a perda de seus direitos caía, também, na classe inferior. Todo bastardo era rejeitado pela religião das famílias puras e relegado à plebe.

Por todas estas razões, a plebe engrossava em número. A luta travada entre patrícios e reis aumentou a importância dela. A realeza e a plebe perceberam em breve que tinham inimigos comuns. A ambição dos reis era desvencilhar-se dos velhos princípios de governo que obstavam o exercício de seu poder. A ambição da plebe era aniquilar as velhas barreiras que a excluíam da associação religiosa e política. Uma aliança tácita se instaurou; os reis protegeram a plebe e esta sustentou os reis.

As tradições e os testemunhos da antiguidade situam no reinado de Sérvio os primeiros progressos dos plebeus. O ódio que os patrícios conservaram por esse rei demonstra suficientemente qual era sua política. Sua primeira reforma consistiu em dar terras à plebe, não, que se diga a verdade, do *ager romanus*, mas dos territórios tomados do inimigo, o que não tornava tal inovação menos grave, pois se conferia assim o direito de propriedade sobre o solo a famílias que até então só podiam cultivar o solo alheio.[103]

O que foi ainda mais grave é que esse rei publicou leis para a plebe, a qual jamais as tivera antes. Essas leis concerniam, na sua maioria, às obrigações que o plebeu podia contratar com o patrício. Era um início do direito comum entre as duas ordens, e para a plebe, especificamente, um início da igualdade.[104]

Posteriormente, esse mesmo rei estabelece uma divisão nova na cidade. Sem destruir as três antigas tribos, onde as famílias patrícias e os clientes estavam distribuídos segundo o nascimento, ele formou quatro tribos novas, onde a população toda era distribuída segundo o domicílio. Vimos esta reforma em Atenas e indicamos quais foram seus efeitos. Em Roma, foram os mesmos. A plebe, que não entrou nas antigas tribos, foi admitida nas tribos novas.[105] Esta multidão, até aqui flutuante, espécie de população nômade que carecia de qualquer laço com a cidade, teve daí por diante suas divisões fixas e sua organização regular. A formação destas tribos, onde as duas ordens estavam mescladas, marca verdadeiramente a entrada da plebe na cidade. Cada tribo possuía um fogo-lar e sacrifícios. Sérvio estabelece deuses Lares em cada encruzilhada da urbe e em cada circunscrição do campo. Serviram de divindades aos que não as tinham por nascimento. O plebeu celebrou as festas religiosas de seu bairro e de seu burgo (*compitalia, paganalia*), como o patrício celebrava os sacrifícios de sua *gens* e de sua cúria. O plebeu teve uma religião.

Concomitantemente, uma grande transformação operou-se na cerimônia sagrada da lustração. O povo não foi mais ordenado por cúrias, à exclusão daqueles que as cúrias não admitiam. Todos os habitantes livres de Roma, todos aqueles que faziam parte das tribos novas, figuravam no ato sagrado. Pela primeira vez, todos os homens sem distinção, fossem patrícios, clientes, plebeus, foram reunidos. O rei deu a volta a esta assembleia miscigenada, conduzindo diante de si as vítimas e cantando o hino solene. Finda a cerimônia, todos se descobriram igualmente cidadãos.

Antes de Sérvio, somente duas espécies de homens eram distinguíveis em Roma: a classe sacerdotal dos patrícios acompanhados de seus clientes e a classe dos plebeus. Só se conhecia a distinção estabelecida pela religião hereditária.

---

103. Tito Lívio, I, 47. Dionísio, IV, 13. Os monarcas anteriores já haviam feito partilha das terras tomadas ao inimigo, mas não se tem certeza se admitiram a plebe na partilha.
104. Dionísio, IV, 13; IV, 43.
105. Dionísio, IV, 26.

Sérvio instaurou uma distinção nova, aquela que tinha como princípio a riqueza. Ele dividia os habitantes de Roma em duas grandes categorias: em uma se encontravam aqueles que possuíam alguma coisa, na outra aqueles que não possuíam nada. A primeira se subdividia em cinco classes, nas quais os homens se distribuíam conforme o valor de sua fortuna.[106] Por meio disto Sérvio introduzia um princípio inteiramente novo na sociedade romana: a riqueza passava a definir classes, tal como fizera a religião.

Sérvio aplicou esta divisão da população romana ao serviço militar. Antes dele, se os plebeus combatiam, não era nas fileiras da legião. Mas, como Sérvio fizera deles proprietários e cidadãos, podia também deles fazer legionários. Doravante o exército não foi mais composto exclusivamente de homens das cúrias. Todos os homens livres, todos aqueles que, ao menos, possuíam algo, fizeram parte do exército, somente os proletários foram mantidos excluídos. A posição de patrício ou de cliente não determinou mais o armamento de cada soldado e seu posto na batalha. O exército era dividido por classes, precisamente como a população, segundo a riqueza. A primeira classe, detentora de armamento completo, e as duas seguintes, detentoras, ao menos, do escudo, capacete e espada, formavam as três primeiras linhas da legião. A quarta e a quinta, com armamento leve, compunham os corpos dos vélites[107] e dos fundibulários.[108] Cada classe se subdividia em companhias, a que se dava o nome de centúrias. A primeira classe compreendia, diz-se, oitenta centúrias; as quatro outras classes, vinte ou trinta centúrias cada uma. A cavalaria ficava à parte, e também neste ponto Sérvio realizou uma grande inovação; se até então apenas jovens patrícios formavam as centúrias dos cavaleiros, Sérvio passou a admitir um certo número de plebeus, selecionados entre os mais ricos, para o combate a cavalo, formando assim doze centúrias novas.

Não era possível em absoluto tocar no exército sem tocar ao mesmo tempo na constituição política. Os plebeus sentiram que seu valor no Estado crescia; tinham armas, disciplina, chefes; cada centúria possuía seu centurião e uma

---

106. Os historiadores modernos consideram ordinariamente seis classes. Realmente não existem mais do que cinco: Cícero, *De republ.*, II, 22; Aulo Gélio, X, 28. Os cavaleiros, de um lado, do outro os proletários, estavam à margem das classes. Notemos, aliás, que a palavra *classis* não tinha na língua antiga um sentido análogo ao que emprestamos à nossa palavra classe; significava corpo de tropa (Fábio Pictor, em Aulo Gélio, X, 15; *ibid.*, I, 11; Festo, ed. Muller, p. 189 e 225). Isto indica que a divisão estabelecida por Sérvio foi mais militar do que política.

107. Soldados de infantaria ligeira. (N.T.)

108. Soldados que combatiam com a funda. (N.T.)

insígnia sagrada. Esta organização militar era permanente, ou seja, a paz não a dissolvia. É bem verdade que, ao retorno de uma campanha, os soldados deixavam suas posições, já que a lei os proibia de adentrar a urbe em corpo de tropa, mas em seguida, ao primeiro sinal, os cidadãos se dirigiam armados ao campo de Marte, onde cada um reencontrava sua centúria, seu centurião e seu estandarte. Ora, ocorreu 25 anos depois de Sérvio Túlio a ideia de que se podia convocar o exército sem que fosse para uma expedição militar. Estando o exército reunido e tomando cada centúria seu posto nas fileiras, encabeçada pelo centurião e no meio seu estandarte, o magistrado falou, consultou e fez votar.[109] As seis centúrias patrícias e as doze de cavaleiros plebeus votaram primeiramente, as centúrias de infantaria de primeira classe a seguir e depois as outras. Assim, ao cabo de pouco tempo estava estabelecida a assembleia centurial, na qual qualquer soldado tinha o direito do voto e na qual não se distinguia quase mais o plebeu do patrício.[110]

Todas estas reformas mudaram singularmente a face da cidade romana. O patriciado permaneceu de pé com seus cultos hereditários, suas cúrias, seu senado. Mas os plebeus adquiriram o hábito da independência, a riqueza, as armas, a religião. A plebe não se confundia com o patriciado, mas crescia ao lado dele.

---

109. Dionísio de Halicarnasso descreve em poucas palavras o aspecto destas assembleias centuriais: Συνῄει τὸ πλῆθος εἰσ τὸ Ἄρειον πεδίον, ὑπὸ λοχαγοῖς καὶ σημείοις τεταγμένον, ὥσπερ ἐν πολέμῳ (ςII, 59). Χφ. Ἰδ., Ἰς, 84: Ἔχοντας τὰ ὅπλα.
110. Parece-nos incontestável que os comícios por centúrias eram simplesmente reuniões do exército romano; o que o prova é, em primeiro lugar, o fato de os escritores latinos chamarem tal assembleia frequentemente de *exército, urbanus exercitus*, Varrão, VI, 93; *Cum comitiorum causa exercitus eductus esset*, Tito Lívio, XXXIX, 15; *Miles ad suffragia vocatur et comitia centuriata dicuntur*, Ampélio, 48; em segundo lugar, que esses comícios eram convocados exatamente como o exército quando este entrava em campanha, ou seja, ao som da trombeta (Varrão, V, 91), dois estandartes flutuando sobre a cidadela, um vermelho para chamar a infantaria, o outro verde-escuro para a cavalaria; em terceiro lugar, que esses comícios aconteciam sempre no campo de Marte porque o exército não podia se reunir no interior da urbe (Aulo Gélio, XV, 27); em quarto lugar, que eles se compunham de todos aqueles que portavam armas (Dion Cássio, XXXVII, 28), parecendo, até mesmo, que originariamente ali comparecessem armados (Dionísio, IV, 84, *in fine*); em quinto lugar, que eram distribuídos por centúrias, a infantaria de um lado, a cavalaria do outro; em sexto lugar, que cada centúria tinha à sua frente seu centurião e sua insígnia, ὥσπερ ἐν πολέμῳ, Dionísio, VII, 59; em sétimo lugar, que os sexagenários, não fazendo parte do exército, não tinham o direito de votar nesses comícios, pelo menos nos primeiros séculos: Macróbio, I, 5; Festo, v. *Depontani*. Que se acrescente que na língua antiga a palavra *classis* significava corpo de tropa e que a palavra *centúria* designava uma companhia militar. Os proletários, inicialmente, não compareciam nessa assembleia; todavia, como era costume formarem no exército uma centúria empregada nos trabalhos, podiam também formar uma centúria nesses comícios.

É verdade que o patriciado se vingou. Começou por assassinar Sérvio; mais tarde, expulsou Tarquínio. Com a realeza, a plebe foi vencida.

Os patrícios se esforçaram no sentido de reaver todas as conquistas que a plebe fizera sob o governo dos reis. Um dos seus primeiros atos foi tirar dos plebeus as terras que Sérvio lhes dera, e deve-se observar que o único motivo alegado para despojá-los assim foi dizer que eles eram plebeus.[111] O patriciado pôs novamente em vigor o velho princípio segundo o qual a religião hereditária somente fundamentava o direito de propriedade, não permitindo que o homem sem religião e sem ancestrais pudesse exercer qualquer direito sobre o solo.

As leis que Sérvio havia feito para a plebe também lhe foram retiradas. Se o sistema de classes e a assembleia centurial não foram abolidos, foi, a princípio, porque o estado de guerra não permitia a desorganização do exército e depois porque soube-se cercar esses comícios de tais formalidades que o patriciado tornou-se senhor das eleições. Não se ousou tirar o título de cidadão do plebeu, deixando-o figurar no censo. Mas está claro que, embora o patriciado permitisse à plebe fazer parte da cidade, com ela não compartilhava nem direitos políticos, nem religião, nem leis. Nominalmente, a plebe permaneceu na cidade; de fato, foi dela excluída.

Não acusemos os patrícios em matéria de justiça e não suponhamos que tenham friamente concebido o plano de oprimir e esmagar a plebe. O patrício, que descendia de uma família sagrada e se sentia herdeiro de um culto, não compreendia um outro regime social que não fosse aquele que a antiga religião traçara as regras. Aos seus olhos, o elemento constitutivo de toda sociedade era a *gens*, com seu culto, seu chefe hereditário, sua clientela. Para ele, a cidade não podia ser outra coisa senão a reunião dos chefes das *gentes*. Não conseguia conceber que pudesse haver um outro sistema político além daquele que se baseava no culto, outros magistrados que não fossem aqueles que celebravam os sacrifícios públicos, outras leis que não fossem aquelas das quais a religião ditara as fórmulas santas. Inútil, inclusive, objetar-lhe que os plebeus, de há pouco, possuíam também uma religião e que realizavam sacrifícios aos Lares das encruzilhadas, visto que o patrício responderia que esse culto não possuía o cunho essencial da verdadeira religião, que não era hereditário, que esses fogos-lares não eram fogos antigos, que esses deuses Lares não eram verdadeiros ancestrais. Acrescentaria que os plebeus, dando-se um culto, haviam feito o que não tinham o

---

111. Cássio Hémina, em *Nônio*, liv. II, v. *Plevitas*.

direito de fazer; que, para dá-lo a eles, haviam violado todos os princípios; que tinham apenas se apossado das exterioridades do culto, e suprimindo dele o princípio essencial, que era a hereditariedade; que, enfim, seu simulacro de religião era absolutamente o oposto da religião.

Visto que o patrício se obstinava em pensar que a religião hereditária era a única própria para o governo dos homens, o resultado é que não via qualquer governo possível para a plebe. O patrício não concebia que o poder social pudesse exercer-se regularmente sobre essa classe de homens. A lei santa não podia aplicar-se a eles; a justiça era um domínio sagrado que lhes era interdito. Enquanto existiram reis, estes haviam assumido a incumbência de governar a plebe e, de acordo com esta decisão, criaram certas regras que nada tinham de comum com a antiga religião, tendo sido ditadas pela mera necessidade ou interesse público. Mas, pela revolução que expulsara os reis, a religião retomara seu império, resultando no inevitável, a saber, toda a classe dos plebeus fora posta à margem das leis sociais.

O patriciado constituiu, então, um governo conforme seus próprios princípios, mas não pensava em estabelecer um para a plebe. Não tinha a ousadia de bani-la de Roma, mas também não encontrava o meio de constituí-la como sociedade regular. Via-se, assim, no meio de Roma, milhares de famílias para as quais não existiam leis fixas, ordem social ou magistraturas. A cidade, o *populus*, quer dizer, a sociedade patrícia, com os clientes que ainda lhes restavam, se erguia poderosa, organizada, majestosa. Em torno dela, vivia a multidão dos plebeus que não era um povo e não formava um corpo. Os cônsules, chefes da cidade patrícia, mantinham a ordem material nessa população confusa; os plebeus obedeciam; fracos, geralmente pobres, dobravam-se sob a força do corpo patrício.

O problema cuja solução devia decidir o futuro de Roma era este: como se tornaria a plebe uma sociedade regular?

Ora, o patriciado, dominado pelos princípios rigorosos de sua religião, só via um meio de resolver o problema, e este era fazer a plebe entrar nos quadros sagrados das *gentes* pela clientela. Percebe-se que uma tentativa foi feita neste sentido. A questão das dívidas, que agitou Roma nessa época, não pode ser explicada a não ser que vejamos nela a questão mais grave da clientela e da servidão. A plebe romana, destituída de suas terras, não podia mais viver. Os patrícios calcularam que, pelo sacrifício de algum dinheiro, eles a fariam cair nos seus laços. O plebeu tomou dinheiro emprestado. Ao fazê-lo, ele se dava ao credor, ligava-se a ele por uma espécie de operação que os romanos chamavam de *nexum*. Era uma modalidade de venda que se fazia *per aes et libram,* quer dizer, com a formalidade solene que se empregava ordinariamente para conferir a um homem o direito de propriedade sobre um objeto.[112] É verdade que o plebeu tomava suas precauções contra a servidão; por uma espécie de contrato fiduciário, ele estipulava que conservaria sua condição de homem livre até o dia do vencimento da dívida e que neste dia recuperaria plena posse de si mesmo ao reembolsar a dívida. Mas, chegado este dia, se a dívida não estivesse saldada, o plebeu perdia o benefício de seu contrato. Tornado *addictus,* caía em poder do credor, que o conduzia à sua casa, dele fazendo seu servo. Em tudo isso o patrício não acreditava estar cometendo uma desumanidade; o ideal da sociedade, sendo a seus olhos o regime da *gens,* nada era para ele mais legítimo e mais belo do que levar os homens para a *gens,* seja qual fosse o meio usado. Se o plano do patrício tivesse atingido o êxito, a plebe teria em pouco tempo desaparecido, e a cidade de Roma teria sido apenas a associação das *gentes* patrícias dividindo a multidão de clientes.

Mas essa clientela era uma cadeia da qual o plebeu tinha horror. Debatia-se contra o patrício que, armado de seu crédito, desejava que ele nela caísse. Para o plebeu, a clientela equivalia à escravidão; a casa do patrício era aos seus olhos uma prisão (*ergastulum*). Inúmeras vezes, o plebeu, agarrado pelo patrício, implorou o apoio de seus semelhantes e amotinou a plebe, bradando que era homem livre e mostrando em testemunho os ferimentos que recebera em combates em defesa de Roma. A manobra dos patrícios somente serviu para irritar a plebe. Esta viu o perigo e aspirou com toda sua energia sair desse estado precário no qual a queda do governo real a colocara. Quis ter leis e direitos.

Mas não parece que esses homens tenham, desde o início, desejado partilhar das leis e direitos dos patrícios. Talvez cressem, como os próprios patrícios, que não podia haver nada em comum entre as duas classes. Ninguém pensava na igualdade civil e política. Que a plebe pudesse erguer-se ao nível do patriciado, tal coisa não passava pela cabeça do plebeu dos primeiros séculos nem pela do patrício. Longe, portanto, de reivindicar a igualdade dos direitos e das leis, esses homens parecem ter preferido, inicialmente, uma separação completa. Em Roma, não encontravam remédio para seus sofrimentos; não viram outro meio de saírem de sua inferioridade senão afastar-se de Roma.

O historiador antigo traduz bem o pensamento dos plebeus ao atribuir-lhes estas palavras: "Visto que os patrícios querem possuir a cidade sozinhos, que a desfrutem à vontade. Para nós, Roma não é nada. Não temos nela nem

---

112. Varrão, *De ling. lat.,* VII, 105. Tito Lívio, VIII, 28. Aulo Gélio, XX, 1. Festo, v. *Nexuri.*

fogos-lares, nem sacrifícios, nem pátria. Ao deixar Roma, deixamos uma urbe estrangeira; nenhuma religião hereditária nos liga a este lugar. Toda terra é para nós boa; lá onde encontrarmos nossa liberdade, lá será nossa pátria".[113] E eles foram se estabelecer no monte Sagrado, fora dos limites do *ager romanus*.

Diante de tal fato, o senado dividiu-se em opiniões diversas. Os patrícios mais ardentes declararam que a partida da plebe estava longe de afligi-los. Doravante os patrícios habitariam sozinhos em Roma com os clientes que lhes eram fiéis. Roma renunciaria à sua grandeza vindoura, mas o patriciado seria nela o senhor. Não iria mais preocupar-se com essa plebe, à qual não era possível aplicar as regras ordinárias de governo e que constituía um embaraço na cidade. Talvez devessem até tê-la banido por ocasião da supressão dos monarcas; se ela própria optara por afastar-se de Roma, que o fizesse e que nos rejubilássemos.

Contudo, outros, menos fiéis aos velhos princípios ou mais ciosos da grandeza romana, afligiram-se com essa partida da plebe. Roma perdia com isso a metade de seus soldados. No que se converteria em meio aos latinos, sabinos e etruscos, todos inimigos? A plebe tinha alguma coisa de boa; por que não se descobria meios de fazê-la servir aos interesses da cidade? Estes senadores queriam, assim, em troca de alguns sacrifícios, dos quais não tenham, quem sabe, prognosticado os efeitos, que se reconduzissem à urbe esses milhares de braços que faziam a força das legiões.

Por outro lado, a plebe percebeu, depois de poucos meses, que não podia viver no monte Sagrado. Podia muito bem buscar o que lhe fosse materialmente necessário para a existência, mas tudo que constituía uma sociedade organizada lhe faltava. Não era possível que fundasse ali uma urbe, pois não dispunha de um sacerdote que soubesse realizar a cerimônia religiosa da fundação. Não podia munir-se de magistrados, pois não dispunha do pritaneu regularmente aceso onde um magistrado pudesse sacrificar. Não lhe era possível achar o fundamento das leis sociais, visto que as únicas leis das quais o homem tinha ideia até então derivavam da religião patrícia. Em uma palavra, a plebe não detinha em si os elementos de uma cidade. A plebe via assim perfeitamente que, pelo fato de ser mais independente, não era mais afortunada, que não formava uma sociedade mais regular do que em Roma, e que, por conseguinte, o problema cuja solução era para ela tão importante não estava resolvido. De nada lhe valera distanciar-se de Roma; não era no isolamento do monte Sagrado que poderia encontrar as leis e os direitos aos quais aspirava.

---

113. Dionísio, VI, 45; VI, 79.

Concluía-se, então, que a plebe e o patriciado, embora não tivessem quase nada em comum, não podiam, contudo, viver um sem o outro. Assim se reaproximaram e celebraram um tratado de aliança. Este tratado parece ter sido feito nos mesmos moldes daqueles que tratavam do término da guerra entre dois povos diferentes; plebe e patriciado, realmente, não eram nem um mesmo povo nem uma mesma cidade.[114] Por esse tratado, o patriciado não concordava que a plebe fizesse parte da cidade religiosa e política; na verdade, nem parece que a plebe tenha solicitado tal coisa. Convencionava-se apenas que no futuro a plebe, constituída em uma sociedade semirregular, teria chefes tirados do seu próprio seio.[115] Nasce aqui o tribunado da plebe, instituição absolutamente nova e dessemelhante de tudo o que as cidades haviam conhecido antes.

O poder dos tribunos não tinha a mesma natureza da autoridade dos magistrados; não derivava do culto da cidade. O tribuno não executava nenhuma cerimônia religiosa; era eleito sem auspícios e o assentimento dos deuses não era necessário para criá-lo.[116] Não possuía nem cadeira curul, nem toga de púrpura, nem coroa de folhas, nem quaisquer das insígnias que em todas as cidades antigas exibiam para a veneração dos homens os magistrados-sacerdotes. O tribuno não estava incluído entre os verdadeiros magistrados romanos.[117]

Qual era, então, a natureza e o princípio do poder do tribuno? É necessário que afastemos aqui de nosso espírito todas as ideias e todos os costumes modernos e que nos transportemos, tanto quanto possível, para o âmbito das crenças dos antigos. Até então, os homens só haviam entendido a autoridade como um apêndice do sacerdócio. Quando, consequentemente, quiseram instaurar um poder que não era ligado ao culto e chefes que não eram sacerdotes, foi-lhes necessário conceber um singular subterfúgio. Por isso, no dia em que se criaram os primeiros tribunos, foi realizada uma cerimônia religiosa de um caráter particular.[118] Os historiadores não descrevem os ritos dessa cerimônia;

---

114. Tito Lívio, IV, 6: *Foedere icto cum plebe*. Dionísio, VI, 89, refere formalmente os feciais. O texto deste tratado, a que se chamou *lex sacrata*, conservou-se por muito tempo em Roma. Dionísio cita alguns trechos dele (VI, 89; X, 32; X, 42); cf. Festo, p. 318.
115. Tito Lívio, II, 33: *Concessum ut plebi sui magistratus essent*.
116. Dionísio, X, 4.
117. Plutarco, *Questões romanas*, 81: Κωλυσιν ἀρχῆς μᾶλλον ἢ ἀρχήν. Tito Lívio, II, 56, mostra que aos olhos do patrício o tribuno era um *privatus, sine imperio, sine magistratu*. É, portanto, devido a um abuso da linguagem que a palavra *magistratus* foi aplicada algumas vezes aos tribunos. O tribunado já tinha sofrido uma profunda transformação quando Cícero, em um arrebatamento de orador, em verdade o chamava de *sanctissimus magistratus (Pro Sextio,* 38).
118. Tito Lívio deixa de falar desta cerimônia no momento da instituição do tribunado, mas se refere a ela no momento de seu restabelecimento, em 449: *Ipsis quoque tribunis, ut sacrosancti*

dizem somente que ela tinha por efeito tornar esses primeiros tribunos *sacrossantos*. Não tomemos este termo em sentido figurado e vago. A palavra *sacrosanctus* designava algo muito preciso na língua religiosa dos antigos. Aplicava-se aos objetos que eram devotados aos deuses e que, por esta razão, o homem não podia tocar. Não era a dignidade do tribuno que era declarada como honorável e santa; era a pessoa, era o próprio corpo do tribuno[119] que era posto em uma tal relação com os deuses que esse corpo não era mais uma coisa profana, mas um objeto sagrado. Desde então, nenhum homem podia ofendê-lo sem perpetrar o crime de violação, e sem incorrer em uma mácula, ἄγει ἔνοχος εἶναι.[120]

Plutarco nos informa, quanto a este assunto, de um uso singular: parece que, quando se encontrava um tribuno em público, a regra religiosa prescrevia que se procedesse a uma purificação como se tivesse o corpo maculado por esse encontro;[121] uso que alguns devotos observavam ainda no tempo de Plutarco, e que nos dá uma certa ideia da maneira que se encarava o tribunado cinco séculos antes dele.

Esse caráter sacrossanto permanecia ungido ao corpo do tribuno por toda a duração de suas funções; depois, *criando* seu sucessor, ele lhe transmitia esse caráter, exatamente como o cônsul, *criando* outros cônsules, lhes passava os auspícios e o direito de realizar os ritos sagrados. Em 449, tendo sido o tribunado suspenso por dois anos, foi necessário, para instaurar novos tribunos, repetir a cerimônia religiosa que fora realizada no monte Sagrado.

Não se conhece as ideias dos antigos tão completamente para dizer se esse caráter sacrossanto tornava a pessoa do tribuno digna de honra aos olhos dos patrícios, ou se, ao contrário, a apresentava como objeto de maldição e horror. Esta segunda suposição é bastante verossímil, ao menos relativamente aos primeiros tempos. O que é certo é que, de qualquer maneira, o tribuno se mantinha plenamente inviolável, a mão do patrício não podendo atingi-lo sem que este cometesse uma impiedade grave.

Uma lei ratificou e garantiu essa inviolabilidade dizendo que "ninguém poderia violentar um tribuno, nem feri-lo, nem matá-lo". Acrescia que "aquele

---

viderentur, relatis quibusdam caerimoniis, renovarunt et inviolatos eos quuum religione tum lege fecerunt (III, 55). Dionísio marca com a mesma nitidez a intervenção da religião: Ἱερὰν καὶ μεγάλαις ἠσφαλισμένην ἐκ θεῶν ἀνάγκαις (IX, 47).
119. Dionísio, VI, 89: Δημάρχων σώματα ἱερὰ καὶ παναγῆ. *Id*., IX, 48: Σώμασιν ἱεροῖς.
120. Dionísio, VI, 89: Τῷ ἄγει ἐνέχεσθαι, Zonaras, t. I, p. 56.
121. Plutarco, *Quest. rom.*, 81: Πᾶσι νόμος ἐστὶ καθαίρεσθαι καὶ ἁγνίζεσθαι τὸ σῶμα καθάπερ μεμιασμένον.

que se permitisse a prática de um desses atos frente a um tribuno seria impuro, seus bens seriam confiscados em proveito do templo de Ceres e poderia ser morto impunemente".[122] Esta lei terminava pela fórmula seguinte, cuja imprecisão foi de enorme ajuda para os avanços futuros do tribunado: "Nem o magistrado, nem o particular terão o direito de fazer o que quer que seja contra o tribuno".[123] Todos os cidadãos pronunciaram um juramento "sobre as coisas sagradas", pelo qual se comprometiam a observar sempre essa estranha lei, e cada um recitou uma fórmula de oração pela qual atraía a ira dos deuses para si se transgredisse a lei, acrescentando que todo aquele que se tornasse culpado do atentado contra um tribuno "teria sobre si a maior das máculas".[124]

Esse privilégio de inviolabilidade abrangia todo o espaço ao qual o tribuno podia estender sua ação direta. Fosse um plebeu maltratado por um cônsul que o condenava à prisão, ou por um credor que o agredia, o tribuno se apresentava, colocando-se entre eles (*intercessio*) e detinha a mão patrícia. Quem se atreveria a "fazer qualquer coisa contra um tribuno", ou expor-se a ser tocado por ele? Entretanto, o tribuno só exercia tal poder singular onde estava presente. Longe dele, podia-se maltratar os plebeus. O tribuno não exercia ação alguma sobre o que ocorria fora do alcance de sua mão, de seus olhos e de sua palavra.[125]

Os patrícios não haviam concedido à plebe direitos; somente tinham concordado com a inviolabilidade de alguns plebeus. Todavia, era o suficiente para que houvesse alguma segurança para todos. O tribuno era uma espécie de altar vivo, ao qual se ligava um direito de asilo.[126]

Os tribunos tornaram-se naturalmente os chefes da plebe e se apoderaram do direito de julgar. Na verdade, eles não tinham o direito de citação para sua presença, mesmo de um plebeu, mas tinham o poder de aprisionar.[127] Uma vez sob sua mão, o homem obedecia. Bastava mesmo encontrar-se em um raio onde sua palavra se fizesse ouvir. Tal palavra era irresistível e se fazia necessário submeter-se, fosse patrício ou cônsul.

---

122. Dionísio, VI, 89; Tito Lívio, III, 55.
123. Dionísio, X, 32: Οὔτε ἄρχοντα οὔτε ἰδιώτῃ συνεχωρεῖτο πράττειν οὐδὲν ἐναντίον δημάρχῳ. Dionísio apresenta esta frase como um dos artigos da *lex sacrata*.
124. Dionísio, VI, 89: Ὡς ἄγει τῷ μεγίστῳ ἐνόχοις.
125. *Tribuni antiquitus creati, non juri dicundo nec causis querelisque de absentibus noscendis, sed intercessionibus faciendis quibus PRAESENTES fuissent, ut injuria QUAE CORAM FIERET arceretur.* Aulo Gélio, XIII, 12.
126. Plutarco, *Quest. rom.*, 81: Ὥσπερ βωμός.
127. Aulo Gélio, XV, 27. Dionísio, VIII, 87; VI, 90.

O tribuno não tinha nos primeiros tempos nenhuma autoridade política. Não sendo magistrado, não podia convocar nem as cúrias nem as centúrias. Não apresentava propostas no senado; a propósito, inicialmente nem sequer se pensou que pudesse ali comparecer. Ele nada tinha de comum com a verdadeira cidade, quer dizer, com a cidade patrícia, onde se não lhe reconhecia qualquer autoridade. Ele não era tribuno do povo, mas tribuno da plebe.[128]

Havia então, como no passado, duas cidades em Roma: a cidade e a plebe; uma fortemente organizada, contando com leis, magistrados, senado; e a outra, que permanecia uma multidão sem direito nem lei, mas que em seus tribunos invioláveis encontrava protetores e juízes.

Nos anos que se seguiram, pôde-se ver como os tribunos ousaram e que licenças se permitiram. Nada os autorizava a convocar a plebe, mas eles a convocavam. Nada os chamava ao senado, mas se sentavam inicialmente à entrada da sala, depois no seu interior. Nada lhes concedia o direito de administrar justiça aos patrícios, mas os julgavam e os condenavam, o que era efeito daquela inviolabilidade que se prendia à sua pessoa sacrossanta. Toda força tombava ante eles. O patriciado desarmou-se no dia em que pronunciara com os ritos solenes que qualquer um que tocasse um tribuno se tornaria impuro. A lei dizia: Não se fará nada contra um tribuno. Daí, se esse tribuno convocava a plebe, esta se reunia e ninguém podia dissolver esta assembleia, visto que a presença do tribuno colocava-a fora do alcance do patriciado e das leis. Se o tribuno entrava no senado, ninguém podia fazê-lo sair dali. Se prendesse um cônsul, ninguém tinha o poder de tirá-lo de suas mãos. Nada resistia às ousadias de um tribuno. Contra um tribuno ninguém tinha força, salvo um outro tribuno.

Desde que passou a ter esses chefes, a plebe não tardou a ter suas assembleias deliberativas. Estas não se assemelharam de modo algum às assembleias da cidade patrícia. A plebe, em seus comícios, era distribuída em tribos. Era o domicílio que regulamentava o lugar de cada um, não a religião ou a riqueza. A assembleia não iniciava por um sacrifício; a religião não marcava presença alguma na assembleia. Não se conheciam aí presságios, e a voz de um áugure ou de um pontífice não tinha poder para forçar os homens a dispersar. Eram verdadeiramente os comícios da plebe, que nada detinham das velhas regras da religião nem do patriciado.

É verdade que essas assembleias não se ocupavam inicialmente dos interesses gerais da cidade; não nomeavam magistrados e não promulgavam leis.

---

128. Tito Lívio, II, 56, 12: *Tribunos non populi, sed plebis.*

Limitavam-se a deliberar a respeito dos interesses da plebe, nomear chefes plebeus e realizar plebiscitos. Houve durante muito tempo em Roma uma série dupla de decretos, os senatus-consultos para os patrícios, os plebiscitos para a plebe. Nem a plebe obedecia aos senatus-consultos nem os patrícos aos plebiscitos. Havia dois povos em Roma.

Esses dois povos, sempre na presença um do outro e habitando no interior dos mesmos muros, não tinham, todavia, quase nada em comum. Um plebeu não podia ser cônsul da cidade, nem um patrício ser tribuno da plebe. O plebeu não entrava na assembleia por cúrias, nem o patrício na assembleia por tribos.[129]

Eram dois povos que nem sequer se compreendiam, não tendo, por assim dizer, ideias comuns. Se o patrício falava em nome da religião e das leis, o plebeu respondia que ele não conhecia essa religião hereditária nem as leis que dela emanavam. Se o patrício alegava o santo costume, o plebeu respondia em nome do direito da natureza. Remetiam um ao outro acusações de injustiça; cada um deles era justo segundo seus próprios princípios, injusto segundo os princípios e as crenças do outro. A assembleia das cúrias e a reunião dos *patres* pareciam ao plebeu privilégios odiosos. Na assembleia das tribos, o patrício via um conciliábulo condenado pela religião. O consulado era para o plebeu uma autoridade arbitrária e tirânica; o tribunado era aos olhos do patrício alguma coisa de ímpio, anormal, de oposto a todos os princípios; ele não podia compreender tal espécie de chefe que não era um sacerdote e que era eleito sem auspícios. O tribunado conturbava a ordem sagrada da cidade; era o que em uma religião se chama de heresia; o culto público era com ele infamado. "Os deuses nos serão contrários" – dizia um patrício – "enquanto tivermos entre nós esta úlcera que nos corrói e estende a corrupção a todo o corpo social." A história de Roma, durante um século, foi repleta de tais mal-entendidos entre esses dois povos que não pareciam falar a mesma língua. O patriciado persistia mantendo a plebe à margem do corpo político; a plebe se dava instituições próprias. A dualidade da população romana se tornava dia a dia mais manifesta.

Havia, contudo, alguma coisa que formava um vínculo entre esses dois povos, e isto era a guerra. O patriciado havia tomado o cuidado de não se privar de soldados. Se deixara aos plebeus o título de cidadãos, o fizera para poder

---

129. Tito Lívio, II, 60. Dionísio, VII, 16. Festo, v. *Scita plebis*. Que se entenda perfeitamente que nos referimos aos primeiros tempos. Os patrícios estavam inscritos nas tribos, mas indubitavelmente não figuravam nas assembleias que se reuniam sem auspícios e sem cerimônia religiosa, assembleias, inclusive, que há muito eles consideravam sem qualquer valor legal.

incorporá-los às legiões. Ademais, o patriciado estava vigilante para que a inviolabilidade dos tribunos não se estendesse para fora de Roma, e para isso decidiu-se que o tribuno não sairia jamais da urbe. No exército, a plebe se achava, portanto, submetida e não havia mais duplicidade de poder; em presença do inimigo, Roma voltava a ser una.

Depois, graças ao costume adquirido, após o banimento dos reis, de reunir o exército para consultá-lo sobre os interesses públicos ou sobre a escolha dos magistrados, havia assembleias mistas onde a plebe figurava ao lado dos patrícios. Ora, vemos claramente na história que esses comícios por centúrias conquistaram crescente importância, tornando-se desapercebidamente o que se chamou de grandes comícios. Com efeito, no conflito travado entre a assembleia por cúrias e a assembleia por tribos, parecia natural que a assembleia centurial se convertesse em uma espécie de terreno neutro onde preferivelmente os interesses gerais eram debatidos.

O plebeu nem sempre era um pobre. Com frequência, pertencia a uma família originária de outra urbe, que fora nesta rica e considerada, e que a sorte da guerra havia transferido para Roma sem tirar-lhe a riqueza nem esse sentimento de dignidade que de ordinário a acompanha. Algumas vezes também o plebeu pudera enriquecer por seu trabalho, principalmente no tempo dos reis. Quando Sérvio dividira a população em classes de acordo com a fortuna, alguns plebeus haviam ingressado na primeira classe. O patriciado não se atrevera ou não pudera abolir tal divisão de classes. Não faltavam, portanto, plebeus que combatiam ao lado dos patrícios nas primeiras fileiras da legião e que votavam com eles nas primeiras centúrias.

Essa classe rica, altiva e igualmente prudente, que não podia comprazer-se com os transtornos em Roma e devia, até, receá-los, já que teria muito a perder se Roma sucumbisse e teria muito a ganhar se Roma crescesse, revelou-se um intermediário natural entre as duas ordens adversárias.

Não parece que a plebe tenha experimentado qualquer repulsa quanto a ver estabelecida no seu próprio seio distinções em função da riqueza. Trinta e seis anos depois da criação do tribunado, o número dos tribunos chegou a dez, de maneira que pudesse haver dois de cada uma das cinco classes. A plebe aceitava, portanto, e se dispunha a conservar a divisão que Sérvio estabelecera. E mesmo a parte pobre, que não estava compreendida nas classes, não apresentava qualquer reclamação; deixava os mais abastados com seu privilégio e não exigia que se escolhesse também no seu meio os tribunos.

Quanto aos patrícios, pouco se importavam com essa importância que a riqueza assumia, já que eles também eram ricos. Mais prudentes e mais ditosos que os eupátridas de Atenas, que tombaram do nada no dia em que a direção da sociedade caiu nas mãos dos ricos, os patrícios jamais descuidaram da agricultura, do comércio e nem mesmo da indústria. Aumentar a própria fortuna sempre foi sua grande preocupação. O trabalho, a frugalidade, a boa especulação sempre foram suas virtudes. Ademais, cada vitória sobre o inimigo, cada conquista ampliavam suas posses. Assim sendo, não viam eles nenhum grande mal no fato do poder estar vinculado à riqueza.

Os hábitos e o caráter dos patrícios eram tais que não podiam nutrir desprezo por um rico, mesmo que fosse plebeu. O plebeu rico aproximava-se deles, vivia entre eles; muitas relações envolvendo interesses e mesmo relações de amizade se estabeleceram. Este contato contínuo levou a uma troca de ideias. O plebeu fez pouco a pouco com que o patrício compreendesse os anseios e os direitos da plebe. O patrício acabava por se deixar convencer; encaminhava-se quase imperceptivelmente para uma opinião menos firme e menos altaneira a respeito de sua superioridade; não se achava mais tão seguro de seu direito. Ora, quando uma aristocracia chega a duvidar da legitimidade de seu império, ou não tem mais coragem de defendê-lo ou o defende mal. Desde que as prerrogativas do patrício deixaram de ser um artigo de fé para ele mesmo, pode-se dizer do patriciado que já estava meio vencido.

A classe rica parece ter exercido uma ação de outro gênero sobre a plebe, da qual ela se originara e da qual ainda não se separara. Como tinha interesse na grandeza de Roma, desejava a união das duas ordens. Era, ademais, ambiciosa. Calculava que a separação absoluta das duas ordens, patrícia e plebeia, restringia constantemente sua libertação, acorrentando-a para sempre à classe inferior, enquanto que a união delas abria uma via da qual não se podia sequer ver o termo. Empenhou-se, então, em imprimir às ideias e anseios da plebe uma outra orientação. Em lugar de insistir na formação de uma ordem independente, em lugar de se munir a duras penas de leis particulares, as quais a outra ordem não reconheceria jamais, em lugar de trabalhar lentamente por meio de seus plebiscitos a fim de constituir modalidades de leis para seu uso e elaborar um código que nunca teria valor oficial, a classe plebeia rica inspirou nos plebeus a ambição de penetrar na cidade patrícia e ingressar na partilha das leis, das instituições e das dignidades do patrício. Os desejos da plebe tenderam, portanto, para a união das duas ordens sob a condição da igualdade.

A plebe, uma vez nesse caminho, começou por pleitear um código. Havia leis em Roma, como em todas as urbes, leis invariáveis, santas e escritas, cujo texto era guardado pelos sacerdotes.[130] Estas leis, entretanto, que faziam parte da religião, só se aplicavam aos membros da cidade religiosa. O plebeu não tinha o direito de conhecê-las e podemos supor que não tinha, também, o direito de invocá-las. Essas leis existiam para as cúrias, para as *gentes,* para os patrícios e seus clientes, mas não para os outros. Não reconheciam o direito de propriedade àquele que não possuía os *sacra*; não concediam a ação em justiça àquele que não tinha patrono. Era este cunho exclusivamente religioso da lei que a plebe quis extinguir. Solicitou, assim, não apenas que fossem registradas por escrito e publicadas, mas que também houvesse leis que fossem igualmente aplicáveis aos patrícios e a ela.

Parece que os tribunos quiseram inicialmente que essas leis fossem redigidas pelos plebeus. Os patrícios argumentaram que aparentemente os tribunos ignoravam o que era uma lei, já que, caso contrário, não exprimiriam um tal pensamento. "É totalmente impossível" – diziam eles – "que os plebeus façam as leis; vós que não tendes os auspícios, vós que não realizais os atos religiosos, que tendes em comum com todas as coisas sagradas, entre as quais está incluída necessariamente a lei?"[131] A pretensão da plebe parecia, então, monstruosa e ímpia aos patrícios. Assim, os velhos anais, os quais Tito Lívio e Dionísio consultavam a essa altura da história, mencionam pavorosos prodígios, o céu em fogo, os espectros esvoaçando no ar e chuvas de sangue.[132] Mas o verdadeiro prodígio era que plebeus concebessem a ideia de fazer leis. Entre as duas ordens, uma perplexa diante da insistência da outra, a república se arrastou durante oito anos. Mais tarde os tribunos encontraram um compromisso, a saber: "Visto que não desejais que a lei seja escrita por plebeus" – disseram eles –, "escolhamos os legisladores dentro das duas ordens". Achavam estar com isto concedendo muito; na verdade, era pouco diante dos rigorosos princípios da religião patrícia. O senado replicou que não se opunha em absoluto à redação de um código, mas que este código só poderia ser redigido por patrícios. Acabou-se por encontrar um meio de conciliar os interesses da plebe com a necessidade religiosa que o patriciado invocava: decidiu-se que todos os legisladores seriam patrícios, mas que seu código, antes de ser promulgado e

---

130. Numerosos textos atestam a existência de uma legislação escrita bem antes dos decênviros; Dionísio, X, I; III, 36; Cícero, *De rep.,* II, 14; Pompônio, no *Digesto,* I, 2. Várias destas antigas leis são citadas por Plínio, XIV, 12; XXXII, 2; por Sérvio, *ad Eclogas,* IV, 43; *ad Georg.,* III, 387; por Festo, *passim.*
131. Tito Lívio, III, 31. Dionísio, X, 4.
132. Júlio Obsequente, 16.

posto em vigor, seria exposto à consideração do público e submetido à aprovação prévia de todas as classes.

Não é este o momento de analisar o código dos decênviros. Importa somente observar desde já que a obra dos legisladores, previamente exposta ao fórum, discutida livremente por todos os cidadãos, foi em seguida aceita pelos comícios centuriais, ou seja, pela assembleia onde as duas ordens estavam mescladas. Nisto residia uma inovação da maior monta. Adotada por todas as classes, a mesma lei passou a se aplicar a todas elas. Não se encontra no que resta desse código uma única palavra que implique em uma desigualdade entre o plebeu e o patrício, seja no que respeita ao código de propriedade, seja no que respeita aos contratos e obrigações, seja no que diz respeito aos processos. A partir deste momento, o plebeu passou a comparecer ao mesmo tribunal ao qual o patrício comparecia, agiu como ele e foi julgado de acordo com a mesma lei que o julga. Ora, impossível empreender revolução mais radical; os hábitos de todo dia, os costumes, os sentimentos do homem para com o homem, a ideia da dignidade pessoal, o princípio do direito, tudo se achou transformado em Roma.

Como restavam ainda algumas leis a serem produzidas, novos decênviros foram nomeados e, entre estes, três plebeus. Assim, após se ter proclamado com tanta energia que o direito de escrever as leis pertencia exclusivamente à classe patrícia, o progresso das ideias fora tão rápido que ao cabo de um ano já se admitia plebeus entre os legisladores.

Os costumes se inclinavam para a igualdade. Estava-se em um declive em que não se podia mais parar. Tornava-se necessário fazer uma lei proibindo o casamento entre as duas classes, prova certa de que a religião e os costumes não bastavam mais para impedi-lo. E, contudo, mal produzida esta lei e já era revogada diante da reprovação geral. Alguns patrícios insistiram em alegar a religião: "Nosso sangue vai ser maculado, e o culto hereditário de cada família ficará assim infamado; no porvir ninguém conhecerá mais o sangue de seu nascimento, a quais sacrifícios pertence; será o aniquilamento de todas as instituições divinas e humanas". Os plebeus nada entendiam de tais argumentos, que para eles não passavam de sutilezas sem valor. Discutir artigos de fé diante de homens que não têm religião constitui um empenho inútil. Os tribunos replicavam, a propósito, com muita justeza: "Se é verdade que vossa religião fala tão alto, qual a necessidade que tendes da lei? Ela de nada vos serve; retirai-a e ficareis tão livres quanto anteriormente para não vos ligar às famílias plebeias". A lei foi retirada. E logo os casamentos passaram a ser frequentes entre as duas ordens. Os plebeus ricos foram a tal ponto procurados que, limitando-nos aos Licínios, viu-se se unirem a três *gentes* patrícias, aos Fábios, aos Cornélios e aos Mânlios.[133]

Pôde-se reconhecer, então, que a lei tinha sido por um momento a única barreira que separava as duas classes. Doravante, o sangue patrício e o sangue plebeu se misturaram.

Estando a igualdade conquistada na vida privada, o mais difícil fora realizado, e parecia natural que a igualdade existisse também na política. Assim, a plebe se perguntou por que o consulado lhe era interdito, não vendo motivos para continuar dele afastada.

Havia, todavia, um motivo muito forte para tanto. O consulado não era apenas o comando, mas também um sacerdócio. Para ser cônsul não bastava oferecer garantias de inteligência, coragem e probidade; era mister, sobretudo, ser capaz de realizar as cerimônias do culto público. Era necessário que os ritos fossem bem observados e que os deuses estivessem satisfeitos. Ora, somente os patrícios possuíam em si o caráter sagrado que permitia o pronunciamento das orações e a convocação da proteção divina para a cidade. O plebeu nada tinha de comum com o culto; a religião, consequentemente, se opunha a que se fizesse dele um cônsul, *nefas plebeium consulem fieri*.

Pode-se imaginar a surpresa e a indignação do patriciado quando os plebeus expressaram pela primeira vez a pretensão de serem cônsules. Pareceu que com isto a religião fosse ameaçada. Despenderam um grande esforço para fazer com que isso fosse compreendido pela plebe; falaram-lhe da importância que tinha a religião na cidade, que tinha sido ela que fundara a urbe, que ela presidia todos os atos públicos, que era ela que dirigia as assembleias deliberativas, que era ela que dava à república seus magistrados. Acrescentou-se que essa religião era, de acordo com a regra antiga (*more majorum*), o patrimônio dos patrícios, que seus ritos só podiam ser conhecidos e praticados por eles, e que, enfim, os deuses não aceitavam o sacrifício do plebeu. Propor a criação de cônsules plebeus significava querer suprimir a religião da cidade; doravante o culto seria manchado e a cidade não estaria mais em paz com seus deuses.[134]

O patriciado usou de toda sua força e de toda sua habilidade para afastar os plebeus de suas magistraturas. Defendia simultaneamente sua religião e seu poder. Desde que viu o consulado em perigo de ser conseguido pela plebe, retirou do consulado a função religiosa que, entre todas, era a mais importante, ou seja, aquela que consistia em fazer a lustração dos cidadãos. Assim,

---

133. Tito Lívio, V, 12; VI, 34; VI, 39.
134. Tito Lívio, VI, 41.

os censores foram instituídos. Em um momento em que parecia ao patriciado demasiado difícil resistir aos anseios dos plebeus, ele substituiu o consulado pelo tribunado militar. A plebe demonstrou, aliás, uma grande paciência. Esperou setenta e cinco anos para que seu desejo fosse concretizado. É evidente que empenhou menos ardor para obter essas altas magistraturas do que tinha empenhado para conquistar o tribunado e um código.

Mas, se a plebe como um todo era deveras indiferente em relação a isso, havia uma aristocracia plebeia que era ambiciosa. Eis uma lenda da época: "Fábio Ambusto, um dos mais distintos patrícios, casara suas duas filhas, uma com um patrício que se tornou tribuno militar, a outra com Licínio Estola, homem de renome, mas plebeu. Esta última se achava um dia na casa de sua irmã, quando os lictores, ao trazerem o tribuno militar para sua casa, bateram à porta com seus fasces. Como ela ignorava este costume, teve medo. Os risos e as perguntas irônicas de sua irmã fizeram-na compreender como um casamento plebeu a tinha feito descer, colocando-a em uma casa em que as dignidades e as honras jamais deviam entrar. Seu pai adivinhou seu desgosto e lhe prometeu que veria um dia em sua casa o que acabara de observar na casa da irmã. Entendeu-se com seu genro e ambos envidaram esforços no mesmo sentido". Esta lenda, em meio a alguns detalhes pueris e inverossímeis, nos ensina, ao menos, duas coisas: uma, que a aristocracia plebeia, à força de viver com os patrícios, assumia sua ambição e aspirava às suas dignidades; outra, que existiam patrícios que encorajavam e excitavam a ambição dessa nova aristocracia, que a eles estava unida pelos laços mais estreitos.

Parece que Licínio e Sêxtio, que a ele estava ligado, não contavam que a plebe se empenhasse intensamente para lhe ser concedido o direito do consulado, visto acreditarem dever propor três leis ao mesmo tempo. A que tinha por objeto estabelecer que um dos cônsules fosse forçosamente escolhido no seio da plebe era precedida por duas outras, uma relativa à redução das dívidas e a outra relativa à concessão de terras ao povo. É evidente que as duas primeiras deviam servir para aquecer o zelo da plebe em favor da terceira. Houve um momento em que a plebe foi sumamente clarividente: tomou das propostas de Licínio o que lhe interessava, isto é, a redução das dívidas e a distribuição de terras, deixando de lado o consulado. Mas Licínio replicou que as três leis eram inseparáveis, e que era necessário aceitá-las ou rejeitá-las em conjunto. A constituição romana autorizava este procedimento. Está claro que a plebe preferiu tudo aceitar a tudo perder.

Mas não era suficiente que a plebe quisesse fazer leis; era necessário, ainda nessa época, que o senado convocasse os grandes comícios e que em seguida confirmasse o decreto.¹³⁵ O senado o recusou durante dez anos. Finalmente ocorreu algo de que Tito Lívio nos deixou dados muito vagos.¹³⁶ Parece que a plebe tomou as armas e que a guerra civil ensanguentou as ruas de Roma. O patriciado derrotado promulgou um senato-consulto pelo qual aprovava e confirmava antecipadamente todos os decretos que o povo apresentasse nesse ano. Nada impediu mais que os tribunos colocassem em votação suas três leis. A partir deste momento, a plebe teve todo ano um cônsul plebeu para cada dois cônsules e não demorou efetivamente a atingir outras magistraturas. O plebeu vestiu a toga de púrpura e foi precedido pelos fasces. Administrou justiça, foi senador, governou a cidade e comandou legiões.

Restavam os sacerdócios e não parecia que se pudesse retirá-los dos patrícios, pois existia na velha religião um dogma inabalável segundo o qual o direito de recitar a oração e tocar os objetos sagrados somente se transmitia por meio do sangue. A ciência dos ritos, como a posse dos deuses, era hereditária. Do mesmo modo que um culto doméstico era um patrimônio do qual nenhum estrangeiro podia participar, o culto da cidade pertencia exclusivamente às famílias que haviam formado a cidade primitiva. Seguramente, nos primeiros séculos de Roma, era inconcebível para qualquer pessoa que um plebeu pudesse ser pontífice.

Mas as ideias haviam mudado. A plebe, removendo da religião a regra da hereditariedade, constituiu uma religião para seu uso. Tinha se outorgado lares domésticos, altares de encruzilhada, fogos sagrados de tribo. O patrício nutrira, inicialmente, por essa paródia de sua religião, apenas desprezo. Mas com o tempo isso se tornara coisa séria, e o plebeu passou a crer que ele era, mesmo do ponto de vista do culto e com relação aos deuses, igual ao patrício.

Havia dois princípios que se defrontavam. O patriciado persistia sustentando que o caráter sacerdotal e o direito de venerar a divindade eram hereditários. A plebe libertou a religião e o sacerdócio dessa velha regra da hereditariedade; pretendia que todo homem estava apto a pronunciar a oração e que desde que fosse cidadão tinha o direito de realizar as cerimônias do culto da cidade; a conclusão que daí tirava era que o plebeu podia ser pontífice.

Se os sacerdócios tivessem sido distintos dos comandos e da política, é possível que os plebeus não os tivessem cobiçado tanto. Mas todas estas coisas estavam confundidas: o sacerdote era um magistrado, o pontífice era um juiz, o áugure tinha o poder de dissolver as assembleias públicas. A plebe não

---

135. Tito Lívio, IV, 49.
136. Tito Lívio, VI, 42.

deixou de perceber que sem os sacerdócios ela não dispunha realmente nem de igualdade civil nem de igualdade política. Reclamou, então, a partilha do pontificado entre as duas classes, tal como reclamara a partilha do consulado.

Tornou-se difícil objetar-lhe tal reivindicação alegando sua incapacidade religiosa, visto que há sessenta anos assistia-se ao plebeu realizar sacrifícios como cônsul, executar a lustração como censor, preencher as santas formalidades do triunfo como vencedor do inimigo. Por meio das magistraturas, a plebe já tinha se apoderado de parte dos sacerdócios; não era fácil salvar o resto. A fé no princípio da hereditariedade religiosa vacilava entre os próprios patrícios. Foi em vão que alguns deles invocaram as velhas regras, dizendo: "O culto vai ser alterado, maculado por mãos indignas; provocareis os próprios deuses; cuidai para que a ira deles não se faça sentir sobre nossa urbe".[137] Não parece que tais argumentos tivessem exercido muita força sobre a plebe, nem sequer que a maioria do próprio patriciado se comovesse com eles. Os novos costumes davam ganho de causa ao princípio plebeu. Foi, assim, decidido que a metade dos pontífices e dos áugures seriam, doravante, escolhidos entre os membros da plebe.[138]

Foi a última conquista da classe inferior. Não tinha mais o que desejar. O patriciado perdera até sua superioridade religiosa. Nada mais o distinguia da plebe; o patriciado não passava mais de um nome ou uma lembrança. Os velhos princípios sobre os quais a cidade romana, como todas as cidades antigas, se alicerçara, haviam desaparecido. Dessa antiga religião hereditária, que por tanto tempo governara os homens e estabelecera posições entre eles, só restavam então formas exteriores. O plebeu lutara contra ela por quatro séculos, sob a república e sob os reis, e a vencera.

---

137. Tito Lívio, X, 6: *Deos visuros ne sacra sua polluantur*. Tito Lívio parece crer que este argumento fosse um artifício, mas as crenças não estavam a tal ponto debilitadas naquela época (301 a.C.) que uma tal linguagem não pudesse ter sido bastante sincera na boca de muitos patrícios.

138. As dignidades de rei dos sacrifícios, de flâmines, de sálios, de vestais, às quais não se vinculava nenhuma importância política, foram deixadas sem perigo nas mãos do patriciado, que se conservou sempre uma casta sagrada, mas que não foi mais uma casta dominante.

CAPÍTULO VIII

MUDANÇAS NO DIREITO PRIVADO – O CÓDIGO DAS DOZE TÁBUAS – O CÓDIGO DE SÓLON

Não faz parte da natureza do direito ser absoluto e imutável; ele se modifica e se transforma como qualquer outra obra humana. Cada sociedade tem seu direito, que se forma e se desenvolve com ela, que muda com ela, e que, enfim, acompanha sempre o movimento de suas instituições, de seus costumes e de suas crenças.

Os homens dos antigos tempos estiveram submetidos a uma religião tanto mais poderosa sobre suas almas quanto rude. Essa religião produzira o direito deles, do mesmo modo que lhes dera suas instituições políticas. Mas eis que a sociedade se transformou. O regime patriarcal que essa religião hereditária engendrara foi, com o decorrer do tempo, dissolvido no regime da cidade. De maneira quase imperceptível, a *gens* se desmembrou, o irmão mais novo desvinculou-se do primogênito, o servidor desligou-se do chefe; a classe inferior cresceu e se armou. Finalmente, essa classe derrotou a aristocracia e conquistou a liberdade. Esta transformação no estado social devia acarretar uma outra no direito, visto que tanto quanto estavam os eupátridas e patrícios ligados à velha religião familiar e, consequentemente, ao velho direito, estava a classe inferior repleta de ódio por essa religião hereditária que causara por tanto tempo sua inferioridade e esse direito antigo que a oprimira. Não só o odiava como também não o compreendia. Como não alimentava as crenças sobre as quais esse direito se baseara, este lhe parecia precisamente sem base. Ela o considerava injusto e diante disto sua vigência se tornava impossível.

Se nos colocarmos na época em que a plebe cresceu e entrou no corpo político, e compararmos o direito desta época com o direito primitivo, notaremos a presença de graves modificações à primeira vista. A primeira e mais notável é que o direito se tornou público, sendo conhecido por todos. Não é mais esse canto sagrado e misterioso, que se dizia ao longo das idades com piedoso respeito, que somente os sacerdotes escreviam e que somente os homens das famílias religiosas podiam conhecer. O direito saiu dos rituais e dos livros dos sacerdotes; perdeu seu mistério religioso; passa a ser uma língua que todos podem ler e podem falar.

Algo de mais grave ainda se manifesta nesses códigos. A natureza da lei e seu princípio não são mais os mesmos do período precedente. Antes a lei era um decreto da religião; passava por uma revelação feita pelos deuses aos ancestrais, ao divino fundador, aos reis sagrados, aos magistrados-sacerdotes. Nos códigos novos, ao contrário, não é mais em nome dos deuses que o legislador fala. Os decênviros de Roma receberam seu poder do povo; foi também o povo que investiu Sólon do direito de fazer leis. O legislador não representa mais, portanto, a tradição religiosa, mas a vontade popular. A lei passa a ter doravante por princípio o interesse dos homens, e por fundamento o assentimento da maioria.

Isso teve duas consequências. Em primeiro lugar, a lei não se apresenta mais como uma fórmula imutável e indiscutível. Tornando-se obra humana, reconhece-se sujeita à transformação. As Doze Tábuas o dizem: "O que os sufrágios do povo ordenaram em última instância é a lei".[139] De todos os textos que nos restam deste código nenhum supera este em importância, nem indica melhor o caráter da revolução que se operou então no direito. A lei não é mais uma tradição santa, *mos*; é um simples texto, *lex*, e como é a vontade dos homens que a faz, essa mesma vontade pode alterá-la.

A outra consequência é a seguinte: a lei, que antes era uma parte da religião, sendo, por conseguinte, o patrimônio das famílias sagradas, tornou-se doravante a propriedade comum de todos os cidadãos. O plebeu pôde invocá-la e agir na justiça. Quando muito, o patrício de Roma, mais tenaz ou mais sagaz que o eupátrida de Atenas, tentou ocultar da multidão as formas do processo, e mesmo estas formas não tardaram a ser divulgadas.

Assim, o direito mudou de natureza. Desde logo não pôde mais conter as mesmas prescrições da época precedente. Enquanto a religião exercera influência no processo, este regeu as relações dos homens entre si conforme os princípios dessa religião. Mas a classe inferior, que trouxe para a cidade outros princípios, nada compreendia nem das velhas regras do direito de propriedade, nem do antigo direito de sucessão, nem da autoridade absoluta do pai, nem do parentesco de agnação. Queria que tudo isto desaparecesse.

---

139. Tito Lívio, VII, 17; IX, 33, 34.

Na verdade, esta transformação do direito não pôde se operar de uma vez. Se por vezes é possível ao homem alterar bruscamente suas instituições políticas, não lhe é possível mudar suas leis e seu direito privado senão lentamente e por estágios. É o que provam a história do direito romano e a história do direito ateniense.

As Doze Tábuas, como vimos páginas atrás, foram escritas em meio a uma transformação social; foram patrícios que as fizeram, mas eles as fizeram a pedido da plebe e para o uso desta. Esta legislação não é mais, portanto, o direito primitivo de Roma; e não é ainda o direito pretoriano – é uma transição entre os dois.

Vejamos primeiramente os pontos nos quais ela não se distancia ainda do direito antigo.

Ela mantém o poder do pai; permite a este que julgue seu filho, que o condene à morte, que o venda. Enquanto o pai é vivo, o filho não é jamais maior.

No que diz respeito às sucessões, conserva também as regras antigas. A herança passa aos agnados e, na falta de agnados, aos *gentiles*. Quanto aos cognados, ou seja, os parentes via feminina, a lei ainda os desconhece; não herdam entre si. A mãe não sucede ao filho, nem o filho à mãe.[140]

Conserva no que respeita à emancipação e à adoção o caráter e os efeitos que esses dois atos possuíam no direito antigo. O filho emancipado não participa mais do culto da família e disto resulta que não tem mais direito à sucessão.

Vejamos agora os pontos nos quais essa legislação se distancia do direito primitivo.

Admite formalmente que o patrimônio pode ser dividido entre os irmãos, já que concede o *actio familiae erciscundae*.[141]

Declara que o pai não poderá dispor da pessoa do filho por mais de três vezes, e que depois de três vendas o filho será livre.[142] Eis aqui o primeiro golpe que o direito romano assestou à autoridade paterna.

Uma outra transformação mais grave foi aquela que concedeu ao homem o poder de testar. Antes, o filho era herdeiro *seu e necessário*; à falta de filho, o mais próximo agnado herdava; à falta de agnados, os bens retornavam a *gens*, em lembrança do tempo em que a *gens*, ainda indivisa, era a única proprietária do domínio que mais tarde se dividira. As Doze Tábuas deixam de lado estes

---

140. Gaio, III, 17; III, 24. Ulpiano, XVI, 4. Cícero, *De invent.*, I, 5.
141. Gaio, no *Digesto*, X, 2, 1.
142. Ulpiano, *Fragm.*, X, 1.

princípios envelhecidos. Consideram a propriedade como não mais pertencendo a *gens*, mas ao indivíduo. Reconhecem, portanto, ao homem o direito de dispor de seus bens por testamento.

Não é que no direito primitivo o testamento fosse completamente desconhecido. O homem já podia, então, escolher um legatário fora da *gens*, mas sob a condição de ter sua escolha aprovada pela assembleia das cúrias, de sorte que somente a vontade da cidade inteira pudesse revogar a ordem que a religião estabelecera outrora. O direito novo desembaraçou o testamento desta regra incômoda e lhe atribuiu uma forma mais fácil, a saber, aquela da venda simulada. O homem simulará vender sua fortuna àquele que escolheu para legatário; na realidade, terá feito um testamento, e ficará dispensado do comparecimento diante da assembleia do povo.

Esta forma de testamento apresentava a grande vantagem de ser permitida ao plebeu. Não tendo nada em comum com os cúrias, o plebeu não dispusera até agora de nenhum modo de testar.[143] Doravante pôde fazer uso do processo da venda fictícia e dispor de seus bens. O que há de mais notável neste período da história da legislação romana é que, mediante a introdução de certas formas novas, o direito pôde estender sua ação e seus benefícios às classes inferiores. As antigas regras e antigas formalidades só puderam e só podiam ainda aplicar-se convenientemente às famílias religiosas. Mas concebiam-se novas regras e novos procedimentos que fossem aplicáveis aos plebeus.

É pela mesma razão e em consequência da mesma necessidade que foram introduzidas inovações na parte do direito que se relacionava ao casamento. Está claro que as famílias plebeias não praticavam o casamento sagrado e pode-se crer que para elas a união conjugal repousava unicamente na convenção mútua das partes (*mutuus consensus*) e na afeição que se tinham prometido os dois contraentes (*affectio maritalis*). Nenhuma formalidade civil ou religiosa era realizada. Este casamento plebeu acabou por prevalecer, no decorrer no tempo, nos costumes e no direito; mas originariamente, as leis da cidade patrícia não lhe reconheciam qualquer valor. Ora, disto resultaram graves consequências. Como o poder marital e paterno derivava, aos olhos do patrício, tão só da cerimônia religiosa, que iniciara a mulher ao culto do esposo, concluía-se que o plebeu não detinha esse poder. A lei não lhe reconhecia família alguma, e o direito privado não existia para ele. Era uma situação que não podia mais

---

143. Havia também o testamento *in procinctu*, mas não estamos bem informados a respeito deste tipo de testamento. Talvez fosse para o testamento *calatis comitiis* o que a assembleia por centúrias era para a assembleia por cúrias.

perdurar. Concebeu-se, portanto, um procedimento para uso do plebeu e que para as relações civis produzisse os mesmos efeitos do casamento sagrado. Recorreu-se, como no caso do testamento, ao artifício de uma venda fictícia. A mulher era comprada pelo marido (*coemptio*) e desde então reconhecida em direito como parte de sua propriedade (*familia*), ficava-lhe *na mão* e assumia posição de filha relativamente a ele, exatamente como se a cerimônia religiosa tivesse sido realizada.[144]

Não saberíamos afirmar se este processo foi mais antigo que as Doze Tábuas. É, ao menos certo, que a legislação nova o reconheceu como legítimo. Ela dava assim ao plebeu um direito privado, que era análogo, quanto aos efeitos, ao direito patrício, embora diferisse muito no que dizia respeito aos seus princípios.

À *coemptio* corresponde o *usus*; trata-se de duas formas de um mesmo ato. Todo objeto pode ser adquirido indiferentemente de duas maneiras, por *compra* ou por *uso*. E o mesmo ocorre quanto à propriedade fictícia da mulher. O *uso* aqui é a coabitação por um ano, que estabelece entre os esposos os mesmos vínculos de direito da compra e da cerimônia religiosa. É sem dúvida ocioso acrescentar que era necessário que a coabitação fosse precedida do casamento, ao menos do casamento plebeu que se efetuava por consentimento e afeição das partes. Nem a *coemptio* nem o *usus* produziam a união moral entre os esposos, visto que ocorriam somente após o casamento e apenas estabeleciam um laço de direito. Não eram, como se repetiu com excessiva frequência, modalidades de casamento; eram apenas meios de aquisição do poder marital e paterno.[145]

Mas o poder marital dos tempos antigos teve consequências que, na época da história a que chegamos, começaram a parecer excessivas. Vimos que a mulher estava submetida sem reservas ao marido, e que o direito deste ia ao ponto de poder aliená-la e vendê-la.[146] Sob outro prisma, o poder marital produzia ainda efeitos que o bom senso do plebeu custava a compreender; assim, a mulher colocada *na mão* de seu marido era separada de uma forma absoluta de sua família paterna, não herdava desta, e não conservava com

---

144. Gaio, I, 113-114.
145. Gaio, I, 111: *Quae anno continuo NUPTA perseverabat*. A *coemptio* era tão pouco uma modalidade de casamento, que a mulher podia contratá-la com alguém que não fosse seu marido, à guisa de exemplo, com um tutor.
146. Gaio, I, 117, 118. Que esta emancipação fosse fictícia no tempo de Gaio é indubitável, mas pode ter sido real originariamente. Ademais, o casamento por mero *consensus* carecia daquela natureza de casamento sagrado que estabelece entre os esposos um vínculo indissolúvel.

ela nenhum vínculo ou parentesco aos olhos da lei. Isto era bom no direito primitivo, quando a religião proibia que a mesma pessoa pertencesse a duas *gentes*, sacrificasse a dois fogos domésticos, e fosse herdeira em duas casas. Mas o poder marital não era mais concebido com este rigor e se podia ter vários motivos excelentes para querer escapar dessas duras consequências. Assim, a Lei das Doze Tábuas, a despeito de estabelecer a coabitação por um ano já concedendo ao homem o poder sobre a mulher, foi forçada a deixar aos esposos a liberdade de não contrair um vínculo tão rigoroso. Se a mulher interrompesse todo ano a coabitação, nem que fosse por uma ausência de três noites, seria o suficiente para que o poder marital não se estabelecesse mais. Desde então, a mulher passa a conservar com sua própria família um vínculo de direito, podendo dela herdar.

Sem que seja necessário entrarmos em minúcias mais extensas, vê-se que o código das Doze Tábuas já se afasta muito do direito primitivo. A legislação romana se transforma como o governo e o estado social. Pouco a pouco, e quase a cada geração, produzirá alguma mudança nova. À medida que as classes inferiores fizerem um progresso na ordem política, uma nova modificação será introduzida nas regras do direito. Em primeiro lugar, é o casamento que será permitido entre patrícios e plebeus. Em seguida, será a lei Papíria, que proibirá que o devedor empenhe sua própria pessoa ao credor. É o processo que se simplificará, para grande proveito dos plebeus, pela abolição das *ações da lei*. Enfim, o pretor, continuando a caminhar pela via que as Doze Tábuas abriram, traçará ao lado do direito antigo um direito absolutamente novo que a religião não terá mais ditado e que se reaproximará mais e mais do direito da natureza.

Uma revolução análoga ocorreu no direito ateniense. Sabe-se que dois códigos de leis foram redigidos em Atenas, separados por um período de trinta anos, o primeiro por Drácon, o segundo por Sólon. O de Drácon foi escrito no auge da luta das duas classes, e quando os eupátridas não estavam ainda derrotados. Sólon redigiu o seu no mesmo momento em que a classe inferior o conquistou. Desta maneira, as diferenças entre estes dois códigos são grandes.

Drácon era um eupátrida. Abrigava todos os sentimentos de sua casta e "era instruído no direito religioso". Parece ter se limitado a registrar por escrito os velhos costumes, sem nada mudar. Sua primeira lei é a seguinte: "Dever-se-á honrar os deuses e os heróis do país e oferecer-lhes sacrifícios anuais, sem afastar-se dos ritos seguidos pelos ancestrais". Foi conservada a lembrança de suas leis sobre o assassínio. Prescrevem que o culpado seja afastado dos templos, e o proíbem de tocar a água lustral e os vasos das cerimônias.[147]

Suas leis pareceram cruéis às gerações subsequentes. Eram, de fato, ditadas por uma religião implacável, que via em toda falta uma ofensa à divindade, e em toda ofensa à divindade um crime irremissível. O roubo era punido com a morte, porque o roubo era um atentado à religião da propriedade.

Um curioso artigo que nos foi conservado dessa legislação mostra dentro de que espírito foi concebida. Apenas proporcionava o direito de demandar em justiça por um crime aos parentes do morto e aos membros de sua *gens*.[148] Vemos por isto quanto a *gens* era ainda poderosa nessa época, já que não permitia à cidade intervir por dever de ofício nos seus negócios, mesmo que fosse para vingá-la. O homem pertencia ainda mais à família que à cidade.

Examinando tudo o que a nós chegou dessa legislação, constatamos que nada mais fez senão reproduzir o direito antigo. Possuía a dureza e a rigidez da velha lei não escrita. Pode-se crer que estabelecia uma demarcação bem profunda entre as classes, pois a classe inferior sempre a detestou, e ao cabo de trinta anos reclamava uma legislação nova.

O código de Sólon é completamente diferente. Vê-se que corresponde a uma grande revolução social. A primeira coisa que aí se observa é que as leis são as mesmas para todos. Não estabelecem distinção entre o eupátrida, o simples homem livre e o teta. Estes nomes nem sequer figuram em nenhum dos artigos que nos foram conservados. Sólon se vangloria nos seus versos de ter escrito as mesmas leis para os grandes e para os pequenos.[149]

Como as Doze Tábuas, o código de Sólon se afasta em muitos pontos do direito antigo; em outros pontos se mantém fiel a ele. Isto não significa que os decênviros romanos tenham copiado as leis de Atenas, mas as duas legislações, obras da mesma época, consequências da mesma revolução social, não podiam deixar de se assemelhar. Ainda assim, esta semelhança se acha apenas no espírito das duas legislações, pois se compararmos seus artigos veremos numerosas diferenças. Em certos pontos, o código de Sólon permanece mais próximo do direito primitivo do que as Doze Tábuas; em outros, entretanto, ele se afasta mais.

O direito antigo prescrevia que o filho primogênito fosse o único herdeiro. A lei de Sólon se distancia disso e afirma em termos formais: "Os irmãos repartirão o patrimônio". Mas o legislador não se afasta ainda do direito primitivo

---

147. Aulo Gélio, XI, 18. Demóstenes, *in Leptinem*, 158. Porfírio, *De abstinentia*, IX.
148. Demóstenes, *in Evergum*, 68-71; *in Macartatum*, 37.
149. Θεσμοὺς δ' ὁμοίως τῷ κακῷ τε κἀγαθῷ ἔγραψα. *Sólon*, ed. Boissonade, p. 105.

a ponto de conferir à irmã uma parcela da sucessão. "A partilha" – diz ele – "se fará *entre os filhos*".[150]

E há mais: se um pai deixa apenas uma filha, esta filha única não pode ser herdeira; é sempre o agnado mais próximo que detém a sucessão. Nisto Sólon se conforma ao antigo direito. Ao menos, consegue dar à filha o gozo do patrimônio, forçando o herdeiro a desposá-la.[151]

O parentesco pelas mulheres era desconhecido no antigo direito. Sólon o admite no direito novo, mas colocando-o abaixo do parentesco por via masculina. Eis aqui sua lei:[152] "Se um pai morre intestado deixando apenas uma filha, o agnado mais próximo herda desposando essa filha. Se não deixar filho algum, seu irmão herdará e não sua irmã; e seu irmão germano ou consanguíneo, e não seu irmão uterino. À falta de irmãos, ou de filhos dos irmãos, a sucessão passará à sua irmã. Se não houver nem irmãos, nem irmãs, nem sobrinhos, os primos e seus filhos do lado paterno herdarão. Se não houver primos no lado paterno (ou seja, entre os agnados), a sucessão será deferida aos colaterais do lado materno (quer dizer, aos cognados)". Assim, as mulheres começaram a ter direitos à sucessão, mas inferiores aos direitos dos homens; a lei enuncia formalmente o princípio seguinte: "Os varões e os descendentes pelos varões excluem as mulheres e os descendentes das mulheres". Ao menos, esta espécie de parentesco é reconhecida e figura no domínio das leis, prova certa de que o direito natural começa a falar quase tão alto quanto a velha religião.

Sólon introduz ainda na legislação ateniense algo muito novo, o testamento. Antes dele, os bens passavam necessariamente ao mais próximo agnado, ou, na falta de agnados, aos *genetas* (*gentiles*);[153] a razão disto é que não se considerava que os bens pertencessem ao indivíduo, mas à família. Mas, no tempo de Sólon, principiava-se a conceber o direito de propriedade diferentemente. A dissolução do antigo γένος fizera de cada domínio o bem particular de um indivíduo. O legislador permite, então, ao homem dispor de sua fortuna e escolher seu legatário. Todavia, ao suprimir o direito que o γένος exercera sobre os bens de cada um de seus membros, ele não suprimiu o direito da família natural. O filho foi conservado como herdeiro necessário. Se o morto deixasse

---

150. Iseu, *De Apollod. hered.*, 20; *De Pyrrhi hered.*, 51, Demóstenes, *in Macart.*, 51; *in Boeotum de dote*, 22-24.
151. Iseu, *De Aristarchi hered.*, 5; *De Cironis her.*, 31; *De Pyrrhi her.*, 74; *De Cleonymi her.*, 39. Diodoro assinala em XII, 18, uma lei análoga de Carondas.
152. Iseu, *De Hagniae hereditate*, 11-12; *De Apollod. hered.*, 20. Demóstenes, *in Macartatum*, 51.
153. Plutarco, *Sólon*, 21: Ἐν τῷ γένει τοῦ τεθηκότος ἔδει τὰ χρήματα καταμένειν.

somente uma filha, não podia escolher seu herdeiro a não ser sob a condição de tal herdeiro desposar sua filha; sem filhos, o homem era livre para testar como bem quisesse.[154] Esta última regra era absolutamente nova no direito ateniense, e podemos avaliar por ela quanto se formavam então novas ideias sobre a família e quanto se principiava a distingui-la do antigo γένoς.

A religião primitiva concedera ao pai uma autoridade soberana na casa. O direito antigo de Atenas ia ao ponto de permitir-lhe que vendesse ou condenasse à morte o filho.[155] Sólon, conformando-se aos novos costumes, estabeleceu limites para esse poder;[156] sabe-se com certeza que ele proibiu ao pai vender a filha, a não ser que esta tivesse cometido um delito grave. É verossímil que a mesma proibição protegesse o filho. A autoridade paterna irá se enfraquecendo à medida que a antiga religião for perdendo sua influência, o que aconteceu mais cedo em Atenas do que em Roma. Assim, o direito ateniense não se contentou em dizer como as Doze Tábuas: "Após tripla venda o filho será livre". Permite ao filho que chegou a uma certa idade que escape do poder paterno. Os costumes, senão as leis, passaram de modo pouco perceptível a estabelecer a maioridade do filho, mesmo enquanto o pai ainda estava vivo. Conhecemos uma lei de Atenas que ordena que o filho alimente o pai velho ou enfermo. Uma tal lei implica necessariamente na capacidade de posse do filho, e que consequentemente estava ele liberto do poder do pai. Esta lei não existia em Roma, porque o filho jamais possuía qualquer coisa e permanecia sempre sob o poder do pai.

Para a mulher, a lei de Sólon se conformava ainda ao direito antigo, proibindo-a de fazer testamento, porque a mulher jamais fora realmente proprietária, podendo ter apenas em usufruto. Mas a lei de Sólon se afasta desse direito antigo ao permitir à mulher que retome seu dote.[157]

Havia ainda outras novidades nesse código. Em oposição a Drácon, que concedera o direito de demandar em justiça um crime somente à família da

---

154. Iseu, *De Pyrrhi hered.*, 68. Demóstenes, *in Stephanum*, II, 14. Plutarco, *Sólon*, 21.
155. Plutarco, *Sólon*, 13.
156. Plutarco, *Sólon*, 23.
157. Iseu, *De Pyrrhi hered.*, 8-9, 37-38. Demóstenes, *in Onetorem*, 7, 8; *in Aphobum*, I, 15; *in Boeotum de dote*, 6; *in Phoenippum*, 27; *in Neaeram*, 51, 52. Não se pode afirmar que a restituição do dote tenha sido estabelecida desde o tempo de Sólon. Constitui regra no tempo de Iseu e de Demóstenes. Há, todavia, uma observação a ser feita, a saber, o velho princípio segundo o qual o marido era proprietário dos bens trazidos pela mulher permanecia inscrito na lei (ex. Demóstenes, *in Phoenippum*, 27); porém, o marido se fazia devedor diante dos κύριoι da mulher, de uma soma correspondente ao dote, empenhando seus bens como garantia; Pólux, III, 36; VIII, 142; Boeckh, *Corpus inscript. gr.*, n. 1037 e 2261.

vítima, Sólon o concedeu a todo cidadão.[158] Mais uma regra do velho direito patriarcal a desaparecer.

Assim, em Atenas como em Roma, o direito começava a se tranformar. Para um novo estado social nascia um direito novo. As crenças, os costumes, as instituições foram se modificando; as leis que outrora haviam parecido justas e boas deixavam de parecê-lo, e gradativamente caíram no esquecimento.

---

158. Plutarco, *Sólon*, 18.

CAPÍTULO IX
NOVO PRINCÍPIO DE GOVERNO – O INTERESSE PÚBLICO E O SUFRÁGIO

A revolução que derrubou a dominação da classe sacerdotal e elevou a classe inferior ao nível dos antigos chefes das *gentes* marcou o início de um período novo na história das cidades. Uma espécie de renovação social se operou. Não se tratava simplesmente da substituição de uma classe de homens no poder por outra. Eram os velhos princípios que foram colocados de lado e as novas regras disponíveis que governariam as sociedades humanas.

É verdade que a cidade conservou as formas exteriores que tivera na época anterior. O regime republicano subsistiu. Os magistrados conservaram quase que em toda parte seus antigos nomes; Atenas possuía ainda seus arcontes e Roma seus cônsules. Do mesmo modo, nada foi mudado nas cerimônias da religião pública. Os repastos do pritaneu, os sacrifícios no começo da assembleia, os auspícios e as orações, tudo isto foi conservado. É bastante comum que o homem, ao rejeitar velhas instituições, queira conservar delas ao menos o aspecto exterior.

Mas, no fundo, tudo estava mudado. Nem as instituições, nem o direito, nem as crenças, nem os costumes foram nesse novo período o que tinham sido no precedente. O regime antigo desapareceu, levando consigo as regras rigorosas que estabelecera em todas as coisas. Um novo regime foi fundado e a vida humana mudou sua face.

A religião tinha sido durante longos séculos o único princípio de governo. Era necessário descobrir um outro princípio que fosse capaz de substituí-la e que pudesse, como ela, reger as sociedades, mantendo-as o máximo possível ao abrigo de oscilações e conflitos. O princípio sobre o qual o governo das cidades se fundou, doravante, foi o interesse público.

Deve-se observar este novo dogma que fez sua aparição no espírito dos homens e na história. Antes, a regra superior da qual emanava a ordem social não era o interesse, mas a religião. O dever de cumprir os ritos do culto fora o vínculo social. Desta necessidade religiosa brotara para uns o direito de comandar, para outros a obrigação de obedecer; daí tinham se originado as regras da justiça e do processo, as das deliberações públicas tanto quanto as da guerra. Não se indagava às cidades se as instituições que elas se concediam eram úteis, visto que tais instituições tinham sido estabelecidas porque a religião assim o desejara. Nem o interesse nem a conveniência haviam contribuído para estabelecê-las. E se a classe sacerdotal combatera para defendê-las, isto não tinha sido em nome do interesse público, mas em nome da tradição religiosa.

Mas, no período em que entramos agora, a tradição não exerce mais seu império e a religião não governa mais. O princípio regulador do qual todas as instituições devem tirar, doravante, sua força, o único que se coloca acima das vontades individuais e que pode fazê-las submeter-se, é o interesse público. Aquilo que os latinos chamam de *res publica* e os gregos de τὸ κοινόν, eis o que substitui a velha religião. É o que decide, doravante, a respeito das instituições e das leis, e é com o que se relacionam todos os atos importantes das cidades. Nas deliberações dos senados e das assembleias populares, quer se discuta uma lei ou uma forma de governo, um ponto do direito privado ou uma instituição política, não se indaga mais o que a religião prescreve, mas o que reclama o interesse geral.

Atribui-se a Sólon uma frase que caracteriza bem o regime novo. Alguém lhe perguntara se ele cria ter dado à sua pátria a melhor constituição, e ele teria respondido: "Não, mas aquela que melhor lhe convém".

Ora, já constituía algo de inteiramente novo não exigir das formas de governo e das leis senão um mérito relativo. As antigas constituições, baseadas nas regras do culto, proclamavam-se infalíveis e imutáveis; tinham detido o rigor e a inflexibilidade da religião. Sólon indicava por essa sua frase que no futuro as constituições políticas deveriam se conformar às necessidades, costumes e interesses dos homens de cada época. Não se tratava mais de uma verdade absoluta. As regras de governo deveriam ser doravante flexíveis e variáveis. Diz-se que Sólon desejava, quando muito, que suas leis fossem observadas por cem anos.[159]

As prescrições do interesse público não são assim tão absolutas, tão claras, tão manifestas quanto as prescrições de uma religião. Pode-se sempre discuti-las, nem sempre se captam à primeira vista. O modo que pareceu mais simples e mais seguro para saber o que o interesse público reclamava foi reunir

---

159. Plutarco, *Sólon,* 25. Segundo Heródoto, I, 29, Sólon contentou-se em fazer os atenienses jurarem que observariam suas leis durante dez anos.

os homens e consultá-los. Esse procedimento foi julgado necessário e quase cotidianamente empregado. Na época precedente, os auspícios tinham assumido quase toda a responsabilidade das deliberações; a opinião do sacerdote, do rei, do magistrado sagrado era toda-poderosa; votava-se pouco, e mais para cumprir uma formalidade do que para conhecer a opinião de cada um. Daqui para frente votou-se para tudo; era preciso ter o parecer de todos, para se estar seguro de dispor do conhecimento do interesse de todos. O sufrágio tornou-se o grande recurso do governo. Foi a fonte das instituições, a regra do direito. Decidiu quanto ao útil e mesmo quanto ao justo. Esteve acima dos magistrados, acima até das leis. O sufrágio foi o soberano da cidade.

O governo, assim, mudou sua natureza. Sua função essencial não foi mais a realização regular das cerimônias religiosas; ele foi, sobretudo, constituído para manter a ordem e a paz internas, a dignidade e o poder no exterior. O que estivera outrora em segundo plano, passou para o primeiro. A política alcançou a religião e o governo dos homens tornou-se coisa humana. Consequentemente, chegou um tempo em que ou novos magistrados foram criados, ou, pelo menos, os antigos assumiram um novo cunho. É o que podemos constatar pelos exemplos de Atenas e de Roma.

Em Atenas, durante a dominação da aristocracia, os arcontes tinham sido, sobretudo, sacerdotes. O cuidado de julgar, administrar e fazer guerra se reduzia a pouca coisa, e podia, sem maiores inconvenientes, estar vinculado ao sacerdócio. Quando a cidade ateniense repudiou os velhos procedimentos religiosos de governo, não suprimiu o arcontado, pois se experimentava uma grande repugnância em suprimir o que era antigo. Mas, ao lado dos arcontes, Atenas estabelece outros magistrados, que pela natureza de suas funções correspondiam melhor às necessidades da época. Foram os *estrategos*. A palavra significa chefe do exército, mas a autoridade deles não era puramente militar. Cuidavam das relações com as outras cidades, da administração das finanças e de tudo o que concernia ao policiamento da urbe. Pode-se dizer que os arcontes tinham em suas mãos a religião e tudo o que a ela se relacionava, com a direção aparente da justiça, enquanto que os estrategos detinham o poder político. Os arcontes conservavam a autoridade tal como os velhos tempos a haviam concebido; os estrategos detinham a autoridade que as novas necessidades os haviam feito estabelecer. Paulatinamente, chegou-se ao ponto em que os arcontes detinham tão somente a aparência do poder enquanto os estrategos o detinham em sua plena realidade. Esses novos magistrados não eram mais sacerdotes; realizavam apenas as cerimônias absolutamente indispensáveis em tempo de guerra. O governo tendia cada vez mais a se divorciar da religião.

Esses estrategos podiam ser escolhidos fora da classe dos eupátridas. Na prova a que deviam ser submetidos antes de serem nomeados (δοκιμασία), não se lhes perguntava, como se fazia ao arconte, se possuíam um culto doméstico e se pertenciam a uma família pura. Bastava terem cumprido sempre seus deveres de cidadãos e terem uma propriedade na Ática.[160] Os arcontes eram designados por sorteio, ou seja, pela voz dos deuses; coisa diversa sucedeu aos estrategos. Como o governo se tornava mais difícil e mais complicado, de modo que a piedade não era mais a qualidade principal, sendo necessárias a habilidade, a prudência, a coragem e a arte de comandar, não se acreditava mais que a voz da sorte fosse suficiente para produzir um bom magistrado. A cidade não desejava mais se ater à pretensa vontade dos deuses, desejando empenhar-se na livre escolha de seus chefes. Que o arconte, que era um sacerdote, fosse designado pelos deuses, era natural; mas o estratego, que tinha em suas mãos os interesses materiais da cidade, devia ser eleito pelos homens.

Se observarmos de perto as instituições de Roma, perceberemos que transformações do mesmo gênero se operaram. De um lado, os tribunos da plebe aumentaram a tal ponto sua importância que a direção da república, ao menos no que dizia respeito aos assuntos internos, acabou por estar em suas mãos. Ora, esses tribunos, que não tinham caráter sacerdotal, assemelhavam-se bastante aos estrategos; de outro lado, o próprio consulado só pôde subsistir alterando sua natureza; o que havia de sacerdotal nele desapareceu pouco a pouco. É bem verdade que o respeito dos romanos pelas tradições e as formas do passado exigiu que o cônsul continuasse a realizar as cerimônias religiosas instituídas pelos ancestrais. Mas compreende-se perfeitamente que no dia em que os plebeus foram cônsules, essas cerimônias passaram a ser vãs formalidades. O consulado tornou-se dia a dia menos sacerdotal e cada vez mais um comando. Esta transformação foi vagarosa, insensível, desapercebida, e nem por isso deixou de ser completa. O consulado certamente não era mais, no tempo dos Cipiões, o que fora no tempo de Publícola. O tribunado militar, que o senado instituiu em 443, e do qual os escritores antigos nos dão escassíssimas informações, foi talvez a transição entre o consulado da primeira época e aquele da segunda.

Pode-se também observar que foi feita uma alteração na maneira de nomear os cônsules. Com efeito, nos primeiros séculos, o voto das centúrias na eleição do magistrado era, já o vimos, uma mera formalidade. Na verdade, o cônsul de cada ano era *criado* pelo cônsul do ano anterior, que lhe transmitia

---

160. Dinarca, *in Demosthenem*, 71.

os auspícios após ter obtido o assentimento dos deuses. As centúrias se limitavam a votar nos dois ou três candidatos apresentados pelo cônsul em exercício. Não havia debate algum. O povo podia detestar um candidato, mas nem por isso deixava de estar obrigado a votar nele. No tempo que estamos estudando agora, a eleição era completamente diferente, ainda que as formas dela fossem idênticas. Havia ainda, como no passado, uma cerimônia religiosa e um voto, mas é a cerimônia que não passa de uma formalidade, enquanto que o voto é a realidade. O candidato deve ainda se fazer apresentar pelo cônsul que preside, mas o cônsul é obrigado, senão pela lei, ao menos pela força do costume, a aceitar todos os candidatos e declarar que os auspícios lhes são igualmente favoráveis a todos. Assim, as centúrias nomeiam quem querem. A eleição não pertence mais aos deuses, está nas mãos do povo. Os deuses e os auspícios não são mais consultados a não ser sob a condição de serem imparciais entre todos os candidatos. São os homens que escolhem.

CAPÍTULO X

TENTA-SE CONSTITUIR UMA ARISTOCRACIA DE RIQUEZA – A DEMOCRACIA SE ESTABELECE – QUARTA REVOLUÇÃO

O regime que sucedeu ao domínio da aristocracia religiosa não foi inicialmente a democracia. Vimos, pelo exemplo de Atenas e de Roma, que a revolução que se realizou não fora obra das classes mais baixas. Houve, de fato, algumas urbes nas quais estas classes se rebelaram primeiramente, mas essas urbes não foram capazes de fundar nada durável; prova disto foram as longas desordens em que caíram Siracusa, Mileto e Samos. O regime novo só se estabeleceu com alguma firmeza onde encontrou de imediato uma classe superior que pôde tomar em suas mãos, por algum tempo, o poder e a autoridade moral que haviam saído das mãos dos eupátridas ou dos patrícios.

Qual podia ser essa aristocracia nova? Afastada a religião hereditária, o único elemento de distinção social que restava era a riqueza. Solicitou-se, portanto, à riqueza que fixasse as posições, as inteligências não admitindo desde já que a igualdade devesse ser absoluta.

Assim, Sólon só acreditou poder levar ao esquecimento a antiga distinção baseada na religião hereditária estabelecendo uma nova divisão baseada na riqueza. Dividiu os homens em quatro classes e lhes conferiu direitos desiguais; era preciso ser rico para chegar às altas magistraturas; era preciso pertencer, ao menos, a uma das duas classes médias para ter acesso ao senado e aos tribunais.[161]

Em Roma, aconteceu o mesmo. Já vimos que Sérvio somente diminuiu o poder do patriciado criando uma aristocracia rival. Criou doze centúrias de

---

[161]. Plutarco, *Sólon*, 1 e 18; *Aristides*, 13. Aristóteles, citado por Harpocration, nas palavras Ἱππεῖς, Θῆτες. Pólux, VIII, 129. Cf. Iseu, *De Apollod. her.*, 39, Ὡς ἱππάδα τελῶν ἄρχειν ἠξίου τὰς ἀρχάς.

cavaleiros escolhidos entre os plebeus mais ricos, o que foi a origem da ordem equestre, doravante a ordem abastada de Roma. Os plebeus, que não dispunham da fortuna fixada para ser em cavaleiros, foram divididos em cinco classes, de acordo com a riqueza de cada um. Os proletários ficaram à margem de todas as classes. Não tinham direitos políticos; figuravam-se nos comícios por centúrias, é certo, pelo menos, que aí não votavam.[162] A constituição republicana conservou estas distinções estabelecidas por um rei e a plebe não se mostrou a princípio muito desejosa de instaurar a igualdade entre seus membros.

O que se presencia tão claramente em Atenas e Roma volta a ser encontrado em quase todas as outras cidades. Em Cumas, por exemplo, os direitos políticos foram a princípio conferidos apenas àqueles que, sendo possuidores de cavalos, formavam uma espécie de ordem equestre; posteriormente, os que vinham após eles de acordo com o montante de sua fortuna obtiveram os mesmos direitos, e esta última medida só elevou o número dos cidadãos a mil. Em Régio, o governo permaneceu muito tempo nas mãos dos mil mais ricos da cidade. Em Turi, era necessária uma fortuna muito elevada para fazer parte do corpo político. Pode-se ver com clareza nas poesias de Teógnis que em Megara, após a queda dos nobres, foi a riqueza que reinou. Em Tebas, para gozar dos direitos de cidadão não era necessário ser nem artífice nem comerciante.[163]

Assim, os direitos políticos que, na época anterior, eram inerentes ao nascimento, foram por algum tempo inerentes à fortuna. Esta aristocracia de riqueza formou-se em todas as cidades, não por efeito de um cálculo, mas pela própria natureza do espírito humano que, saindo de um regime de profunda desigualdade, não chegou imediatamente à igualdade completa.

Cabe aqui a observação de que essa aristocracia não alicerçou sua superioridade exclusivamente na riqueza. Em todo lugar demonstrou empenho no sentido de pertencer à classe militar. Encarregou-se de defender as cidades ao mesmo tempo que as governava. Reservou para si as melhores armas e a posição de maiores perigos nos combates, desejosa de imitar nisto a classe nobre que substituía. Em todas as cidades, foram os mais ricos que formaram a

---

162. Tito Lívio, I, 43; Dionísio, IV, 20. Aqueles cuja fortuna não alcançava 11.500 asses (asse de uma libra) formavam apenas uma centúria, tendo consequentemente apenas um sufrágio dos 193, e tal era, a propósito, o modo de votação, que essa centúria jamais era chamada para dar seu sufrágio.
163. Aristóteles, *Política*, III, 3, 4; VI, 4, 5; Heráclides, nos *Fragmentos dos Hist. Gregos*, t. II, p. 217 e 219. Cf. Teógnis, verso 8, 502, 525-529.

cavalaria,[164] e a classe abastada o corpo dos hoplitas ou dos legionários.[165] Os pobres ficaram isentos do serviço militar; no máximo eram empregados como vélites ou peltastas, ou figuravam entre os remadores da frota.[166] A organização do exército correspondia assim com perfeita exatidão à organização política da cidade. Os perigos eram proporcionais aos privilégios e a força material se encontrava nas mesmas mãos que a riqueza.[167]

Houve assim, em quase todas as cidades cuja história nos é conhecida, um período durante o qual a classe rica ou, pelo menos, a classe abastada, esteve de posse do governo. Esse regime político teve seus méritos, como todo regime pode ter os seus quando se conforma aos costumes da época e as crenças não lhe são contrárias. A nobreza sacerdotal da época anterior tinha seguramente prestado grandes serviços, pois foi ela que pela primeira vez estabelecera leis e fundara governos regulares. Possibilitara que as sociedades humanas vivessem com tranquilidade e dignidade durante muitos séculos. A aristocracia de riqueza teve um outro mérito: imprimiu à sociedade e à inteligência um novo impulso. Oriunda do trabalho sob todas as suas formas, ela o honrou e o fomentou. Esse novo regime conferia maior valor político ao homem mais laborioso, mais ativo ou mais hábil. Era, assim, favorável ao desenvolvimento da indústria e do comércio; era favorável também ao progresso intelectual, já que a aquisição dessa riqueza, que se ganhava ou se perdia, ordinariamente, de acordo com o mérito de cada um, fazia da instrução a necessidade primária e da inteligência a mais poderosa mola dos negócios humanos. Não é, portanto, de se surpreender que sob este regime Grécia e Roma tenham ampliado os limites de sua cultura intelectual e impulsionado mais adiante sua civilização.

---

164. Para Atenas, ver Xenofonte, *Hiparca*, I, 9. Para Esparta, Xenofonte, *Helênicas*, VI, 4, 10. Para as urbes gregas em geral, Aristóteles, *Política*, VI, 4, 3, ed. Didot, p. 597. Cf. Lísias, *in Alcibiad.*, I, 8; II, 7.

165. São os ὁπλῖται ἐκ καταλόγου dos quais nos fala Tucídides, VI, 43 e VIII, 24. Aristóteles, *Política*, V, 2, 8, observa que, na Guerra do Peloponeso, as derrotas em terra dizimaram a classe rica de Atenas, διὰ τὸ ἐκ καταλόγου στρατεύεσθαι. Para Roma, v. Tito Lívio, I, 42; Dionísio, IV, 17-20; VII, 59; Salústio, *Jugurtha*, 86; Aulo Gélio, XVI, 10.

166. Θῆτες οὐκ ἐστρατεύοντο, Harpocration, conforme Aristófanes.

167. Duas passagens de Tucídides mostram que ainda em seu tempo as quatro classes eram separadas para o serviço militar. Os homens das duas primeiras, *pentacosiomedimnos* e cavaleiros, serviam na cavalaria; os homens da terceira, zeugitas, eram hoplitas; o historiador assinala, igualmente, como exceção singular, terem eles sido empregados como marujos em caso de necessidade premente (III, 16). Em outro trecho, contando as vítimas da peste, Tucídides as classifica em três categorias, a saber, cavaleiros, hoplitas e, enfim, ὁ ἄλλος ὄχλος, a multidão vil (III, 87). Pouco a pouco, os tetas foram admitidos no exército (Tucídides, VI, 43; Antífon, em Harpocration, v. Θῆτες).

A classe rica não conservou o poder tanto tempo quanto a antiga nobreza hereditária. Seus títulos para a dominação não tinham o mesmo valor. Não possuía aquele caráter sagrado do qual o antigo eupátrida estava revestido; não era soberana em virtude das crenças e pela vontade dos deuses. Não tinha nada em si que exercesse domínio sobre a consciência e que forçasse o homem a submeter-se. O homem só se inclina diante daquilo que crê ser o reto ou perante aquilo que suas opiniões lhe mostram estar bem acima dele próprio. Pudera se curvar por muito tempo diante da superioridade religiosa do eupátrida que proferia a oração e era detentor dos deuses. Mas a riqueza não se lhe impunha. Ante a riqueza, o sentimento mais ordinário que se alimenta não é o respeito, mas a inveja. A desigualdade política que resultava da diferença das fortunas se afigurou logo como uma iniquidade, e os homens envidaram esforços para fazê-la desaparecer.

A propósito, a sequência de revoluções, uma vez desencadeadas, não devia mais se deter. Derrubados estavam os velhos princípios e não se dispunha mais de tradições e regras fixas. Havia um sentimento geral de instabilidade das coisas, que fazia com que nenhuma constituição fosse mais capaz de perdurar muito. A nova aristocracia foi então atacada como fora a antiga. Os pobres quiseram ser cidadãos e se esforçaram para penetrar, por sua vez, no corpo político.

É impossível abordar os detalhes desta nova luta. A história das cidades, à medida que se distancia da origem, diversifica-se cada vez mais. As cidades passam por uma sequência idêntica de revoluções, mas estas se apresentam sob as formas mais variadas. Pode-se, ao menos, afirmar que nas urbes onde o principal elemento da riqueza era a posse do solo, a classe rica foi por mais tempo respeitada, ficando mais tempo no poder; e que, ao contrário, nas cidades como Atenas, onde havia poucas fortunas territoriais, e onde se enriquecia principalmente mediante a indústria e o comércio, a instabilidade das fortunas despertou mais cedo as cobiças ou as esperanças das classes inferiores, sendo a aristocracia atacada mais cedo.

Os ricos de Roma resistiram muito mais que os da Grécia, devido a razões às quais nos referiremos na sequência. Mas, quando se lê a história grega, observa-se com certa surpresa quão debilmente a nova aristocracia se defendeu. É verdade que não podia, como os eupátridas, opor aos seus adversários o grande e poderoso argumento da tradição e da piedade. Não podia recorrer aos antepassados e aos deuses. Carecia de um ponto de apoio nas suas próprias crenças: não tinha fé na legitimidade de seus privilégios.

Detinha a força das armas, mas mesmo esta superioridade acabou por lhe faltar. As constituições que os Estados se dão durariam, sem dúvida, bem mais se cada Estado pudesse permanecer no isolamento, ou se, ao menos, pudesse viver sempre em paz. Mas a guerra conturba o mecanismo das constituições e precipita as transformações. Ora, entre essas cidades da Grécia e da Itália, o estado de guerra era quase perpétuo. Era sobre a classe rica que o serviço militar mais pesava, já que era ela que ocupava a primeira posição nas batalhas. Amiúde no regresso de uma campanha, voltava à urbe dizimada e debilitada, e consequentemente sem condições de fazer frente ao partido popular. Em Tarento, por exemplo, tendo a classe superior perdido a maior parte de seus membros em uma guerra contra os japígios, abriu caminho para que a democracia se instalasse de imediato. O mesmo ocorrera em Argos trinta anos antes: logo após uma guerra infeliz contra os espartanos, o número de verdadeiros cidadãos foi tão drasticamente reduzido que foi preciso conceder o direito de cidadania a uma turba de *periecos*.[168-169] Foi para não cair neste extremo que Esparta poupou tanto o sangue dos verdadeiros espartanos. Quanto a Roma, suas guerras contínuas explicam em grande parte suas revoluções. A guerra começou por destruir seu patriciado; das trezentas famílias que esta casta contava sob a realeza, mal restou um terço após a conquista de Sâmnio. A guerra em seguida ceifou a plebe primitiva, esta plebe rica e corajosa que preenchia as cinco classes e formava as legiões.

Um dos efeitos da guerra era as cidades ficarem quase sempre reduzidas à condição de serem forçadas a dar armas às classes inferiores. É por isso que em Atenas e em todas as urbes marítimas a necessidade de uma marinha e as batalhas navais proporcionaram à classe pobre a importância que as constituições lhe negavam. Os tetas, elevados à posição de remadores, marujos e mesmo soldados, e tendo nas mãos a salvação da pátria, sentiram-se indispensáveis e se tornaram audaciosos. Esta foi a origem da democracia ateniense. Esparta receava a guerra. Pode-se ver em Tucídides sua lentidão e repugnância quanto a entrar em campanha. Deixou-se levar a contragosto para a Guerra do Peloponeso, mas quantos esforços fez para dela se safar! A razão disto é que Esparta se via obrigada a armar seus ὑπομείονες, seus neodâmodas, motácios, laconianos e mesmo seus ilotas, e Esparta bem sabia que toda guerra, pondo armas nas mãos dessas classes que ela oprimia, a expunha ao perigo da revolução, tornando necessário para Esparta, por ocasião do retorno do exército, ou suportar

---

168. περίοικος, literal e genericamente, habitante das vizinhanças; especificamente, habitante de um país conquistado, de condição social desclassificada, entre o cidadão e o escravo. (N.T.)
169. Aristóteles, *Política*, V, 2, 3.

a lei do seus ilotas, ou encontrar um meio de massacrá-los silenciosamente.[170] Os plebeus caluniavam o senado de Roma quando o censuravam por procurar sempre novas guerras. O senado era habilíssimo. Estava ciente de quanto essas guerras lhe custavam em concessões e derrotas no fórum. No entanto, não podia evitá-las, pois Roma estava circundada de inimigos.

Está portanto fora de dúvida que a guerra gradativamente preencheu a distância que a aristocracia de riqueza havia colocado entre ela e as classes inferiores. Devido a isso, não tardou para que as constituições ficassem em desacordo com o estado social, sendo necessário modificá-las. Ademais, deve-se reconhecer que todo privilégio estava necessariamente em contradição com o princípio que governava, então, os homens. O interesse público não era um princípio cuja natureza levasse a autorizar e manter por muito tempo a desigualdade. Pelo contrário, o interesse público conduzia inevitavelmente as sociedades para a democracia.

Isto é tão verdadeiro que foi necessário em todo lugar, um pouco mais cedo ou um pouco mais tarde, conceder a todos os homens livres direitos políticos. Desde que a plebe romana desejou ter comícios que lhe fossem próprios, teve que neles admitir os proletários, sem poder fazer aí a divisão das classes. A maioria das cidades assistiu assim à formação das assembleias verdadeiramente populares e o sufrágio universal foi estabelecido.

Ora, o direito ao sufrágio tinha, então, um valor incomparavelmente maior do que aquele que pode ter nos Estados modernos. Por meio dele, o último dos cidadãos punha a mão em todos os negócios, nomeava os magistrados, fazia as leis, administrava a justiça, decidia sobre a guerra e a paz e redigia os tratados que celebravam alianças. Bastava, portanto, essa extensão do direito ao sufrágio para que o governo fosse verdadeiramente democrático.

É mister fazer uma derradeira observação. Ter-se-ia, talvez, evitado o advento da democracia se tivesse sido possível fundar o que Tucídides chama de ὀλιγαρχία ἰσόνομος, ou seja, o governo para alguns e liberdade para todos. Mas os gregos não faziam uma ideia nítida da liberdade; os direitos individuais entre eles sempre careceram de garantias. Sabemos por meio de Tucídides, em quem não podemos apontar seguramente excessivo amor pelo governo democrático, que sob o domínio da oligarquia o povo se achava exposto a muitos vexames, condenações arbitrárias e execuções brutais. Lemos nesse historiador "que era necessário o regime democrático para que os pobres tivessem um refúgio e os

---

170. Ver o que narra Tucídides, IV, 80.

ricos, um freio". Os gregos jamais souberam conciliar a igualdade civil com a desigualdade política. Para que o pobre não fosse lesado nos seus interesses pessoais, pareceu-lhes necessário que ele tivesse direito a um sufrágio, que fosse juiz nos tribunais e que pudesse ser magistrado. Se nos lembrarmos, ainda, que entre os gregos o Estado era uma potência absoluta, e que nenhum direito individual podia se lhe opor, compreenderemos que imenso interesse havia por parte de cada homem, mesmo para o mais humilde, em gozar de direitos políticos, ou seja, fazer parte do governo. Sendo o soberano coletivo assim tão onipotente, o homem somente podia ser algo como um membro dessa soberania. Sua segurança e sua dignidade consistiam nisso. Desejava-se deter os direitos políticos não para possuir a verdadeira liberdade, mas para, ao menos, possuir aquilo que a pudesse substituir.

CAPÍTULO XI

REGRAS DO GOVERNO DEMOCRÁTICO – EXEMPLO DA DEMOCRACIA ATENIENSE

À medida que as revoluções seguiam seu curso e distanciavam-se do antigo regime, o governo dos homens se tornava mais difícil. Exigia regras mais minuciosas, mecanismos mais numerosos e mais delicados. É o que se pode apreciar pelo exemplo do governo de Atenas.

Atenas contava com um grande número de magistrados. Em primeiro lugar, tinha retido todos aqueles da época anterior, o arconte, que dava seu nome ao ano e velava pela perpetuidade dos cultos domésticos, o rei que realizava os sacrifícios, o polemarca que figurava como chefe do exército e que julgava os estrangeiros, os seis tesmotetas que pareciam administrar justiça e que na realidade se limitavam a presidir aos grandes júris; Atenas tinha ainda os dez ίεροποιοί que consultavam os oráculos e realizavam alguns exercícios, os παράσοτοι que acompanhavam o arconte e o rei nas cerimônias, os dez atlotetas que permaneciam quatro anos em exercício para preparar a festa de Atena, e enfim, os prítanes que em número de cinquenta ficavam reunidos permanentemente para vigiar a manutenção do fogo público e o prosseguimento dos repastos sagrados. Vê-se por esta lista que Atenas permanecia fiel às tradições dos antigos tempos; tantas revoluções não haviam ainda conseguido destruir esse respeito supersticioso. Ninguém ousava romper com as velhas formas da religião nacional. A democracia continuava o culto instituído pelos eupátridas.

Vinham, em seguida, os magistrados especialmente criados para a democracia, que não eram sacerdotes e que cuidavam dos interesses materiais da cidade. Eram, primeiramente, os dez estrategos que se ocupavam dos assuntos bélicos e políticos; a seguir, os astínomos, que cuidavam do policiamento; os dez agorânomos, que zelavam pelos mercados da urbe e do Pireu; os quinze sitofiláquios, que fiscalizavam a venda do trigo; os quinze metrônomos, que controlavam os pesos e medidas; os dez guardas do tesouro; os dez recebedores de impostos; e os *onze*, encarregados da execução das sentenças. Que se esclareça que a maioria dessas magistraturas eram repetidas em cada uma das tribos e em cada um dos demos. O menor grupo populacional na Ática tinha seu arconte, seu sacerdote, seu secretário, seu recebedor e seu chefe militar. Quase não se podia dar um passo na urbe ou no campo sem encontrar um magistrado.

As funções eram anuais, do que resultava que quase não havia um único homem que não esperasse exercer, por sua vez, uma magistratura. Os magistrados-sacerdotes eram escolhidos por sorteio. Os magistrados que exerciam somente funções relativas à ordem pública eram eleitos pelo povo. Todavia, havia uma precaução contra os caprichos da sorte ou os do sufrágio universal: cada novo eleito era submetido a um exame, seja no senado, seja diante dos magistrados que estavam entregando os cargos, seja, enfim, no Areópago; não que se exigissem provas de capacidade ou de talento; tratava-se de uma pesquisa sobre a probidade de cada homem e sobre sua família; era requisito também que todo magistrado tivesse um patrimônio em bens de raiz.[171]

Pareceria que esses magistrados, eleitos pelos sufrágios de seus iguais, nomeados somente para um mandato de um ano, responsáveis e até mesmo revogáveis, devessem gozar de pouco prestígio e autoridade. Basta, portanto, ler Tucídides e Xenofonte para ter certeza de que eram respeitados e obedecidos. Houve sempre no caráter dos antigos, mesmo dos atenienses, uma grande facilidade para se curvar diante de uma disciplina. Talvez fosse a consequência dos hábitos de obediência que lhes haviam sido transmitidos pelo governo sacerdotal. Estavam acostumados a respeitar o Estado e todos aqueles que, em graus diversos, o representavam. Não lhes ocorria desprezar um magistrado, porque fora eleito por eles; o sufrágio tinha a reputação de uma das fontes mais santas de autoridade.[172]

Acima dos magistrados, cujo único encargo era fazer executar as leis, estava o senado. Este era um corpo deliberativo, uma espécie de conselho do

---

171. Dinarca, *Adv. Demosthenem*, 71: Τοὺς νόμους προλέγειν τῷ στρατηγῷ, τὴν παρὰ τοῦ δήμου πίστιν ἀξιοῦντι λαυβάνειν, παιδοποιεῖσθαι κατὰ τοὺς νόμους καὶ γῆν ἐντὸς ὅρων κεκτῆσθαι.
172. Isto não quer dizer que o magistrado de Atenas tenha sido respeitado e, sobretudo, temido como os éforos de Esparta ou os cônsules de Roma. Não somente devia todo magistrado ateniense prestar suas contas por ocasião da expiração de seu exercício, como mesmo durante o ano de sua magistratura podia ser destituído por um voto do povo (Aristóteles, em Harpocration, v. Κυρία; Pólux, VIII, 87; Demóstenes, *in Timotheum*, 9). Os exemplos de tal destituição são relativamente bastante raros.

Estado. Não agia, não produzia leis, não exercia qualquer soberania. Não se via qualquer inconveniência no fato de ser renovado todos os anos, pois não requeria de seus membros nem inteligência superior nem larga experiência. Era composto dos cinquenta prítanes de cada tribo, que exerciam alternadamente as funções sagradas e deliberavam todo ano a respeito dos interesses religiosos ou políticos da urbe. É provavelmente pelo fato de o senado ter sido originariamente apenas a reunião dos prítanes, ou seja, dos sacerdotes anuais do fogo público, que se manteve o costume de nomeá-lo por sorteio. Cumpre dizer que, uma vez pronunciada a sorte, cada nome era submetido a uma prova, podendo ser inclusive afastado se não parecesse suficientemente digno de honra.[173]

Acima do próprio senado havia a assembleia do povo. Esta era a verdadeira soberana. Mas, do mesmo modo que nas monarquias bem constituídas, o monarca se cerca de precauções contra seus próprios caprichos e erros, a democracia também tinha regras invariáveis às quais se submetia.

A assembleia era convocada pelos prítanes ou estrategos. Tinha lugar em um recinto fechado consagrado pela religião; desde a manhã, os sacerdotes haviam feito a volta ao Pnix, imolando vítimas e solicitando a proteção dos deuses. O povo se sentava em bancos de pedra. Sobre uma espécie de estrado elevado ficavam os prítanes ou os proedros que presidiam a assembleia. Quando todos já estavam sentados, um sacerdote (κῆρυξ)[174] elevava a voz: "Conservai o silêncio" – dizia ele –, "o silêncio religioso (εὐφημία); orai aos deuses e às deusas (e aqui ele dava os nomes das principais divindades do país), de maneira que tudo se passe o melhor possível nesta assembleia para o maior proveito de Atenas e a felicidade dos cidadãos". Depois, o povo, ou alguém em seu nome, respondia: "Invocamos os deuses para que protejam a cidade. Possa o parecer do mais sábio prevalecer! Sê maldito aquele que nos der maus conselhos, que pretender alterar os decretos e as leis, ou que revelar nossos segredos ao inimigo!".[175]

Em seguida, o arauto, sob ordem dos presidentes, declarava de que assunto a assembleia devia ocupar-se. O que era apresentado ao povo já devia ter sido

---

173. Ésquines, in Ctesiph., 2. Demóstenes, in Neaeram, 3. Lísias, in Philon., 2. Harpocration, v. Ἐπιλαχών.
174. κῆρυξ, toda pessoa que anuncia algo em voz alta; daí os arautos ou mensageiros e os proclamadores nas assembleias públicas. (N.T.)
175. Ésquines, in Timarch., 23; in Ctesiph., 2-6. Dinarca, in Aristogit., 14: Ὁ νόμος κελεύει εὐξάμενον τὸν κήρυκα μετ' εὐφημίας πολλῆς, οὕτως ὑμῖν τὸ βουλεύεσθαι διδόναι. Demóstenes, De falsa legat., 70: Ταῦθ' ὑπὲρ ὑμῶν καθ' ἑκάστην τὴν ἐκκλησίαν εὔχεται ὁ κῆρυξ νόμῳ προστεταγμένα. Cf. Aristófanes, Thesmoph., 25-350. Pólux, VIII, 160.

discutido e estudado pelo senado. O povo não dispunha do que chamamos em linguagem moderna de iniciativa. O senado lhe trazia um projeto de decreto e o povo devia rejeitá-lo ou admiti-lo, porém não tinha o poder de deliberar sobre outro assunto.

Lido o projeto de decreto pelo arauto, estava aberta a discussão. O arauto dizia: "Quem deseja tomar a palavra?" Os oradores subiam à tribuna, de acordo com a faixa de idade. Todo homem podia discursar, sem distinção de fortuna ou profissão, mas sob a condição de que apresentasse provas de estar no gozo de seus direitos políticos, de não ser devedor do Estado, de ter costumes puros, de estar legitimamente casado, de possuir bens de raiz na Ática, de ter cumprido todos os seus deveres em relação aos seus pais, de ter executado todas as expedições militares para as quais fora convocado e de não ter deixado no campo de batalha seu escudo em nenhum combate.[176]

Uma vez tomadas tais precauções contra a eloquência, o povo se entregava a ela a seguir inteiramente. Os atenienses, como diz Tucídides, não acreditavam que a palavra prejudicasse a ação. Sentiam, ao contrário, a necessidade de ser esclarecidos. A política não era mais, como no regime anterior, uma matéria de tradição e de fé. Era mister refletir e ponderar as razões. A discussão era necessária, pois toda questão era mais ou menos obscura e só o discurso podia trazer luz à verdade. O povo ateniense queria que cada assunto lhe fosse apresentado sob todas as suas faces diferentes e que se lhe mostrassem claramente os prós e os contras. Tinha em alta consideração os seus oradores; diz-se que recompensava em dinheiro cada discurso proferido na tribuna.[177] Fazia melhor ainda: escutava-os, pois não devemos imaginar este povo como uma multidão turbulenta e ruidosa; seu comportamento era, antes, o contrário. O poeta cômico o apresenta escutando boquiaberto, imóvel nos bancos de pedra.[178] Os historiadores e os oradores nos descrevem amiúde essas reuniões populares; a interrupção de um orador é uma ocorrência extremamente rara. Seja Péricles ou Cléon, Ésquines ou Demóstenes, o povo permanece atento; seja lisonjeado, seja censurado, o povo escuta. Permite que sejam expressas as opiniões mais antagônicas com louvável paciência. Por vezes, ouvem-se murmúrios – mas

---

176. Δοκιμασία ῥητόρων. Ésquines, in Timarchum, 27-33. Dinarca, in Demosthenem, 71.
177. É, ao menos, o que nos dá a entender Aristófanes, Vespas, 691: Φέρει τὸ συνηγορικόν, δραχμήν. O escoliasta acrescenta: Ἐλάμβανον οἱ ῥήτορες δραχμὴν ὅτε συνηγόρουν ὑπὲρ τῆς πόλεως.
178. Aristófanes, Cavaleiros, 1119.

gritos e vaias, jamais. O orador, seja lá o que diga, pode sempre chegar ao término de seu discurso.

Em Esparta, a eloquência é totalmente desconhecida. A razão disto é que os princípios do governo não são idênticos. A aristocracia ainda governa e detém tradições fixas que a dispensam do longo debate dos prós e dos contras de cada matéria. Em Atenas, o povo deseja ser instruído; somente se decide após um debate contraditório; sua ação só se segue à medida que é convencido ou acredita sê-lo. Para acionar o mecanismo do sufrágio universal, a palavra se faz indispensável. A eloquência é a mola do governo democrático. Assim, os oradores recebem logo o título de *demagogos*,[179] ou seja, de condutores da cidade, visto que são eles, com efeito, que a fazem agir e que determinam todas as suas resoluções.

Previa-se o caso em que um orador fizesse uma proposta contrária às leis existentes. Atenas possuía magistrados especiais, os quais chamava de guardiões das leis. Em número de sete, supervisionavam a assembleia, sentados em bancos elevados; se afiguravam como representantes da lei, que está acima do próprio povo. Se percebiam que uma lei era atacada, detinham o orador no meio de seu discurso e ordenavam a dissolução imediata da assembleia. O povo se separava, sem direito ao sufrágio.[180]

Havia uma lei, de pouca aplicação na verdade, que punia todo orador que se constatasse ter dado um mau conselho ao povo. Havia uma outra que impedia o acesso à tribuna de todo orador que aconselhara por três vezes resoluções que se opunham às leis existentes.[181]

Atenas sabia muito bem que a democracia somente pode se sustentar pelo acatamento às leis. O cuidado de procurar as mudanças cuja introdução pudesse ser útil à legislação cabia especialmente aos tesmotetas. Suas propostas eram apresentadas ao senado, que detinha o direito de rejeitá-las, mas não o direito de convertê-las em leis. Em caso de aprovação, o senado convocava a assembleia e lhe comunicava o projeto dos tesmotetas. Mas o povo a nada devia dar resolução de imediato; transferia a discussão para um outro dia e, no aguardo, designava cinco oradores com a missão especial de defender a antiga lei e salientar os inconvenientes da inovação proposta. No dia fixado, o povo

---

179. δημαγωγός, aquele que conduz ou controla o povo, ou ainda *que ganha o favorecimento do povo*. O conceito de *demagogia* não tem, entretanto, entre os antigos atenienses, uma conotação pejorativa. (N.T.)
180. Pólux, VIII, 94. Filócoro, *Fragm.*, col. Didot, p. 497.
181. Ateneu, X, 73. Pólux, VIII, 52. Ver G. Perrot, *História do Direito Público em Atenas*, cap. II.

se reunia de novo, e escutava primeiramente os oradores encarregados da defesa das antigas leis, e em seguida aqueles que apoiavam as novas. Ouvidos os discursos, o povo ainda não se pronunciava. Contentava-se em nomear uma comissão, bastante numerosa, mas composta exclusivamente de homens que tivessem exercido as funções de juiz. Essa comissão retomava o exame do assunto, escutava novamente os oradores, discutia e deliberava. Se rejeitasse a lei proposta, seu julgamento era sem apelo. Se a aprovasse, reunia ainda por mais uma vez o povo que, por essa terceira vez, devia enfim votar, sendo que seus sufrágios faziam da proposta uma lei.[182]

A despeito de tanta prudência, era possível, por vezes, que uma proposta injusta ou funesta fosse adotada. Contudo, a lei nova trazia sempre o nome de seu autor, que podia posteriormente ser demandado em justiça e punido. O povo, como verdadeiro soberano, era considerado impecável, mas cada orador permanecia sempre responsável pelo conselho que dera.[183]

Tais eram as regras acatadas pela democracia. Disto não se deve concluir que a democracia jamais cometia erros. Qualquer que seja a forma de governo, monarquia, aristocracia, democracia, há dias em que é a razão que governa, e outros em que é a paixão que o faz. Nenhuma constituição jamais suprimiu as fraquezas e os vícios da natureza humana. Quanto mais minuciosas são as regras, mais indicam quão difícil e repleta de perigos é a condução da sociedade. A democracia só podia durar à força de prudência.

É de se surpreender, também, quanto trabalho essa democracia requeria dos homens. Era um governo muito laborioso. Vejamos como é a vida de um ateniense. Em um dia ele é convocado à assembleia de seu demo, tendo que deliberar sobre os interesses religiosos ou financeiros dessa pequena associação; em outro dia é convocado à assembleia de sua tribo – trata-se de regulamentar uma festa religiosa ou examinar despesas, ou fazer decretos, ou ainda nomear chefes e juízes. Três vezes por mês, regularmente, é necessário que assista à assembleia geral do povo e ela não tem o direito de faltar a ela. Ora, a sessão é longa, já que a ela não comparece apenas para votar. Chegando de manhã, é preciso que esteja presente até uma hora avançada do dia escutando os oradores. Ficará impedido de votar a não ser que tenha estado presente desde a abertura

---

182. Ver acerca destes pontos da constituição ateniense os dois discursos de Demóstenes, contra Léptines e contra Timócrates; Ésquines, *in Ctesiphontem*, 38-40; Andócides, *De mysteriis*, 83-84; Pólux, VIII, 101.
183. Tucídides, III, 43. Demóstenes, *in Timocratem*.

da sessão e tenha escutado todos os discursos. Este voto é para ele assunto da maior seriedade; em uma ocasião, trata-se de nomear seus chefes políticos e militares, ou seja, aqueles a quem seus interesses e sua vida serão confiados por um ano; em outra, trata-se de estabelecer um imposto ou modificar uma lei; em outra ocasião ainda, trata-se de votar com respeito à guerra, ciente de que terá que dar seu sangue ou o de seu filho. Os interesses individuais estão indissoluvelmente unidos ao interesse do Estado. Um homem não pode ser indiferente ou leviano. Se se engana, ele sabe que isso acarretará em breve a punição e que em cada voto está comprometendo sua sorte e sua vida. No dia em que a desditosa expedição da Sicília foi decidida, não havia um único cidadão que desconhecesse que um dos seus a integraria e que não devesse dedicar toda a atenção de seu espírito em ponderar o que uma tal guerra apresentava de vantagens e o que apresentava de perigos. Era de suma importância que refletisse e se esclarecesse, pois qualquer fracasso da pátria significava para cada cidadão uma redução de sua dignidade pessoal, de sua segurança e de sua riqueza.

O dever do cidadão não se limitava ao voto. A seu turno, devia ser magistrado em seu demo ou na sua tribo. De dois em dois anos em média[184] era heliasta, ou seja, juiz, e passava um ano todo nos tribunais, ocupado em ouvir os litigantes e aplicar as leis. Não havia um único cidadão que não fosse convocado por duas vezes em sua vida para fazer parte do Senado dos Quinhentos, e então, durante um ano, ele se sentava todo dia, da manhã à noite, para receber os depoimentos dos magistrados, fazendo-os prestar suas contas, respondendo aos embaixadores estrangeiros, redigindo as instruções dos embaixadores atenienses, examinando todas as matérias que deviam ser submetidas ao povo e elaborando todos os decretos. Enfim, ele podia ser magistrado da cidade, arconte, estratego, astínomo, se o sorteio ou o sufrágio o designavam. Percebe-se que constituía um pesado fardo ser cidadão de um Estado democrático, que havia nisto o suficiente para ocupar quase a totalidade da existência, restando bem pouco tempo para os labores pessoais e a vida doméstica. E, assim, Aristóteles dizia, com muita justeza, que o homem que necessitava trabalhar para viver não podia ser cidadão. Tais eram as

---

184. Acredita-se que havia 6 mil heliastas para cerca de 18 mil cidadãos, mas deve-se subtrair desta última cifra todos aqueles que não tinham ainda trinta anos, os doentes, os ausentes, os homens que estavam em combate, os atingidos pela atimia, aqueles enfim que estavam evidentemente incapazes de julgar.

exigências da democracia. O cidadão, como o funcionário público dos dias de hoje, pertencia por inteiro ao Estado. Dava-lhe seu sangue na guerra, seu tempo durante a paz. Não era livre para deixar de lado os negócios públicos a fim de se dedicar com mais cuidado aos seus negócios particulares. Eram antes os seus negócios que devia negligenciar para trabalhar em proveito da cidade. Os homens passavam suas vidas a se governar. Só era possível que a democracia durasse graças ao labor incessante de todos os seus cidadãos. Bastaria que o zelo diminuísse o mínimo para que a democracia perecesse ou se corrompesse.

CAPÍTULO XII

RICOS E POBRES – A DEMOCRACIA SUCUMBE – OS TIRANOS POPULARES

Quando a sequência de revoluções trouxe igualdade ao seio da humanidade, não havendo mais lugar para se combater por princípios ou direitos, os homens passaram a fazer guerra por interesses. Esse novo período da história das cidades não se iniciou para todas elas simultaneamente. Em algumas seguiu-se muito proximamente ao estabelecimento da democracia; em outras só surgiu depois que diversas gerações souberam se governar com tranquilidade. Contudo, todas as cidades, cedo ou tarde, se precipitaram em lutas deploráveis.

À medida que se distanciava do antigo regime, formava-se uma classe pobre. Outrora, quando cada homem fazia parte de uma *gens* e tinha seu senhor, a miséria era semidesconhecida. O homem era nutrido por seu chefe; aquele a quem ele prestava sua obediência devia em retorno suprir todas as suas necessidades. Mas as revoluções, que dissolveram o γένος, haviam alterado também as condições da vida humana. No dia em que o homem se achou liberto dos laços da clientela, viu diante de si se erguerem as necessidades e dificuldades da existência. A vida se tornara mais independente, mas também mais laboriosa e sujeita a um maior número de acidentes. Cada um tinha doravante de cuidar de seu bem-estar, cada um tinha seus prazeres e suas tarefas. Um enriquecera por sua atividade ou sua boa sorte, outro permanecera pobre. A desigualdade com relação à riqueza é inevitável em toda sociedade que não quer permanecer no estado patriarcal ou no estado de tribo.

A democracia não eliminou a miséria; pelo contrário, tornou-a mais acentuada. A igualdade dos direitos políticos destacou ainda mais a desigualdade de condições.

Como não havia nenhuma autoridade que se elevasse acima dos ricos e dos pobres simultaneamente, e que pudesse constrangê-los a continuar em paz, era de se desejar que os princípios econômicos e as condições de trabalho fossem tais que as duas classes se vissem forçadas a viver em harmonia. Teria sido mister, por exemplo, que se necessitassem mutuamente, que o rico não pudesse enriquecer senão solicitando ao pobre seu trabalho, e que o pobre encontrasse os meios de vida dando seu trabalho ao rico. Assim, a desigualdade das fortunas teria estimulado a atividade e a inteligência do homem, e não teria gerado a corrupção e a guerra civil.

Mas muitas cidades careciam totalmente de indústria e comércio. Não tinham, portanto, recursos para aumentar a soma da riqueza pública, a fim de, sem despojar ninguém, dar um quinhão dessa riqueza ao pobre. Por outro lado, onde havia comércio, quase todos os benefícios favoreciam os ricos devido ao valor exagerado do dinheiro. Onde havia indústria, os trabalhadores eram, na sua maioria, escravos. Sabe-se que o rico de Atenas ou de Roma tinha em sua casa oficinas de tecelões, de cinzeladores, de armeiros, todos escravos. Mesmo as profissões liberais eram, em certa medida, interditas ao cidadão. O médico era, amiúde, um escravo que curava os enfermos para o proveito de seu senhor. Os empregados de banco, muitos arquitetos, os construtores de embarcações, os baixos funcionários do Estado eram escravos. A escravidão era um flagelo sob o qual a própria sociedade livre sofria. O cidadão encontrava poucos empregos, pouco trabalho. A falta de ocupação o tornava logo indolente. Como só via escravos trabalhando, desprezava o trabalho. Assim, os hábitos econômicos, as disposições morais, os preconceitos, tudo se reunia para impedir o pobre de escapar de sua miséria e viver honestamente. A riqueza e a pobreza não estavam constituídas de maneira a poderem conviver em harmonia.

O pobre gozava da igualdade de direitos. Mas, com certeza, seus sofrimentos cotidianos o faziam pensar que a igualdade de fortuna teria sido preferível. Ora, ele não demorou para perceber que a igualdade de que dispunha podia lhe servir para conquistar aquela de que não dispunha, e que, senhor dos sufrágios, podia converter-se em senhor da riqueza.

Começou por querer viver de seu direito do sufrágio. Fez-se pagar para assistir à assembleia, ou para julgar nos tribunais.[185] Se a cidade não fosse suficientemente rica para arcar com tais despesas, o pobre dispunha de outros recursos. Vendia seu voto e, como as ocasiões para votar eram frequentes, o pobre podia viver deste tipo de transação. Em Roma, esse tipo de comércio era praticado com regularidade e à luz do dia; em Atenas, esta permuta era mais discreta. Em Roma, onde o pobre não entrava nos tribunais, ele se vendia como

---

185. Μισθὸς ἐκκλησιαστικός, Aristófanes, *Eccles*, 280 ss. Μισθὸς δικαστικός, Aristóteles, *Política*, II, 9, 3; Aristófanes, *Cavaleiros*, 51, 255; *Vespas*, 682.

testemunha; em Atenas, se vendia como juiz. E, contudo, tudo isso não tirava o pobre de sua miséria e o lançava na degradação.

Tais expedientes não se revelando suficientes, o pobre passou a utilizar meios mais enérgicos. Organizou uma guerra sistemática contra a riqueza. Essa guerra foi inicialmente disfarçada sob formas legais. Os ricos foram sobrecarregados com todos os gastos públicos, oprimidos com impostos, fizeram com que construíssem trirremes e se quis que oferecessem festas ao povo.[186] Posteriormente, multiplicaram-se as multas nos julgamentos; pronunciava-se o confisco dos bens pelas faltas mais leves. Será possível dizer quantos homens foram condenados ao exílio pela simples razão de serem ricos? A fortuna do exilado ia para o tesouro público, de onde saía depois sob forma de trióbolo, para ser dividida entre os pobres. Mas tudo isso não era ainda suficiente, pois o número dos pobres aumentava sempre. Os pobres chegaram então, em muitas urbes, a usar seu direito ao sufrágio para decretar seja uma abolição de dívidas, seja um confisco em massa e uma comoção geral.

Nas épocas anteriores, o direito de propriedade fora respeitado, porque este tinha por fundamento uma crença religiosa. Enquanto cada patrimônio estivera ligado a um culto e fora considerado inseparável dos deuses domésticos de uma família, ninguém pensara que tinha o direito de despojar um homem de seu campo. Mas, na época a qual as revoluções nos conduziram, essas velhas crenças foram abandonadas e a religião da propriedade desapareceu. A riqueza deixou de ser um terreno sagrado e inviolável. Não se afigurava mais como uma dádiva dos deuses, mas uma dádiva do acaso. Passou-se a ter o desejo de se apoderar dela destituindo aquele que a possuía, e tal desejo, que outrora se afigurava uma impiedade, começa a parecer legítimo. Não se vê mais o princípio superior que consagra o direito de propriedade; cada um sente apenas sua própria necessidade e desta faz a medida do seu direito.

Já dissemos que a cidade, sobretudo entre os gregos, tinha um poder sem limites, que a liberdade era desconhecida e que o direito individual não era nada diante da vontade do Estado. Daí resultava que a maioria dos sufrágios podia decretar o confisco dos bens dos ricos, e que os gregos não viam nisso nem ilegalidade nem injustiça. O que o Estado pronunciara era o direito. Esta ausência de liberdade individual foi causa de infelicidades e desordens

---

186. Xenofonte, *Resp. Ath.*, I, 13: Χορηγοῦσιν οἱ πλούσιοι, χορηγεῖται δὲ ὁ δῆμος. τριηραρχοῦσι καὶ γυμνασιαρχοῦσιν οἱ πλούσιοι, ὁ δὲ δῆμος τριηραρχεῖται καὶ γυμνασιαρχεῖται. Ἀξιοῖ οὖν ἀργύριον λαυβάνειν ὁ δῆμος καὶ ᾄδων καὶ τρέχων καὶ ὀρχούμενος, ἵνα αὐτός τε ἔχῃ καὶ οἱ πλούσιοι πενέστεροι γίγνωνται. Cf. Aristófanes, *Cavaleiros*, v. 293 ss.

na Grécia. Roma, que respeitava um pouco mais o direito do homem, deste modo sofreu menos.

Plutarco conta que em Megara, após uma insurreição, decretou-se a abolição das dívidas e também que os credores, além da perda do capital, teriam que reembolsar os devedores dos juros já pagos.[187]

"Em Megara, como em outras urbes" – diz Aristóteles[188] –, "o partido popular, tendo se apoderado do poder, começou por pronunciar o confisco dos bens de algumas famílias ricas. Mas, uma vez nesta via, não foi possível ao partido popular se deter. Foi preciso a cada dia produzir alguma nova vítima e por fim o número de ricos despojados de seus bens e exilados se tornou tão grande que formaram um exército."

Em 412, "o povo de Samos condenou à morte duzentos de seus adversários, exilou outros quatrocentos e dividiu entre si as terras e casas deles".[189]

Em Siracusa, mal tinha o povo se livrado do tirano Dionísio e decretava na primeira assembleia a partilha das terras.[190]

Neste período da história grega, toda vez que constatamos uma guerra civil veremos os ricos em uma facção e os pobres na outra. Os pobres desejam se apoderar da riqueza e os ricos desejam conservá-la ou retomá-la. "Em toda guerra civil" – diz um historiador grego – "trata-se de deslocar fortunas."[191] Todo demagogo fazia como um tal Molpágoras de Cios, que entregava à multidão aqueles que tinham dinheiro, massacrava uns, exilava outros e distribuía os bens deles entre os pobres. Em Messênia, no momento em que o partido popular assumiu o poder, exilou os ricos e dividiu suas terras.[192]

As classes elevadas entre os antigos jamais tiveram bastante inteligência nem bastante habilidade para encaminhar os pobres para o trabalho e ajudá-los a escapar honrosamente da miséria e da corrupção. Alguns homens sensíveis o tentaram, porém não conseguiram. O resultado foi as cidades oscilarem sempre entre duas revoluções, uma na qual se despojava os ricos e a outra na qual estes recuperavam suas fortunas. Este estado de coisas perdurou da Guerra do Peloponeso até a conquista da Grécia pelos romanos.

---

187. Plutarco, *Quest. greg.*, 18.
188. Aristóteles, *Política*, V, 4, 3.
189. Tucídides, VIII, 21.
190. Plutarco, *Dion.*, 37, 48.
191. Políbio, XV, 21, 3: Ἵνα διαιρῶνται τὰς ἀλλήλων οὐσίας.
192. Políbio, VII, 10, ed. Didot.

Em toda cidade, o rico e o pobre eram dois inimigos que conviviam lado a lado, um cobiçando a riqueza, o outro vendo sua riqueza ser objeto de cobiça. Entre eles não havia nenhuma relação, nenhum serviço, nenhum trabalho que pudesse uni-los. O pobre só podia conquistar a riqueza destituindo-a do rico. O rico só podia defender seus bens mediante uma extrema habilidade ou mediante a força. Fitavam-se com um olhar de ódio. Havia em toda urbe uma dupla conspiração: os pobres conpiravam por cupidez, os ricos por medo. Aristóteles diz que os ricos faziam entre si o seguinte juramento: "Juro ser sempre inimigo do povo, e lhe fazer sempre todo o mal que puder".[193]

É impossível determinar qual dos dois partidos cometeu mais crueldades e crimes. O ódio apagava nos corações todo sentimento de humanidade. "Houve em Mileto uma guerra entre os ricos e os pobres. Estes, inicialmente, levaram a melhor e forçaram os ricos a fugir da urbe. Mas em seguida, lamentando não tê-los podido degolar, apanham os filhos daqueles, os reúnem nas granjas e fazem-nos ser esmagados pelas patas dos bois. Em seguida os ricos voltam à urbe e se assenhoreiam dela novamente. Apanham, por sua vez, os filhos dos pobres, os besuntam de piche e os queimam vivos".[194]

No que se transformou, então, a democracia? Não era precisamente responsável por tais excessos e crimes, mas foi a primeira a ser atingida. Não havia mais regras. Ora, a democracia somente pode sobreviver em meio às regras mais estritas e mais bem acatadas. Não se via mais governos verdadeiros, tão

---

193. Aristóteles, *Política*, V, 7, 19. Plutarco, *Lisandro*, 19.
194. Heráclides do Ponto, em Ateneu, XII, 26. Constitui acentuado hábito acusar a democracia ateniense de ter dado à Grécia o exemplo destes excessos e destas convulsões. Atenas é, pelo contrário, quase a única cidade grega que conhecemos que não viu no interior de suas muralhas esta guerra atroz entre ricos e pobres. Este povo inteligente e sábio compreendera, desde a ocasião em que a sucessão de revoluções principiou, que se caminhava para um desfecho em que somente o trabalho poderia salvar a sociedade. Atenas, portanto, estimulou o trabalho e o tornou digno de honra. *Sólon* prescrevera que todo homem que não tivesse um trabalho fosse privado dos direitos políticos. Péricles desejara que escravo algum pusesse as mãos na construção dos grandes monumentos que ele construía, tendo reservado todo esse trabalho aos homens livres. A propriedade era, além disso, a tal ponto dividida, que ao fim do século V contava-se no pequeno território da Ática mais de dez mil cidadãos que eram proprietários de bens de raiz, contra apenas cinco mil que não eram (Dionísio de Halicarnasso, *De Lysia*, 32). Ademais, Atenas, vivendo sob um regime econômico um pouco melhor que o das outras cidades, foi menos submetida a transtornos que o resto da Grécia. A guerra dos pobres contra os ricos ocorreu em Atenas como alhures, mas foi aí menos violenta, não gerando desordens tão graves; limitou-se a um sistema de impostos e liturgias que arruinou a classe rica, a um sistema judiciário que a fez abalar-se e a esmagou, mas, ao menos, jamais se chegou à abolição das dívidas e à divisão das terras.

somente facções no poder. O magistrado não exercia mais a autoridade a favor da paz e da lei, e sim o fazia a favor dos interesses e ambições de um partido. O comando não detinha mais nem títulos legítimos nem caráter sagrado; a obediência nada mais tinha de voluntária; sempre coagida, prometia sempre uma desforra. A cidade, como diz Platão, não passa de um conjunto de homens em que uma parte é senhora e a outra, escrava. Dizia-se em relação ao governo que era aristocrático quando os ricos detinham o poder e democrático quando os pobres o detinham. Na realidade, a verdadeira democracia não existia mais.

A partir do dia em que as necessidades e os interesses materiais nela irromperam, a democracia se alterou e se corrompeu. A democracia, com os ricos no poder, tornou-se uma oligarquia violenta; com os pobres no poder, tornou-se tirania. Do século V ao século II a.C. vemos em todas as cidades da Grécia e da Itália, salvo Roma ainda, que as formas republicanas estão expostas ao perigo e se tornaram odiosas para um partido. Ora, pode-se distinguir com clareza quem as quer destruir e quem as quer conservar. Os ricos, mais esclarecidos e mais orgulhosos, permanecem fiéis ao regime republicano, enquanto os pobres, para os quais os direitos políticos têm menos valor, acolhem de bom grado como chefe um tirano. Quando essa classe pobre, depois de várias guerras civis, reconheceu que suas vitórias de nada serviam, que o partido contrário voltava sempre ao poder, e que após longas alternâncias de confiscos e restituições a luta sempre recomeçava, pensou em estabelecer um regime monárquico que se conformasse aos seus interesses, e que, eliminando para sempre o partido oposto, lhe assegurasse para o futuro os benefícios de sua vitória. É por isso que a classe dos pobres criou tiranos.

A partir deste momento, os partidos mudaram de nome. Não se foi mais aristocrata ou democrata; combateu-se pela liberdade ou combateu-se pela tirania. Sob estas duas palavras estavam ainda a riqueza e a pobreza que se faziam guerra. Liberdade significava o governo no qual os ricos detinham o poder e protegiam sua fortuna; tirania indicava exatamente o contrário.

Constitui fato geral e quase isento de qualquer exceção na história da Grécia e da Itália os tiranos serem egressos do partido popular e terem por inimigo o partido aristocrático. "O tirano" – diz Aristóteles – "tem como única missão proteger o povo contra os ricos; começa sempre sendo um demagogo, sendo da essência da tirania combater a aristocracia". "O meio de chegar à tirania" – continua ele – "consiste em ganhar a confiança da multidão; ora, ganha-se a confiança da multidão declarando-se inimigo dos ricos. Assim fizeram Pisístrato em Atenas, Teágenes em Megara, Dionísio em Siracusa".[195]

O tirano fez guerra constantemente aos ricos. Em Megara, Teágenes surpreende no campo os rebanhos dos ricos e os degola. Em Cumas, Aristodemo abole as dívidas e toma as terras dos ricos para dá-las aos pobres. Assim fazem Nícocles em Sícion e Aristômaco em Argos. Todos estes tiranos nos são apresentados pelos escritores como muito cruéis. Não é provável que todos o fossem por natureza; mas eram cruéis pela necessidade urgente em que se achavam no sentido de transferir terras ou dinheiro aos pobres. Só podiam se manter no poder na medida em que satisfizessem as ambições da turba e alimentassem suas paixões.

O tirano dessas cidades gregas é um personagem do qual nada hoje nos pode dar uma ideia. É um homem que vive no meio de seus súditos, sem intermediários e sem ministros, e que os fere diretamente. Não se acha nessa posição elevada e independente em que se encontra o soberano de um grande Estado. Ele alimenta todas as paixões mesquinhas do homem privado; não é indiferente aos lucros de um confisco; está sujeito à cólera e ao desejo da vingança pessoal; tem medo; ele sabe que tem inimigos muito próximos de si e que a opinião pública aprova o assassinato quando quem é ferido é um tirano. Adivinha-se qual possa ser o governo de um tal homem. Salvo duas ou três honrosas exceções, os tiranos que chegaram ao poder em todas as urbes gregas nos séculos IV e III se limitaram a reinar lisonjeando o que havia de pior na multidão e abatendo violentamente todo aquele que era superior pelo nascimento, riqueza ou mérito. O poder dos tiranos era ilimitado. Os gregos puderam reconhecer quanto o governo republicano, quando não professa um grande respeito pelos direitos individuais, muda facilmente para o despotismo. Os antigos conferiram um tal poder ao Estado que no dia em que um tirano teve em suas mãos essa onipotência, os homens não tiveram mais nenhuma garantia contra ele, sendo ele, o tirano, legalmente o senhor de suas vidas e de suas fortunas.

---

195. Aristóteles, *Política*, V, 8, 2-3; V, 4, 5.

CAPÍTULO XIII

REVOLUÇÕES DE ESPARTA

Não devemos crer que Esparta tenha vivido dez séculos sem sofrer revoluções. Tucídides nos diz, ao contrário, "que foi atingida por dissensões mais do que qualquer outra cidade grega".[196] A história dessas lutas intestinas nos é, na verdade, pouco conhecida, mas isto se explica pelo fato de o governo de Esparta ter como regra e por hábito cercar-se do mais profundo mistério.[197] A maioria das lutas que o sacudiram foram ocultadas e condenadas ao esquecimento. Sabemos delas ao menos o suficiente para poder afirmar que, se a história de Esparta difere sensivelmente daquela das outras urbes, nem por isso deixou Esparta de atravessar menos a mesma sucessão de revoluções.

Os dórios já estavam constituídos como nação quando invadiram o Peloponeso. O que os tinha feito sair de seu país? Teria sido a invasão de um povo estrangeiro, ou teria sido uma revolução interna? Não o sabemos. O que parece certo é que nessa ocasião da existência do povo dório, o antigo regime da *gens* já tinha desaparecido. Não se distingue mais junto aos dórios esta antiga organização da família; não se encontra mais traços do regime patriarcal, nem vestígios da nobreza religiosa, nem da clientela hereditária; vê-se apenas guerreiros iguais sob um rei. É, portanto, provável que uma primeira revolução social já tivesse acontecido, seja na Dória, seja no caminho que conduziu esse povo até Esparta. Se compararmos a sociedade dória do século IX com a sociedade jônica da mesma época, perceberemos que a primeira era muito mais avançada que a segunda no que diz respeito à série de transformações. A raça jônica entrou mais tarde na rota das revoluções, embora seja verdade que a percorreu mais depressa.

Se os dórios, na sua chegada a Esparta, não seguiam mais o regime da *gens*, não tinham podido deste regime ter se desligado tão completamente que não

---

196. Tucídides, I, 18.
197. Tucídides, V, 68.

conservassem dele algumas instituições, por exemplo, a indivisão e inalienabilidade do patrimônio. Estas instituições não tardaram em restabelecer na cidade espartana uma aristocracia.

Todas as tradições nos mostram que, na época em que apareceu Licurgo, havia duas classes entre os espartanos e que estavam em luta.[198] A realeza tinha uma tendência natural a tomar o partido da classe inferior. Licurgo, que não era rei, "se colocou à frente dos melhores",[199] forçou o rei a prestar um juramento que reduzia seu poder, instituiu um senado oligárquico e fez, enfim, com que, segundo a expressão de Aristóteles, a tirania fosse transformada em aristocracia.[200]

As declamações de alguns escritores antigos e de muitos modernos sobre a sabedoria das instituições espartanas, sobre a felicidade inalterável que se desfrutava ali, sobre a igualdade, sobre a vida em comum, não devem nos deixar iludidos. De todas as urbes que existiram sobre a terra, Esparta foi talvez aquela onde a aristocracia reinou mais duramente e onde se conheceu menos a igualdade. É ocioso falarmos de distribuição igualitária das terras. E se esta igualdade foi algum dia estabelecida, ao menos é absolutamente certo que não foi mantida, pois no tempo de Aristóteles, "alguns possuíam domínios imensos, outros não possuíam nada ou quase nada; mal se chegava em toda a Lacônia a mil proprietários".[201]

Deixemos de lado os ilotas e os lacônios e nos limitemos a examinar a sociedade espartana. Aqui, encontramos uma hierarquia de classes sobrepostas umas às outras. São primeiramente neodâmodas que parecem ser antigos escravos libertos;[202] em seguida os epeunactas, que foram introduzidos para preencher os vazios produzidos pela guerra entre os espartanos;[203] em uma posição um pouco superior figuravam os motácios, que bastante semelhantes a clientes domésticos, viviam com o senhor, faziam seu cortejo, participavam de suas ocupações, seus trabalhos, suas festas e combatiam ao seu lado.[204] Vinha a seguir a classe dos bastardos, νόθοι, que descendiam dos verdadeiros

---

198. Plutarco, *Licurgo*, 8.
199. Plutarco, *Licurgo*, 5: Τοὺς ἀρίστους προσῆγε.
200. Aristóteles, *Política*, V, 10, 3, ed. Didot, p. 589.
201. Aristóteles, *Política*, II, 6, 18 e 11. Cf. Plutarco, *Agis*, 5.
202. Miron de Priene, em Ateneu, VI.
203. Teopompo, em Ateneu, VI.
204. Ateneu, VI, 102. Plutarco, *Cleômenes*, 8. Eliano, XII, 43.

espartanos, mas que a religião e a lei os afastavam deles;[205] depois, ainda, uma classe a que se chamava os inferiores, ὑπομείονες,[206] e que eram, talvez, os irmãos mais novos deserdados das famílias. Enfim, acima de todas essa classes, elevava-se a classe aristocrática, composta dos homens que atendiam pelo nome de *Iguais*, ὁμοῖοι. Estes homens eram, de fato, iguais entre si, mas muito superiores a todo o resto. O número dos membros desta classe não nos é conhecido; só sabemos que era bem restrito. Um dia, um de seus inimigos os contou na praça pública e só encontrou sessenta em uma multidão de 4.000 indivíduos.[207] Esses iguais participavam sozinhos do governo da cidade. "Estar fora desta classe" – diz Xenofonte – "significa estar fora do corpo político".[208] Demóstenes diz que o homem que entra na classe dos Iguais se torna tão só por isto "um dos senhores do governo".[209] "Chamamo-nos *Iguais*" – diz ainda – "porque a igualdade deve reinar entre os membros de uma oligarquia."

Esses *Iguais* possuíam só eles os direitos completos de cidadania e só eles formavam o que em Esparta se chamava de povo, ou seja, o corpo político. Desta classe saíam por via de eleição os 28 senadores. Ingressar no senado era chamado na língua oficial de Esparta obter *o prêmio da virtude*.[210] Desconhecemos o que se requeria de mérito, de nascimento e de riqueza para compor essa *virtude*. Percebe-se bem que o nascimento não era suficiente, visto que havia, ao menos, um arremedo de eleição;[211] é de se supor que a riqueza tivesse grande peso em uma urbe "que tinha na mais alta conta o amor ao dinheiro e onde tudo era permitido aos ricos".[212]

Seja lá o que fossem, esses senadores, os quais eram inamovíveis, gozavam de grande autoridade, visto que Demóstenes diz que o dia em que um homem ingressa no senado torna-se um déspota para a multidão.[213] Este senado, do qual os reis eram simples membros, governava o Estado segundo o processo

---

205. Aristóteles, *Política*, VIII, 6 (V, 6). Xenofonte, *Helênicas*, V, 3, 9.
206. Xenofonte, *Helênicas*, III, 3, 6.
207. Xenofonte, *Helênicas*, III, 3, 5.
208. Xenofonte, *Resp. Lac.*, 10.
209. Demóstenes, *in Leptinem*, 107.
210. Ἄθλον ou Νικητήριον τῆς ἀρετῆς. Aristóteles, II, 6, 15; Demóstenes, *in Lept.*, 107; Plutarco, *Licurgo*, 26.
211. Aristóteles, *Política*, II, 6, 18, qualifica esta forma de eleição de pueril, Παιδαριώδης; se acha descrita em Plutarco, *Licurgo*, 26.
212. Aristóteles, *Política*, II, 6, 5; V, 6, 7.
213. Demóstenes, *in Lept.*, 107. Xenofonte, *Gov. de Laced.*, 10.

habitual dos corpos aristocráticos; magistrados anuais, cuja eleição competia ao senado indiretamente, exerciam em seu nome uma autoridade absoluta. Esparta tinha assim um regime republicano; tinha até mesmo toda a aparência de democracia, com reis-sacerdotes, magistrados anuais, um senado deliberativo, uma assembleia do povo. Mas, este povo era apenas o conjunto de duas ou três centenas de homens.

Assim, foi a partir de Licurgo e, sobretudo, a partir do estabelecimento dos éforos o governo de Esparta. Uma aristocracia composta de alguns ricos exercia o peso de um jugo de ferro sobre os ilotas, os laconianos e mesmo sobre o maior número dos espartanos. Por sua energia, por sua habilidade, seu pouco escrúpulo e escasso apego às leis morais, soube conservar o poder por cinco séculos. Contudo, suscitou ondas de ódio implacável e teve que reprimir numerosas rebeliões.

Não temos o que falar das conspirações dos ilotas. Todos os complôs dos espartanos nos são desconhecidos. O governo era demasiado hábil para não deixar de envidar esforços para apagar deles até as lembranças. Há alguns, contudo, que a história não pôde condenar ao esquecimento. Sabe-se que os colonos que fundaram Tarento eram espartanos que quiseram derrubar o governo. Uma indiscrição do poeta Tirteu informou à Grécia que durante as guerras de Messênia um partido conspirara para obter a divisão das terras.[214]

O que mantinha Esparta incólume era a divisão extrema que o governo sabia impor entre as classes inferiores. Os ilotas não se entendiam com os lacônios, os motácios desprezavam os neodâmodas. Qualquer coalisão era impossível e a aristocracia, graças à sua educação militar e a estreita união de seus membros, mantinha-se sempre forte o suficiente para conter cada uma das classes inimigas.

Os reis tentaram o que nenhuma classe podia realizar. Todos aqueles entre eles que aspiraram a escapar da condição de inferioridade na qual a aristocracia os mantinha buscaram apoio entre os homens de condição inferior. Durante a guerra médica, Pausânias concebeu o projeto de erguer ao mesmo tempo a realeza e as classes baixas derrubando a oligarquia. Os espartanos provocaram sua morte acusando-o de ter travado relações com o rei da Pérsia; talvez seu verdadeiro crime tenha sido pensar em libertar os ilotas.[215] A história nos oferece subsídios para saber quão numerosos foram os reis exilados pelos éforos; a

---

214. Aristóteles, *Política*, V, 6, 2.
215. Aristóteles, *Política*, V, 1, 5. Tucídides, I, 13, 2.

causa dessas condenações é facilmente presumível, e Aristóteles a diz: "Os reis de Esparta para fazer frente aos éforos e ao senado tornaram-se demagogos".[216]

Em 397, uma conspiração esteve na iminência de derrubar esse governo oligárquico. Um certo Cínadon, que não pertencia à classe dos Iguais, era o chefe dos conjurados. Quando queria conquistar alguém para o complô, conduzia-o à praça pública e o fazia contar os cidadãos; computando os reis, os éforos, os senadores, chegava-se à cifra de cerca de setenta. Cínadon dizia-lhe então: "Estas pessoas são nossos inimigos; todos os outros, pelo contrário, que se acumulam preenchendo a praça totalizando mais de quatro mil indivíduos, são nossos aliados". E acrescentava: "Quando encontras no campo um espartano, vê nele um inimigo e um senhor; todos os outros homens são amigos". Ilotas, lacônios, neodâmodas, ὑπομείονες, todos estavam associados desta vez e eram cúmplices de Cínadon, "pois todos" – diz o historiador – "alimentavam um tal ódio por seus senhores que não havia um único entre eles que não confessasse que lhe seria agradável comê-los vivos". Mas o governo de Esparta se achava impecavelmente bem informado – não havia segredos para ele. Os éforos alegaram que as entranhas das vítimas lhes haviam revelado o complô. Os conspiradores não tiveram sequer tempo de agir: foram apanhados e mortos secretamente. A oligarquia foi ainda uma vez salva.[217]

Beneficiada por esse governo, a desigualdade crescia continuamente. A Guerra do Peloponeso e as expedições à Ásia haviam feito afluir o dinheiro para Esparta; porém, este havia se distribuído de modo bastante desigual, limitando-se a tornar mais ricos os que já eram ricos. Ao mesmo tempo, a pequena propriedade desapareceu. O número de proprietários, que era ainda um milhar no tempo de Aristóteles, foi reduzido a uma centena um século depois dele.[218] O solo se achava todo nas mãos de alguns poucos em uma época em que não havia nem indústria nem comércio para oferecer ao pobre qualquer trabalho, ao mesmo tempo em que os ricos faziam seus imensos domínios serem cultivados pelos escravos. De um lado, alguns homens possuindo tudo, do outro, um enorme número de homens que não possuíam absolutamente nada. Plutarco nos apresenta, na vida de Ágis e na de Cleômenes, um quadro da sociedade espartana; contemplava-se ali um amor desenfreado pela riqueza, tudo sendo colocado abaixo dela; relativamente a alguns, o luxo, a indolência, o desejo de aumentar indefinidamente sua fortuna; além destes, nada senão uma multidão

---

216. Aristóteles, *Política*, II, 6, 14.
217. Xenofonte, *Helênicas*, III, 3.
218. Plutarco, *Agis*, 5.

miserável, indigente, sem direitos políticos, sem qualquer valor na cidade, repleta de inveja e ódio, e que um tal estado social condenava ao desejo constante de uma revolução.

Quando a oligarquia conduziu as coisas aos derradeiros limites do possível, o irromper da revolução ocorreu como algo ditado pela necessidade e a democracia, detida e contida por tanto tempo, partiu finalmente seus diques. Adivinha-se facilmente que, após uma tão longa compressão, a democracia não devia se deter em reformas políticas, mas atingir já de um primeiro golpe as reformas sociais.

O pequeno número de espartanos de nascimento (não passavam de setecentos, mesmo incluindo todas as diversas classes) e o abatimento dos caráteres, consequência de uma longa opressão, foram o motivo do sinal de alerta não partir das classes inferiores. Partiu de um rei. Ágis tentou realizar essa inevitável revolução por vias legais, o que aumentou para ele as dificuldades da empresa. Ele apresentou ao senado, ou seja, aos próprios ricos dois projetos de lei para a abolição das dívidas e a partilha das terras. Não devemos nos surpreender com o fato de o senado não ter rejeitado tais propostas; Ágis, talvez, tenha tomado suas medidas para que fossem aprovadas. Mas, uma vez votadas as leis, restava ainda pô-las em execução; ora, reformas desta natureza são sempre de tão difícil realização que os mais audaciosos até fracassam. Ágis, pressionado pela resistência dos éforos, viu-se forçado a abandonar a via da legalidade: depôs esses magistrados e nomeou outros, respaldado simplesmente em sua autoridade; em seguida, armou seus partidários e estabeleceu, durante um ano, um regime de terror. Durante este período, pôde aplicar a lei relativa às dívidas, queimando todos os títulos de crédito em praça pública. Mas não lhe sobrou tempo para distribuir as terras. Não se sabe se Ágis hesitou a respeito deste ponto ou se sua própria obra o amedrontou, ou se a oligarquia espalhou contra ele acusações cheias de astúcia. O fato é que o povo retirou-lhe o apoio e deixou que ele caísse. Os éforos o degolaram e o governo aristocrático foi restabelecido.

Cleômenes retomou os projetos de Ágis, mas com mais sagacidade e menos escrúpulos. Iniciou sua ação massacrando os éforos. Ousadamente, simplesmente suprimiu esta magistratura, odiosa aos reis e ao partido popular, e proscreveu os ricos. Após este golpe de Estado, operou a revolução, decretou a partilha das terras e concedeu o direito de cidadania a quatro mil lacônios. Cumpre observar que nem Ágis nem Cleômenes admitiam terem realizado uma revolução, ambos se apoiando no nome do velho legislador Licurgo e afirmando terem apenas reconduzido Esparta aos antigos costumes. Certamente a constituição de Cleômenes se distanciava muito da legislação de Licurgo. O rei era verdadeiramente um senhor absoluto; nenhuma autoridade contrabalançava a sua; reinava à maneira dos tiranos que existiam, então, na maioria das urbes gregas, e o povo de Esparta, satisfeito por ter obtido terras, parecia pouco preocupar-se com as liberdades políticas. Essa situação não durou muito tempo. Cleômenes quis estender o regime democrático a todo o Peloponeso, onde Arato, precisamente nessa época, trabalhava para estabelecer um regime de liberdade e de sábia aristocracia. Em todas as urbes, o partido popular se agitou em nome de Cleômenes, na esperança de obter, como em Esparta, a abolição das dívidas e a partilha das terras. Foi essa insurreição imprevista das classes baixas que obrigou Arato a alterar todos os seus planos. Arato acreditou poder contar com a Macedônia, onde o rei Antígono Doson tinha, então, por política combater em toda parte os tiranos e o partido popular. Assim, o introduziu no Peloponeso. Antígono e os aqueus derrotaram Cleômenes na Selásia. A democracia espartana foi derrubada mais uma vez e os macedônios restabeleceram o antigo governo (222 a.C.).

Entretanto, a oligarquia não podia mais se sustentar. Houve contínuas conturbações. Em um certo ano, três éforos, que eram favoráveis ao partido popular, massacraram seus dois colegas; no ano seguinte, os cinco éforos pertenciam ao partido oligárquico – o povo tomou as armas e degolou os cinco. A oligarquia não desejava mais reis; o povo os queria. Um rei foi nomeado, tendo sido escolhido fora da família real, o que era absolutamente inovador em Esparta. Este rei, de nome Licurgo, foi duas vezes destronado, uma primeira vez pelo povo, por ter se recusado a dividir as terras, uma segunda vez pela aristocracia, porque suspeitavam que ele desejasse fazê-lo. Não se sabe como tal rei terminou, mas depois dele viu-se em Esparta um tirano, Macânidas, prova incontestável de que o partido popular dominava.

Filopêmene que, à frente da liga aqueia, combatia em toda parte os tiranos democratas, derrotou e matou Macânidas. A democracia espartana acolheu logo um outro tirano, Nábis. Este concedeu o direito de cidadania a todos os homens livres, elevando os próprios lacônios à posição dos espartanos. Chegou a libertar os ilotas. Segundo o costume dos tiranos das urbes gregas, fez de si o chefe dos pobres contra os ricos; "proscreveu ou mandou matar todos aqueles que, por sua riqueza, se elevavam acima dos outros".[219]

---

219. Políbio, XIII, 6: XVI, 12: Tito Lívio, XXXII, 38, 40; XXXIV, 26, 27.

A esta nova Esparta democrática não faltou grandeza. Nábis instaurou na Lacônia um estado de ordem que não se vira ali há muito. Esparta submeteu a Messênia, uma parte da Arcádia e a Élida. Argos foi tomada também. Nábis organizou uma marinha, algo que estivera bem distante das antigas tradições da aristocracia espartana; com sua frota, dominou todas as ilhas ao redor do Peloponeso, estendendo sua influência até Creta. Em toda parte, Nábis estabeleceu a democracia. Senhor de Argos, seu primeiro cuidado foi confiscar os bens dos ricos, abolir as dívidas e dividir as terras. Pode-se ver em Políbio o quanto a liga aqueia odiava esse tirano democrata. Determinou que Flamínio lhe fizesse guerra em nome de Roma. Dez mil lacônios, sem contar os mercenários, tomaram armas para defender Nábis. Após uma derrota, ele próprio quis a paz, mas o povo se recusou, tal era a causa do tirano, a da democracia! Flamínio, vitorioso, apossou-se de parte de suas forças, mas deixou que Nábis reinasse na Lacônia, seja porque a impossibilidade de restabelecer o antigo governo era demasiado evidente, seja porque correspondesse ao interesse de Roma que alguns tiranos se mantivessem atuando de modo a contrabalançar a atuação da liga aqueia. Nábis foi assassinado mais tarde por um etólio, mas sua morte não significou o restabelecimento da oligarquia; as transformações que ele executara no estado social foram conservadas depois dele, e a própria Roma se recusou a devolver Esparta à sua antiga situação.

LIVRO QUINTO

DESAPARECIMENTO DO REGIME MUNICIPAL

CAPÍTULO I

NOVAS CRENÇAS – A FILOSOFIA ALTERA AS REGRAS DA POLÍTICA

Vimos nas páginas precedentes como o regime municipal foi constituído entre os antigos. Uma religião antiquíssima fundara primeiramente a família, e depois a cidade; estabelecera a princípio o direito doméstico e o governo da *gens*, em seguida as leis civis e o governo municipal. O Estado estava estreitamente ligado à religião; ele se originava dela e se confundia com ela. É por isso que, na cidade primitiva, todas as instituições políticas foram instituições religiosas; as festas, cerimônias do culto; as leis, fórmulas sagradas; os reis e os magistrados, sacerdotes. É por isso ainda que a liberdade individual fora desconhecida, não tendo podido o homem subtrair sua própria consciência da onipotência da cidade. É por isso, enfim, que o Estado ficou circunscrito aos limites de uma urbe e não pôde jamais ultrapassar o recinto que seus deuses nacionais lhe haviam traçado originariamente. Cada cidade possuía não apenas sua independência política, como também seu culto e seu código. A religião, o direito, o governo, tudo era municipal. A cidade era a única força viva – nada acima dela, nada abaixo dela; nem unidade nacional nem liberdade individual.

Resta-nos dizer como esse regime desapareceu, ou seja, como estando o princípio de associação humana mudado, o governo, a religião, o direito se despojaram do caráter municipalista que haviam possuído na antiguidade.

A ruína do regime político que a Grécia e a Itália haviam criado pode se vincular a duas causas principais. Uma diz respeito à ordem dos fatos morais e intelectuais, a outra à ordem de fatos materiais. A primeira é a transformação das crenças, a segunda é a conquista romana. Estes dois grandes fatos são contemporâneos, desenrolaram-se e efetivaram-se conjuntamente durante a série de cinco séculos que antecede a era cristã.

A religião primitiva, cujos símbolos eram a pedra imóvel do fogo doméstico e o túmulo dos ancestrais, religião que constituíra a família antiga e organizara em seguida a cidade, alterou-se com o tempo e envelheceu. O espírito humano cresceu em força e concebeu novas crenças. Começou-se a conceber a ideia da natureza imaterial; a noção de alma humana adquiriu precisão e quase ao mesmo tempo a noção de uma inteligência divina assomou nos espíritos.

O que pensar, então, das divindades dos primeiros tempos, desses mortos que viviam no túmulo, desses deuses Lares que tinham sido homens, desses ancestrais sagrados que era necessário continuar a alimentar? Uma tal fé tornou-se impossível. Tais crenças não estavam mais ao nível do espírito humano. É bem verdade que esses preconceitos, por mais grosseiros que fossem, não foram facilmente arrancados do espírito do vulgo; aí ainda reinaram por muito tempo. Mas desde o século V a.C. os homens que refletiam se libertaram desses erros. Passaram a ter uma outra compreensão da morte. Uns acreditavam no completo aniquilamento, outros em uma segunda existência totalmente espiritual em um mundo das almas; em todos os casos, não admitiam mais que o morto vivesse na tumba, alimentando-se de oferendas. Começava-se também a se fazer uma ideia sumamente elevada do divino para que se pudesse persistir na crença de que os mortos fossem deuses. Imaginava-se, ao contrário, a alma humana rumando para os Campos Elísios em busca de sua recompensa ou a caminho da punição de suas faltas; e por um notável progresso, divinizava-se entre os homens somente aqueles que o reconhecimento ou a lisonja colocava acima da humanidade.

A ideia da divindade transformava-se gradativamente, mediante o efeito natural do poder maior do espírito. Esta ideia que o homem tinha a princípio, aplicada à força invisível que ele sentia em si mesmo, ele a transferiu para potências incomparavelmente maiores que ele via na natureza, até elevar-se à concepção de um ser que estivesse fora e acima da natureza. E, então, os deuses Lares e os Heróis não foram mais venerados por quem quer que pensasse.

Quanto ao fogo-lar, que só parecia ter tido sentido na sua ligação com o culto dos mortos, perdeu assim seu prestígio. Continuou-se tendo em casa um fogo doméstico, a ser saudado, adorado e mesmo ao qual ainda se oferecia a libação, mas isto não passava mais de um culto costumeiro e mecânico, não mais vivificado por fé alguma.

O fogo público das cidades ou pritaneu foi conduzido imperceptivelmente ao descrédito onde tombara o fogo doméstico. Não se sabia mais o que significava; esquecera-se que o fogo sempre aceso do pritaneu representava a vida invisível dos ancestrais, dos fundadores, dos heróis nacionais. Prosseguia-se conservando o fogo, fazendo-se repastos públicos, cantando-se os velhos hinos:

cerimônias vãs das quais não se ousava desembaraçar-se, mas das quais ninguém mais compreendia o sentido.

Mesmo as divindades da natureza, que se havia associado aos fogos-lares, mudaram de caráter. Depois de terem começado sendo divindades domésticas, depois de se tornarem divindades da cidade, transformaram-se ainda. Os homens acabaram por perceber que os seres diferentes, que chamavam de Júpiter, podiam perfeitamente ser um ser único e idêntico; assim como os demais deuses. O espírito foi desvencilhado de uma multidão de divindades, e experimentou a necessidade de reduzir o seu número. Compreendeu-se que os deuses não pertenciam mais cada um a uma família ou a uma urbe, mas que pertenciam todos ao gênero humano e zelavam pelo universo. Os poetas iam de urbe em urbe e ensinavam aos homens, em lugar dos velhos hinos da cidade, cantos novos, nos quais não se falava nem dos deuses Lares nem das divindades políadas, referindo-se sim às lendas dos grandes deuses da terra e do céu; e o povo grego esquecia seus velhos hinos domésticos ou nacionais a favor dessa poesia nova, que não era filha da religião, mas da arte e da imaginação livre. Simultaneamente, alguns grandes santuários, como os de Delfos e de Delos atraíam os homens e os faziam esquecer os cultos locais. Os mistérios e a doutrina que encerravam os habituavam a desprezar a religião vazia e insignificante da cidade.

Assim, operou-se uma revolução intelectual lenta e obscuramente. Os próprios sacerdotes não lhe opunham resistência, pois, desde que os sacrifícios continuassem a ser realizados nos dias marcados, lhes parecia com isto estar a religião salva. As ideias podiam mudar e a fé sucumbir contanto que os ritos não fossem atingidos. E assim, sem que as práticas fossem modificadas, as crenças se transformaram e a religião doméstica e municipal perdeu toda sua influência sobre as almas.

Posteriormente, surgiu a filosofia, que derrubou todas as regras da velha política. Era impossível tocar nas opiniões dos homens sem tocar também nos princípios fundamentais de seu governo. Pitágoras, detentor da concepção vaga do Ser supremo, desdenhou os cultos locais, tendo isto sido o suficiente para que rejeitasse as velhas formas de governo e tentar fundar uma sociedade nova.

Anaxágoras concebeu o Deus-Inteligência, que reina sobre todos os homens e sobre todos os seres. Afastando-se das crenças antigas, ele se distanciou também da antiga política. Como não acreditava nos deuses do pritaneu, não cumpria tampouco todos seus deveres de cidadão; fugia das assembleias e não quis ser magistrado. Sua doutrina feria a cidade. Os atenienses o condenaram à morte.

Na sequência, vieram os sofistas, os quais exerceram mais ação do que os dois grandes espíritos anteriores. Eram homens ardentes no combate dos velhos erros. Na luta que travaram contra tudo o que se ligava ao passado, não poupavam nem as instituições da cidade nem os preconceitos da religião. Examinaram e discutiram ousadamente as leis que ainda regiam o Estado e a família. Iam de urbe em urbe, pregando os novos princípios, ensinando não exatamente a indiferença em relação ao justo e o injusto, mas uma nova justiça, menos estreita e menos exclusivista que a antiga, mais humana, mais racional e divorciada das fórmulas das idades anteriores. Este foi um empreendimento audacioso que suscitou uma tormenta de ódios e rancores. Foram acusados de não ter nem religião, nem moral, nem patriotismo. A verdade é que em relação a todas essas coisas eles não tinham uma doutrina bem definida, acreditando ter feito o bastante por terem combatido preconceitos. Os sofistas abalavam, como diz Platão, o que até então estivera firme. Colocavam a regra do sentimento religioso e a da política na consciência humana, e não nos costumes dos ancestrais, na tradição imutável. Ensinavam aos gregos que para governar um Estado não era suficiente invocar antigos usos e as leis sagradas, sendo, sim, necessário persuadir os homens e agir sobre vontades livres. Substituíam o conhecimento dos antigos costumes pela arte de raciocinar e discursar, pela dialética e a retórica. Seus adversários tinham por si a tradição; eles tinham do seu lado a eloquência e a razão.

Uma vez que a reflexão fora assim despertada, o homem não desejou mais crer sem se dar conta de suas crenças, nem se deixar governar sem discutir suas instituições. Pôs em dúvida a justiça de suas velhas leis sociais e outros princípios lhe surgiram. Platão põe na boca de um sofista estas belas palavras: "Todos vós que estais aqui, eu vos considero parentes uns dos outros. A natureza, à falta da lei, vos fez concidadãos. Mas a lei, este tirano do homem, violentou a natureza em várias ocasiões". Opor assim a natureza à lei e ao costume é atacar o próprio fundamento da política antiga. Em vão os atenienses baniram Protágoras e queimaram seus escritos; o golpe fora dado e o resultado do ensinamento dos sofistas fora imenso. A autoridade das instituições desaparecia acompanhada da autoridade dos deuses nacionais e o hábito do livre exame se estabelecia nas casas e na praça pública.

Sócrates, embora reprovasse o abuso que os sofistas faziam do direito de duvidar, era, todavia, de sua escola. Como eles, repelia o império da tradição e acreditava que as regras da conduta estavam gravadas na consciência humana. Só diferia deles pelo fato de estudar essa consciência religiosamente e com o firme desejo de aí encontrar a obrigação de ser justo e de fazer o bem.

Ele colocava a verdade acima do costume, a justiça acima da lei. Desligava a moral da religião; antes dele, não se concebia o dever senão como um decreto dos antigos deuses. Ele mostrou que o princípio do dever está dentro da alma do homem. Em tudo isto, quisesse ou não, estava fazendo uma guerra aos cultos da cidade. Foi em vão que tomou o cuidado de assistir a todas as festas e participar dos sacrifícios – suas crenças e suas palavras desmentiam seu comportamento. Fundava uma religião nova, que era o oposto da religião da cidade. Acusava-se-o com razão "de não adorar os deuses que o Estado adorava". Foi condenado à morte por ter atacado os costumes e as crenças dos ancestrais, ou, como se dizia, por ter corrompido a geração presente. A impopularidade de Sócrates e a cólera violenta de seus concidadãos se explicam se pensarmos nos hábitos religiosos dessa sociedade ateniense, onde havia tantos sacerdotes, e onde eram tão poderosos. Mas a revolução que os sofistas haviam iniciado e que Sócrates retomara com mais comedimento não foi interrompida com a morte de um velho. A sociedade grega libertou-se dia a dia mais e mais do domínio das velhas crenças e das velhas instituições.

Depois dele, os filósofos discutiram com toda a liberdade os princípios e as regras da associação humana. Platão, Críton, Antístenes, Espeusipo, Aristóteles, Teofrasto e muitos outros escreveram tratados de política. Investigou-se, examinou-se; os grandes problemas da organização do Estado, da autoridade e da obediência, das obrigações e dos direitos se apresentaram a todos os espíritos.

É indubitável, entretanto, que o pensamento não é capaz de se libertar facilmente dos laços criados pelo hábito. Platão sofre ainda, em certos aspectos, a influência das velhas ideias. O Estado que ele imagina é ainda a cidade antiga; é um Estado restrito que deve conter 5.000 membros. O governo é ainda aí regido pelos antigos princípios, a liberdade sendo desconhecida; o legislador visa uma meta que é menos o aperfeiçoamento do homem do que a segurança e a grandeza da associação. A própria família é quase que esmagada para não fazer concorrência à cidade. Só o Estado é proprietário, só o Estado é livre, só ele detém uma vontade, só ele tem uma religião e crenças, e quem quer que seja que não pense como ele deve perecer. E, todavia, em meio a tudo isso, despontam ideias novas. Platão proclama, como Sócrates e os sofistas, que a regra da moral e da política está em nós mesmos, que a tradição não é nada, que é a razão que deve ser consultada e que as leis somente são justas na medida em que se conformam com a natureza humana.

Essas ideias são ainda mais precisas em Aristóteles. "A lei" – diz ele – "é a razão." Ele ensina que é preciso buscar não o que está de acordo com o costume dos pais, mas aquilo que é bom em si. E acresce que, à medida que o tempo transcorre, é necessário modificar as instituições. Aristóteles simplesmente dispensa o respeito aos ancestrais: "Nossos primeiros pais" – ele diz –, "tenham eles nascido do seio da terra ou tenham eles sobrevivido a algum dilúvio, assemelhavam-se – segundo toda a aparência – a tudo o que há hoje de mais vulgar e mais ignorante entre os homens. Seria um absurdo flagrante levar em consideração a opinião dessa gente". Aristóteles, como todos os filósofos, desconhece em absoluto a origem religiosa da sociedade humana; não se refere aos pritaneus; ignora que esses cultos locais tenham sido o fundamento do Estado. "O Estado" – diz ele – "é tão somente uma associação de seres iguais que procuram em comum uma existência feliz e fácil." Assim, a filosofia rejeita os velhos princípios das sociedades, e busca um fundamento novo sobre o qual possa apoiar as leis sociais e as ideias de pátria.[1]

A escola cínica vai mais longe. Nega a própria pátria. Diógenes se vangloriava de não ter direito de cidadania em parte alguma e Crates afirmava que sua pátria era o desprezo da opinião dos outros. Os cínicos ajuntavam esta verdade então bem nova, a saber, que o homem é cidadão do universo e que a pátria não é o recinto fechado e acanhado de uma urbe. Consideravam o patriotismo municipal um preconceito e eliminavam do elenco dos sentimentos o amor à cidade.

Por desgosto ou desdém, os filósofos se distanciavam mais e mais dos negócios públicos. Sócrates tinha ainda cumprido os deveres de cidadão; Platão tentara trabalhar para o Estado reformando-o. Aristóteles, já mais indiferente, limitou-se ao papel de observador e fez do Estado um objeto de estudo científico. Os epicureanos deixaram de lado os negócios públicos. "Não lhes coloqueis a mão" – criticava Epicuro – "ao menos que algum poder superior vos force a isso." Os cínicos não queriam sequer ser cidadãos.

Os estóicos voltaram ao tema da política. Zenão, Cleanto, Crísipo escreveram numerosos tratados sobre o governo dos Estados. Mas seus princípios distavam bastante da velha política municipal. Eis em que termos um escritor antigo expõe as doutrinas contidas em seus escritos: "Zenão, em seu tratado sobre o governo, propõe-se a nos mostrar que não somos os habitantes de tal demo ou tal urbe, separados uns dos outros por um direito particular e leis exclusivas, mas que devemos ver em todos os homens concidadãos, como se pertencêssemos todos ao mesmo demo e à mesma cidade".[2] Podemos avaliar a partir disso que caminho as ideias haviam percorrido de Sócrates a Zenão.

---

1. Aristóteles, *Política*, II, 5, 12; IV, 5; IV, 7, 2; VII, 4 (VI, 4).
2. Pseudo-Plutarco, *Fortuna de Alexandre*, 1.

Sócrates se considerava ainda obrigado a adorar, na medida do possível, os deuses do Estado. Platão não concebia ainda outro governo senão aquele de uma cidade. Zenão passa por cima desses estreitos limites da associação humana. Ele despreza as divisões que a religião dos velhos tempos estabeleceu. Como ele concebe o Deus do universo, concebe igualmente a ideia de um Estado onde adentraria o gênero humano inteiro.[3]

Mas eis aqui um princípio ainda mais novo. O estoicismo, expandindo a associação humana, emancipa o indivíduo. Como o estoicismo repele a religião da cidade, repele também a servidão do cidadão. Não quer mais que a pessoa humana seja sacrificada ao Estado. Distingue e separa nitidamente aquilo que deve permanecer livre no homem, libertando, ao menos, a consciência. Diz ao homem que este deve se encerrar em si mesmo, descobrir em si o dever, a virtude, a recompensa. Não o proíbe de se ocupar dos negócios públicos; até o convida a isso, porém advertindo-o que seu principal trabalho deve ter por objeto seu melhoramento individual e que, qualquer que seja o governo, sua consciência deve se manter independente. Grande princípio, que a cidade antiga sempre ignorou, mas que devia um dia tornar-se uma das regras mais santas da política.

Começa-se, então, a compreender que havia outros deveres diferentes dos deveres em relação ao Estado, outras virtudes além das virtudes cívicas. A alma se prende a outros objetos além da pátria. A cidade antiga fora tão poderosa e tão tirânica que o homem fizera dela a finalidade de todo seu trabalho e de todas suas virtudes; a cidade fora a regra do belo e do bem, e só houvera heroísmo para ela. Mas eis que Zenão ensina ao homem que ele tem uma dignidade, não de cidadão, mas de homem; que além de seus deveres para com a lei, ele os tem para consigo mesmo, e que o supremo mérito não é viver ou morrer pelo Estado, mas ser virtuoso e agradar à divindade. Virtudes um tanto egoístas e que deixaram um pouco comprometidas a independência nacional e a liberdade, mas que possibilitaram o desenvolvimento do indivíduo. As virtudes públicas foram se debilitando, mas as virtudes pessoais se desimpediram e fizeram sua aparição no mundo. A princípio tiveram que lutar, seja contra a corrupção geral, seja contra o despotismo. Mas fincaram raízes pouco a pouco na humanidade; com o tempo se converteram em uma potência com a qual todo governo

---

3. A ideia da cidade universal é expressa por Sêneca, *Ad Marciam*, 4; *De tranquillitate*, 14; por Plutarco, *De exsilio;* por Marco Aurélio: "Como Antonino, tenho Roma por pátria; como homem, o mundo".

teve que contar e foi necessário que as regras da política fossem modificadas para que um espaço livre lhes fosse facultado.

Assim, as crenças se transformaram de maneira gradativa. A religião municipal, base da cidade, extinguiu-se. O regime municipal, tal como os antigos o haviam concebido, pereceu junto com a religião municipal. Libertamo-nos quase que imperceptivelmente dessas regras rigorosas e dessas formas acanhadas de governo. Ideias mais elevadas exigiram que os homens formassem sociedades maiores. A humanidade tendeu para a unidade; esta foi a aspiração geral dos dois séculos que precederam a era cristã. É certo que os frutos de tais revoluções da inteligência mostraram-se demorados para o amadurecimento. Mas logo veremos, ao estudar a conquista romana, que os acontecimentos caminhavam no mesmo sentido que as ideias, que tendiam, como elas, para a falência do velho regime municipal, e que preparavam novas formas de governo.

CAPÍTULO II
A CONQUISTA ROMANA

Parece, à primeira vista, deveras surpreendente que entre as mil cidades da Grécia e da Itália surgisse uma que tenha sido capaz de submeter todas as outras. Este grande evento, entretanto, é explicável por causas ordinárias e determinantes da marcha dos negócios humanos. A sabedoria de Roma consistiu, como toda sabedoria, em tirar proveito das circunstâncias favoráveis que encontrou em seu caminho.

Pode-se distinguir na obra da conquista romana dois períodos. Um é contemporâneo do período em que o velho espírito municipal possuía ainda muita força; foi então que Roma teve que superar a maior quantidade de obstáculos. O segundo período pertence ao tempo em que o espírito municipal já se achava bastante debilitado. A conquista tornou-se então fácil e se operou rapidamente.

1º. Algumas palavras sobre as origens e a população de Roma

As origens de Roma e a composição de seu povo são dignas de nota aqui. Explicam o caráter particular de sua política e o papel excepcional que lhe foi atribuído, desde o começo, em meio às outras cidades.

A raça romana era estranhamente misturada. Seu fundo principal era latino e originário de Alba. Mas os próprios albanos, segundo tradições que nenhuma crítica nos autoriza a rejeitar, compunham-se de duas populações associadas, mas não confundidas: uma era a raça aborígene, verdadeiros latinos; e a outra, de origem estrangeira, vinda de Troia, dizia-se, com Eneias, o sacerdote-fundador; esta era pouco numerosa, muito provavelmente, mas a ser considerada pelo culto e as instituições que trouxe consigo.[4]

---

4. A origem troiana de Roma já era uma opinião acolhida antes mesmo que Roma tivesse relações frequentes com o Oriente. Um velho adivinho, em uma predição que se relacionava à segunda

Esses albanos, mistura de duas raças, fundaram Roma em um lugar onde já se elevava uma outra urbe, Palântio, fundada pelos gregos. Ora, a população de Palântio subsistiu na urbe nova, e os ritos do culto grego nela se conservaram.[5] Havia também no ponto onde foi mais tarde o Capitólio uma urbe de nome Satúrnia, que se dizia ter sido fundada pelos gregos.[6]

Assim, em Roma, todas as raças se associam e se misturam: há latinos, troianos, gregos, e houve brevemente também sabinos e etruscos. Vede as diversas colinas: o Palatino é a urbe latina, depois de ter sido a urbe de Evandro; o Capitolino, depois de ter sido a morada dos companheiros de Hércules, torna-se a morada dos sabinos de Tácio. O Quirinal recebe seu nome dos quirites sabinos ou do deus sabino Quirino. O Célio parece ter sido habitado desde a origem pelos etruscos.[7] Roma não parecia uma única urbe; parecia uma confederação de várias urbes, cada uma se ligando por sua origem a uma outra confederação. Roma era o centro onde latinos, etruscos, sabelianos e gregos se encontravam.

Seu primeiro rei foi um latino; o segundo, conforme a tradição, foi um sabino; o quinto era, diz-se, filho de um grego; o sexto foi um etrusco.

A língua de Roma era um composto dos elementos mais diversos em que o latim era preponderante. Mas nela havia numerosas raízes sabelianas, além de aí encontrarmos mais radicais gregos que em qualquer um dos outros dialetos da Itália central. Quanto ao próprio nome, *Roma*, não se sabia a que língua pertencia. Segundo alguns, Roma era uma palavra troiana; segundo outros, palavra grega; há razões para acreditar ser latina, mas alguns antigos a acreditam etrusca.

Os nomes das famílias romanas atestam também uma grande diversidade de origens. No tempo de Augusto, havia ainda cinquenta famílias que, recuando na sequência de seus ancestrais, chegavam aos companheiros de Eneias.[8] Outros se diziam originários dos arcádios de Evandro e desde tempos imemoriais os homens dessas famílias carregavam sobre o calçado, como sinal distintivo, um pequeno crescente de prata.[9] As famílias Potícia e Pinara descendiam daqueles que se chamavam de companheiros de Hércules, e sua

---

guerra púnica, deu ao romano o epíteto de *trojugena,* Tito Lívio, XXV, 12.
5. Tito Lívio, I, 5 e 7. Virgílio, VIII. Ovídio, *Fastos,* 579. Plutarco, *Quest. rom.,* 76. Estrabão, V, 3, 3. Dionísio, I, 31, 79, 89.
6. Dionísio, I, 45; I, 85. Varrão, *De ling. lat.,* V, 42. Virgílio, VIII, 358. Plínio, *Hist. nat.,* III, 68.
7. Três nomes das tribos primitivas; os antigos sempre acreditaram que um era um nome latino, o outro, sabino e o terceiro, etrusco.
8. Dionísio, I, 85: Ἐκ τοῦ τρωικοῦ τὸ εὐγενέστατον νομιζόμενον, ἐξ οὗ γενεαί τινες ἔτι περιῆσαν εἰς ἐμέ, πεντήκοντα μάλιστα οἶκοι. Cf. Juvenal, I, 99; Sérvio, *ad Aen.,* V, 117, 123.
9. Plutarco, *Quest. rom.,* 76.

descendência era provada pelo culto hereditário desse deus.[10] Os Túlios, Quintos, Servílios haviam vindo de Alba depois da conquista desta urbe. Muitas famílias uniram ao seu nome um sobrenome que lembrava sua origem estrangeira; havia assim os Sulpícios Camerinos, os Comícios Auruncos, os Sicínios Sabinos, os Cláudios Regilensis, os Aquílios Tuscos. A família Náucia era troiana; os Aurélios eram sabinos; os Cecílios vinham de Prenesto; os Otávios eram originários de Velitras.

O efeito dessa mistura das populações as mais diversas era Roma ter laços de origem com todos os povos que conhecia. Podia se dizer latina com os latinos, sabina com os sabinos, etrusca com os etruscos e grega com os gregos.

Seu culto nacional era assim um conjunto de vários cultos infinitamente diversos, em que cada um a ligava a cada um desses povos. Roma tinha os cultos gregos de Evandro e de Hércules e se vangloriava de possuir o paládio troiano. Seus penates estavam na urbe latina de Lavínio. Roma adotou desde a origem o culto sabino do deus Conso. Um outro deus sabino, Quirino, instalou-se tão fortemente em Roma que esta o associou a Rômulo, seu fundador. Tinha também os deuses dos etruscos e suas festas e seu augurado, e até suas insígnias sacerdotais.

Em um tempo no qual ninguém tinha o direito de assistir às festas religiosas de uma nação se não pertencesse a essa nação pelo nascimento, o romano gozava dessa vantagem incomparável de poder participar das férias latinas, das festas sabinas, das festas etruscas e dos jogos olímpicos.[11] Ora, a religião era um vínculo poderoso. Quando duas urbes tinham um culto comum, se diziam parentes; deviam se considerar como aliadas e se ajudar entre si; não se conhecia nessa antiguidade outra união, exceto aquela que a religião estabelecia. Desta maneira, Roma conservava muito ciosamente tudo o que podia servir de testemunho desse precioso parentesco com as outras nações. Aos latinos, Roma apresentava suas tradições sobre Rômulo; aos sabinos sua lenda de Tarpeia e de Tácio; afirmava aos gregos os velhos hinos que possuía em honra da mãe de Evandro, hinos que não compreendia mais, mas que persistia cantando. Guardava também com a mais devida atenção a recordação de Eneias, pois se por intermédio de Evandro podia se dizer

---

10. Tito Lívio, I, 7: IX, 29.
11. Os romanos logo fingiram vincular sua origem a Troia; ver Tito Lívio, XXXVII, 37; XXIX, 12. Do mesmo modo, testemunharam em breve seu parentesco com a urbe de Segesta (Cícero, *in Verrem*, IV, 33; V, 47), com a ilha da Samotrácia (Sérvio, *ad Aen.*, III, 12), com os peloponésios (Pausânias, VIII, 43), com os gregos (Estrabão, V, 3, 5).

parente dos peloponésios, por intermédio de Eneias se aparentava a mais de trinta urbes espalhadas pela Itália, Sicília, Grécia, Trácia e Ásia Menor, todas tendo Eneias por fundador, ou sendo colônias de urbes por ele fundadas, detendo, consequentemente, um culto comum com Roma. Pode-se ver nas guerras que fez Roma na Sicília contra Cartago, e na Grécia contra Filipe, qual partido tirou desse antigo parentesco.

A população romana era, portanto, uma mescla de várias raças, seu culto um conjunto de diversos cultos, seu fogo nacional uma associação de vários fogos-lares. Era quase a única cidade que sua religião municipal não a isolava de todas as outras. Estava ligada a toda a Itália, a toda a Grécia. Não havia quase nenhum povo que Roma não pudesse admitir ao seu fogo-lar.

2º. Primeiros progressos de Roma (753-350 a.C.)

Durante os séculos nos quais a religião municipal se achava vigente em toda parte, Roma regulou sua política sobre ela.

Diz-se que a primeira ação da nova cidade foi raptar algumas mulheres sabinas, lenda que parece bastante inverossímil se pensarmos na santidade do casamento entre os povos antigos. Mas, vimos anteriormente que a religião municipal proibia o casamento entre pessoas de cidades diferentes, a menos que essas duas cidades tivessem um laço de origem ou um culto comum. Os primeiros romanos tinham o direito de casamento com Alba, de onde eram oriundos, mas não o tinham com seus outros vizinhos, os sabinos. O que Rômulo desejou conquistar em primeiro lugar não era algumas mulheres, mas o direito do casamento, ou seja, o direito de contrair intercâmbio regular com a população sabina. Para isso, era necessário estabelecer entre ela e ele um laço religioso. Adotou, então, o culto do deus sabino Conso e celebrou-lhe a festa. A tradição acrescenta que durante esta festa ele raptou as mulheres; se houvesse agido assim, os casamentos não poderiam ser celebrados segundo os ritos, já que o primeiro ato e o mais indispensável do casamento era a *traditio in manum,* ou seja, o oferecimento da filha por parte do pai, e Rômulo não teria logrado seu fim. Mas a presença dos sabinos e de suas famílias à cerimônia religiosa e sua participação no sacrifício estabeleciam entre os dois povos um tal liame que impossibilitava a recusa do *connubium*. Não havia necessidade de um rapto material. O chefe dos romanos soubera conquistar o direito de casamento. Assim, o historiador Dionísio, que consultava os textos e os hinos sagrados, assegura que as sabinas foram casadas conforme os ritos mais solenes, o que é confirmado por Plutarco e Cícero.[12] É digno de nota o fato de o primeiro esforço dos romanos ter tido como resultado a queda das barreiras que a religião municipal colocava entre eles e um povo vizinho. Não herdamos nenhuma lenda análoga relativamente à Etrúria, mas parece certo que Roma tinha entretido com este país relações idênticas às entretidas com o Lácio e a Sabina. Roma tinha, então, a habilidade de unir-se pelo culto e pelo sangue a tudo o que estava ao seu redor. Empenhou-se por ter o *connubium* com todas as cidades, e o que prova que Roma conhecia bem a importância desse vínculo é que não desejava que as outras cidades, suas submetidas, o tivessem entre si.[13]

Roma entrou em seguida na longa sequência de suas guerras. A primeira foi contra os sabinos de Tácio. Esta guerra terminou com uma aliança religiosa e política entre os dois pequenos povos.[14] Roma guerreou a seguir contra Alba. Os historiadores dizem que Roma ousou atacar essa urbe, embora fosse uma colônia dela. Talvez, precisamente por ser colônia de Alba, Roma julgava necessário destruí-la para sua própria grandeza. Toda metrópole, de fato, exercia sobre suas colônias uma supremacia religiosa; ora, a religião detinha, então, um tal domínio que enquanto Alba permanecesse de pé, Roma não poderia deixar de ser uma cidade dependente, com seu destino sempre obstado.

Destruída Alba, Roma não se contentou simplesmente em não ser mais uma colônia. Pretendeu elevar-se à posição de metrópole, herdando direitos e a supremacia religiosa que Alba exercera até agora sobre as trinta colônias do Lácio. Roma sustentou longas guerras para conseguir a presidência ao sacrifício das férias latinas. Era o meio de adquirir o único gênero de superioridade e de dominação que se concebeu naqueles tempos.

Erigiu sobre seu solo um templo dedicado a Diana. Obrigou os latinos ao comparecimento e realização dos sacrifícios; atraiu para esse templo mesmo os sabinos.[15] Com isso, habituou os dois povos a compartilhar com Roma, sob sua

---

12. Dionísio, II, 30; Plutarco, *Rômulo*, 14, 15, 19; Cícero, *De rep.*, II, 7. Se observarmos com atenção os relatos desses três historiadores e as expressões que empregam, reconheceremos todas as características do casamento antigo; assim, somos levados a crer que esta lenda dos sabinos, que se converteu com o passar do tempo na história de um rapto, era, originariamente, a lenda da aquisição do *connubium* com os sabinos. Foi assim que Cícero parece tê-lo compreendido: *Sabinorum connubia conjunxisse, De orat.*, I, 9.

13. Tito Lívio, IX, 43: XXIII, 4.

14. *Sacris communicatis*, Cícero, *De rep.*, 11, 7.

15. Tito Lívio, I, 45. Dionísio, IV, 48, 49.

presidência, das festas, das orações e das carnes sagradas das vítimas. Reunia-os sob sua supremacia religiosa.

Roma foi a única cidade que soube aumentar sua população por meio da guerra. Utilizou uma política desconhecida a todo o resto do mundo greco-itálico. Agregava a si todos aqueles que derrotava. Conduzia consigo os habitantes das urbes tomadas, e gradativamente fazia dos vencidos, romanos. Ao mesmo tempo, enviava colonos para os países conquistados, desta maneira difundindo Roma por toda parte, pois seus colonos, embora formassem cidades distintas do ponto de vista político, conservavam com a metrópole a comunidade religiosa. Ora, isso era o suficiente para que estes povos fossem compelidos a subordinar suas políticas à política de Roma, obedecê-la e auxiliá-la em todas as suas guerras.

Um dos traços notáveis da política de Roma é atrair para si todos os cultos das cidades vizinhas. Dispunha-se a conquistar tanto urbes quanto deuses. Apoderou-se de uma Juno de Veios, de um Júpiter de Prenesto, de uma Minerva de Falisca, de uma Juno de Lanúvio, de uma Vênus dos samnitas e muitas outras divindades que não conhecemos.[16] "Pois era uso de Roma" – diz um antigo[17] – "assimilar as religiões das urbes vencidas, ora as distribuindo pelas suas *gentes*, ora dando-lhes um lugar em sua religião nacional."

Montesquieu faz encômios aos romanos por serem possuidores de sutil habilidade política, por não terem imposto seus deuses aos povos derrotados. Mas isto teria sido absolutamente contrário às suas ideias e àquelas de todos os antigos. Roma conquistava os deuses dos vencidos, porém não lhes concedia os seus. Guardava para si seus protetores, empenhando-se, inclusive, para aumentar-lhes o número. Esforçava-se para ter mais cultos e mais deuses tutelares do que qualquer outra cidade.

Como, ademais, esses cultos e esses deuses eram, na sua maioria, tomados dos vencidos, Roma estava para eles em comunhão religiosa com todos os povos. Os laços de origem, a conquista do *connubium*, a da presidência das férias latinas, a dos deuses vencidos, o direito que Roma pretendia ter de sacrificar em Olímpia e em Delfos eram tantos outros meios mediante os quais Roma preparava sua dominação. Como todas as urbes, Roma possuía sua religião municipal, fonte de seu patriotismo; mas foi a única urbe que empregou esta religião para seu engrandecimento. Enquanto as outras urbes se isolavam devido

---

16. Tito Lívio, V, 21, 22; VI, 29. Ovídio, *Fastos*, III, 837, 843. Plutarco, *Paralelo das hist. greg. e rom.*, 75.

17. Cíncio, citado por Arnóbio, *Adv. gentes*, III, 38.

à religião, Roma tinha a habilidade ou a boa sorte de se servir da religião para tudo atrair e dominar.

3º. Como Roma adquiriu o império (350-140 a.C.)

Enquanto Roma crescia assim lentamente, pelos meios que a religião e as ideias de então colocavam à sua disposição, uma série de transformações sociais e políticas se desenvolvia em todas as cidades e na própria Roma, transformando simultaneamente o governo dos homens e sua maneira de pensar. Traçamos nas páginas precedentes essa revolução. O que importa observar aqui é que tal revolução coincide com o magno desenvolvimento do poder romano. Esses dois fatos que se produziram ao mesmo tempo não deixaram de interagir de alguma maneira um sobre o outro. As conquistas de Roma não teriam sido tão fáceis se o espírito municipal não estivesse extinto em todo lugar; e podemos crer, também, que o regime municipal não teria decaído tão cedo se a conquista romana não lhe tivesse assestado o derradeiro golpe.

Em meio às transformações que se produziam nas instituições, nos costumes, nas crenças, no direito, o próprio patriotismo mudara de natureza, tendo sido uma das coisas que mais contribuiu para o grande progresso de Roma. Afirmamos anteriormente no que consistia esse sentimento nos primeiros tempos das cidades. O sentimento patriótico fazia parte da religião; amava-se a pátria porque se amava nela os deuses protetores, porque junto a ela encontrávamos um pritaneu, um fogo divino, festas, orações, hinos, e porque fora dela não se dispunha mais de deuses nem culto. Esse patriotismo era o da fé e da piedade. Mas, quando o domínio foi retirado da casta sacerdotal, esse tipo de patriotismo desapareceu com todas as velhas crenças. O amor da cidade não perece ainda, porém assume uma forma nova.

Não se amava mais a pátria por sua religião e seus deuses; amava-se-a tão somente por suas leis, suas instituições, pelos direitos e a segurança que proporcionava aos seus membros. Vede na oração fúnebre que Tucídides põe na boca de Péricles quais as razões que fazem com que Atenas seja amada, a saber, porque "ela dá aos homens a liberdade e abre a todos a via das honras; mantém a ordem pública, assegura aos magistrados a autoridade, protege os fracos, proporciona a todos espetáculos e festas que educam a alma". E o orador finda dizendo: "Eis porque nossos guerreiros preferem morrer heroicamente a deixar esta pátria; eis porque aqueles que sobrevivem estão inteiramente prontos para sofrer por Atenas e a ela se consagrarem". O homem, portanto, ainda tem deveres em relação à cidade, mas estes deveres não se derivam mais do mesmo princípio de outrora. Dá ainda seu sangue e sua vida por ela, mas não mais para defender sua divindade nacional e o fogo doméstico de seus pais; ele o faz para defender as instituições que lhe trazem prazer e as vantagens que a cidade lhe proporciona.

Ora, tal patriotismo novo não teve exatamente os mesmos efeitos que aquele dos velhos tempos. Como os corações dos homens não se apegavam mais ao pritaneu, aos deuses protetores, ao solo sagrado, mas somente às instituições e às leis, e como estas, ademais, em um estado de instabilidade em que todas as cidades se encontravam então, alteravam-se com frequência, o patriotismo se converteu em um sentimento variável e inconsistente que dependia das circunstâncias e estava sujeito às mesmas oscilações do próprio governo. Só se amava a pátria em função do regime político que ali prevalecia no momento; aquele que em sua pátria acha as leis injustas nada tem mais que o prenda à patria.

O patriotismo municipal debilitou-se assim e pereceu nas almas humanas. A opinião particular de cada homem tornou-se mais sagrada que sua pátria e o triunfo de seu partido tornou-se para ele muito mais caro que a grandeza ou a glória de sua cidade. Chegou-se a preterir a urbe natal, se nela não se encontravam instituições que agradassem, em favor de uma outra urbe onde tais instituições estavam em vigor. A emigração começou a tornar-se uma prática mais livre, o exílio passou a ser menos temido. Que importava ser excluído do pritaneu e privado da água lustral? Não se pensava mais em absoluto em deuses protetores e todos se acostumavam facilmente a viver sem uma pátria.

Daí para armar-se contra ela distava apenas um passo. Houve quem se aliasse à urbe adversária para fazer triunfar o próprio partido na sua urbe. De dois argivos, um desejava um governo aristocrático, daí apreciar mais Esparta que Argos; o outro preferia a democracia, e assim gostava de Atenas. Nem um nem outro se importavam realmente com a independência de sua própria cidade, não lhes repugnando absolutamente se declararem membros de outra urbe, desde que esta urbe suportasse seu partido em Argos. Vê-se claramente em Tucídides e Xenofonte que foi esta disposição dos espíritos que engendrou e fez durar a Guerra do Peloponeso. Em Plateias, os ricos eram do partido de Tebas e de Lacedemônia, e os democratas pertenciam ao partido de Atenas. Em

Corcira, a facção popular era por Atenas, e a aristocracia por Esparta.[18] Atenas tinha aliados em todas as cidades do Peloponeso, e Esparta em todas as urbes jônicas. Tucídides e Xenofonte concordam em dizer que não havia uma única cidade onde o partido popular não fosse favorável aos atenienses e a aristocracia aos espartanos.[19] Esta guerra representa um esforço geral que fazem os gregos para estabelecer em toda parte uma mesma constituição, com a hegemonia de uma urbe; mas uns desejam a aristocracia sob a proteção de Esparta, outros a democracia com o apoio de Atenas. O mesmo sucedeu no tempo de Filipe: o partido aristocrático, em todas as urbes, votou pelo domínio da Macedônia. No tempo de Filopêmene, os papéis se achavam invertidos, mas os sentimentos eram os mesmos: o partido popular aceitava o domínio da Macedônia e todos os que eram a favor da aristocracia se aliavam à liga aqueia. E, deste modo, os votos e as afeições dos homens não tinham mais por objeto a cidade. Poucos gregos não estariam prontos para sacrificar a independência municipal visando obter a constituição que preferiam.

Quanto aos homens honestos e escrupulosos, as dissensões perpétuas de que eram sempre testemunhas os fizeram desgostar do regime municipal. Não podiam mais apreciar uma forma de sociedade onde se fazia necessário combater diariamente, onde o pobre e o rico estavam sempre em guerra, onde eles viam se alternarem interminavelmente as violências populares e as vinganças aristocráticas. Queriam escapar de um regime que, após ter produzido uma grandeza verdadeira, limitava-se em seguida a gerar somente sofrimentos e ódios. Começava-se a sentir a necessidade de abandonar o sistema municipal e encontrar outra forma de governo que não fosse a cidade. Muitos homens pensavam, ao menos, em estabelecer acima das cidades uma espécie de poder soberano que cuidasse da manutenção da ordem e que forçasse essas pequenas sociedades turbulentas a viver em paz. Foi assim que Fócio, um bom cidadão, aconselhou seus compatriotas a aceitar a autoridade de Filipe, prometendo-lhes como recompensa desse custo a concórdia e a segurança.

Na Itália, as coisas não se comportavam de maneira diferente da Grécia. As urbes do Lácio, da Sabina, da Etrúria eram sacudidas pelas mesmas revoluções e as mesmas lutas, o amor pela cidade tendo desvanecido. Como na Grécia, cada um se prendia voluntariamente a uma urbe estrangeira a fim de fazer prevalecer na sua cidade suas opiniões ou seus interesses.

---

18. Tucídides, III, 69-72; IV, 46-48; III, 82.
19. Tucídides, III, 47. Xenofonte, *Helênicas*, VI.

Tais disposições dos espíritos fizeram a fortuna de Roma. Em toda parte, Roma apoiou a aristocracia e, em toda parte, a aristocracia também foi sua aliada. Citemos alguns exemplos. A *gens* Cláudia abandonou a Sabina por causa de conflitos intestinos e se transferiu para Roma porque as instituições romanas lhe agradavam mais do que aquelas de seu país. Na mesma época, muitas famílias latinas emigraram para Roma, porque não gostavam do regime democrático do Lácio e Roma acabara de restabelecer o domínio do patriciado.[20] Em Árdea, estando a aristocracia e a plebe em luta, a plebe solicitou a ajuda dos volscos e a aristocracia entregou a urbe aos romanos.[21] A Etrúria era atravessada por dissensões. Veios havia derrubado seu governo aristocrático; os romanos a atacaram e as outras urbes etruscas, onde a aristocracia sacerdotal ainda dominava, recusaram-se a socorrer Veios. A lenda acrescenta que nessa guerra os romanos raptaram um arúspice veiense, o tendo feito revelar oráculos que assegurariam a vitória aos romanos; esta lenda não nos permite relancear que foram os sacerdotes etruscos que abriram a urbe aos romanos?

Mais tarde, quando Cápua se revoltou contra Roma, observou-se que os cavaleiros, ou seja, o corpo aristocrático, não tomaram parte dessa insurreição.[22] Em 313, as urbes de Ausona, Sora, Minturna e Vécia foram entregues aos romanos pelo partido aristocrático.[23] Quando presenciamos os etruscos entrarem em uma coalizão contra os romanos, é porque o governo popular se estabelecera entre eles; uma única urbe, a de Arrécio, recusou-se a ingressar nessa coalizão, isto porque a aristocracia prevalecia ainda em Arrécio.[24] Quando Aníbal estava na Itália, todas as urbes se agitaram; mas não se tratava de independência: simplesmente em cada uma destas urbes a aristocracia estava do lado de Roma e a plebe do lado dos cartagineses.[25]

A maneira como Roma era governada pode nos esclarecer a razão dessa preferência constante que a aristocracia lhe conferia. A série das revoluções se processava aí como em todas as urbes, porém mais vagarosamente. Em 509, quando as cidades latinas já tinham tiranos, uma reação patrícia tinha se saído bem-sucedida em Roma. A democracia ganhou terreno, a seguir, mas só com o

---

20. Dionísio, VI, 2.
21. Tito Lívio, IV, 9, 10.
22. Tito Lívio, VIII, 11.
23. Tito Lívio, IX, 24, 25.
24. Tito Lívio, IX, 32; X, 3.
25. Tito Lívio, XXIII, 13, 14, 39; XXIV, 2: *Unus velut morbus invaserat omnes Italiae civitates, ut plebs ab optimatibus dissentiret, senatus Romanis faveret, plebs ad Poenos rem traheret.*

decorrer de algum tempo, muito moderada e seguramente. O governo romano foi, portanto, por mais tempo aristocrático do que qualquer outro, podendo ser por muito tempo a esperança do partido aristocrático.

É verdade que a democracia acabou por vencê-lo em Roma, mas mesmo então, os procedimentos e o que se podia chamar de artifícios do governo continuaram aristocráticos. Nos comícios por centúrias, os votos eram repartidos conforme a riqueza. Não se empregava procedimento diverso nos comícios por tribos; de direito, nenhuma distinção era admitida, mas, de fato, a classe pobre, encerrada nas quatro tribos urbanas, dispunha somente de quatro sufrágios para opor aos trinta e um da classe dos proprietários. Além disso, nada era mais tranquilo, de ordinário, do que essas reuniões; ninguém aí falava, exceto o presidente ou aquele a quem ele dava a palavra; apenas os oradores eram escutados; discutia-se pouco. Tudo se reduzia, com frequência, a um voto de sim ou não e à contagem desses votos, sendo que esta última operação, muito complicada, exigia muito tempo e muita tranquilidade. Deve-se acrescentar a isso que o senado não era renovado todo ano, como nas cidades democráticas da Grécia. Legalmente, era composto a cada novo lustro pelos censores; na realidade, os nomes indicados nas listas mudavam muito pouco de lustro para lustro e só excepcionalmente alguns nomes eram eliminados, de maneira que o senado era um corpo vitalício, que praticamente se recrutava a si mesmo, e onde os filhos sucediam ordinariamente aos pais. Era verdadeiramente um corpo oligárquico.

Os costumes eram ainda mais aristocráticos que as instituições. Os senadores tinham lugares reservados no teatro. Só os ricos serviam na cavalaria. As patentes do exército eram em grande parte reservadas aos jovens das grandes famílias; Cipião não tinha sequer dezesseis anos e já comandava um esquadrão.[26]

A dominação da classe rica se conservou em Roma mais tempo do que em qualquer outra urbe, o que se deve a duas causas. A primeira é que, fazendo-se grandes conquistas, os lucros iam para as mãos da classe que já era rica; todas as terras tomadas dos vencidos eram de posse desta mesma classe, que também se apoderava do comércio dos países conquistados, extraindo destes enormes benefícios por meio do recebimento de impostos e da administração das províncias. Essas famílias, enriquecendo-se, assim, a cada geração, tornaram-se

---

26. Plínio, XIV, 1, 5: *Senator censu legi, judex fieri censu, magistratum ducemque nihil magis exornare quam censum.* O que Plínio aqui diz não se aplica apenas aos últimos tempos da República. Em Roma, sempre houve um censo para ser senador, um censo para ser cavaleiro e mesmo para ser legionário; desde que houve um corpo de juízes, foi necessário ser rico para fazer parte dele, de sorte que o direito de julgar foi sempre privilégio das classes superiores.

desmesuradamente opulentas, e cada uma delas representava uma força ante o povo. A outra causa era que o romano, mesmo o mais pobre, alimentava um respeito inato pela riqueza. Embora a clientela verdadeira tivesse desaparecido há tanto tempo, fora como que ressuscitada sob a forma de uma homenagem prestada às grandes fortunas; e desenvolveu-se o próprio costume dos proletários irem toda manhã saudar os ricos e lhes pedir o alimento do dia.

Não é que a luta entre ricos e pobres não tenha ocorrido em Roma como em todas as outras cidades. Mas só principiou no tempo dos Gracos, ou seja, quando a conquista já estava quase consumada. Ademais, essa luta nunca teve em Roma o cunho de violência que assumiu em toda parte. O povo da classe inferior não cobiçou muito ardentemente a riqueza; apoiou indolentemente os Gracos e se recusou a acreditar que esses reformadores trabalhassem a favor da classe inferior, abandonando os Gracos no momento decisivo. As leis agrárias, tão frequentemente apresentadas aos ricos como uma ameaça, deixaram sempre o povo bastante indiferente, não conseguindo senão agitá-lo superficialmente. Vê-se perfeitamente que o povo não desejava intensamente possuir terras; aliás, se lhe ofereceram a divisão das terras públicas, ou seja, do domínio do Estado, ao menos não teve a ideia de destituir os ricos de suas propriedades. Em parte por um respeito inveterado, e em parte pelo costume da inação, essa multidão de pobres gostava de viver ao lado dos ricos e, por assim dizer, à sombra deles.

Esta última classe teve a sagacidade de admitir no seu meio as famílias mais consideradas das urbes submetidas ou aliadas. Todos que eram ricos na Itália acabaram pouco a pouco a formar a classe rica de Roma. Esse corpo cresceu sempre em importância e foi senhor do Estado. Exerceu sozinho as magistraturas, porque o preço de compra destas era muito alto; compôs sozinho o senado, porque era necessário um censo muito elevado para ser senador. E, assim, vê-se produzir este fato estranho, a saber, que a despeito de leis que eram democráticas, formou-se ali uma nobreza, e que o povo, que era todo-poderoso, tolerou que essa nobreza se colocasse acima dele, não lhe tendo feito jamais uma efetiva oposição.

Roma era, portanto, no terceiro e segundo séculos antes de nossa era, a urbe mais aristocraticamente governada que houve na Itália e na Grécia. Observemos, enfim, que se nos assuntos internos o senado era obrigado a manipular a multidão, no que dizia respeito à política externa ele era senhor absoluto. Era o senado que recebia os embaixadores, que concluía as alianças, que distribuía as províncias e as legiões, que ratificava os atos dos generais e que determinava as condições feitas aos vencidos, ou seja, todas as coisas que em todo lugar eram atribuições da assembleia popular. Os estrangeiros, em suas relações com Roma, não tinham o menor contato com o povo; só ouviam falar do senado, e eram mantidos na ideia de que o povo não detinha poder algum. É precisamente a opinião que um grego expressou a Flamínio: "No vosso país" – dizia ele – "a riqueza governa, estando todo o resto a ela submetido".[27]

Disto resultou que em todas as cidades a aristocracia voltou os olhos para Roma, contou com ela, a adotou como protetora e se ligou à sua fortuna. Isto se afigurava especialmente permissível na medida em que Roma não era para ninguém uma urbe estrangeira: sabinos, latinos e etruscos viam nela uma urbe sabina, uma urbe latina e uma urbe etrusca, e os gregos acreditavam encontrar nela, gregos.

Desde que Roma se revelou à Grécia (199 a.C.), a aristocracia se entregou a ela. Quase ninguém pensou, então, que se tratasse de escolher entre a independência e a sujeição; para a maioria dos homens, a questão que se colocava era apenas a da aristocracia e do partido popular. Em todas as urbes, o partido popular estava do lado de Filipe, de Antíoco ou de Perseu, a aristocracia do lado de Roma. Pode-se ver em Políbio e em Tito Lívio que se em 198 Argos abre suas portas aos macedônios é porque o domínio em Argos é o popular; que no ano seguinte é o partido dos ricos que entrega Opunto aos romanos; que entre os arcanânios a aristocracia celebrou um tratado de aliança com Roma, mas que um ano depois esse tratado estava rompido porque nesse intervalo a democracia havia recuperado o domínio; que Tebas participa da aliança de Filipe enquanto o partido popular é nesta cidade o mais forte, aproximando-se de Roma logo que a aristocracia torna-se senhora de Tebas; que em Atenas, em Demetríade, na Fócia, a plebe é hostil aos romanos; que Nábis, o tirano democrático, faz guerra à Roma; que a liga aqueia, enquanto é controlada pela aristocracia, lhe é favorável; que os homens como Filopêmene e Políbio desejam a independência nacional, mas apreciam ainda mais a dominação romana que a democracia; que na própria liga aqueia chega um momento em que surge, por sua vez, o partido popular; que a partir deste momento a liga se torna inimiga de Roma; que Dios e Critolau são ao mesmo tempo os chefes do partido popular e os generais da liga contra os romanos e que combatem bravamente em Escarfeia e em Leucopetra, menos talvez pela independência da Grécia do que pelo triunfo da democracia.

Tais fatos demonstram suficientemente como Roma, sem fazer grandes esforços, obteve o império. O espírito municipal desaparecia pouco a pouco.

---

27. Tito Lívio, XXXIV, 31.

O amor à independência tornava-se um sentimento raríssimo e os ânimos se voltavam inteiramente para os interesses e as paixões dos partidos. Esquecia-se a cidade de modo mal perceptível. As barreiras que haviam separado outrora as urbes e feito delas pequenos mundos distintos, cujo horizonte restringia os anseios e os pensamentos de cada um, caíam uma após a outra. Não se distinguia mais por toda a Itália e por toda a Grécia senão dois grupos de homens: de um lado, uma classe aristocrática; do outro, um partido popular – uma solicitava a dominação de Roma, o outro a repelia. A aristocracia venceu e Roma adquiriu o império.

4º. ROMA DESTRÓI EM TODA PARTE O REGIME MUNICIPAL

As instituições da cidade antiga tinham sido enfraquecidas e como que esgotadas por uma série de revoluções. A dominação romana teve como primeiro resultado consumar sua destruição, apagando de vez o que ainda subsistia delas. É o que se pode constatar observando-se em que condição os povos caíram à medida que foram conquistados por Roma.

É preciso, em primeiro lugar, afastar de nosso espírito todos os hábitos da política moderna, e não imaginar os povos se introduzindo um a um no Estado romano, como nos nossos dias as províncias conquistadas são anexadas a um reino que, acolhendo esses novos membros, alarga suas fronteiras. O Estado romano, *civitas romana,* não crescia mediante a conquista; o Estado romano abrangia sempre apenas as famílias que figuravam na cerimônia religiosa do censo. O território romano, *ager romanus,* não se ampliava; prosseguia encerrado nos limites inalteráveis que os reis lhe haviam traçado e que a cerimônia dos Ambarvales santificava todo ano. Duas coisas somente cresciam a cada conquista: eram a dominação de Roma, *imperium romanum,* e o território pertencente ao Estado romano, *ager publicus.*

Enquanto durou a República, não ocorreu à mente de ninguém que os romanos e os outros povos pudessem formar uma mesma nação. Roma podia muito bem acolher junto a si individualmente alguns vencidos, fazê-los habitar no interior de suas muralhas e transformá-los a longo prazo em romanos, mas não podia assimilar toda uma população estrangeira à sua população, todo um território ao seu território. Isto não se devia à política particular de Roma, mas a um princípio que era constante na antiguidade, princípio de que Roma, mais do que qualquer outra urbe, se afastaria de bom grado, mas de que não podia se libertar completamente. Assim, quando um povo era submetido a Roma, ele não ingressava no Estado romano, *in civitate*, mas somente no domínio romano, *in imperio*. Tal povo não se unia a Roma, como hoje as províncias se unem a uma capital; entre os povos e ela, Roma só conhecia dois tipos de vínculo, a sujeição ou a aliança (*dedititii, socii*).

Diante disso, poderia parecer que as instituições municipais devessem subsistir entre os conquistados, e que o mundo devesse ser um vasto conjunto de cidades distintas entre si, tendo como sua líder uma cidade soberana. Nada disso, de fato, ocorreu. A conquista romana fez com que uma verdadeira transformação se produzisse no seio de cada urbe.

De um lado, estavam os submetidos, *dedititii*; estes eram aqueles que, tendo proferido a fórmula de *deditio*, haviam entregado ao povo romano "suas pessoas, suas muralhas, suas terras, suas águas, suas casas, seus templos, seus deuses". Haviam renunciado, portanto, não somente ao seu governo municipal, como também a tudo que nele havia que os ligava aos antigos, ou seja, à religião e ao direito privado deles. A partir deste momento, esses homens não formavam mais entre si um corpo político; nada mais possuíam de uma sociedade regular. Sua urbe podia permanecer de pé, mas sua cidade estava morta. Se continuavam a viver juntos, era sem ter nem instituições, nem leis, nem magistrados. A autoridade arbitrária de um *praefectus* enviado por Roma mantinha entre eles a ordem material.[28]

Do outro lado, estavam os aliados, *foederati* ou *socii*. Estes eram menos maltratados. No dia em que ingressavam no domínio romano, ficava estipulado que conservariam seu regime municipal e permaneceriam organizados em cidades. Continuavam, portanto, a ter em cada urbe uma constituição própria, magistraturas, um senado, um pritaneu, leis, juízes. A urbe era considerada independente e parecia manter com Roma apenas as relações que uma aliada tinha com outra. Contudo, nas cláusulas do tratado que fora redigido no momento da conquista, Roma havia inserido a seguinte fórmula: *majestatem populi romani comiter conservato*.[29] Estas palavras estabeleciam a dependência da cidade aliada relativamente à cidade soberana, e como os termos eram muito vagos, resultava que a medida dessa dependência ficava sempre a critério do mais forte. As urbes que se chamavam livres recebiam ordens de Roma, obedeciam aos procônsules, e pagavam tributos aos publicanos; seus

---

28. Tito Lívio, I, 38; VII, 31; IX, 20; XXVI, 16; XXVIII, 34. Cícero, *De lege agr.*, I, 6; II, 32. Festo, v. *Praefecturae*.
29. Cícero, *Pro Balbo*, 16.

magistrados prestavam suas contas ao governador da província, que recebia também os apelos de seus juízes.[30]

Ora, tal era a natureza do regime municipal entre os antigos que lhe era imprescindível uma independência total ou cessar de existir. Entre a manutenção das instituições da cidade e a subordinação a um poder estrangeiro havia uma contradição que não se mostra, talvez, claramente aos olhos dos modernos, mas que devia atingir todos os homens dessa época. A liberdade municipal e o império de Roma eram incompatíveis; a primeira não podia ser senão uma aparência, uma balela, um entretenimento para os homens. Cada uma dessas urbes enviava quase todo ano uma deputação a Roma, e os seus assuntos mais íntimos e mais minuciosos eram regulamentados no senado. Essas urbes tinham ainda seus magistrados municipais, arcontes e estrategos livremente eleitos por elas; mas o arconte tinha como atribuição simplesmente inscrever seu nome nos registros públicos para marcar o ano, e o estratego, outrora chefe do exército e do Estado, tinha como única incumbência a inspeção geral das vias, estradas e mercados.[31]

As instituições municipais pereciam, portanto, tanto entre os povos a que se chamava aliados quanto entre aqueles a que se chamava submetidos, com a única diferença dos primeiros conservar ainda delas as formas exteriores. A rigor, a cidade, tal como a antiguidade a concebera, não se via mais em parte alguma, salvo dentro dos muros de Roma.[32]

A propósito, ao destruir o regime da cidade em toda parte, Roma não o substituía por nenhum outro. Aos povos dos quais subtraía as instituições não dava as suas em troca. Tampouco pensava em criar instituições novas que pudessem ser usadas por esses povos. Jamais elaborou uma constituição para os povos de seu Império, e não soube estabelecer regras fixas para os governar. A própria autoridade que exerce sobre eles nada tinha de regular. Como não faziam parte de seu Estado, de sua cidade, não exercia sobre eles nenhuma ação legal. Seus submetidos eram para Roma estrangeiros, e desta maneira fazia uso, em relação a eles, do poder irregular e ilimitado que o antigo direito municipal ditava ao cidadão no que respeitava ao estrangeiro ou ao inimigo. Foi baseado

---

30. Tito Lívio, XLV, 18. Cícero, *Ad Att.*, VI, 1; VI, 2. Apiano, *Guerras civis*, I, 102. Tácito, XV, 45.
31. Filóstrato, *Vida dos Sofistas*, I, 23. Boeckh, *Corp. inscr., passim.*
32. Posteriormente, Roma reergueu em toda parte o regime municipal, mas deve-se entender claramente que este regime municipal do Império só se assemelhava superficialmente ao dos tempos precedentes; não continha deste nem os princípios nem o espírito. A cidade gaulesa ou grega do século dos Antoninos é totalmente diferente da cidade antiga.

neste princípio que a administração romana se norteou por muito tempo. Vejamos como procedia.

Roma enviava um dos seus cidadãos a uma certa região; fazia desta região a *provincia* desse homem, quer dizer, seu encargo, seu cuidado próprio, seu negócio pessoal: era este o significado da palavra *provincia* na língua antiga. Ao mesmo tempo, conferia a tal cidadão o *imperium*; isto significava que Roma renunciava a favor dele, por um tempo determinado, à soberania que detinha sobre aquela região. De imediato, aquele cidadão passava a representar em sua pessoa todos os direitos da República, e, nesta qualidade, era o senhor absoluto da região. Fixava valores para os tributos, exercia o poder militar, administrava a justiça. Suas relações com os submetidos ou aliados não eram reguladas por constituição alguma. Quando ele sentava em seu tribunal, julgava exclusivamente baseado em sua própria vontade; nenhuma lei podia se impor a ele – nem a lei dos provinciais, visto que ele era romano, nem a lei romana, visto que ele atuava como juiz da província. Para que houvesse leis entre ele e seus administrados, era necessário que ele próprio as tivesse feito, porque apenas ele, sendo romano, podia assumir a incumbência de se obrigar a elas. E, assim, o *imperium* de que se achava revestido incluía o poder legislativo. Daí os governadores terem o direito e adquirirem o hábito de publicar, por ocasião de sua chegada à província, um código de leis que chamavam de seu édito, o qual se comprometiam moralmente a acatar. Mas como os governadores de províncias mudavam todo ano, tais códigos também mudavam todo ano, pela simples razão de a lei não ter sua fonte senão na vontade do homem momentaneamente revestido do *imperium*. Este princípio era tão rigorosamente aplicado que, quando um julgamento tinha sido pronunciado pelo governador, mas não fora totalmente executado no momento de sua partida da província, a chegada do sucessor anulava de pleno direito esse julgamento, e o processo tinha que recomeçar.[33]

Esta era a envergadura da onipotência do governador. Ele era a lei viva. Quanto a invocar a justiça romana contra suas violências ou seus crimes, os provincianos só poderiam fazê-lo se encontrassem um cidadão romano que quisesse lhes servir como patrono,[34] pois por si sós não tinham o direito de alegar a lei da cidade e nem dirigir-se aos seus tribunais. Eles eram estrangeiros;

---

33. Gaio, IV, 103-106.
34. A respeito da instituição do patronado e da clientela aplicada às urbes submetidas às províncias, ver Cícero, *De officiis*, II, 11; *in Caecilium*, 4; *in Verrem*, III, 18; Dionísio, II, 11; Tito Lívio, XXV, 20; Valério Máximo, IV, 3, 6: Apiano, *Guerras civis*, II, 4.

a língua jurídica e oficial os chamava de *peregrini*; tudo quanto a lei dizia do *hostis* continuava a se aplicar a eles.

A situação legal dos habitantes do Império aparece claramente nos escritos dos jurisconsultos romanos. Vê-se nestes escritos que os povos são considerados como não tendo mais suas leis próprias e não dispondo ainda das leis romanas. Para eles o direito não existe, portanto, de maneira alguma. Aos olhos do jurisconsulto romano, o provinciano não é nem marido, nem pai, ou seja, a lei não lhe reconhece nem o poder marital nem a autoridade paterna. A propriedade não existe para ele; há, aliás, uma dupla impossibilidade para que ele seja proprietário: impossibilidade devido à sua condição pessoal, por ele não ser cidadão romano; impossibilidade devido à condição de sua terra, por não ser terra romana, a lei admitindo o direito de propriedade completa apenas nos limites do *ager romanus*.[35] Desta maneira, os jurisconsultos informam que o solo provinciano nunca é propriedade privada, podendo os homens ter dele somente a posse e o usufruto.[36] Ora, o que dizem no século II d.C. do solo provinciano fora igualmente verdadeiro no que diz respeito ao solo itálico antes do dia no qual a Itália obteve o direito de cidadania romana, como veremos em breve.

Está, portanto, verificado que os povos, à medida que entravam no *império* de Roma, perdiam sua religião municipal, seu governo e seu direito privado. Pode-se perfeitamente crer que Roma suavizava na prática aquilo que a sujeição tinha de destrutivo. Deste modo, percebe-se claramente que se a lei romana não reconhecia ao submetido a autoridade paterna, ainda assim deixava essa autoridade subsistir nos costumes. Se não se permitia a um tal homem se dizer proprietário do solo, ao menos deixava-se-lhe a posse, de sorte que ele cultivava sua terra, a vendia e a legava. Não se dizia jamais que essa terra fosse sua, mas se dizia que ela era como sua, *pro suo*. Não era sua propriedade, *dominium*, mas se achava nos seus bens, *in bonis*.[37] Roma imaginava assim, e para proveito do submetido, uma profusão de subterfúgios e artifícios de linguagem. Segundo o gênio romano, se suas tradições municipais o impediam de fazer leis para os vencidos, não podia, contudo, permitir que a sociedade se dissolvesse. Em princípio, colocava-os à margem do direito, mas de fato viviam como se tivessem um direito. Porém, salvo isso, e excetuando-se a tolerância do vencedor, deixava-se todas as instituições dos vencidos se apagarem e todas

---

35. E, posteriormente, do *ager italicus*.
36. Gaio, II, 7: *In provinciali solo dominium populi romani est*. Cf. Cícero, *Pro Flacco*, 32.
37. Gaio, I, 54; II, 5, 6, 7.

as suas leis desvanecerem. O *imperium romanum* apresentou, sobretudo, sob o regime republicano e senatorial, este singular espetáculo: uma única cidade permanecia de pé e conservava instituições e um direito; todo o resto, ou seja, oitenta milhões de almas, ou já não possuíam nenhuma espécie de leis ou, ao menos, suas leis não eram reconhecidas pela cidade soberana. O mundo, então, não era precisamente um caos, mas a força, o arbítrio e a convenção, à falta de leis e princípios, sustentavam, só eles, a sociedade.

Tal foi o efeito da conquista romana sobre os povos que sucessivamente se converteram em sua presa. Da cidade, tudo ruiu: primeiramente a religião, depois o governo e, enfim, o direito privado; todas as instituições municipais, já abaladas há tempo, foram, enfim, desarraigadas e aniquiladas. Mas nenhuma sociedade regular, nenhum sistema de governo substituiu de imediato aquilo que desaparecia. Houve um momento em suspenso entre o instante em que os homens assistiram à dissolução do regime municipal e aquele em que viram nascer um outro tipo de sociedade. A nação não sucedeu diretamente à cidade, pois o *imperium romanum* não se assemelhava de maneira alguma a uma nação. Era uma multidão confusa, onde não havia ordem real senão em um ponto central, e onde todo o resto possuía somente uma ordem fictícia e transitória, que era possuída, inclusive, ao preço da obediência. Os povos submetidos não chegaram a se constituir em um corpo organizado a não ser depois de terem conquistado, por sua vez, os direitos e as instituições que Roma desejava conservar para si; era-lhes necessário para isso ingressar na cidade romana, ter aí um lugar, atuar, transformá-la também a fim de fazer deles e de Roma um só corpo. Esta foi uma obra longa e difícil.

5º. OS POVOS SUBMETIDOS INGRESSAM SUCESSIVAMENTE NA CIDADE ROMANA

Acabamos de ver como a condição de súdito de Roma era deplorável, e quanto a sorte do cidadão devia ser invejada. O orgulho não era o único a sofrer; estavam em jogo interesses mais reais e mais caros. Quem não era cidadão romano não era considerado marido nem pai; não podia ser legalmente nem proprietário nem herdeiro. Tal era o valor do título de cidadão romano que sem ele se estava à margem do direito e por ele se ingressava na sociedade regular. Consequentemente, esse título se tornou o objeto dos mais ardentes desejos dos homens. O latino, o itálico, o grego, e mais tarde o hispânico e o gaulês aspiraram à cidadania romana, meio único de gozar de direitos e possuir algo. Todos, um após outro, mais ou menos na ordem em que entraram no Império de Roma, trabalharam para ingressar na cidade romana e, após longos esforços, conseguiram.

Esta lenta admissão dos povos no Estado romano constitui o derradeiro ato da longa história da transformação social dos antigos. Para observar este grande evento em todas as suas fases sucessivas, é preciso presenciar seu princípio no século IV a.C..

O Lácio fora submetido; dos quarenta pequenos povos que o habitavam, Roma exterminara a metade, despojara alguns de suas terras e deixara aos restantes o título de aliados. Em 340, os aliados perceberam que a aliança era inteiramente em seu detrimento, que lhes era necessário em tudo obedecer, e que estavam condenados a oferecer, todo ano, seu sangue e seu dinheiro para o proveito exclusivo de Roma. Formaram, então, uma coalizão, e seu chefe, Ânio, formulou nos seguintes termos as reivindicações no senado de Roma: "Que nos concedam a igualdade; tenhamos as mesmas leis; formemos convosco um único Estado, *una civitas*; tenhamos apenas um nome, e que sejamos todos igualmente chamados romanos".[38] Ânio enunciava, assim, desde o ano 340, o voto que todos os povos do Império conceberam um após o outro, e que somente devia ser completamente realizado cinco séculos e meio depois. E, então, um tal pensamento era bem novo, perfeitamente inesperado; os romanos o declararam monstruoso e criminoso; era, com efeito, contrário à velha religião e ao antigo direito das cidades. O cônsul Mânlio respondeu que se acontecesse que uma tal proposta fosse aceita, ele, cônsul, mataria com suas próprias mãos o primeiro latino que viesse tomar assento no senado; em seguida, voltando-se para o altar, tomou o deus como testemunha, dizendo: "Ouviste, ó Júpiter, as palavras ímpias que saíram da boca deste homem. Poderás tolerar, ó deus, que um estrangeiro venha se sentar no teu templo sagrado, como senador, como cônsul?". Mânlio exprimia assim o velho sentimento de repulsa que separava o cidadão do estrangeiro. Mânlio era o porta-voz da antiga lei religiosa, que prescrevia que o estrangeiro fosse detestado pelos homens, pois era maldito entre os deuses da cidade. Parecia-lhe impossível que um latino fosse senador, porque o local de reunião do senado era um templo, os deuses romanos não podendo sofrer em seu santuário a presença de um estrangeiro.[39]

---

38. Tito Lívio, VIII, 3, 4, 5.
39. Tito Lívio, VIII, 5. A lenda acrescenta que o autor de uma proposta tão ímpia, tão contrária aos antigos princípios das religiões políadas, fora atingido pelos deuses por uma morte súbita ao sair da cúria.

Seguiu-se a guerra. Os latinos vencidos fizeram *deditio*, ou seja, entregaram aos romanos suas urbes, seus cultos, suas leis, suas terras. A posição deles era cruel. Um cônsul disse no senado que se não se desejasse que Roma fosse cercada por um vasto deserto, fazia-se necessário definir a sorte dos latinos com certa clemência. Tito Lívio não explica com clareza o que foi feito; a dar-lhe crédito, foi dado aos latinos o direito de cidadania romana, mas sem que nele fossem incluídos na ordem política o direito de sufrágio e na ordem civil o direito de casamento; pode-se notar, por outro lado, que esses novos cidadãos não eram computados no censo. Vê-se perfeitamente que o senado enganava os latinos lhes aplicando o nome de cidadãos romanos; este título disfarçava uma verdadeira sujeição, visto que os homens que o usavam tinham as obrigações do cidadão sem ter seus direitos. Isto é tão verdadeiro que várias urbes latinas se revoltaram e solicitaram que lhes fossem retirado esse pretenso direito de cidadania.

Transcorridos cem anos, e sem que Tito Lívio nos advertisse, vê-se perfeitamente que Roma alterou sua política. A condição de latinos tendo direito de cidadania sem sufrágio e sem *connubium* não existe mais. Roma lhes havia retomado o título de cidadania, ou melhor, fez desaparecer tal mentira, e se decidiu a dar às diferentes urbes o seu governo municipal, suas leis, suas magistraturas.

Mas graças a um rasgo de grande habilidade, Roma abria uma porta que, por mais estreita que fosse, permitia aos súditos o seu ingresso na cidade romana. Concedia que todo latino que tivesse exercido uma magistratura na sua urbe natal fosse cidadão romano ao expirar seu cargo.[40] Desta vez, o dom do direito de cidadania era completo e sem reserva: sufrágios, magistraturas, inscrição ao censo, casamento, direito privado, tudo aí se achava. Roma resignava-se a compartilhar com o estrangeiro sua religião, seu governo, suas leis; com a reserva de que seus favores eram individuais e se dirigiam não a urbes inteiras, mas a alguns homens em cada uma das urbes. Roma admitia no seu seio somente o que havia de melhor, de mais rico, de mais considerado no Lácio.

Esse direito de cidadania se tornou então precioso, primeiramente porque era completo, e em seguida porque era um privilégio. Por meio dele, figurava-se nos comícios da urbe mais poderosa da Itália; podia-se ser cônsul e comandar legiões. Servia também para satisfazer as ambições mais modestas; graças a ele se podia ligar pelo casamento a uma família romana; podia-se estabelecer em Roma e ser aí proprietário; podia-se fazer negócios em Roma, que se tornava a

---

40. Apiano, *Guerras civis*, II, 26. Cf. Gaio, I, 95.

maior praça comercial do mundo. Podia-se entrar nas companhias dos publicanos, isto é, participar dos enormes lucros que se logravam com o recebimento dos impostos ou a especulação com as terras do *ager publicus*. Em qualquer lugar que se morasse, era-se protegido com muita eficácia; escapava-se da autoridade dos magistrados municipais, e estava-se ao abrigo dos caprichos dos próprios magistrados romanos. Ser cidadão romano significava adquirir honras, riqueza e segurança.

Os latinos se revelaram empenhados na busca desse título e usaram todas as espécies de meios para adquiri-lo. No dia em que Roma desejou se mostrar um pouco severa, descobriu que 12 mil entre eles o haviam obtido por fraude.[41]

Geralmente Roma fechava os olhos, considerando que com isso sua população aumentava, compensando as baixas da guerra. Mas as urbes latinas sofriam; seus habitantes mais ricos se tornavam cidadãos romanos e o Lácio empobrecia. O imposto, dos quais os mais ricos estavam isentos na qualidade de cidadãos romanos, tornava-se cada vez mais pesado para os outros, e o contingente de soldados que era necessário para suprir Roma era todo ano mais difícil de ser completado. Quanto maior se tornava o número dos que obtinham o direito de cidadania, mais dura se tornava a condição daqueles que não o tinham. Chegou um tempo no qual as urbes latinas pediram que esse direito de cidadania cessasse de ser um privilégio.

As urbes itálicas que, submetidas há dois séculos, estavam aproximadamente na mesma condição das urbes latinas e viam assim seus mais ricos habitantes abandoná-las para se converterem em cidadãos romanos, reivindicaram para si esse direito de cidadania. A sorte dos súditos ou dos aliados passou a ser nessa época bem menos suportável, quando a democracia romana agitava então a grande questão das leis agrárias. Ora, o princípio de todas essas leis era que nem o súdito nem o aliado podiam ser proprietários do solo, salvo mediante um ato formal da cidade, e que a maior parte das terras da Itália pertencia à República; um partido solicitou que essas terras, quase todas ocupadas pelos itálicos, fossem retomadas pelo Estado e repartidas entre os pobres de Roma. Os itálicos eram ameaçados, portanto, por uma ruína geral. Sentiam vivamente a necessidade de gozar de direitos civis e só podiam deles gozar tornando-se cidadãos romanos.

A guerra que se seguiu foi chamada de *guerra social*; foram, com efeito, os aliados de Roma que tomaram armas para deixarem de ser aliados e se

---

41. Tito Lívio, XXXIX, 3.

tornarem romanos. Embora Roma tenha se sagrado vitoriosa, viu-se constrangida a conceder o que se lhe reivindicava, e os itálicos receberam o direito de cidadania. Assimilados desde já aos romanos, puderam votar no fórum; na vida privada, foram regidos pelas leis romanas; seu direito ao solo foi reconhecido e a terra itálica, tal como a terra romana, pôde ser possuída em alódio. Então se estabelece o *jus italicum*, que era o direito não da pessoa itálica, já que o itálico tinha se tornado romano, mas do solo itálico, que se tornou suscetível de propriedade, como se fosse *ager romanus*.[42]

A partir desse tempo a Itália inteira formou um único Estado. Restavam ainda ingressar na unidade romana as províncias.

É mister fazer uma distinção entre as províncias do Ocidente e a Grécia. No Ocidente, estavam a Gália e a Espanha que, antes da conquista, não haviam conhecido o verdadeiro regime municipal. Roma se dispôs a criar este regime entre os povos, seja porque não acreditasse ser possível governá-los de outra maneira, seja porque, para os assimilar gradativamente às populações itálicas, fosse necessário fazê-los passar pelo mesmo caminho que essas populações haviam trilhado. Daí resultou que os imperadores, que suprimiam toda vida política em Roma, mantinham cuidadosamente as formas da liberdade municipal nas províncias. Assim, formaram-se cidades na Gália; cada uma delas teve seu senado, seu corpo aristocrático, suas magistraturas eletivas; cada uma teve até seu culto local, seu *Genius*, sua divindade políada, à imagem daquilo que houvera na antiga Grécia e na antiga Itália. Ora, este regime municipal que assim se estabelecia não impedia que os homens chegassem à cidade romana; ao contrário, preparava-os para isso. Uma hierarquia habilmente combinada entre essas urbes indicava os graus pelos quais elas deviam se aproximar insensivelmente de Roma para, enfim, assimilarem-se a ela. Distinguia-se: em primeiro lugar, os aliados, que tinham governo e leis próprias e nenhum vínculo de direito com as cidades romanas; em segundo lugar, as colônias, que gozavam do direito civil dos romanos, sem ter seus direitos políticos; em terceiro lugar, as urbes de direito itálico, ou seja, aquelas às quais o favorecimento de Roma concedera o direito de propriedade completa sobre suas terras, como se estas terras se encontrassem na Itália; em quarto lugar, as urbes de direito latino, isto é, aquelas cujos habitantes podiam, conforme o hábito outrora

---

42. E por isso se lhe chamou desde logo, em direito, de *res mancipi*. Ulpiano, XIX, 1. O *jus italicum*, que existia com toda a probabilidade no tempo de Cícero, é mencionado pela primeira vez por Plínio, *Hist. nat.*, III, 3, 25; III, 21, 139; já se aplica, por uma extensão natural, ao território de diversas urbes situadas no meio das províncias. Ver *Digesto*, liv. L, título 15.

estabelecido no Lácio, tornarem-se cidadãos romanos após terem exercido uma magistratura municipal. Estas distinções eram tão profundas que entre pessoas pertencentes a duas categorias diferentes o casamento não era possível, bem como qualquer relação legal. Mas os imperadores cuidaram para que as urbes pudessem se erguer no decorrer do tempo e de modo gradativo da condição de súdita ou da de aliada ao direito itálico, e do direito itálico ao direito latino. Quando uma urbe atingia tal condição, suas principais famílias, uma após a outra, tornavam-se romanas.

A Grécia também se introduziu gradativamente no Estado romano. Cada urbe conservou, a princípio, as formas e a mecânica do regime municipal. Por ocasião da conquista, a Grécia se mostrou desejosa de conservar sua autonomia; isto lhe foi concedido e talvez por mais tempo que a Grécia o desejasse. Ao fim de poucas gerações, a Grécia desejou se fazer romana; a vaidade, a ambição e o interesse se empenharam para isso.

Os gregos não nutriam contra Roma este ódio que se dirige geralmente a um senhor estrangeiro; eles a admiravam, sentiam em relação a Roma uma veneração; por sua própria iniciativa, devotavam-lhe um culto e edificaram templos dedicados a Roma, como se esta fosse um deus. Cada urbe esquecia sua divindade políada e adorava em seu lugar a deusa Roma e o deus César; as mais belas festas eram para eles e a mais elevada função que cabia aos primeiros magistrados era a celebração em grande pompa dos jogos augustos.[43] Os homens se habituavam assim a erguer seus olhos acima das cidades; viam em Roma a cidade por excelência, a verdadeira pátria, o pritaneu de todos os povos. A urbe onde se tinha nascido parecia pequena e seus interesses não ocupavam mais o pensamento; as honras que outorgava não satisfaziam mais a ambição. Nada mais no mundo tinha maior apreço do que ser cidadão romano. É verdade que, sob o governo dos imperadores, este título não conferia mais direitos políticos; mas oferecia as mais sólidas vantagens, pois o homem que dele estava investido adquiria ao mesmo tempo o direito de propriedade, o direito de casamento, a autoridade paterna e todo o direito privado de Roma. As leis que cada um encontrava na sua urbe eram leis variáveis e sem fundamento, detentoras de um mero valor de tolerância; o romano as desprezava e o próprio grego as tinha em pouca estima. Para ter leis fixas, reconhecidas por todos e verdadeiramente santas, era preciso ter as leis romanas.

---

43. Os gregos haviam erigido templos à deusa Roma desde o ano 195, ou seja, antes da conquista da Grécia. Tácito, *Anais*, IV, 56; Tito Lívio, XLIII, 6.

Nada demonstra que a Grécia inteira nem uma urbe grega tenham formalmente pleiteado o direito de cidadania tão desejado, mas os homens se empenharam individualmente para conquistá-lo, e Roma de muito bom grado o ia proporcionando. Alguns o obtiveram por favorecimento do imperador; outros o compraram; era concedido àqueles que davam três filhos à cidade ou que serviam em certos corpos do exército; às vezes bastava para o obter ter construído uma embarcação comercial de uma determinada tonelagem, ou ter transportado trigo para Roma. Um meio fácil e ágil de adquiri-lo era se vender como escravo a um cidadão romano, pois a libertação sob as formas legais conduzia ao direito de cidadania.[44]

O homem que possuía o título de cidadão romano não fazia mais parte civil ou política de sua urbe natal. Podia continuar a habitá-la, mas era aí considerado estrangeiro; não estava mais submetido às leis da urbe, não obedecia mais aos seus magistrados nem suportava mais os encargos pecuniários destas magistraturas.[45] Era a consequência do velho princípio que não permitia que um mesmo homem pertencesse a duas cidades ao mesmo tempo.[46] Sucedeu naturalmente que após algumas gerações houve em cada urbe grega um enorme número de homens, usualmente os mais ricos, que não reconheciam nem o governo nem o direito dessa urbe. O regime municipal perece assim lentamente e como se fosse de morte natural. Chegou um dia em que a cidade não passava mais de um quadro que nada encerrava, onde as leis locais não se aplicavam mais a quase ninguém e onde os juízes municipais já não tinham quem respondesse ante o seu tribunal.

Enfim, depois de oito ou dez gerações terem aspirado pelo direito de cidadania romana, e deste ter sido obtido por todo homem que tivesse algum valor, surgiu então um decreto imperial que o concedeu a todos os homens livres sem distinção.

O que é estranho aqui é que não se pode dizer com certeza nem a data desse decreto nem o nome do príncipe que o promulgou; atribui-se tal honra, dentro de uma certa verossimilhança, a Caracala, isto é, exatamente a um príncipe que nunca foi de visão muito elevada; e por isso tal decreto lhe é atribuído meramente na qualidade de medida fiscal. De qualquer modo, não encontramos

---

44. Suetônio, *Nero*, 24. Petrônio, 57. Ulpiano, III. Gaio, I, 16, 17.
45. Ele se tornava um estrangeiro em relação a sua própria família se esta não possuísse como ele o direito de cidadania. Não herdava dela. Plínio, *Panegírico*, 37.
46. Cícero, *Pro Balbo*, 28; *Pro Archia*, 5; *Pro Caecina*, 36. Cornélio Nepos, *Atticus*, 3. A Grécia abandonara há muito este princípio, mas Roma se conservava fiel a ele.

praticamente na história um decreto mais importante do que esse: ele eliminava a distinção que existia desde a conquista romana entre o povo dominador e os povos submetidos; fazia, até mesmo, desaparecer a distinção muito mais antiga que a religião e o direito haviam estabelecido entre as cidades. Entretanto, os historiadores desse tempo não o notaram e só temos conhecimento dele por meio de dois textos imprecisos dos jurisconsultos e uma breve indicação de Dion Cássio.[47] Se esse decreto não impressionou os contemporâneos e não foi observado por aqueles que escreviam então a história, é porque a transformação da qual era a expressão legal se consumara há muito tempo. A desigualdade entre os cidadãos e os súditos se enfraquecia a cada geração, desaparecendo pouco a pouco. O decreto pôde passar desapercebido sob o véu de uma medida fiscal; proclamava e fazia passar no domínio do direito o que já era um fato consumado.

O título de cidadão começou então a cair em desuso ou, se ainda esteve em uso, o foi para designar a condição de homem livre em oposição àquela do escravo. A partir de então, tudo o que fazia parte do Império romano, da Espanha ao Eufrates, formou verdadeiramente um único povo e um único Estado. A distinção das cidades desaparecera e a de nação só se definia ainda vagamente. Todos os habitantes desse imenso império eram igualmente romanos. O gaulês abandonou seu nome de gaulês para tomar logo o de romano; assim o fez o hispânico, como o fizeram o habitante da Trácia ou da Síria. Não havia mais senão um nome, uma só pátria, um só governo, um só direito.

Vê-se quanto a cidade romana se desenvolvera no decorrer dos tempos. Originariamente encerrara somente patrícios e clientes; em seguida a classe plebeia a penetrara, depois os latinos, depois os itálicos, e enfim vieram os

---

47. *Antoninus Pius jus romanae civitatis omnibus subjectis donavit* (Justiniano, *Novelas,* 78, cap. 5). *In orbe romano qui sunt, ex constitutione imperatoris Antonini, cives romani effecti sunt* (Ulpiano, no *Digesto,* liv. I, tít. 5-17). Sabe-se, ademais, por Espartiano, que Caracala se fazia chamar Antonino nos atos oficiais. Dion Cássio diz (LXVII, 9) que Caracala concedeu a todos os habitantes do Império o direito de cidadania romana a fim de generalizar o imposto do vigésimo sobre as alforrias e as sucessões, que os *peregrini* não pagavam. A distinção entre peregrinos, latinos e cidadãos não desapareceu totalmente; nós a encontramos ainda em Ulpiano e no Código; pareceu, com efeito, natural que os escravos libertos não se tornasssem logo cidadãos romanos, mas que passassem por todos os antigos estágios que separavam a servidão do direito de cidadania. Vê-se também por certos indícios que a distinção entre as terras itálicas e as terras provinciais subsistiu ainda por muito tempo (*Código*, VII, 25; VII, 31; X, 39; *Digesto*, liv. L, tít. 1). Assim, a urbe de Tiro na Fenícia, ainda depois de Caracala, usufruía por privilégio do direito itálico (*Digesto*, liv. V, tít. 15); a manutenção desta distinção se explica pelo interesse dos imperadores, que não desejavam se privar dos tributos que o solo provincial pagava ao fisco.

provincianos. A conquista não bastara para operar uma transformação tão grande. Foram necessárias a lenta transformação das ideias, as concessões prudentes, porém ininterruptas dos imperadores, e o zelo dos interesses individuais. E, então, todas as cidades desapareceram pouco a pouco; e a cidade romana, a última de pé, transformou-se a si mesma tão bem que se converteu na reunião de uma dúzia de grandes povos sob um único senhor. Assim ruiu o regime municipal.

Não cabe na temática deste nosso livro dizer por qual sistema de governo esse regime foi substituído, nem investigar se essa mudança foi, a princípio, mais vantajosa do que funesta para as populações. Devemos nos deter no momento em que as velhas formas sociais que a antiguidade estabeleceu foram apagadas para sempre.

CAPÍTULO III
O CRISTIANISMO ALTERA AS CONDIÇÕES DE GOVERNO

A vitória do cristianismo marca o fim da sociedade antiga. Mediante a religião nova se remata esta transformação social cujo início assistimos seis ou sete séculos antes de seu advento.

Para saber quanto os princípios e as regras essenciais da política foram assim transformados, basta lembrar que a antiga sociedade fora constituída por uma velha religião cujo dogma principal era que cada deus protegia exclusivamente uma família ou uma cidade, existindo somente para ela. Era o tempo dos deuses domésticos e das divindades políadas. Esta religião havia gerado o direito: as relações entre os homens, a propriedade, a herança, o processo, tudo se achava regulado não por princípios de equidade natural, mas pelos dogmas dessa religião e em vista das necessidades de seu culto. Era ela também que estabelecera um governo entre os homens: o do pai na família, o do rei ou do magistrado na cidade. Tudo viera da religião, quer dizer, da opinião que o homem fazia da divindade. Religião, direito, governo estavam confundidos e não tinham sido senão uma mesma coisa sob três aspectos diversos.

Procuramos expor com clareza esse regime social dos antigos no qual a religião era senhora absoluta na vida privada e na vida pública; no qual o Estado era uma comunidade religiosa, o rei um pontífice, o magistrado um sacerdote, a lei uma fórmula santa; no qual o patriotismo era da piedade, o exílio uma excomunhão; no qual a liberdade individual era desconhecida, no qual o homem estava submetido ao Estado pela sua alma, por seu corpo, pelos seus bens, no qual o ódio ao estrangeiro era obrigatório, no qual as noções do direito e do dever, da justiça e da afeição se detinham nos limites da cidade; no qual a associação humana estava necessariamente restrita a certa circunferência em torno de um pritaneu, e no qual não se via a possibilidade de fundar sociedades maiores. Tais foram os traços característicos das cidades gregas e itálicas durante o primeiro período de sua história.

Mas pouco a pouco, nós o vimos, a sociedade se modificou. Transformações ocorreram no governo e no direito, ao mesmo tempo que no domínio das crenças. Já nos cinco séculos que precedem o cristianismo, a aliança não é mais tão estreita entre a religião, de um lado, o direito e política, do outro. Os esforços das classes oprimidas, a queda da casta sacerdotal, o trabalho dos filósofos, o progresso do pensamento haviam abalado os velhos princípios da associação humana. Haviam sido feitos incessantes esforços para se libertar do império dessa velha religião, na qual o homem não podia mais crer; o direito e a política, como a moral, desligaram-se pouco a pouco de seus laços.

Somente que essa forma de divórcio derivava do desaparecimento do antigo regime; se o direito e a política começavam ser um tanto independentes, era porque a humanidade deixava de ter crenças; se a sociedade não era mais governada pela religião, isto se devia, sobretudo, ao fato de a religião não ter mais força. Ora, chegou um dia em que o sentimento religioso recuperou vida e vigor e quando, sob a forma cristã, a crença retomou o império da alma. Não ir-se-ia agora assistir ao reaparecimento da antiga mistura do governo e do sacerdócio, da fé e da lei?

Com o cristianismo, não somente o sentimento religioso foi reavivado, como também assumiu uma expressão mais elevada e menos material. Enquanto que outrora se fizera deuses da alma humana ou das grandes forças físicas, começou-se conceber Deus como sendo realmente estranho, por sua essência, à natureza humana por um lado, e ao mundo, por outro. O divino foi decididamente colocado fora e acima da natureza visível. Enquanto que outrora cada homem fazia seu deus, havendo tantos deuses quanto famílias e cidades, Deus apareceu então como um ser único, imenso, universal, sozinho animando os mundos, e devendo sozinho preencher a necessidade de adoração que reside no homem. Se a religião outrora junto aos povos da Grécia e da Itália fora tão só um conjunto de práticas, uma série de ritos que se repetia sem nisto se perceber qualquer sentido, uma sequência de fórmulas que amiúde não se compreendia mais, porque suas palavras tinham envelhecido, uma tradição que se transmitia de idade em idade, encerrando seu caráter sagrado apenas em sua antiguidade, em lugar disso essa nova religião foi um conjunto de dogmas e um grande objeto proposto à fé. Não foi mais exterior; instalou-se, sobretudo, no pensamento do homem. Não foi mais matéria; tornou-se espírito. O cristianismo mudou a natureza e a forma da adoração: o homem não dava mais a Deus alimento e bebida; a oração não foi mais uma fórmula de encantamento; foi um ato de fé e humilde súplica. A alma esteve em uma outra relação com a divindade: o medo dos deuses foi substituído pelo amor de Deus.

O cristianismo trazia ainda outras novidades. Não era a religião doméstica de nenhuma família, a religião nacional de nenhuma cidade e nem de nenhuma raça. Não pertencia nem a uma casta nem a uma corporação. Desde seu início, conclamava para si a humanidade inteira. Jesus Cristo dizia aos seus discípulos: "*Ide e instruí todos os povos*".

Este princípio era tão extraordinário e tão inesperado que os primeiros discípulos provaram um momento de hesitação; pode-se ver nos Atos dos apóstolos que muitos se recusaram, a princípio, a propagar a nova doutrina fora do ambiente do povo no seio do qual essa doutrina nascera. Esses discípulos pensavam, como os antigos judeus, que o Deus dos judeus não queria ser adorado por estrangeiros; como os romanos e os gregos dos tempos antigos, acreditavam que cada raça tinha seu deus, que difundir o nome e o culto desse deus significava dissociar-se de um bem próprio e de um protetor especial, e que uma tal propaganda era ao mesmo tempo contrária ao dever e ao interesse. Mas Pedro replicou a esses discípulos: "Deus não faz diferença entre os gentios e nós". São Paulo gostou de reiterar este grande princípio em todo ensejo e sob todos os tipos de formas: "Deus" – diz ele – "abre aos gentios as portas da fé. Porventura Deus é somente Deus dos judeus? Não, com toda certeza Ele também é o Deus dos gentios... Os gentios são chamados à mesma herança que os judeus".

Havia em tudo isso algo de muito novo, já que em toda parte, nos primeiros tempos da humanidade, concebera-se a divindade ligada especialmente a uma raça. Os judeus haviam acreditado no Deus dos judeus, os atenienses na Palas ateniense, os romanos no Júpiter capitolino. O direito de praticar um culto fora um privilégio. O estrangeiro fora repelido dos templos; o não-judeu não pudera entrar no templo dos judeus; o lacedemônio não tivera o direito de invocar Palas ateniense. É justo dizer, que nos cinco séculos que precederam o cristianismo, tudo o que se pensava já se insurgia contra essas regras acanhadas. A filosofia ensinara inúmeras vezes desde Anaxágoras que o Deus do universo recebia indistintamente as homenagens de todos os homens. A religião de Elêusis tinha admitido iniciados de todas as urbes. Os cultos de Cibele, de Serápis e alguns outros haviam aceito indiferentemente adoradores de todas as nações. Os judeus começavam a admitir o estrangeiro em sua religião, os gregos e os romanos o haviam admitido em suas cidades. O cristianismo, vindo após todos estes progressos do pensamento e das instituições, apresentou para a adoração de todos os homens um Deus único, um Deus universal, um Deus para todos, que não tinha um povo eleito e não distinguia nem raças, nem famílias, nem Estados.

Para esse Deus não havia mais estrangeiros. O estrangeiro não profanava mais o templo, não maculava mais o sacrifício com a sua simples presença. O templo foi aberto a quem quer que acreditasse em Deus. O sacerdócio deixou de ser hereditário, porque a religião não era mais um patrimônio. O culto não foi mais mantido secreto; os ritos, as orações, os dogmas não foram mais ocultados; ao contrário, houve doravante um ensino religioso, que não foi apenas dado, mas oferecido e que se levou até os povos mais distantes, que foi em busca até dos indiferentes. O espírito de propaganda substituiu a lei de exclusão.

Isso teve grandes consequências, tanto no que concerne às relações entre os povos quanto no que diz respeito ao governo dos Estados.

Entre os povos, a religião não foi mais dirigente do ódio; não constituía mais dever para o cidadão abominar o estrangeiro; fazia, ao contrário, parte da essência da religião ensinar-lhe que havia em relação ao estrangeiro, em relação ao inimigo, deveres de justiça e mesmo de benevolência. As barreiras entre os povos e as raças foram assim diminuídas; o *pomoerium* desapareceu; "Jesus Cristo" – diz o apóstolo – "rompeu a muralha de separação e de inimizade". "Há muitos membros" – acrescenta ele –, "porém todos formam apenas um único corpo. Não há gentios ou judeus; nem circuncisos, nem incircuncisos; nem bárbaro, nem cita. Todo o gênero humano é ordenado na unidade." Ensinava-se, até mesmo, aos povos que descendiam de um mesmo pai comum. Com a unidade de Deus, a unidade da raça humana se revelou aos espíritos; e se tornou desde já uma necessidade da religião proibir que o homem odiasse outros homens.

Quanto ao governo do Estado, podemos dizer que o cristianismo o transformou em sua essência, precisamente porque não se ocupou dele. Nos velhos tempos, a religião e o Estado formavam uma unidade; cada povo adorava seu deus e cada deus governava seu povo; o mesmo código regia as relações entre os homens e os deveres para com os deuses da cidade. A religião controlava então o Estado e lhe designava seus chefes por meio do sorteio ou por meio dos auspícios; o Estado, por sua vez, intervinha no domínio da consciência e punia toda transgressão aos ritos e ao culto da cidade. Em lugar disso, Jesus Cristo ensina que seu reino não é deste mundo. Ele separa a religião do governo. A religião, não sendo mais terrena, imiscui-se o mínimo possível nas coisas da terra. Jesus Cristo acrescenta: "Dai a César o que é de César, e a Deus o que é de Deus". É a primeira vez que se distingue com tanta nitidez Deus do Estado. Pois César, nessa época, era ainda o grande pontífice, o chefe e o principal órgão da religião romana; era o guardião e o intérprete das crenças; sustinha em suas mãos o culto e o dogma. Sua própria pessoa era sagrada e divina, pois era exatamente uma das características da política dos imperadores, que, desejando restaurar os atributos da realeza antiga, não esqueciam desse caráter divino que a antiguidade atribuíra aos reis-pontífices e aos sacerdotes-fundadores. Mas eis que Jesus Cristo rompe essa aliança que o paganismo e o Império queriam reatar; ele proclama que a religião não é mais o Estado, e que obedecer a César não é mais a mesma coisa que obedecer a Deus.

O cristianismo consuma o derrubamento dos cultos locais; apaga os pritaneus, aniquila definitivamente as divindades políadas. E faz mais: não toma para si o domínio que esses cultos haviam exercido sobre a sociedade civil. Professa que entre o Estado e a religião nada há de comum; separa aquilo que toda a antiguidade havia confundido. Pode-se, aliás, observar que, por três séculos, a nova religião viveu completamente fora da ação do Estado; conseguiu passar sem sua proteção e até mesmo lutar contra ele. Estes três séculos abriram um abismo entre o domínio do governo e o domínio da religião. E como a lembrança dessa gloriosa época não pôde se apagar, resultou daí que essa distinção tornou-se uma verdade comum e incontestável que os próprios esforços de uma parte do clero não conseguiu desarraigar.

Esse princípio foi fecundo para a produção de grandes resultados. De um lado, a política foi definitivamente libertada das regras estritas que a antiga religião lhe havia traçado. Foi permitido governar-se os homens sem a necessidade de se dobrar ante os costumes sagrados, sem ter que levar em conta os auspícios ou os oráculos, sem conformar todos os atos às crenças e às necessidades do culto. A política foi mais livre nos seus procedimentos; nenhuma outra autoridade exceto a moral a constrangeu. Por outro lado, se o Estado foi mais soberano em certas coisas, sua ação foi também mais limitada. Uma metade inteira do homem lhe escapou. O cristianismo ensinava que o homem não pertencia mais à sociedade a não ser em uma porção de si; que estava comprometido com ela por meio de seu corpo e seus interesses materiais; que súdito de um tirano, devia se submeter; que cidadão de uma república, devia dar sua vida por ela; mas que, no que dizia respeito à sua alma, ele era livre e seu compromisso era só com Deus.

O estoicismo já havia indicado essa separação. Entregara o homem a si mesmo e fundara a liberdade interior. Mas, daquilo que não passara do esforço de energia de uma seita corajosa, o cristianismo fez regra universal e inabalável das gerações seguintes; daquilo que não passava do consolo de alguns, fez o bem comum da humanidade.

Se agora nos lembramos do que foi dito antes sobre a onipotência do Estado entre os antigos, se pensarmos a que ponto a cidade, em nome de seu caráter sagrado e da religião que lhe era inerente, exercia um domínio absoluto, ver-se-á que esse princípio novo foi a fonte de onde pôde brotar a liberdade individual. Uma vez que a alma se encontrou liberta, o mais difícil estava realizado, e a liberdade tornou-se possível na ordem social.

Os sentimentos e os costumes foram, então, transformados tanto quanto a política. A ideia que se fazia dos deveres do cidadão debilitou-se. O dever por excelência não consistia mais em doar o próprio tempo, as próprias forças e a própria vida ao Estado. A política e a guerra deixaram de representar tudo para o homem; todas as virtudes não se achavam mais confinadas ao patriotismo visto que a alma não tinha mais pátria. O homem sentiu que tinha outras obrigações além de viver e morrer pela cidade. O cristianismo distinguiu as virtudes particulares das virtudes públicas. Rebaixando estas, elevou aquelas; colocou Deus, a família e a pessoa humana acima da pátria, o próximo acima do concidadão.

O direito também mudou de natureza. Em todas as nações antigas, o direito estivera submetido à religião, tendo dela recebido todas as regras. Entre os persas e os hindus, entre os judeus e os gregos, os itálicos e os gauleses, a lei estivera encerrada nos livros sagrados ou na tradição religiosa. E assim cada religião fizera o direito à sua imagem. O cristianismo é a primeira religião que não pretendeu que o direito dependesse dela. Ocupou-se dos deveres dos homens, não de suas relações de interesses. Não vemos o cristianismo regular nem o direito de propriedade, nem a ordem sucessória, nem as obrigações, nem os processos. O cristianismo colocou-se à margem do direito, como à margem de tudo o que seja puramente terreno. O direito foi, portanto, independente e pôde tomar suas regras na natureza, na consciência humana, na vigorosa noção do justo que reside em nós. Pôde se desenvolver com toda a liberdade, se reformar e se aprimorar sem nenhum obstáculo, seguir os progressos da moral, dobrar-se diante dos interesses e das necessidades sociais de cada geração.

A feliz influência da nova concepção é facilmente reconhecível na história do direito romano. Durante alguns séculos que antecederam o triunfo do cristianismo, o direito romano já se esforçava para se desvencilhar da religião e se reaproximar da equidade e da natureza; mas só o fizera por meio de subterfúgios e sutilezas que o extenuavam e debilitavam sua autoridade moral. A obra de regeneração do direito anunciada pela filosofia estoica, prosseguida pelos nobres esforços dos jurisconsultos romanos, delineada pelos artifícios e as astúcias do pretor, só pôde alcançar êxito completo quando logrou a independência que a religião nova outorgava ao direito. Pôde-se constatar, à medida que o cristianismo conquistava a sociedade, os códigos romanos admitindo as regras novas, não mais mediante subterfúgios, mas abertamente e sem hesitação. Os penates domésticos tendo sido derrubados e os fogos-lares extintos, a antiga constituição da família desapareceu para sempre, e com ela as regras que dela se originaram. O pai perdeu a autoridade absoluta que seu sacerdócio lhe concedera outrora, conservando apenas a autoridade que a própria natureza lhe confere para as necessidades do filho. A mulher, que o velho culto colocava em uma posição inferior ao marido, tornou-se moralmente sua igual. O direito de propriedade foi transformado essencialmente; os marcos sagrados dos campos desapareceram; a propriedade não advinha mais da religião, mas do trabalho; a aquisição da propriedade tornou-se mais fácil e as formalidades do antigo direito foram definitivamente descartadas.

Assim, tão só porque a família já não tinha sua religião doméstica, sua constituição e seu direito foram transformados; analogamente, só porque o Estado já não tinha sua religião oficial, as regras do governo dos homens foram alteradas para sempre.

Nosso estudo deve se deter aqui neste limite que separa a política antiga da política moderna. Traçamos a história de uma crença. Ela se estabelece: a sociedade humana se constitui. Ela se modifica: a sociedade atravessa uma série de revoluções. Ela desaparece: a sociedade muda de aspecto. Tal foi a lei dos tempos antigos.

ANEXOS

1. LIÇÃO DE ABERTURA
(ESTRASBURGO, 1862)

Depois de ficar feliz com a regulamentação que obriga o professor de história a falar sucessivamente da Antiguidade, da Idade Média e dos tempos modernos, depois de ter lembrado que a história é uma ciência tendo por objeto o homem, ele prossegue:

"A antiguidade será, portanto, nosso terreno de estudo para este ano. Devo vos dizer, desde o início de nossas reuniões, que, entre os povos antigos, terei particularmente os olhos fixados sobre a Grécia e sobre Roma. A razão de minha preferência está no fato de estes dois povos terem exercido uma ação mais poderosa do que qualquer outra sobre os destinos gerais do gênero humano, seja como criadores, seja como propagadores de verdades. Todavia, serei frequentemente forçado pela própria natureza de meu tema a lançar o olhar sobre outras nações; será necessário que vos fale, por vezes, dos povos itálicos, dos etruscos, às vezes até dos celtas e dos trácios. Serei até mesmo constrangido a atrair vossa atenção para o Oriente e sobretudo para a Índia, onde encontraremos homens que pertenciam à mesma raça que os gregos e os romanos; muitas instituições da Grécia e de Roma só poderão ser explicadas pelas instituições dos antigos hindus; as analogias e as próprias diferenças que encontraremos projetarão uma viva luz sobre nosso estudo.

Entre as grandes matérias que Roma e a Grécia oferecem para as nossas pesquisas e vossas meditações, selecionei especialmente a Família e o Estado, ou seja, as instituições domésticas, civis e políticas, e as diferentes partes do direito que com elas se relacionam. Este será o assunto de nossas conversas, ao menos para os sábados.

Não há necessidade de estar familiarizado com esses povos antigos para saber que suas instituições eram bem diferentes das nossas. Vós já ouvistes falar de cidades, repúblicas, liberdade, senado, assembleias populares, cônsules ou arcontes, de reis de tempos em tempos, de tiranos às vezes, de aristocracia e democracia; de todas estas coisas, senhores, das quais é necessário ter uma ideia correta e com respeito às quais há um grande risco de se enganar, pois em cada uma destas palavras há margem para diversos erros.

Somos nutridos desde a infância de Grécia e de Roma. Estes nomes são quase os primeiros que ouvimos ser pronunciados nas escolas, e aqueles que são aí mais frequentemente repetidos. Ficamos conhecendo, como diz Montaigne, o Capitólio antes do Louvre e o Tibre antes do Sena. E, no entanto, senhores, quando refletimos sobre isso com um pouco de seriedade, percebemos que essa história está para nós repleta de problemas e de embaraços. Não me refiro somente à incerteza dos tempos primitivos; aí reside, na minha opinião, apenas um problema secundário; refiro-me às instituições e digo que estas, mesmo as mais autênticas e as melhor atestadas, se as examinarmos de perto, nos parecerão obscuras e incompreensíveis. Abri um livro a respeito da história romana, e ainda sobre a história grega, e vós vos detereis a cada página diante das contradições e das dificuldades; e chegareis quase que inevitavelmente diante de cada uma dessas palavras que acabei de vos mencionar, como cônsules, senado, assembleia, república, liberdade, democracia, a vos deter surpresos, desconcertados e vos perguntar: Será que a verdade está aqui e será que a compreendemos bem?

Permiti-me, no que concerne a esse ponto, vos falar de mim mesmo; poderei s, talvez, tirar algum proveito de minhas confissões. Não faz ainda muito tempo, quando eu era jovem como o mais jovem entre vós, e quando egresso das escolas e munido dessa bagagem bastante leve que nelas apreendemos, mas vigoroso com os bons hábitos que nelas contraímos, pus-me a refletir acerca dessa história antiga e me senti embaraçado a cada passo pelos fatos que me pareciam estranhos, que confundiam todas as minhas ideias e dos quais eu não podia chegar a me dar conta. Assim, tinha ouvido falar com bastante frequência da liberdade das cidades antigas, e via que o cidadão ateniense, por exemplo, não era o senhor nem de sua fortuna, que ele devia sacrificar sem reservas se o sorteio o designara para construir um navio por si só ou para manter um coro de música no teatro, nem de seu corpo, pois devia prestar ao Estado o serviço militar durante trinta e três anos, nem de sua palavra e de seus sentimentos, já que se podia a qualquer momento levá-lo à Justiça pelo crime de incivismo, nem de sua consciência, pois ele devia crer nas divindades do Estado e praticar o culto delas, não lhe sendo permitido que pensasse que havia um único Deus. E eu me perguntava, então, onde estava essa liberdade de que ouvira falar tantas vezes. No que diz respeito a Roma, li inúmeras vezes que os Tarquínios haviam sido banidos e a liberdade posta no lugar deles; eu o acreditara e qual foi a minha surpresa quando ao ler o livro do primeiro historiador latino que me chegou às mãos me informei que, três meses depois de sua expulsão, a grande maioria do povo romano os lamentava e lamentava também a liberdade com eles! E me dizia então: por que foram banidos, e qual era, afinal, a intenção verdadeira daqueles que mudaram então a forma de governo? Haviam me falado de patrícios e de plebeus como se um dia os homens tivessem se reunido, os nove décimos entre eles colocados à direita, o décimo à esquerda, e que este décimo tivesse dito aos outros nove: "Convencionemos que a partir deste dia nós seremos os patrícios e vós os plebeus, que nós teremos direitos políticos e vós, não, que nós teremos leis civis e que as leis não existirão para vós, que nós possuiremos as magistraturas e os sacerdócios e que vós não sereis nem magistrados nem sacerdotes. Não sereis precisamente nossos escravos, mas sereis nossos clientes". E estas distinções, das quais eu não entendia nem a origem nem a natureza, pareceram-me muito singulares. O que aumentava ainda minha confusão era que reencontrava essas mesmas distinções fora de Roma e quase em todas as cidades antigas. Em toda parte, assim, constatava a presença de assembleias populares e, de acordo com a opinião pessoal de diversos historiadores, tais assembleias eram apresentadas ora como o ideal do bom governo, ora como o tipo mais acabado de desordem política; mas nem uns nem outros se preocupavam em explicar como elas funcionavam. Todos me falavam de democracia, como de uma coisa sempre boa ou como de uma coisa sempre má; e eu dispensava uma observação meticulosa para perceber que a democracia de uma época não se assemelhava em nada àquela de uma outra época, e para supor consequentemente que o mesmo nome me ocultava dois partidos ou duas classes bastante diversas. Lera, seja nos historiadores, seja nos jurisconsultos, que Roma havia criado o direito civil, que este direito, coisa desconhecida até então no mundo, fora concebido pelo gênio romano. Entretanto, eu me fazia a seguinte objeção, a saber, que se os romanos para viver em sociedade tiveram a necessidade de leis, as outras cidades da Itália ou da Grécia não podiam, por sua vez, em absoluto passar sem elas, e como eram mais antigas do que Roma, era provável que tivessem possuído um direito civil antes de Roma. Mesmo nesse direito romano havia leis, por exemplo, aquelas que concernem à sucessão, que me confundiam grandemente; e eu tinha ainda que ficar perplexo de encontrar essas mesmas leis, tão bizarras em sua aparência, junto a outros povos e notadamente entre os atenienses. Não conseguia explicar tampouco porque os romanos distinguiam de maneira tão radical posse de propriedade e não compreendia nada com respeito às leis agrárias. Seria eu mais feliz ao ler a história de Esparta? Mas, de acordo com o que eu aprendera, parecia que Esparta jamais tivesse mudado, que suas leis haviam sido sempre imutáveis, que suas instituições tinham sido sempre as mesmas, que para ela, enfim, o tempo não tinha transcorrido. E, sem ter ainda uma grande experiência das coisas humanas e de sua mobilidade perpétua, parecia-me bastante inverossímil que um povo tivesse permanecido inalterado por tanto tempo. Que suas revoluções internas fossem mantidas ocultas para nós, que realizadas pacificamente não tivessem atraído as imaginações, como aquelas que surgidas de repente com tumulto forçam os homens a se recordarem delas por muito tempo, isto eu podia admitir; mas que não houvera absolutamente nenhuma revolução, parecia-me impossível admiti-lo. De resto, o que mais me inquietava e me levava à dúvida era que a maioria daqueles que me falavam dos romanos ou dos gregos pareciam estar falando dos franceses ou dos ingleses de seu tempo. Supunham quase sempre esses homens vivendo nas mesmas condições sociais nossas, e pensando como nós sobre quase todas as coisas. Em seguida, depois de apresentá-los como semelhantes a nós, diziam-me bruscamente: "Eis como se governavam". De sorte que meu primeiro pensamento era naturalmente este: Por que não somos nós governados como eles? Não me era explicado, com efeito, como essas formas de governo eram produzidas, a quais necessidades sociais haviam correspondido, em que condições tinham podido subsistir, que ideias, enfim, ou que costumes lhes haviam conferido autoridade sobre o espírito dos homens e haviam permitido a essas instituições exercer um domínio sobre as vontades individuais e tornar os homens felizes.

Não vos apresentarei, senhores, todas as dificuldades que assim encontrei. Era uma sucessão de problemas insolúveis. Essa história, mesmo nos seus fatos mais averiguados, parecia-me incompreensível e, entretanto, o mistério tentava minha curiosidade.

E, então, decidi-me a não ter mais mestres a respeito da Grécia a não ser os gregos, a respeito de Roma a não ser os romanos, e resolvi assim corajosamente ler os escritores antigos. E digo corajosamente, embora tenha ficado a coragem só na intenção, não me sendo necessária, vos asseguro, para a execução, visto que tal tarefa foi acompanhada por um prazer maior do que o que eu jamais teria imaginado; foi fácil e não me proporcionou um só momento de fastio ou contrariedade. Os escritores das duas línguas se sucederam diante dos meus olhos com grande variedade, proporcionando-me um prazer continuamente renovado; as histórias se alternaram com os oradores e os oradores com os poetas; ora a tribuna, ora o teatro. Aconteceu que me condenara a ler o que de mais encantador há no mundo. E gozei assim durante três anos dois dos mais intensos prazeres facultados ao homem, a saber, o de ler belas coisas e o de descobrir verdades.

Pouco a pouco, conheci melhor os antigos; contemplei seus hábitos, suas opiniões, suas necessidades, suas leis. Pequenos detalhes, em aparência insignificantes e desapercebidos, esclareceram-me sobre suas instituições. Não tardei para perceber que se essas instituições são amiúde mal compreendidas por nós, a causa disso é as estudarmos tão só como abstrações, sem considerar as necessidades no meio das quais elas tiveram origem, e sobretudo sem pensar no estado das mentes e nas crenças dos homens para os quais foram feitas. Estando persuadido que as leis exteriores e sensíveis que aparecem entre os homens são apenas os sinais e os sintomas dos fatos morais que se produzem em nossa alma, dispus-me a estudar as crenças da Grécia e de Roma e logo acreditei ver que entre essas crenças e as instituições havia um vínculo tão íntimo que umas explicavam as outras.

A partir desse momento, os fatos se tornaram mais claros para mim. Recuando aos primeiros tempos dessa raça, formei a opinião bastante notável de que o homem se fizera então sobre si mesmo, sobre sua personalidade, sobre sua alma, sobre uma espécie de existência após esta. Parecia-me evidente que a opinião que se fazia do ser humano devia influenciar muito em toda a sociedade humana sobre a maneira do homem viver e se governar. Se o homem se considera simplesmente como um ser material, que vive esta efêmera vida aqui embaixo e nada mais, há grande probabilidade de que as instituições serão somente o resultado da força ou, no máximo, do interesse. Mas, se em certa época e em certa raça se representa o homem como um ser imortal que, após esta existência não irá viver, em verdade, em outro mundo, mas permanecia sempre neste, invisível, mas presente e poderoso, como sombra, como gênio, como divindade tutelar velando por seus descendentes, parece-me que as instituições domésticas devem ter sido o fruto dessa crença ou, ao menos, estar intimamente ligadas a ela. Reconheci, com efeito, que esse conjunto de opiniões sobre o homem, convertido em uma verdadeira religião na Grécia, na Itália, como entre os antigos hindus, constituíra originariamente a família grega e romana, havia estabelecido as cerimônias do casamento, havia fixado os vínculos de parentesco segundo uma certa ordem que não se assemelhava de modo algum com a nossa, havia fundado o direito de propriedade, e havia, enfim, consagrado o direito hereditário, segundo esse modo de sucessão que me parecera, a princípio, tão estranho e que me pareceu agora bastante lógico. Observei, em seguida, esse mesmo conjunto de crenças, após ter ampliado e espalhado a família, formar uma associação maior, a cidade. Família e cidade eram, aliás, a mesma constituição, as mesmas leis, os mesmos usos; e é por isso que eu os reuni neste estudo como sendo inseparáveis. Entrevi, então, a constituição a uma vez política e religiosa dessas cidades, um culto prestado ao Estado, usos sagrados, festas que eram cerimônias santas, sacerdócios que eram ao mesmo tempo magistraturas, uma aristocracia de sacerdotes que eram ao mesmo tempo guerreiros, enfim, a religião tão completamente confundida com o governo que não se podia mais distingui-los. Tudo isso, como podeis ver, transportava-me para bem longe de nossas ideias e de nossos hábitos modernos; mas tudo isso explicava as instituições e os usos desses povos antigos. Depois, essas constituições uma vez compreendidas, a série de revoluções se desenrolava em uma ordem natural. As cidades se transformavam pouco a pouco segundo um processo quase uniforme e a partir de causas facilmente apreensíveis. Estas crenças, das quais acabo de vos falar, modificando-se no decorrer do tempo, as instituições políticas, as leis civis e o próprio direito privado se modificavam como elas, e as transformações sociais seguiam regularmente as transformações da inteligência.

Queiram observar, senhores, que não é em absoluto destituído de importância fazer uma ideia verdadeira dessa antiguidade ou dela fazer uma ideia falsa; tampouco é indiferente que se possa crer enganar-se sobre ela ou não se enganar. Os destinos dos povos modernos dependeram por vezes da maneira segundo a qual se compreendeu a antiguidade e grandes infortúnios foram a consequência de um erro histórico. A geração que vivia na França há oitenta anos estudara a antiguidade com um reiterado preconceito de admiração; falava incessantemente do fórum, dos cônsules, do senado, dos tribunos. Gabava-se muito das virtudes antigas e voltava a usar o título de cidadão. Roma, Atenas, Esparta lhe pareciam os mais perfeitos modelos que se podia seguir. Da admiração à imitação foi apenas um passo. No dia em que as velhas instituições francesas caíram por si sós e devido a causas naturais que aqui não cabem, no dia, enfim, em que a França se encontrou quase privada de instituições, em lugar de procurar aquelas que melhor nos convinham, pensou-se em nos dar aquelas dos romanos e dos gregos. Ora, o fato é que se as conhecia muito mal. Acima de tudo, não se perguntou se elas tinham conexão com a situação material ou moral das gerações novas. Foram exumadas sem se pensar que pertenciam a uma outra época, que haviam sido vigentes em uma outra época, e que na nossa época não teriam chance de sobreviver. ["Terei oportunidade de vos dizer mais tarde, quando vos falar da liberdade entre os antigos, ou antes, da completa ausência de liberdade, quanto essa exumação foi funesta para a liberdade entre nós, e quanto as doutrinas introduzidas em 1792 no Estado, doutrinas calcadas em grande parte naquelas dos antigos, foram infinitamente menos liberais do que aquelas que tivemos na antiga França. Sob outros aspectos, a imitação desajeitada da Antiguidade não foi menos desastrosa; é *um pouco* a ela que nós devemos o Terror, pois se a vingança e o ódio voltados contra os adversários pertencem a todas as épocas e a todos os partidos, é somente agora que se viu proclamar na França, como em Roma e na Grécia, que se tratava de um dever e de uma virtude matar os adversários políticos."] Daí resultaram as mais lamentáveis contradições e os mais deploráveis equívocos. Em nome da liberdade se restabeleceu a velha acusação de incivismo. Em nome da liberdade deu-se onipotência ao Estado, governou-se pela ditadura, e porque os antigos puniam com a morte todo homem que era considerado inimigo do Estado, acreditava-se ser um dever e uma virtude matar os adversários políticos, imitação desastrosa da Antiguidade que nos conduziu ao Terror. E, certamente, se a Antiguidade tivesse sido melhor estudada se teria reconhecido tantas e tão grandes diferenças entre ela e nós, entre nossas ideias e as suas, entre seu estado social e o nosso, que não se teria a tentação de se tomar emprestados seus pensamentos, sua língua e suas formas de governo. Os democratas em particular, ou seja, aqueles que eram os mais ardorosos admiradores dessas antigas épocas, ficariam bem surpresos, suponho, se uma visão imparcial dos fatos lhes tivesse mostrado em Roma e em Esparta, ou seja, no próprio objeto de seu tolo entusiasmo, a aristocracia mais imperiosa, mais tenaz e mais opressiva que já existiu. Sua admiração sem nenhuma dúvida teria se arrefecido bastante. Teria sido certamente bem desejável que se tivesse estudado a Antiguidade sem preconceitos, sem posições previamente tomadas, não para fazê-la reviver entre nós e para enxertar suas leis no nosso estado social, mas simplesmente do ponto de vista histórico e filosófico, para saber o que pensavam esses antigos homens em matéria de governo e de direito civil, e para conhecer assim uma das épocas mais curiosas da humanidade.

Teremos aqui certamente um estudo a fazer e que poderá trazer proveito a muitos. Aquele que se preocupa com as questões políticas aí verá que, qualquer que seja sua opinião, não é na Antiguidade que deverá procurar suporte para ela. Aquele que estuda particularmente as leis e que consulta a história como jurisconsulto se convencerá da aliança estreita que há, necessariamente, entre nossas leis e o estado de nossa alma, e o quanto aquelas se transformam quando este se modifica. Enfim, aquele que observa os fatos históricos como filósofo e simplesmente para conhecer o homem, aí verá como o homem forma suas crenças, como de suas crenças ele extrai instituições, que caminho seus pensamentos e suas leis seguiram, quanto os historiadores dos tempos antigos diferiam daqueles dos nossos tempos, e que caminho a humanidade percorreu em trinta séculos.

Não me gabo certamente, senhores, de responder a todos esses tremendos problemas. Simplesmente os colocarei diante de vós; eu vos apresentarei os fatos que poderão vos ajudar a solucioná-los, e os entregarei a vossas reflexões."

25 de novembro de 1862.

2. CARTAS A L. A. WARNKOENIG

Eis aqui as duas cartas endereçadas a L. A. Warnkoenig (conservadas na Biblioteca de Estrasburgo e publicadas pela primeira vez por L. Halkin em Mélanges, Bidez, Bruxelas, 1934, p. 465-474). Warnkoenig era um jurista da escola histórica alemã e autor, entre outras, de uma enciclopédia de direito. E. Laboulaye, professor de história das legislações comparadas no Colégio de França, lhe assinala a aparição de A Cidade *e lhe sugere que faça uma apreciação. "Este livro" – lhe escreve ele – "é o desenvolvimento das ideias que vós e eu expusemos a respeito da semelhança primitiva do direito indiano com o direito romano, o culto dos manes, o fogo doméstico etc. O autor não parece ter conhecido nossas indicações. Em poucos dias, tendo terminado sua leitura, escreverei ao autor e o aconselharei a enviar a vós sua obra, pois já que estás desocupado neste momento, ser-vos-á, talvez, agradável fazer dessa obra uma apreciação." Warnkoenig aceitou a sugestão e publicou uma longa apreciação, favorável, em uma revista jurídica de Erlangen (Jahrbuch der deutschen Rechtswissenschaft, XI, 1865, p. 81-94).*

2.1. Estrasburgo, 25 de outubro de 1864

Senhor Professor,
   Acabo de publicar um livro e vos envio um exemplar que vos peço aceitar como homenagem.
   Este livro tem por título *A Cidade Antiga*. Esforcei-me para compreender as instituições e o direito da Grécia e de Roma. Apoiei-me no confronto do antigo direito grego e do antigo direito romano com o direito hindu. Tentei, sobretudo, mostrar a relação estreita que houve entre o direito dos antigos e suas crenças, como entre seu direito e sua política.
   Doze anos de pesquisas e de meditações me levaram a conceber uma teoria que explica claramente a história antiga. Submeto meu trabalho aos

cientistas da Alemanha; ficaria feliz se alguns jurisconsultos ou alguns historiadores de vosso país se dispusessem a examinar e discutir meu livro. Mostrar-me-ão, talvez, que me enganei, pelo que serei sinceramente grato; se, ao contrário, me concederem sua aprovação, então meu trabalho não terá sido inútil ao avanço da ciência.

M. Ed. Laboulaye, nosso jurisconsulto e historiador, honrou-me escrevendo-me e felicitando-me por minha obra. Foi ele que me exortou a vos enviar um exemplar como homenagem. Ele me recomenda a vós e por vossa intermediação aos sábios da Alemanha.

Queira aceitar, senhor, meus sentimentos de elevada consideração.

Fustel de Coulanges – Professor na Universidade de Estrasburgo

Peço-vos desculpas, senhor, por minha ignorância da língua alemã.

2.2. Estrasburgo, 4 de novembro de 1864

Senhor,

Devo começar vos agradecendo pela carta tão benevolente com a qual vós me honrastes. Nada poderia ser-me mais agradável do que vossa aprovação. Já recebi um número muito elevado de cartas de meus compatriotas, mas nenhuma delas detém mais valor a meus olhos que a vossa, pois estou convencido que, em matéria de ciência histórica, o julgamento da Alemanha tem um peso muito grande.

Vós me honrais indagando se nesses estudos sobre a cidade antiga posso encontrar suporte na autoridade de alguns escritores modernos. Não poderia vos responder melhor senão narrando com toda a sinceridade como este livro foi feito.

Há catorze anos impressionou-me a profusão de problemas e enigmas a serem resolvidos relacionados à história da antiguidade. Não podia me aliar nem ao sistema de Niebuhr nem àquele que prevalece nas escolas da França. Decidi-me a recomeçar meus estudos acerca da antiguidade; esquecia, como Descartes, o que me fora ensinado e me pus a ler todos os escritores antigos, labor que realizei com a maior atenção e ao qual devotei nove anos.

Impunha-me uma lei segundo a qual me ficava vedada a leitura de quaisquer autores modernos. Fiel a esta resolução, só tomei conhecimento de quaisquer trabalhos alemães e, particularmente, daqueles de M. Mommsen após meu livro estar quase concluído.

Podeis ver, assim, senhor, que meus estudos são totalmente pessoais, ou, ao menos, que só os fiz na companhia dos autores antigos. Se me enganei, sou o único responsável.

Quanto a essa síntese que vós observastes no meu livro, eis como ela se formou no meu espírito. À medida que mergulhava, por meio da leitura, nessa antiguidade, lendo seus historiadores, seus poetas, seus oradores, uma profusão de pequenas minúcias me impressionaram mediante sua aproximação e se agruparam. Como, a propósito, dispusera-me sempre a me perguntar a razão das coisas, e a crer que, nesses grandes grupos vivos a que chamamos de sociedades há sempre um princípio invisível que produz a vida, eu investigava, sob as formas exteriores e dos fenômenos, as ideias responsáveis pelo engendramento e sustentação da ordem social. Foi somente depois de dez anos de paciente leitura, pesquisas e reflexões que acreditei ter encontrado essas crenças e ideias que procurava.

A partir desse momento, tudo me pareceu claro, simples e nitidamente encadeado na história antiga. Parecia-me estar vendo a solução de vários enigmas. O nascimento das sociedades e suas revoluções se explicaram.

Contudo, desconfiava de mim mesmo e temia muito estar incorrendo em erro. E, então, durante quase um ano, afastei-me de meus autores gregos e latinos e me dediquei a estudar um pouco a antiguidade oriental, investigando principalmente quais tinham sido as primeiras crenças e o direito primitivo dos hindus. Ora, cada ponto que observava era para mim um elemento de comparação com a Grécia e Roma. Uma frase do Rig Veda me recordava um verso de Eurípides; um texto de Manu me conduzia a uma Lei das Doze Tábuas ou a uma passagem de Iseu ou de Lísias. Sempre comparando, percebi que os ancestrais dos hindus, dos itálicos e dos gregos haviam tido, na época distante, crenças e instituições comuns. Vós mesmos, há alguns anos, indicastes essas semelhanças em vossa enciclopédia.

Isso me confirmou os resultados que minha leitura dos escritores gregos e latinos já havia me suprido. Daí, essa síntese foi encerrada; minha opinião converteu-se em uma convicção e tive a ideia de escrever um livro a fim de submeter ao mundo da ciência aquilo que creio ser a verdade.

Antes de escrever este livro, fiz de seu tema o objeto de um curso público em Estrasburgo. Este curso se dirigia a um audiência já instruída. Vários professores de direito me honraram com suas presenças. Pedi-lhes que me apresentassem suas objeções e dúvidas e eles tiveram a bondade de me atender.

Seus pontos de vista me fizeram corrigir diversos erros; a aprovação deles me sustentou nesta difícil tarefa e foi aconselhado por eles que me decidi finalmente a publicar meu livro.

Eis, senhor, toda minha história. Visto que vos dignais a se ocupar de mim, acreditei que vos fosse útil conhecê-la. Investiguei sinceramente a verdade científica. Meu tipo de mente é tal que não posso me contentar com dados isolados sem vinculação; senti vivamente a necessidade de explicar e coordenar os fatos e foi assim que uma síntese foi se construindo em mim, lenta e conscienciosamente.

Ficarei muito feliz se tiver o julgamento da Alemanha, e vos agradeço ardentemente pela bondade com a qual quereis por bem me apresentar aos vossos compatriotas.

Dignai-vos a aceitar a certeza de minha elevada estima, bem como meu reconhecimento, vendo em mim vosso mui humilde e mui obediente servo.

Fustel de Coulanges

GLOSSÁRIO

Os significados dos termos abaixo se restringem à acepção dos antigos, precisamente dentro do contexto de *A Cidade Antiga*. A maioria dos vocábulos cujos significados foram explicitados ao longo do texto e das notas não está incluída, bem como não estão nos termos correntes do vocabulário filosófico e jurídico, tais como *alma, morte, existência, liberdade, casamento, divórcio* etc., que podem ser encontrados nos bons dicionários pertinentes.

Adivinho (l. *divinus*) – sacerdote que predizia o futuro interpretando observações empíricas como o voo das aves, as entranhas de animais etc.

Adoção (l. *adoptio*) – ato jurídico que determina e cria entre duas pessoas uma relação análoga ao vínculo entre pais e filhos.

Ager publicus – o território que pertencia ao Estado romano.

Ager romanus – o território da urbe romana.

Agnação (l. *agnatio*) – parentesco pelo lado paterno e por linha masculina.

Agnado, agnato (l. *agnatus*) – parente pelo lado masculino ou linhagem masculina; os agnados eram aqueles, que descendendo de um tronco masculino idêntico, constituíam a família romana reconhecida legalmente.

***Agni* (sânscrito *agni*, fogo)** – o deus do fogo e guardião do ser humano na mitologia indiana presente nos Vedas; um dos três termos da trindade e deus do fogo doméstico.

Ambarvaes, ambarvales (l. *ambarvalia*) – festival celebrado a 29 de maio em honra à deusa Ceres, composto de procissões nas quais os animais a serem sacrificados eram primeiramente conduzidos pelos campos.

Amburbias (l. *amburbalia*) – festa celebrada pelo recinto cercado da urbe; a procissão ocorria em volta da cidade, conduzindo-se os animais a serem sacrificados.

Anais (l. *annales*) – registro escrito de uma série de acontecimentos organizados cronologicamente ano a ano.

Applicatio – direito do patrono herdar os bens do cliente sem testamento.

Aristocracia (g. ἀριστοκρατία) – forma de governo na qual o poder é detido e exercido pelos melhores cidadãos. Na Grécia e em Roma, houve uma aristocracia baseada no nascimento e na religião, ou seja, uma aristocracia hereditária (dos eupátridas e patrícios), na qual os *melhores* eram identificados na prática com os bem-nascidos e herdeiros do fogo doméstico.

Arúspice (l. *aruspex, haruspex*) – sacerdote romano que praticava a arte adivinhatória (previsão do futuro) pelo exame das vísceras ou entranhas dos animais mortos em sacrifício, e também por meio da interpretação de abalos sísmicos, fenômenos atmosféricos, eclipses etc.

Atimia (g. ἀτιμία) – literalmente, desprezo; em Atenas, total ou parcial privação dos direitos civis e políticos.

Áugure (l. *augur*) – vide *áuspice* a seguir; genericamente, adivinho, intérprete.

Áuspice (l. *auspex*) – sacerdote romano que obtinha os auspícios.

Auspícios (l. *auspicium*, de *avis* [ave] mais *spicere* [examinar, sondar]) – em Roma, genericamente os presságios (sinais ou fatos indicativos do futuro) que se obtinham pelo exame do voo, canto e modo de comer das aves; arte adivinhatória (*divinatio*) baseada nas aves.

Cavaleiro (l. *caballarius*) – em Atenas e Roma, cidadão detentor de um cavalo, pertencente à ordem equestre, classe socioeconomicamente elevada; em Roma, sob Sérvio Túlio, o cidadão recebia um cavalo do Estado para servir na cavalaria.

Celibato (l. *caelibatus*) – estado da pessoa não casada e que não tem vida conjugal.

Censo (l. *census*) – em Roma, o registro dos cidadãos e de seus bens a cada cinco anos.

Censor (l. *censor*) – magistrado encarregado do censo, da fixação dos tributos e do zelo pela conduta dos cidadãos em público; o censor detinha o poder de infligir uma marca de infâmia ou ignomínia em qualquer transgressor da moral pública.

Cidadão (l. *civis*) – habitante ou membro livre de uma cidade, que goza dos direitos de cidadania e está submetido às obrigações civis e às leis do Estado.

Cliente (l. *cliens*) – Em Roma, o plebeu que se mantinha sob o patronato de um patrício; vide *patronato*.

Cognação (l. *cognatio*) – parentesco natural por linha feminina.

Cognado, cognato (l. *cognatus*) – parente por cognação; na Roma antiga, o cognado não constituía legalmente a família.

Connubium, conubium – direito de casamento entre cidadãos de duas cidades diferentes; correspondente ao grego *epigamia* (ἐπιγαμία).

Conscripti – originariamente título atribuído aos senadores adicionais criados por Rômulo; posteriormente, título de todos os senadores romanos.

Cônsul (l. *consul*) – magistrado romano (durante o período republicano eram *dois*, eleitos anualmente) encarregado do comando supremo da república: eram comandantes do exército e detinham o poder executivo.

Democracia (g. *δημοκρατία*) – forma de governo na qual a soberania é exercida representativamente pelo povo, ou seja, pela totalidade dos cidadãos sem distinção de nascimento, riqueza ou mesmo capacidades.

Epigamia (g. *ἐπιγαμία*) – em Atenas, convenção celebrada para permitir o casamento entre cidadãos de cidades diferentes, a saber, Atenas e suas aliadas; genericamente, direito de casamento entre cidadãos de cidades diferentes; correspondente ao latim *connubium* (*conubium*).

Epístion (g. *ἐπίστιον*) – literalmente, *aquilo que está junto ao fogo doméstico*; por extensão, família.

Eupátrida (g. *εὐπατρίδης*) – membro da classe nobre e aristocrática de Atenas e outras cidades da Ática; correspondente ao *patrício* de Roma.

Fecial (l. *fecialis, fetialis*) – sacerdote romano responsável pelas cerimônias religiosas pelas quais eram consagradas as declarações de guerra e as celebrações de tratados de paz.

Flâmine (l. *flamen*) – sacerdote romano encarregado especificamente do culto de uma determinada divindade.

Genos (g. *γένος*) – vide *gens* a seguir.

Gens – na Roma antiga, família romana legalmente constituída oriunda de um tronco comum, ou seja, de um ancestral comum de origem livre. Conceito distinto do latim *familia* e do grego οἶκος, que se referem à habitação e à propriedade do *pater* ou δεσπότης (pai de família e senhor da casa), propriedade esta que incluía os animais e os escravos. *Gens* corresponde ao grego γένος.

Geômoro (g. *γεωμόρος*) – genericamente, possuidor de terras; em Atenas os geômoros eram os agricultores, o mesmo ocorrendo em Argos e nas colônias sicilianas, onde formavam uma classe rica.

Heliasta (g. *ἡλιαστής*) – juiz ateniense escolhido por sorteio entre os cidadãos e que tratava, mormente, de processos políticos. Os heliastas desempenhavam suas funções na praça Ἡλιαία de Atenas, ao ar livre e ao nascer do sol (ἥλιος), daí Ἡλιαία significar por extensão o próprio tribunal dos heliastas.

Herctum – na Roma antiga, o recinto fechado sagrado do domicílio; correspondente ao grego ἕρκος.

Himeneu (g. *ὑμέναιος*) – canto sagrado nupcial.

Hostis – estrangeiro; forasteiro; inimigo. Na Roma antiga, os conceitos de estrangeiro e inimigo se confundiam devido à religião na qual eram cultuadas divindades próprias da cidade. *Hostis* corresponde ao grego ἄλλος.

Imperium romanum – o domínio de Roma.

Impiedade (l. *impietas*) – entre os antigos, irreverência ou desrespeito manifestados em relação aos pais, à pátria ou aos deuses do Estado.

Jus applicationis – vide *applicatio*.

Magistrado (l. *magistratus*) – funcionário civil dotado de autoridade judicial ou administrativa, como os cônsules na Roma antiga.

Mancipação (l. *mancipatio*) – entre os antigos romanos, transmissão de um direito ou de uma propriedade feita sob vontade e perante testemunhas.

Metempsicose (g. μετεμψύχωσις) – literalmente, *animar mudando*; transmigração da alma de um corpo para outro. A doutrina da metempsicose admite a imortalidade e sobrevivência de um princípio extracorpóreo que, após a morte física do indivíduo, acaba por animar novos corpos, humanos ou animais, com finalidade expiatória e evolutiva.

Monarquia (g. μοναρχία) – forma de governo na qual o poder é detido e exercido por uma única pessoa, o monarca (rei), príncipe ou ditador.

Oligarquia (g. ὀλιγαρχία) – forma de governo na qual o poder é detido e exercido por alguns cidadãos ou algumas famílias.

Ostracismo (g. οστρακισμός) – banimento temporário (em Atenas, por dez anos) de um cidadão suspeito. Diferentemente do exílio, o ostracismo não era uma punição de justiça para algum crime, não detendo qualquer caráter infamante ou mero repúdio ao cidadão a ele condenado, e não implicando, também, em qualquer destituição de direitos do cidadão, exceto o de estar domiciliado na cidade. Costumava ser simplesmente uma medida política de precaução do Estado contra cidadãos dos quais se receava o excesso de popularidade.

Patrício (l. *patricius*) – membro da classe nobre e aristocrática de Roma; correspondente ao *eupátrida* grego.

Patronato (l. *patronatus*) – função, condição e relação do patrício com o cliente, concedendo a este proteção, patrocínio e defesa.

Patrono (l. *patronus*) – o patrício na sua relação de patrocínio com o plebeu, convertido nesta relação à condição de cliente.

Piedade (l. *pietas*) – reverência, respeito e devoção pelas coisas da religião. Na Grécia e Roma antigas, a piedade se estendia ao acatamento à autoridade paterna e à autoridade do Estado.

Plebeu (l. *plebeius*) – cidadão romano pertencente à classe social inferior, oposta ao patriciado, e que não se submetia ao patronato.

Plebiscito (l. *plebiscitum*) – na Roma antiga, decreto que era estabelecido pelo povo após este ter sido convocado por tribos.

Pontífice (l. *pontifex*) – sumo sacerdote membro do Colégio pontificial (originariamente eram cinco, mas chegaram a quinze). Os pontífices eram os dignitários religiosos de maior autoridade, tendo poder de vida e morte sobre as próprias vestais e a função de nomear os flâmines, além de poderem realizar o culto de todas as divindades do Estado.

Posse (l. *possessio*) – retenção ou gozo de alguma coisa ou algum direito de que dispomos, que exercemos por nós mesmos ou por alguém que dele dispõe ou o exerce em nosso nome. Vide *propriedade*.

Povo (l. *populus*) – o conjunto dos cidadãos sem distinções; o conjunto dos governados em um Estado sob qualquer forma ou sistema de governo; correspondente ao grego δῆμος.

Procônsul (l. *proconsul*) – governador de província que detinha poder e autoridade de cônsul.

Pretor (l. *praetor*) – magistrado supremo que administrava justiça. Era o segundo em autoridade e comando na República romana, só superado pelo cônsul. Embora sua função fosse executiva no sentido de administrar a justiça, houve um tempo em que assumiu funções legislativas, publicando, por exemplo, éditos, o que levou à formação do chamado *direito pretoriano*. Nos primeiros tempos de Roma, o pretor era nomeado pelas centúrias e provinha exclusivamente do patriciado.

Propriedade (l. *proprietas*) – genericamente, direito daquele que detém a posse de uma coisa ou pode pleitear uma coisa por meio da lei ou de um direito natural; direito de dispor e gozar de uma coisa plenamente, contanto que em conformidade com as leis. Propriedade e posse são conceitos estreitamente vinculáveis, mas distintos: a posse é um estado factual, concreto, a propriedade é um direito.

Realeza – dignidade e posto de rei (*rex*). Vide *monarquia*.

República (l. *res publica*, coisa pública, interesse geral, interesse comum) – toda forma de governo ou constituição que na prática atende ao interesse público, excetuando a monarquia e a tirania, as quais incluem os governos imperiais e principados. Assim, a *república* pode ser democrática, aristocrática e até oligárquica, embora a forma teórica de constituição que mais se identifica com ela seja a democracia.

Senado (l. *senatus*) – literalmente, assembleia ou conselho dos velhos. Em Roma este conselho era constituído efetivamente por cidadãos mais velhos, necessariamente livres, nomeados ou eleitos. Nos primeiros tempos da República o senado era composto somente de patrícios, mas posteriormente os plebeus também tiveram acesso ao senado. O fim da República com a ditadura de Caio Júlio César e a abertura para o governo dos imperadores (a partir de Augusto em 17 A.D.) marcou a acelerada perda do poder do senado. O latim *senatus* corresponde ao grego γερουσία ou γεροντία (o conselho dos velhos em Esparta) e ao grego βουλή (o conselho dos *Quinhentos* de Atenas e senado das outras cidades gregas). Βουλή significa literalmente *aquilo que se quer, vontade ou determinação*; por extensão significa deliberação e daí conselho deliberativo.

Senador (l. *senator*) – membro do senado. As funções dos senadores eram de caráter eminentemente político, pois lhes cabia os supremos poderes legislativo e deliberativo.

Teta (g. θής, θετός) – genericamente operário ou servo assalariado, mercenário; especificamente em Atenas, servo sob condição análoga em relação ao eupátrida àquela do cliente romano em relação ao patrício (patronato).

Tribunado (l. *tribunatus*) – dignidade, cargo e exercício do cargo de tribuno.

Tribuno (l. *tribunus*) – literal e originariamente chefe de uma das três *tribos* de Roma. Houve, em Roma, mais de uma espécie de tribuno: o *tribunus militum* desempenhava funções militares, como o comando das legiões do exército (eram seis oficiais superiores que exerciam o cargo durante um ano); o *tribunus aerarii* controlava o erário, ou seja, o tesouro público; e o *tribunus plebis*, ao qual Fustel de Coulanges alude nesta obra, que, arregimentado exclusivamente no seio da plebe, tinha como função geral a defesa dos interesses e direitos do plebeu, especialmente quando atingidos pelos patrícios.

ABREVIATURAS

Abreviações das obras citadas

Agostinho (Sto.)
De civit Dei – De civitate Dei

Antífon
Fragm. – Fragmento(s)

Apiano
G. civ. – Guerras civis

Apolodoro
Fragm. – Fragmento(s)

Aristides de Mileto
Fragm. hist. greg. (Fragm. hist. graec.) – Fragmentos dos historiadores gregos

Aristófanes
Av. – Aves (as)
Plut. – Plutus
Acharn. – Acharnianos (os)
Cav. – Cavaleiros (os)
Tesmof. – Tesmoforias (as)
Eccles. – Ecclesia (Assembleia das Mulheres)

Aristóteles
Pol./Polít. – Política
Probl. – Problemata

Catão
De re rust. – De re rustica

César
B. C. – Bellum Civile
B. G. – Bellum Gallicum

Cícero
Tusc. – Tusculanas (as)
De rep. – De re(s) publica
In Verr. – In Verrem
Topic. – Tópicos
De orat. – De oratore
De arusp. resp. – De (h)aruspicum responsis
De offic. – De officiis
De nat. deor. – De natura deorum
De leg./De legib. – De legibus
De lege agr. – De lege agraria
De invent. – De inventione
De divin./De divinat. – De divinatione
Ad Att. – Ad Atticum (Epistulae)

Código de Just. – Código de Justiniano

Cornélio Nepos
Fragm. – Fragmento (s)

Demóstenes
In Boeot. de nom. – In Boeotum, de nomine
In Macart. – In Macartatum
In Boeot. de dote – In Boeotum, de dote

Pro Phorm. – *Pro Phormione*
In Eubul. – *In Eubulidem*
In Neaer. – *In Neaeram*
In Leptin. – *In Leptinem*

Dicearco (Dicearca)
Fragm. hist. greg. (*Fragm. hist. graec.*) – Fragmentos dos historiadores gregos

Dinarco (Dinarca)
In Aristog. – *In Aristogiton*
Adv. Demosthenem – *Adversus Demosthenem*

Diodoro
Fragm. – *Fragmenta*

Diógenes Laércio
Teofr. – *Teofrasto*

Dion Cássio
Fragm. – *Fragmento(s)*

Dionísio de Halicarnasso
Antig. rom. – *Antiguidades romanas*
Fragm. – *Fragmento(s)*

Eliano
H. V. – *Histórias Variadas*

Ésquilo
Coéf. – *Coéforas (as)*
Sete... – *Sete (chefes) contra Tebas*
Pers. – *Persas (os)*
Supl. – *Suplicantes (as)*
Agam. – *Agamenon*

Ésquines
In Timarch. – *In Timarchum*
In Ctesiph. – *In Ctesiphontem*

Eurípides
Ifig. em Ául. – *Ifigênia em Áulida*
Ifig. em Táur. – *Ifigênia em Táurida*
Fen./Fenic. – *Fenícias*
Troi. – *Troianas*
Tr./Traq. – *Traquínias*

Eustato
In Odyss. – *In Odyssea*

Filócoro
Fragm. – *Fragmento(s)*

Fócio
Lex. – *Léxico*
Bibliot. – *Biblioteca*

Gaio
Inst./Instit. – *Institutas*

Hinos homér. – *Hinos homéricos*

Hinos órf. – *Hinos órficos*

Horácio
Epod. – *Epodos*
Epíst. – *Epístolas*
Sát. – *Sátiras*

Iseu
De Menecl. hered. – *De Meneclis hereditate*
De Cironis hered. – *De Cironis hereditate*
De Apollod. hered. – *De Apollodorus hereditate*
De Arist. her./De Aristarch. hered. – *De Aristarchus hereditate*

Isócrates
Panegír. – *Panegírico*
Platáic. – *Platáico*

Juvenal
Sát. – *Sátiras*

Macróbio
Sat./Saturn. – *Saturnais*

Menandro
Fragm. – *Fragmento(s)*

Nicolau de Damasco
Fragm. hist. greg. (Fragm. hist. graec.) – Fragmentos dos historiadores gregos

Ovídio
Trist. – Tristes
Fast. – Fastos
Metam. – Metamorfoses
A. A. – Arte de Amar

Petrônio
Sat./Satir. – Satiricon

Píndaro
Pít./Pític. – Píticas
Olímp. – Olímpicas
Ístm. – Ístmicas

Plauto
Cativ. – Cativos (os)
Aulul. – Aulularia
Trin. – Trinummus

Plínio, o Velho
Hist. nat. – História natural

Plínio, o Jovem
Ep./Epist. – Epistulae

Plutarco
Temíst. – Temístocles
Quest. gr./Quest. greg. – Questões gregas
Quest. rom. – Questões romanas
De defectu oracul. – De defectu oraculorum

Porfírio
De abstin. – De abstinentia

Sérvio
Ad Aen./Ad Aeneid. – Ad Aeneidos
Ad Georg. – Ad Georgica

Sículo Flaco
De cond. agror. – De conditione agrorum

Sófocles
Antíg. – Antígona
Trahin. – Trahinianas (as)
Éd. em Col. – Édipo em Colona

Suetônio
Calíg. – Calígula

Tácito
Hist. – Histórias
An. – Anais

Tertuliano
De resurr. carnis – De resurrectione carnis

Tito Lívio
Epítom. – Epítome

Ulpiano
Fragm. – Fragmento(s)

Valério Flaco
Argonául. – Argonáulicas

Varrão
De ling. lat./De lingua lat. L. L. – De lingua latina
De re rust. – De re rustica (Res rusticae)

Virgílio
En. – Eneida
Geórg. – Geórgicas

Xenofonte
Gov. de Laced. – Governo (Constituição) de Lacedemônia
Hel./Helen. – Helênicas
Memor. – Memoráveis (Ditos)